国家社科基金西部项目"明清宫观山志的编纂及其价值研究"(编号：17XZS025)最终成果

国家社科基金丛书
GUOJIA SHEKE JIJIN CONGSHU

明清宫观山志的编纂及价值研究

The Compilation and Value Research on the Records of the Taoist Temples
and Mountains in the Ming and Qing Dynasties

刘永海 著

人民出版社

责任编辑:邵永忠
封面设计:石笑梦
版式设计:胡欣欣

图书在版编目(CIP)数据

明清宫观山志的编纂及价值研究/刘永海 著. —北京：
　人民出版社,2022.6
ISBN 978-7-01-024157-9

Ⅰ.①明…　Ⅱ.①刘…　Ⅲ.①道教–研究–中国–明清时代　Ⅳ.①B958

中国版本图书馆 CIP 数据核字(2021)第 277982 号

明清宫观山志的编纂及价值研究

MINGQING GONGGUAN SHANZHI DE BIANZUAN JI JIAZHI YANJIU

刘永海　著

人 民 出 版 社 出版发行
(100706　北京市东城区隆福寺街 99 号)

北京中科印刷有限公司印刷　新华书店经销

2022 年 6 月第 1 版　2022 年 6 月北京第 1 次印刷
开本:710 毫米×1000 毫米 1/16　印张:30　字数:470 千字

ISBN 978-7-01-024157-9　定价:90.00 元

邮购地址 100706　北京市东城区隆福寺街 99 号
人民东方图书销售中心　电话 (010)65250042　65289539

目　　录

绪　　论

一、本课题的研究对象、范围及价值

（一）本课题的研究对象、范围

宫观山志有广义和狭义之分。广义的"宫观"，可以指皇宫、梵宫等各种类型的宫殿、神庙；狭义的宫观则专指道教宫观，是道教宫、观、庙、庵、道院等所有道教建筑和活动场所的代称。广义的"山"，可以包含所有名山；狭义的山，指道教名山或道教色彩较浓的山。本书所谓的宫观山志是什么？简单地说，是狭义的宫观山志，即道教宫观山志，"是由道门中人或与道教相关的人撰、编的记录、反映某处道教活动场所的志书性文献"①。其中包括道教宫观志和道教名山志两大类型：一是道教宫观志，如《洞霄宫志》《梅仙观志》《灵卫庙志》《通玄观志》等；本书遵循道教学界传统，将道教碑铭庙碣集亦视为宫观地志性文献。一是道教名山志，如《茅山志》《齐云山志》等。历史上，宫观多在山中，志山者多兼及宫观，故道教山志数量多于道教宫观志数量。需要特别指出，本书所说的宫观山志，首要之处在于道教色彩，非道教宫观、道教名山之志书，自然不能纳入研究范围；虽以道教宫观与名山

① 杨立志、王少儒：《名山宫观志说略》，载朱越利主编《道藏说略》，第347页。

为名，而内容与道教无涉或道教内容甚少，同样不属于本书研究对象。

作为道教史籍的主要类型和方志的重要支流，宫观山志的编纂由来已久。其中，宫观志源头可以在汉魏六朝及隋唐时期存留下来的道教宫观碑记中找到，如南朝沈约《桐柏山金庭馆碑》、陶弘景《上清真人许长史旧馆坛碑》《吴太极左宫葛仙公之碑》、唐代欧阳询《宗圣观记》、江旻《唐国师升真先生王法主真人立观碑》、颜真卿《麻姑仙坛记》等，这些碑记已有了宫观志之雏形。宋元时期的宫观志以邓牧《洞霄图志》及佚名《宫观碑志》较为突出。至于道教名山志，源头可以追溯到先秦古籍《山海经》，东晋刘宋时期道士徐灵期《南岳记》（佚）被认为是最早的山志，自然也是最早的道教山志。唐代杜光庭《洞天福地岳渎名山记》《武夷山记》、李冲昭《南岳小录》等可视为较早的道教山志。宋元时期的道教山志趋于规范，佚名《天台山志》、元明善《龙虎山志》、刘大彬《茅山志》是此时道教山志的代表。

综合考察宫观山志发展大势，芸芸大者当在明清两朝。在明清两朝，尽管道教自身的发展日渐衰微，但是明清政府都十分重视传统方志的编纂，特别是清代，传统方志的编修"已进入全盛时期，无论是数量之巨、种类之多、体例之完备、内容之广泛，都出现了前所未有的新局面"[①]。黄苇主编《方志学》也说："明清时期是我国山水祠庙志的鼎盛时期。这一时期编出的山水祠庙志，不仅数量多，而且地域广。"[②] 的确，明清政府鼓励编修传统方志的政策，间接促进了宫观山志的迅速繁荣，加之当时学术思潮及文化传播技术等因素的影响，道教宫观山志的纂修规模较之以往更为扩大。《道藏》《藏外道书》《道藏辑要》《道书集成》《中华续道藏初辑》《中国道观志丛刊正续编》等道教丛书收录了大量明清宫观山志，除去重复，有一百余种；收入《中华山水志丛刊·山志》《中国名山志》等丛书以及未被收入丛书的单行本、抄本尚有不少，足见明清宫观山志存量之巨。

---

① 仓修良著：《方志学通论》，第367页。
② 黄苇等著：《方志学》，第762页。

受时间与精力限制，本书主要以明清两代新修、递修的宫观山志为研究对象，具体包括这一时期编修的道宫志、道观志、城隍庙志、道教名山志以及一些列入仙班的重要历史人物、传说人物如天后、关公、麻姑等祠庙志。

（二）本课题的学术和应用价值

正如任继愈先生所说："道教典籍中可供发掘的东西非常丰富，其重要性决不下于佛教，甚至更重要。"① 作为道教典籍的重要组成部分，宫观山志无疑是研究道教史、思想史、社会史的宝贵史料。伴随着道教文化研究的深入，宫观山志多方面的学术与应用价值愈发凸显。深入研究、揭示宫观山志的内在价值，具有重要的学术和应用价值。

1. 本课题具有的学术价值

第一，更深刻地认识宫观山志在道教史上的地位，深化道教史的研究。明清宫观山志中保存着丰富的道教史资料，对道教自身的发展流变有着丰富的记载，诸如道教各个教派的发展、历代仙真的灵异、高道大德的行迹、宫观殿宇的规制与沿革等，记述十分详细，为整体把握道教史发展脉络提供了充裕的史料资源。例如，明江永年增补玉晨观本《茅山志》，在研究明代茅山道教方面，"是绝对不可或缺的重要文献"②。明鲁点编《齐云山志》"乃古代山志之精品"，"尤为研究道教文化之重要史料"③。朱文藻（朗斋）《金鼓洞志》较为详细地记述了全真道龙门派金鼓洞支派概貌，为研究龙门派中兴和清代道派发展提供了重要资料。

明清宫观山志有许多道观经济的记录，仔细搜集这些史料，对于深入研究道教经济史乃至社会经济史，具有促进作用。例如，江永年增补《茅山志》

---

① 任继愈主编：《中国道教史·序》（增订本），第 2 页。
② （元）刘大彬编，（明）江永年增补，王岗点校：《茅山志》附录一《明版全本〈茅山志〉与明代茅山正一道》，第 662 页。
③ （明）鲁点编，汪桂平点校，王卡审定：《齐云山志·前言》，第 1 页。

所增《宫观考》部分不仅展示了明代茅山宫观兴废实录，还记录了茅山主要宫观田产，是了解茅山道观经济的罕见史料。此外，娄近垣《龙虎山志》卷九《田赋》、查志隆《岱史》卷十三《香税志》等记载的龙虎山历代田产及蠲免赋税的情况，都是道观经济的绝佳史料。

第二，深入了解宫观山志在政治史、文化史等领域的地位，拓展其研究领域。宫观山志虽为一宫一山之史，而其所记则甚为广泛，其中蕴含着丰富的学术文化信息，不仅是研究道教历史变迁和区域道教渊源流变的第一手资料，还是政治史、文化史、地方史的重要史料。

在政治史方面，历代五岳群望的祭祀都是国家祭典的重要组成部分，是皇朝政治生活的大事。明朝开国之初，太祖便任用高道祭祀五岳山川，充分说明道教已经负责国家祀典。这些重要史实，明清诸多史书或记载阙如，或语焉不详，而明清时期宫观山志很好地弥补了这一缺憾。例如，《华岳志》记载了洪武十年（1377）道士何公溥与宋国公冯胜一同主祭西岳之事；永乐元年（1403），明成祖甫继大统，便派遣道士曾维新祭西岳；永乐四年（1406），又遣道士邓全礼祭西岳。[1]《嵩岳志》卷下也保留了明廷于洪武十年（1377）、十二年（1379）、十八年（1385）、三十年（1397）、建文四年（记作洪武三十五年，1402）、永乐四年（1406）、五年（1407）多次派道士祭祀嵩山的史实。[2] 明江永年增补《茅山志》在体量上增加了首卷一卷和后编二卷，所增加部分较刘大彬《茅山志》多出另一本书的分量。该志所增《明懿典》等内容记述了明代官方在茅山所进行的祭祀活动，充分反映了茅山在明代国家祀典中的特殊地位。新增的《茅山重修玉晨观碑》《重修玉晨观洞宫记》《积金山庵重建三官殿记》等碑记还翔实地记载了明代开国功臣、皇族贵胄及富商巨贾或皈依道教或斥资护法的事实。凡此种种，都是明代政

① （清）李榕纂辑：《华岳志》卷七《纪事》，载《中国道观志丛刊正续编》第4册，第699页。
② （明）陆柬辑：《嵩岳志》卷下《秩祀下第四》，载《中国道观志丛刊正续编》第40册，第128、128、129、131、132、134、136页。

治史的重要史料。

在文化史方面，明清宫观山志有着大量的文学、书法、绘画等内容，对于丰富与拓展相关领域的研究有着不可替代的作用。以文学为例，明清宫观山志收录了相当丰富的文坛士子的碑文、诗赋，生动地折射出道教与文学的密切关系。梳理这些文学作品，颇能窥视士人羡仙志趣、隐逸趣向和慕道情怀。

第三，通过对宫观山志的研究，丰富历史文献学、历史编纂学的内容。明清宫观山志在历史文献学上也有突出的学术价值，尤其是在补遗、纠谬、校勘等领域最为突出。近年相继编纂的《全宋文》《全宋诗》《全元文》《全元诗》等大型断代诗文集，对宫观山志虽有采录，但仍有不少遗漏。本书通过翻检明清宫观山志等文献，检得很多诗文，均不见于上述诗文集及诸家补遗之作。

在历史编纂学方面，明清宫观山志与传统方志一样，较之以往，有很大不同，最为突出之处在于许多宫观山志开始拟定凡例，如明彭簪编校《衡岳志》，明查志隆撰《岱史》，清王概总修、姚世佾等纂《大岳太和山纪略》等，其凡例虽繁简不同，但都能开宗明义阐明著书宗旨及编纂原则，从体裁体例到材料取舍，从书法称谓到文字表达，都做了较为明确的交代，这种做法值得肯定。另外，研究明清宫观山志的修志实践和修志理论，可以为新时期道教山志的编纂提供经验教训，值得认真总结汲取。正如张全晓所说，明代武当山志的编修，反映出道教山志编修中为山与为游、志山与志道、正信与迷信、隐恶与扬善、贵因与贵创、详今与略古、尚繁与尚简、观美与实用等诸多实际问题。① 这一观点具有普遍意义，包括武当山志在内的许多明清宫观山志，都为后人提供了上述经验与教训。这些问题在新时期宫观山志重编续修过程中仍然存在，仍有必要审慎研究。

① 张全晓：《明代武当山修志实践的若干启示》，《中国道教》2015 年第 4 期。

2. 本课题的应用价值

第一，有助于精准把握新时期宗教政策，弘扬优秀传统文化。道观的兴衰，几乎可以看作地方社会兴衰的一个晴雨表。以此而论，道观之兴衰亦是地方消长之一端。宫观山志倾注了历代高道大德和崇道向道之人对道教宫观和道教名山的炽烈情感，是记录我国各个地方不同时期道教乃至世俗社会经济、地理、历史、文化等各方面情况的一个综合性文献资料宝库，是道教宫观文化和道教名山文化的重要组成部分。通过本课题的研究，可以为今天的人们更好地了解道教发展的历史，从而更准确、更全面地理解我国的民族宗教政策，更好地保护、利用、弘扬道教文化遗产提供帮助。

第二，有助于借鉴道观管理历史，探索道教管理经验。道教的现状远非尽善尽美，其中还存在着许多令人忧虑的问题。通过对宫观山志中高道大德行迹的梳理、道观管理经验的挖掘，为今天提高道徒文化素质，自觉肩负起弘扬教旨的重任，改变道教济世度人功能弱化，以及一些宫观管理混乱、道风不正、教戒规仪不整等不良倾向，进行有益探索。

本书试图以编纂理论最为成熟、成果最为丰富、存量也最多的明清宫观山志为研究对象，对其多方面价值做系统深入的梳理和探析，为拓展中国政治史、文化史和文献学等诸多领域的相关问题提供独特的视角和珍贵的史料，具有较高的学术价值和应用价值。

二、既往相关研究概述

学界对于宫观山志的研究，主要集中在以下方面：

第一，对宫观山志的宏观考察。

首先，将道教宫观山志作为一个整体来研究。刘永海、郝秋香《道教宫观山志略说》① 以元代道教宫观山志为例，对其编纂群体、体例特征及史学价值等问题作了初步探讨。杨立志、王少儒《名山宫观志说略》② 概述名山宫观志之总貌、内容，梳理《道藏》及藏外道经、《中华山水志丛刊》等丛书所收道教名山宫观志并做了简介或提要，简要评价其功用、历史与现代价值，具有全面性和概括性双重性质。刘雅萍和张勇将道教宫观山志称为道教方志，前者撰有《中国道教方志研究概述》一文③，从道教方志在道经目录中的地位、道教方志的整理与出版及专题论文几个方面，梳理了 20 世纪以来关于道教方志方面的研究成果；后者的学位论文《明代道教方志研究》④ 搜集整理了存世及存佚不明的明代道教方志各五十多种，并重点介绍了十余种明代道教方志的内容、体例及文献学价值。

其次，对山水祠庙志的整体研究。更为宏观视域下的山水祠庙志研究，对于认清道教宫观山志的价值，从而对其进行更好的研究，具有很强的指导意义与借鉴作用。鲁西奇、石光明⑤以国家图书馆分馆所藏明清时期山水志书为例，论述了山水志书在自然地理与变迁、水利史、文化史以及风景区的开发等方面的重要学术价值。宋兹荣、李宝书⑥在亲身实践基础上总结了新时期山水志的体例、内容、行文及需要注意的问题，虽篇幅不长，但源于亲身经验，观点平实可靠。无独有偶，王晖⑦同样结合自身编纂山志经历，在新编山志体例继承与创新问题上，提出了自己的见解，认为新编山志应博采旧山志之长，整体反映景观面貌，使点、类、片、线有机结合，浑然一体；在行文

① 刘永海、郝秋香：《道教宫观山志略说》，《淮阴师范学院学报》（哲学社会科学版）2008 年第 2 期。
② 杨立志、王少儒：《名山宫观志说略》，载朱越利主编《道藏说略》，第 312—359 页。
③ 刘雅萍：《中国道教方志研究概述》，《图书馆理论与实践》2011 年第 8 期。
④ 张勇：《明代道教方志研究》，山东大学硕士学位论文，2013 年。
⑤ 鲁西奇、石光明：《浅说国家图书馆分馆所藏明清时期的山水志书》，载《2004 地方文献国际学术研讨会论文集》，第 298—300 页；石光明：《明清时期山水志书的学术价值研究》，《农业考古》2006 年第 1 期。
⑥ 宋兹荣、李宝书：《山水志编写初探》，《黑龙江史志》1998 年第 1 期。
⑦ 王晖：《山志体例章法的继承与创新》，《中国地方志》2008 年第 2 期。

上提倡节奏明快，史实与文采并扬；概述部分应首选可以直抒胸臆、收放自如的散文体；叙述景观成因时特别要注意不能滥收神话传说，应强调科学精神与实事求是。文章有理有据，鞭辟入里，高屋建瓴，既指出旧山志的优长，并据此构建了新山志的范式，又列举了新志编写容易犯的错误，提出了应遵循的原则与章法，对于新时期修撰山志工作有很强的指导意义。黄苇《方志学》第九章第八节①梳理我国山水祠庙志的编纂概况，阐发其体例和特点、内容和价值，并对新志编纂应注意独特性与科学性的统一以及游记等文学作品入志等问题作了颇有价值的探讨。

方霞②梳理明清浙江山志发展脉络、类型，探讨编纂群体、编纂方略、学术价值，并对万历《天台山方外志》、崇祯《四明山志》、道光《普陀山志》进行编纂学分析。伍常安③爬梳《庐山纪略》《庐山记》《龙虎山志》等民国前历代江西山志，概括其体例编纂的特点，论述各自学术价值。李凭④概述了《清凉山志》《恒山志》和《霍山志》三部名山志的版本、内容特点及其现实意义。三者都是对区域范围内的名山志做宏观研究的代表成果。张群⑤对近三十年来学界关于山志研究的述评与分析，为本课题的开展提供了方便。

上述研究对于深入开展道教宫观山志的研究具有理论指导及典型示范作用，但限于研究对象及著述体例，诸家研究或失之于简，有的仅是条其篇目，有的仅是撮其概要；或失之于疏，有的仅是对宫观山志之多方价值列举一二，不及其余，有的仅是泛泛而谈，未能深入，除介绍宫观山志对道教文献的存留价值外，其丰富的思想价值、社会价值均未系统梳理与挖掘。因之，学界对宫观山志的整体考察还很薄弱，大量工作有待于向深度和广度拓展。

第二，对宫观山志的微观考论。

---

① 黄苇等：《山水祠庙志编纂研究》，载《方志学》，第761—769页。
② 方霞：《明清浙江山志述论》，复旦大学硕士学位论文，2010年。
③ 伍常安：《历代江西山志要》，《文献》1991年第2期。
④ 李凭：《评山西的三部山志》，《五台山研究》1985年第1期。
⑤ 张群：《近三十年山志研究述评》，《湖南工程学院学报》（社会科学版）2015年第4期。

　　较之整体研究，对道教宫观山志的微观考论要丰厚、深入得多。约略来看，学界的研究主要集中于五岳、茅山、龙虎山、武当山、崂山、九嶷山、齐云山、九宫山等道教名山、名观志书，并取得了一系列的成果。

　　（1）对五岳志书的研究

　　东岳泰山志　泰山有志，始于东汉，盛于明清。明代泰山志书有汪子卿《泰山志》、查志隆《岱史》、萧协中《泰山小史》等，清代有唐仲冕《岱览》、金棨《泰山志》等。[法] 爱德华·沙畹（Edouard Chavannes）的《泰山：中国宗教的专论一种》①，参考《岱览》《泰山志》《岱史》等泰山旧志撰成此书，开泰山研究风气之先，至今仍是利用山志等文献研究宗教及民间信仰的绝佳范本。[美] 布赖恩·R.多特（Brian R. Dott）的《身份的反现：中华帝国晚期的泰山朝圣》② 梳理泰山旧志，将一般香客、帝王和文人骚客置于同一系统中对比研究，展示了泰山信仰之全貌。吕芸芳《泰山历代著述提要》③ 是第一本较为全面系统地介绍有关泰山著作的工具书。吕芸芳、闫峰《历代泰山志概述》④ 概述历代泰山志，并着重对十种泰山志的版本、作者、内容、价值、收藏情况等一一考证、介绍，内容较为丰富。周郢《泰山志校证》⑤ 对现存最早的泰山志书明代汪子卿编纂《泰山志》整理校证，全书征引文献近千种，辑录了众多珍稀罕见的研究资料，对明志的体例、编纂思想、史料价值、学术影响等方面都做了探讨，并对其在泰山学史上的地位加以评价⑥，"还提出诸多视角独到的新见解"，"成为古籍整理中的一个新体式，具

---

　　① [法] 爱德华·沙畹（Edouard Chavannes）：《泰山：中国宗教的专论一种》（"Le T'ai-chan：Essai de monographie d'un culte chinois"），巴黎：《吉美博物馆年鉴》（*Annales de Musee Guimet* 28），1910 年，第 415—424 页。

　　② [美] 布赖恩·R.多特（Brian R. Dott）：《身份的反现：中华帝国晚期的泰山朝圣》，剑桥：哈佛大学亚洲中心，2004 年（Brian R. Dott. *Identity Reflections Pilgrimages to Mount Tai in Late Imperial China*, Cambridge Harvard University Asia Center，2004）.

　　③ 吕芸芳编著：《泰山历代著述提要》。

　　④ 吕芸芳、闫峰：《历代泰山志概述》，《山东图书馆季刊》2005 年第 1 期。

　　⑤ 周郢校证：《泰山志校证》。

　　⑥ 周郢：《明〈泰山志〉整理论略》，《泰山学院学报》2004 年第 2 期。

有较高的学术价值"①。查志隆《岱史》是继汪子卿《泰山志》之后的又一部大型泰山志书，马铭初、严澄非《岱史校注》② 对该志进行了校点和注释，是针对该志的基础性研究。鉴于诸家目录著录各不相同，康尔琴③的文章对《岱史》的著作方式、责任者朝代、版本等方面进行了考证，给出了较为合理的著录方式。明末萧协中撰《泰山小史》有两家注本：一是民国赵新儒校勘《新刻泰山小史》④，正文旁附加赵注；一是刘文仲《泰山小史校注》。⑤ 关于清唐仲冕《岱览》的研究主要有李少静《〈岱览〉及其撰者唐仲冕》⑥、周郢《唐仲冕〈岱览〉与泰山石刻学》⑦、吕冠南《〈岱览〉与宋佚诗文辑补》⑧，前一篇从文献学角度概述《岱览》作者事迹及是书体例、内容，后两篇分别论述该书的史料价值和辑佚价值。清聂钦《泰山道里记》记叙泰山山脉、道路、名胜古迹、金石，岱林等对是书加以点校，出版了点校本。⑨《泰山文献集成》点校泰山志书十三种⑩，十二种为明清志书，是对明清泰山志书的全面整理。

西岳华山志　华山有志，始于北宋。北宋卢鸿《华山记》、元史志经《华山志》皆佚，今存清代以前华山志书尚有多种，如金王处一撰及明王民顺增补《西岳华山志》、明李时芳《华岳全集》、马明卿《华岳全集》、清东荫商《华山经》、路一麟《华山小志》、姚远崑《华岳志》、李榕《华岳志》、蒋湘南《华岳图经》等。谢彦卯⑪从内容、时间、作者、版本流传、收藏情况等方

① 牛芳：《泰山名志有新笺——〈泰山志校证〉简评》，《山东图书馆季刊》2006 年第 2 期。
② 马铭初、严澄非：《岱史校注》。
③ 康尔琴：《〈岱史〉著录考》，《河南图书馆学刊》2010 年第 3 期。
④ 赵新儒校勘：《新刻泰山小史》，载沈云龙主编《中国名山胜迹志丛刊》（第一辑第 7 册）。
⑤ 刘文仲：《泰山小史校注》，见朱俭、齐荃辑录《泰山研究资料索引》（1949—1988），《岱宗学刊》1998 年第 2 期。
⑥ 李少静：《〈岱览〉及其撰者唐仲冕》，《山东图书馆季刊》1995 年第 3 期。
⑦ 周郢：《唐仲冕〈岱览〉与泰山石刻学》，《山东图书馆季刊》2007 年第 4 期。
⑧ 吕冠南：《〈岱览〉与宋佚诗文辑补》，《泰山学院学报》2017 年第 2 期。
⑨ （清）聂钦撰，岱林等点校：《泰山道里记》。
⑩ 汤贵仁、刘慧主编：《泰山文献集成》。
⑪ 谢彦卯：《历代华山志考略》，《图书馆理论与实践》2003 年第 5 期。

面对历代华山志进行简单梳理与考证。刘秀慧①以李榕《华岳志》为例讨论了职业技术学院高校古籍数字化和古籍保护之措施。王永莉、何炳武②以李榕《华岳志》为中心，结合其他相关文献，探索了古代西岳山神信仰的具体面貌，彰显了该书的学术价值。高叶青③阐释了李榕《华岳志》对于研究华山道教历史、道教人物、道教养生、道教旅游等方面的作用。吕冠南④认为，姚远翱《华岳志》具有重要的史学价值、文献学价值，但该书著录不够严谨，在诗题、作者姓名和朝代上偶有讹误，利用此书时不可不察。

　　南岳衡山志　南岳又称衡岳，是著名的道教名山。魏晋以降，南岳史志专书代有纂修。明清时期南岳志书有 11 种之多⑤，存世者 6 种。与南岳文化在中国传统文化之中的突出地位相比，学界对南岳山志的研究还是十分薄弱的，仅有为数不多的几种论著。如骆啸声⑥对王船山《莲峰志》主要内容、学术价值的探究，曾春花⑦对清尹继隆《南岳二贤祠志》的点校整理与研究。莲峰与二贤祠皆属于南岳，故可视为南岳山志研究的一部分，但不是纯粹意义的南岳志书的研究。刘志盛⑧也简要梳理了魏晋至民国二十余种南岳志书概况，介绍了 11 种传世志书撰者、版本、内容及其价值。除此之外，对南岳山

---

　　① 刘秀慧：《由善本〈华岳志〉整理谈渭南市古籍保护现状及对策》，《绥化学院学报》2015 年第 11 期。

　　② 王永莉、何炳武：《以〈华岳志〉为中心的西岳山神信仰研究》，《人文杂志》2012 年第 6 期。

　　③ 高叶青：《清道光〈华岳志〉版本及其对道教研究的价值》，《兰台世界》2012 年第 15 期。

　　④ 吕冠南：《姚远翱〈华岳志〉存诗之得失》，《盐城工学院学报》（社会科学版）2017 年第 2 期。

　　⑤ 明清南岳志书计有：（明）曾瑀《南岳纪略》一卷、（明）邝祖诗《南岳志》六卷、（明）邓云霄《南岳志》八卷、（明）彭簪《衡岳志》八卷［亦署名姚宏谟、张（章）宣］、（明）陈士元《岳纪》六卷、（清）朱衮《（康熙）重修南岳志》（又名《重修衡岳志》）、（清）高自位等《（乾隆）衡岳志》、（清）释源顶《南岳图志》一卷（又名《衡岳图志》）、（清）谢仲坑《南岳略》一卷、（清）许知玑《南岳志辑要》四卷、（清）李元度《重修南岳志》二十六卷，见刘志盛《〈南岳志〉考述及其仙道史料价值》，载《道教与南岳》（湖南省道教文化研究中心研究丛书第二辑），第 230—231 页。

　　⑥ 骆啸声：《王船山〈莲峰志〉与地方志》，《武汉师范学院学报》1983 年第 1 期。

　　⑦ 曾春花：《尹继隆及其〈南岳二贤祠志〉》，《衡阳师范学院学报》2009 年第 1 期。

　　⑧ 刘志盛：《〈南岳志〉考述及其仙道史料简介》，载湖南省道教文化研究中心编《道教与南岳》（湖南省道教文化研究中心研究丛书第二辑），第 230—241 页。

志少有关注者。可以说，很长一段时间以来，对南岳山志系统深入的研究几乎是一片空白，殊为可惜。魏斌及张群的研究在很大程度上是对这一空白的弥补。魏斌①以徐灵期、宗测撰两种《衡山记》《南岳真形图》、梁元帝《南岳衡山九真馆碑》等存世早期资料为线索，大致勾勒出衡山山岳记出现的过程，辨析了中古早期"南岳"衡山文化变迁过程中的历史书写和建构。作者在缜密考察后指出，由于各种各样的原因，使得依据较晚的追溯性资料如《南岳小录》《南岳总胜集》等研究早期衡山历史时，存在一定的危险性，使得"本来的历史"和"写的历史"之间，有很多需要警惕的陷阱。这一提醒对于整个道教山志的研究都是十分必要的。张群②先是考察了全国正史目录、湖南省志及衡山县志艺文志，总结出南岳史志专书发展的特征及其与南岳主流文化变迁的密切关系，又考察出南岳山志著述群体逐渐多元化的渐进过程；继而，张群与人合作③，以清代李元度《南岳志》为中心，通过文献分析与数据统计分析，发现明代南岳客源市场、旅客地域分布的特点及规律，从而找到了一条以山水志为资料中心考察道教名山旅游客源市场空间结构的道路，对道教山志价值的充分发挥和现代道教名山旅游业的发展都是有益的尝试。其学位论文④对历代南岳山志进行梳理，考察其存佚与收藏情况，再运用文化生态学、史源学、宗教学及社会学等多学科理论与方法，揭示南岳山志的文本特征、历史地位及影响、流变、与当时社会历史文化背景的关系，把握南岳山志的编修规律和特点，洞悉南岳衡山历史地位和文化主体的嬗变，是目前为止对南岳山志最为系统、深入的研究。

北岳恒山志　明清恒山志书存世多种，如明皇甫汸等《北岳编》，赵之

① 魏斌：《书写"南岳"——中古早期衡山的文献与景观》，载武汉大学中国三至九世纪研究所编《魏晋南北朝隋唐史资料》（第三十一辑），第138—162页。
② 张群：《南岳史志专书流变考——以民国以前历代官修史志目录书为线索》，《船山学刊》2012年第1期。
③ 张群、刘建平：《明代南岳旅游客源市场空间结构研究——以〈南岳志〉为中心》，《湘潭大学学报》（哲学社会科学版）2013年第1期。
④ 张群：《南岳山志研究》，武汉大学博士学位论文，2013年。

韩、王浚初《恒岳志》，何出光、魏学礼《北岳庙集》，清张崇德《恒岳志》、桂敬顺《恒山志》、贺澍恩《恒山续志》、王锡祺《恒岳记》、陈弘绪《恒山存稿》等。学界对于恒山志书的研究还很有限，仅见张海军①考察浑源历代方志过程中对恒山专志的梳理。此外，曾伟②通过对顺治《浑源州志》和《恒岳志》的考察，认为明清易代之际新附清朝的北方边塞地区通过地方志和山志的编修，表达了官方重建社会秩序和重构国家认同的愿望。李岩③指出，编于明代的北岳祭祀文献《北岳庙集》，较集中地体现了官吏群体对北岳方位的认知情况，从中可以窥视北岳信仰逐渐从河北转移到山西的轨迹。李凭④曾将桂敬顺《恒山志》、释镇澄《清凉山志》、释力空《霍山志》三部山志做过简单比较。迄今为止，尚无专门对明清恒山志书的研究。

中岳嵩山志　嵩山又名嵩高山，为五岳之中岳，嵩山洞为道教三十六小洞天之第六小洞天。"嵩山作为国家祭祀的神圣空间很早就与道教传统发生关联"⑤，由汉至清，道教在中岳庙国家祭祀中一直承担着重要作用。嵩岳之有专书，始于北魏卢元明《嵩高山记》，此后代有编纂，至民国时，前后二十余部。其中，九部已佚，十部尚存，一部待访。《嵩岳文献丛刊》⑥将十部存世

---

① 张海军：《浑源古方志考略》，2016 年 8 月 7 日，见 http://blog.sina.com.cn/s/blog_15c26226 f0102ws72.html。

② 曾伟：《明清易代之际的方志编纂与地方社会——以浑源州为例》，《中国地方志》2018 年第 2 期。

③ 李岩：《古北岳方位观念辨析——以〈北岳庙集〉为中心》，《保定学院学报》2019 年第 1 期。

④ 李凭：《评山西的三部山志》，《五台山研究》1985 年第 1 期。

⑤ 张广保：《道教与嵩山中岳庙的国家祭祀》，《宗教学研究》2017 年第 1 期。

⑥ 郑州市图书馆文献编辑委员会编：《嵩岳文献丛刊》。十部存世嵩岳志书为：（明）陆柬《嵩岳志》二卷、（明）陆柬《嵩岳文志》八卷《续诗文》一卷、（明）傅梅《嵩书》二十二卷、（清）叶封《嵩阳石刻集记》、（清）叶封《嵩山志》二十卷《首》一卷、（清）耿介《嵩阳书院志》二卷、（清）景日昣《嵩岳庙史》十卷、（清）景日昣《说嵩》三十二卷、（清）焦如蘅《少林寺志》不分卷、（民国）席书锦《嵩岳游记》四卷。

嵩山志书点校出版，对于嵩山文化的研究，其功甚巨。栾星①、崔向东②对嵩岳山志的存佚、版本、内容及价值等专门做过梳理。崔向东③对《嵩书》作者傅梅生平及其著述成就做了简要评介，并对史志中记载不详或抵牾之处加以考订与辨析；崔向东④还阐述了《嵩书》的编纂过程及历史背景，肯定了该书在体例、辑佚、存史等方面的价值，并指出其不足之处。周树德⑤介绍了景日昣及其《说嵩》常见的四种版本，秦佩珩⑥初步探讨了该书的历史地理学价值。总体上说，学界对嵩岳志书的研究仍处于文献结集及内容介绍的初始阶段，尚有继续深入及不断拓展之必要。

（2）对《茅山志》的研究

一直以来，学界关注的《茅山志》共有三种：第一种是题刘大彬编元本《茅山志》。对于该书的研究，集中于三个方面。首先是编纂者问题，陈国符率先提出"此书实即张天（伯）雨所修，刘大彬窃取其名而已"⑦。徐建勋认为所谓"刘大彬造"当系雕造（出资镂板）而言，"后人失察，实非指彬自撰造也！"⑧ 卢仁龙也持"《茅山志》的修撰是刘大彬主其事，具体修撰者是张天雨"之说。⑨ 对于"张雨说"，也有学者持反对意见，丁雪艳指出"《茅山志》非张雨著述，实为刘大彬修撰"⑩。孙王成虽然同意《茅山志》是"刘大彬同赵孟頫、虞集、张伯雨等众弟子大家共同合作的结晶"，但总体上说，

① 栾星：《嵩岳文献叙录》，载郑州市图书馆文献编辑委员会编《嵩岳文献丛刊》，《附录》，第1—22页。另可参阅栾星《〈嵩岳文献丛刊〉序》，《古籍研究》2002年第1期；栾星《谈嵩岳与嵩岳文化》，《中州学刊》2002年第6期。

② 崔向东：《嵩岳古文献及其作者评述》，《河南教育学院学报》（哲学社会科学版）2013年第2期。

③ 崔向东：《〈嵩书〉作者傅梅考略》，《河南社会科学》2002年第6期。

④ 崔向东：《第一部体例完备分类明确的嵩山专志》，《河南图书馆学刊》2001年第4期。

⑤ 周树德：《景日昣与〈说嵩〉》，《河南图书馆学刊》2001年第4期。

⑥ 秦佩珩：《〈说嵩〉在地理学上的价值》，《安阳师专学报》1983年第4期。

⑦ 陈国符著：《道藏源流考》，第248页。

⑧ 徐建勋：《〈茅山志〉作者考证及其内容》，载第二届海峡两岸道教学术研讨会论文集（三）《道教的历史与文学》，南华大学宗教文化研究中心，2000年7月。

⑨ 卢仁龙：《〈道藏〉本〈茅山志〉研究》，《社会科学战线》1992年第2期。

⑩ 丁雪艳：《〈茅山志〉作者考》，《中国道教》2001年第1期。

"元版《茅山志》的作者是刘大彬而不是张伯雨"①。依据古今图书责任者认定之惯例，综合元明诸家目录记载、今人之说和书中内容，本书以为，无论张雨在修撰过程中作用多大，《茅山志》系刘大彬主编之身份皆可认定。至于"窃取其名"之说，则显得有些言重。其次是综论该书之价值或者利用该书阐发道教文化的研究，以朱越利②、卢仁龙③、孙鹏④、马秀娟⑤为代表，这些研究为学人揭橥该志的史学价值和文化价值提供了较好范式。最后是针对该志辑录道教诗文的研究，以周建国⑥、郭文镐⑦为代表。第二种是清朝笪重光（号蟾光）重修《茅山志》，陈国符认为"是志删节刘志而紊其条贯，除稍增辑明清文献外，无可取者"⑧。或许是受此观点的影响，学术界对该志的相关研究不多，但杨世华、潘一德强调，此志毕竟"记载了元末至清朝茅山道教的有关历史，还是有一定价值的"⑨。本书认同此说。第三种是民国江导岷编辑《茅山志辑要》，该志系笪蟾光志之节录本，且超出本课题研究时限，故不予讨论。事实上，除以上三种外，尚有茅山玉晨观本《茅山志》⑩，长期未被学人关注。［美］王岗（Richard G. Wang）对此书加以点校并进行了深入研究，书后"附录一"论述明版《茅山志》在版本学和书志学方面的价值，阐发该书对研究明代茅山道教之重要性；"附录二"利用该志并结合其他文献，探讨明代江南士绅精英与茅山全真道兴起的关系，是全面论述该志的重要文章。［美］司马虚

①　孙王成：《元版〈茅山志〉的作者究竟是谁》，《中国道教》2001年第1期。
②　朱越利：《读〈茅山志〉札记五则》，《世界宗教研究》1998年第4期。
③　卢仁龙：《〈道藏〉本〈茅山志〉研究》，《社会科学战线》1992年第2期。
④　孙鹏：《茅山"仙洞"的道教文化特色——基于〈茅山志〉的分析》，《长江论坛》2013年第4期。
⑤　马秀娟：《刘大彬〈茅山志〉研究》，《宋史研究论丛》2018年第1期。
⑥　周建国：《〈茅山志〉纂辑唐人诗文杂论》，《安庆师院学报》1985年第1期。
⑦　郭文镐：《〈茅山志纂辑唐人诗文杂论〉商榷——兼考顾非熊生年》，《徐州师范学院学报》1988年第4期。
⑧　陈国符：《道藏源流考》，第250页。
⑨　杨世华、潘一德编著：《茅山道教志》，第110页。
⑩　（元）刘大彬编，（明）江永年增补，王岗点校：《茅山志》。

（Michel Strickmann，1981）的博士学位论文①虽非《茅山志》专论，但对其学术价值的揭示影响巨大。杨世华等《茅山道教志》②利用茅山旧有志书，对茅山沿革、高道及宫观、科仪重新梳理，可以看成最新的茅山志书。

（3）对龙虎山志的研究

龙虎山是道教龙虎宗和正一派的祖山，在道教发展史中占有突出地位。明清龙虎山志主要有五种③：一是元代元明善初编、明周召续编《龙虎山志》三卷；二是元代元明善辑修、明张国祥续修《续修龙虎山志》六卷；三是元代元明善编、明张国祥、张显庸续撰《龙虎山志》三卷④；四是明代李仁等撰《龙虎山志》三卷（存上、中）⑤；五是清代娄近垣重辑《龙虎山志》十六卷。罗琴⑥针对诸家官私书目著录历代所修龙虎山志多疏略、扞格的情况，考索各家，参稽载籍，辨析著者、内容及版本，厘定原委梗概。王文章撰文⑦梳理元本、张本、娄本《龙虎山志》，认为三者不单是沿袭、增补关系，而是别具面目，各有特点与价值。吴保春的博士学位论文⑧及其相关论述⑨对龙虎山天师府建筑思想的研究，为发掘宫观山志的文化价值开拓了思路。总体来说，关

---

① ［美］司马虚（Michel Strickmann）：《茅山的道教：启示的编年史》（"Le Taoisme du Maoshan：Chronique d'une revelation"），《法兰西学院高等汉学研究所纪要》（第17卷）（*Memoires de l'institut des hautes etudes Chinoises*），Paris：College de France，1981年。

② 杨世华、潘一德编著：《茅山道教志》。

③ 王文章撰文认为现存《龙虎山志》有三个版本（《〈龙虎山志〉的编纂及元本、张本、娄本间的承变》，《宗教学研究》2016年第4期），不十分准确。

④ （元）元明善辑修，（明）张国祥续修《续修龙虎山志》六卷与（元）元明善辑修，（明）张国祥续修，张显庸全修《龙虎山志》三卷，不仅是卷数不同，在内容上亦有很大差异，故视为两部不同的书。

⑤ 据林夕主编《中国著名藏书家书目汇刊》所载《天一阁书目》（第2册第545页）、《天一阁见存书目》（第4册第437页）、《目睹天一阁书录》（第5册第301页）、《重编宁波范氏天一阁图书目录》（第5册第519页）、《鄞范氏天一阁书目内编》（第6册第140页）诸家目录，李仁等撰《龙虎山志》三卷，明嘉靖二十三年（1544）刻本，存上、中二卷。

⑥ 罗琴：《龙虎山志源流考略》，《宗教学研究》2016年第2期。

⑦ 王文章：《〈龙虎山志〉的编纂及元本、张本、娄本间的承变》，《宗教学研究》2016年第4期。

⑧ 吴保春：《龙虎山天师府建筑思想研究》，厦门大学博士学位论文，2009年。

⑨ 吴保春、盖建民：《道教建筑意境与道教体道行法关系范式考论——以龙虎山天师府为中心》，《世界宗教研究》2017年第3期。

于龙虎山志书的研究成果不多，这与龙虎山在道教中的地位是不相称的。

（4）对武当山志的研究

武当山是道教史上影响巨大的道教名山，尤其是明代更是成为全国道教活动中心。明清武当山志有十几部，如明代任自垣纂辑《敕建大岳太和山志》，方升等编纂《大岳志略》，王佐修、慎旦等纂《大岳太和山志》，凌云翼修、卢重华撰《大岳太和山志》，杨尔曾辑《太和山图说》，龚黄编辑《玄岳登临志》，清代王概总修、姚士倌等纂《大岳太和山纪略》等。对这些山志的基础性研究主要有杨立志点校《明代武当山志二种》①，该书选择任自垣《敕建大岳太和山志》和凌云翼修、卢重华撰《大岳太和山志》加以点校注释，颇便阅览。张全晓撰文加以拾遗补缺②，使其更加完善。陶真典、范学锋编纂点校《武当山历代志书集注》，拟整理历朝武当山志八种，已出版第一辑③，收《武当福地总真集》《敕建大岳太和山志》《大岳志略》三部，标点注释，汇成一秩。陶真典、范学锋点注《武当山明代志书集注》④收明志四种，即任自垣《敕建大岳太和山志》、方升《大岳志略》、王佐等《大岳太和山志》、凌云翼等《大岳太和山志》，将明代四部官修山志汇集成册，对于武当山和武当文化的研究起了推动作用。从文献学角度对武当山志的分析研究以石洪运《武当山志考》⑤为最早，是文梳理历代武当山志编纂始末、内容体例和版本源流、编修特点等，但对历代武当山志搜罗未备，尚可补充。王永国《武当山志考》⑥以此为基础，遍考武当十三次修志历程。张全晓将武当山志的研究

---

① （明）任自垣、（明）卢重华原著，杨立志点校：《明代武当山志二种》。
② 张全晓：《〈明代武当山志二种〉补校》，《中华文化论坛》2015年第3期。
③ 中国武当文化丛书编纂委员会编，陶真典、范学锋编纂、点注：《武当山历代志书集注》第一辑。
④ 陶真典、范学锋点注：《武当山明代志书集注》。
⑤ 石洪运：《武当山志考》，《中国道教》1994年增刊。
⑥ 王永国：《武当山志考》，《武当道教》2007年第2期。

推向更高水平，其博士学位论文及系列文章①，或梳理考证，或补正纠谬，或探究编纂缘由，或剖析文献价值，皆详赡细密，结论扎实。张华②关于山志对于武当道教作用之研究，突出了不同时代、不同内容的武当山志在武当道教文化传播过程中的积极作用，这一研究较以往的山志研究更侧重于文本考证与史实梳理的倾向，视角有所创新。

（5）对崂山志的研究

学界对明清崂山志书的研究主要集中在三个方面。一是对黄宗昌《崂山志》的文本整理。明末黄宗昌《崂山志》是崂山第一部志书，目前有刘洵昌等③、孙克诚④、青岛市崂山区档案局（馆）⑤和苑秀丽、刘怀荣⑥四家校注本。四家注本为该志的普及与推广都做了有益工作，但刘洵昌校注本因校注者对典章制度、古汉语语法理解有误等原因，产生不少讹误。⑦孙克诚和崂山区档案局（馆）二本除对黄《志》标点和注释外，未作进一步研究。比较而言，苑秀丽、刘怀荣本从标点、校勘、注释到综合研究，均用力甚勤，"是迄今为止最为完善的《崂山志》校注本，对崂山旅游和文化建设具有重要的参

---

① 张全晓：《历代武当山志所见玄帝灵验故事考》，《世界宗教研究》2017 年第 5 期；《明代武当山志考略》，《中国地方志》2011 年第 5 期；《明代武当山志所见世宗崇道问题研究》，《世界宗教研究》2014 年第 3 期；《清代武当山志著录疏误补正》，《宗教学研究》2017 年第 3 期；《历代武当山旧志考述》，《图书馆理论与实践》2014 年第 4 期；《明代武当山志著录疏误补正》，《世界宗教研究》2012 年第 2 期；《元代武当山志考略》，《汉江师范学院学报》2017 年第 2 期；《明代武当山志在修志实践和修志理论上的主要成就》，《宗教学研究》2014 年第 3 期；《略论明代武当山修志兴盛的原因》，《宗教学研究》2013 年第 1 期；《明代武当山志指瑕》，《中华文化论坛》2014 年第 11 期；《明代武当山志的文献价值例说》，《中国道教》2014 年第 4 期；《〈武当山记〉小考》，《郧阳师范高等专科学校学报》2012 年第 1 期；范学锋、张全晓：《玄帝信仰与明代〈大岳太和山志〉》，《郧阳师范高等专科学校学报》2009 年第 3 期。

② 张华：《略述山志在武当道教发展中的作用》，《中国道教》2009 年第 3 期。

③ （明）黄宗昌撰，刘洵昌点校，王诵亭注释：《崂山志》。

④ 孙克诚注释：《黄宗昌〈崂山志〉注释》。

⑤ 青岛市崂山区档案局（馆）、青岛市崂山区史志办公室、中共崂山区委党史研究室编：《〈崂山志〉校注》。

⑥ 苑秀丽、刘怀荣校注：《崂山志校注》。

⑦ 温爱连：《新世纪版〈崂山志〉校点商兑》，载青岛市崂山文化研究会编《崂山研究》（第 2 辑），第 157—181 页。

考价值"①。二是对黄宗昌本人及其《崂山志》学术价值的探讨与挖掘。苑秀丽②对黄宗昌家世与生平加以系统梳理与考辨，苑秀丽、温爱连③对黄《志》版本、续书及其相关研究情况进行总结与梳理，武建雄④探讨了黄宗昌人生经历及《崂山志》之多重价值等，都是比较扎实的成果。另外，玉千⑤对黄宗昌及其志书做了提要式介绍，石欣欣⑥探讨了黄宗昌父子著述《崂山志》等事迹及其为青岛地方文化的发展起到的积极作用等，这些成果也是需要注意的。三是对其他崂山志书的关注。例如，王楠楠⑦介绍了清代黄肇颚《崂山续志》的内容、体例及其价值。再如，关于近人周至元《崂山志》与黄《志》之间的关系，成果也比较突出。苑秀丽、温爱连⑧在比较黄、周两部《崂山志》后认为，除继承、吸收黄《志》外，周《志》在体例、内容上的增补与创新，也所在多有。温爱连⑨以黄、周的家世、生平为切入点，探求两部《崂山志》思想内涵、写作特色和学术价值，二人还重点论述了周至元对黄宗昌《崂山志》在写作特点方面的继承与创新。⑩苑秀丽、刘怀荣《崂山道教与〈崂山志〉研究》⑪分上、下编，上编依托崂山丰富史料，梳理崂山道教历史，下编对黄、周两部《崂山志》做深入的比较研究，这一研究"是崂山道教文化研

① 傅伟莉:《崂山志校注简评》,《东方论坛》2016年第1期。
② 苑秀丽:《黄宗昌家世与生平考——〈崂山志〉系列研究之二》,《东方论坛》2010年第6期。
③ 苑秀丽、温爱连:《黄宗昌〈崂山志〉版本、续书及研究述略》,《青岛大学师范学院学报》2010年第2期。
④ 武建雄:《黄宗昌与〈崂山志〉》,《青岛大学师范学院学报》2004年第4期。
⑤ 玉千:《黄宗昌与〈崂山志〉》,《烟台师范学院学报》(哲学社会科学版)1992年第3期。
⑥ 石欣欣:《黄宗昌父子与〈崂山志〉》,《德州学院学报》2018年第1期。
⑦ 王楠楠:《黄肇颚〈崂山续志〉的基本述略》,《科技咨询(科技·管理)》2008年第8期;《浅谈黄肇颚〈崂山续志〉的价值》,《科技咨询(教育科研)》2008年第8期。
⑧ 苑秀丽、温爱连:《黄宗昌与周至元〈崂山志〉比较研究——以写作体例和内容为中心》,《东方杂志》2012年第1期。
⑨ 温爱连:《黄宗昌、周至元〈崂山志〉比较研究》,青岛大学硕士学位论文,2009年。
⑩ 苑秀丽、温爱连:《周至元对黄宗昌〈崂山志〉的继承与创新》,《东方论坛》2015年第1期。
⑪ 苑秀丽、刘怀荣:《崂山道教与〈崂山志〉研究》。

究领域的重要收获"①，"对崂山道教发展史的研究具有示范和借鉴意义"②。此外，李偲源③对明以来崂山志书及以崂山为著述对象的著作进行了爬梳，呈现出崂山文化的清晰脉络。

总之，明清崂山志书研究成果比较丰富，尤其对黄宗昌《崂山志》的文本整理及其文献学价值等方面的研究最为突出，但对于山志自身蕴含的丰富思想价值、社会价值等方面，尚有可以探讨的空间。

（6）对九嶷（疑）山志的研究

九嶷山为道教第二十三洞天，又称苍梧山，因境内有九峰且峰峰皆仿，难以区别而名。明嘉靖至清嘉庆间，纂修或整理九嶷山志凡六次。④今万历、嘉庆二《志》有梁颂成、李花蕾校点本⑤，校点本《前言》对二《志》内容及价值略作介绍⑥，但标点粗疏，尤慎⑦撰文予以纠正。万里⑧在肯定蒋镔《九嶷山志》史料价值的同时，也指出其舛误之处，如将他人篡改骆宾王的四首诗不加考辨地收入李郃名下等。万里之文颇具警示作用，今人利用这类文献，倘囫囵吞枣，径直使用，将会以讹传讹，谬种流传，贻害后人。

（7）对齐云山志的研究

齐云山道教肇始于唐，南宋辟为皇家镇岳，有明一代，达于鼎盛，诏敕

---

① 柳卓霞：《〈崂山道教与〈崂山志〉研究〉简评》，《西藏民族学院学报》（哲学社会科学版）2013年第3期。

② 孔哲：《简评〈崂山道教与《崂山志》研究〉》，《东方论坛》2012年第6期。

③ 李偲源：《历代崂山山志述评》，载青岛市崂山文化研究会编《崂山研究》（第1辑），第170—181页。

④ 一是嘉靖二十年（1541）永州府同知鲁承恩刊印（佚）；二是万历四十八年（1620）宁远知县蒋镔修；三是崇祯五年（1632）宁远知县喻向葵增修，增《形胜图》于蒋志之首；四是康熙二年（1663）江华知县事摄宁远县詹惟圣修；五是康熙四十八年（1709）宁远知县徐旭旦修；六是嘉庆元年（1796）宁远知县吴绳祖修。黄虞稷《千顷堂书目》卷八《地理类下》著录《九嶷山图记》一卷（第221页），或将唐人元结同名文章误题为独立之书，存疑待考。

⑤ （明）蒋镔纂，（清）吴绳祖修，梁颂成校点；（清）王开琸纂，李花蕾校点：《九嶷山志二种·炎陵志》。

⑥ 是书《前言》内容又见于梁颂成《〈九嶷山志二种〉的成书及其文化价值》，《湖南科技学院学报》2007年第11期。

⑦ 尤慎：《［明］蒋镔〈九嶷山志〉校点批评》，《广东技术师范学院学报》2011年第3期。

⑧ 万里：《明万历〈九嶷山志〉中若干诗作者归属考》，《湖南科技学院学报》2008年第10期。

赏赐不断，至清时仍香火兴隆。第一部齐云山志为嘉靖十七年（1538）方汉所编，是志至清初亡佚。嘉靖三十六年（1557）休宁县丞方万有等编《齐云山志》七卷，两年后刊刻，流传至今。① 明万历二十七年（1599）休宁县知县鲁点编辑《齐云山志》五卷，此志从体例到内容再到刻印，均属上乘，被称为明代山志精品。后经崇祯末年、康熙五年（1666）、嘉庆十六年（1811）、道光十年（1830）多次重刻，内容上亦稍有增补。此外，尚有明末黄九如编《桃源洞天志》一卷，是书选辑鲁点《志》所收资料，又补记了明末邋遢仙、黄无心等道人开创齐云山桃源洞天的事迹，亦为齐云山道教志书资料。有关齐云山志书之研究，以汪桂平②为代表，其主持点校的《齐云山志》以鲁《志》为底本，以明末重印本、康熙、道光增补本为补校本，又附嘉靖方万有等编《齐云山志》和黄九如编《齐云山桃源洞天志》，对于齐云山志的利用与传播乃至齐云山道教文化的深入研究，都有重要推动作用。汪桂平③还通过对各种版本《齐云山志》的搜集、整理与研究，并利用现存石刻、方志等资料，厘清了各版本志书的作者、刊刻时间、增补情形等，订正了前人记载的失误。

（8）对庐山志书的研究

庐山既是佛教名山，亦是道教名山。道教列庐山洞为第八小洞天，称"仙灵咏真之天"，列庐山虎溪山为第四十七福地。东晋释慧远《庐山记略》被视为庐山志书之祖。东晋周景式、刘程之、张野、王彪之四种《庐山记》，宋代李常《续庐山记》、戴师愈《庐山记》及《庐山古今文物列传》、马玕《续庐山记》、释法琳《庐山记》、佚名《庐山事迹》，元鲜于枢《庐山志》，明代万衣《匡庐图考》、佚名《庐山图》、卜无咎《庐山记拾遗》，皆亡佚。今存北宋陈舜俞《庐山记》五卷（亦有三卷本）、明桑乔《庐山纪事》十二

---

① （明）方万有《齐云山志》七卷，仅存于宁波天一阁博物馆、南京图书馆（缺末卷、后序），参见柯亚莉《天一阁藏五种孤本明代专志考录》，《西南交通大学学报》（社会科学版）2008 年第 6 期；汪桂平《〈齐云山志〉版本考》，《世界宗教研究》2016 年第 3 期。

② （明）鲁点编，汪桂平点校，王卡审定：《齐云山志（附二种）》。

③ 汪桂平：《〈齐云山志〉版本考》，《世界宗教研究》2016 年第 3 期。

卷、清范衲《续庐山纪事》、吴炜《庐山志》十五卷、释定暠《庐山通志》十二卷、毛德琦《庐山志》十五卷、蔡瀛《庐山小志》十四卷、查慎行未刊稿《庐山志》八卷、民国吴宗慈《庐山志》十二卷等。学界对庐山志书的研究主要分二类：一是综合研究，代表人物是徐效钢，其《庐山典籍史》① 揭示了历代庐山文献的大致面貌，介绍了三十余种庐山史志的存佚、传承、内容、版本、价值、优劣等，是目前对庐山志书研究最全面、最系统的著作。二是对庐山专志的研究。例如，针对东晋释慧远的《庐山记》，姚公骞②关注其作者真伪问题，认为它是南朝宋、齐间道教徒假托或篡改而成；余如忠③则探究其文学价值，认为它是我国灿烂的文学艺术宝库中的一件珍品，在中国山水游记文学的形成、发展过程中，占有突出的地位。针对陈舜俞《庐山记》，虞万里考辨了其实有卷帙④，认为原书应为五卷而非三卷；徐效钢⑤强调了其"体例之明、考据之精、内容之实"及其作为庐山志书奠基之作的重要意义。针对民国吴宗慈《庐山志》，王蕾⑥叙述了吴宗慈与庐山的渊源及创作《庐山志》的背景资料，滑红彬⑦对吴《志》失收高僧做了有益补充，杨丽⑧的研究涉及吴《志》体例、内容、学术价值等方面。

(9) 对九宫山、罗浮山、崆峒山、麻姑山、天台山、武夷山、阁皂山等山志的研究

九宫山是我国五大道教名山之一，山志编纂始于明隆庆时王角峰《九宫山志》三卷，清顺治、乾隆时有续刊，皆散佚。今存《九宫山志》十四卷，

---

① 徐效钢：《庐山典籍史》，第 55—112 页。

② 姚公骞：《匡庐之得名与慧远〈庐山记〉辨》，《江西社会科学》1981 年第 1 期。

③ 余如忠：《试论〈庐山记〉在山水游记文学发展史上的地位——兼与张大新先生商榷》，《浙江师大学报》（社会科学版）1993 年第 4 期。

④ 虞万里：《陈舜俞〈庐山记〉卷帙辨证》，《中国典籍与文化》2012 年第 1 期。

⑤ 徐效钢：《庐山典籍史》，第 67 页。

⑥ 王蕾：《惧怕与浓情——吴宗慈与〈庐山志〉的故事》，《博览群书》2009 年第 9 期。

⑦ 滑红彬：《〈庐山志〉佛教人物补考》，《九江学院学报》（社会科学版）2011 年第 3 期。

⑧ 杨丽：《吴宗慈及其〈庐山志〉研究》，南昌大学硕士学位论文，2015 年。

为清光绪四年（1878）傅燮鼎重辑。王琛瑜、詹艺虹①指出，《九宫山志》对湘南地区道教音乐活动有详细描述，为研究湘南道教音乐史提供了宝贵的依据。胡军②也认为该志是今人研究九宫山道教音乐文化不可多得的重要史料。

罗浮山是道教第七洞天，罗浮山志书有多种，如明黎民表《罗浮山志》、黄佐《罗浮山志》、王希文《罗浮山志》、陈琏《罗浮志》、韩鸣鸾《罗浮志略》、韩晃《罗浮野乘》、清陶敬益《罗浮山记》、钱以垲《罗浮外史》、宋广业《罗浮山志会编》等。学界对罗浮山志书的研究还很不够，仅见王富鹏③利用宋广业《罗浮山志会编》对屈大均《罗浮书》的辨析及祁银德等④对《罗浮山志会编》"草属"记载的 21 种药用植物的考证。［法］苏远鸣（Michel Soymie）⑤ 考察了罗浮山的地理状况与山岳信仰以及它作为道教洞天福地的关联。

明代崆峒山志主要有明代李应奇、许登二种，均佚，清代王肇衍等《崆峒山志》未刊，张伯魁以此为基础纂修《崆峒山志》。除张怀宇⑥简要介绍外，至今未见针对崆峒志书的专门著述。

明清时期，曾几次纂修《麻姑山志》。明代陈克昌编《麻姑集》"既是一部历代文人题咏麻姑山山水人文的诗文总集，也是一部关于麻姑文化的文献综录，是江西麻姑山麻姑文化高度繁荣和巨大影响的艺术体现"⑦。清黄家驹编纂《重刊麻姑山志》，今有曹国庆、胡长春校注本⑧，该校注本除校点、注

---

① 王琛瑜、詹艺虹：《〈九宫山志〉中湘南道教音乐活动考究》，《兰台世界》2015 年第 30 期。
② 胡军：《清版〈九宫山志〉音乐史料研究》，《黄钟（中国·武汉音乐学院学报）》2011 年第 4 期。
③ 王富鹏：《屈大均佚著〈罗浮书〉的发现与辨析》，《文献》2009 年第 1 期。
④ 祁银德、吕立铭、麦艳珍：《〈罗浮山志会编〉"草属"药用植物名实考》，《江西中医药大学学报》2016 年第 1 期。
⑤ ［法］苏远鸣（Michel Soymie）：《罗浮山：宗教地理的研究》，《法国远东学院学报》第 48 期，1954 年，第 92 页。
⑥ 张怀宇：《平凉崆峒山的志书》，《发展》2018 年第 8 期。
⑦ 刘晓艳：《麻姑文化与道教文学奇观〈麻姑集〉》，《宗教学研究》2014 年第 2 期。
⑧ （清）黄家驹编纂，曹国庆、胡长春校注：《麻姑山志》。

释外，还纠谬、补遗，确有嘉惠学林的重要作用。《四库全书总目》著录了三种麻姑山志，一为明左宗郢编集，何天爵、邱时彬重修《续刻麻姑山志》十七卷；二为清朝罗森裁定、萧韵增补《麻姑山丹霞洞天志》十七卷，三为清朝萧韵撰《丹霞洞天志》十七卷。据杜泽逊①考证，三志之中，后两种实为同一种书，《四库全书总目》误为两书，属于重复著录。

天台山以"山水神秀，佛宗道源"为特色，存世天台山志也为数不少，但针对此类文献的研究尚且不多。唐徐灵府《天台山记》、明潘珹《天台胜迹录》点校本②，是天台山志书研究的代表成果。

历史上，武夷山志有多种，但专门研究成果还很少。基础性的整理成果以方留章等点校清董天工《武夷山志》为代表。③ 马秀娟等④认为明代徐表然纂辑《武夷志略》具有体例严谨、考证翔实等特点，是一部难得的善本方志。而方彦寿⑤对历代武夷山志的梳理，是最为翔实与扎实的考辨之作。

明代俞策以唐三洞道士许玄真《阁皂山记》为基础编成《阁皂山注（志）》，至清代已漫漶讹漏，经康熙年间著名学者施润章修订并略有增补，付梓流传。今人傅义《阁皂山志校补》，广事搜集，甄别纠错，既有点、校、注，复有辑、补、续，始为佳志。⑥

（10）对部分道观庙宇志的研究

《关帝志》 关羽系蜀汉名将，宋后被官方数代褒封及民间崇奉神化为武帝、关帝，道教称关羽为三教伏魔大帝。明清时期编纂了多部褒扬关帝英武忠义的志书，"以寓表彰之意"⑦，如明吕柟《武安王全志》（佚）、吕柟《汉

---

① 杜泽逊：《跋顺治刻本〈麻姑山丹霞洞天志〉》，《图书馆杂志》2003年第2期。
② （唐）徐灵府：《天台山记》、（明）潘珹：《天台胜迹录》，载《浙江文化研究工程成果文库》。
③ （清）董天工修撰，方留章、黄胜科、邱培德、李夷点校：《武夷山志》。
④ 马秀娟、李会敏、崔广设：《善本方志〈武夷志略〉》，《兰台世界》2011年第10期。
⑤ 方彦寿编著：《武夷山冲佑观》附录四《历代武夷山志考略》，第256—268页。
⑥ 《中国道观丛刊正续编》第29册所收《阁皂山志》录清人施润章三诗（第57—58页），可证是书提要谓"明万历刻本"不确。《四库全书存目丛书》史部第235册著录为清抄本，当是。
⑦ （清）张镇编辑，宋万忠、武建华标注：《解梁关帝志·自序》，第8页。

寿亭志》（佚）、胡栋《关帝志》，赵钦汤、焦竑辑《汉前将军关公祠志》九卷，侯加乘撰《关帝祠志》，清王朱旦《续关帝祠志》（佚）、王柱国《重修关夫子志》（佚），卢湛编《关圣帝君圣迹图志》，周广业、崔应榴辑《关庙志》四卷，王禹叔辑《关圣陵庙纪略》，张镇《解梁关帝志》等。学界研究关帝文化的成果非常丰富，但对关帝志书的关注略显不够。洪淑苓《文人视野下的关公信仰：以清代张镇〈关帝志〉为例》①、李世伟《创新圣者：〈关圣帝君圣迹图志〉与关帝崇拜》②、胡劼辰《明清关帝文献初探——清代前中期关帝类合集的文献史研究》③ 等几篇文章，虽然涉及关帝志书，但都不是针对关帝志书的专门研究。这方面的研究尚有很大的提升空间。

《妈祖志》　妈祖文化源远流长，至今仍在海内外有深厚的影响，留存下来的妈祖文献也是卷帙浩繁，其中清代林清标辑《敕封天后志》④，杨浚辑《湄洲屿志略》《天后宫过会图》等在体裁上皆可归入宫观庙宇志书之列。林庆昌⑤对《敕封天后志》进行整理、译注、辨析，并阐发了该《志》在妈祖文化中的重要作用。范传贤等点校《湄洲屿志略》⑥ 有利于该书的推广与流传。李露露⑦对《天后宫过会图》（又称作《天津天后宫行会图》）所反映的庙会组织、出会秩序、艺术形式等做了详细解析。姚旸⑧指出，该图不仅展现了皇会最兴盛时期的出会场景，更为皇会与民间社会间的互动情况提供了具

---

① 《汉学研究集刊》2007 年第 5 期，第 139—166 页。

② 王见川、苏庆华、刘文星编《近代的关帝信仰与经典》，第 69—87 页。

③ 何建明主编《道教学刊》（总第 3 期），第 92—115 页。

④ 《敕封天后志》虽可视为志天后其人的"传记"或"人物志"，但所记分为序、前序、贤良港图、湄洲图、传、褒封、祭文、奏疏、图说弁言、神迹图说、祖祠考、湄洲庙考、捐资与事姓氏（仅见于目录）等类目，具有志书特征，故可视为宫观志考察。

⑤ 林庆昌著：《妈祖真迹——兼注释、辨析古籍〈敕封天后志〉》。

⑥ 范传贤、许琼英点校：《湄洲屿志略》（前言、卷一、卷二），《福建师大福清分校学报》1990年第 2 期；温陵杨、浚雪沧点校：《〈湄洲屿志略〉卷三》，《福建师大福清分校学报》1991 年第 1 期；温陵杨、浚雪沧点校：《〈湄洲屿志略〉卷四》，《福建师大福清分校学报》1991 年第 2 期。

⑦ 李露露：《清代〈天后宫过会图〉释析》，《东南文化》2002 年第 2 期。

⑧ 姚旸：《论皇会与清代天津民间社会的互动关系——以〈天津天后宫行会图〉为中心的研究》，《民俗研究》2010 年第 3 期。

体的信息佐证，这些信息足以使我们管窥皇会社会化过程中留下的轨迹。

《城隍庙志》 城隍是中国文化中普遍崇祀的重要神祇，是中国民间和道教信奉守护城池之神。明清时期有多部城隍庙志问世，如明道士钱斯馨编《城隍庙志》（佚）、清朱朗斋等编《吴山城隍庙志》、佚名《城隍庙岁修祀纪事》、鲍涟等纂《高淳城隍庙志》、钱宝琛辑《续修昆山县城隍庙志》、潘道根《昆山县城隍庙续志》等。学界关于城隍庙及其文化的研究异常丰富，但专门对城隍庙志书的研究尚未见到，这方面的研究亟待加强。

《巢湖中庙志》 巢湖中庙，又称"忠庙""圣妃庙""圣母（姥）庙"，始建于东吴，屡废屡修，至今犹存。中庙志书的编纂大概始于明末清初薛景奎《中庙志》，惜已亡佚。今存中庙志书有清吴能成辑《巢湖中庙志》，袁六顺《巢湖中庙志》、张臣鹄《重修中庙庙志》①、民国李信孔《安徽巢湖中庙庙志》等。此外，清李恩绶辑《巢湖志》以吴《志》为基础删减、增补纂辑而成，也是巢湖中庙的基础文献。目前，学界关于中庙志书的专门研究还比较少，只有韩媛媛②的学位论文《明清巢湖中庙研究》，对中庙志书有所考察。

《炎陵志》 炎帝被道教尊为神农大帝，尽管炎陵有陕西宝鸡、河南商丘、山西高平、湖南株洲四说，但今存明清炎陵志书所述皆湖南之炎陵。学界一般认为，炎陵旧志先后有清康熙年间罗士彝的《炎陵述古》（佚）、彭之昙《炎陵初志》（佚）、道光八年（1828）王开琸《炎陵志》和道光十八年（1838）增修《炎陵志》，共四种，李花蕾③对其纂修沿革及作者姓氏等作了初步考述。后来又发现康熙十年（1671）罗士彝《炎陵志》一卷。是故，炎

---

① 据韩媛媛考证，袁六顺《巢湖中庙志》、张臣鹄《重修中庙庙志》皆亡佚（韩媛媛《明清巢湖中庙研究》，武汉：华中师范大学硕士学位论文，2018年，第14页），而复旦大学图书馆存《巢湖中庙志》一卷，著录为清袁六顺，署年代为1889年；南京图书馆存《中庙志》不分卷，署名张臣鹄，活字本，二册。复旦、南京之书，笔者未见，究竟是韩媛媛失察或是复旦大学、南京图书馆著录时将吴能成误题为袁六顺、张臣鹄，待考。
② 韩媛媛：《明清巢湖中庙研究》，华中师范大学硕士学位论文，2018年。
③ 李花蕾：《〈炎陵志〉沿革简论》，《湖南科技学院学报》2008年第2期。

陵旧志凡五种，今存三种，李花蕾均有校点。① 相关研究尚有彭定国②对炎陵
碑刻及炎陵志档案价值的揭示，李花蕾③对道光十七年（1837）《炎帝会碑》
整理与研究等。

《九鲤湖志》　九鲤湖位于福建仙游县，相传汉武帝时有何氏九仙在此骑鲤
升天，旧有九鲤湖祠。明清有二种《九鲤湖志》，为后世留下了宝贵文化遗产。
仙游县九鲤湖景区管委会将明万历十四年（1586）黄天全著、万历三十六年
（1608）康当世纂，连同民国三十一年（1942）徐鲤九纂三种《九鲤湖志》整理
出版④，对于该志书的深入研究乃至九鲤湖优秀文化的传承大有裨益。

此外，关于朱文藻（朗斋）《金鼓洞志》的研究，王文章⑤认为，该
《志》的编纂秉承乾嘉实证学风，贯彻传统文献学、史学的理论与方法，使其
兼具道观志与地方史志的特点。王文章⑥还梳理了该《志》在记录金鼓洞派教
派史及辑佚方面的史料价值。韩松涛⑦对《金鼓洞志》作者、成书刊刻年代、
主要内容及其呈现的全真教金鼓洞派传承等问题加以探讨，从而彰显出该
《志》的文献价值。

明胡廙重刊《祠山事要指掌集》是一部关于广德张王信仰的资料汇编，
属于地方志中的祠庙志，皮庆生⑧对该书编纂原委、版刻源流，以及全书的内
容、史料价值做了研究。

①　三志校点分见李花蕾：《康熙十年〈炎陵志〉校点》，《湖南科技学院学报》2009 年第 7 期；
《道光八年本〈炎陵志〉别出诗文校点》，《湖南科技学院学报》2009 年第 2 期；《九嶷山志二种·炎
陵志》。

②　彭定国：《试论炎陵碑刻与炎陵志的档案价值》，《民族论坛》1989 年第 2 期；彭定国：《"炎
陵碑刻"与"炎陵志"的档案价值》，《湖南师大社会科学学报》1989 年第 3 期。

③　李花蕾：《道光十七年〈炎帝会〉碑探析》，《黄石理工学院学报》（人文社会科学版）2009
年第 3 期。

④　陈清好主编：《九鲤湖文化丛书》（《九鲤湖志》三种）。

⑤　王文章：《朱文藻之〈金鼓洞志〉编纂特点论略》，《西南石油大学学报》2016 年第 4 期。

⑥　王文章：《略析朱文藻〈金鼓洞志〉的史料价值》，《中国道教》2009 年第 5 期。

⑦　韩松涛：《〈金鼓洞志〉与金鼓洞派》，载丁鼎主编《昆嵛山与全真道——全真道与齐鲁文化
国际学术研讨会论文集》，第 327—332 页。

⑧　皮庆生：《宋代民间信仰文献——〈祠山事要指掌集〉》，《中国地方志》2008 年第 6 期。

日本学者秋月观暎《〈逍遥山玉隆万寿宫志〉小考》① 是一篇专门研究《逍遥山玉隆万寿宫志》的文章，后编入其《中国近世道教的形成——净明道的基础研究》② 第三章，是文全面讨论了《宫志》诸本形成的经过，比较了乾隆本与光绪本的异同，探讨了《宫志》记传资料和《道藏》记传资料的关系，梳理了玉隆万寿宫的沿革，在学界有较大影响。王文章③阐述了是《志》在许逊信仰、净明道派等方面的重要史料价值。邓声国、陈立立整理《万寿宫通志》和王令策整理《黄堂隆道宫志》④，除了校点原文外，还在《前言》部分探讨了该《志》的编纂经过、关于许逊的问题、关于万寿宫变迁问题、关于万寿宫朝圣活动问题等，继承并发展了秋月观暎对《宫志》、许逊、万寿宫等问题的认识。

以上为迄今为止学界研究明清道教宫观山志之概貌，这些研究成果对于本课题的开展有着重要的参考价值。不难看出，明清宫观山志的研究确实取得了相当的成就，尤其是对武当山、衡山、茅山等道教山志的研究，成果比较集中。随着茅山、崂山、齐云山等山志及《万寿宫通志·黄堂隆道宫志》⑤的整理出版，关于这些志书内容、版本的研究逐渐增多，说明学界对道教宫观山志的关注日益走向深入。

然而，取得成绩的同时也有不足，主要表现在：其一，学界对明清宫观山志的关注面较窄，缺乏整体性、系统性研究，迄今未见专著，也少有专篇文章。微观考察是学界常采用的视角，而较少注意在更为广阔的视域上多种宫观山志之间的横向联系。其优长是有利于具体问题的深入，但是对于整体审视并发掘宫观山志的学术价值，则不无缺失。倘若忽视对宫观山志的整体

---

① [日]秋月观暎：《〈逍遥山玉隆万寿宫志〉小考》，载《文经论丛·史学篇》，1977 年，第73—87 页。
② [日]秋月观暎著：《中国近世道教的形成——净明道的基础研究》，丁培仁译。
③ 王文章：《光绪〈逍遥山万寿宫通志〉成书及史料价值论略》，《中国地方志》2015 年第 1 期。
④ （清）金桂馨、漆逢源编纂，陈立立、邓声国、王令策整理：《万寿宫通志（外一种）》。
⑤ （清）金桂馨、漆逢源等纂，陈立立、邓声国、王令策整理：《万寿宫通志（外一种）》。

观照与宏观把握，个案研究难免陷入琐碎化及自说自话的误区。本书希望能够在借鉴和参照已有成果的基础上，通过整体梳理明清宫观山志基本面貌，厘清其发展脉络，结合宗教学、文献学等不同学科，究其流变，述其内容，探其体例，辨其异同，明其得失，论其价值，补其疏误，以综合研究与个案研究相结合的方式彰显宫观山志的价值，弥补以往研究之不足，以期对中国道教史的研究有所补益。

其二，以往研究多注重宫观山志的简单梳理及内容介绍，远未将其编纂特征、编纂规律、史料价值、道教学价值、社会价值乃至文化价值充分挖掘出来，极大地影响了道教史研究向深度和广度发展。本书拟采用文献考察、实证研究等方法，深入挖掘明清宫观山志内在的史学、思想等多方面价值，以便学界更加明晰宫观山志在传统史籍中的重要地位和作用。

三、基本思路与内容框架

本书拟以明清宫观山志的发展背景为切入点，分析制约与影响明清宫观山志的外部条件与内部因素。同时，梳理现今明清宫观山志的基本情况，编制明清宫观山志存佚总表，探讨其编纂、刊刻、流布情况，分析其体裁与义例，总结其编纂规律与特征。深入挖掘明清宫观山志的史学价值、道教学价值和社会价值。在此基础上，结合明清宫观山志的历史地位，指出其自身的缺点，对其作出客观评价。

本课题主要研究内容如下：

第一，明清宫观山志繁盛的社会背景及发展概况。（1）简要梳理唐宋元时期宫观山志的发展历程；（2）分析明清社会环境和道教政策对宫观山志的制约；（3）阐述明清道派的分衍和道教传播范围的拓展等因素对宫观山志的影响。

第二，明清宫观山志的编纂与流传。（1）分析明清宫观山志的编纂群体、编纂缘由、编纂目的、经费来源等问题，梳理其基本面貌；（2）考察其刊刻、损毁、传播、存佚等问题，概述明清宫观山志的基本情况，编制存佚总表，为学界呈现一幅清晰的明清宫观山志学术地图，揭示其刊刻与流布过程中的经验与教训。

第三，明清宫观山志的体裁与义例。（1）分析归纳平列门目体、纲目体、辑录体、纪传体、史志体等宫观山志的体裁特征；（2）解读其编纂义例，诸如材料的来源与详略、内容结构的安排、语言的风格、图表的使用、论赞的安插等问题，丰富中国地方志的研究内容。

第四，明清宫观山志在道教学方面的价值。（1）梳理明清宫观山志对历代国家崇奉道教情况的记载，例如关于道教名山大观纳入国家祀典的记录、对天后及关帝等国家祀典的收录、国家对仙真高道封号的详尽记录、对朝廷颁赐《道藏》的记载等方面的内容，为道教史的深入研究提供新的资料及新的视角。（2）明清宫观山志中拥有较为丰富的道观经济史料，由于没有系统地对这些资料的钩沉与整理，学界对这些史料尚未引起足够重视。本课题将系统爬梳明清宫观山志反映的道观经济资金来源、田产、常住物业等信息资料，从而揭示明清宫观山志在研究道教史、经济史中的重要作用。

第五，以辑补价值为例，揭示明清宫观山志的史学和文献学价值。（1）爬梳明清宫观山志中相关诗文资料，挖掘其补史、纠谬功用；（2）从《全宋文》《全宋诗》《全元文》《全元诗》入手，利用明清宫观山志补其缺漏，使其趋于完善；同时，也为相关研究提供新材料。

第一章　明清宫观山志发展的背景与繁盛的原因

明清是宫观山志发展的鼎盛时期，这一时期的宫观山志种类繁多，体例完整，内容丰富，远胜宋元以前。探讨明清宫观山志繁盛的背景及原因，既有助于揭示明清宫观山志的特殊性，也有助于加深对宫观山志编纂基本规律的认识。

第一节　明清政策措施对宫观山志繁盛的影响

宫观山志在明清时期出现鼎盛绝非偶然，而是与当时的社会环境息息相关的。明清统治者鼓励修志，宠祀道教等政治因素为明清宫观山志的繁荣提供了有利的外部环境。

一、封建统治者重视修志直接刺激了明清宫观山志的兴盛和繁荣

明代是方志发展的兴盛时期。从历程看，经历四个阶段[①]，纂修方志超过

[①]　第一阶段是明代修志起步时期（洪武至天顺年间），共修志 257 种，其中洪武年间 55 种，永乐年间 64 种，洪熙年间 1 种，宣德年间 23 种，宣德年间 39 种，景泰年间 44 种，天顺年间 21 种；第二阶段是明代修志蓬勃发展时期（成化至正德年间），共修志 460 种；第三阶段是修志鼎盛时期（嘉靖至万历年间），共修志 1622 种；第四阶段是修志渐趋沉寂时期（天启至崇祯年间），共修志书 66 种。参见黄苇等著《方志学》，第 176—184 页。

三千多种①，今存一千余种。② 明代诸帝大都十分重视志书的修纂是此时志书发展的重要原因之一。明太祖于建国伊始的洪武三年（1370），便命人编修《一统志》，各地应命同时编修地方志书。为了宣扬一统盛世，教育后世铭记开创之功，成祖、英宗、景泰诸帝数次下诏，增修《一统志》。明成祖取得政权后，诏令全国各郡、县、卫、所皆必修志，此后，弘治、嘉靖、万历诸朝也多次下诏征取天下志书。尽管明末社会经济凋敝、战乱频仍，崇祯皇帝仍命人广求四方志书。由于中央政府三令五申，各地编修方志工作迅猛发展，为了迎合统治者意愿，明代许多方志数次编修，如《山西通志》《广西通志》《江西通志》《宁夏志》都是三次编修，州府县志如广东《潮阳县志》、江苏《六合县志》《杭州府志》先后编修六次，浙江《萧山县志》编修竟有七次之多。

清代是中国方志发展史上的全盛时期，方志的编修一度达到旧时代的最高峰，在现存 8500 多种方志中，清代纂修的方志约 6000 种。③ 出于笼络汉族文人，消弭反抗情绪，掌握各地实情等目的，清朝从顺治年间便着手修志，顺治一朝，共修志书 199 种。④ 伴随着政局日趋稳定及经济的渐次复苏，康熙时期开始了大规模修志热潮。雍正、乾隆也非常重视修志，尤其是格外看重通志的纂修，从雍正七年（1729）至乾隆六年（1741），竟然修纂《广东通志》《江西通志》等十九部通志。此外，这一时期文网严密，学者不敢轻言治史，注意力遂转至修志上来。总之，康熙、雍正、乾隆统治时期，形成了定

---

① 明代方志准确数字很难统计，巴兆祥最先统计 2892 种（《明代方志纂修述略》，《文献》1988 年第 3 期），张升认为应远在此数之上（《明代方志数质疑》，《中国地方志》2000 年第 3 期），巴兆祥后又统计 3470 种之上（《论明代方志的数量与修志制度》，《中国地方志》2004 年第 4 期）。
② 今存明代方志，陈光贻认为有"八百七十余种"（陈光贻：《中国方志学史》，第 86 页），巴兆祥说有 1017 种（巴兆祥：《明代佚志述略》，《文献》1990 年第 4 期）。
③ 关于清代方志数量，邸富生最初统计 4889 种（邸富生：《试论清代方志的纂修》，《辽宁师范大学学报》（社会科学版）1986 年第 4 期），经过进一步统计，认为清代纂修方志近 6000 种（邸富生：《中国方志学史》，第 115 页。）
④ 黄苇等著：《方志学》，第 213 页。

期修志制度，是清代第一次修志热潮。据不完全统计，这一时期共修志书
2605 种。① 嘉庆、道光、咸丰三朝，各种社会危机频繁出现，修志受到重大影
响，是清代志书修撰的沉寂时期，三朝修志分别为 355 种、476 种、86 种。同
治、光绪、宣统五十年间，是清朝修志的第二次热潮，共修志书 1164 种。②

　　明清统治者格外重视志书的修纂，加之政治气候、学术风气的多重影响，
直接促进了宫观山志的快速发展。例如，宋广业纂辑《罗浮山志会编》，成于
康熙五十五年（1716）前后，恰值清朝第一次修志高潮之际，彼时"天子命
儒臣辑方舆之书，方遍征天下名山大川、洞天福地诸秘笈以资纪载"③，此书
之纂辑，不仅足以彰显"皇上威德广被，薄海内外，罔不臣服"④，尚可响应
朝廷访求方舆之书以便修志的诏令，适时"献朝廷而供采择"⑤。基于此，陈
元龙才有"予固知澄溪（宋广业字）著作所以润色鸿业，匪直为幽人逸士节
屦眺听之需而已"⑥ 之感慨。再如，史曾期认为乾隆年间董天工编《武夷山
志》可"为熙朝文献之一助"⑦，也是强调该志对于朝廷修志有所裨益。由是
观之，赵弘灿所谓"山志之修明，不有关于政治哉"⑧，诚非虚言。

　　正是由于编纂者偏重志书的政治功用，"趋向时尚，竞相修志，迎合封建
统治者的需要"，是故，这些志书"难免有诸多弊病瑕疵"⑨，尤其是明代志

---

① 黄苇等：《方志学》，第 217 页。

② 黄苇等：《方志学》，第 218 页。

③ （清）宋广业纂辑：《罗浮山志汇编（上）·陈元龙〈序〉》，载《中国道观志丛刊正续编》
第 62 册，第 39—40 页。

④ （清）宋广业纂辑：《罗浮山志汇编（上）·赵弘灿〈序〉》，载《中国道观志丛刊正续编》
第 62 册，第 3 页。

⑤ （清）宋广业纂辑：《罗浮山志汇编（上）·陈元龙〈序〉》，载《中国道观志丛刊正续编》
第 62 册，第 40—41 页。

⑥ （清）宋广业纂辑：《罗浮山志汇编（上）·陈元龙〈序〉》，载《中国道观志丛刊正续编》
第 62 册，第 41 页。

⑦ （清）董天工编：《武夷山志（上）·史曾期〈序〉》，载《中国道观志丛刊正续编》第 33
册，第 28—29 页。

⑧ （清）宋广业纂辑：《罗浮山志汇编（上）·赵弘灿〈序〉》，载《中国道观志丛刊正续编》
第 62 册，第 12 页。

⑨ 来新夏主编：《方志学概论》，第 107—108 页。

书，常有取材不精，附会失真，仓促成书，敷衍塞责，奉承吹捧等弊病。但方志这类弊端并非明代独有，明代方志亦非全部如此。包括宫观山志在内的绝大多数明代志书都是严谨平实、合于史法的。方志编修的普及、品种齐全、私撰转盛是清代方志的显著特点①，不仅省、府、州、厅、县皆有志书，乡、里、村、镇亦有志。这些时代特征直接影响了宫观山志的编修。金桂馨、漆逢源便是有感于"豫章省有通志，十三郡各有郡县志"② 而再修《逍遥山玉隆万寿宫志》的。清代的宫观山志绝大多数为私人纂写，与整个清代盛行私人编纂方志的总特征是完全契合的。

二、明清皇室的宠祀道教政策大大促进了宫观山志的编修

道教山神列入国家祭祀者很多，如五岳神自汉以来便为国家重要神祇，明清之时，国家祭祀五岳神活动一直持续。明代很多具有国家宫观性质的道教宫观，也承担着国家重大祭祀仪典任务。③ 例如，洪武时创建的南京朝天宫、神乐观，永乐时创立的北京洪恩灵济宫、大德显灵宫，还有北京的东岳庙、城隍庙，都是带有国家祭祀性质的庙宇。此外，自北魏以来便是国家祀典重要组成部分的五岳宫观群以及永乐时期创建的武当山宫观群、嘉靖时创建的齐云山宫观群，都属于国家宫观。

特殊的政治和宗教地位，决定了道教名山大观必然会受到皇室更多的恩宠，这是明清宫观山志快速发展的重要推力。例如，明代查志隆撰《岱史》，意欲表达"岱既已最五岳而雄区中，而我明所以有事于岱，与其所以有功我明者，又为百代之最"④ 的理念，彰显泰山在五岳及国家政治生活中的突出地

---

① 关于清代方志的特征，参阅黄苇等著《方志学》，第227—235页。
② （清）金桂馨、漆逢源纂辑：《逍遥山万寿宫通志》（上），载《中国道观志丛刊正续编》第30册，第25页。
③ 关于国家宫观的界定、性质、作用等，参见张广保《明代国家宫观与国家祀典》，载《全真教的创立与历史传承》，第328—357页。
④ （明）查志隆：《岱史·谭耀〈序〉》，载《中国道观志丛刊正续编》第41册，第4—5页。

位。无独有偶，明成祖大力重建武当山宫观，推崇玄帝信仰，使真武成为位居众神之上的护国神，武当山也成为明朝的皇室家庙。任自垣、王佐都长年主持武当道教，参与并见证了明成祖大修武当和武当山巨变，为报圣恩，自然要集成志书，以永其传。因之，任自垣纂辑《敕建大岳太和山志》，王佐编修《大岳太和山志》，与明成祖创建、明世宗重修武当宫观有很大的关系。清代对武当山"复加崇重"，康熙"屡遣部员内臣致祭，锡额赐帑，辉煌神岳"，乾隆"特降谕旨豁免山税"，时任荆南道兼理水利按察使司佥事记录的王概总修《大岳太和山纪略》，便是为了"仰答圣天子怀柔百神，绥邦屡丰之至意"①。清代龙虎山著名正一道士娄近垣"以修身却病之术，裨益圣躬，雩祷斋坛，屡著诚效"。雍正"特加宠异，锡以真人封号为元教主持"，又"敕重修龙虎山上清宫，发帑钜万，遣内大臣董视落成，锡之碑额，以垂永久"。因之，娄近垣因提点本山教篆，备受恩宠，举旧志重加纂辑《龙虎山志》，"以志恩赉之隆"②，自然是顺理成章的事。自汉至明，皆以今河北曲阳之恒山为北岳（又名常山、大茂山、神尖山），明弘治六年（1493）改以山西浑源恒山为北岳，只是秩祀仍在曲阳，清顺治十七年（1660）正式改祀浑源，延续多年的北岳之争以浑源胜出而告一段落。次年，知州张崇德纂修《恒岳志》，以颂扬"厘正北岳玄览曲阳之误，斧自宸断，移其祀于浑源"③。是故，《恒岳志》的编纂，不仅有助于歌颂帝王优渥恩宠，巩固和强化浑源北岳信仰，在更深层次上，还表达了明清易代之际，新附清朝的北方边塞地区通过地方志和山志的编修，对新政权的认同，从而攫取了实际的地方利益。④

---

① （清）王概总修，姚士倌、李之兰等纂：《大岳太和山纪略·王概〈序〉》，载《中国道观志丛刊正续编》第 5 册，第 5—6、12 页。

② （清）娄近垣纂：《龙虎山志·张鹏翀〈序〉》，载《中国道观志丛刊正续编》第 25 册，第 15—16 页。

③ （清）张崇德纂修：《恒岳志·左图〈序〉》，载《中国道观志丛刊正续编》第 39 册，第 5—6 页。

④ 曾伟：《明清易代之际的方志编纂与地方社会——以浑源州为例》，《中国地方志》2018 年第 2 期。

第二节　明清方志体例的丰富、理论的成熟
与宫观山志的发展

　　明清志书体例愈加完备，也愈加多样，在理论上有了很大的发展和创新。受此影响，明清宫观山志与世俗志书同步发展，出现了多种体例，呈现出争奇斗艳的局面，形成了鲜明的特色。

一、明清方志体例的发展与完备为宫观山志日益成熟提供范本

　　在志书体例方面，明代志书有所发展和创新，这是明代志书兴盛与发展的重要表现。永乐十年（1412）和永乐十六年（1418），先后颁布《修志凡例》和《纂修志书凡例》①，规定志书应包括建置沿革、分野、疆域等24类，并对各类目编写原则作了具体规定。这是我国目前发现较早的最为系统的封建王朝关于纂修志书的详细规定，标志着明代方志编修走上了定型化与规范化的道路，在中国方志发展史上占有重要地位。在志书编纂体例方面，《大明一统志》使用的门目体及以此为基础发展而来的二级分目体占据明代方志主流，还有以土地、人民、政事为三纲，其下再设门目的"三宝体"，也有仿效史学纪传体、编年体、纪事本末体等体例编修志书的。

　　清代志书体例更加完备而多样。康熙十一年（1672）颁布以《河南通志》为"天下式"，统一志书体例。嘉庆时期，谢启昆纂《广西通志》，分典、录、略、传、图、表，为各地志书奉为楷模。清代方志诸种体例，一并皆有，且因地制宜，不拘一格。从志目结构来看，以传统志书的平目、纲目为主（顺康之间，平目居多；乾隆以后，纲目盛行），辅之以史著常见的纪传、编年、纪事本末诸体，还有明代以后方始流行的三宝、两部、三书、章节等体例；

―――――――――――

　　① 永乐十六年《纂修志书凡例》收录于（明）吴宗器纂修，蒋梅编，杨鹄重修正德《莘县志》卷首，载《天一阁藏明代方志选刊》第44册。

以所叙时间断限视之，有通纪、断代之分；从类目多少和篇幅角度看，有繁、简之别；据编纂方法而论，有编纂、著述二体。无论是哪一种体例的志书，大体上都具有完整的序言或跋语、凡例、舆图，在结构上更加符合志书的规范与要求。清代志书既严整完备，又争奇斗艳，异彩纷呈，避免了在体例上的千篇一律，胶柱鼓瑟，标志着旧时代方志在体例上走向高度成熟。

　　受方志体例整体格局的直接影响，又结合自身特点，无论是明清道教山志，还是宫观志，多具有体例严整，别具一格的特色。这一时期的道教山志形成地域体、门类体、地域门类综合体、纵分横排体等多种体例。总体而言，明清道教山志以门类体最多①，这种体例与世俗方志的纲目体颇为类似。如明鲁点《齐云山志》、清张崇德《恒岳志》、清王概《大岳太和山纪略》、清娄近垣《龙虎山志》、清宋广业《罗浮山志会编》，皆为典型的门类体志书。地域体山志分两种情况：一是以较大区域范围为记述对象的山志，可称为多山型区域体；二是以单座山为记述对象，可称为单山型区域体。明清道教山志以后者居多，清钱以垲《罗浮外史》以罗浮山中名胜灵迹为目，是单山区域体的代表；清董天工《武夷山志》有绘像、总志，后依次为武夷九曲山水、诗文、明贤、方外、古迹、杂录、物产等，是单山区域体山志中较为特殊的一种。明查志隆《岱史》分图、考、表、纪、志，清金桂馨、漆逢源《逍遥山万寿宫志》分图、纪、表、传、考、志，清黄家驹《重刊麻姑山志》列图、考、表、志、纪、记、序跋诗文等，都带有明显的纪传体的痕迹。清笪蟾光《茅山志》从茅山道派发展全貌着眼，以历朝敕诰、碑记、三茅世系、仙神传记、经籙道书、田产、诗文等列目，明显继承元刘大彬《茅山志》平目体例而来，又有很大不同，二《志》在体例方面都具有强烈的道教色彩。

　　明清道教宫观志多以宫观布局、沿革或祀奉仙灵为中心，或分章立目，或铺陈事迹，亦多采用门类体。如元周秉秀编、清周宪敬重编《祠山志》卷

————————

① 宫观山志属于山水祠庙志，关于山水祠庙志体例，见黄苇等著《方志学》，第763—766页。

首绘像，后为崇奉张君世系、封爵、诰命、事迹、诗文、碑记等；明黄天全《九鲤湖志》分山水、建置、梦验、艺文四门；清青峋仰蘅《武林元妙观志》及清顾沅《重印（苏州）玄妙观志》首为图、本观新旧殿宇、古迹、津梁等，后为道流传记、金石、诗文等，分设合理，类目清晰，都是宫观志中门类体的典型。清卢湛《关圣帝君圣迹图志全集》五卷，分仁、义、礼、智、信五部，每部一卷，以封建礼教思想统摄全局，是门类体的新变化。明梅志暹《重阳庵集》、明夏宾《灵卫庙志》、清唐恒九《广福庙志》、清丁午《紫阳庵集》、清达昌《龙神祠全图》等，大都汇集相关诗文、碑记，属于辑录体的代表。

二、明清方志理论丰富成果为宫观山志的繁荣提供充足营养

明清方志学理论取得了丰硕的成果，达到了封建社会的最高水平。

明代学者在丰富的修志实践过程中，对方志理论做了有益探索。[①] 首先是对方志的性质有了更加深入的认识，"州郡之有志，犹国之有史"[②] 的观念到明代已成为修志学者的共识。基于此，学者们主张修志采用史家体例，遵循史家法度，提倡编纂有绪有法，义例严整，文质兼备，显微阐幽；认为编修方志要做到"四贵"，即"贵公也，而不欲滥；贵精也，而不欲逸；贵文也，而不欲虚；贵序也，而不欲便"[③]。此外，在内容设置、材料取舍、详略标准等方面，明代学者都提出了独到见解。

清初，康、雍、乾三朝不仅对编纂志书非常重视，还多次以诏谕形式阐发方志的政治功用，以及修志的原则、标准和要求，并针对前朝人物的处理、图表的安排与使用等具体问题发布谕令，极大地提高了方志的学术水平，深刻影响了方志学的发展。这一时期，以顾炎武、方苞、卫周祚为代表的方志

---

① 参阅《明代学者对方志理论的研究》，载邸富生《中国方志学史》，第 104—109 页。
② （宋）郑兴裔撰：《郑忠肃奏议遗集》卷下，《景印文渊阁四库全书》第 1140 册，第 217 页。
③ （明）管景纂修：嘉靖《永丰县志·吕怀〈序〉》，载《天一阁藏明代方志选刊》第 39 册。

学家对于志书的性质、源流、作用等问题都有精辟见解。顾炎武提出了修志人要有一定学识，网罗天下志书，深入现场、反复勘验、必得其实而后止，有充裕时间，文字要通俗易懂等观点，既具有理论性，又具有现实操作性。方苞阐明修志原则，坚持体例统一，由博返约，强调资料的可靠性，对于指导修志有重要意义。卫周祚在《曲沃县志序》中提出修志人必须具备"正、虚、公"三长的论断，正确地揭示了传统史学理论中"三长"理论对方志理论的深远影响和史志的密切关系。乾嘉时期，以戴震为代表的考据学派和以章学诚为代表的史志学派的方志理论和修志方法对志书的编纂影响深远，尤其是章学诚，精确地阐明了地方志的性质，创立了完整的修志义例和方法，提出了立"三书"、定"四体"及修志"当归史法"等主张，明确了方志的编纂内容和体裁，代表了旧志理论的最高水平。

明清宫观山志受到方志理论全面而深刻的影响，表现在以下诸端：一是特别突出志书的化导训饬的政治功用，宣扬忠贞节义、孝敬慈爱、扶危济困等传统伦理道德，这种类型的志书代表有清卢湛《关圣帝君圣迹图志全集》、丁午《城北天后宫志》、金桂馨等《逍遥山万寿宫志》等。二是注重将求真务实、直书存疑等史家编纂理论与辑录历代仙真高道祈晴祷雨、防灾捍患等诸多日益普及的民间信仰相结合，突出道教志书的宗教特色，如明庄元贞、清刘世馨《雷祖志》，明夏宾《灵卫庙志》、清唐恒九《广福庙志》、清杨浚《湄洲屿志略》等。三是吸收世俗方志广征博采的成功经验，大量辑录名人题咏、碑记、序跋，强化文人骚客与道教名山大观的密切联系。今存明清宫观山志，绝大多数都用较多篇幅收录历代诗文歌赋，有的甚至逾全书之半，此法虽有过多过滥之嫌，屡受后人诟病，但对于提高道教宫观名山的文化品位，彰显其丰富内涵，都有着重要意义。此外，许多宫观山志所收诗文，原籍散佚，唯赖此类志书存留于世，其存史之功，亦不可疏忽。

要之，作为别具特色的一株小花，宫观山志一直在中国方志大花园这片沃土中汲取营养，并与同一时期的其他志书拾级而上，同步发展。无论是体裁与义例，还是修志理论，明清宫观山志都取得了以往诸代难以比拟的成就，达到了封建社会宫观山志的顶峰。

第三节　道教修志传统与明清宫观山志繁盛

区别于世俗及其他宗教的遁世入山，道教徒隐逸山林行为的伦理实质是对崇德的追求。[1] 基于这层原因，道教对名山有着更加执着的崇敬和向往，道教徒修仙证真的洞天福地大多在名山之中。道教名山志和宫观志是记录这些洞天福地、宫观庙院的重要载体。[2] 宋代便以形成各地纂修地方志的优良传统在元代继续向前发展，作为这一传统有机组成部分的道教修志，起源甚早，同样世代相传，绵延不绝。

先秦时期的《山海经》十八卷，有山经五卷二十六篇二万多字，记述了古人所能了解的名山概况，是我国关于山的最早记载，书中有不少神话怪异内容充斥其中，与后世道教叙事法颇相类似，虽不属于真正意义的山志，仍被视为道教山志源头。署名汉代东方朔撰《十洲记》一卷，又名《海内十洲记》，实系六朝人所托，既可视为志怪小说集，亦可视为"记录洞天福地的道教地理书"[3]，书中记述所谓十洲三岛方位、物产，其中有很多神话及仙话材料，实道教仙境说鼻祖。

隋唐时期的道教山志以道士徐灵府纂《天台山记》一卷为代表，此书不仅记载天台山自然地理风貌，还以较多笔墨记述山上道观道场等宗教建筑和宗教人物事迹，已具备道教山志的雏形。唐末五代天台山著名道士杜光庭《洞天福地岳渎名山记》一卷，在架构及内容上承袭《十洲记》并有所发展，

---

① 姜生：《论道教崇山的原因与实质》，《复旦学报》（社会科学版）1996 年第 6 期。

② 有些道经和碑铭文献，虽不属于真正意义上的宫观山志，但他们记录了大量宫观山志的内容，与宫观山志的联系密切，在研究时亦可视为道教志书性文献。

③ 李丰楙：《〈十洲记〉研究》，载《仙境与游历：神仙世界的想象》，第 267 页。

对道教二十四治（化）、大小洞天、福地及靖庐做实地考察，且"在理论上对洞天福地思想的体系化建构进行了探索，对后世道教名山洞府崇拜的影响颇大"①，是一部"划时代的宗教地理学大全"②。衡山道士李冲昭《南岳小录》一卷记述衡岳的山川形胜及历代道士修道升真之事，全书记事共三十余条，内容虽谈不上宏富与详细，体例亦难称齐备与严谨，但"已初具志家之法度"③，不仅是现存最早的衡山志，也是湖南现存最早的志书。此外，唐代还有一些单篇碑铭庙碣，通常也作为宫观志书文献来研究。例如，崇文馆直学士崔融奉敕撰《唐嵩高山启母庙碑铭》，颂启母（大禹之妻涂山氏）之德，文辞华丽，语言优美，具有后世道教山志传记的基本特征。卫阶撰《唐王屋山中岩台正（贞）一先生庙碣》叙述正（贞）一先生上清派高道司马承祯生平行迹，带有道教宫观志和山志中人物志的某些特点。右翰林学士乐朋龟所撰《西川青羊宫碑铭》，表象上仅仅是叙述老子作为"太上玄元圣祖"的诸多神话，实质乃是"黄巢起义爆发，借助僖宗入蜀、朝廷驻跸之机，老君降生青羊肆的神话得以被尹嗣玄等道士从道教经典中发掘出来，结合统治者的现实需要进行新的阐释，获致助推李唐度过劫难的新含义"④。只不过"由于唐王朝不久后就走向了灭亡，这种符命宣传不如龙角山老君化现神话的影响力持久"⑤罢了。是书可以视为道教宫观志来研究。要之，隋唐时期，较比魏晋南北朝时期，地记、地志的编修都进入低潮和衰落期⑥，此时的道教山志规模小，内容简略，体裁义例尚未成熟。至于道教宫观文献，还没有完整意义的宫观志，多以单篇碑铭庙碣存世。

---

① 杨立志、王少儒：《名山宫观志说略》，载朱越利主编《道藏说略》，第326页。
② （唐）杜光庭撰，王纯五译注：《〈洞天福地岳渎名山记〉全译·前言》，第9页。
③ 张群：《南岳山志研究》，武汉大学博士学位论文，2013年，第39页。
④ 吴晓丰：《僖宗入蜀与唐王朝的符命宣传——〈西川青羊宫碑铭〉考释》，载《魏晋南北朝隋唐史资料》（第三十六辑），第184页。
⑤ 吴晓丰：《僖宗入蜀与唐王朝的符命宣传——〈西川青羊宫碑铭〉考释》，载《魏晋南北朝隋唐史资料》（第三十六辑），第185页。
⑥ 仓修良：《方志学通论》，第199页；黄苇等：《方志学》，第136页。

宋朝方志最突出之处在于"体例趋于定型"①，这一突出的时代特征在道教宫观山志中得到呈现。宋代道士陈田夫撰《南岳总胜集》三卷，首列山川图，次叙寺观、物产，再叙异人高僧、隐逸，体例已有"纲目体"之形。全书材料搜集广泛，征引博洽，叙事简略，深有体要，为宋代山志代表之作。松山羽士倪守约撰《金华赤松山志》一卷，首为黄初起、黄初平二皇君传记，次分门别类记述遗迹、洞穴、山川、宫观、人物、制诰、碑铭、诗文，类例分明，层次清晰。南宋佚名《梅仙观记》一卷②，所录《梅仙事实》是目前所见唯一较系统记述梅福修炼成仙过程的资料，对于梅福研究具有重要的史料价值。宋大中祥符宫道士李思聪编纂《洞渊集》九卷，卷二至卷六分述十大洞天、三十六小洞天、九山、十洲、七十二福地、五湖四海四渎八江三河十二溪三山水府、二十八治之方位、景物、灵脉，较比《十洲记》《洞天福地岳渎名山记》，对洞天福地的勾勒与描述更为细致。李宗谔修订《龙瑞观禹穴阳明洞天图经》，介绍会稽龙瑞观、会稽山、宛委山、射的山、箭羽山、郑洪山等处与道教相关之名胜，全书极简，或许是节略李宗谔《越州图经》九卷（佚）、《阳明图经》十五卷（佚）而来。

元代方志以"稳定发展"③为特征，随着方志专门化趋势的加强，元代道教宫观山志也呈稳定发展态势。元代道教山志一般拥有比较完整的序跋，正文也通常采用"横门分类，纵贯时间"的门类体④，说明这一时期的道教宫观山志在体例上逐渐走向成熟。

这一时期的道教山志主要有《茅山志》《西岳华山志》《仙都志》《龙角山记》《武当福地总真集》《武当纪胜集》《四明洞天丹山图咏集》《天台王屋山圣迹记》等。茅山上清四十五代宗师刘大彬编纂《茅山志》三十三卷，正

---

① 仓修良：《方志学通论》，第 277—296 页。
② 该书原题"仙坛观道士杨智远编"，不准确。参见李俊清《〈梅仙观记〉考辨》，《世界宗教研究》1997 年第 4 期。
③ 仓修良：《方志学通论》，第 327—328 页。
④ 参见拙著《元代道教史籍研究》，第 76—77 页。

文凡十二篇，记载了所在宫观之规制及茅山地理、历史、物产等内容，包含着丰富的历史信息，全书以分类合理、取材广泛、内容丰富见长，是了解茅山道教及道教经济、道教文化的重要史料。在编纂方法上，该书既吸收了世俗史学的优长，融入了编年、纪传等史书的体例，又保持了道教主旨，在道教山志编纂史上具有重要地位。金代莲峰逸士王处一（与全真七子王处一同名同时）编《西岳华山志》一卷，对华山峰穴林谷、宫殿寺庙、仙真修炼处所及事迹皆有介绍，体例上虽非"地志之正体"[①]，但"大抵以地为纲，诸事各附地而记"[②]，已具地域体道教山志特征。缙云山道士陈性定编集《仙都志》二卷分山川、祠宇、神仙、高士、草木、碑铭、题咏七类，录有仙都山（缙云山）名胜三十四处，收录了有关仙都山的诗歌近七十首，且篇内引文多注明出处，是研究浙江道教史的绝佳材料。该书写景状物也很有文采，语言洗练，佳句迭出，在道教文学史上也占有一席之地。佚名编《龙角山记》一卷，收录唐、宋、金三朝有关山西浮山龙角山（羊角山）庆唐观碑记、诏令及祈祷雨雪之文，是研究山西地区道教文化的重要史料。武当清微派道士刘道明集《武当福地总真集》三卷，记武当道士鲁大宥访道全真，归山后与另一嗣全真教法的道士汪思真在武当山建宫观、收门徒之事，有助于了解全真教在武当地区的传布情况。是书征引文献时，皆明确标明出处，甚为可取。《武当纪胜集》一卷，收录江西龙兴路隐士罗霆震撰武当名胜题咏二百余首，其诗虽平淡无奇，"殊鲜佳什"[③]，但作为武当道教史上首部诗歌专集，仍有相当的学术价值。题曾坚、危素等撰[④]《四明洞天丹山图咏集》一卷，即四明山诗文集汇编，包含四明山洞穴形势、高道修道经历、宫观沿革及历代名人贤士题咏一百多首，是宝贵的道教文学资料。佚名《天台王屋山圣迹记》一卷，

---

① （清）永瑢、纪昀等编纂：《四库全书总目提要》卷一百四十七《道家类存目·〈西岳华山志〉》，第761页。

② 任继愈主编：《道藏提要》，第231页。

③ 任继愈主编：《道藏提要》，第722页。

④ 朱越利谓是书乃毛永贞及弟子薛毅夫所集，见朱越利著《道藏分类解题》，第227页。

汇集唐以来名人歌咏王屋山诗文，因唐司马承祯于王屋山修道，该记叙其事迹颇详。

元代宫观志主要有《庐山太平兴国宫采访真君事实》《洞霄图志》《古楼观紫云衍庆集》《宫观碑志》《终南山说经台历代真仙碑记》等。佚名撰①《庐山太平兴国宫采访真君事实》七卷，为唐至元时期有关庐山太平兴国宫采访真君事迹汇编，全书包括分真创始、宋朝崇奉、元朝崇奉、习仙、碑记、感应六类，是门类体宫观志的典型。宋末元初隐士邓牧与孟宗宝合编《洞霄图志》六卷，明版《道藏》收《大涤洞天记》三卷，即此书节本。该书分宫观、山水、洞府、古迹、人物、碑记六类，将杭州大涤山的山水格局、历史沿革、宫观建置等内容表述得清晰明白，有益于道教宫观发展史之研究。是书原有山川形势图，惜乎散佚，面貌已难考察。茅山道士朱象先《古楼观紫云衍庆集》录唐及元楼观碑记，名贤题咏近一百首。《终南山说经台历代真仙碑记》一卷，是朱象先节录并增补北周精思法师韦节、唐尹文操《楼观先师传》（《楼观内传》）共三十四人，各为小传，各传皆加赞语，勒之于碑而成。其书源于仙传，虽然史料价值不大，但所据《楼观内传》今佚，赖此得窥一二，故补遗价值尚存。元全真道士《宫观碑志》一卷，收集宋金元宫观碑记，凡九篇，均为全真道教重要资料。

元朝以前连绵不绝的宫观山志，为明清宫观山志的迅猛发展打下了良好而又扎实的理论与实践基础，继承和发扬这一优秀的修志传统，既是明清两代学者义不容辞的责任，也是明清宫观山志鼎盛最为直接的内在动力。诸如《罗浮山志》《茅山志》《龙虎山志》《逍遥山万寿宫志》《嵩岳志》《齐云山志》等道教志书前后延续，代有刊刻，其根源即在于此。所谓"山志不可以已也"②，道出了所有纂修宫观山志之人的共同志向和追求。

---

① 朱越利谓是书撰于南宋，增补于元。见朱越利《道藏分类解题》，第228页。
② （明）鲁点编，汪桂平点校，王卡审定：《齐云山志（附二种）·许国〈序〉》，第6、13页。

第二章　明清宫观山志的编纂、刊刻与存佚

宫观山志的编纂、刊刻与存佚是研究明清宫观山志的基本内容。关于明清宫观山志的编纂，本章将要探讨编纂群体、编纂动机及目的等问题。其编纂群体既有各级地方官员，又有布衣、隐士等人士，也有教内高道大德。在编纂动机与目的上，既有道教传统的追求，也有为世俗社会方便的动机，还有延续修志传统、弥补旧志缺憾的理念，呈现出日益多样化与世俗化的双重特征。宫观山志的刊刻作为明清印刷事业的重要组成部分，既具有鲜明的时代特征，又凸显了独特的文化取向。此外，明清宫观山志尚有为数不少的稿本、钞本流传至今，它们与各种形式的印本一起，争奇斗艳，异彩纷呈，极大地丰富了明清典籍文化的形式与内涵。关于明清宫观山志的存佚，本章对部分现存和部分亡佚明清宫观山志进行了统计，梳理出现存明清宫观山志凡180 种，亡佚明清宫观山志凡95 种。

第一节　明清宫观山志的编纂

明清两朝是宫观山志编纂的繁荣和鼎盛时期，较之以往，具有数量多、体裁富、地域广等特征。其编纂群体大致可分为四类：一是各级地方官员；二是本地秀才、诸生、布衣、隐逸等人士；三是教内高道大德；四是外来寓

居文人雅士。在编纂动机与目的上，既有旌应表异、以答神庥、尊岳崇观、弘扬道旨等传统的追求，也有为了文人墨客、市井百姓游览方便的动机，还有延续修志传统、弥补旧志缺憾的理念，呈现出日益多样化、世俗化的特征。

一、编纂群体

明清政府重视修志的政策及当时的社会环境为明清宫观山志培育了一个优良的编纂群体，这一群体以本乡本籍在外为官人员和当地各级主政、从政官员为主力，以本地诸生、布衣、隐逸、道士、寓居者为重要补充，具有鲜明的多元化特征。无论是各级官员抑或平民隐士，无论教内高道还是教外硕儒，都为明清宫观山志的鼎盛与繁荣贡献了聪明智慧与辛勤劳动。

（一）各级地方官员

受明清统治者鼓励修志政策影响，负责一方政务的知府、知县、教谕等将修志视为增加政绩与扬名后世的重要途径，因而成为编纂明清宫观山志的主力。具体而言，又有三种情况：一是在外为官的本乡本籍人士；二是本籍教谕、教授等学官；三是来自外乡外籍的主政或从政官员。

1. 本乡本籍官员

明清两朝官员避籍制度非常严格，自学官外，不允许本省为官。通常，那些为官异乡的官员，虽然远离家乡，宦海沉浮，漂泊不定，但出于对家乡名山大观的向往及名物胜景的眷恋，或受本乡仕宦之邀请，常常主持或直接参与编纂宫观山志事宜。一旦致仕归里，退休返籍，或以疾归乡，内心渐趋平静，编纂志书也会成为其中很多人员的一大乐事。例如，始创于南宋绍兴年间的杭州通玄观，元末毁于兵乱，道士徐道彰等募工重建，其徒本观道士郁存方（字克正）请本乡举人姜南[①]原订、吴陈琰增定、朱溶重辑《通玄观

---

① 姜南，字叔明，号蓉塘，仁和（今浙江杭州）人，明正德十四年（1519）举人。据（明）沈应文（万历）《顺天府志》卷四《政事志》，姜南由举人任顺天府通判。

志》。姜南“嘉其志之同而能嗣其教于不坠也，故不辞而为之志之、序之”①，嘉靖十三年（1534）成《通玄观志》。清代康熙年间，通玄观倾圮，本观道徒郁克正嗣孙朱闳绪等慨然修葺，数年焕然一新，遂请浙江钱塘（今杭州市区）吴陈琰②增定《通玄观志》，吴陈琰“嘉闳绪之志诚可承先启后而补省会郡邑所未详”③，欣然应允，康熙三十二年（1693）增补《通玄观志》。浙江西安（今浙江衢州市）人徐日炅，天启二年（1622）进士，授庐州府推官，以不附魏忠贤，削职归乡，居住在烂柯山附近，成《烂柯山洞志》二卷。

明清两朝，有多部武夷山志书出于本籍在外为官之人，如明建安（今福建建瓯）人杨亘，成化十三年（1477）举人，曾任顺天通判，累官太仆少卿，正德间，以疾引归。④ 正德十四年（1519）年，杨亘与其弟杨易同修《武夷山志》六卷。崇安（今武夷山市）人衷仲孺，洪武初授平远（今属广东）知县⑤，衷仲孺“毓产是邦，慨然泚笔，咨询耆旧，搜采旧闻”⑥，成《武夷山志》十九卷。陈省，字孔震，号幼溪，长乐（今属福建）人，嘉靖三十八年（1559）进士，初擢御史，“历楚巡抚，以平寇功晋少司马，归卜筑于（武夷山）五曲云窝居十余年”⑦，编纂《武夷山志咏》二卷。崇安人董天工，自幼生长在武夷山中，爱山水，工诗文，先后在福建、河北、山东等地为官。出于对家乡的炽热情感，董天工以崇安为“宋明贤大儒钟灵之处，历代讲学传

---

① （明）姜南原订，（清）吴陈琰增定，（清）朱溶重辑：《通玄观志·自序》，载《中国道观志丛刊正续编》第54册，第4页。

② 吴陈琰，字宝崖，钱塘（今浙江杭州）人，官茌平知县。事见（清）丁绍仪《国朝词综补》卷二。

③ （明）姜南原订，（清）吴陈琰增定，（清）朱溶重辑：《通玄观志·自序》，载《中国道观志丛刊正续编》第54册，第20—21页。

④ 方彦寿编著：《武夷山冲佑观》附录四《历代〈武夷山志〉考略》，第259页。

⑤ 方彦寿编著：《武夷山冲佑观》附录四《历代〈武夷山志〉考略》，第259页。

⑥ （明）衷仲孺订修：《武夷山志·（明）徐𤊹〈武夷山志序〉》，《四库全书存目丛书》，史部第228册，第452页。

⑦ （清）董天工编：《武夷山志》卷十七《卜筑》，载《中国道观志丛刊正续编》第34册，第1112页。

道于九曲者绵绵绳绳"① 而自豪,于乾隆十六年（1751）成《武夷山志》二十四卷《首》一卷。同属福建的太姥山位于闽浙边界的福鼎市境内,谢肇淛生于钱塘（浙江杭州）,万历二十年（1592）进士,任湖州推官。出于对祖籍长乐（今福州长乐区）的情感及友人之请,万历二十三年（1595）成《太姥山志》三卷。

西山,又名逍遥山,位于江西省南昌市新建区西部,是道教净明宗发祥地。清代金桂馨、漆逢源纂辑《逍遥山万寿宫（通）志》二十二卷《首》一卷,系江西新建逍遥山玉隆万寿宫和南昌铁柱宫两部宫志的合编。据该书自序,编纂者金桂馨为高安人,时系钦点礼部主事仪制司行走;另一编纂者漆逢源为南昌人,时系赏戴蓝翎知州衔候选知县。新建隶属南昌,高安毗邻新建,与南昌近在咫尺,金、漆合纂此志,发自热爱家乡的天然情感。再如,麻姑山位于南城县（今属江西）,明清两代多名外地为官的南城或本郡人参与到为麻姑山修志事业之中。先是南城人左宗郢,万历十七年（1589）进士,官至太常寺少卿,有《续刻麻姑山丹霞洞天志》十七卷。康熙中,又有南城举人萧韵鉴于左志久而板毁,增补而成《丹霞洞天志》十七卷。晚清,郡人黄家驹由优贡生官内阁中书、湖北候补道,以抵御太平军有功,被曾国藩委任至湖北汉口督销局,出于对家乡的热爱,成《重刊麻姑山志》十二卷。南昌人魏元旷,光绪二十一年（1895）进士,历任刑部浙江司主事,预备立宪后改任民政部署高等审判厅推事,辛亥后退居乡里。经过多年搜集,魏氏于民国九年（1920）成《西山志略》六卷。再如,龙虎山位于今江西贵溪市境内,是道教龙虎宗、正一道的中心。张铖,安仁（今江西余江县）人,正德三年（1508）进士,累官南工部侍郎,有《龙虎山志》四卷。

罗浮山位于广东博罗、龙门、增城三县境内。明香山县荔山（今广东珠海）人黄佐,正德十五年（1521）进士,嘉靖初由庶吉士授翰林院编修,历

---

① （清）董天工编:《武夷山志·自序》,载《中国道观志丛刊正续编》第33册,第38页。

江西佥事、广西学政，因母病辞官归家。广州府增城县（今广州市增城区）湛若水，弘治十八年（1505）进士，授翰林院编修，后历任南京国子监祭酒，南京吏部、礼部、兵部尚书。从化（今广州市从化区）人黎民表，嘉靖十三年（1534）举人，累官河南布政参议，万历七年（1579）致仕。黄佐、湛若水、黎民表合成《罗浮山志》十二卷，集中体现了三人对家乡的拳拳赤子之心。南海（今广东佛山市南海区）人韩晃，万历二十八年（1600）举人，曾官青田县（今属浙江）知县，年老归家，"自哂烟霞沉痼"，"贪看山月"，遂采辑罗浮"形胜仙释，与夫品物逸事"①，编辑《罗浮野乘》六卷。

明清时期有多部嵩山志书为在外为官的本籍人士编纂而成。登封（今属河南）人焦贲亨，顺治五年（1648）举人，授福建兴化府推官，康熙初迁江西瑞州府同知，有《嵩高志》四卷。康熙三十年（1691）进士景日昣，亦嵩山登封人，雍正三年（1725）致仕回本籍，遂于嵩山南麓筑别墅以居，倾心著述，有《嵩岳庙史》十卷及《说嵩》三十二卷。

此外，崆峒山位于甘肃平凉市，明代平凉（今属甘肃）人李应奇，官延州（今陕西延安）、庆州（今甘肃庆阳）知州，撰《崆峒山志》三卷。明末清初即墨人黄宗昌，因直谏触奸，退居家乡崂山。孤忠诧傺，无以为伸，借著述以发其志，阐其"立名之旨"②，撰《崂山志》。东汉名将关羽，系河东解梁（今山西运城）人，明清时期多部关公祠志出自本籍名宦之手，例如，赵钦汤，解州（今山西运城）人，隆庆二年（1568）进士，官至南户部侍郎，辑《汉前将军关公祠志》九卷，便是一例。

家乡是心灵的驿站，是精神的港湾，越是远离，对家乡的思念之情越是浓烈。明清在外官僚成为撰写本乡宫观山志的重要群体，此即原因之一。

---

① （明）韩晃编辑：《罗浮野乘·自叙》，《四库全书存目丛书》，史部第232册，第476—477页。

② （明）黄宗昌著，黄坦续撰：《崂山志·（清）顾炎武〈序〉》，载《中国道观志丛刊正续编》第3册，第12页。

2. 本籍训导、教谕等学官

依据明清官制，主持教育的行政官员即教谕、训导等可由本籍人士担任，这些学官大都科举出身，兼通三教，学养深厚，常常是明清宫观山志的重要编纂群体。例如，清代长洲（今江苏苏州）教谕顾沅辑《（苏州）元妙观志》十二卷，高淳（今南京高淳区）教谕鲍涟等纂《高淳县城隍白府君庙志》六卷《首》一卷《末》一卷。黄堂隆道宫地处江西丰城县，广丰县学教谕胡执佩撰《黄堂隆道宫志》十四卷。天后又称天妃、妈祖，其信仰源于宋初莆田湄洲屿（岛）林默事迹，惠安距离湄洲岛一百六十华里，惠安县儒学教谕林清标辑《敕封天后志》二卷。武夷山位于福建省西北部，古属建宁府崇安县（今武夷山市），南接建阳，崇安教谕郑瓒编纂《武夷山志》①，崇安训导倪炜编纂《武夷山志》二十八卷《首》一卷《续》二卷，建阳教谕蓝闽之编纂《武夷纪要》三卷。武当山位于十堰市丹江口市境内，康熙初年郧县（今湖北十堰郧阳区）教谕万甲等编纂《武当山志》二十四卷。湖北当阳有关圣陵庙，大冶当阳教谕王禹书等编纂《关圣陵庙纪略》四卷。黔阳县（今隶湖南怀化）教谕李元度纂《南岳志》二十六卷。雷州府（治今广东雷州市）学教授刘世馨辑《雷祖志》二卷。福鼎举人王孙恭乾隆五十一年（1786）任福州府教授，兼福州鳌峰书院监院。他不顾年老体弱，多次徒步登上太姥山，对其山势进行勘察绘图，编写《太姥山续志》。彭洵，字古香，灌县人，历官四川合江教谕，编辑《青城山记》二卷。

掌管文庙祭祀，训导所属生员，是各地学官的职责，而包括宫观山志在内的地方志书有醇风俗、美教化的社会作用，以此而论，编纂宫观山志亦可以视为教谕等学官的本职责任之一。

3. 外乡外籍官员

明清避籍制度十分严格，明朝有"南人官北，北人官南"② 之制度，清朝

---

① （清）董天工编：《武夷山志》卷十七《官守》，载《中国道观志丛刊正续编》第 34 册，第 1021—1022 页。

② （清）张廷玉等撰：《明史》卷七十一《选举志三》，第 1716 页。

则明确规定不得本省为官。受官修方志传统的影响，这些来自省外为政一方的官员，将主持或亲自编纂当地宫观山志，视为分内之事。官员修撰宫观山志，既有助于了解任职地的宗教传统、民风俗情，又可抒发亲民爱民情感，扬名一时。因之，这些外省官员成为明清宫观山志的主要编纂群体。

明清时期，外乡外籍官员撰修的东岳泰山志书，有查志隆《岱史》十八卷，查志隆，浙江海宁人，明嘉靖三十八年（1559）进士，历任山东按察副使、山东布政司参议等职。还有吕纯如修《岱史》十六卷，吕纯如，字孟谐，一字益轩，吴江人（今苏州市吴江区），万历二十九年（1601）进士，官至兵部尚书①，天启五年（1625）任山东巡抚。② 复有金棨纂辑《泰山志》二十卷，金棨，安徽休宁人，乾隆五十九年（1794）任泰安知府，官至济南知府。

外籍官员撰修了数种西岳华山志书。例如，孙仁《西岳神祠事录》七卷，孙仁，贵池人，景泰二年（1451）进士，官至户部右侍郎，是书乃其官西安府知府时作，以记西岳神祠之事。③ 张维新总阅《华岳全集》十三卷，张维新，河南汝州人，万历五年（1577）进士，万历二十四年（1596）任钦差整饬直隶潼关河南绥灵陕山同华蒲州等处兵备、陕西按察司副使，在任期间主持编纂是志。姚远翱纂修《华岳志》十二卷《首》一卷，姚远翱，浙江仁和人，乾隆初年任华阴知县。

主政或从政官员修撰的南岳衡山志书，明代有彭簪编校《衡岳志》六卷，彭簪，安福（今属江西）人，嘉靖初为衡山县令，于嘉靖七年（1528）修成此书，为第一部南岳专志。邓云霄编纂《衡岳志》（《南岳志》）八卷《续刻附录》一卷，邓云霄，东莞人，万历二十六年（1598）进士，曾任湖广分守

---

① （清）永瑢、纪昀等编纂：《四库全书总目提要》卷一百三十二《杂家类存目九·〈学古适用篇〉》，第 679 页。

② （明）佚名：《邪氛集》，《四库全书存目丛书》，史部第 55 册，第 102 页；（明）徐肇台撰：《续丙记政录》，载《北京图书馆古籍珍本丛刊》第 9 册，第 333 页。

③ （清）永瑢、纪昀等编纂：《四库全书总目提要》卷七十七《地理类存目六·〈西岳神祠事录〉》，第 413 页。

湖南道参议。① 清代有朱衮重修《衡岳志》八卷，朱衮，四川阆中人，曾任衡山县知县。高自位等重编《南岳志》八卷，高自位，前知衡山县事。赵宁《岳麓志》八卷，赵宁，山阴（隶属山西朔州）人，官长沙府同知。

外乡外籍官员编纂的北岳及关帝祠志书，明代有何出光等撰《北岳庙集》十一卷《首》一卷，何出光，河南扶沟县人，万历十一年（1583）进士，十三年（1585）任山西沃曲知县。还有浑源（今属山西）知州赵之韩等纂辑《恒岳志》三卷。清代有浑源州知州张崇德等纂修《恒岳志》三卷。桂敬顺纂修《恒山志》五卷，桂敬顺，乾隆二十二年（1757）浑源州知州。贺树恩纂修《续志》一卷，贺树恩，咸丰二年（1852）进士，曾任浑源知州。张镇编辑《解梁关帝志》四卷，张镇，山左海丰（今山东无棣县）人，乾隆二十一年（1756）知解州（今隶山西运城）事。

明清地方官员主修或编纂的中岳嵩山志书，有燕汝靖编《嵩岳古今集录》二卷，燕汝靖，山西介休人，万历二十九年（1601）至三十四年（1606）任登封知县。叶封、焦贲亨纂《嵩山志》二十卷《首》一卷，叶封，顺治十六年（1659）进士，曾任河南登封知县。

明清武当山志书中，有多部修撰者为外乡外籍官员。例如，方升等编纂《大岳志（略）》五卷，方升，直隶婺源（今属江西）人嘉靖十三年（1534）奉命提调武当山，嘉靖十五年（1536）任分守下荆南道湖广布政司右参议。王佐修、慎旦等纂《大岳太和山志》十七卷，王佐，直隶易州（今河北易县）人，内官监太监。嘉靖十八年（1539）奉敕提督武当山，兼分守湖广行都司等处地方；慎旦，归安（今浙江湖州）人，嘉靖间任均州（今湖北丹江口）学正。凌云翼修、卢重华撰《大岳太和山志》八卷，凌云翼，直隶太仓州（今江苏太仓）人，嘉靖二十六年（1547）进士，隆庆五年（1571）奉敕提督抚治郧阳（隶属湖北十堰市）等处地方；卢重华，生平无考，隆庆年间任均

---

① 陈仕国：《明末广东文学家邓云霄仕途事略考》，《兰台世界》2014 年第 21 期。

州学正。杨素蕴修，王民皞、卢维兹等纂《大岳太和武当山志》二十卷，杨素蕴，陕西宜君人，曾任湖北巡抚；王民皞，江西临川人，康熙二十四年（1685）任岐亭（位于湖北麻城）同知；卢维兹，均州训导。王概总修、姚士倌等纂《大岳太和山纪略》八卷，王概，山东诸城（今隶山东潍坊）人，雍正十一年（1733）进士，总修该书时为湖北布政使司分守安襄郧下荆南道兼理水利按察使司金事；姚士倌，浙江乌程（今隶浙江湖州）人，乾隆七年（1742）任襄阳府同知。

九疑（嶷）山位于湖南永州市宁远县，多部山志出自外籍官员之手。嘉靖年间，永州府（治今湖南永州市）同知鲁承恩编《九嶷山志》。崇祯年间，宁远知县喻向葵撰《九嶷山志》。蒋镔纂《九嶷山志》八卷，蒋镔，长洲（今江苏吴县）人，时任宁远知县。詹惟圣纂《九嶷山志》四卷，詹惟圣，浙江人富春人，康熙元年（1662）任宁远县知县。徐旭旦纂《九嶷山志》四卷，徐旭旦，钱塘人，时任宁远知县。吴绳祖重修《九嶷山志》四卷，吴绳祖，滇南人，时任宁远知县。

在多种明清福建地区宫观山志中，有数种源于这些外籍主政或从政官员。以武夷山志为例，有汪佃《武夷旧志》二卷，汪佃，字友之，江西弋阳人，正德十二年（1517）进士，以侍读出为建南分宪，历官正詹。[1] 刘佃《武夷九曲小志》一卷，刘佃，字仲友，号吾南，吉之安成（江西安福）人，嘉靖二十三年（1544）进士，曾任建宁府知府。[2] 劳堪重编《武夷山志》四卷，劳堪，字任之，号道亭，又号庐岳，江西德化县（今九江市）人，嘉靖三十五年（1556）进士，万历八年（1580）由福建左布政使升都察院右副都御史巡抚福建。王梓《武夷山志》二十八卷，王梓，字琴伯，号适庵，陕西郃阳人，

---

① （清）董天工编：《武夷山志》卷十六《官守》，载《中国道观志丛刊正续编》第34册，第1001页。

② （清）永瑢、纪昀等编纂：《四库全书总目提要》卷一百七十六《别集类存目三·〈东廓集〉》，第944页。

康熙间任崇安令。玉华洞在福建将乐县南，林熙春有《玉华洞志》，林熙春，海阳（今山东海阳市）人，万历二十年（1592）将乐邑令。^① 顺治十一年（1654），福建将乐邑令曲阜孔兴训重修《玉华洞志》。^②嘉庆十七年（1812），福建安溪知县夏以槐修《清水岩志》三卷。太姥山在福建省福鼎市，史起钦，字敬所，鄞县人，万历十七年（1589）进士，官福宁州（今福建霞浦县）知州，有《太姥志》。

浙江一带，有明代瞿溥撰《烂柯山志》，瞿溥，四川达州人，进士，时任衢州太守。烂柯山位于浙江省衢州市东南，除瞿《志》外，还有冷时中编纂《烂柯山志》，冷时中，四川内江人，顺治三年（1636）任衢州知府。天台山位于浙江省天台县，康熙间台州知府张联元辑《天台山全志》十八卷。仙都山古名缙云山，在浙江缙云县，李时孚有《仙都志》五卷，李时孚，字占泉，江苏昆山人，缙云知县。仙岩山在浙江瑞安，李灿箕有《仙岩志》十卷，李灿箕，字叔玉，号九漈山人、玉阳子，仙游（隶属福建莆田市）人，瑞安令。

广东地区的罗浮山志书，有陶敬益《罗浮山志（记）》十二卷，陶敬益，江宁（今江苏南京）人，康熙中官博罗县知县。钱以垲《罗浮外史》一卷，钱以垲，嘉善（今隶浙江嘉兴）人，康熙二十七年（1688）进士，康熙三十六年（1697）任茂名知县。悦城龙母庙位于广东肇庆市德庆县，旧称孝通庙，王士瀚修《孝通祖庙志》一卷，王士瀚，陕西咸宁（今西安）人，肇庆府高要县知县，迁钦州知州。

江西地区，有陈克昌《麻姑集》十二卷，陈克昌，仁和人，嘉靖五年（1526）进士，官至建昌府同知，麻姑山为建昌所属，克昌因汇成此集。毛德琦《庐山志》十五卷《首》一卷，毛德琦，鄞县（今属浙江）人，康熙五十

---

① （清）永瑢、纪昀等编纂：《四库全书总目提要》卷七十六《地理类存目五·〈玉华洞志〉》，第411页。

② （清）永瑢、纪昀等编纂：《四库全书总目提要》卷七十六《地理类存目五·〈玉华洞志〉》，第411页。

三年（1714）任星子（今庐山市）知县。江西崇仁县有华盖山，崔世召《华盖山志》八卷，崔世召，宁德（今属福建）人，万历三十七年（1609）举人，曾任江西崇仁知县。

其他宫观山志，在安徽地区有方万有《齐云山志》七卷，方万有，福建兴化府莆田县人，进士出身，嘉靖年间休宁县丞。鲁点《齐云山志》五卷，鲁点，南漳（今属湖北）人，万历十一年（1583）进士，官安徽休宁县知县。甘肃平凉有张伯魁纂修《崆峒山志》，张伯魁，海盐人，嘉庆二十四年（1819）纂此志，时知平凉府事。南京地区，有葛寅亮撰《金陵玄观志》十三卷（一说是书为佚名撰。该书卷末有民国柳诒徵的跋语，称《明史·艺文志》和《四库存目》均未载著者姓名，因其体例与明葛寅亮所著之《金陵梵刹志》相同，柳氏疑二书同系葛氏所著。① 今暂取其说），葛寅亮，字冰鉴，号屺瞻，钱塘（今浙江杭州）人，历官南京礼部祠祭司主事、升郎中，该志为明代南京地区道教宫观总志。

（二）本地秀才、诸生、布衣、隐逸等人士

明清时期，本地秀才、诸生、布衣、隐逸，不论是仕途不顺，怀才不遇，还是高蹈出尘，超然遁世，往往栖身山林，醉心学术，也是编纂宫观山志的重要群体。

例如，多种武夷山志便是这一群体编纂而成的。卓有见，字思茂，莆田诸生，嘉靖二十四年（1545）至三十三年（1554）与其弟在武夷山隐居读书，纂《武夷小志》一卷。② 万历间崇安（今福建武夷山市）诸生③江维桢有《武夷山志》十卷《附录》一卷。崇安人徐表然，隐居不仕④，有《武夷志略》

---

① （明）佚名：《金陵玄观志·柳诒徵〈跋〉》，载《中国道观志丛刊正续编》第11册，第257—258页。
② 方彦寿编著：《武夷山冲佑观》附录四《历代〈武夷山志〉考略》，第261页。
③ 方彦寿编著：《武夷山冲佑观》附录四《历代〈武夷山志〉考略》，第262页。
④ 方彦寿编著：《武夷山冲佑观》附录四《历代〈武夷山志〉考略》，第262页。

四卷（又名《武夷洞天志略》）。李卷，字怀之，闽县人，初名钟鼎，字磊英，一字佩十，隐居武夷，有《武夷山志》。①

再如，九鲤湖位于福建莆田市仙游县钟山镇，嘉靖时期，有陈言《九鲤湖志》不分卷和黄天全《九鲤湖志》六卷，二人皆莆田布衣。万历年间，莆田布衣康当世纂《九鲤湖志》十八卷首一卷。方应侁，字行渐，万历初庠生②；柯宪世，字尔珍，万历间庠生③，二人皆莆田人，合辑《鲤湖志》二卷。

复如，清代钱塘（今杭州）人闻人儒，字学山，郡廪生，有《（杭州）洞霄宫志》五卷。钱塘增生丁午，辑《紫阳庵集》一卷、《城北天后宫志》一卷。仁和（今浙江杭州）朱文藻（朗斋）学识渊博，但终生未仕，有《（杭州）金鼓洞志》八卷《首》一卷。临海（今属浙江）冯赓雪，乾隆岁贡，有《台南洞林志》二卷。潘道根，字确潜，一字潜夫，号晚香，一号饭香，晚号徐村老农。清乾隆、咸丰年间新阳县城（今昆山玉山镇）人，毕生致力实学，不事科举，生平好读书，孜孜不倦，至老未休，尤其留心地方文献，成《昆山县城隍庙续志》。④ 贵正辰，字祈年，号蓉舫，清代扬州秀才⑤，纂辑《琼花集》六卷。

又如，李榕，字荫伯，潼关厅（陕西潼关县）人，清贡生，未仕。承继家学，博览群书，为文严谨，品端识远，于华山云端观居住二十余年，纂辑《华岳志》八卷。王宏嘉，居华山数十年，于华山上方筑读书台，博览经史，并编纂《华山志概》，记载了华山的名胜和景观。路一麟，字麟趾，一字振公，号天石，陕西澄城县人，康熙九年（1670）恩贡，甘守清贫，无意仕进，

---

① （清）董天工编：《武夷山志》卷十七《隐逸》，载《中国道观志丛刊正续编》第34册，第1126—1127页。

② （明）康当世纂：《九鲤湖志》卷首《词翰姓氏详节》，第14页。

③ （明）康当世纂：《九鲤湖志》卷首《词翰姓氏详节》，第15页。

④ 钱包琛序云："属潘君饭香搜罗旧志，将葺而新之"，则是书为钱宝琛嘱潘饭香撰。

⑤ （清）陈延恩《琼花集·序》称"真州贵蓉舫茂才"，见（清）贵正辰辑《琼花集》，载《中国道观志丛刊正续编》第51册，第9页。

二十一年（1682）起用山林逸隐，以母老辞之，成《华山小志》十二卷。刘崐玉，字玺侯，号退谷，初名宗关，陕西周至人，清代庠生，有《终南仙境志续编》。

蔡瀛，字小霞，一字惠瞻，号蒿尉子，九江人，例贡士，有《庐山小志》二十四卷《首》一卷。

郭懋隆等《逍遥山万寿宫志》二十卷《首》一卷，郭懋隆，里人，绅商，邑庠生，"家去逍遥数里，富而好礼，乐善不倦，既独捐千金，复编辑信志"①。胡映庚等有《黄堂隆道宫志》十四卷，胡映庚，里人，太学出身。

景嵘纂《嵩山志》，景嵘，字秋峰，号季次，河南登封人，康熙、雍正间景氏后人，肆力古文，不治举业。裴希纯，字敬斋，号寄亭，河南偃师人，乾隆二十七年（1762）恩贡，屡试不第，乃买少室山麓明月湾，筑室以终，成《太少六十峰志》三卷。

李绍贤，郧县人，顺治拔贡，成《武当山志》二十四卷。傅燮鼎，原名笔可，字铁椽，湖北崇阳人，号我泉山人，道光二十九年（1849）登己酉科副榜，隐居九宫北麓城山，重辑《九宫山志》十四卷《首》一卷。

明广东博罗（今广东博罗县）人韩鸣鸾，性介特，好山水，观察史旌其门曰"隐士之庐"②，有《罗浮志略》二卷。

（三）各宫观、山林道士

明清时期，道教中人虽非宫观山志的主体，但仍是一支重要力量。例如，龙虎山正一道道士在编纂龙虎山志书方面，可谓成果卓著，先后有四种山志出自教内高道之手。一是张宇初、张宇清、李唐真编纂《龙虎山志》十卷。

---

① （清）丁步上、郭懋隆：《重修逍遥山万寿宫志记》，见（清）金桂馨、漆逢源纂辑《逍遥山万寿宫志》卷十八，载《中国道观志丛刊正续编》第31册，第1053页。

② （清）宋广业纂辑：《罗浮山志会编》卷六《隐逸》，载《中国道观志丛刊正续编》第63册，第479页。

张宇初,明代正一派天师,四十二代天师张正常长子,明洪武十年(1377)嗣教,为第四十三代天师。张宇清,四十四代嗣教大真人,张宇初之弟,有《西壁文集》。李唐真,龙虎山道士,据《岘泉集》卷三《故神乐观仙官傅公墓志》载,李唐真系神乐观提点住持同虚子傅若霖之徒。二是(元)元明善辑修,(明)张国祥续修,张显庸全修《龙虎山志》一卷。张国祥,正一派第五十代天师,尝编《续道藏》等书。张显庸,字九功,本名显祖(显庸为明神宗所赐),正一道龙虎宗第五十一代天师,封正一嗣教清素大真人掌天下道教事,加赠太子少保,追赠光禄大夫。三是龙虎山道士周召在元代元明善《龙虎山志》三卷基础上,续编《龙虎山志》一卷。四是正一派高道娄近垣重辑《龙虎山志》十六卷。娄近垣,字朗斋,号三臣,又号上清外史,松江娄县(今上海松江区)人。雍正十一年(1733)受封"妙正真人"。乾隆即位后,封为通议大夫,食三品禄,带管道录司印务,北京东岳庙住持。

武当山,亦名太和山,古有"大岳""太岳""玄岳"之称,明代道士任自垣纂辑《大岳太和山志》十五卷。任自垣,字一愚,号蟾宇,丹阳(今属江苏)人。明成祖永乐九年(1411)授道录司右正义,十一年(1413)选授太和山玉虚宫提点。宣德三年(1428)升太常寺丞,提督太和山,并命为上清派第五十三代宗师。

江苏地区,有笪蟾光《茅山志》十四卷附《道秩考》一卷。笪蟾光,丹徒(今属江苏)人,字在辛,号君宜,又号重光、逸叟、江上外史、郁冈扫叶道人,晚年居茅山学道,改名传光、重光,亦署逸光,号奉真、始青道人。穹窿山当时在苏州吴县,《穹窿山志》六卷,多著录为清代李标编辑,然而据四库馆臣考证,"是时道士施亮生居此山,方以符术鸣于东南,其书实为亮生而作"[1]。是故,《穹窿山志》为道士施亮生所编辑。施道渊,字亮生,别号铁竹道人,吴县人。顺治十五年(1658),赐号"养元抱一宣教演化法师"。

---

[1] (清)永瑢、纪昀等编纂:《四库全书总目提要》卷七十六《地理类存目五·〈穹窿山志〉》,第411页。

杭州地区有梅志暹编辑、俞大彰重编《重阳庵集》一卷《附刻》一卷《附录》一卷。梅志暹，明代杭州重阳庵住持，全真道士；俞大彰，重阳庵道士，梅志暹弟子。① 另有青屿仰蘅编辑《武林元妙观志》四卷，仰蘅，号青屿，清代杭州玄妙观道士。康熙三十二年（1693）朱溶若始重辑《通元观志》二卷，朱溶若始，杭州通元观住持。

陕西勉县有武侯祠住持李复心有《忠武侯祠墓志》七卷《首》一卷《末》一卷。李复心，号虚白道人，四川人，早年操习儒业，中年归寄道观，师从武侯祠著名住持路全九，后接任为武侯祠住持。

另外，江西崇仁县有道士许云升有《重修江南华盖山志》五卷。

（四）外来寓居人员

明清宫观山志编纂群体中，有一些外来寓居人士。他们因游历、探亲、谪贬、入幕等缘由，侨居名山大观或寓居附近城邑，进而萌发编纂、增补宫观山志的志趣，或受当地士绅之请，撰写宫观山志。

例如，王复礼，余姚（今属浙江）人，王阳明裔孙，性孝友，富著述，结庐武夷大王峰下②，康熙五十七年（1718）成《武夷九曲志》十六卷《首》一卷。

清代李应桥，湖南浏阳人，寓居武夷，有《武夷山志》二卷。

宋广业，长洲（今江苏吴兴县）人，"因其子志益为端州（今广东肇庆端州区）知府，就养官署。以罗浮为岭南胜地，而旧志简略，遂重为考订，网罗缺逸，记事增旧十之五"，成《罗浮山志会编》二十二卷，"后世罗浮诸志，

---

① 林正秋著：《杭州道教史》第十七章《明代杭州名道传：梅志暹传》《俞大彰传略》，第194、195页。

② （清）董天工编：《武夷山志》卷十七《卜筑》，载《中国道观志丛刊正续编》第34册，第1119页；（清）王复礼编辑：《武夷九曲志·自序》，《四库全书存目丛书》，史部241册，第220页。

多以是为蓝本"①。

汪子卿，生卒年不详，字仲苏，号白野，安徽歙县人，官至顺天府训导。嘉靖二十三年（1544）应荐赴京，途中留居泰安，泰安知州仲言永请其编纂《泰山志》，汪子卿欣然应允，遂精心编录，历年而成《泰山志》四卷。此书是现存最早的泰山志书，对后世成书的《岱史》《岱览》等有很大影响。

桑乔，江都（今隶属江苏扬州）人，嘉靖十一年（1532）进士，官至监察御史。以首劾严嵩，为所构陷，谪戍九江以卒，纂著《庐山记（纪）事》十二卷。查慎行，海宁（今属浙江）人。康熙三十一年（1692），入九江知府朱俨幕僚，助辑《庐山志》八卷。

二、编纂动机及目的

明清以前的宫观山志如刘宋徐灵期《南岳记》、唐代杜光庭《洞天福地岳渎名山记》《武夷山记》、李冲昭《南岳小录》、南宋陈田夫《南岳总胜集》、元代刘大彬《茅山志》、邓牧《洞霄图志》等，编纂者多为道教中人，其编纂目的多围绕着"爬梳整理道史，阐明传授源流""表彰山林，昭示世人""彰显各派祖师高迹，为后世修道树立楷模"，兼及"宣传纲常伦理，服务于政治"②。随着明清"道教思想进一步通俗化，流传于广大社会，渗入社会文化的各个方面"③，不仅明清宫观山志的编纂群体呈现多元化特征，编纂目的也在保持原有特色的基础上，呈现出日益多样化、世俗化的特征。

（一）旌应表异，以答神庥

神仙在中国文化中占有重要地位，无论是道教系统，还是民间社会，都

---

① （清）永瑢、纪昀等编纂：《四库全书总目提要》卷七十七《地理类存目六·〈罗浮山志会编〉》，第412页。

② 参见拙著《元代道教史籍研究》，第39—42页。

③ 任继愈主编：《中国道教史》（下），第768页。

存在着数量众多、信众广泛的神仙。在人们心目中，这些神灵既能驱敌平乱，福国庇民，护佑国祚绵延，国运昌隆；又能行云施雨，攘虫除害，确保一方五谷丰登，风调雨顺，还能满足民众趋福避祸、消灾祛病的美好愿望，以及求子嗣、求富贵、求功名、求长寿、求平安等现实诉求。祭祀这些神仙，记述其灵迹，非为宣扬虚妄，更多的是出于感恩戴德、报答神灵的朴素目的。是故，人们不仅要为神灵修建庙宇，还要为之树碑立传，编纂志书。

譬如，作为中国民间和道教信奉的守护城池之神，城隍信仰非常普遍。明太祖洪武三年（1370），诏天下府州县立城隍庙。① 明清宫观山志中，有多部城隍庙志，其编纂目的大多围绕向城隍致其诚敬、崇德报功的目的，如鲍涟等纂、夏文源等续纂《高淳城隍庙志》，其陈嘉谋序云："古人于心所爱戴之人，往往考其里居氏族及言语行事游观嗜好，得奢谈之以为快。诗书所称不可胜纪，况我邑城隍白府君，父母斯民，神灵此地，蒙其麻者可听其久而遂泯乎？此庙志之所以作也。"② 白府君，即唐代白季康，唐穆宗长庆二年（822）任防使，除宣州溧水（今隶属南京）令，在任廉洁，民感德祀之。宋元皆有敕封，明初加封为本境城隍。陈嘉谋谓因为城隍"父母斯民，神灵此地"，"此庙志之所以作也"，具有很强的代表性，其他城隍庙志，如钱宝琛《续修昆山县城隍庙志》、潘道根《昆山县城隍庙续志》、朱朗斋《吴山城隍庙志》、顾家相《萍乡城隍庙善后会图册》等，编纂目的皆不外于此。

除了城隍庙志外，编纂那些被奉为一方乃至全国守护神的志书，也是出于同样的初衷。例如，源于北宋莆田湄州屿林氏之女林默的妈祖（又称天妃、天后）信仰，经宋元明清诸朝阐扬，影响不断扩大，历代帝王册封多达四十次，祭礼载入国家祀典，尤其是沿海城镇纷纷建造天妃宫、天后宫，很多至

---

① （清）嵇璜、曹仁虎等：《续文献通考》卷七十九《群祀考》，载《景印文渊阁四库全书》第628册，第235页。

② （清）鲍涟等纂，（清）夏文源等续纂：《高淳城隍庙志·（清）陈嘉谋〈续修城隍庙志序〉》，载《中国道观志丛刊正续编》第50册，第11页。

今香火隆盛，绵延不绝。丁午辑《（杭州）城北天后宫志》记载了天后本传，清朝告祭文，宋、元、明、清诸代封号及重修天后宫碑记等，借以昭示帝王褒崇，彰显天后灵应神迹。林清标《敕封天后志》，以林默生长之地和福建湄洲天后宫为中心，博采旧籍，辑录历代褒封、祭文、奏疏、神迹图说、祖祠考等，多层次，多角度展现天后功德及其所受尊崇，从而达到"使人有所考而无疑，且以有明征而知慎重"①之目的。何字恕纂辑《类成堂集》，类成堂位于湘潭，系福建人所建馆堂，亦奉祀天后。何字恕系闽商馆事，有感于天后"能福善祸淫，御灾捍患，变化而不可测，烜赫而不可掩"，"天下公卿大夫以及士庶莫不肃坛壝洁，豆登夙夜，斋祓以奉神祇"②，遂采辑历代制诰、御书，并绘制湄洲飞升、神助漕运等二十四副天后绣像，凸显天后灵迹。杨浚辑《湄州屿志略》截取《圣迹图志》《天后显圣录》等既有妈祖史传，以湄洲屿妈祖庙为中心，记山川、宫庙及妈祖传略、世袭图、封号、祀典、志乘、奏疏、艺文、感应等，附刻真经、谶谱。杨浚编纂是书，目的就是向妈祖神表示虔敬，期望此举能得到妈祖厚贶。③

再如，蜀汉名将关羽，宋后被神化，人称武帝、关帝，道教典籍称其为三教伏魔大帝。经过官方数代褒封及民间崇奉，关帝信仰遍布全国各地，真可谓"显当时而神后世，耀光炳灵，赫诸千载"④，"忠义炳若日灵，祀享并隆"⑤，有人谓"天下庙祀崇隆亘古不替者，圣宫而外，惟帝之庙为最"⑥，诚非虚言。为了传其忠信神武，志其大义参天，上自朝廷，下到民间，举国建

---

① （清）林清标辑：《敕封天后志·自序》，载《中国道观志丛刊正续编》第32册，第11页。
② （清）何字恕纂辑：《类成堂集·（清）林兰友〈显圣录序〉》，载《中国道观志丛刊正续编》第47册，第9页。
③ （清）杨浚辑：《湄州屿志略·自序》，载《中国道观志丛刊正续编》第57册，第1页。
④ （清）张镇编辑，宋万忠、武建华标注：《解梁关帝志·（清）乔光烈〈解梁关帝志序〉》，第4页。
⑤ （清）张镇编辑，宋万忠、武建华标注：《解梁关帝志·自序》，第7页。
⑥ （清）王禹书辑：《关帝陵庙纪略·（清）伊逢吉〈关帝陵庙纪略序〉》，载《中国道观志丛刊正续编》第43册，第14页。

庙，几乎到了村村建有关帝庙的盛况。明清时期，编纂了多部褒扬关帝英武忠义的志书，"以寓表彰之意"①，如卢湛编《关圣帝君圣迹图志》、王禹叔辑《关圣陵庙纪略》、张镇编辑《解梁关帝志》等。

许真君信仰源于晋代著名道士许逊，起初仅以孝道崇拜的形式流传于江西一带。南宋时期的道教徒，基于孝道信仰，借鉴儒释道心性学说，吸收日神、月神崇拜精华，首次以"净明"为名开宗立派。明清时期，许真君信仰随着江右商帮的足迹影响到全国各地，湖南、湖北等地尤为盛行。今江西南昌市新建区逍遥山有净明道祖庭玉隆万寿宫，原为许逊故居。民间所传许真君为民除害，御灾捍患灵迹繁多，"功德惠泽足以遍乎四海，与天地长存者，则食报崇祀亦相等稽古神圣，莫不然矣"。后世文人墨客"因更溯其发迹之源，考其氏族，记其里居，凡附于神圣所居之地，虽一草一木，一水一山，一亭一阁，亦各并有序传、歌咏以记其流连仰慕之诚，于是时代积累，其昭于碑碣者遍天下"。清人金桂馨、漆逢源"广搜远引，类葺成书，此真君玉隆万寿宫志所以作也"②。可见，是志之编，源于褒扬许真君"名裡大业，炳耀寰区"③ 的动机。

一些地方神灵，因其辅国安民，屡有灵验，颇受当地人崇奉。例如，宋明之际便盛行于肇庆悦城的龙母神崇拜，经久不衰，明代获封护国通天惠济显德龙母娘娘，除职掌风云雷电、岳渎山川外，尚且考较人间功过福善。程起周有感于"历代威灵显赫湮没不彰，大为缺典"，爰加删定，付诸剞劂，以期"天下士大夫农工商贾共知神之慈惠感应，保障粤东，功力昭垂千古不朽"④。复如，陈隋间粤东陈文玉以雷州（今属广东）人官本州刺史，教养兼

---

① （清）张镇编辑，宋万忠、武建华标注：《解梁关帝志·自序》，第 8 页。
② （清）金桂馨、漆逢源纂辑：《逍遥山万寿宫通志·（清）刘芳〈捐赀重刻西山玉隆万寿宫志小引〉》，载《中国道观志丛刊正续编》第 30 册，第 35 页。
③ （清）金桂馨、漆逢源纂辑：《逍遥山万寿宫通志·（清）程乔采〈重刻逍遥山玉隆万寿宫志序〉》，载《中国道观志丛刊正续编》第 30 册，第 26 页。
④ （清）程起周纂、王士瀚重修：《悦城龙母庙志·旧序》，载《中国道观志丛刊正续编》第 61 册，第 29 页。

施，善政宜民，"殁而祀于名宦，复祀于乡贤，历宋元明灵异昭彰，叠加封典"①。凡祈晴祷雨，防灾捍患，祷之则验，乡人以其正直而为神，立庙以祀。唐封雷震王、雷电护国显应王，宋封威德王，元封神威刚应光化昭德王，明封雷司之神，清封宣威布德之神。刘世馨"以雷祖之赫声濯灵炳耀千古"，"故首编其发迹之奇"，"记其捍灾御患之异，列其褒赐诰敕之文"②，汇编而成《雷祖志》，借此以传雷祖浩然正气。

湫神信仰是龙神信仰中的重要组成部分，平番（今甘肃永登县）龙神祠系驻军将领豫师为祀奉当地湫神倡导重建，竣工后由其挚友达昌编《龙神祠全图》，"详述复建神祠原委，吟咏湫神之灵异，追述邑人立祠祈雨，瞻谒龙宅之虔敬"，并汇集驻军将士诗文、额联，编订成册，此举"不仅有助于平番龙神信仰的传播，对于标榜豫师为官政绩、祈祷灵验的奇迹亦大有裨益"③。

再如，祠山张君名渤，相传助禹治水有功，颇能御灾捍患，彰善瘅恶，功在社稷，泽在生民，历汉唐宋元明而其祀益崇，海内祈禳，上而国家，下而士庶，祷问应，占而孚，捷于影响。元周秉秀编《祠山志》，以示"神之博厚高明悠久几与天地参"④。清周宪敬重编是志，以彰显真君灵迹，存"历朝封诰，神功伟绩"⑤。

又如，位于杭州府钱塘门外的灵卫庙，祀南宋率众抗金战死的钱塘令朱跸、尉曹金胜、祝威，淳祐十年（1250）赐庙额"灵卫"，洪武三年（1370）

① （明）庄元贞修，（清）刘世馨纂编：《雷祖志·（清）吉庆〈重修雷祖志序〉》，载《中国道观志丛刊正续编》第61册，第8页。

② （明）庄元贞修，（清）刘世馨纂编：《雷祖志·跋》，载《中国道观志丛刊正续编》第61册，第191—192页。

③ 刘永海：《豫师与〈龙神祠全图〉》，《唐山师范学院学报》2019年第2期。

④ （元）周秉秀编，（清）周宪敬重编：《祠山志·（元）梅应发〈祠山志旧序〉》，载《中国道观志丛刊正续编》第44册，第31页。

⑤ （元）周秉秀编，（清）周宪敬重编：《祠山志·旧序》，载《中国道观志丛刊正续编》第44册，第37页。

朝廷正天下祀典，浙江行中书省议三公当祀。夏宾撰、杨廷筠增辑《灵卫庙志》目的在于传颂朱、曹、祝三公，"天植忠贞，成仁取义"①，"固以报功，以励臣节"②。位于杭州府城盐桥的广福庙，祀南宋蒋氏三兄弟，因水旱疾疫，祷则必应，遂为当地备受崇敬的守护神。唐恒久收录府志等所载三兄弟神迹、朝中敕文、封号及庙中碑记，"用昭神贶"③。

（二）卧游与为游

1. 卧游

卧游，是指通过欣赏山水画和文学作品来体悟山水的方式。"卧游"之说，由东晋南朝宋文人宗炳首次提出，其内涵有二：其一，因目的地遥远，跋涉艰难，或是因年老、疾病等自身状况，或是因公务繁忙等客观原因不能如愿旅游，遂绘图以弥补，借以慰藉遗憾心情，此内涵体现的是"卧游"之现实功用。其二，在山水画中寻找到心灵和精神的安顿，此即宗炳所谓"澄怀观道"，可视为宗炳"卧游"的精神功用。"卧游"观念在明代出现两条演变路径，"一是像董其昌、沈周那样，承继了传统的'卧游'之道，把图画作为心灵探索和精神放逐的途径。"二是随着旅游之风渐盛，以庶民阶层为代表的'卧游'观念演变为另一条路径，"书商们在旅游文化产品中竭力标榜'卧游'，为的是迎合大众仿效士大夫生活方式的需求。对于普通人来说，'卧游'可以是一种真实的、物质化、大众化的消费行为"④。事实上，不仅是文人绘画和旅游绘本，许多明清宫观山志同样以满足文人士大夫"卧游"的精神追

---

① （明）夏宾撰，杨廷筠增辑：《灵卫庙志·（明）杨廷筠〈重修灵卫庙志序〉》，载《中国道观志丛刊正续编》第57册，第7页。

② （明）夏宾撰、杨廷筠增辑：《灵卫庙志·（明）沈友儒〈刻灵卫庙志引〉》，载《中国道观志丛刊正续编》第57册，第16页。

③ （清）唐恒久辑：《广福庙志·（清）唐恒久〈广福庙纪事〉》，载《中国道观志丛刊正续编》第57册，第143页。

④ 李晓愚：《从"澄怀观道"到"旅游指南"——"卧游"观念在晚明旅游绘本中的世俗化转向》，《南京大学学报》（哲学·人文科学·社会科学）2017年第6期。

求为编纂目的，从而折射出传统文人的审美情趣乃至世俗社会的消费观念，同样值得深入探究。

以董天工《武夷山志》为例，经筵讲官文渊阁大学士兼吏部尚书史贻直在该书序中说道，"余自三十岁迄今四十年中，持节遍天下"，凡名山大川，"皆奉简书，拥旌钺以坐镇其间，或与僚佐相宴游，或风尘鞅掌一过弗顾，而所尤耿耿于怀弗能释者，则闽之武夷"①。表现出因公务繁忙无法畅游武夷山一直不能释怀的心情。许多官员都有这种感受，因而对这种情感产生共鸣。史贻直云，披览董天工所编《武夷山志》，"部帙哀然"，"序次井井"②，"纵览于山经地志而托之卧游"③，"不啻亲身历览"④。同为经筵讲官的蒋溥"尝神想武夷而曾不得全编以恣卧游"，见到董天工《武夷山志》，"川岩洞壑，楼观亭台，圣贤仙佛，碑记歌韵，诠次部居，纤微毕具"，犹如"亲身九曲，登幔亭而涉云涧，游精舍而肃前型"⑤，得到了极大的精神满足。时人叶观国亦云："吾以生长是邦。"虽遍览大江南北，"而武夷曾不得一造问津焉"，董《志》"一水一石，荒基废址，以及磨崖题壁，瑶草琪花，无幽不探，无琐弗登"，"翻阅之下，恍如置我于三三六六间也"，"如宗（炳）少文所云澄怀观道，卧以游之，庶几一慰素心"⑥。由此可见，《武夷山志》多篇序文都在标榜该书的编纂，迎合了当下士大夫乃至普通民众的审美情趣和生活方式，在"卧游"方面拥有特殊作用。

---

① （清）董天工编：《武夷山志·（清）史贻直〈武夷山志序〉》，载《中国道观志丛刊正续编》第33册，第1页。

② （清）董天工编：《武夷山志·（清）史贻直〈武夷山志序〉》，载《中国道观志丛刊正续编》第33册，第3页。

③ （清）董天工编：《武夷山志·（清）史贻直〈武夷山志序〉》，载《中国道观志丛刊正续编》第33册，第1页。

④ （清）董天工编：《武夷山志·（清）史贻直〈武夷山志序〉》，载《中国道观志丛刊正续编》第33册，第3页。

⑤ （清）董天工编：《武夷山志·（清）蒋溥〈武夷山志序〉》，载《中国道观志丛刊正续编》第33册，第6页。

⑥ （清）董天工编：《武夷山志·（清）叶观国〈武夷山志序〉》，载《中国道观志丛刊正续编》第33册，第22—23页。

明代万历年间胡昌贤《委羽山志》的编辑，同样从读者需要出发，满足了其"卧游"的心理。时任黄岩知县的张仲孝，虽有烟霞之癖，却无暇完整领略委羽山的仙踪胜景、山川形势，一直引以为憾，阅毕胡志，顿觉神清气爽，长久以来郁积的惆怅涣然冰释。他毫不掩饰自己的兴奋心情，说"斯志成而千百瑰异之踪眩心惊目，大有空明之天始得有所"。进而慨叹道："若胡生者实获我心，古今在手，烟霞在胸，即上真宝篆何以加此？"① 张仲孝对胡志赞不绝口，将其视为比"上真宝篆"还珍贵的佳作。清代咸丰年间，王维翰有《委羽山续志》，云："胡伯举（昌贤字）先生作《委羽山志》，搜山水烟霞之趣，手订一编，摭风云月露之词，目分六卷，披图历览关文衍善写九华，倚枕卧游宗少文胥供一榻，而乃尘扬沧海，星换华年。"② 亦大为称赞胡《志》，谓是志文辞优美，体例谨严，满足了其"卧游"旨趣。

明代廉吏陆从平从塞上移守临江，闻临境阁皂山为道教第三十三福地，"忻然欲往，而竟以簿书徽缰，无能为一至为生平快"。万历丙戌（十四年，1586），得好友俞策《阁皂山志》，批阅一过，见其"冥搜博采，铺张扬历，烂然有文"③，顿生身临其境之感，因公务繁忙无暇登临阁皂山之遗憾，很大程度上得到弥补。清初杰出诗人、文学家施润章在临江府（治今江西樟树市）为官数年，日与阁皂山相望，时有登临远眺之念，但系于官职，一直难以如愿，只好"求其山川草木之志一观之，以释吾怀，庶几乎卧而游焉"。于是找到明代东吴俞策编纂《阁皂山注》二卷，因俞书"患漫讹漏，至不可通晓"，遂"以南州陈子公霖家多藏书，属为校雠，而予稍括定，更名《阁皂山志》"④。施润章意欲以俞策《阁皂山注》释怀，卧游阁皂山，见其漫漶讹

① （明）胡昌贤修辑：《委羽山志·（明）张仲孝〈委羽山志序〉》，载《中国道观志丛刊正续编》第55册，第2页。

② （清）王维翰续辑：《委羽山续志·自序》，载《中国道观志丛刊正续编》第55册，第149页。

③ （明）俞策编纂，（清）施润章修订：《阁皂山志·（明）陆从平〈阁皂山志旧序〉》，载《中国道观志丛刊正续编》第29册，第1—3页。

④ （明）俞策编纂，（清）施润章修订，傅义校补：《阁皂山志·施润章〈序〉》，第1页。

漏，遂校雠括定以成其《阁皂山志》，既接续前人事业，又了却自己多年心结，为时人"卧游"阁皂山提供了较好的文本。

无独有偶，宋广业《罗浮山志会编》亦有"卧游"之效用。康熙丙申（五十五年，1716），总督广东、广西等处地方军务兼理粮饷、兵部右侍郎兼督查院右副都御史杨琳卒读宋广业《罗浮山志会编》，"恍如置身十五岭四百三十二峰之上，与古人旷览而高吟者相为激昂是天"，"澄溪（宋广业字）一游而使天下后世士大夫之欲游不克游者咸得觌闻其胜也。"他进一步认为，宋广业纂辑《罗浮山志会编》，"博采群书，搜罗旧文，山川人物，古迹异境，靡不毕备，为兹山大开生面，置之案头，可当卧游，付之剞劂，可传不朽。"①

可见，卧游既是缘由，也是结果，许多明清宫观山志的编纂由卧游产生，又达到了卧游的结果，从而实现了编纂动因与编纂效果的统一。

2. 为游

我国幅员辽阔，山川秀丽，自古以来，产生了很多杰出的旅行家，许多人留下了描写自然环境与人文景观的文章。伴随着旅游活动的增多，撰写图记等导览类文献便成为十分必要的事情。宋代道士邹师正鉴于罗浮山地处偏远，山高地袤，峰峦溪涧众多，游览者难以遍览周知，尝作《罗浮山指掌图记》，其云："罗浮邈处海上，天下想闻之而恨不至其地，间有能至之者，非逸世高蹈之士，非希仙慕道之人。山之高且三千六百丈，地之袤直五百里，峰峦之多四百三十二，溪涧川源有不可胜数者。是虽长年隐者犹未易遍览，而况士大夫来游者，暂至倏还，旬日而罢，又安能周知？兹《指掌图》所以作也。"② 这是道教中人为游客提供方便，撰写旅游指南的较早实例。由于当时旅游之风尚未兴起，这种旅游指南并不多见。

---

① （清）宋广业纂辑：《罗浮山志会编·（清）杨琳〈罗浮山志会编序〉》，载《中国道观志丛刊正续编》第62册，第23—26页。
② （清）宋广业纂辑：《罗浮山志会编·（宋）邹师正〈罗浮山指掌图记〉》，载《中国道观志丛刊正续编》第62册，第191—192页。

晚明以降，社会风气出现"天崩地解"① 的变化，而重视旅游热潮的出现，是其中的重要表现之一，大批文人士大夫乃至普通民众热衷于游览名山大川，观察社会风情。与此相呼应，宫观山志的编纂也出现了从"为岳"向"为游"的转变。对此，明末学者龚黄有精辟论述，其云："古志岳者，凡岳之有，无不志，为岳也。今志岳者，为游也。选严而简薄，便登临也"，"游岳者必先有志，而后可以言游。一山一水，如逢故人。以胸中之流峙证眼底之高深，虽未必尽穷章亥之步，呼名唤姓，长揖可别，有如乘兴而往，便道而登。囊中无名胜片纸，忽焉蜡屐，以舆人为云笈，以道士为掌故，虽游矣，云雾尔"②。在龚黄看来，没有丝毫知识准备，囊中无片纸，乘兴而往的登山活动，是"虽游矣，云雾尔"的低质量旅游，不值得提倡。文人士大夫应该追求的是具有丰富内涵的高质量旅游，这一需求，促使宫观山志编纂者必须有所回应，撰写既"选严而简薄"，又"便登临"的新型志书，才能满足"游岳者必先有志，而后可以言游"的社会关切。譬如，明代彭簪编校《衡岳志》，便把"以便览者"③、"览者易见"④ 作为重要原则。在拟定全书体例与材料择取等问题上，也以便于游览为出发点，他说："谒告游览有作，凡系国朝以来者各自为卷，以便读书，其可采者辄采入卷，亦不复以岁月为次。"⑤这些变化无疑是积极的。明代徐表然纂辑《武夷志略》四卷，一改前志滥收诗文且杂芜无章的倾向，而是"绘山之全图及武夷宫左各景、宫右九曲诸胜，悉以题咏附于后，凡名胜、古迹皆分附于山川"，"较他地志尤便省览"⑥。这种依据山川形势而设类目并绘制游览全山之图的做法，很好地体现了山志为

---

① （清）黄宗羲撰：《南雷文定前集》卷一《留别海昌同学序》，《丛书集成初编》第 2463 册，第 16 页。
② （明）龚黄编辑：《六岳登临志·自序》，《续修四库全书》第 721 册，第 587 页。
③ （明）彭簪编校：《衡岳志·凡例》，《四库全书存目丛书》，史部第 229 册，第 268 页。
④ （明）彭簪编校：《衡岳志·凡例》，《四库全书存目丛书》，史部第 229 册，第 268 页。
⑤ （明）彭簪编校：《衡岳志·凡例》，《四库全书存目丛书》，史部第 229 册，第 268 页。
⑥ （清）永瑢、纪昀等编纂：《四库全书总目提要》卷七十七《地理类存目五·〈武夷志略〉》，第 408 页。

游的作用。时人对于徐表然的编纂旨趣赞赏有加，谓其"可卧游，可坐览，可束溪山于杖头，可掇洞天于掌上，寰海缙绅贤豪之叹艳者，不必腋翼而游，一举目间即可穷武夷之纱也"①。实现了"卧游"与"为游"的完美统一。与此近似，董天工编《武夷山志》在体例上也做了很大创新，作者没因循固有范式，而是以"游历之次第为序"②，依次记述武夷九曲山水、诗文，是"为游"理念的集中体现。

以"为游"为编纂目的明清宫观山志中尚有很多。例如，衡岳本地人旷敏本，童年时游衡岳，因对南岳路线不清，历史不明，颇有茫然不知所措之感，自云"大都鲁莽于山水"③，难以领略衡山的丰厚美景和深邃意蕴。因之，旷敏本发愿要编写一部脉络清晰，内容翔实，能指导游人"以志为先路之导，触景悟诠"④ 的南岳山志。受前知衡山县事高自位之请，乾隆十八年（1753），旷敏本完成了自己的夙愿，成《南岳志》八卷并付诸剞劂。钱以垲，康熙中历官东莞、茂名二县知县，三载以来，限于职守，一直无机会畅游罗浮。"其父瑛就养县署，往游罗浮，记其名胜，以垲因参考诸籍"⑤，成《罗浮外史》，希望"异日者，得从诸君子后，蹑飞云，跨铁桥，翱翔四百三十二峰之间，即持此为指南也"⑥。直接将《罗浮外史》视为罗浮山的旅游指南。

明清学者将"为游"作为编纂宫观山志的重要目的，反映出"晚明旅游风气兴起背景下普通文人为游不为山的山志编纂新动向"⑦。这一动向对于志

① （明）徐表然纂辑：《武夷志略·（明）陈鸣华〈武夷志略序〉》，《四库全书存目丛书》，史部第230册，第246页。
② （清）董天工编：《武夷山志·凡例》，载《中国道观志丛刊正续编》第33册，第58页。
③ （清）高自位编：《南岳志·（清）旷敏本〈南岳志叙〉》，载《中国道观志丛刊正续编》第45册，第12页。
④ （清）高自位编：《南岳志·（清）旷敏本〈南岳志叙〉》，载《中国道观志丛刊正续编》第45册，第14页。
⑤ （清）永瑢、纪昀等编纂：《四库全书总目提要》卷七十七《地理类存目五·〈罗浮外史〉》，第412页。
⑥ （清）钱以垲撰：《罗浮外史·自序》，载《中国道观志丛刊正续编》第62册，第3页。
⑦ 张全晓：《略论明代武当山修志兴盛的原因》，《宗教学研究》2013年第1期。

书进一步走向社会具有明显的促进作用，值得关注并认真研究。

要之，明清宫观山志在编纂旨趣上呈现的两方面特征值得注意：一方面，明清学者继承了宗炳开创的"卧游"这一独特的精神旅行方式，并用这一理念指导宫观山志的编纂，从而受到文人士大夫阶层的追捧，这一特征可视为明清学者对传统宫观山志编纂思想的继承；另一方面，明清社会旅游风气的兴起，尤其是普通民众对旅游的热情日益提高，促使宫观山志编纂者由单纯的"为岳"转向兼顾"为岳"与"为游"，这一特征则是明清学者对宫观山志编纂思想的革新与发展。

值得注意的是，"卧游"与"为游"的编纂旨趣并非舍此即彼、截然分开，更多时候是并存于明清宫观山志之中的。万历年间杭州著名学者、书商杨尔曾一生编纂、刻印图书众多，其编纂、刊刻的《新镌海内奇观》十卷，虽冠名"海内"，但卷一为嵩岳、岱宗、华岳、衡岳、恒岳、白岳（齐云山）图说，卷二有茅山、浮山图说，卷七为武夷山、九鲤湖、麻姑山图说，卷九为太和山（武当山）图说，附十大洞天、三十六洞天、七十二福地、海上仙山、海上十渚名考，绝大多数为道教奇山胜景，既是一部道教宫观名山总志，又是一部诗、书、画相结合，图文并茂的旅游指南。但杨尔曾秉持"仿意卧游，以当欣赏"[1]的编纂初衷，还径直以"卧游道人"作为该书作者署名，其以"卧游"自居，效仿并追寻宗炳"澄怀观道"的微妙心境也是清晰可见的。

（三）尊岳崇观，弘扬道旨

道教流派众多，各派常常以名岳大观为中心，向周围地区传播拓展。著名道教名山大观都有着悠久的历史传统和丰富的文化底蕴，留下了大量的传说神话、诗文碑刻。仔细爬梳整理、编纂刊刻这些资料，是提升道派地位，

---

① （明）杨尔曾辑：《新镌海内奇观·凡例》，《续修四库全书》第721册，第347页。

弘扬本派教旨的有效做法。许多道教宫观山志的编纂，其编纂目的与此有密切关系。

相传衡岳是尧、舜、禹巡疆狩猎、祭祀社稷、求治洪法之地，又是道教、佛教名山，有着丰富的人文传统，有"文明奥区"美誉。黄岳牧所说"衡岳为南方巨镇，群山所宗，郡县以山重，非山籍郡县而重也"①。说出了衡岳之于衡郡的特殊地位，代表了绝大多数士人的心理。彭簪说："衡岳旧无志，县志山川类见之"，"特志之，尊岳也"②。表达了编纂山志源于尊岳的目的。

龙虎山是道教龙虎宗、正一道中心，在道教名山中地位崇高，自南唐保大年间建天师庙，历经宋元，先后修建了众多宫观，尤以上清正一万寿宫最为著名。元世祖统一江南后，以龙虎宗为核心的玄教"成为道教诸派中发展最盛、声名最显赫、辖区也较广泛的一个派别"，元代帝室"对张陵后嗣的礼遇和对龙虎宗的支持，远远超过了其余两宗（指茅山、阁皂二宗）"③。有元一代，张陵后嗣从元世祖至元十三年（1276）召见第三十六代天师张宗演起，历经三十七代张与棣、三十八代张与材、三十九代张嗣成、四十代张嗣德，至至正十九年（1359）四十一代张正言去世，代代受宠，是天师道龙虎宗空前显荣的一个时代。明代以降，在全国道教衰落的背景下，龙虎宗的地位有所下降，但较比道教其他派别，龙虎宗仍受帝室重视。清代雍正年间龙虎山道士娄近垣大得殊荣。元代元明善编《龙虎山志》由张宇初增至十卷，因年岁久远，"挂漏颇多，冗杂无次"，娄近垣"思祖庭胜迹，久未编集，实耿于怀"，"深以幸际殊恩，必宜增修山志"，借以"颂扬圣德，阐述先猷，惟钦至人之异迹，圣地之常留，私喜是编之修，庶足与阙里诸志并光天壤"④。是故，娄近垣以书报恩、以书弘道的编纂初衷是显而易见的。

---

① （清）高自位编：《南岳志·（清）黄岳牧〈南岳志序〉》，载《中国道观志丛刊正续编》第45册，第1页。
② （明）彭簪编校：《衡岳志·自序》，《四库全书存目丛书》，史部第229册，第266页。
③ 卿希泰主编：《中国道教史》（第三卷），第281—282页。
④ （清）娄近垣重辑：《龙虎山志·自序》，载《中国道观志丛刊正续编》第25册，第17—19页。

作为上清派中心、道教圣山之一，茅山不仅在道教徒心中占据突出地位，更受到历代帝王的恩宠和士人关注，"真人道士代为帝者师，龙文凤札，积如云霞"，鉴于"年世旷邈，玺书罕存"①，出于抢救茅山历史文献和弘扬茅山道派的目的，元代茅山嗣上清经箓四十五代宗师刘大彬编《茅山志》，该志体例完整、严谨，内容详赡、丰富，加之"传于翰林承旨赵孟頫，赞于大学士虞集，书于华阳外史张伯雨，世称'四绝'"②，在教内外有很大影响。元末刘大彬《茅山志》书板毁于兵燹。为让茅山道史免于大坠厥绪，明清两代道士尤其是茅山道士付出很多努力，而搜求旧刻善本，重锲诸木，是诸多努力中最为直接也是最为重要的举措。有明一代，共出现永乐二十一年（1423）茅山元符宫本、正统十年（1445）《道藏》本、约成化六年（1470）茅山崇禧宫本、嘉靖二十七年（1548）茅山玉晨观本共四种《茅山志》刻本，其中有三种出自茅山道士之手。主持玉晨观刻本事宜的是本观道士、大真人府赞张全恩，他先是募工绘刻茅山全图，再重刻刘大彬《茅山志》，初步完成了夙愿。此后，茅山灵官戴绍贤、任绍绩、金玄礼，赞教元符袁继礼、陈应符请柳汧祭史、邑人江永年增补了卷首《明懿典》和《后编》诗文二卷，以成全志。刘大彬《茅山志》至清初仅存残帙，明刻诸本亦流传未广，罕见于世，清康熙时道士笪蟾（重）光因"山栖十载，而志是山"，"心之于山林"③，奋发重修《茅山志》，对刘《志》及玉晨观《志》重新分类并增益明清茅山文献，其学术价值虽不逮前者④，但对于弘扬茅山道教，传播茅山文化却至关重要。清咸丰兵乱，笪《志》散失，该山住持周绍溪本欲重新募修，得句曲人阮秋亭出家藏旧本，甘泉人金寿椿资助刊板。由是观之，自元代讫清末，道

---

① （元）刘大彬编，（明）江永年增补，王岗点校：《茅山志·（元）刘大彬〈茅山志叙录〉》，第1页。

② （元）刘大彬编，（明）江永年增补，王岗点校：《茅山志·（明）江永年〈茅山志明懿典首卷〉》，第1页。

③ （清）笪蟾光编：《茅山志·自序》，载《中国道观志丛刊正续编》第12册，第1页。

④ 陈国符谓笪《志》"删节刘志而紊其条贯，除稍增辑明清文献外，无可取者"。见陈国符《道藏源流考》附录一《引用传记提要》，第250页。

教中人为传续茅山文化，对于茅山志书的编纂、增补、刊刻，可谓代不乏人，不遗余力。

宋明时期尤其是永乐以后，借助于皇室扶助，武当山道教甚为兴盛。仅明朝一代，便修纂武当山志书六部之多①，其中《大岳太和山志》由著名道士、武当山提调官钦差太常寺丞任自垣纂辑，其弘道目的十分明显。任自垣自序云："臣自垣出自玄门，生逢明世，重蒙拔擢，两登清职之班，复沐超升，寻授容台之佐，思无补报，敢孝愚忠。"复云："伏睹大岳太和山尊崇，祀典所载，朝廷封建，旷古未闻，若不集成志书，尤恐盛事无考。"② 可见，任自垣纂辑《大岳太和山志》目的除了展现明代皇室崇奉真武帝君盛事，思报皇恩之外，还有站在玄门弟子立场上，弘扬武当道教的初衷。值得注意的是，明代永乐以来，真武崇拜遍及全国，出现了许多专门宣扬真武生世和灵应事迹的图书，其中如《武当嘉庆图》（又名《启圣嘉庆图》）既可视为仙传，又可视为宫观山志。③ 该书赵弼（1364—约1450，字辅之）④ 序云："真成道人徐永道自念际遇圣明雍熙之世，黄冠鹤氅逍遥于仙境中，无以补玄门之万一"⑤，乃求本山董、张、唐、刘四道士所纂《启圣嘉庆记图》，首载明朝兴修武当之盛典，记述玄武圣真灵异昭应之灵迹，皆绘图以明之，名《武当嘉庆图》。⑥ 徐永道是书貌似记述玄武神灵迹，但客观上对于传播道教理念、弘扬武当道教文化，其功用是持久而又卓著的。赵弼将徐永道编辑是书之作

---

① 张全晓：《明代武当山志考略》，《中国地方志》2011 年第 5 期。

② （明）任自垣纂辑：《大岳太和山志·（明）任自垣〈进大岳太和山志表〉》，载《中华续道藏初辑》第 4 册，第 4—5 页。

③ 《中华续道藏初辑》第 4 册，即以"宫观地志"收录此书。

④ 赵弼生平参见李剑国、陈国军《赵弼生平著述考》，《文学遗产》2003 年第 1 期。

⑤ （明）徐永道纂：《武当嘉庆图·（明）赵弼〈武当嘉庆图序〉》，载《中华续道藏初辑》第 4 册，第 3 页。

⑥ 三家本《道藏》第 19 册《玄天上帝启圣灵异录》卷末收赵孟頫、虞集等《武当嘉庆图序》，《序》称《武当嘉庆图》为武当天一真庆宫住持张洞渊编辑。考徐永道《武当嘉庆图》有八十幅图并附文，内容承袭《大明玄天上帝瑞应图录》（图十七幅附文，三家本《道藏》第 19 册收录），但增益很多。据此，徐永道纂《武当嘉庆图》当系综合《玄天上帝启圣灵异录》、张洞渊集《武当嘉庆图》《大明玄天上帝瑞应图录》及本山董、张、唐、刘四道士所著《启圣嘉庆记图》诸书而成。

用概括为"三善"，一是"彰圣朝功德于千万斯年，祝国祚与山岳同其悠久"；二是"演真科于文明之日，播玄元清静之风"；三是"俾四海之人观斯图者咸与向善之心，皎大德慈悲之化"①。赵弼"三善"的观点道出了该书的最大功用，也很好地诠释了其以弘道为中心的编纂目的。

杭州重阳庵是吴山众多琳宫宝刹之一，享有"吴山福地，青衣洞天"之美誉，宋元以来即是羽士全真之所，因景致宜人，嘉木繁郁，文人雅士有很多题品歌吟存留于世。至明代梅志暹任本庵住持时，重阳庵已是"金碧楼阁，轮奂蔚然"。梅志暹"静修之余，复以掇录为心，将以传永久而示其后来"，遂衰辑历代文士歌咏诗文，汇而为帙，题曰《重阳庵集》，时人谓梅志暹"贤于好道，诚于振隳，重于词翰"②，可谓平允之论。嘉靖十三年（1534），因"此集流远，前后缺失"，梅氏弟子俞大彰"益其所损，始为全帙"③。梅志暹、俞大彰师徒二人前后七十余年，编辑而成《重阳庵集》，扩大了重阳庵乃至杭州道教的影响力，对明代浙江道教的发展是有促进作用的。时人评论道："宾梅（按：俞大彰号）固膺重阳之灵而杰益兴，重阳抑亦因宾梅之兴而名益显。"④ 道出了梅志暹、俞大彰等高道编纂志书的弘道之举与重阳庵兴盛之间相得益彰的关系。

（四）延续修志传统，弥补旧志缺憾

宋元及其以前的宫观山志或散佚不传，或流传未广、几近湮没，或内容简略、体例不备，或存有疏漏乃至错讹，急需考订纠谬、增益新知，完善体

① （明）徐永道纂：《武当嘉庆图·（明）赵弼〈武当嘉庆图序〉》，载《中华续道藏初辑》第4册，第3—4页。
② （明）梅志暹编辑，（明）俞大彰重编：《重阳庵集·（明）江玭〈重阳庵集序〉》，载《中国道观志丛刊正续编》第17册，第1—2页。
③ （明）梅志暹编辑，（明）俞大彰重编：《重阳庵集·（明）俞大彰〈谨识〉》，载《中国道观志丛刊正续编》第17册，第6页。
④ （明）梅志暹编辑，（明）俞大彰重编：《重阳庵集·（明）王子谟〈重阳庵集跋〉》，载《中国道观志丛刊正续编》第17册，第133—134页。

例。为了扩大社会影响，更好地弘扬道教名山宫观文化，明清学人十分注重继承前人的修史、修志传统，致力于道教名山志书的整理与编纂。

以泰山志书为例，其源可追溯至汉末应劭《泰山记》，中经宋元，仅有宋刘跂《泰山秦篆谱》及由元代刘祁主纂的《泰山雅咏》，但《泰山记》早已亡佚，《泰山秦篆谱》过于简略，未见传本，《泰山雅咏》仅赖《永乐大典》残存十首①，且三者体例、内容与志书尚相去甚远。明嘉靖初，汤惟学、杨抚有《泰山纪游》一卷，高诲《泰山胜览》三卷，亦非志书。此状况与泰山地位及同时期其他道教大山名观相比，极不相称。嘉靖二十三年（1544）至嘉靖三十四年（1555），汪子卿应泰山知州仲言永之邀，编纂《泰山志》，弥补了这一缺憾。此后，接续汪《志》或以其为基础改订、增补者甚多，可归入山志者如万历七年（1579）泰安知州《泰山搜玉》四卷，万历十五年（1587）查志隆《岱史》十八卷及万历间宋焘《泰山纪事》、崇祯时期萧协中《泰山小史》及张岱《岱志》等，都是明朝泰山志书中独具特色的著作。清代的泰山志书很多，聂鈫（剑光）《泰山道里记》以山脉为文脉，依山叙事，以路为纲，由近及远，层次清晰，朗若列眉，全书考证严谨，记述详赡，颇为时人所重。另有唐仲冕《岱览》一书，广征博采，叙事明澈。其他如金棨《泰山志》、朱孝纯《泰山图志》、宋思仁《泰山述记》、孔贞瑄《泰山纪胜》诸书，或体例新颖，或长于绘图，或辑艺文，或志庙宇，各有擅长，既接续前人，又后出转精。由此可以看出明清博雅之士汲取前世滋养，究极群书，广搜博取，准古证今，即新推旧编纂泰山志书的清晰历程。

囿于各种主客观因素，一些道教名山志书，或缺或残、或芜或简，每每令学人引以为憾。是故，或纂修山志，弥补缺憾，或订讹补漏，删繁续简便成为后世修志者的重要任务。例如，华山旧有志始于唐或唐以前无名氏《华

---

① 周郢：《〈泰山雅咏〉——〈永乐大典〉中的泰山佚书》，《古籍整理研究学刊》2003 年第 6 期。

山记》一卷，约元时已亡佚，《宋史·艺文志》著者项题宋代卢鸿，考卢鸿既非宋时人士，又非是书作者，故《宋志》双误。① 后世多因之，再误。② 金元时王处一（字子渊，号莲峰逸士）取本郡图经及传世仙传增益为七十余篇，总为一卷，曰《西岳华山志》一卷，今存《正统道藏》中。元代高道云台观住持史志经又搜奇访异，访古今碑记表传诗文辑为《华山志》十四卷，而志始备，惜乎散佚不传。明代王民顺偶见王处一字迹剥落，便动手厘正，又补录数条以传世，即今增补本《西岳华山志》一卷。明李时芳嘉靖三十八年（1559）任华阴知县时，奉命纂《华岳全集》十一卷。万历二十四年（1596），时潼关道副使张维新与华阴知县马明卿又订讹删芜，括聚散佚，增李《集》为十四卷。万历三十年（1602）知县冯嘉会又增入数篇，仍名《华岳全集》，华山志书可谓详且尽矣。然是书仍有"务为摭实"却"略于考核"之讥。③ 康熙年间华阴拔贡王宜辅又偿为稿而未成书。乾隆年间县令姚远翾讥张维新志"庞杂简略，未尽华山之妙，于是芟繁举要，订为《华岳志》十二卷，自谓折衷至当，而其书未传"④。道光年间李榕自谓"托栖华下舍馆云台二十余年，因于岳下胜概，时加考核，稽之往藉，参之近今。凡牧监樵夫之一话一言，莫不详察而且究之，旁参互托，务求的实，合者存之，谬者证之，总以实而可据者为是。曰名胜，曰人物，曰物产，曰金石，曰艺文，曰纪事，曰识余，凡七篇，其每门纂辑之旨，各以小序详之"⑤。正是因为不断地增补厘正，数代修志人的不懈努力，才有了以李榕《华岳志》为代表的"考核精详，敷陈赡富，为志乘中不可多得之作"⑥。

---

① 王雪玲：《历代华山志考补》，载《碑林集刊》（第十七卷），第204页。
② 明清《华山志》序文多袭此说，今人谢彦卯亦袭此误，见谢彦卯《历代华山志考略》，《图书馆理论与实践》2003年第5期。
③ （清）李榕纂辑：《华岳志·自序》，《藏外道书》第20册，第4页。
④ （清）李榕纂辑：《华岳志·自序》，《藏外道书》第20册，第4页。
⑤ （清）李榕纂辑：《华岳志·自序》，《藏外道书》第20册，第3—4页。
⑥ （清）李榕纂辑：《华山志·卷首·（清）杨昌濬（字石泉）〈补刊华山志序〉》，载《中国西北文献丛书》第一辑《西北稀见方志文献》第62卷，第15页。

　　复如，道教名山武夷山志书之编纂大概始于宋代，但其作者、卷数等基本面貌无从考证①，后续者有元末程嗣祖②等人。明清两代，出现多种武夷山志，计明十种、清八种，现存明四种、清五种，凡九种。③ 考今存诸家志书，整体上呈现出后人在前人基础上拾级而上、循序渐进、不断提高、日益完善的特点。明衷仲孺《武夷山志》十九卷虽卷帙繁富，较好地保存了原文的完整性，但收录诗词、游记等"捃藻"类作品过多，几占全书之半，全失山志之旨，以此遭四库馆臣诟病，斥之"尤乖裁制"④。明嘉靖间进士劳堪重编《武夷山志》四卷，虽仍收录较多诗文游词，但较之衷《志》"则稍略之"⑤，一定程度上纠正了衷《志》滥收诗文辞藻的缺点。今上海图书馆还藏有明万历诸生江维桢《武夷山志》十卷《附录》一卷，未见原书，不知其基本面貌。另有徐表然《武夷志略》四卷，不仅纠正了前志的诸多错谬，还于"名公巨孺之题咏略而弗备"⑥，在体例上大胆更而张之，卷首绘制精美武夷山图及仙

　　① 董天工编《武夷山志·凡例》中谓武夷山志书始于北宋刘道元，方彦寿认为刘道元所撰乃《武夷山记》，非完整意义的志书（见方彦寿编著《武夷山冲佑观》附录四《历代〈武夷山志〉考略》，第257页）。笔者赞同此说。
　　② 方彦寿谓程嗣祖"生活年代、字里事迹均缺载"，董天工对程嗣祖也是"茫然无所知"，至于程嗣祖撰《武夷山志》之说仅是董天工从"旧志中照抄照录而已"（《历代〈武夷山志〉考略》，载《武夷山冲佑观》附录四，第257页）。此说值得商榷。据清顾嗣立编《元诗选初集》卷四十七，程嗣祖系元末著名诗人杜本门人，武夷人，杜本卒后，为其师编《清江碧嶂集》。今国家图书馆藏明嘉靖五年（1526）刻本明蓝智撰《蓝涧集》，卷首有"方外友生上清道士程嗣祖芳远编集"，可知芳远系程嗣祖字或号。董天工《武夷山志》卷五（《中国道观志丛刊正续编》第33册，第390页）收录明张榘《重建会真观记》，其中有"羽士程芳远来山中求予文"之说，则程嗣祖为武夷道士无疑。董天工《武夷山志》卷六收录蓝智《题程芳远所得方方壶写大王峰图》诗。明蓝仁编《蓝山集》卷五《题程芳远游方卷》云："程芳远氏学杨而好儒者也，早年与故弟蓝虚白为方外交，所至必礼宿。"另据《蓝山集》卷三《石村卜居侯程芳远》、卷五《同程芳远游东休寺》诸诗，亦可证程嗣祖与崇安蓝仁、蓝智兄弟友情甚笃。综合诸家记载可知，程嗣祖，字芳远，元末明初武夷山上清派道士，其生活年代与爵里事迹大致是清楚的。以其经历及道士身份，编纂《武夷山志》之说恐非全无凭据。
　　③ 方彦寿编著：《武夷山冲佑观》附录四《历代〈武夷山志〉考略》，第268页。
　　④ （清）永瑢、纪昀等编纂：《四库全书总目提要》卷七十六《地理类存目五·武夷山志》，第407页。
　　⑤ （明）劳堪重编：《武夷山志·卷首·凡例》。
　　⑥ （明）徐表然纂辑：《武夷志略·（明）陈鸣华〈武夷志略序〉》，《四库全书存目丛书》，史部第230册，第245页。

真、寓贤图，生动活泼，别具一格，又依据武夷山川走势设立门类，以适合
寰海缙绅贤豪畅游观览。时人将《武夷志略》列为"良嘉"之志①，绝非溢
美之词。清康熙年间建阳教谕蓝闽之（字陈略）《武夷（山）纪要》三卷继
承了徐《志》之优长，同样摒弃了旧志烦冗的缺陷，具有简明扼要、便于携
带、适合导览等特点，足以使武夷山"百里之观，一览而竟"，"武夷山水之
奇，尽于斯编"②。康熙年间连续有三种《武夷山志》，一为王梓（字琴伯，
号适庵）《武夷山志》二十八卷（清康熙间四十九年（1710）刻本，北大图
书馆藏），二为倪炜（字怿仲，或号广文）《武夷山志》二十八卷《首》一卷
《续》二卷［康熙四十九年（1710）编成］，三为王复礼（号草堂）《武夷九
曲志》十六卷（成于康熙五十七年）。据董天工描述，"王适庵志板为倪广文
怿仲所得，带往晋江"③。则王梓《志》极可能为倪炜《志》之母本。倪炜做
过八年崇安县训导，"得见旧志七种，因据以为本，益以己所见闻，更参省郡
邑志及古今人文集，广征博引，遂成是编"④。后世学者认为，倪《志》之于
旧志"补阙正讹，而详所当详，略所当略，颇不失之泛滥无稽"⑤，是武夷诸
志中比较好的一种。而王复礼编辑《武夷九曲志》时大概未见到倪炜之志书。
据周中孚记述，王复礼与倪炜"盖彼此未见而作者也"⑥。王复礼遍访宋明旧
志，重为增辑，间加辨驳，以正诸志承讹袭舛，全书"备载路径，以便游客
问山巡水，颇为序次分明"⑦。康熙年间三种武夷山志，总体上讲，后出的
武夷山志较比前一种进步、完备，很大程度上订补了前志讹误，还在明代
劳堪、徐表然诸志基础上，渐次完善了体例，为董天工《志》走向更高

---

① （明）徐表然纂辑：《武夷志略·（明）陈鸣华〈武夷志略序〉》，《四库全书存目丛书》，史部第230册，第245页。
② （清）蓝闽之撰：《武夷山纪要·引》，第1—2页。
③ （清）董天工编：《武夷山志·凡例》，载《中国道观志丛刊正续编》第33册，第55页。
④ （清）周中孚撰：《郑堂读书记补逸》卷十六，《清人书目题跋丛刊》（八），第429页。
⑤ （清）周中孚撰：《郑堂读书记补逸》卷十六，《清人书目题跋丛刊》（八），第429页。
⑥ （清）周中孚撰：《郑堂读书记补逸》卷十六，《清人书目题跋丛刊》（八），第433页。
⑦ （清）周中孚撰：《郑堂读书记补逸》卷十六，《清人书目题跋丛刊》（八），第433页。

层次奠定了牢固的基础。董天工编《武夷山志》二十四卷成于乾隆十六年（1751），是武夷山诸志中内容较丰富、体例最为完备的一种。尽管董《志》亦存在内容遗漏、作者错位等疏漏，但其多次实地考察，坚持"详加考订""未敢妄信滥收"①的修志理念及其"必审定而选择"的求真精神，是值得特别关注的。这种精神也是明清以来几代武夷修志人共同秉持和追求的。

总之，明清宫观山志的编纂源于多种目的与动机，有的是为了旌应表异，以答神庥，有的是为了卧游与导览，有的是出于尊岳崇观、弘扬道旨的目的，有的是出于延续修志传统、弥补旧志缺憾的初衷。各种编纂目的与动机往往又不是单独存在，而是多重目的交参互摄、融为一体的。

第二节　明清宫观山志的刊刻与抄写

完成了书籍的编纂，编纂者还要考虑书籍的流通。受社会经济发展、朝廷政策鼓励、印刷技术发展、文化事业繁荣等因素影响，明清时期，印刷业快速发展。明代刻书机构之多、地区之广、数量之大，以及刻书家之普遍，都是以往任何时代不能比拟的。②成化、弘治"印书日趋发达，至嘉靖、万历而极盛"，"嘉靖时凡榜上有名者必刻稿，万历时凡做过官的无不照例刻集子"③。可见明代刻书之盛况。有清一代，尽管雕版印刷由盛转衰，但由于木活字、铜活字技术成熟，加之道光以后西方印刷技术传入，仍刻印了数以万种的图书。宫观山志的刊刻作为明清印刷事业的重要组成部分，既具有鲜明的时代特征，又凸显了独特的文化取向。此外，明清宫观山志尚有部分稿本、钞本流传至今，他们与各种形式的印本一起，争奇斗艳，异彩纷呈，极大地

---

① （清）董天工编：《武夷山志·凡例》，载《中国道观志丛刊正续编》第33册，第60页。
② 李致忠著：《历代刻书考述》，第217页。
③ 张秀民著：《中国印刷史》，第338页。

丰富了明清典籍文化的形式与内涵。

一、刻本

雕版印刷的古籍通称刻本，这是古籍最通常的印刷方法。雕版印刷分为官刻、坊刻及私刻三大系统。从现存明清宫观山志的版刻情况来看，在版刻三大系统中皆有分布，可谓形式多样，多彩多姿。根据明清宫观山志刻书的实际情况，本课题将坊刻和私刻一并讨论。

（一）官刻

所谓官刻，是指清及清以前历代中央、地方政府各个部门、藩府、书院等主持或出资刻印的书。宫观山志一般具有较强的学术性、地域性和非营利性，其受众群体主要集中于文人雅士、学者士绅阶层。因之，明清宫观山志虽有很大体量由知府、知州、县令主持修纂，但直接动用公款刊刻刷印者，为数并不是很多。

1. 中央政府刻书

司礼监是明代内府最为著名的刻书机构，不仅拥有专门刻书的经厂，弘治、正德以后，还职掌整个内府刻书事宜。其间由司礼监主持刊刻的宫观山志虽然不多，但也并非没有。嘉靖二年（1523）太监潘真、赵荣重刻《泰（太）岳太和山志》十五卷。[①] 内官监太监王佐不仅主修《大岳太和山志》十七卷，还于嘉靖三十五年（1556）主持刊刻。此外，内官监太监武当山提督内臣吕祥于嘉靖四十年（1561）、内官监太监武当山提督内臣田玉于万历十一年（1583）都曾刊刻是书。[②]

2. 地方政府刻书

明代或明代以前的一批宫观山志如《洞天福地岳渎名山记》《南岳小录》

---

① 张秀民著：《中国印刷史》，第447页。
② 张全晓：《明代武当山志考略》，《中国地方志》2011年第5期，第60—61页。

《南岳总真集》《金华赤松山志》《太华希夷志》《西岳华山记》《仙都志》《宫观碑志》《洞霄图志》《武当福地总真集》《茅山志》等，被收入正统十年（1445）成书的《正统道藏》，幸运地成为明代官刻宫观山志。万历三十五年（1607）刊《续道藏》，收入查志隆《岱史》，则《岱史》是又一部官刻的明代道教山志。明代南直隶应天府刻《茅山志》①，为明代官刻道教山志代表。清乾隆九年（1744）下荆南道署刻王概总修，姚士倌、李之兰等纂《大岳太和山纪略》八卷，是书封面题"下荆南道署藏板"，则是书为清代官刻道教山志。清光绪五年（1879）浙江书局刻印《岳庙志略》②，是官府刊刻宫观庙志的例子。清虚白道人李复心《忠武侯祠墓志》七卷《首》一卷《末》一卷，有同治五年（1866）重刻本，收入《终南仙籍》，首页有"沔署藏板"③字样，则是书为沔阳县官府刻书之例。

《吴山伍公庙志》六卷《首》一卷，题清金文淳撰，沈永清（青）补。前有清乾隆十九年（1754）金志章序，谓"住持沈永青慨然以庙志未修任为己事，爰取章氏旧稿详加增补，质之缙绅，考之载籍，搜罗采访，必求无憾而后已"④。序后列是书修撰者名氏，即有总裁金志章，鉴定杭世骏，纂辑金文淳、章知邺、伍锦、伍镶以及校字人员若干。则是书成于乾隆十九年（1754），住持沈永青以章氏（按：章氏详情待考）旧稿为基础，发起修志之事，是修撰庙志发起人与负责人，纂辑者系金文淳等人。⑤ 光绪二年（1876）王景澄序谓，吴山伍公庙毁于咸丰辛酉（十一年，1861）战火，同治初年庙得以修葺，而刻印庙志之事一并提上日程。"庙志久佚，乃访绅士丁丙，得旧本借钞重刻之"，"又从程步庭大令借《溧阳县志》摘录事迹及前贤题咏，以

① （明）周弘祖撰：《百川书志·古今书刻》，第336页。
② 李致忠：《历代刻书考述》，第333页。
③ （清）李复心：《忠武侯祠墓志》，载樊光春主编《终南仙籍》，第224页。
④ （清）金文淳撰：《吴山伍公庙志·（清）金志章〈吴山伍公庙志序〉》，载《中国道观志丛刊正续编》第52册，第11页。
⑤ 《中国道观志丛刊正续编》第52册《吴山伍公庙志》题解著录为"清金文淳撰，沈永清补"，不准确。

资考证，附刻于后，由是庙志亦得完备"①。综上可知，时为三品衔前署浙江分巡温处道补用道的王景澄，负责重刻《吴山伍公庙志》之事，王向著名藏书家丁丙借得旧志，又补充了《溧阳县志》部分内容，刊刻而成，而庙志的刷印当在光绪二年（1876）。则光绪二年所刻《吴山伍公庙志》当为官刻之例。

清乾隆二十八年（1763）浑源州署刻清桂敬顺纂修《恒山志》五卷《图》一卷，也是这一时期官刻宫观山志的代表。是书今存乾隆间刻清末增刻本，前有乾隆癸未（二十八年，1763）知大同府事嘉祥序，又有知浑源州事桂敬顺同年序，书名页题"乾隆癸未重镌"，书名旁题"州署藏板"②。则是书当为浑源州官府所刻，板藏州署。

3. 道观刻书

这里指由道观出资或纂集资金刊刻的宫观山志。因大部分宫观的资金来源于政府资助，加之从版刻主体来说，很难将道观归入家刻或坊刻，所以本书将其暂并入官刻一起讨论。

龙虎山在宣德年间或稍后，刊刻元代元明善辑修、明代周召续修《龙虎山志》，天启末年或崇祯间又刊刻了元明善辑修、张国祥续修、张显庸全修《龙虎山志》。③ 乾隆五年（1740），娄近垣将"旧志重加纂辑"，并"捐赀剞劂"④，板藏龙虎山大上清宫。明永乐间，茅山元符宫刻刘大彬《茅山志》。此后，该志又于明成化、嘉靖年间先后被茅山崇禧宫和茅山玉晨观两次重刻，并增补了一些明代碑铭、诗歌。⑤

---

① （清）金文淳撰：《吴山伍公庙志·（清）王景澄〈重刻吴山伍公庙志记〉》，载《中国道观志丛刊正续编》第52册，第5—6页。
② （清）桂敬顺纂修：《恒山志》，《中国山水志·山志》第6册，第1页。
③ （元）刘大彬编，（明）江永年增补，王岗点校：《茅山志》附录一《明版全本〈茅山志〉与明代茅山正一道》，第612—613页注文。
④ （清）娄近垣重辑：《龙虎山志·（清）张鹏翀〈重修龙虎山志序〉》，载《中国道观志丛刊正续编》第25册，第6页。
⑤ （元）刘大彬编，（明）江永年增补，王岗点校：《茅山志·前言》，第6页。

明梅志暹编辑、俞大彰重编《重阳庵集》，是书有俞大彰嘉靖十三年（1534）题识，内云"此集流远，前后缺失，今大彰益其所损，始为全帙，望文人逸士清废佳兴，不吝珠玑，挥赐续刊，俾广誉四方，垂光百世，不胜欣幸之至"①，卷端下题"本庵东堂古春梅志暹编辑，本庵住持玉峰骆仲仁绣梓，海空俞大彰重辑，石泓俞天与重刊"②，则是书由梅志暹编辑，骆仲仁刻印；俞大彰重辑，俞天与重刊。梅志暹、骆仲仁、俞大彰都曾为重阳庵住持，是书是典型的道观刻书之例。

明夏宾撰、明杨廷筠增辑《灵卫庙志》，明万历三十五年（1607）刻本。书中有嘉靖甲午（十三年，1534）夏熊《书〈灵卫庙志〉后》，云真人府赞教何道隆"守灵卫乃肯竭平生以事三神，于凡古今颂神之文皆次第什袭珍藏，复求为志，将梓行之，以示久远"③。并沈友儒隆庆庚午（四年，1570）《刻灵卫庙志引》，云："尝读赞化何道隆所纂《灵卫庙志》"，"予既梓其志付庙中"④。综上可见，《灵卫庙志》始纂于明道士何道隆，书成于嘉靖十三年（1534），沈友儒于隆庆四年（1570）刻之，书板存于庙中。今本尚有万历丁未（三十五年，1607）杨廷筠序，内言修书事："道士钱体仁以庙志年远简帙漫漶，属予重葺为诠次其旧，而增所未备者如此。"⑤《灵卫庙志总目录》署"郡人夏宾纂修"，则万历三十五年（1607）当为重修，由道士钱体仁倡议，实际纂辑者是夏宾。是书虽非道士纂辑，但由道士发起，刻板又存于庙中，可视为道观刻书之例。

---

① （明）梅志暹编辑，（明）俞大彰重编：《重阳庵集》，载《中国道观志丛刊正续编》第17册，第6页。
② （明）梅志暹编辑，（明）俞大彰重编：《重阳庵集》，载《中国道观志丛刊正续编》第17册，第9页。
③ （明）夏宾撰，杨廷筠增辑：《灵卫庙志·（明）夏熊〈书灵卫庙志后〉》，载《中国道观志丛刊正续编》第57册，第69—70页。
④ （明）夏宾撰，杨廷筠增辑：《灵卫庙志·（明）沈友儒〈灵卫庙志引〉》，载《中国道观志丛刊正续编》第57册，第13、16页。
⑤ （明）夏宾撰、杨廷筠增辑：《灵卫庙志》，载《中国道观志丛刊正续编》第57册，第11页。

《重修江南华盖山志》五卷，明许云升重修，卷末有"嘉靖乙卯岁季春朔吉旦，题缘赞教道士许云升重刊，同施材命工锓梓，宜邑庽省钝夫涂舜、南昌南园居士王楠、临川石泉万鼎十、省城朴斋张继武同志"六行。① 嘉靖乙卯即嘉靖三十四年（1555），则此本是由道士许云升重修并募资重刻。

明赵尔守等辑《终南仙境志》四卷，该书流布不广，《中国古籍总目》著录为"明赵尔守等撰，明刻清乾隆十五年（1750）邹儒重修本"②，今存天津图书馆。据李欣宇介绍，该书为明万历终南寺观刻本③，"观此书版式，行格不定，前后页字体大小各异，单、双栏不一，前数页为嘉靖时宋体精刻，后数页刻风较晚，呈写刻状，另版页漫漶之处也多见。由此可知这部《仙境志》并非一气刻成而是陆续增补刻成的，每增添若干诗文，即增刻若干书版，遂添遂刻，天然递修"④。结合《中国古籍总目》，是书由道观首刻于明万历年间，以后遂添遂刻，今存者系乾隆十五年（1750）重修本。

明鲁点编辑《齐云山桃源洞天志》一卷，前有崇祯丁丑（十年，1637）许士柔序，国家图书馆藏有明刻本，浙图藏康熙间刻本。《中国道观志丛刊正续编》亦收录此书，此本较国图藏本多出《灵应》篇，文末署"道光十三年（1833）仲秋月桃源洞天住持贫道程尚志募刊，休城李文富堂镌本"⑤，则该书为住持道士程尚志募资刊刻，属于道观刻书之例。

清朱文藻（朗斋）《吴山城隍庙志》八卷，封面刻"乾隆己酉年镌，本庙藏版"，乾隆己酉年即乾隆五十四年（1789）；扉页有"光绪戊寅八月吉日钱塘丁氏敬捐重雕板仍存庙"长方形牌记。钱塘丁氏当指丁申、丁丙，兄弟二人皆清代著名藏书家、刻书家，则是书光绪戊寅（四年，1878）钱塘丁氏

---

① 王重民撰：《中国善本书提要》，第 206 页。
② 中国古籍总目编纂委员会编：《中国古籍总目》，第 3924 页。
③ 或云此书佚（樊光春《终南仙籍·概述》，第 8 页），误。
④ 李欣宇：《陕西明清刻书举要》，《收藏》2010 年第 7 期，第 67—68 页。
⑤ （明）鲁点编辑：《齐云山桃源洞天志》，载《中国道观志丛刊正续编》第 9 册，第 73 页。

捐资城隍庙重雕,板仍存庙中,当视为城隍庙住持、丁氏出资形式的道观刻书。

清闻人儒纂辑《洞霄宫志》五卷,书名页正中题"洞霄宫志",上题"钱塘金江声先生鉴定",右署"钱塘闻人学山纂辑",左署"住持贝本恒刊"①。卷端下题"钱塘学山闻人儒纂辑"②;卷首有乾隆癸酉(十八年,1753)会稽鲁增煜序亦云:"《洞霄宫志》者,淮左道士贝本恒所主修,吾老友口北副使江声金先生所裁定,其采辑则闻人学山也。"③ 闻人儒,字学山,钱塘人。贝本恒,钱塘洞霄宫道士,本宫住持。金志章初名士奇,字绘卣,号道园,雍正元年(1723)举人,官至直隶口北道道员,江声系金志章寓居斋号。则是书闻人儒纂辑,成于乾隆十八年(1753),由本观住持贝本恒主修并刊刻。

清朱文藻(朗斋)纂辑《金鼓洞志》八卷,各卷卷端署"住山张复纯健修募刊"④。张复纯,字健修,号巢云,杭州金鼓洞道士。徐世昌《晚清簃诗汇》卷一百九十四引《诗话》云:"巢云于嘉庆丙寅(十一年,1806)就院左开归云洞,一时文人赋诗、题名,既复与朱朗斋商定《金鼓洞志》刻行,亦羽流之风雅好事者也。"⑤ 则是书初刻乃本观住持道士张复纯募刊印本。

清贵正辰纂辑《琼花集》,全名《琼花题咏全集》。书名页刻"古蕃厘观藏版",蕃厘观即扬州琼花观;书名页背刻"咸丰壬子九月摩刊"长方形牌记,卷端下题"扬州贵正辰祈年辑古琼花观住持吴本增校刊徒项妙镝订"。贵正辰,字祈年,扬州人,则是书贵正辰编辑,咸丰壬子(九年,1859)由本观住持吴本增等人刊刻校订,为清代道观刻书的又一例证。

---

① (清)闻人儒纂辑:《洞霄宫志·书名页》,载《中国道观志丛刊正续编》第53册,第1页。
② (清)闻人儒纂辑:《洞霄宫志》,载《中国道观志丛刊正续编》第53册,第33页。
③ (清)闻人儒纂辑:《洞霄宫志》,载《中国道观志丛刊正续编》第53册,第21页。
④ (清)朱文藻(朗斋)纂辑:《金鼓洞志》,载《中国道观志丛刊正续编》第18册,第19页。
⑤ 徐世昌编,闻石点校:《晚清簃诗汇》卷一九四《张复纯》,第8931页。

清胡执佩编、清伍绍诗删、清胡映庚辑《黄堂隆道宫》十四卷，书名页刻"道光庚子莫春月镌"，又"隆道宫藏版"①，则是书道光庚子即道光二十年（1840）刻本，书版就收藏于隆道宫。

清吴能成辑、民国李信孔续修《安徽巢湖中庙庙志》一卷，卷首有清光绪十三年（1887）道士吴能成撰《募化重修巢湖中庙圣姥祠疏》②，内言募资刻书事，可证是书由道士募刻而成。

《中祀合编》，清圣祖玄烨敕撰，是书由《关帝庙典礼》和《文昌庙典礼》两部分构成，前者主要取自《御制律吕正义·关帝庙》，后者主要取自《皇朝祭器乐舞录》。是书前为关帝庙春祭乐章，继为关帝庙初献舞谱、亚献舞谱、终献舞谱；后为文昌庙典礼、春秋二祭祝文。既是皇帝敕撰，自然由官府出资刻印。

4. 农民政权刻书

今上海图书馆藏明万历二十五年（1597）张维新、马明卿编纂，曹士抡剜改印本《华岳全集》十三卷。曹士抡在张维新书叙后加跋语，署"大顺初年开创第一令曹士抡"③，并将每卷卷端之张维新、马明卿等责任者剜改为"钦命镇守潼关兼摄河南山陕等处地方军民事骛巫山伯马世耀、钦命镇守潼关等处地方提督军骛兼理学政防御使刘苏、华阴县县令曹士抡编辑、华阴县学正王名世校正"④。张维新，河南汝州人。万历五年（1577）进士，万历二十四年（1596）任钦差整饬直隶潼关河南绥灵陕山同华蒲州等处兵备、陕西按察司副使；马明卿，贵阳人，举人，万历二十四年（1596）任华阴县令。"大顺"为明末张献忠政权年号，大顺初年为崇祯十七年（1644）⑤；马世耀、刘

① （清）胡执佩编次：《黄堂隆道宫志·书名页》，载《中国道观志丛刊正续编》第29册，第1页。
② （清）吴能成辑，李信孔续修：《安徽巢湖中庙庙志》，第1—2页。
③ 署（明）曹士抡编辑：《华岳全集》卷首，载《续修四库全书》第722册，第229页。
④ 署（明）曹士抡编辑：《华岳全集》卷首，载《续修四库全书》第722册，第242页。
⑤ 诸多学者将"大顺"理解为明末李自成政权，误。李自成政权国号"大顺"，年号"永昌"，而张献忠政权国号"大西"，年号"大顺"，曹士抡谓"大顺元年"，显系年号。此事李承祥已有辨析，见氏文《谈张献忠时期的一部蜀刻书》，《重庆师范大学学报》（社会科学版）1981年第2期。

苏、曹士抡，诸县志无考，当为张献忠政权所封地方官。① 结合跋语可知，是书为大顺曹世抡"得此书版后，剜改面目，据为己刻"②。曹士抡剜改他人之书据为己有，固不足道，然其剜刻印书之举却在中国印刷史上占有一席之地。明清农民起义政权刊刻的图书本来不多，传世更少，已经发现与可以考知书名的主要是太平天国刻书共计约有六十余部③，明末农民政权所刻之书更为稀见，曹士抡剜改印本"纸墨清朗"，不愧"山志中之秘帙"，故"此书流传，可谓绝无仅有"④。

（二）坊刻与私刻

私刻也称家刻，家刻和坊刻二者皆非官方主持或出资，区别在于坊刻以获取利润为目的，家刻最主要的目的是保存书籍或传播书籍文化，赢利与否并不重要。随着商品经济和刻印技术的发展，明清时期的坊刻与家刻发展非常快，存世的很多宫观山志均属此类。

不少明清宫观山志在书籍的内封大题下、书名页背，或书口下题刻者斋堂室名，有些在序跋中言及刻书人、刻书事。今就所见，将有明确刻书人的明清宫观山志条列如下：

嘉靖期间：汪子卿《泰山志》四卷，嘉靖三十三年（1554）项守礼刻本；陈克昌《麻姑集》十二卷，明嘉靖二十二年（1543）朱廷臣刻本。

隆庆期间：凌云翼、卢重华《大岳太和山志》八卷⑤，隆庆六年（1572）张著刻本。

---

① 郭立暄：《古籍版本中的剜改旧版现象》（上），《图书馆杂志》2002 年第 10 期。
② 潘景郑著：《著砚楼书跋·蜀大顺本华岳全集》，载《中国历代书目题跋丛书》（第二辑），第112页。
③ 丁鼎：《天京刻书述略》，《江苏大学学报》（社会科学版）2005 年第 6 期。
④ 潘景郑：《著砚楼书跋·蜀大顺本华岳全集》，《中国历代书目题跋丛书》（第二辑），第112页。
⑤ 尚有九卷本和十七卷本［嘉靖三十五年（1556）王佐刻本］。

万历期间：杨尔曾①《新镌海内奇观》十卷，此本剞劂颇工，《凡例》后题"钱塘陈一贯绘，新安汪忠信镌"，书口下题"夷白堂"，为杨氏堂号②；查志隆、张绶彦《岱史》十八卷，万历间戴相尧刻本；赵钦汤、焦竑《前汉将军关公祠志》九卷，万历三十一年（1603）赵钦汤刻本；徐表然《武夷志略》四卷，万历四十七年（1619）孙世昌刻本；金王处一撰、明王民顺增补《西岳华山志》一卷，万历三十四年（1606）王民顺刻本；江维桢《武夷山志》十卷《附录》一卷，万历二十三年（1595）安如坤刻本。

天启期间：赵钦汤、丁启濬《西湖关帝庙广纪》八卷，天启间西湖慈社刻本。

康熙期间：景日昣《嵩岳庙史》十卷，康熙三十五年（1696）太壹园刻本；查志隆、张绶彦《岱史》十八卷，康熙三十八年（1699）再修本；倪炜《武夷山志》二十八卷《首》一卷《续》二卷，康熙四十九年（1710）带经堂刻本；邬鸣雷、左宗郢《续刻麻姑山丹霞洞天志》十七卷，康熙五十六年（1717）泷溪晓楼刻本；吴炜重订、李滢编辑《增订庐山志》十五卷，康熙间日思堂刻本；桑乔纂著、范礽补订《庐山记（纪）事》十二卷，康熙五十九年（1720）蒋国祥刻本；毛德琦《庐山志》十五卷《首》一卷，康熙五十九年（1720）顺德堂刻本；景日昣《说嵩》三十二卷，康熙六十年（1721）岳生堂刻本；宋广业《罗浮山志会编》二十二卷，康熙宋志益刻本。

乾隆期间：吴楚材《南岳图志》一卷，乾隆十年（1745）吴仁圮增修本；高自位重编、旷敏本纂《南岳志》八卷，乾隆十九年（1754）开云楼刻本；娄近垣《龙虎山志》十六卷，乾隆十九年（1754）栖碧堂刻本；欧阳桂《西

---

① 杨尔曾，字圣鲁，原名尔真，万历二十二年（1594）改名尔曾，号卧游道人、雉衡山人、雉衡逸史、六桥三竺主人等，以堂号夷白堂、草玄居、武林人文聚、泰和堂等编纂刊行书籍多种。见龚敏《明代出版家杨尔曾编纂刊刻考》，载香港南华大学文学系编《文学新钥》2009 年第 10 期，第 195—230 页。

② 王重民撰：《中国善本书提要》，第 204 页。

山志》十二卷，乾隆三十一年（1766）梅谷山房刻本；毛德琦《庐山志》十五卷《首》一卷，乾隆五十八年（1793）龚琰重修本；聂钲（剑光）《泰山道里记》一卷，乾隆四十年（1775）杏雨山堂刻本；姚远翿《华岳志》十二卷《首》一卷，乾隆二十七年（1762）鹤树轩刻本。

嘉庆期间：樊在廷、吴绳祖《九嶷山志》四卷，嘉庆元年（1796）吴氏退思斋刻本；庄元贞、刘世馨《雷祖志》二卷，嘉庆五年（1800）绿墅草堂刻本；明谢肇淛《太姥山志》三卷，嘉庆五年（1800）王氏慕园书屋刻本；唐仲冕《岱览》三十二卷《首编》七卷《附录》一卷，嘉庆十二年（1807）果克山房刻本；黄培芳《浮山小志》三卷《首》一卷，嘉庆十八年（1813）黄乔松刻本；程起周、王士瀚《孝通祖庙志》一卷（全名《重修悦城孝通龙母神庙志》），嘉庆二十一年（1816）顺邑冯豪举刻本。

道光期间：蔡瀛《庐山小志》二十四卷《首》一卷，道光四年（1824）蔡瀛娜嬛别馆刻本；李榕《华岳志》八卷《首》一卷，道光十一年（1831）杨翼武清白别墅刻本；何字恕《类成堂集》四卷（又名《湘潭闽馆类成堂集》），道光十四年（1834）湘潭闽馆刻本；董天工《武夷山志》二十四卷《首》一卷，道光二十七年（1847）五夫尺木轩刻本。

同治期间：黄家驹《重刊麻姑山志》十二卷，同治五年（1866）黄氏洞天书屋刻本。

光绪期间：李元度、李子荣、王香馀《南岳志》二十六卷《增补》二卷《续增》二卷，光绪六年（1880）至九年（1883）朱陵洞天精舍刻本；仰（仲）蘅《武林玄妙观志》四卷，光绪七年（1881）鄞传沛刻本；彭洵《青城山记》二卷，光绪二十一年（1895）彭氏玉兰堂刻本；冯赓雪、叶书《台南洞林志》二卷《校补》一卷《续》一卷，光绪二十五年（1899）冯氏刻本；李榕《华岳志》八卷《首》一卷，清白别墅刻光绪三十年（1904）补刻本；冯敏昌《太华小志》六卷，光绪十三年（1887）钦州汲古斋刻本；彭洵《青城山记》二卷，光绪二十一年（1895）彭氏玉兰堂刊本；郑永禧《烂柯山志》十三卷《补录》一卷，光绪三十三年（1907）不其山馆刻本；唐恒久《广福庙志》一卷，光绪间丁申嘉惠堂刊本；笪蟾光《茅山志》十四卷《道秩考》一卷，有光绪元年（1875）徐文德斋刻本、清光绪三年（1877）懒云草堂刻本、清光绪四年（1878）眭定生刻本、光绪二十四年（1898）钱塘金氏懒云草堂刻本；陈铭珪《浮山志》五卷，光绪间荔庄刻本。

书坊或家刻的资金来源形式多种多样，比较常见的有学者出资、官员捐俸、富绅商人捐资、众人募捐等情形。

明清学者出资刻书的典型是钱塘丁丙。丁氏生长武林，尤留意是邦掌故，历时二十余年刻成《武林掌故丛编》，数种明清宫观山志被收入其中，或初刻或重刻，得以广为流布。如梅志遹、俞大彰《重阳庵集》、郑烺《崔府君祠录》、仰蘅《武林玄妙观志》、唐恒久《广福庙志》、朱文藻（朗斋）《金鼓洞志》、丁午《城北天后宫志》、丁午《紫阳庵集》、仲学辂《金龙四大王祠墓录》等。另有清伍崇曜（原名元薇）辑、番禺谭莹校辑、道光同治间南海伍氏粤雅堂文字欢娱室刻的郡邑类丛书《岭南遗书》，所收皆当地先哲名著，书口下题"粤雅堂"，其第三集便有明代陈梿（琏）的《罗浮志》。丁丙编刻的《武林掌故丛编》、伍氏辑刻《岭南遗书》为明清宫观山志走出郡邑，向更广阔的范围传播作出了重要贡献。

明清官员捐俸刊刻宫观山志的例子很多。例如，休宁县令鲁点编《齐云山志》并"捐俸刊布"①，湖广荆州府事魏勷"督修并捐刻"②《关圣陵庙纪略》，张伯魁纂修《崆峒山志》并"捐廉俸授之梓人"③，前运使襄平卢崧"捐俸开雕"④ 朱朗斋等编《吴山城隍庙志》及雍正十三年（1735）杨世达对

---

① （明）鲁点编辑：《齐云山志·（明）汪先岸〈齐云山志序〉》，《四库全书存目丛书》，史部第231册，第11页。
② （清）王禹书辑：《关圣陵庙纪略·修茸关圣陵庙姓氏》，载《中国道观志丛刊正续编》第43册，第36页。
③ （清）张伯魁纂修：《崆峒山志·（清）王肇衍〈跋〉》。
④ （清）朱朗斋等编：《吴山城隍庙志·（清）诸元祺〈后序〉》，载《中国道观志丛刊正续编》第19册，第687页。

明代张应登（玉车）辑《汤阴精忠庙志》"搜考遗帙，稍加订正，倡捐廉资重梓"①，胡昌贤《委羽山志》，黄岩县令张仲孝"捐金"付梓②等，都属于官员捐俸刻书的典型。清李榕纂辑《华岳志》八卷，亦属此类。卷首陈爵之序云，光绪壬午（八年，1882）秋八月，陕甘总督湘乡杨公"慨捐俸金并谕爵之捐廉助役，以补其缺。爵之既承公命，因鸠工庀材，嘱道人郝永茂董司其事。越明年二月剞劂告成，置版玉泉院中"③。杨公即杨昌濬，湖南湘乡人，时任陕甘总督；陈爵之，会稽人，时为华阴县事。是则该书由杨昌濬、陈爵之捐刻而成，刻版藏华山玉泉院。道光年间罗氏父子重刻董天工《武夷山志》也颇具代表性。是书首刻于乾隆十九年（1754），道光九年（1829）罗良嵩序云其"嗜卧游者，欲购其书，卒未能得，盖原版之散佚久矣"④。又云，罗氏"拟将自董氏以后数十年之山川人物续于董志之后"，顾经营四方，久疏笔砚，迁延未果，"爰将董志原书先付剞劂"。道光二十七年（1847）罗氏之子罗才纶《重刻跋》云，董《志》"板久剥落，先君子在日撰有序文，拟将原书重梓，以永其传，何期手泽空遗前事竟寝。纶备员岭南，取是书时一翻阅，不胜风木之悲。因质诸伯兄韬、仲兄育，先将此书就近在羊城刊刻，两兄韪之，爰付剞劂"⑤。各卷卷端下题"武夷董天工典斋氏编，籍溪罗良嵩（极峰）重刻，男子（韬、育、纶）校刊"。故是书由董天工同乡罗良嵩父子道光二十七年（1847）重刻于羊城五夫尺木轩。据

① （明）张应登辑，（清）杨世达重订：《汤阴精忠庙志·（清）杨世达〈重刻汤阴县精忠庙志序〉》，第 3 页。

② （明）胡昌贤修辑：《委羽山志》，载《中国道观志丛刊正续编》第 55 册，第 5 页。

③ （清）李榕纂辑：《华岳志·（清）陈爵之〈补刊华山志后序〉》，载《中国道观志丛刊正续编》第 4 册，第 19—20 页。

④ （清）董天工编：《武夷山志·（清）罗良嵩〈重刻董典斋先生武夷山志序〉》，载《中国道观志丛刊正续编》第 33 册，第 44—45 页。

⑤ （清）董天工编：《武夷山志·（清）罗才纶〈重刻跋〉》，载《中国道观志丛刊正续编》，第 35 册，第 1688 页。

《光绪广州府志》卷六十七①载，罗才纶曾任三水知县。据《东华续录·咸丰四十六》罗才纶阵殁于太平军起义②，《东华续录·同治五十五》记载，朝廷为罗才纶建祠。③ 罗良嵩未能完成的修志、刊刻夙愿，在其子罗才纶兄弟那里得以实现，他们对传播《武夷山志》，弘扬武夷文化所做的努力值得后人铭记。另有嘉庆八年（1803）冯培撰《岳庙志略》，"其捐廉锓版，则中丞与清方伯平阶倡之，而共襄厥成者，延嵯政俭宜、阿廉使和齐、袁观察柏田、张都运穆庵、李太守平山、杨明府振斋、彦明府补斋也"④。可证是志由多名官员捐廉刻印。

富绅商人独自捐资者也时常有之。例如，郭懋隆为刊刻《逍遥山万寿宫志》，可谓不遗余力，"独捐千金之赀以完此宫，复毅然葺志"⑤，是说郭懋隆不仅慷慨捐修万寿宫，还毅然出资刻印《逍遥山万寿宫志》。《紫柏山志图》不分卷，景邦宪编辑，书名页题"山右景邦宪乡云编辑敬刊"。卷首有同治十年（1871）许武广序，云："景君（邦宪），山右人，乐善好施，留心内典，每见有关兴废，有莫不极力赞成之。因庙刻皇经版将竣，留工人捐资刻此。"⑥则是书不仅系景邦宪编辑，且由其独自出资刊刻。嘉庆元年（1797）知宁远县事吴绳祖重修《九嶷山志》，"剞劂之赀，校雠之劳"，由当地"名宿"樊梅邨（在廷）"毅然独任"⑦，对刻书之事可谓全力支持。嘉庆二十一年（1816）邑人冯豪举"重刊现印百本"《悦城龙母庙志》，并将"新板藏庙内，

① （清）史澄等纂：《（光绪）广州府志》卷六十七《建置略四》，载《中国方志丛书》第一号《广东省》，第 144 页上。
② （清）王先谦编：《东华续录·咸丰四十六》，《续修四库全书》第 377 册，第 254 页下。
③ （清）王先谦编：《东华续录·同治五十五》，《续修四库全书》第 381 册，第 286 页上。
④ （清）冯培撰：《岳庙志略·凡例》，载王国平主编《西湖文献集成》第 25 册，第 12 页。
⑤ （清）金桂馨、漆逢源纂辑：《逍遥山万寿宫志》卷十八《（清）岳濬〈重修玉隆万寿宫志序〉》，载《中国道观志丛刊正续编》第 31 册，第 1041 页。
⑥ （清）景邦宪编辑：《紫柏山志图·（清）许武广〈序〉》，载《中华山水志丛刊·山志》第 6 册，第 161 页。
⑦ （清）吴绳祖重修：《九嶷山志·自序》，第 5 页。

以便同志诸君接续刷印"①。

众人捐刻的例子非常之多，例如，清金桂馨、漆逢源纂辑《逍遥山万寿宫通志》，据卷首黄爵滋序称："丰城刘名芳于广东为豫章会馆总首，以其同人捐赀重刻玉隆万寿宫志。"② 程乔采序云刘芳"偕同人捐刊"③，是书《凡例》云："道光二十六年（1846）丰城刘芳以所存原书纠赀镂板于东岳，一无增损。"④ 刘芳亦云"因议集腋之举，各捐刻赀，多寡随人，争为踊跃"⑤。书名页题"版存江右铁柱宫"，则该书是刘芳倡导众人集资所刻。清何字恕纂辑《类成堂集》四卷（又名《湘潭闽馆类成堂集》），编辑、刊刻皆由闽商共同完成，何字恕为湘潭闽馆事，全面负责类成堂各项事务。道光十四年（1834）甲午岁重刻《类成堂集》，并开列董事芳名于左："汀杭（心田）何字恕（著辑劝捐）、汀永（庚亭）陈舒征（合悉劝捐）、汀杭（雁洲）何词宾（对读并书），共三名，每岁与类编成言堂友一同宴庆。"⑥ 由此可见，类成堂不仅日常管理井然有序，在编刻书籍方面也有周密的组织和严格的规程，从而保证了刊刻的质量和时效。清人周宪敬重编元代周秉秀《祠山志》，由本地乡绅贤达十余人"各出己力"，又"募劝十方，香信善士，乐助银米"⑦，才得以衷工镂刻。元周秉秀编《祠山集》乃"陈氏友谅、章氏邦宁衷集众赀，督工镂

---

① （清）程起周纂、王士瀚重修：《悦城龙母庙志·（清）冯豪举〈跋语〉》，载《中国道观志丛刊正续编》第 61 册，第 51 页。

② （清）金桂馨、漆逢源纂辑：《逍遥山万寿宫通志·（清）黄爵滋〈重刻逍遥山万寿宫志序〉》，载《中国道观志丛刊正续编》第 30 册，第 31 页。

③ （清）金桂馨、漆逢源纂辑：《重刻逍遥山万寿宫通志·（清）程乔采〈重刻逍遥山玉隆万寿宫志序〉》，载《中国道观志丛刊正续编》第 30 册，第 49 页。

④ （清）金桂馨、漆逢源纂辑：《重刻逍遥山万寿宫通志·凡例》，载《中国道观志丛刊正续编》第 30 册，第 25 页。

⑤ （清）金桂馨、漆逢源纂辑：《逍遥山万寿宫通志·（清）刘芳〈捐赀重刻西山玉隆万寿宫志小引〉》，载《中国道观志丛刊正续编》第 30 册，第 36、37 页。

⑥ （清）何字恕纂辑：《类成堂集》卷四，载《中国道观志丛刊正续编》第 47 册，第 393 页。

⑦ （元）周秉秀编，（清）周宪敬重编：《祠山志·旧序》，载《中国道观志丛刊正续编》第 44 册，第 38 页。

梓"① 而成，清周宪敬重编是书，"纠姚世荣、费世贤、宋天明、范天文、戴天奇、赵天成、刘天性、严天庆、刘良才、周思学、赵良洲、刘良智、沈思权、沈玉美等，各出己力，募劝十方香信善士，乐助银米，始获阅观，厥成遂衰工锓刻"②。则是书元刊与清重刊，皆为众人募刻而成。清卢湛编《关圣帝君圣迹图志全集》有砺金堂主王得鈢子王琚跋，谓是书乃与乡饮耆老史访等"合力刊刻"③，书后附捐资姓氏史访、骆成德、王琚等十一人，书成版藏王琚砺金堂，印送周政炳、翟湜龙、王琚各一百部、史访等其他人共三十五部。清鲍涟等纂《高淳城隍庙志》录《原刻庙志捐资姓氏》《续修庙志捐资名目》④，有二十余人姓名及多家祠庙名目，说明原刻及续刻庙志皆为众人捐刻。这些皆为士绅商贾众人募捐刻书之例。

二、活字本

明清时期，木活字技术已经非常成熟，好的木活字印本几乎可与雕版印刷媲美。上自内府官局，下至书坊私宅，木活字印书都相当普遍。据统计，清代木活字所印图书流传至今者，有两千种左右⑤，这其中就包括多种明清宫观山志。兹据中国古籍总目编纂委员会《中国古籍总目》、台湾地区图书馆《善本书目》等书目著录情况，将现存木活字本明清宫观山志列表如表2-1⑥：

① （元）周秉秀编、（清）周宪敬重编：《祠山志·旧序》，载《中国道观志丛刊正续编》第44册，第33页。
② （元）周秉秀编、（清）周宪敬重编：《祠山志·（清）周宪敬〈祠山志序〉》，载《中国道观志丛刊正续编》第44册，第38页。
③ （清）卢湛编：《关圣帝君圣迹图志全集·（清）王琚〈跋〉》，载《中国道观志丛刊正续编》第38册，第996页。
④ （清）鲍涟等纂，（清）夏文源等续纂：《高淳城隍庙志》卷六《原刻庙志捐资姓氏·续修庙志捐资名目》，载《中国道观志丛刊正续编》第50册，第235—236页。
⑤ 李致忠著：《历代刻书考述》，第382页。
⑥ 表中上海图书馆、南京图书馆、国家图书馆等分别简称为上海、南京、国图，下表同此，不再注释。

表 2-1　现存木活字本明清宫观山志表

序号	书　名	责任者	木活字本及庋藏地
1	《（重修）延陵九里庙志》	（明）吴国仁编	清嘉庆十七年（1812）木活字本，上海
2	《昭利庙志》六卷	（明）杜翔凤辑	清道光二十一年（1841）木活字本，上海
3	《高淳（县）城隍（白府君）庙志》六卷《首》一卷	（清）鲍涟等纂，夏文源等续纂	清光绪十四年（1888）木活字本，浙江，上海
4	《巢湖中庙志》一卷	（清）吴能成辑	清光绪十四年（1888）木活字本，上海，南京
5	《萍乡城隍庙善后图册》二卷	（清）顾家相辑	清光绪二十九年（1903）重订木活字本，上海
6	《城隍庙岁修祀纪事》四卷《首》一卷	（清）佚名辑	清光绪三十年（1904）醴陵县木活字本，上海
7	《九宫山志》十四卷《首》一卷	（清）傅燮鼎重辑	清光绪八年（1822）木活字本，上海
8	《武夷山志》二十四卷《首》一卷	（清）董天工编	清木活字本，国图

三、钞本、稿本

雕版印刷技术发明之前，书籍都是以抄写形式存在的。雕版技术发明后，刻本逐渐占据了各类书籍的主流，成为书籍流通的主要方式，尤其是明清时期，绝大多数图书都是刻印而成，但抄写图书并未彻底退出历史舞台，今存稿本、钞本明清宫观山志尚有多种。兹据中国古籍总目编纂委员会《中国古籍总目》、台湾地区图书馆《善本书目》等书目著录情况将现存钞本、稿本明清宫观山志列表如表 2-2：

表 2-2　现存钞本、稿本明清宫观山志表

序号	书　名	责任者	钞本、稿本及庋藏地
1	《龙虎山志》三卷《续编》一卷	（元）元明善撰，（明）周召续编	清影元钞本，北大
2	《续修龙虎山志》六卷	（元）元明善辑修，（明）张国祥续修	清内务府钞本，故宫
3	《大涤洞天记》三卷	（元）邓牧撰	清钞本
4	《麻姑山丹霞丹霞洞天志》十七卷	（明）邬鸣雷、左宗郢编集	明钞本（存卷六至卷十五），大连①
5	《敕建大岳太和山志》十五卷	（明）任自垣纂辑	明钞本②
6	《庐山记（纪）事》十二卷	（明）桑乔纂著，（清）范礽补订	明钞本，上海、河南
7	《华岳全集》十三卷	（明）张维新总阅，马明卿编辑，冯嘉会续辑	清初钞本，上海
8	《金陵玄观志》十三卷	（明）佚名	钞本，南京
9	《皇明寺观志》一卷	（明）佚名	明钞本，南京
10	《六岳登临志》六卷	（明）龚黄编辑	明钞本
11	《洞霄宫志》五卷	（清）闻人儒纂辑	清钞本，浙江
12	《庐山纪闻》一卷	（明）陈继儒辑	清道光二十六年（1846）翁大年钞本，上海
13	《衡岳志》八卷	（明）邓云霄编删、曾凤仪辑纂	清钞本，大连
14	《委羽山志》六卷	（明）胡昌贤修辑	清咸丰元年（1851）王棻影钞明万历三十年（1602）张仲孝刻本，浙江
15	《终南仙境志续编》	（清）刘岜玉辑	稿本③

---

① 《中国古籍总目》编纂委员会编：《中国古籍总目》，第 3864 页。
② 杜洁祥主编：《道教文献》第 4 册所收任自垣《敕建大岳太和山志》，即以此钞本为底本。
③ 樊光春主编《终南仙籍》收录此书。

序号	书　名	责任者	钞本、稿本及度藏地
16	《崆峒山志》	（明）许登编纂	钞本①，台北
17	《浮山小志》二卷	（清）黄培芳撰	清钞本，国图
18	《阁皂山志》二卷	（明）俞策编纂	清钞本，上海，南京
19	《崂山志》八卷	（明）黄宗昌著	清钞本，山东
20	《龙虎山志》不分卷	（清）娄近垣重辑	钞本，上海
21	《清水岩志》三卷	（清）夏以槐修	钞本②
22	《崆峒山新志》二卷	（清）王肇衍撰	清钞本，天津
23	《晋祠志》十六卷《首》一卷	（清）刘大鹏编辑	稿本，国图
24	《泰山志》一卷	（清）汪鋆撰	稿本，国图
25	《华岳志》八卷首一卷	（清）李榕纂辑	稿本，国图
26	《关庙志》四卷	（清）周广业、崔应榴辑	稿本，南图
27	《太白山志》二卷	（清）张埙撰	清钞本（清吴重宪跋），上海
28	《委羽山志》十卷	（清）卢廷榦	残钞本（待访）③

以上分刻刻本印、活字本、钞本和稿本三部分论述了明清宫观山志的刊刻与抄写情况。据此可知，今存绝大多数明清宫观山志为刻印本，亦有少量稿本和钞本存世。

第三节　明清宫观山志的存佚

明清学人到底编纂了多少种宫观山志？其中有多少种流传至今，又有多

---

① 台湾地区图书馆：《史部地理类》，载台湾地区图书馆《善本书目·甲编》卷二，第97页。
② 《中国道观志丛刊正续编》第59册，据此钞本影印。
③ 见《〈委羽山志〉提要》，载《中国道观志丛刊正续编》第55册，卷首。

少种散佚不传？这是研究明清宫观山志必须要解决的问题。此处仅就所见，将部分现存明清宫观山志及部分亡佚明清宫观山志情况统计如下，借此或可知其大概。

一、部分现存明清宫观山志统计

表2-3收录存世明清宫观山志，凡179种，是本课题研究的基本史料。

表2-3　部分存世明清宫观山志一览表

所在地域	书名	责任者	常见版本
河南登封	《嵩书》二十二卷	（明）傅梅撰	明万历间刻本，《续修四库全书》第725册，《四库全书存目丛书》史部第231—232册
	《嵩岳志》二卷《嵩岳文志》八卷《续收诗文》一卷	（明）陆束辑	明万历间刻本，《中国道观志丛刊正续编》（本表内以下简称《道观志正续编》）第40册
	《嵩岳庙史》十卷	（清）景日昣纂	清康熙三十五年（1696）太壹园刻本，《道观志正续编》第2册，《中国地方志集成·寺观志专辑》第18册，《嵩岳文献丛刊》第4册（张惠民校注），《四库全书存目丛书》史部第238册
	《说嵩》三十二卷	（清）景日昣纂	清康熙六十年（1721）岳生堂刻本，《四库全书存目丛书》史部第238册
	《嵩山志》二十卷《首》一卷	（清）叶封、焦贲亨纂	清康熙间刻本，国图
	《汤阴精忠庙志》十卷	（明）张应登辑，（清）杨世达重订	明万历十五年（1587）刻本，清刻本，《原国立北平图书馆甲库善本丛书》第408册，雍正十三年（1735）刻本，《中国祠墓志丛刊》第19册

所在地域	书名	责任者	常见版本
山东青岛	《崂山志》八卷附《游崂指南》	(明)黄宗昌著,(明)黄坦续撰	《道观志正续编》第3册,《中华续道藏初辑》第3辑,《中国名山胜迹志丛刊》第2辑,《藏外道书》第19册,苑秀丽等《崂山志校注》本,青岛市崂山区档案局等《崂山志校注》本
山东泰安	《泰山志》四卷	(明)汪子卿编纂	明嘉靖三十三年(1554)项守礼刻本,《原国立北平图书馆甲库善本丛书》第396册;周郢《泰山志校证》本(黄山书社2006年版)
	《泰山搜玉集》二卷	(明)袁穤辑,张重光编	明万历七年(1579)刻本,《四库全书存目丛书》集部第313册
	《泰山小史》一卷	(明)萧协中撰	清乾隆五十七年(1785)刻本,《中国名山胜迹志丛刊》第一辑,《泰山文献集成》第二卷
	《岱史》十八卷	(明)查志隆撰	明万历间刻本,《续道藏》本,《道藏举要》本,《道观志正续编》第41、42册
	《泰山纪事》三卷	(明)宋焘撰	明万历四十年(1612)刻本,《四库全书存目丛书》史部第232册,《中国宗教历史文献集成·三洞拾遗》(以下简称《三洞拾遗》)第14册
	《泰山纪胜》	(清)孔贞瑄纂	清康熙初年刻本,《四库全书存目丛书》史部第255册,《三洞拾遗》第14册
	《泰山辑瑞集》二卷	(清)林杭学辑	清康熙八年(1669)岱署来恩楼刻本,山东省图
	《泰山志》二十卷	(清)金棨纂辑	清嘉庆间刻清光绪二十四年(1898)重修本,《中华山水志丛刊·山志》第4册

续表

所在地域	书名	责任者	常见版本
山东泰安	《泰山图说》一卷①	（清）金简撰	《泰山丛书》甲集
	《泰山志》一卷	（清）汪鋆撰	稿本，国图②
	《泰山图志》八卷《首》一卷	（清）朱孝纯辑	清乾隆三十九年（1774）刻本，《中华山水志丛刊·山志》第5册
	《泰山道里记》一卷	（清）聂鈫（剑光）纂	清乾隆三十八年（1773）刻本，清乾隆四十年（1775）杏雨山堂刻本，清道光六年（1826）刻本，清同治五年（1866）刻本，《丛书集成初编》第3002册，《四库全书存目丛书》史部第242册
	《岱览》三十二卷《首编》七卷《附录》一卷	（清）唐仲冕纂辑	清嘉庆十二年（1807）果克山房刻本，《中华山水志丛刊·山志》第3册
陕西渭南	《西岳华山志》一卷	（金）王处一撰，（明）王民顺增补	明万历三十四年（1606）王民顺刻本，国图
	《华岳全集》十三卷	（明）张维新总阅，马明卿编辑，冯嘉会续辑	明万历二十五年（1597）刻大顺曹世纶（抡）印本，上海；明万历二十五年（1597）刻大顺曹世纶（抡）清顺治间递修本印本，美国普林斯顿大学；明万历二十五年（1597）刻大顺曹世纶（抡）清康熙间递修本，清初钞本，《续修四库全书》第722册，《四库全书存目丛书》，史部第232册

---

① 清雍正间成书。

② 据网络资源"周郢读泰山的博客"（http：//blog.sina.com.cn/zy4821330）之"汪鋆《泰山志》为伪书（2012-11-13 16：02：28）"，汪鋆《泰山志》为民国时期书商取孔贞瑄《泰山纪胜》书目、自序等伪造而成，毫无史料价值。可备一说。

所在地域	书名	责任者	常见版本
陕西渭南	《华岳志》八卷《首》一卷	（清）李榕纂辑	清道光十一年（1831）杨翼武清白别墅刻本，清道光十一年（1831）杨翼武清白别墅刻光绪三十年（1904）补刻本，《道观志正续编》第4册，《中国名山胜迹志丛刊》第4辑
	《华岳志》十二卷《首》一卷	（清）姚远翿纂修	清乾隆二十七年（1762）鹤树轩刻本，国图，《故宫珍本丛刊》第255—257册
	《华岳图经》二卷	（清）蒋湘南著	清咸丰元年（1851）刻本，《中华山水志丛刊·山志》第7册
	《太华小志》六卷	（清）冯敏昌撰	清光绪十三年（1887）钦州汲古斋刻本，上海
陕西宝鸡	《吴山志》	（明）司灵凤撰	明嘉靖刻本，《终南仙籍》（三秦出版社2014年板）
陕西西安	《终南仙境志》四卷①	（明）赵尔守等辑	明万历终南寺观刻本，清乾隆十五年（1750）邹儒重修本，天津
	《终南仙境志续编》	（清）刘崑玉辑	清钞本，《终南仙籍》（三秦出版社2014年版）
	《太白山志》二卷	（清）张埙撰	清钞本（清吴重宪跋），上海
陕西汉中	《紫柏山志图》	（清）景邦宪编辑	清同治十年（1871）刻本，《中华山水志丛刊·山志》第6册，《终南仙籍》（三秦出版社2014年版）
陕西勉县	《忠武侯祠墓志》七卷《首》一卷《末》一卷	（清）虚白道人（李复心）著	清同治五年（1866）沔阳县署刻本，《终南仙籍》（三秦出版社2014年版）

---

① 或云此书佚，误（樊光春主编：《终南仙籍·概述》，第8页）。李欣宇介绍了《终南仙境志》及《外志》用纸、版式、雕版风格变化等情况，并附图版。见李欣宇《陕西明清刻书举要》，《收藏》2010年第7期，第65—69页。

续表

所在地域	书名	责任者	常见版本
陕西陇县	《景福山云溪宫志》不分卷	（清）沈贤灵撰	《终南仙籍》（三秦出版社 2014 年版）
湖北十堰	《大岳太和山志》十五卷	（明）任自垣纂辑①	明宣德间刻本，明嘉靖十二年（1533）刻本，《原国立北平图书馆甲库善本丛书》第 397 册，《中华续道藏初辑》第 4 册，《三洞拾遗》第 13 册
	《大岳志（略）》五卷	（明）方升等编纂	《四库全书》第 879 册《说郛》卷六十四下，《武当山历代志书集注》第一辑，《原国立北平图书馆甲库善本丛书》第 395 册
	《大岳太和山志》十七卷	（明）王佐修，慎旦、贾如愚等纂，田玉增修	明嘉靖三十五年（1556）王佐刻本，国图；《武当山明代志书集注》
	《大岳太和山志》八卷②	（明）凌云翼修，（明）卢重华撰	明隆庆六年（1572）张著刻本，国图
	《太和山图说》	（明）杨尔增辑	明万历三十八年（1610）《新镌海内奇观》卷九，《续修四库全书》第 721 册
	《大岳太和武当山志》二十卷（存卷十七、卷二十）	（清）杨素蕴修，王民皞、卢维兹等纂	清康熙刻本③，首图

---

① 《国史经籍志》卷三、《绛云楼书目》卷一、《宝文堂书目》《秘阁书目》《玄赏斋书目》等书目著录为"（明）彭簪"，疑为"任自垣"之误。参见张全晓《明代武当山志著录疏误补正》，《世界宗教研究》2012 年第 2 期。

② 尚有有九卷本和十七卷本［嘉靖三十五年（1556）王佐刻本］。

③ 是志简称为《太和山志》《大岳太和山志》，参见张全晓《武当山志研究》，华中师范大学博士学位论文，2011 年，第 32 页；另见张全晓《新见清康熙〈大岳太和武当山志〉述略》，《中国道教》2019 年第 1 期。

续表

所在地域	书名	责任者	常见版本
湖北十堰	《大岳太和山纪略》八卷	（清）王概总修、（清）姚士倌、李之兰等纂	清乾隆九年（1744）下荆南道署刻本，《道观志正续编》第5、6册，《四库全书存目丛书》史部第242册，《三洞拾遗》第13册
湖北当阳	《关圣陵庙纪略》四卷①	（清）魏勷、王禹书辑	清康熙三十九年（1700）刻咸丰、同治重修本，《道观志正续编》第43册
湖北通山	《九宫山志》十四卷《首》一卷	（清）傅燮鼎重辑	清光绪八年（1822）木活字本，《道观志正续编》第7册
四川成都	《青城山记》二卷	（清）彭洵编辑	清光绪二十一年（1895）彭氏玉兰堂刻本，《道观志正续编》第8册
重庆酆都	《平都山志》一卷	（明）龚自成撰	明万历刻本，《原国立北平图书馆甲库善本丛书》第396册
安徽休宁	《齐云山志》七卷	（明）方万有编	明嘉靖三十八年（1559）刻本，天一阁；汪桂平点校本（社会科学文献出版社2015年版）
	《齐云山桃源洞天志》一卷	（明）鲁点编辑	明刻本，清道光十三年（1833）休城李文富刻本，《道观志正续编》第9册
	《齐云山志》五卷	（明）鲁点编辑	明万历二十七年（1599）刻本，清道光十年（1830）修补本，《道观志正续编》第10册，《四库全书存目丛书》史部第231册，《中国方志丛书·华中地方第·702号》，《三洞拾遗》第13册，汪桂平点校本（社会科学文献出版社2015年版）
安徽巢湖	《巢湖中庙志》一卷	（清）吴能成辑，李信孔续修	清光绪十四年（1888）木活字本，上海、南京

---

① 庙在湖北当阳。

续表

所在地域	书名	责任者	常见版本
安徽宣城广德县	《祠山志》十卷《首》一卷	（元）周秉秀编，（清）周宪敬重编	清光绪十二年（1886）刊本，《道观志正续编》第44、45册
江苏南京	《金陵玄观志》十三卷	（明）佚名撰①	钞本（南京），明刻本，《道观志正续编》第11册
江苏高淳	《高淳县城隍白府君庙志》六卷《首》一卷《末》一卷	（清）鲍涟等纂，夏文源等续纂	清光绪十四年（1888）木活字本，《道观志正续编》第50册
江苏昆山	《续修昆山县城隍庙志》不分卷	（清）钱宝琛辑	清钞本，《道观志正续编》第50册
	《昆山县城隍庙续志》不分卷	（清）潘道根撰	钞本，《道观志正续编》第50册
江苏苏州	《（苏州）元妙观志》十二卷	（清）顾沅辑	民国十七年（1928）铅印本，《道观志正续编》第11册（据《武林掌故丛编》本影印），《三洞拾遗》第15册
	《穹窿山志》六卷	（清）吴伟业、（清）向球纂修，（清）金之俊鉴定，（清）李标编辑②	清康熙刻本，《四库全书存目丛书》史部第237册，《道观志正续编》第14、15册
江苏扬州	《琼花集》六卷（全名《琼花题咏全集》）	（清）贵正辰纂辑	清咸丰二年（1852）刻本，《道观志正续编》第51册
江苏丹阳	《（重修）延陵九里庙志》二卷	（明）吴国仁编	清嘉庆十七年（1812）木活字本，《中国祠墓志丛刊》第42册

---

① 《南京稀见文献丛刊》收《金陵玄观志》，采纳柳诒徵的观点，认为该书与《金陵梵刹志》著者同，皆为明人葛寅亮。
② 《中国道观志丛刊正续编》第14、15册题"清吴伟业、向球纂修，李标编"。《四库全书总目》卷七十六《地理类存目五》载："是时道士施亮生居此山，方以符术鸣于东南，其书实为亮生生而作。"

所在地域	书名	责任者	常见版本
江苏常州、镇江	《茅山志》十五卷《后编》二卷	（元）刘大彬编，（明）江永年增补	明嘉靖二十九年（1550）张全恩刻本，王岗点校本（上海古籍出版社 2016 年版）
	《茅山志》十四卷附《道秩考》一卷	（清）笪蟾光编	清康熙八年（1669）刻本，道光二十一年（1841）增刻本，清光绪三年（1877）懒云草堂刻本，《道观志正续编》第 12、13 册
江西丰城	《黄堂隆道宫志》十四卷	（清）胡执佩编，（清）伍绍诗删，（清）胡映庚辑	清道光二十年（1840）刻本，《道观志正续编》第 29 册
江西南昌	《逍遥山万寿宫志》二十卷《首》一卷	（清）丁步上、郭懋隆辑	清乾隆五年（1740）刻本，北师大；清道光二十六年（1846）刻本，上海
	《逍遥山万寿宫（通）志》二十二卷《首》一卷，	（清）金桂馨、漆逢源纂辑	清光绪四年（1878）刻本，《道观志正续编》第 30、31 册，《三洞拾遗》第 15 册
江西抚州	《麻姑集》十二卷	（明）陈克昌编	明嘉靖二十二年（1543）朱廷臣刻本，《四库全书存目丛书》集部第 304 册①
	《续刻麻姑山丹霞洞天志》十七卷	（明）左宗郢编集	清康熙五十六年（1717）刻本，《四库全书存目丛书》，史部第 231 册
	《麻姑山丹霞洞天志》十七卷	（清）罗森等裁定，（清）萧韵增补	清康熙间刻本，《四库全书存目丛书》史部第 246 册，《三洞拾遗》第 14 册
	《重刊麻姑山志》十二卷	（清）黄家驹编纂	清同治五年（1866）黄氏洞天书屋刻本，《道观志正续编》第 27、28 册

---

① 《中国道观志丛刊正续编》第 48 册收《麻姑集》六卷，非完本，提要谓（明）朱廷臣辑，误。

所在地域	书名	责任者	常见版本
江西新建	《西山志》十二卷	（清）欧阳桂撰注	清乾隆三十一年（1766）梅谷山房刻本，《四库禁毁书丛刊》，史部第 72 册
	《西山志》六卷	（清）涂兰玉纂	清道光三十年（1850）刻本，上海
	《西山志略》六卷	（清）魏元旷撰	《魏氏全书》，《江西名山志丛书》本
江西九江	《庐山纪事》十二卷	（明）桑乔纂著，（清）范祄补订	明嘉靖间刻本，明钞本，清顺治十六年（1659）刻本，清康熙五十九年（1720）蒋国祥刻本，《四库全书存目丛书》，史部第 229 册
	《增订庐山志》十五卷	（清）吴炜重订，（清）李滢编辑	清康熙间日思堂刻本，《中华山水志丛刊·山志》第 25 册
	《庐山志》十五卷《首》一卷	（清）毛德琦重订	清康熙五十九年（1720）顺德堂刻本，清乾隆五十八年（1793）龚琰重修本，清道光同治递修本，清宣统二年（1910）重修本，《四库全书存目丛书》史部第 239 册
	《庐山小志》二十四卷《首》一卷	（清）蔡瀛纂	清道光四年（1824）蔡瀛娜嬛别馆刻本，《故宫珍本丛刊》第 260 册
江西鹰潭	《龙虎山志》三卷《续编》一卷	（元）元明善编，（明）周召续编	元刊明代修补续增本，《中华续道藏初辑》第 3 册，《三洞拾遗》第 13 册
	《续修龙虎山志》六卷	（元）元明善辑修，（明）张国祥续修	明钞本，《道观志正续编》第 49 册

续表

所在地域	书名	责任者	常见版本
江西鹰潭	《龙虎山志》三卷①	（元）元明善辑修，（明）张国祥续修，张显庸全修	明刻本，《四库全书存目丛书》，史部第228册
	《龙虎山志》三卷	（明）李仁等撰	明嘉靖二十三年（1544）刻本，天一阁（存卷上、卷中）
	《龙虎山志》十六卷	（清）娄近垣重辑	清乾隆五年（1740）刻本，清乾隆十九年（1754）栖碧堂刻本，清道光二十年（1840）刻本，《道观志正续编》第25、26册，《三洞拾遗》第13册
江西宜春	《阁皂山志》二卷	（明）俞策编纂，（清）施润章修定	旧钞本②，《藏外道书》第32册，《道观志正续编》第29册，《三洞拾遗》第14册，江西人民出版社1996年校补本
江西萍乡	《萍乡城隍庙善后图册》二卷	（清）顾家相辑	清光绪二十九年（1903）重订木活字本，《道观志正续编》第47册
湖南醴陵	《城隍庙岁修祀纪事》四卷《首》一卷	（清）佚名辑	清光绪三十年（1904）醴陵县木活字印本，《道观志正续编》第48册
湖南湘潭	《类成堂集》四卷（又名《湘潭闽馆类成堂集》）	（清）何字恕纂辑	清道光十四年（1834）湘潭闽馆刻本，《道观志正续编》第47册

---

　　① 是志篇目杂乱，较六卷本多程钜夫序，山川、建置、人物合为上卷，皇纶、御赞、累朝制敕为中卷，艺文诗词为下卷。文末又多出皇明优渥龙虎山敕令、诏书等内容。是书内容与元代元明善辑修，明代张国祥续修《续修龙虎山志》六卷迥异，故二者应当作为两部书来研究。

　　② 《藏外道书》第32册、《中国道观志丛刊正续编》第29册俱收录此书，持本相校，二本同源，皆为旧钞本，而后者提要谓"明万历刻本"，误。

续表

所在地域	书名	责任者	常见版本
湖南衡阳	《衡岳志》六卷	（明）彭簪编校①	明嘉靖七年（1529）刻本，《四库全书存目丛书》，史部第229册，《三洞拾遗》第14册
	《衡岳志》（《南岳志》）八卷续刻《附录》一卷	（明）邓云霄编删，（明）曾凤仪辑纂	明万历四十年（1612）刻本，国图
	《南岳图志》一卷	（明）吴楚材纂	明崇祯三年（1630）刻，清乾隆十年（1745）吴仁圮增修本
	《衡岳志》八卷	（清）朱衮重修，（清）袁奂编纂	清康熙三年（1664）刻本，清康熙三年（1664）刻三十七年（1698）重修本，《中华山水志丛刊·山志》第32册
	《南岳志》八卷	（清）高自位编，（清）旷敏本纂	清乾隆十九年（1754）开云楼刻本，《道观志正续编》第45册
	《南岳志辑要》四卷	（清）许知玑辑	清道光十四年（1834）刻本，浙江
	《南岳志》二十六卷《增补》二卷《续增》二卷	（清）李元度纂，（清）李子荣增补，（清）王香徐续增	清光绪六年（1880）至九年（1883）朱陵洞天精舍刻本，民国十三年（1924）刻本，《中华山水志丛刊·山志》第31册
湖南宁远	《九嶷山志》八卷	（明）蒋镄纂	明万历四十八年（1620）刻本，《四库全书存目丛书》，史部第232册
	《九嶷山志》四卷	（清）詹惟圣纂	清康熙二年（1663）刻本，《中华山水志丛刊·山志》第32册
	《九嶷山志》四卷	（清）徐旭旦纂	清康熙四十八年（1709）刻本，上海
	《九嶷山志》四卷	（清）樊在廷纂辑，（清）吴绳祖（玉山）重修	清嘉庆元年（1796）吴氏退思斋刻本，清同治间刻本，《中华山水志丛刊·山志》第32册

---

① 张群谓彭簪志无存，误。见张群《南岳山志研究》，武汉大学博士学位论文，2013年，第27页。

所在地域	书名	责任者	常见版本
广东德庆	《悦城龙母庙志》二卷《附刻》一卷	（清）黄应奎辑	清光绪十三年（1887）刻本，上海
	《孝通祖庙志》一卷（全名《重修悦城孝通龙母神庙志》）	（清）程起周纂，（清）王士瀚重修	清嘉庆二十一年（1816）顺邑冯豪举刻本，《道观志正续编》第61册
广东雷州	《雷祖志》二卷	（明）庄元贞修，（清）刘世馨辑	清嘉庆间刻本，清光绪十一年（1885）重刻本，《道观志正续编》第61册
广东惠州	《罗浮志》十卷	（明）陈梿（琏）撰	清道光三十年（1850）刻本，《中华山水志丛刊·山志》第35册，《藏外道书》第19册
	《罗浮志补》十卷附《罗浮指南》	（明）陈梿（琏）撰，陈伯陶补	民国九年（1920）刻本，台湾《丛书集成新编》第90册，《道观志正续编》第36册
	《罗浮山志》十二卷	（明）黄佐、湛若水、黎民表撰	明嘉靖三十六年（1557）刻本①，上海
	《罗浮山志》十四卷	（明）王希文撰	明嘉靖三十七年（1558）刻本，天一阁
	《罗浮志略》二卷	（明）韩鸣鸾撰	明万历间刻本，国图
	《罗浮野乘》六卷	（明）韩晃编辑	清康熙间刻后印本，《四库全书存目丛书》，史部第232册
	《罗浮山志》十二卷	（清）李嗣钰纂修	清康熙四十四年（1705）刻本，国图、复旦
	《罗浮外史》一卷	（清）钱以垲撰	清康熙间刻本，《四库全书存目丛书》史部第240册，《道观志正续编》第62册，《三洞拾遗》第15册
	《罗浮山志会编》二十二卷	（清）宋广业纂辑	清康熙宋志益刻本，《续修四库全书》第725册，《四库全书存目丛书》史部第240册，《道观志正续编》第62册

① 《〈罗浮志补〉提要》（《中国道观志丛刊正续编》第36册）谓黎民表《山志》"已佚"，误。

续表

所在地域	书名	责任者	常见版本
广东惠州	《浮山小志》三卷《首》一卷	（清）黄培芳撰	清嘉庆十八年（1813）黄乔松刻本，上海；清钞本，国图
	《浮山新志》三卷	（清）赖洪禧辑	清道光间刻本，国图
	《浮山志》五卷	（清）陈铭珪撰	清光绪间荔庄刻本，《聚德堂丛书》本
浙江杭州	《通玄观志》二卷	（明）姜南原订，（清）吴陈琰增定，（清）朱溶重辑	清康熙间刻本，《四库全书存目丛书》，史部第246册，《道观志正续编》第54册，《三洞拾遗》第15册
	《重阳庵集》一卷《附刻》一卷《附录》一卷	（明）梅志暹编辑，（明）俞大彰重编	明嘉靖刻本，《道观志正续编》第17册（据《武林掌故丛编》本影印），《藏外道书》第20册，《丛书集成续编（上海）》第59册
	《岳（庙）集》	（明）徐阶辑	《四库全书存目丛书》史部第83册①
	《西湖关帝庙广纪》八卷	（明）赵钦汤、丁启濬辑	明天启间刻本，国图
	《灵卫庙志》	（明）夏宾撰，杨廷筠增辑	明万历三十五年（1607）刻本，《道观志正续编》第57册
	《洞霄宫志》五卷	（清）闻人儒纂辑	清钞本，《道观志正续编》第53册
	《金鼓洞志》八卷《首》一卷	（清）朱文藻（朗斋）纂辑	《道观志正续编》第18册
	《武林元妙观志》四卷	（清）青屿仰蘅编辑	《道观志正续编》第17册
	《紫阳庵集》一卷	（清）丁午辑	《道观志正续编》第17册
	《城北天后宫志》一卷	（清）丁午辑	《道观志正续编》第16册
	《广福庙志》一卷	（清）唐恒久辑	《道观志正续编》第57册

---

① 《岳庙志略》之《前言》谓是书佚，误。见《西湖祠庙志专集》，载《西湖文献集成》第25册，第3页。

续表

所在地域	书名	责任者	常见版本
浙江杭州	《崔府君祠录》一卷	（清）郑烺辑	竹书堂刻本，《道观志正续编》第51册
	《岳庙志略》十卷《首》一卷	（清）冯培撰	《西湖文献集成》第25册
	《吴山伍公庙志》	（清）金文淳纂、沈永清补	《道观志正续编》第52册，《西湖文献集成》第25册
	《金龙四大王祠墓录》	（清）仲学辂编	《道观志正续编》第52册
	《玉皇山庙志》	（清）卓炳森等辑	《西湖文献集成》第25册
浙江宁波	《龙山清道观志》八卷《首》一卷	（清）刘天相编	清乾隆十二年（1747）刻本，浙图
浙江金华	《昭利庙志》六卷	（明）杜翔凤辑	清道光二十一年（1841）刊本，《道观志正续编》第51册
浙江衢州	《烂柯山洞志》二卷	（明）徐日炅纂①	台湾汉学研究中心藏旧钞本，《四库全书存目丛书补编》第94册
	《烂柯山志》不分卷	（清）冷时中编纂	清初刻本，《衢州文献集成》本
	《烂柯山志》十三卷《补录》一卷	（清）郑永禧补辑	清光绪三十三年（1907）不其山馆刻本，《道观志正续编》第21册
	《天台山全志》十八卷	（清）张联元辑	清康熙五十六年（1717）刻本，《中华山水志丛刊·山志》第22册，《续修四库全书》第723册
	《台南洞林志》二卷《校补》一卷《续》一卷	（清）冯赓雪撰，（清）叶书校补续撰	清光绪二十五年（1899）冯氏刻本，《道观志正续编》第24册

---

① 烂柯山志编纂领导小组新编《烂柯山志》（第9页）谓徐日炅《烂柯山志》亡佚，误。

续表

所在地域	书名	责任者	常见版本
浙江台州	《委羽山志》六卷	（明）胡昌贤修辑	清同治九年（1870）委羽石室刻本，《道观志正续编》第55册
	《委羽山续志》六卷《首》一卷《末》一卷	（清）王维翰续辑	清同治九年（1870）委羽石室刻本，《道观志正续编》第55册
	《委羽山志》十卷	（清）卢廷榦	残钞本（待访）①
浙江温州	《重修江南华盖山志》五卷	（明）许云升重修	明嘉靖间刻本，国会
	《华盖山志》十二卷《首》一卷	（明）崔世召纂，（清）甘启祥增，（清）谢希桢编	清同治八年（1869）松江谢氏刻本，《江西名山志丛书》本
浙江湖州	《东林山志》二十四卷《首》一卷	（清）吴玉树重辑	民国十一年（1922）上海着易堂铅印本，《道观志正续编》第20册
福建湄洲	《敕封天后志》二卷	（清）林清标辑	清乾隆四十三年（1778）仰天轩刻本，清同治四年（1865）淮安林崇堂刻本，《道观志正续编》第32册
福建武夷山	《武夷志》六卷	（明）杨亘等纂辑	明正德十五年（1520）刻本，东洋文库藏本②
	《武夷九曲小志》一卷	（明）刘吾南编纂③	明嘉靖间刻本，静嘉堂文库（原稻生若水等旧藏）④
	《武夷山志》四卷	（明）劳堪重编	明万历十年（1582）刻本，国图
	《武夷山志》十卷《附录》一卷	（明）江维桢撰	明万历二十三年（1595）安如坤刻本，上海

---

① 见《〈委羽山志〉提要》，载《中国道观志丛刊正续编》第55册。

② 严绍璗编著：《日藏汉籍善本书录》，第634页。方彦寿《历代〈武夷山志〉考略》谓杨恒叔（亘）《武夷山志》六卷"今已不存"（见方彦寿《武夷冲佑观》附录四，第259页），失察。

③ 刘佃，字仲友，号吾南，安福人，进士，曾任武定知州。事见《嘉靖武定州志》下帙、《道光济南府志》卷二十六等。

④ 严绍璗编著：《日藏汉籍善本书录》，第635页。

所在地域	书名	责任者	常见版本
福建武夷山	《武夷志略》四卷（又名《武夷洞天志略》）	（明）徐表然纂辑	明万历四十七年（1619）孙世昌刻本，《四库全书存目丛书》史部第 230 册，《三洞拾遗》第 14 册
	《武夷山志》十九卷	（明）衷仲儒（穉生）订修	明崇祯十六年（1643）刻本，《四库全书存目丛书》史部第 228 册，《三洞拾遗》第 14 册
	《武夷纪要》三卷	（清）蓝闽之撰	清康熙三十四年（1695）刻本，《中华山水志丛刊·山志》第 33 册
	《武夷山志》二十八卷	（清）王梓撰	清康熙间刻本，北大
	《武夷山志》二十八卷《首》一卷《续》二卷	（清）倪炜撰	清康熙四十九年（1710）带经堂刻本，上海
	《武夷九曲志》十六卷《首》一卷	（清）王复礼编辑	清康熙五十七年（1718）刻本，《四库全书存目丛书》史部第 241 册
	《武夷山志》二十四卷《首》一卷	（清）董天工编	清乾隆十六年（1751）刻本，清乾隆二十五年（1760）刻本，清道光九年（1829）刻本，清道光二十七年（1847）五夫尺木轩刻本，清同治十一年（1872）刻本，《道观志正续编》第 33、34、35 册，方留章等点校本（方志出版社 1997 年版）
福建安溪	《清水岩志》三卷	（清）夏以槐修	清钞本，民国重钞本，《道观志正续编》第 59 册
	《清水岩志略》四卷附《安溪清水祖师签谱》一卷	（清）杨浚辑	清光绪十四年（1888）刻本，《道观志正续编》第 60 册

续表

所在地域	书名	责任者	常见版本
福建福鼎	《太姥山志》三卷	（明）谢肇淛纂	明万历间刻本，清康熙二十三年（1684）刻本，清嘉庆五年（1800）王氏慕园书屋刻本，《道观志正续编》第58册
	《太姥山续志》三卷	（清）王孙恭辑	清钞本，《道观志正续编》第58册
福建莆田	《九鲤湖志》六卷	（明）黄天全著	明万历十四年（1586）刻本，《四库全书存目丛书》，史部第233册，《道观志正续编》第61册，《九鲤湖文化丛书》本（海峡书局2017年版）
	《九鲤湖志》十八卷《首》一卷	（明）康当世纂①	明万历三十六年（1608）刻本，《九鲤湖文化丛书》本（海峡书局2017年版）
	《鲤湖志》二卷	（明）王士懋订，（明）方应侁，柯宪世仝辑②	明万历四十三年（1615）刻本，德国柏林国家图书馆
	《湄洲屿志略》四卷《首》一卷	（清）杨浚辑	清光绪十四年（1888）冠悔堂刻本，《道观志正续编》第57册
福建三明	《玉华洞志》六卷附《庆玉华诗》一卷	（清）陈文在撰，（清）廖鹤龄纂	清康熙雍正增刻本，《道观志正续编》第56册
福建南安	《郭山庙志》八卷	（清）戴凤仪纂	清光绪丁酉（二十三年，1897）刻本，《道观志正续编》第60册

---

① 《徐氏家藏书目》卷二作"《九鲤新志》"，《千顷堂书目·地理类下》作"康当世《九鲤湖新志》十五卷。"

② 《徐氏家藏书目》卷二《千顷堂书目·地理类下》作"《鲤湖考略》二卷，王世懋订"。

续表

所在地域	书名	责任者	常见版本
天津	《（天津）天后宫过会图》	（清）佚名	中国国家博物馆收藏①
山西太原	《晋祠志》十六卷《首》一卷	（清）刘大鹏编辑	稿本，国图
山西浑源	《北岳编》三卷《首》一卷附《北岳庙集》	（明）皇甫汸等编辑	明嘉靖间刻本，国会
	《北岳庙集》十一卷《首》一卷	（明）何出光、魏学礼等撰	明嘉靖间刻本，《北京图书馆古籍珍本丛刊》第 118 册
	《恒岳志》三卷	（明）赵之韩等纂辑	明万历年间刻本，尊经阁文库
	《恒岳志》三卷	（清）张崇德纂修	清顺治十八年（1661）刻本，《道观志正续编》第 39 册
	《恒山志》五卷《图》一卷	（清）桂敬顺纂修	清乾隆间刻清末增刻本，《中华山水志丛刊·山志》第 6 册
山西解州	《汉前将军关公祠志》九卷	（明）赵钦汤、焦竑辑	明万历三十一年（1603）赵钦汤刻本，国图；《关帝文献会编》第 8 册
	《关帝祠志》	（明）侯加乘撰	顺治十六年（1659）重刻本，日本早稻田大学②
	《关圣帝君圣迹图志全集》五卷	（清）卢湛编，于成龙鉴定，陈宏谋、沈德潜增订	清刻本，《道观志正续编》第 37 册，《关帝文献会编》第 1 册
	《关庙志》四卷	（清）周广业、崔应榴辑	稿本，南图
	《（解梁）关帝志》四卷	（清）张镇编辑	清乾隆二十一年（1756）刻本，《关帝文献会编》第 2 册，山西人民出版社 1992 年标点注释本

① 李露露：《清代〈天后宫过会图〉释析》，《东南文化》2002 年第 2 期。

② 胡劫辰：《明清关帝文献初探——清代前期关帝类合集的文献史研究》，《道教学刊》2019 年第一辑（总第 3 期），第 103 页。

续表

所在地域	书名	责任者	常见版本
甘肃永登	《平番龙神祠图记》一卷	（清）达昌编	清同治十一年（1872）刻本，《道观志丛刊正续编》第39册
甘肃平凉	《崆峒山志》	（明）许登编纂	钞本①
	《崆峒山志》二卷	（清）张伯魁纂修	清嘉庆二十四年（1819）刻本，清同治十一年（1872）刻本，《道观志正续编》第3册，《中华山水志丛刊·山志·山志卷》第7册
	《崆峒山新志》二卷	（清）王肇衍撰	清钞本，天津
全国	《新镌海内奇观》十卷	（明）杨尔曾辑	明万历三十八年（1610）夷白堂刻本，《续修四库全书》，史部第721册
	《六岳登临志》六卷	（明）龚黄编辑	明崇祯十五年（1642）刻本，《续修四库全书》，史部第721册
	《皇明寺观志》一卷	（清）丁丙跋	明钞本，南京
	《中祀合编》	（清）清圣祖玄烨敕撰	《道观志正续编》第37册

　　需要特别指出的是，有些宫观山志，今天的图书馆古籍目录虽标注为明人撰，但经核实与事实不符。例如，检索国家图书馆馆藏目录，得《王屋山志》二卷，著录为（明）佚名撰，孙鉴辑，收入民国孙鉴所编辑的《高昌秘笈甲集》，藏于北京文津街古籍馆普通古籍阅览室。《中国古籍总目》亦著录为"《王屋山志》二卷，明□□撰，《高昌秘笈甲集》本"②。观览此书可知，是书实为唐道士李归一所撰《王屋山志》二卷，孙鉴书后跋语亦云"细审此书，盖即归一旧本也"③。今《中国道观志丛刊正续编》第一册亦收入此书，

---

① 台湾地区图书馆：《善本书目·甲编》卷二《史部地理类》，第97页。
② 《中国古籍总目》编纂委员会编：《中国古籍总目·史部·地理类》，第3895页。
③ （明）佚名：《王屋山志》，孙鉴编辑：《高昌秘笈甲集》。

所据即此本。是故，国家图书馆馆藏目录、《中国古籍总目》著录有误，本表自然不能收入此类宫观山志。

二、部分亡佚明清宫观山志统计

下表收录亡佚明清宫观山志。各种目录及著作对已经散佚的明清宫观山志有所著录、征引，其书虽佚，仍是学界重要的研究对象，其存留的相关信息也是我们进行明清宫观山志研究的重要材料，今一并采录，凡95种，见表2-4。

表2-4　部分亡佚明清宫观山志一览表

地域	书名	编纂者	信息出处
河南登封	《嵩岳古今集录》二卷	（明）燕汝靖	《千顷堂书目·地理类下》《明史·艺文志》
	《嵩山志》	（清）景嶑	李时灿《中州艺文录》，民国《河南通志艺文志稿》①
	《嵩高志》四卷	（清）焦贾亨	李时灿《中州艺文录》②
	《太少六十峰志》三卷	（清）裴希纯	李时灿《中州艺文录》
山东泰安	《泰山搜玉集》四卷	（明）刘应诰	周郢《泰山志校证》③，朱俭、齐荃《泰山研究资料索引（古代、近代部分）》，"诰"作"浩"，云"未见传本"，《岱宗学刊》1998年第1期

① "嶑"，崔向东《嵩岳古文献及其作者评述》作"寏"（《河南教育学院学报》2013年第2期），二者疑为一人。

② 闻有传本，未见，待访。参见《嵩岳文献叙录》，载郑州市图书馆文献编辑委员会编《嵩岳文献丛刊》第四册《附录》，第10页。

③ 周郢：《泰山志校证》，第724页。

续表

地域	书名	编纂者	信息出处
山东泰安	《岱史》	（明）光庐①	周郢《泰山志校证》②，朱俭、齐莶《泰山研究资料索引（古代、近代部分）》，《岱宗学刊》1998年第1期云"未见传本"
	《泰岳志》二十卷	（明）佚名	朱俭、齐莶《泰山研究资料索引（古代、近代部分）》，《岱宗学刊》1998年第1期
	《泰岱集》	（明）王逢年	朱俭、齐莶《泰山研究资料索引（古代、近代部分）》，《岱宗学刊》1998年第1期云"未见传本"
	《泰山正雅》四卷《续》一卷	（明）江湛然编	周郢《泰山志校证》③
	《岱下小史》	（明）宋焘	周郢《泰山志校证》④，周中孚《郑堂读书记补逸》卷十六
	《岱史》十六卷	（明）吕纯如修⑤，刘敕改定	《岱览》征引书目⑥，周郢《泰山志校证》⑦，《孤本〈慎贻堂书目〉查考记》⑧

---

① 光庐，历城人，万历元年（1573）癸酉科举人，官太康知县。见道光《济南府志》卷四〇《选举二》。
② 周郢：《泰山志校证》，第725页。
③ 周郢：《泰山志校证》，第725页。
④ 周郢：《泰山志校证》，第725页。《郑堂读书记补逸》"（金棨）《泰山志》二十卷"条作"宋焘《泰山纪事》"（第437页）。
⑤ 据《四库全书总目》卷一百三十二《学古适用篇》，吕纯如，字孟谐，一字益轩。吴江人（今苏州市吴江区），万历辛丑（二十九年，1601）进士，官至兵部尚书。另据（明）徐肇台《记政录》，吕纯如曾任山东巡抚。
⑥ （清）唐仲冕：《岱览·征引书目》，载《中华山水志丛刊·山志》第3册，第27页。
⑦ 周郢：《泰山志校证》，第725页。
⑧ 据包云志考证，吕纯如修《岱史》已亡佚，见包云志《孤本〈慎贻堂书目〉查考记》，《文献》2003年第4期。

续表

地域	书名	编纂者	信息出处
山东 泰安	《岱宗小史》一卷	（明）陈富春	朱俭、齐荃《泰山研究资料索引（古代、近代部分）》，《岱宗学刊》1998 年第 1 期云"未见传本"
	《岱宗小史》	（清）徐祖望	朱俭、齐荃《泰山研究资料索引（古代、近代部分）》，《岱宗学刊》1998 年第 1 期云"未见传本"
	《岱岳记》四卷	（清）顾炎武	周郢《泰山志校证》①，朱俭、齐荃《泰山研究资料索引（古代、近代部分）》，《岱宗学刊》1998 年第 1 期云"其书已佚"
	《泰山纪略》	（清）刘其璇	朱俭、齐荃《泰山研究资料索引（古代、近代部分）》，《岱宗学刊》1998 年第 1 期云"未见传本"
	《泰山胜概志》一卷	（清）成城撰	朱俭、齐荃《泰山研究资料索引（古代、近代部分）》，《岱宗学刊》1998 年第 1 期云"未见传本"
	《岱史》	（清）施润章	周郢《泰山志校证》②
甘肃 平凉	《崆峒山志》三卷	（明）李应奇	《四库全书总目·地理类存目五》《千顷堂书目》卷八

---

① 周郢：《泰山志校证》，第 726 页。
② 周郢：《泰山志校证》，第 726 页。

续表

地域	书名	编纂者	信息出处
陕西渭南	《西岳神祠事录》七卷	（明）孙仁	《四库全书总目·地理类存目六》《八千卷楼书目》卷八,《光绪重修安徽通志》卷三三九
	《华山志》	（清）王宜辅①	姚远翻《华岳志·凡例》
	《华山小志》十二卷	（清）路一麟	乾隆《澄城县志》卷十四
湖北十堰	《太和山志搜遗》四卷	不著撰人	《述古堂藏书目》卷三,《千顷堂书目·地理类下》《玄赏斋书目》
	《武当山志》二十四卷	（清）万甲、李绍贤编纂	王概总修,姚士佾、李之兰等纂《大岳太和山纪略》卷六《艺文》有杨素蕴《大岳太和山志序》②
湖北通山	《九宫山志》	（明）王角峰	《倡同人重刊〈九宫山志〉引》③
安徽休宁	《齐云山志》七卷	（明）方汉	《国史经籍志》卷三,《千顷堂书目·地理类下》《万卷堂书目》《明史·艺文志》
江苏昆山	《昆山城隍庙志》	（明）张大复④	《昆山县城隍庙续志》⑤
	《昆山城隍庙续志》	（清）张白源	《道观志正续编》第50册⑥

---

①　王伯佐,字宜辅,华阴人,王弘（山史）长子。

②　王概修,姚士佾等纂:《大岳太和山纪略》,载《中国道观志丛刊正续编》第6册,第510页。

③　（清）傅燮鼎重辑:《九宫山志》卷首,载《中国道观志丛刊正续编》第7册,第25页。

④　晚明苏州籍文学家中有两位张大复,一为吴县人,一为昆山人,两人的文学成就各有所长,而部分著述将两人混为一谈［杨东甫:《晚明文学家张大复四考》,《广西师范学院学报》（哲学社会科学版）2013年第2期］。著《昆山城隍庙志》之张大复,字元长,昆山人（1554—?）。

⑤　（清）潘道根《修〈昆山县城隍庙续志〉缘起》云:"昆山城隍庙故有志,乃前明天启间邑前辈张元长氏为羽士胡太古作者,刊木行世。"（《中国道观志丛刊正续编》第50册《昆山县城隍庙续志》,第1页）。今未见。按:张大复,字元长。

⑥　（清）潘道根《昆山县城隍庙续志》云:"康熙乙亥间,邑人张白源氏晚慕清修,出家知止道院,曾为玉泉院羽士赵九仪撰《续志》二卷,其前有序,凡十三门",但"成而未刊"。语见（清）潘道根撰《修昆山县城城隍庙续志·赵中一〈庙志跋〉》,载《中国道观志丛刊正续编》第50册,第147页)。

续表

地域	书名	编纂者	信息出处
江苏句容	《茅山续志》	（明）佚名	《〈永乐大典〉收录的〈茅山续志〉及其佚文考》①
山西解州	《重修关圣祠全志》	（明）张元忭辑	《澹生堂藏书目·史部下·图志》
	《关帝志》四卷	（明）胡栋	《明清关帝文献初探》②
	《武安王全志》二卷	（明）吕柟	《明清关帝文献初探》③
	《汉寿亭志》八卷	（明）吕柟	《明清关帝文献初探》④
	《关侯祠志》	（明）赵钦汤	《明清关帝文献初探》⑤
	《续关帝祠志》	（清）王朱旦	《明清关帝文献初探》⑥
山西浑源、河北曲阳	《北岳恒山神祠事录》五卷	（明）黄恺⑦	《千顷堂书目·地理类下》《万卷堂书目》卷二
	《北岳编》五卷	（明）娄虚心	《明史》卷九十七《艺文志二》
浙江杭州	《洞霄宫志》	（明）戴日强	《郑堂读书记补逸》卷十七⑧

---

① 崔伟：《〈永乐大典〉收录的〈茅山续志〉及其佚文考》，《学理论》2009 年第 10 期。

② 胡劼辰：《明清关帝文献初探——清代前中期关帝类合集的文献史研究》，《道教学刊》2019 年第一辑（总第 3 期），第 103 页。

③ 胡劼辰：《明清关帝文献初探——清代前中期关帝类合集的文献史研究》，《道教学刊》2019 年第一辑（总第 3 期），第 101 页。

④ 胡劼辰：《明清关帝文献初探——清代前中期关帝类合集的文献史研究》，《道教学刊》2019 年第一辑（总第 3 期），第 101 页。

⑤ 胡劼辰：《明清关帝文献初探——清代前中期关帝类合集的文献史研究》，《道教学刊》2019 年第一辑（总第 3 期），第 102 页。

⑥ 胡劼辰：《明清关帝文献初探——清代前中期关帝类合集的文献史研究》，《道教学刊》2019 年第一辑（总第 3 期），第 104 页。

⑦ 叶盛：《泾东小稿》卷四《北岳恒山神祠事录序》谓是书为曲阳县教谕黄恺辑。黄恺后更名为楚恺（楚杨《进士黄麟改姓楚》，《荥阳老年报》2015 年 2 月 1 日）。清嘉庆丁丑（二十二年，1817）《密县志》载，楚恺，明景泰庚午科（1450）举人，直隶曲阳县教谕。

⑧ （清）周中孚撰：《郑堂读书记补逸》卷十七"洞霄宫志"条，载《清人书目题跋丛刊》（八），第 453 页。

续表

地域	书名	编纂者	信息出处
浙江杭州	《吴山城隍庙志》一卷	（明）钱斯馨①	朱朗斋等编《吴山城隍庙志·凡例》②，雍正《浙江通志》卷二百五十四《经籍志·祠庙》
	《紫阳庵志》一卷	（明）佚名	丁午《紫阳庵集·自序》③
	《紫阳庵集》二卷	（明）范栖云	丁午《紫阳庵集·自序》
	《紫阳道院志》	（清）凌绍中	丁午《紫阳庵集·自序》
	《重修吴山城隍庙志》	（清）顾鸣廷	朱朗斋等编《吴山城隍庙志·凡例》④，雍正《浙江通志》卷二百五十四《经籍志·祠庙》
	《通元观志》二卷	（清）朱溶若始重辑⑤	《雍正浙江通志》卷二百五十四《经籍志》
	《忠烈庙志》八卷	（清）高举、郑继芳修纂	《西湖文献集成》第 25 册《岳庙志略·前言》
	《洞霄图志续》五卷	（清）朱文藻（朗斋）辑	周中孚《郑堂读书记补逸》卷十七⑥，陈鸿森《朱文藻（朗斋）年谱》⑦

---

① （清）朱朗斋等编：《吴山城隍庙志》卷五《住持》云：钱斯馨，"尝撰《吴山城隍庙志》一卷，崇祯戊寅（1638）巡抚俞思恂为序。见《浙江通志》及《西湖志》"。

② （清）朱朗斋等编：《吴山城隍庙志·凡例》："城隍庙志旧撰者二：其一为明道士钱斯馨撰，崇祯戊寅（1638）巡抚喻思恂序，今已不传。"

③ （清）丁午：《紫阳庵集·自序》，《中国道观志丛刊正续编》第 17 册，第 1 页。

④ （清）朱朗斋等编：《吴山城隍庙志·凡例》云："城隍庙志旧撰者二……一为康熙甲申（1704）钱塘顾鸣廷撰。"

⑤ （清）嵇曾筠等监修，沈翼机等编纂：雍正《浙江通志》卷二百五十四《经籍志》："康熙癸酉（三十二年，1693）本观住持朱溶若始重辑。"

⑥ （清）周中孚撰：《郑堂读书记补逸》卷十七"金鼓洞志"条，载《清人书目题跋丛刊》（八），第 455 页。

⑦ 陈鸿森《朱文藻年谱》谓《洞霄宫续》"有嘉庆十年（1805）本山刊本，俟访"。（《古典文献研究》第十九辑下卷，第 225 页），姑置于此。

地域	书名	编纂者	信息出处
浙江瑞安	《仙岩志》	（明）释道瑞	《千顷堂书目·地理类下》，弘治《温州府志》，万历《温州府志》
	《仙岩志》六卷	（明）王应辰①	《四库全书总目·地理类存目五》
浙江缙云	《仙都志》	（明）李永明	《千顷堂书目·地理类下》《脉望馆书目》《玄赏斋书目》
	《仙都志》五卷	（明）李时孚	《千顷堂书目·地理类下》《澹生堂藏书目》
浙江衢州	《烂柯山志》	（明）瞿溥	《烂柯山志》②
江西九江	《匡庐图考》	（明）万衣撰	清《江西通志·艺文志》，清蔡瀛《庐山小志》，吴宗慈《庐山志》
	《庐山图》一卷	（明）佚名	《述古堂书目》《读书敏求记》
	《庐山志》八卷	（清）查慎行	吴宗慈《庐山志》③
江西鹰潭	《龙虎山志》十卷	（明）张宇初、张宇清、李唐真④	《岘泉集》卷二《龙虎山志序》，光绪《江西通志》
	《龙虎山志》四卷	（明）张钺⑤	《中国著名藏书家书目汇刊》
	《龙虎山志》三卷	（明）张钺、李仁等编次	《中国著名藏书家书目汇刊》

---

① 据李灿箕《仙岩志》卷二"王应辰"条，王应辰，字拱甫，号海坛，永嘉人，官上海司训。

② 瞿溥，四川达州人，时任衢州太守。参见烂柯山志编纂领导小组编《烂柯山志》，第8页。

③ （清）蔡瀛《庐山小志》录《庐山记拾遗》，谓是书乃明卜无咎撰，民国吴宗慈《庐山志》卷十："卜无咎行履莫考。《小志》载于明代，仍之。"考《宋史》卷二百〇九《艺文志八》，已著录"卜无咎《庐山记拾遗》一卷"。故清人蔡瀛《庐山小志》一误在前，民国吴宗慈《庐山志》未加详考，沿用前说，再误于后。徐效钢《庐山典籍史》延续旧说（第83页），仍将卜无咎视为明人，已属三误。

④ 李唐真，龙虎山道士。据《岘泉集》卷三《故神乐观仙官傅公墓志》，李唐真系神乐观提点住持同虚子傅若霖之徒。

⑤ 钺，原作"铁"，或误。

续表

地域	书名	编纂者	信息出处
江西南昌	《铁柱宫志》二卷	（明）熊常静、邓继禹①	《徐氏家藏书目》卷二，《逍遥山万寿宫通志》卷首《历次编纂姓氏·凡例》
	《西山志》	（清）喻指②	金桂馨、漆逢源《逍遥山万寿宫志·凡例》
江西南城	《麻姑集》	（明）王华③	《千顷堂书目·地理类下》《正德建昌府志》卷八《典籍志》
江西抚州	《江南华盖山志》五卷	（明）佚名	《天一阁书目》卷二之二《史部》
	《华盖山志》六卷	（明）邹黼	《千顷堂书目·地理类下》
	《华盖山志》六卷	（明）孔轼	《千顷堂书目·地理类下》
福建武夷山	《武夷山志》六卷	（明）丘（邱）云霄④	《千顷堂书目·地理类下》
	《武夷旧志》二卷	（明）汪佃⑤	《徐氏家藏书目》卷二，《千顷堂书目·地理类下》

---

① 《逍遥山万寿宫通志》卷首《历次编纂姓氏》（载《中国道观志丛刊正续编》第30册，第39页）云："明洪武十年（1377）编辑，熊常静，字玄同，铁柱宫住持，羽士；正德十五年（1520）重编，邓继禹，道纪司副都纪，铁柱宫住持。"又是书《凡例》（载《中国道观志丛刊正续编》第30册，第48页）云："明洪武间练师熊常静始有《铁柱延真万年宫纪录类编》，正德间道纪司邓继禹复增订之，至国朝雍正四年（1726）新建程以贵、熊益华两先生搜罗采访兼得同里喻非指先生录稿一帙，始成全书，厥后板毁于康熙十九年（1680）"，则《徐氏家藏书目》所说《铁柱宫志》当即熊常静、邓继禹所编《铁柱延真万年宫纪录类编》，亦即后经程以贵、熊益华所增之书。

② 喻指，字非指，一字卜其，江西南昌人。见（清）沈德潜辑评《清诗别裁集》卷六；另见（清）曾燠《江西诗征》卷七十二《国朝》。

③ 王华，字廷光，南城人，举进士，官至广西副使，《正德建昌府志》卷十六《人物》有传。

④ 邱云霄，字凌汉，一字于上，崇安人。事见（清）董天工《武夷山志》卷十七《卜筑》。

⑤ 汪佃，字友之，江西弋阳人。明正德丁丑（1517）进士。嘉靖十五年（1536）任钦差整饬兵备分巡建宁道按察司佥事。事见《嘉靖建宁府志》卷五《官师》、（清）董天工《武夷山志》卷十六《官守》。

续表

地域	书名	编纂者	信息出处
福建武夷山	《武夷小志》一卷	（明）卓有见①	《徐氏家藏书目》卷二，《千顷堂书目·地理类下》，《澹生堂藏书目·史部下》
	《武夷山志》	（明）程嗣祖②	董天工《武夷山志·凡例》
	《武夷山志》六卷	（明）杨亘③	《千顷堂书目·地理类下》，《明史·艺文志》
	《武夷山志》	（明）蓝世中	董天工《武夷山志·凡例》
	《武夷山志咏》二卷	（明）陈省④	董天工《武夷山志》卷十七《卜筑》
	《武夷山志》	（明）樊献科⑤	董天工《武夷山志·凡例》
	《武夷指掌图》一卷	（明）詹□士	《徐氏家藏书目》卷二
	《武夷王子峰志》十卷	王伯甫	《徐氏家藏书目》卷二
	《武夷杂志》一卷	（明）吴拭⑥	《千顷堂书目·地理类下》

---

① 卓思茂，字有见，莆田诸生。见（清）董天工《武夷山志》卷十七《补遗》。

② 程嗣祖，字芳远，明末清初武夷山上清派道士。见本章第一节之《编纂目的及动机》。

③ 杨亘，字恒叔，初名晁，建安（今建瓯）人。成化丁酉（十三年，1477）举人。事见（清）董天工《武夷山志》卷十七《寻胜》。

④ 陈省，字孔震，号幼溪，长乐人，嘉靖己未（三十八年，1559）进士。事见（清）董天工《武夷山志》卷十七《卜筑》。

⑤ 樊斗山，名献科，号斗山。事见（清）董天工《武夷山志》卷十六《官守》。

⑥ 吴拭，字去尘，新安人，布衣。事见（清）董天工《武夷山志》卷十七《寻胜》（载《中国道观志丛刊正续编》第34册，第1088页）。下文"吴兆"条谓吴兆、吴拭皆有诗集行世，是故此处之《武夷杂志》或为吴拭之诗集。然《千顷堂书目》卷八著录此书，且与其他《武夷山志》并列，故此书又类似志书。不能确定，暂存待考。另外，《千顷堂书目》卷八将此书著者标注为"吴栻"（载《景印文渊阁四库全书》第676册，第217页），董天工《武夷山志》卷十七《寻胜》亦有"吴栻"（载《中国道观志丛刊正续编》第34册，第1042页），字顾道，瓯宁人，大观初官至龙图阁直学士，再镇成都，徽宗称其清谨循良云。是故，《千顷堂书目》将明代"吴拭"作宋徽宗时之"吴栻"，误。

续表

地域	书名	编纂者	信息出处
福建武夷山	《武夷山志》二卷	（清）李应桥①	董天工《武夷山志·凡例》、卷十七《寻胜》
	《武夷山志》	（清）李卷②	董天工《武夷山志》卷十七《隐逸》
	《武夷山志》	（清）郑瓒③	董天工《武夷山志》卷十六《官守》
福建福鼎	《太姥（山）志》一卷	（明）史起钦	《四库全书总目·地理类存目五》《徐氏家藏书目》卷二
	《太姥志》三卷	（明）史起钦	《千顷堂书目·地理类下》
	《太姥山志》	（明）陈仲溱	王孙恭辑《太姥山续志》卷一《寓贤》④
	《太姥山志略》	黄力夫	王孙恭辑《太姥山续志》卷一《名胜》⑤
福建仙游	《九鲤湖志》	（明）陈言⑥	康当世纂《九鲤湖志》序、后序⑦

---

① 李应桥，更名如舌，字尝之，号谪生，湖南浏阳人，寓居武夷。事见（清）董天工《武夷山志》卷十七《寻胜》。

② 李卷，字怀之，闽县人，初名钟鼎，字磊英，一字佩十，隐居武夷。事见（清）董天工《武夷山志》卷十七《隐逸》。

③ 郑瓒，号慎庵，侯官人。康熙庚申（十九年，1680）举人。曾任崇安教谕，充浙江同考官。事见（清）董天工《武夷山志》卷十六《官守》。

④ （清）王孙恭辑：《太姥山续志》卷一《寓贤》："陈仲溱，字维秦，侯官诗人，万历戊申同福清陈太史伯全游太姥，著有《太姥山志》。"见《中国道观志丛刊正续编》第58册，第81页。万历戊申即万历三十六年（1608）。按，陈氏有《太姥山记》，王孙恭是否误"记"为"志"，尚存疑问，今姑存于此。

⑤ 黄力夫，事迹待考。（清）王孙恭《太姥山续志》卷一《名胜》屡引黄力夫《太姥山志》，见《中国道观志丛刊正续编》第58册，第15、26—27、28页等。

⑥ 陈言，字于廷（庭），莆田人，嘉靖间布衣，有《陈山人集句》。参见康当世纂《九鲤湖志·词翰姓氏详解》，第10页。

⑦ 康当世纂：《〈九鲤湖新志〉序》《〈九鲤湖志〉后叙》，载《九鲤湖志》，第1、197页。

地域	书名	编纂者	信息出处
福建三明	《玉华洞志》	（明）林熙春①	《四库全书总目》卷七十六《地理类存目五》
	《玉华洞志》	（清）孔兴训重修②	《四库全书总目提要》卷七十六《地理类存目五》《传是楼书目》
湖南衡阳	《南岳纪略》一卷	（明）曾朝节	光绪《衡山县志》卷四十《著述》，《〈南岳志〉考述及其仙道史料简介》③
	《南岳志》六卷	（明）邝祖诗	《桂阳州志》（引自《〈南岳志〉考述及其仙道史料简介》）
	《南岳志》	（明）刘熙	邓云霄《南岳志》采用书目
	《重修衡岳志》十三卷④	（明）姚弘谟	《千顷堂书目·地理类下》，邓云霄《南岳志》采用书目
	《衡山志》十三卷	（明）毛彬	《千顷堂书目·地理类下》
	《重修南岳志》	（明）毛令	光绪《衡山县志》卷四十《著述》
	《南岳图志》一卷	（清）释原顶	光绪《湖南通志》卷二百四十八《艺文志四》
	《南岳略》一卷	（清）谢仲（士元）撰	道光《衡山县志》卷五十《典籍志》
湖南宁远	《九嶷山志》	（明）鲁承恩	《九嶷山志两种·炎陵志·前言》⑤
	《九嶷山志》	（明）喻向葵	《九嶷山志两种·炎陵志·前言》⑥

---

① 《四库全书总目提要》卷七十六《地理类存目五》"玉华洞志"条："明万历壬辰（二十年，1592），邑令海阳林熙春始为志。"

② 《四库全书总目提要》卷七十六《地理类存目五》"玉华洞志"条："顺治甲午（十一年，1654），邑令曲阜孔兴训重修。"

③ 刘志盛：《〈南岳志〉考述及其仙道史料简介》（载《道教与南岳》，第230页）谓《南岳纪略》一卷，曾瑀撰；《湖南年鉴》（《湖南年鉴》编辑部1991年版，第642页）谓《南岳纪略》传于世，未知所据，待考。

④ 姚弘谟《衡岳志》为彭簪《衡岳志》增修本。另有张（章）宣《衡岳志》，据考证，即姚弘谟《衡岳志》。参见张群《南岳山志研究》，武汉大学博士学位论文，2013年，第44页。

⑤ 梁颂成、李花蕾校点《九嶷山志两种·炎陵志·前言》云是书成于嘉靖二十年（1541），第1页。

⑥ 梁颂成、李花蕾校点《九嶷山志两种·炎陵志·前言》云是书成于崇祯五年（1632），第1页。

续表

地域	书名	编纂者	信息出处
重庆丰都	《仙都山志》二卷①	（明）戴葵	《四库全书总目提要·地理类存目五》
广东惠州	《罗浮山志（记）》十二卷	（清）陶敬益	《四库全书总目·地理类存目五》
	《罗浮副墨》	（清）韩晟	《四库全书总目·地理类存目五》

注：1. 表 2-3 与表 2-4 所录为狭义宫观山志，亦即明清时期的道教宫观志和道教山志，或道教中人撰写，或道教色彩较浓，其他诸如道教名山之游记、随笔，未予收录；

2. 传世及亡佚明清宫观山志数量众多，目力所及，难免遗漏缺失，故曰"部分"；

3. 许多古籍版本众多，源流复杂，"常见版本"一般只列一两种习见易得者，若有今人点校本，亦一并罗列；

4. 表中缩略语名称如下：国图（国家图书馆）、《道观志正续编》（《中国道观志丛刊正续编》）、山博（山东博物馆）、山东（山东省图书馆）、上海（上海图书馆）、北大（北京大学图书馆）、天津（天津图书馆）、吉大（吉林大学图书馆）、浙江（浙江省图书馆）、南图（南京图书馆）、国会（美国国会图书馆）。

---

① 此仙都山非浙江缙云之仙都山。《四库全书总目提要·地理类存目五·〈仙都山志〉》："葵，丰都人。始末未详。据其自跋，此书盖嘉靖丁未作也。仙都山在丰都县境，为道经第四十二福地，称前汉王方平，后汉阴长生得道处。葵杂采旧文，分为八类，大抵神仙家言为多。"

第三章　明清宫观山志的体裁与义例

重视史书编纂的体裁与义例，是我国优秀的史学传统之一。体裁与义例都是研究史学必须要关注的问题，又同属史书的形式范畴，比较容易被混为一谈，但事实上，这是两个完全不同的概念。体裁可以视为史书的基本框架，义例是组织这一框架的方式与方法。明清宫观山志在继承并发展前世道教史籍及世俗史籍的基础上，在体裁与义例方面形成了自己的特色，值得我们认真挖掘与思考。

第一节　明清宫观山志的体裁

对于志书的体裁，通常有两种理解：一是"就志书整体而言，着眼于志体与史体、文学作品体的区别"；二是"指志书内部所用的文章体裁"①，本课题所说的体裁指后者而言。体裁有时也叫体例样式，"是指一部志书的结构格局"②，与志书的种类和编纂一样，同为贯彻修志宗旨，适应内容需要，并区别于其他著作的独特表现形式之一，是志书体例的重要组成部分。所谓体裁，"是指一部史书内容的基本结构形式。宛如建筑一座大厦，需要预先绘制

① 王晓岩：《方志体例古今谈》，第35页。
② 王晓岩：《方志体例古今谈》，第69页。

出总体设计图，体裁就是一部史书的结构模式的总体设计"①。学者们把体裁比作总体设计图，足见体裁在志书中占有非常重要的地位。

体裁精当，匠心运用从来都是一部优秀史书的必备条件，也是我国历史编纂学的优良传统。明清以前的宫观山志在体裁上已经比较成熟，诸如《茅山志》《洞霄宫志》《仙都志》《金华赤松山志》等一般都拥有比较完整的序跋，在架构上主要采用平列门类体裁。明清是宫观山志发展的鼎盛时期，不仅种类众多，卷帙浩繁，还继承宋元以来宫观山志的成果，汲取世俗方志的营养，采取继承与创新相结合的态度，在体裁上日益多样、日益规范，形成了以平列体、纲目体为主，辅之以纪传体、辑录体、三宝体、图说体、游记体、政书体等多种体裁百花齐放、争奇斗艳的格局。

一、平列体

平列体，又称平目体、平列分目体，是指诸多类目平行排列不相统摄的体裁结构，因该体裁与明永乐十六年（1418）《修纂志书凡例》二十一条、清康熙《修志四十款》、《修志牌照》二十三条等官方旨意接近，很多志书采用此种体裁。其优长之处在于编纂时便于组织排比材料，且类目舒朗，检索便捷；缺憾在于骈列类目，无所统摄，难分主次，缺乏层级，犹如簿书松散而不紧致，殊乖著作之雅。这种体裁对明清宫观山志也产生了深远影响。

平目体有简有繁，简者仅三五目，繁者达数十目，简与繁完全根据记述对象而定。设置合理，数十目也清晰自然；设置不合理，三五目尚冗杂无序。

清彭洵编辑《青城山记》二卷，分为原始记、四至记、诸山记、宫观记、古迹记、事实记上（隐逸）、事实记下（方技）、青城山拾遗、青城逸事、逸事补遗，凡十目，分类严谨，叙事周详。黄宗昌撰、黄坦续撰《崂山志》八卷，卷一考古，卷二本志，卷三名胜，卷四栖隐，卷五仙释，卷六物产，卷

① 董恩林：《历史编纂学论纲》，《华中师范大学学报》（人文社会科学版）2000年第4期。

七别墅，卷八游观，平列类目，清晰简明。清潘道根《昆山县城城隍庙续志》分列缘起、建置考、祀典、庙制、藏蜕、道院、诗文诸门，排比列目，便于搜检。《金龙四大王祠墓录》卷一传志，卷二祠墓，卷三杂录，卷四外录，条目简洁，合于志书规制。清闻人儒《洞霄宫志》五卷，全书设立图考、沿革、山川、桥梁、古迹、宫观、祠官、道真、碑记、纪异、物产、诗咏、补遗，凡十三门，类目铺陈有序，要而不繁。清傅燮鼎搜罗《武宁县志》《通山县志》旧籍，采访新闻，重辑《九宫山志》十四卷，全书分图像、山水、宫宇、仙释、物产、纶翰、名迹、元空、艺文、杂志，凡十门，门类齐全，类目合理。这些宫观山志都属于平列体式，具有结构简洁、类目分明、条分缕析的特点。清王概总修《大岳太和山志》八卷，是书卷首序、凡例、图、图考，卷一星野，卷二山水，卷三圣纪、宫殿、祀典，卷四仙真、物产、拾遗，卷五论、敕、旨、诏、书、诗、歌、赞、碑，卷六赋、碑、序、跋、赞、铭、文，卷七记、歌、诗，卷八诗。该书亦平列体式，而"诗""赞""碑"皆重复设目，有悖分类原则，且卷五至卷八皆属诗文，当统于一目，再下设子目，以示区别。

张维新《华岳全集》十三卷，卷一图说，卷二峰麓名胜纪、物产、灵异，卷三封号考、祭告文，卷四文、碑记、碑铭、纪略，卷五状书、辩、颂，卷六赋，卷七至卷十三皆诗。如此设立类目，不分主次，平行排列，清晰明了但稍显杂冗，其中卷五至卷十三皆为诗文，可以归并，碑记与碑铭二目，也存在重复设目的问题。清李榕《华岳志》卷首为御制与图说，卷一名胜，卷二人物，卷三物产，卷四金石，卷五卷六艺文，卷七纪事，卷八识余。单以类目视之，较张维新《华岳全集》序次清晰很多。同时又在每一门类前均作小序，有助于观者了解撰者纂辑之旨。

明清的几种南岳志书，多平列体裁，后出志书在类目设置上对前世志书有很大的继承关系，只是在个别地方略有差异。诸志在类目设置上的简洁与烦冗差异迥然。明彭簪《衡岳志》六卷，分设形胜、峰岭、岩洞、泉石、物产、祠庙、书院、亭馆、坊市、寺观、碑碣、寓贤、仙释、祀事、诗文，共十五目，类目虽多，却未显冗杂。明邓云霄编删、曾凤仪辑纂《衡岳志》八卷，为迎合衡岳系"朱陵之灵台，太虚之宝洞"之说法，以"朱、陵、灵、台、太、虚、宝、洞"八字设八大部类，下设细目，貌似纲目俱全，为纲目体裁，实则纲虚目实，有目无纲，仍为典型的平列体。其部类为：卷一朱字部（设星野、图志、山水、书院四目）、卷二陵字部（设寺观、物产、田赋、灵异、古迹、碑碣、名贤七目）、卷三灵字部（设仙释一目）、卷四台字部（设祀典、御制、祝告、赋、序、跋、传、铭八目）、卷五太字部（设修记一目）、卷六虚字部（设祀记、游记二目）、卷七宝字部（设四言古诗、五言古诗、五言排律、五言律诗、五言绝句、七言古诗、七言排律七目）、卷八洞字部（设七言律诗、七言绝句二目），共设平行开列的三十二目，在宫观山志中属于类目较多者。清朱衮《衡岳志》在邓云霄《衡岳志》基础上续修增补，仍为八卷，类目设置多因袭前志，只是将卷二"名贤"改为"游展"，收录范围进一步扩大；卷四新增"径路"和"骈议"，前者以备导览之需，后者事关南岳建设与管理；卷六以"建置记"替换原来的"祀记"，使类目设置趋于实用。清高自位重编、旷敏本纂《南岳志》仍然是八卷，共设星次、图考、形胜、祀典、书院、寺观、物产、田赋、古迹、碑碣、胜游、径路、仙释、纪异、祝辞、文艺十六目，较前志更加清晰简洁，也更为合理。清代许知玑《南岳志辑要》四卷成书于道光元年（1821），是书辑录前志，接续乾嘉近事，卷一列天下形胜、五帝国都地理图、夏商国都地理图、岳说及诸书考、星次、地舆图、图考、湘源考、南岳庙图，乃至诸峰考、历代祀典告神辞、碑碣、书院、精舍、亭阁、径路、总胜补、物产、田赋等，类目杂乱无章，层级含混不清，在体裁上远不如前志。光绪年间李元度纂、李子荣增补、王香徐续增《南岳志》二十六卷，仍为平目体裁，设立星度、图说、形胜、祠庙、祀典、前献、仙释、书院、寺观、古迹、物产、金石、艺文、杂识，凡十四目。是书卷帙虽多，但类目设置多继承明代彭簪、邓云霄二志和清代高自位志，前后次序井然，逻辑清楚，令人赏心悦目，不愧为南岳志之集大成者。

有一种情形值得关注，亦即该书体式在形式上纲目俱全，属于纲目体，但其纲在内容上对目并无统摄作用，只是为了体现志书内容的独特性而强行拆分，起到的只是区别部次的作用而已。诸如上文所述明邓云霄编删、曾凤仪辑纂《衡岳志》八卷，仅以"朱""陵""灵""台""太""虚""宝""洞"分八大部以及明查志隆《岱史》依《中庸》"质""诸""鬼""神""而""无""疑"为序次分为七册之类。① 这类例子还有清卢湛编《关圣帝君圣迹图志全集》，为宣扬关圣帝君这一被不断强化的传统伦理道德的典范，以"仁""义""礼""智""信"分部，每部细分若干门，但部与门之间并无统属，各门之间也都是并列关系，实际上仍是平列体。郑永禧《烂柯山志》，是书分甲、乙、丙、丁、戊、己、庚、辛、壬、癸及历朝金石考、历朝文、历朝诗共十三卷，又列名称、仙蹜、异闻、撰述、胜迹、夯支、文数、幽栖、物产、丛谭等。其上一层级的甲、乙、丙、丁等门与下一层级的名称、仙蹜、异闻、撰述等类并不构成统摄关联，事实上可以去掉，故是书体式结构仍为平列体。类似的例子还有桂敬顺纂修《恒山志》，该书分成"乾""元""亨""利""贞"五集，只是为了分装方便，利于取阅，与结构体式没有直接关系。该书分设图考、绘图、御制、星志、形志、名志、祀志、庙志、封志、物志、事志、水志、说志、仙志、迹志、经志、文志诸目，也是比较典型的平列体。

二、纲目体

纲目体是指先列总纲再分细目的体裁。纲目体以纲统目，纲有所领，目有所归，便于反映宫观山志各事物之间的统属关系。由于明清宫观山志差异

---

① 明刻本《岱史》十八卷，分为七册，卷一至卷五为第一册质字号，卷六、卷七为第二册诸字号，卷八、卷九为第三册鬼字号，卷十至卷十四为第四册神字号，卷十五、卷十六为第五册而字号，卷十七为第六册无字号，卷十八为第七册疑字号。今三家本《道藏》第35册及《中国道观志丛刊正续编》第41、42册收录，然后者第十八卷阙如。

性很大，所要表现的内容十分复杂，纲目体又可细分为以下几种情形：一是以事类为纲；二是以景区或线路为纲；三是事类、景区混合为纲。

任自垣《大岳太和山志》十五卷，是纲目体中以事类为纲的典型。全书实际分十一篇五十三目，其篇名及目数依次为第一篇诰副墨（宋诏诰、元诏诰、大明诏诰三目），第二篇玄帝纪（玄帝纪一目），第三篇搜神区（大岳、峰、岩、涧、洞等十九目），第四篇稽古迹（福地、坛、台、亭、池等十三目），第五篇集仙记（集仙记一目），第六篇采真游（高道、高士二目），第七篇楼观部（宫观、庵、院、道房四目），第八篇灵植检（神芝奇药、灵木异卉二目），第九篇神物集（灵禽、神兽二目），第十篇录金石（唐碑、宋碑、元碑、大明碑四目。因唐碑、宋碑空有其目，实际为二目），第十一篇金薤编（唐诗、宋诗、元诗、大明诗、杂著。因宋诗空有其目，实际为四目）。单以体裁来看，全书以纲统目，层次分明，条理清晰，基本反映了那个时代分类思想的较高水平。

宋广业《罗浮山志会编》和景日昣《嵩岳庙史》也是以事类为纲型纲目体的代表。《罗浮山志会编》卷首为罗浮山总图一幅、分图二十九幅，前列图说；凡例六则，后为目录，共设六志四十八目，即天文志（星野一目）、地理志（疆域、名胜二目）、人物志（仙、释、明贤三目）、品物志（羽、毛、鳞、介、虫、草、木、谷、菜、瓜、果、花、竹十三目）、述考志（典故、纪闻、祥祲）、艺文志（序、说、引、记、跋、疏、上梁文、赋、表、颂、赞、铭、骚、四言古诗等二十九目）。全书天文、地理、人物、品物、述考、艺文以为纲，而六志又析星野、疆域等以为目，纲目清晰，张弛有度，赜而不烦，详而有体，在明清宫观山志中具有一定的代表性。这便是"后来罗浮诸志，多以是为蓝本"[1] 的原因之一。

景日昣《嵩岳庙史》是一部专记嵩山庙观的专志，该书卷一图绘，设御

---

① （清）永瑢、纪昀等编纂：《四库全书总目提要》卷七十六《地理类存目五·〈罗浮山志会编〉》，第 412 页。

制匾额图、嵩山形胜总图、中岳庙形胜图、中岳庙营建图、庙会图，共五目；卷二星野，设州分（四子目）、星分（十子目），共二目十四子目；卷三沿革，设神号、庙制（九子目），共二目九子目；卷四形势，设嵩山形势（三十八子目）、嵩庙形胜（十二子目），共二目五十子目；卷五营建，设庙制（三十一子目）、藏器（十子目），共二目四十一子目；卷六祀典，设敕祀（三十九子目）、时祭（四子目）、附祭田祭银，共三目四十三子目；卷七灵异，设岳神灵异（十七子目）、嵩山灵异（二十二子目）、文学（七子目）、孝谨（四子目）、佚目（十七子目），共五目六十七子目；卷八岳生，设人物（六子目），共一目六子目；卷九诗赋，设四言古诗（一子目）、五言古诗（九子目）、七言古诗（三子目）、五言律诗（十七子目）、七言律诗（二十七子目）、五言排律（十子目）、七言排律（一子目）、五言绝句（二子目）、七言绝句（五子目）、赋（六子目），共十目八十一子目；卷十艺文，设碑（六子目）、记（十六子目）、文（六子目）、序（一子目）、疏（三子目）、杂文（五子目），共六目三十七子目。全书十卷，以类统目，目下再设子目，共十大类三十八目三百四十八子目，若此，虽然子目众多，但繁而不冗，纲举目张，事类明了，使览者提纲挈领，披卷了然，在类目设置上是比较合理的。

类似的还有魏勷、王禹书辑《关圣陵庙纪略》四卷，是书正文卷一神衔、神像（四子目）、本传（一子目）、谱系（二子目），共四目七子目；卷二翰墨（六子目）、遗印（五子目）、故迹（二十子目）、褒典（七子目）、垄祠（十一子目）、匾联（十子目）、祭文（九子目）、祀田（一子目）、论评（七子目）、博议（三子目）、序文（六子目），共十一目八十五子目；卷三国朝碑记（八子目）、前朝碑记（十九子目），共二目二十七子目；卷四赞（十四子目）、颂（二子目）、诗（一百二十六子目）、词（十子目）、歌（三子目）、赋（一子目）、后续，共七目一百五十六子目。全书共十九目二百七十五子目。是书与景日昣《嵩岳庙史》二书都是总体列纲，纲下设目，目下有子目，其优点是类目清晰，层次分明；缺点是子目偏多，略显琐碎。

以景区或线路为纲的典型是清董天工编《武夷山志》二十四卷首一卷。该书体裁别具一格，凡例后为绘像，为便于检索，专设绘像目录，分设贤、儒、仙三目，绘像三十二帧四十一人，像后附文。全书按总—分—总的结构分类设目，前有总志（上、中、下）星野、形势、祀典、封敕、颁赐、九曲全图、九曲櫂歌，以上诸大类总括武夷山基本面貌；中有一曲（上、中、下）、二曲、三曲、四曲、五曲（上、下）、六曲、七曲、八曲、九曲、山北，每曲皆有图附诗文，以上诸大类依次记武夷山九曲山水及相关诗文歌赋；后有明贤（理学、官守、主管、寻胜、卜筑、隐逸、节烈）、方外（仙、佛、羽流、释子）、古迹、杂录、附录、物产、艺文（山记、游记、杂记、序、赋、赞、杂著、骚、曲、诗等）。在分类设目上最有特色之处在于先总述武夷全貌，使读者对武夷山有整体把握；继而依据武夷九曲走势设目，使读者能够身临其境，有近距离体会山水之乐；最后汇集与武夷山自然与人文相关的明贤、古迹、物产、艺文资料，逐一分类编排，使观者在更高层次上感受武夷山之奇秀绝美与博大深邃。该志能在众多明清宫观山志中备受学人称道，与其体裁合理，类目清晰是分不开的。

明佚名（一说葛寅亮）撰《金陵玄观志》十三卷为明代南京地区道教宫观的总志，也是以景区为纲的突出代表。其体裁结构是以大型和中型道观统摄小道观，各道观下铺陈诗文。例如，卷一冶城山朝天宫系大道观，其下为与该道观相关之敕命、文、传、诗等。卷二石城山灵应观、卷三狮子山卢龙观、卷四洞神宫、卷五清源观、卷六仙鹤观、卷七长寿山朝真观、卷八方山洞玄观、卷九玉虚观、卷十吉山祠山庙、卷十一移忠观、卷十二佑圣观，皆为中型道观，各观作为主观都统摄有数量不等的小观。卷十三神乐观为大型道观，其下有龙江天妃宫、北极真武庙等多座小型庙宇道观。这种体裁，结构条理清楚，当详可详，当略可略，收放自如，非常便于安排资料。这样的结构，不仅真实地反映了金陵地区各宫观的规制布局与地理方位，更重要的是，它揭示了各大、中型宫观并非仅仅是一座孤立存在的规模庞大的道观，而是每座大、中型道观都有相当数目的小道观为之拱卫，从而形成了一个以大道观为核心的宫观群体。

以景区为纲的代表还有赵尔守《终南仙境志》、龚黄《六岳登临志》等。前者卷一为楼观宗圣宫、说经台，卷二仙游寺，卷三上清太平宫，卷四遇仙宫、成道宫、重阳宫，全书以各自独立的宫观为总纲，各宫之下又列创继、崇尚、寓游、记录为细目。后者共六卷，东岳泰山、南岳衡山、中岳嵩山、西岳华山、北岳恒山、玄岳武当山各为一卷，每卷卷首均绘山岳图，再列疆域、总叙、胜地、神祠、方士、艺文、杂记诸目。二者皆以景区为纲，景区下设目，纲目分明，灿然有序。

景日晸《说嵩》三十二卷则是以景区、事类混合为纲的典型。该书从嵩山自然景观与人文胜迹实际出发，拟定了一个混合型纲目体框架。该书例目云："山有主配，太室，嵩主山也。登高俯卑，四望不了。北山起轩辕尽鸡络，西山起伊阙尽轩辕，南山起耿山尽偃月，东则阳城、玉翠、马岭、密岵、大騩、虎牢、广武、敖径诸山，势若分崛，形联情拱，一主群辅，本末可得而鬒也。主山为干，附丽者为支，水泉出没，溪涧分合。古今人物之寄托，建置之变易，仙鬼异璨之闻见，随地铺列，较若观眉。"[1] 是书卷一至卷八，以嵩高二室主山及北、西、南、东诸山天然形成的大景区为总纲，以各景区内各自峰、岩、谷、岭、寺、观、堂、馆等为目，在体裁上属于景区为主型纲目体。卷九以下，又分星野、沿革、形势、水泉、封域、巡祀、古迹、金石、传人、物产、二氏、摭异、艺林、风什十四门[2]，门下列众多细目，分述相关内容，属于以事类为纲型纲目体。全书内容庞杂，但前景区，后事类，有机地融为一体，纲举目张，杂而不乱，充分显示了混合型纲目体体裁构架的优势与特点。

---

① （清）景日晸纂：《说嵩·例目》，载《四库全书存目丛书》，史部第 238 册，第 14 页。
② 四库馆臣将其中的门类合并，谓卷九以下分九门，恐失原书之旨。见《四库全书总目提要》卷七十六《地理类存目五·〈说嵩〉》，第 411 页。

值得注意的是，有的明清宫观山志整体上是平列体裁，或者表面上有纲无目或有目无纲，但实际上大的门类下又按小目叙述，只是没有列出而已。这类情形在分类上既可以视为平列体，也可以视为纲目体，姑且称为隐蔽型纲目体。例如，娄近垣《龙虎山志》十六卷，设恩赉、山水、宫府、院观、古迹、世家、人物、爵秩、田赋、艺文，凡十门，在形式上属于典型的平列体，但其中有的大门类又设细目，如人物门分汉、唐、宋、明、国朝细目，艺文门设纶言、语录、碑文、诗、记、书、序、表、赋、铭、赞、跋十二细目。还有的大门类虽无目之名，确行目之实者，诸如山水门，貌似门下无目，实按山、峰、岩、石、洞、溪、池、井、渡、桥依次叙述；宫府门以宫、观、道院为序，下附院，又按紫微派、灵阳派、虚靖派等前后罗列，皆可视为细目。这种分门设目的结构，体例细密得当，内容充实，基本上能够容纳龙虎山丰富的道教史及文化史资料，虽表面上是平列体式，但可以视为纲目体来研究。

三、辑录体

所谓辑录体，是根据一定原则和主旨，广罗相关资料，编辑成文，不加改窜，不加编者思想的体式。辑录体虽然仅是历史文献的二次组合，非编纂者创造，但亦非简单的材料堆砌，其思想可以通过所收集的资料、按语及类目设置体现出来。质量高的辑录体书籍，不仅可以为人们提供真实可靠的资料，还可以通过"述而不作"的方式丰富编纂学理论，为史学的发展提供参考。

明鲁点《齐云山桃源洞天志》，卷首为邑人丁云鹏绘岳图十一幅，以期"冥搜玄览者，亦按图可游"①。其后辑录《大殿碑文》、唐寅《上帝碑铭》、施凤来《桃源洞天记》、韩敬《桃源洞天积储记》诸文及相关诗作，末附灵应

---

① （明）鲁点编辑：《齐云山桃源洞天志》，载《中国道观志丛刊正续编》第9册，第15页。

诸事。吴伟业、向球纂修，金之俊鉴定，李标编辑《穹庐山志》六卷，前四卷辑录杂录序记疏引等文，后二卷辑录题赠游览等诗，另附多帧山水、人物版画。二书编辑者均不著文字，不加品评，属于典型的辑录体道教山志。

清丁午辑《城北天后宫志》无纲无目，但依照天后宫平面位置图、本传、国朝告祭文、历代褒封赐号、碑记顺序排列材料，每则材料注明出处，对一些需要说明之处加按语。全书简明扼要，为杭州天后宫的研究汇集了基础资料。清杨浚辑《湄洲屿志略》四卷《首》一卷，该书纂辑者杨浚序云："天后志凡数刻，以蛟川周氏所刊《圣迹图志》为最备，然语多重复，体例未纯。兹择要存之，名曰《湄洲屿志略》，略之云者，从简明也。已脱稿付写官矣。将赴鹭岛前一日，忽有持僧照乘所辑《天后显圣录》二卷来售，版楮精工，初刷本也。"① 遂检校重增。则是书以周氏《圣迹图志》为基础，择要存之，并参照释照乘《天后显圣录》编辑而成，属辑录体之列。

陈克昌《麻姑集》十二卷，是一部专门收录麻姑山及麻姑信仰诗文的辑录体道教山志。辑录者奉政大夫建昌同知陈克昌后序及郑嵘跋语称，姑山奇于天下，历代名贤题咏卷帙载盈，陈克昌"以国祀登山，因检阅卷帙，惧其逸也，乃谋诸同寅，以为失今不图，将泯落而山失其所谓奇矣。时洁斋李公、澄潭方工金以为宜，遂属陈公梓而校之，以予邦人也"②。是书卷一记，卷二序、赋，卷三五言古风，卷四七言古风、杂体，卷五五言绝句、七言绝句，卷六五言律诗、五言排律，卷七、卷八、卷九、卷十七言律诗，卷十一、卷十二附录，凡十一目，每目诗文皆以朝代先后为序，眉目舒朗，颇便检索。

明陆柬搜集历代名家巨儒吟咏嵩岳诗文别为《嵩岳文志》八卷，卷一诏制、赋，卷二四言古诗、五言古诗、七言古诗，卷三五言律诗、五言排律，卷四七言律诗，卷五五言绝句，卷六碑，卷七记，卷八记、序、杂著。明代梅志暹编辑、俞大彰重编《重阳庵集》一卷《附刻》一卷《附录》一卷，辑录《咸

---

① （清）杨浚辑：《湄洲屿志略·自序》，载《中国道观志丛刊正续编》第 57 册，第 1 页。
② （明）陈克昌编：《麻姑集》，《四库全书存目丛书》，集部第 304 册，第 179 页。

淳临安志》《成化杭州府志》、诸家重阳庵记、祠记、宫记及历代"八咏"（按指重阳庵八景题咏）诗序、本朝名公珠玉，并记祈雨实录、祈晴应验诸灵异。清程起周纂、王士瀚重修《孝通祖庙志》一卷（全名《重修悦城孝通龙母神庙志》），辑录《肇庆府旧志》《孝通祖庙志》、宋张维《永济行宫记》等序文旧记，以彰龙母神惠济苍生之德。清丁午辑《紫阳庵集》辑录诸家紫阳庵道院掌故旧记、名流碑碣、骚客题咏等诗文。清唐恒久辑《广福庙志》辑录《钦定大清会典》《咸淳临安志》及成化、万历、乾隆《杭州府志》、康熙《仁和县志》、敕修《浙江通志》所载崇奉敕文、封号、内容事迹及历代文人庙记碑刻诗文等。仲学辂编《金龙四大王祠墓录》辑录雍正《浙江通志》并万历、康熙《钱塘县志》，以及康熙、乾隆、光绪《杭州府志》《河防志》《钦定大清一统志》和历代诗文集汇为一编。此类道教宫观志书均篇幅短小，一般不设纲目，平排直叙，除必要之按语外不加编者评述，属辑录体之典型。

四、纪传体

纪传体，是仿照传统纪传体史书，以纪、志、表、传杂以考、录、谱、略等设定部类，其下再拟定子目的结构体式。[①] 因其有大纲、有细目，在形式上也可以归入纲目体，但若从内容角度讲，归入纪传体更好一些。较早采用这种体式的志书以南宋周应合景定《建康志》、元代张铉至正《金陵志》为代表。明清采用这种体式的志书逐渐增多，宫观山志亦在其中。

明傅梅《嵩书》二十三卷，傅氏自谓"考证往古之失得，发明昭代之典则，期以补职方之遗，备史官之采。凡有关于嵩山者，芟其烦芜，正其阙谬，分曹列类，自天象始"[②]。明确了自己按史书体裁撰写《嵩书》的主旨。乾隆《登封县志·循吏传》也称傅梅"仿《史记》体例，作《嵩书》十三篇"[③]。

---

① 王晓岩：《方志体例古今谈》，第 72 页。
② （明）傅梅撰：《嵩书·自序》，《四库全书存目丛书》，史部第 231 册，第 524 页。
③ （清）陆继萼修：乾隆《登封县志》卷二十一《循吏传》，第 4 页。

该书卷一星政篇，设宿属、星属、州属、国属，凡四目；卷二峙胜篇，设嵩高总略、山类、峰类、岩类、崖类、谷类、洞类、岭类、岗类、峡类、坡类、穴类、石类、山之杂类、水类、泉类、川类、溪类、涧类、潭类、淙类、浦类、水之杂类，凡二十三目；卷三卜营篇，设州邑、城郭、关镇、坛庙、宫观、寺院、台殿、楼阁、书院、亭馆、堂室、门阙、祠墓、桥梁、池井、乡保，凡十六目；卷四宸望篇，设上古、周直至大明，凡十二目，记历代帝王遣使祀嵩岳事；卷五岳生篇，设陶唐至大明，凡八目，记嵩岳历代名者；卷六宦履篇，设周、汉至大明，凡七目，记嵩岳历代官宦；卷七岩栖篇，设周至大明，凡十目，记嵩山隐士；卷八黄裔篇，设周至大明，凡九目，记嵩山道者；卷九竺业篇，设南北朝至大明，凡八目，记嵩山释者；卷十物华篇，设玉部、石部、金部、器部、书部、草部、木部、竹部、鸟部、兽部、鳞部、虫部，凡十二目；卷十一灵绪篇，记历代灵异；卷十二韵始篇一，记周至北朝诗；卷十三韵始篇二，记唐诗；卷十四韵始篇三，记宋金元诗；卷十五、卷十六韵始篇四、五，记大明诗；卷十七韵始篇六，记外方长诗；卷十八韵始篇七，记古今赋；卷十九章成篇一，记汉至北魏文；卷二十章成篇二，记唐文；卷二十一章成篇三，记宋元文；卷二十二章成篇四，记大明文。约略而言，宸望篇近于纪传体之本纪；岳生篇、岩栖篇、宦履篇，近于隐逸传、方技传、循吏传，竺业篇、黄裔篇近于释老传，皆传记之属；星政篇近于《史记·天官书》，为天文志，峙胜篇、卜营篇近于地理志，物华篇近于博物志，韵始篇、章成篇近于艺文志，皆纪传体"志"之属。是故，《嵩书》体式可列为纪传体。

明查志隆《岱史》十八卷，是书"义例采用史家，多新创著"[1]，该书《凡例》亦云"兹所撰录，稍袭史家义例，故曰史"[2]。此处之"义例"即指

---

[1] （明）查志隆撰：《岱史·（明）毛在〈岱史引〉》，载《中国道观志丛刊正续编》第 41 册，第 31—32 页。

[2] （明）查志隆撰：《岱史·凡例》，载《中国道观志丛刊正续编》第 41 册，第 45 页。

体裁或体式。具体而言，全书"为考者三，曰图考，曰星野考，曰形胜考"；"为表者二，曰山水表，曰疆域表"；"为纪者四，曰狩典纪，曰望典纪，曰遗迹纪，曰灵宇纪"；"为志者五，曰宫室志，曰物产志，曰象税志，曰灾祥志，曰登览志"。何为考，缘何作考？其云："夫考者，校也，谓参校于子史百家也，诸皆旧志所略，兹仿《通考》义例创著焉。"何为表，缘何作表？其云："夫表者，标也，谓标而明之也。山水之胜境，延袤疆域之沿革，屡变不为之标揭，其曷以显示，故仿史家年表义例创著焉。"何为纪，为何作纪？其云："夫纪者，记也。史家有帝纪，盖所谓大书特书也。兹所纪皆神圣之精灵，帝王之制作，而国朝御制、御祝尤炳炳焉，故别于凡志云。"何为志，缘何作志？其云："夫志者，识也。识臆其烦赜勿俾遗忘也。兹所志皆人文物理之散殊，虽取材于旧志而时移事改，故正其讹，补其未备者居多。若香税旧志不及，特草创于今。"[1] 由是观之，查志隆《岱史》各类目与纪传体之类目皆可一一对应，属于明清宫观山志中纪传体志书之代表。

明左宗郢《续刻麻姑山丹霞洞天志》十七卷及清黄家驹编纂《重刊麻姑山志》十二卷，后者在前者基础上颇多增补，然体式仍袭其旧。其类目设置为：卷一图、原刊例言、重刊弁言，卷二考（星野、形胜、古迹、人物）、表（峰峦、泉源），卷三志（物产、宫观、桥梁、坟墓）、纪（祀典、封号、兴废、仙灵、僧释、幽怪），卷四以后为记、序、跋、碑、文、引、赋、诗等，属于艺文。是书《例言》云："为考者四，考于子史百家也；为表者二，表其名号方舆也；为志者四，志其烦赜久近，勿俾遗忘也；为纪者五，纪其制作精神，俾有统宗也。"[2] 卷二、卷三设考、表、志、纪，整体上可归入纪传体之列。

在明清宫观山志中，以平列体、纲目体、辑录体、纪传体等体裁为多，

---

① （明）查志隆撰：《岱史·凡例》，载《中国道观志丛刊正续编》第41册，第45—47页。

② （清）黄家驹编纂：《重刊麻姑山志·原刊例言》，载《中国道观志丛刊正续编》第27册，第27页。

今列部分明清宫观山志体裁为表3-1，以便搜检。

表3-1　部分明清宫观山志体裁一览表

责任者、书名、卷数	纲目体	平列体	辑录体	纪传体
傅梅撰《嵩书》二十二卷	√			√
陆柬辑《嵩岳志》二卷		√		
陆柬辑《嵩岳文志》八卷《续收诗文》一卷		√	√	
景日昣纂《嵩岳庙史》十卷	√			
景日昣纂《说嵩》三十二卷	√	√		
叶封、焦贲亨纂《嵩山志》二十卷《首》一卷	√			
张应登辑、杨世达重订《汤阴精忠庙志》十卷	√			√
黄宗昌著、黄坦续撰《崂山志》八卷附《游崂指南》		√		
汪子卿编纂《泰山志》四卷	√			
袁稽辑、张重光重编《泰山搜玉集》二卷			√	
萧协中撰《泰山小史》一卷		√		
查志隆撰《岱史》十八卷				√
宋焘撰《泰山纪事》三卷	√			
孔贞瑄纂《泰山纪胜》		√		
林杭学辑《泰山辑瑞集》二卷			√	
金棨纂辑《泰山志》二十卷	√			
金简撰《泰山图说》一卷	√			
汪鋆撰《泰山志》一卷		√		
朱孝纯辑《泰山图志》八卷《首》一卷	√			
聂鈫纂《泰山道里记》一卷	√			
唐仲冕纂辑《岱览》三十二卷《首编》七卷《附录》一卷	√			
王处一撰、王民顺增补《西岳华山志》一卷		√		
张维新总阅、马明卿编辑、冯嘉会续辑《华岳全集》十三卷		√		
李榕纂辑《华岳志》八卷《首》一卷		√		

续表

责任者、书名、卷数	纲目体	平列体	辑录体	纪传体
姚远翿纂修《华岳志》十二卷《首》一卷	√			
蒋湘南著《华岳图经》二卷		√		
司灵凤撰《吴山志》		√		
赵尔守等辑《终南仙境志》四卷①			√	
刘崑玉辑《终南仙境志续编》			√	
景邦宪编辑《紫柏山志图》		√		
虚白道人（李复心）著《忠武侯祠墓志》七卷《首》一卷《末》一卷		√		
沈贤灵撰《景福山云溪宫志》		√		
任自垣②纂辑《大岳太和山志》十五卷	√			
方升等编纂《大岳志（略）》五卷	√			
王佐修，慎旦、贾如愚等纂，田玉增修《大岳太和山志》十七卷		√		
凌云翼修、卢重华撰《大岳太和山志》八卷③		√		
杨素蕴修，王民皞、卢维兹等纂《大岳太和武当山志》二十卷（存卷十七、卷二十）		√		
王概总修，姚士僧、李之兰等纂《大岳太和山纪略》八卷		√		
魏勷、王禹书辑《关圣陵庙纪略》四卷④	√			
傅燮鼎重辑《九宫山志》十四卷《首》一卷		√		
彭洵编辑《青城山记》二卷		√	√	
龚自成撰《平都山志》一卷		√		

---

　　①　或云此书佚，误（樊光春主编：《终南仙籍·概述》，第8页），是书天津图书馆藏。李欣宇介绍了《终南仙境志》及《外志》用纸、版式、雕版风格变化等情况。见李欣宇《陕西明清刻书举要》，《收藏》2010年第7期，第65—69页。

　　②　《国史经籍志》卷三、《绛云楼书目》卷一、《宝文堂书目》《秘阁书目》《玄赏斋书目》等书目著录为"（明）彭簪"，疑为"任自垣"之误。参见张全晓《明代武当山志著录疏误补正》，《世界宗教研究》2012年第2期。

　　③　尚有九卷本和十七卷本（嘉靖三十五年王佐刻本）。

　　④　庙在湖北当阳。

续表

责任者、书名、卷数	纲目体	平列体	辑录体	纪传体
方万有编《齐云山志》七卷	√			
鲁点编辑《齐云山桃源洞天志》一卷			√	
鲁点编辑《齐云山志》五卷		√		
吴能成辑、李信孔续修《巢湖中庙志》一卷			√	
周秉秀编、周宪敬重编《祠山志》十卷《首》一卷		√		
鲍涟等纂、夏文源等续纂《高淳县城隍白府君庙志》六卷《首》一卷《末》一卷		√		
钱宝琛辑《续修昆山县城隍庙志》不分卷		√		
潘道根撰《昆山县城隍庙续志》不分卷		√		
顾沅辑《（苏州）元妙观志》十二卷		√		
李标①编《穹窿山志》六卷			√	
贵正辰纂辑《琼花集》（全名《琼花题咏全集》）六卷		√		
吴国仁编《（重修）延陵九里庙志》二卷		√		
刘大彬编、江永年增补《茅山志》十五卷《后编》二卷	√			
笪蟾光编《茅山志》十四卷《道秩考》一卷	√			
胡执佩编次、伍绍诗删、胡映庚辑《黄堂隆道宫志》十四卷	√			
丁步上、郭懋隆辑《逍遥山万寿宫志》二十卷《首》一卷				
金桂馨、漆逢源纂辑《逍遥山万寿宫（通）志》二十二卷《首》一卷		√		
陈克昌编《麻姑集》十二卷		√	√	
左宗郢编辑《续刻麻姑山丹霞洞天志》十七卷	√			√
罗森等裁定、萧韵增补《麻姑山丹霞洞天志》十七卷	√			√

---

① 《中国道观志丛书正续编》第 14、15 册，题"清吴伟业、向球纂修，李标编"。《四库全书总目提要》卷七十六《地理类存目五·〈穹窿山志〉》："是时道士施亮生居此山，方以符术鸣于东南，其书实为亮生而作。"

续表

责任者、书名、卷数	纲目体	平列体	辑录体	纪传体
黄家驹编纂《重刊麻姑山志》十二卷	√			√
欧阳桂撰注《西山志》十二卷	√			
涂兰玉纂《西山志》六卷		√		
魏元旷撰《西山志略》六卷		√		
桑乔纂著，范礽补订《庐山纪事》十二卷	√			
吴炜重订、李滢编辑《增订庐山志》十五卷	√			
毛德琦重订《庐山志》十五卷《首》一卷	√			
蔡瀛纂《庐山小志》二十四卷《首》一卷	√			
元明善辑修、周召续修《龙虎山志》三卷《续编》一卷	√			
元明善修、张国祥续修、张显庸全修《龙虎山志》三卷《续编》一卷①	√			
元明善辑修、张国祥续修《续修龙虎山志》六卷	√			
娄近垣重辑《龙虎山志》十六卷	√			
俞策编纂、施润章修订《阁皂山志》二卷	√			
顾家相辑《萍乡城隍庙善后图册》二卷		√		
佚名《城隍庙岁修祀纪事》四卷《首》一卷		√		
何字恕纂辑《类成堂集》四卷（又名《湘潭闽馆类成堂集》）		√		
彭簪②编校《衡岳志》六卷		√		
邓云霄编删、曾凤仪辑纂《衡岳志》（《南岳志》）八卷续刻《附录》一卷		√		
朱衮重修、袁奂编纂《衡岳志》八卷		√		
高自位重编、旷敏本纂《南岳志》八卷		√		
吴楚材纂《南岳图志》一卷		√		

---

　① 是志篇目杂乱，较六卷本多程钜夫序，山川、建置、人物合为上卷，皇纶、御赞、累朝制敕为中卷，艺文诗词为下卷。文末又多出皇明优渥龙虎山敕令、诏书等内容。

　② 张群谓彭簪志无存，误。见张群《南岳山志研究》，武汉大学博士学位论文，2013 年，第 27 页。

责任者、书名、卷数	纲目体	平列体	辑录体	纪传体
许知玑辑《南岳志辑要》四卷		√		
李元度纂、李子荣增补、王香徐续增《南岳志》二十六卷《增补》二卷《续增》二卷		√		
蒋镇纂《九嶷山志》八卷		√		
詹惟圣纂《九嶷山志》四卷				
徐旭旦纂《九嶷山志》四卷		√		
吴绳祖重修《九嶷山志》四卷	√			
程起周纂、王士瀚重修《孝通祖庙志》一卷（全名《重修悦城孝通龙母神庙志》）			√	
庄元贞修、刘世馨辑《雷祖志》二卷		√		
陈梿撰《罗浮志》十卷		√		
陈梿（琏）撰、陈伯陶补《罗浮志补》十卷附《罗浮指南》	√			
黄佐、湛若水、黎民表撰《罗浮山志》十二卷	√			
王希文撰《罗浮山志》十四卷		√		
韩鸣鸾撰《罗浮志略》二卷		√		
韩晃编辑《罗浮野乘》六卷		√		
钱以垲撰《罗浮外史》一卷		√		
宋广业纂辑《罗浮山志会编》二十二卷	√			
黄培芳撰《浮山小志》三卷《首》一卷		√		
赖洪禧辑《浮山新志》三卷		√		
陈铭珪撰《浮山志》五卷		√		
姜南原订、吴陈琰增定、朱溶重辑《通玄观志》二卷		√		
梅志暹编辑、俞大彰重编《重阳庵集》一卷《附刻》一卷《附录》一卷	√			
徐阶辑《岳（庙）集》			√	
赵钦汤、丁启濬辑《西湖关帝庙广纪》八卷		√		
闻人儒纂辑《洞霄宫志》五卷		√		
朱文藻纂辑《金鼓洞志》八卷《首》一卷		√		

续表

责任者、书名、卷数	纲目体	平列体	辑录体	纪传体
青屿仰（仲）蕖编辑《武林元妙观志》四卷		√		
丁午辑《紫阳庵集》一卷			√	
丁午辑《城北天后宫志》一卷			√	
唐恒久辑《广福庙志》一卷			√	
夏宾撰、杨廷筠增辑《灵卫庙志》一卷	√			
郑烺辑《崔府君祠录》一卷			√	
仲学辂编《金龙四大王祠墓录》四卷《首》一卷《末》一卷	√			
冯培撰《岳庙志略》十卷《首》一卷	√			
金文淳纂、沈永清补《吴山伍公庙志》	√			
卓炳森等辑《玉皇山庙志》	√		√	
刘天相编《龙山清道观志》八卷《首》一卷	√			
杜翔凤辑《昭利庙志》六卷	√			
徐日炅①纂《烂柯山洞志》二卷	√			
冷时中编纂《烂柯山志》不分卷	√			
郑永禧补辑《烂柯山志》十三卷《补录》一卷	√			
张联元辑《天台山全志》十八卷	√			
冯赓雪撰《台南洞林志》二卷，叶书补续《校补》一卷《续》一卷	√			
胡昌贤修辑，王维翰续辑《委羽山志》六卷《续志》六卷《首》一卷	√			
许云升修《重修江南华盖山志》五卷	√			
崔世召纂、甘启祥增、谢希桢编《华盖山志》十二卷《首》一卷	√			
吴玉树重辑《东林山志》二十四卷《首》一卷	√			
林清标辑《敕封天后志》二卷		√		
劳堪重编《武夷山志》四卷	√			

①　烂柯山志编纂领导小组新编：《烂柯山志》（第9页）谓徐日炅《烂柯山志》亡佚，误。

续表

责任者、书名、卷数	纲目体	平列体	辑录体	纪传体
江维桢撰《武夷山志》十卷《附录》一卷	√			
徐表然纂辑《武夷志略》四卷（又名《武夷洞天志略》）	√			
衷仲孺订修《武夷山志》十九卷	√			
蓝闽之撰《武夷纪要》三卷		√		
王梓撰《武夷山志》二十八卷				
王复礼编辑《武夷九曲志》十六卷《首》一卷	√			
董天工编《武夷山志》二十四卷《首》一卷	√			
夏以槐修《清水岩志》三卷		√		
杨浚辑《清水岩志略》四卷附《安溪清水祖师签谱》一卷		√		
谢肇淛纂《太姥山志》三卷		√		
王孙恭辑《太姥山续志》三卷		√		
黄天全著《九鲤湖志》六卷		√		
康当世①纂《九鲤湖志》十八卷《首》一卷		√		
杨浚辑《湄洲屿志略》四卷《首》一卷			√	
戴凤仪纂《郭山庙志》八卷		√		
陈文在撰《玉华洞志》六卷附廖鹤龄纂《庆玉华诗》一卷		√		
刘大鹏编辑《晋祠志》十六卷《首》一卷	√			
佚名《（天津）天后宫过会图》		√		
何出光、魏学礼等撰《北岳庙集》十一卷《首》一卷		√		
张崇德纂修《恒岳志》三卷		√		
桂敬顺纂修《恒山志》五卷《图》一卷		√		
赵钦汤、焦竑辑《汉前将军关公祠志》九卷	√			

① 《徐氏家藏书目》卷二作"《九鲤新志》"，《千顷堂书目·地理类下》作"康当世《九鲤湖新志》十五卷"。

责任者、书名、卷数	纲目体	平列体	辑录体	纪传体
卢湛编、于成龙鉴定，陈宏谋、沈德潜增订《关圣帝君圣迹图志全集》五卷		√		
周广业、崔应榴辑《关庙志》四卷				
张镇编辑《（解梁）关帝志》四卷		√		
达昌编《平番龙神祠图记》一卷		√	√	
张伯魁纂修《崆峒山志》二卷		√		
王肇衍撰《崆峒山新志》二卷		√		
杨尔曾辑《新镌海内奇观》十卷		√		
龚黄编辑《六岳登临志》六卷	√			
佚名《皇明寺观志》一卷	√			
清圣祖玄烨敕撰《中祀合编》		√		

　　需要特别说明的是，受 2019—2022 年新冠疫情影响，课题组成员无法亲赴北京、上海、浙江、南京等各大图书馆查询部分志书，其体式结构难于确知，只能暂付阙如。这些志书有，上海图书馆藏丁步上、郭懋隆《逍遥山万寿宫志》二十卷《首》一卷、江维桢《武夷山志》十卷《附录》一卷，北京大学图书馆藏王梓《武夷山志》二十八卷，南京图书馆藏周广业、崔应榴《关庙志》四卷。另外，詹惟圣《九嶷山志》四卷收入《中华山水志丛刊·山志》第 32 册，亦未看到。

　　分析表 3-1 明清宫观山志体裁结构，不难看出以下两个特征：

　　第一，以平目体最多，纲目体次之。据表 3-1 所列明清宫观山志，超过一半为平列体，近三分之一为纲目体，八分之一为辑录体，还有少量的纪传体。明代永乐十六年（1418）颁降《纂修志书凡例》[1]，规定志书采用二十一个平列门目，确定了平目体的官方地位，因而绝大多数志书采用这一体式；

---

① （明）吴宗器纂修，蒋梅编，杨鹄重修：正德《莘县志》卷首，载《天一阁藏明代方志选刊》。

而纲目体式结构严谨，若网在纲，有条不紊，较平列体优越，因而也得到较快发展。明清宫观山志以平目体最多，纲目体次之的特点与传统方志的发展实际大体是吻合的，而传统史书中常见的编年体，在明清宫观山志中比较少见。当然，除了平列体、纲目体、辑录体、纪传体外，明清宫观山志还有政书体、图说体、三宝体等体裁结构。例如，明何出光、魏学礼《北岳庙集》卷一北岳考、岳宇考，卷二圣谟考，卷三至卷七祝章考，卷八、卷九岳文考，卷十岳辞考，卷十一岳诗考，结构上属于政书体。清卢湛编《关圣帝君圣迹图志全集》以仁、义、礼、智、信分部，卷一仁部设发祥考、全国考，卷二义部设本传考、列传附、谱系考、翰墨考、圣经考、经注考、遗引考、遗迹考、故事考，卷三礼部设坟庙考、封爵考、祭文考、灵感考、圣谶考，卷四智部艺文考上，卷五信部艺文考下，从体式上也有政书体的特征。清吴玉树《东林山志》卷首仙迹，卷一至卷三形胜志，卷四至卷十建置志，卷十一古迹志，卷十二灵异志，卷十三土风志，卷十四至卷十九征献志，卷二十丘墓志，卷二十一方产志，卷二十二至二十四艺文志，在体裁上也具有政书体的特点。大量的明清宫观山志卷首都绘有精美图版，并附简要文字，都带有图说体的影子。其中，杨尔曾《新镌海内奇观》十卷、清圣祖玄烨敕撰《中祀合编》都采用了图后附文的形式，是完整意义的图说体。宋焘《泰山纪事》三卷，一卷曰天集，记天神事；二卷曰地集，记古迹；三卷曰人集，记名宦人物，在结构上属于比较典型的三宝体。

第二，一些明清宫观山志在体裁上兼有其他类型的结构特点。形式是为内容服务的，明清宫观山志采取何种体裁，大都是根据具体情况而定，而不是胶柱鼓瑟，拘泥一端。从不同角度看，便可以得出不同的结论，一些宫观山志既可视为这种体式，又可视为那种体式，而另一些则兼有两种体裁结构特征，譬如傅梅《嵩书》、张应登《汤阴精忠庙志》、左宗郢《续刻麻姑山丹霞洞天志》及其续志既可视为纲目体，又可视为纪传体。陆㙓《嵩岳文志》、彭洵《青城山记》、陈克昌《麻姑集》、仲学辂《金龙四大王祠墓录》、冯培

《岳庙志略》、卓炳森等《玉皇山庙志》、达昌《平番龙神祠图记》既是平列体，又属辑录体。

第二节　明清宫观山志的编纂义例

义例有时也称"凡例""体例""书法""类例""笔法"等，是关于一部文献内部如何组织和表述其基本内容、基本宗旨的原则和方法。义例与编纂体裁是互为表里的不同概念，"如果把体裁比作一个人的骨架，那么，义例便是这个人的经络"①。唐代刘知幾说："史之有例，犹国之有法。国无法，则上下靡定；史无例，则是非莫准。"② 古今学者将义例比作国之法度和人之经络，足见义例之重要。义例的内容远比体裁更为丰富，也更为复杂。体裁有一定之规，相对固定，义例则千差万别，非常灵活。以下我们从材料的来源、内容的处理、结构的安排、直书与求实等方面分析明清宫观山志的义例特征。

一、材料的来源

明清宫观山志的资料来源十分广泛，概而言之，主要有以下情形。

第一，主要取自各种传世文献及民间传闻资料。大量传世世俗文献和道教典籍是明清宫观山志的最主要史料来源。例如。杨尔曾《新镌海内奇观》"考证志书，搜罗文集"③，参考了大量的传世文献。钱以垲《罗浮外史》"因稽之旧志"④，"以成此编"，四库馆臣谓钱以垲"大抵多因仍旧志，又多以近人诗参错其中"⑤。是符合实际的。与钱以垲《罗浮外史》相同，宋广业《罗

---

① 董恩林：《历史编纂学论纲》，《华中师范大学学报》（人文社会科学版）2000年第4期。
② （唐）刘知幾：《史通》卷四《序例第十》，第64页。
③ （明）杨尔曾辑：《新镌海内奇观·凡例》，《续修四库全书》第721册，第347页。
④ （清）钱以垲撰：《罗浮外史·自序》，载《中国道观志丛刊正续编》第62册，第2页。
⑤ （清）永瑢、纪昀等编纂：《四库全书总目提要》卷七十六《地理类存目五·〈罗浮外史〉》，第412页。

浮山志会编》"于旧本悉以具载，复博采群书十增五六，故名之曰会编"①。故宋广业《罗浮山志会编》以"搜材博"② 著称，其材料来源既包括《大明一统志》《舆地志》、各省各地通志，也包括《汉书》《宋史》等正史、《文献通考》等典章制度史、《博物志》《异物志》等杂史，还包括《洞仙传》《集仙传》《三洞真经》等道经，更包括陈琏《罗浮山志》、黎民表《罗浮山志》、韩晃《罗浮野乘》、韩晟《罗浮副墨》等多种罗浮志书，各种传世书籍六十多种，可谓"遗文轶事，搜罗殆尽"③。卢湛编《关圣帝君圣迹图志全集》采诸书目有《华阳国志》《资治通鉴》《续资治通鉴长编》《大明一统志》《平阳府志》等，凡三十余种。陆柬《嵩岳志》考证书目涉及经史子集各部近一百三十种。张应登《汤阴精忠庙志》援引《宋史》《续通鉴纲目》《金佗倅编》《朱仙镇庙集》《精忠录》《褒忠录》《天地正气》等多种文献。唐仲冕《岱览》之《征引书目》列经部七十七种，史部一百二十四种，子部二百〇七种，集部二百三十五种，合计多达六百四十三种。蔡瀛《庐山小志》"旧志引书百九十二种不赘，兹将鄙集增引者汇载于后"④，在旧志征引一百九十二种基础上，又增加一百四十六种，二者合计三百三十八种。毛德琦《庐山志》引用书目遍及四部共一百九十二种。邓云霄《衡岳志》采用书目一百二十九种，其中既有单行别刻书籍，也有大部头的《道藏》《佛藏》等丛书，有些书籍如刘熙《南岳志》、姚弘谟（号禹门）《南岳志》等今佚，赖邓云霄《衡岳志》可窥知一二。

朱朗斋《吴山城隍庙志》之"侨寓"一门，"专采其人诗文事实与庙中神祇及山房古迹相关涉者载之，或据志乘碑志或据别集家传"⑤。搜采文献涉

---

① （清）宋广业纂辑《罗浮山志会编·凡例》，载《中国道观志丛刊正续编》第 62 册，第 183 页。
② （清）宋广业纂辑《罗浮山志会编·（清）陈元龙〈序〉》，载《中国道观志丛刊正续编》第 62 册，第 35 页。
③ （清）宋广业纂辑《罗浮山志会编·（清）王朝恩〈序〉》，载《中国道观志丛刊正续编》第 62 册，第 67 页。
④ （清）蔡瀛纂：《庐山小志》。
⑤ （清）朱朗斋等编：《吴山城隍庙志·凡例》，载《中国道观志丛刊正续编》第 19 册，第 23 页。

及诗文事实、山房古迹、志乘碑志、别集家传等诸多领域。"艺文"一门，"或采之刊集，或得之遗稿"①，资料宏富。胡执佩《黄堂隆道宫志》"博采省郡邑志、西山志、逍遥山志及列仙诸传、故家旧谱，始克成帙"②。采撷范围包括郡邑志、道教宫观志、神仙传记、故家旧谱等，来源可谓广泛。金桂馨、漆逢源《逍遥山万寿宫志》旧志轶事类多流传之语，占全书取材不过三分之一，又"广搜《道藏》，博采群书，凡有涉旌阳事迹者，悉为登录，以备文献之征"③。陆柬《嵩岳志》"搜诸前载，得名家诗文"，"别为文志八卷"④，包含"诏制六、赋三、诗三百六十一、襍文五十八，盖凡载集所存，经余览诵者殆十九收矣"⑤。查志隆撰写《岱史》，"稍暇即从缙绅家假古今名编搜讨焉"，"至于国朝诸名公及文人骚士题咏诸篇什或仍旧志，或采碑碣，或采诸家集"⑥。基本上涵盖了当时所能搜集的泰山各个领域的资料。郑永禧《烂柯山志》取材既有流传旧籍，又有父老相传，都邑志乘，加之"博采金石，不弃丛残"，"裒集历代各种诗文"⑦，全书取材丰富，资料翔实。以上著述的资料都取自各种传世文献及民间传闻，都具有采集资料广泛，资料丰盈的特征。

第二，来源于编纂者家学传承、亲历亲闻及各种碑刻资料。司马迁为了撰写《史记》，继承了乃父司马谈许多家传学问并做了大量的实地走访和调查研究，他"二十而南游江、淮，上会稽，探禹穴，窥九嶷，浮于沅、湘；北涉汶、泗，讲业齐、鲁之都，观孔子之遗风，乡射邹、峄；戹困鄱、薛、彭城，过梁、楚以归"⑧。做了很多走访和调查，付出了大量的心血。编纂一部

① （清）朱朗斋等编：《吴山城隍庙志·凡例》，载《中国道观志丛刊正续编》第19册，第23页。
② （清）胡执佩编次：《黄堂隆道宫志·凡例》，载《中国道观志丛刊正续编》第29册，第2页。
③ （清）金桂馨、漆逢源纂辑：《逍遥山万寿宫志·凡例》，载《中国道观志丛刊正续编》第30册，第49页。
④ （明）陆柬辑：《嵩岳文志·自序》，载《中国道观志丛刊正续编》第40册，第174页。
⑤ （明）陆柬辑：《嵩岳文志·目录》，载《中国道观志丛刊正续编》第40册，第214页。
⑥ （明）查志隆撰：《岱史·凡例》，载《中国道观志丛刊正续编》第41册，第48页。
⑦ （清）郑永禧补辑：《烂柯山志》，载《中国道观志丛刊正续编》第21册，第15页。
⑧ （汉）司马迁撰：《史记》卷一百三十《太史公自序》，第3293页。

好的宫观山志，同样需要广泛参阅已有资料，并经过漫长而艰辛的调查探访。吴玉树《东林山志》有极为深厚的家学渊源。该书陈大绅跋云："东林之有志自吾十二世祖耕读府君始。府君恐世远时移，举凡奇迹灵踪，鸿文巨制，渐湮没无传，于是求古碑于荒草，访逸事于高年，久之编成一方实录。"① 是故该书的编纂，参考了家传及探访得来的各种奇迹灵踪和鸿文巨制。钱以垲《罗浮外史》很多资料便来源于"家大人之所亲历"②，这些都是家学传承的典型范例。李榕《华岳志》本是明经李云圃所辑。李榕与云圃为世戚，二家别墅相距里许，又受云圃之托，编辑华山志书，"往来参证十余年而始成"③。查志隆撰《岱史》时，深感泰山旧图甚略，于是"躬自涉历，指点形胜，命工图之，广衍四倍于旧图并旧图并存焉"。新撰《岱史》继承旧图，增加新图，旧图括其概，新图分布其形胜，"诸图新创者居多"④。查志隆能绘制出形神兼备，气韵生动的诸多新图，与他多次"躬自涉历"是分不开的。青屿仰蘅编辑《武林玄妙观志》，承先师遗志，网罗搜集，并以其"所见所知者，汇次其略"⑤，很多资料源于青屿仰蘅所见所知，为研究者提供了第一手资料。

有一些撰者，生活于宫观和大山附近，对撰述对象有着更为切实的感情，非常有利于发现各种珍贵的碑刻资料。景日昣《嵩岳庙史》云："凡残碑断碣之所留遗，罔不搜采。"⑥ 景日昣亲自搜采残碑断碣之所留遗，为撰写宫观山志打下最为扎实的基础。傅燮鼎咸丰初携家避乱于九宫山中，薛衣台笠，拾橡采茶，后以母病辞不就仕，伴游山水之间。光绪四年（1878）受当地官员

---

① （清）吴玉树重辑：《东林山志·（清）陈大绅〈跋〉》，载《中国道观志丛刊正续编》第20册，第401页。

② （清）钱以垲撰：《罗浮外史·自序》，载《中国道观志丛刊正续编》第62册，第2—3页。

③ （清）李榕纂辑：《华岳志·（清）宗翼儒〈跋〉》，《中国道观志丛刊正续编》第4册，第89页。

④ （明）查志隆撰：《岱史·凡例》，载《中国道观志丛刊正续编》第41册，第45页。

⑤ （清）青屿仰（仲）蘅编辑：《武林玄妙观志·自序》，载《中国道观志丛刊正续编》第17册，第6页。

⑥ （清）景日昣纂：《嵩岳庙史·（清）郭瑛〈序〉》，载《中国道观志丛刊正续编》第2册，第159—160页。

之托，傅燮鼎搜集旧籍，采访新知，写成《九宫山志》十四卷。蔡瀛家住匡庐附近，"幼见崖壑灵奇，阴晴变幻，心甚契之。暨长，游山南北，有所得辄登记，备参考也。暇日检校毛志，帙累文繁，证以耳目所经，类多同异，爰据鄙见删补，汇为若干卷，颜曰《庐山小志》"①。正是因为蔡瀛将幼时在庐山的耳目所经，与成年后积攒的多种史料结合起来，又参考了旧志，才撰写出了质量上乘的《庐山小志》。这些宫观山志的撰写，都是在撰者亲身见闻的基础上完成的。

二、内容的处理

材料搜集完毕，就要着手考虑内容如何处理的问题，而内容如何处理，是编纂史书的重要问题，它直接关系着史书的质量。明清宫观山志对内容的处理非常重视，有很多方法值得总结。其中，以述而不作、以类相从、详今略古、详近略远等几种方法最为重要。

（一）述而不作

"述而不作"首先由孔子提出，是其治学为文的重要理念和基本原则，"述"的含义是严循旧章，述其本义；"作"的含义是阐发新知，"成一家之言"。"述而不作"不是自谦之词，更不是因循守旧，述而无作，而是一切从史实出发，一切用史实说话，述中求作，以述为作，寓观点于叙事之中，含创作于叙述之内。学术上的任何创新都是以直接传承前人智慧为前提的，"述而不作"是继承与创新的有机结合，体现着二者的辩证统一。"述而不作"也是以司马迁为代表的优秀史家处理史料的基本原则。在严格限制史料选择利用方面只有"述而不作"，才能做到言不空发，论不虚作。这些融铸述与作、化裁述与作、贯通述与作的写作方法，同样被包括明清宫观山志在内的历代

---

① （清）蔡瀛纂：《庐山小志·自序》。

方志所贯彻和遵循，成为修志的一项基本理论与方法。

宋广业《罗浮山志会编》云："山志者，志其胜，志其人，志其事，志其诗文也。志胜者详以方位，志人者别以仙释、游览、隐逸，志事者统以纪闻，志诗文者分以体制。不敢轻加论断。"① 强调无论是"志胜""志人""志事"，还是"志诗"，都要通过史料本身的内在理路来反映胜迹的方位，呈现仙释、游览、隐逸等不同人物的差异，统摄各种事迹传闻的共性特征，展示不同诗文的深刻内涵，而不是妄加议论，轻易做出结论。在志书中相关人物传记的处理上，"述而不作"尤为重要。王概《大岳太和山纪略》云："纪传不应夹杂议论，原志各类前后作起、作跋、作考，又各书衔书名篇目错出，似读史之体。今但引起数语，中只叙事，后有私见，附以小案。每类联作一篇，以醒面目。"② 此处，王概所坚持的"纪传不应夹杂议论"的观点，不仅是撰写志书人物传记的重要方法，也是编纂志书各个部分的普遍原则。而有的志书没能理解它的正确内涵，很好地贯彻这一原则，导致游谈无根，极大地影响了志书的科学性和客观性。正确的做法应该如同王概所说，亦即正文只是客观叙事，通过追求史义，以述代作来反映撰写旨趣。若有必须发表的个人见解，则附以按语的方式。事实上，很多明清宫观山志较好地贯彻了这一原则。景日昣《嵩岳庙史》、张伯魁《崆峒山志》、傅燮鼎《九宫山志》、笪蟾光《茅山志》、朱文藻（朗斋）《金鼓洞志》、朱朗斋《吴山城隍庙志》、郑永禧《烂柯山志》、娄近垣《龙虎山志》等，在属辞以示褒贬，比事以显史义的同时，都大量地使用按语，坚持"述而不作"的原则。这种著史方法，既照顾了史料的准确与传承，又突出了撰者的独到见解，不失为撰写史志的通则，值得推广。

鲁点《齐云山桃源洞天志》、丁午《城北天后宫志》《紫阳庵集》、陈克

---

① （清）宋广业纂辑：《罗浮山志会编·凡例》，载《中国道观志丛刊正续编》第62册，第184页。

② （清）王概总修，姚士倌、李之兰等纂：《大岳太和山志略·凡例》，载《中国道观志丛刊正续编》第5册，第37页。

昌《麻姑集》、李标《穹庐山志》、杨浚《湄洲屿志略》等辑录体宫观山志，大都能根据特定的原则和主旨，广罗资料，汇编成文，不做改窜，不加编者议论，是"述而不作"的典型。但是，他们并非单纯不同时代文献的二次集结，亦非材料简单的堆砌，其思想可以通过所搜集资料的择取剪裁及类目设置体现出来。所谓述事追求正义，写史旨在向善，讲的就是这个意思。

（二）以类相从

"'类'是我国古人认识事物的一个基本逻辑范畴，它的基本方法在于寻求事物的相似性。"① 以类相从，"指以一定的种类区分范围、收集资料、编次其书的一种思想方法。"② 这种把同一类人、事加以归纳，进行集中研究，是历史学常用的研究方法之一。明清宫观山志的各级类目也具有以类相从的特征，具体分类大体有以人为类、以事为类、以景为类、以文为类、以时为类几种情形。

第一，以人为类，亦即把具有相同或相似特征、属性的人归为一类，一同记述的方法。这种方法吸收了《史记》以来纪传体史书类传的编纂方法，又结合志书的自身特点，从而形成了古代志书集中体现以人为类思想的优良传统。

明永乐十六年（1418）颁布的《纂修志书凡例》中已有"人物"一门，其云："人物，俱自前代至今，本朝贤人、烈士、忠臣、名将、仕宦、孝子顺孙、义夫节妇、隐逸、儒释、方技及有能保障乡闾者，并录。"③ 规定了志书收录人物的大致范围。受此影响，明清时期绝大多数方志皆设立"人物"门，而绝大多数明清宫观山志也设有"人物"类目。例如，李榕《华岳志》卷二

---

① 胡晓明：《深刻影响古代文献学的"以类相从"编纂思想——从〈史记〉"通古今之变说起"》，《出版发行研究》2010 年第 7 期。

② 胡光清：《论"以类相从"——中国古代编辑思想史论之六》，《编辑之友》1990 年第 2 期。

③ （明）吴宗器纂修，蒋梅编，杨鹄重修：正德《莘县志》卷首《纂修志书凡例》，载《天一阁藏明代方志选刊》。

将与华岳有关的各时期、各种类型的人物汇集一编，而成"人物志"。元明善辑修、张国祥续《续修龙虎山志》卷三置"人物"，收录汉至龙虎山高道仙真。鲁点《齐云山志》卷一设明贤、道士二门。宋广业《罗浮山志会编》卷四至卷六将历史上隐居、修炼或以其他形式在罗浮山留下影响的人物汇集为一编，为"人物志"。顾沅《苏州玄妙观志》卷三、卷四设有"道流传"。蓝闽之《武夷纪要》设置"仙真纪""羽流纪"等，都是以人为中心进行分类记述的。董天工《武夷山志》云："凡志以人物为重，而山志人物必身造是山者乃可载。又必各明其所以然，然后位置妥帖。旧志所载总曰寓贤，殊无区别。兹编统称明贤而复各标其目，一曰理学，胡、刘、朱、蔡讲学在兹，师友渊源宜归星聚；一曰官守，谓尝官闽地，山中有遗迹；一曰主管，谓予祠冲佑观者；一曰寻胜，谓曾游山中有题咏者；一曰卜筑，谓创亭馆与筑室家者；一曰隐逸，谓高尚其志终身不出者。至于贞节关系纲常，既在山中，何可遗漏？一曰节烈，人物备矣。"[1] 董天工《武夷山志》关于志书以人物为重的观点，道出了人在自然中的重要作用，有着非常重要的现实意义。其对人物类的再分类方案，也是十分准确而又可行的。这些理念和做法为更好地撰写山志，打下了很好的基础，提供了切实可行的实施方案。

为了便于叙述，更集中地突出人物特征，如同董天工《武夷山志》"人物类"一样，其他明清宫观山志也经常将人物大类细分为高贤、仙真、游寓、隐逸、仙释等不同的小类，从而使以类相从思想得到更为彻底的贯彻，说明以人为类的编纂思想在明清宫观山志中表现得相当纯熟。

第二，以事为类，亦即将相同或近似事项归为一类，进行集中叙述的编纂方法。

世界上的事项纷繁复杂，因而以事为类的名目很多。永乐《纂修志书凡例》规定的这种类目有建置沿革、土产、贡赋、风俗、户口、军卫、学校等。

---

① （清）董天工编：《武夷山志·凡例》，载《中国道观志丛刊正续编》第33册，第59页。

明清宫观山志一般沿用建置沿革、物产等类目，例如，闻人儒《洞霄宫志》设沿革、物产、纪异等类目；张镇《解梁关帝志》有祀典、灵异等门类；查志隆《岱史》设置狩典纪、望典纪等类目；金桂馨、漆逢源《逍遥山万寿宫志》设经籍、祀典、轶事等门类；黄宗昌、黄坦《崂山志》和张伯魁《崆峒山志》设物产类；李榕《华岳志》置物产、金石类；王概《大岳太和山纪略》设立祀典、物产、拾遗等门类；宋广业《罗浮山志会编》卷七品物志，汇集羽、毛、鳞、介、虫、草、木、谷、菜、瓜、果、花、竹，集中叙述，卷八、卷九述考志，分典故、纪闻、祥祲几个方面，介绍罗浮山奇闻旧事；鲁点《齐云山志》卷二设建置、祀典、命使、灵应等目；蓝闽之《武夷纪要》设立名胜纪、灵异纪、祀典纪、物产纪等，基本沿用永乐《纂修志书凡例》之规制。当然，也有根据各自实际，增设一些类目的情形，如元刘大彬编、明江永年增补《茅山志》根据茅山道教实际设立明懿典、诰副墨、道山册、录金石等门类，任自垣《大岳太和山志》设置诰副墨、灵植检、神物集、录金石等门类，都是世俗志书不曾有的，带有很强的道书特色。

　　第三，以景为类，亦即将相同或相似地理单元或景区、景点汇集于一的编纂方式。永乐《纂修志书凡例》颁定类目中，疆域、城池、山川、坊郭、郡县、廨舍、寺观、祠庙、桥梁、古迹等，皆属此类。这种编纂方式更适合于描述一座山、一座宫观，因而在明清宫观山志中被非常普遍地采用。恰如彭簪《衡岳志》所云："衡岳胜迹，各以类从，庶览者易见。"[①] 强调就是以景为类的妙处。查志隆《岱史》有形胜考、山水表、疆域表、遗迹纪、灵宇纪；彭洵《青城山记》卷上有四至记、诸山记、宫观记、古迹记；佚名《金陵玄观志》卷一置冶城山朝天宫、石城山灵应观、狮子山卢龙观、洞神宫、清源观、仙鹤观等门类；顾沅《苏州玄妙观志》卷二设立归并外院、殿宇、古迹、坊巷桥梁；鲁点《齐云山志》卷一设立山水、宫殿、关梁；宋广业

---

① （明）彭簪编校：《衡岳志·凡例》，《四库全书存目丛书》，史部第229册，第268页。

《罗浮山志会编》有地理志，下分疆域、名胜；傅燮鼎《九宫山志》卷二山水、卷四宫宇；刘大彬撰、江永年增补《茅山志》设立括神区、稽古迹、仙曹署、楼观部；赵尔守《终南仙境志》以楼观宗圣宫、说经台、仙游寺、上清太平宫、遇仙宫、成道宫、重阳宫为类目，等等，都是以景为类的。冯赓雪《台南洞林志》卷上有章安五洞、仙岩六洞、稚溪六洞、武坑八洞、芙蓉六洞、朝阳三洞，卷下东、西、太乙山三洞；董天工《武夷山志》以武夷山走势归类，分设一曲至九曲及山北门类，是以景为类的典型代表。王概《大岳太和山纪略》云："岳志以山水为最要，既分类必各为叙，如说峰，即混入岩洞，后云事见某峰，赘语也。今于峰止言峰，末云下有某岩某洞；于岩洞则承前云在某峰下，后止各言岩洞。他类仿此。但使脉络贯穿分明而已。"①这种"于峰止言峰"的做法，较比前志那种说峰又混入岩，"后云事见某峰"的处理方式要简洁分明、合乎情理得多。

第四，以文为类，亦即将各种类型的诗文作品合并为一类的编纂方式。永乐《纂修志书凡例》诗文为独自一类，专收历代诗词歌赋，其云"诗文，先以圣朝制诰别汇一卷，所以尊崇也，其次古今名公诗篇记序之类。其有关于政教风俗，题咏山川者，并收录之。浮文不醇正者勿录"②。基本上规定了志书收录诗文的方式和准则，被大部分明清方志奉为圭臬。明清方志收录诗文体量较大，有的几乎占全书之半，颇有过多过滥之讥。受其影响，绝大多数明清宫观山志设艺文类。例如，景日昣《嵩岳庙史》有诗赋类，将历代嵩岳诗文分成四言古诗、五言古诗、七言古诗、五言律诗、七言律诗、五言排律、五言绝句、七言绝句、赋、碑、记、文、序、疏等门类；董天工《武夷山志》艺文类分成山记、游记、杂记、序、赋、赞、骚、曲、四言古诗、五

① （清）王概总修，姚士倌、李之兰等纂：《大岳太和山志略·凡例》，载《中国道观志丛刊正续编》第5册，第35页。
② （明）吴宗器纂修，蒋梅编，杨鹄重修：正德《莘县志》卷首《纂修志书凡例》，载《天一阁藏明代方志选刊》。

言古诗、七言古诗、五言律诗、七言律诗、五言绝句、六言绝句、七言绝句等，网罗历代武夷山诗文。二者皆属以文为类的编纂法式。鲁点《齐云山志》奏疏、敕命、御碑、艺文，皆属文类。刘大彬撰、江永年增补《茅山志·金薤编》，收集与茅山密切关联之各种文章。蓝闽之《武夷纪要》捴藻纪，专收历代文人墨客关于武夷山诗文。顾沅《（苏州）元妙观志》卷六、卷七集诗，卷八至卷十集文，收录历代有关元妙观之诗文。王禹书《关圣陵庙纪略》设置论评、博议、序文、碑记、赞、颂、诗、词、歌、赋，收录历代褒扬关圣诗文，等等，都属于这种以文为类的典型。金桂馨、漆逢源《逍遥山万寿宫志》云："旧志记、序、诗、文列载艺文，而古迹卷内因事题咏者复分注于其下，未免两岐。今悉为提出，增入十八卷艺文志内，以归画一。"① 这是较为适合逍遥山万寿宫这种较小景区的直接而又简明的做法。当然，并非所有的诗文都径直归入艺文类才是唯一正确处理材料的方式，对于诸如武夷山、华山等较大景区的志书而言，专属明确的诗文置于专门条目下，更加清晰朗然。正如姚远翙《华岳志》所云："凡记序诗歌各有专属，则各以类相从，录于本门各条之后，俾阅者开卷了然，余则编入艺文。"② 就是根据华岳的实际情况，将记序诗歌等文学作品置于各门各条之后的做法，是比较合理的。复如王复礼《武夷九曲志》云："向分名胜、云构、捴藻，各自为类，颇费翻阅，今于每曲山川屋宇诗文附载其下，一览即知，若全山诗文赋记则尽入艺文考中。"③ 也是将每曲相关诗文置于各曲类目之下，从而使读者免去翻阅之苦，一览即知。姚远翙《华岳志》和王复礼《武夷九曲志》采用的诗文置于各类之下的方式，都是灵活而又合理的材料处理方法。

　　第五，以时为类，亦即按照朝代将资料汇为一编的编纂方法。这种方法

---

① （清）金桂馨、漆逢源纂辑：《逍遥山万寿宫志·凡例》，载《中国道观志丛刊正续编》第30册，第49—50页。

② （清）姚远翙纂修：《华岳志·凡例》。

③ （清）王复礼编辑：《武夷九曲志·凡例》，《四库全书存目丛书》，史部第241册，第221页。

受到《春秋》以来编年体史书以时间为中心，按朝代、年、月、时先后顺序记述史事的影响。因为它以时为经，以事为纬，比较容易反映出同一时期各个历史事件的联系，所以很容易被编纂者采用。这种编纂方法在明清宫观山志中有很充分的体现。例如，董天工《武夷山志》明贤类设理学、官守、主管、寻胜、卜筑、隐逸诸门，每门的材料都按时间先后排序。傅燮鼎《九宫山志》按宋元、明、国朝的次序将记传、碑文、书、序、跋、疏、古体诗、近体诗等归类。黄天全《九鲤湖志》艺文类所收诗文以宋、元、明为类。青屿仰蘅《武林元妙观志》诗文记、文、诗皆以朝代为归并，皆按宋、元、明、国朝归类，都是以时为类的代表。

当然，志书归类容易出现当归而未归、归类不准、收录超限三个问题，必须引起足够的重视。

其一，当归类而未归类会使志书逻辑漫漶，编排混乱，令读者如坠云里雾中，这是编纂志书时非常容易出现的问题。例如，史起钦《太姥志》前列图，次列记序及题咏之作，"然山以岩壑、寺宇为主，法当分门编裁，起钦但为总绘一图，悉不加分别诠次，非体例也"①。这种不加诠次，不加归类的做法，在义例上是不值得提倡的。再如，黄家驹《重刊麻姑山志》云："麻源由麻姑得名，游麻姑者必本麻姑三谷幽绝处，皆麻姑胜境也。原志别为一编，今悉分麻源题咏归入山志各门内，以归化一。"② 麻姑山原志没有弄清楚麻源与麻姑之间一而二二而一的关系，而将麻源与麻姑割裂开来，造成览者的困惑。新志将麻源题咏归入山志各门，很好地解决了二者的逻辑关系。与此同时，保留原志将《从姑山志》另为一卷的做法，附于卷末，"以明从姑之

---

① （清）永瑢、纪昀等编纂：《四库全书总目提要》卷七十六《地理类存目五·〈太姥志〉》，第 408 页。

② （清）黄家驹编纂：《重刊麻姑山志·重刊弁言》，载《中国道观志丛刊正续编》第 27 册，第 29 页。

义"①。另外，麻姑山原志在诗赋的归类方面仅分五七言，不分今古体，也是不合理的，黄家驹《重刊麻姑山志》"今悉改正"②。总之，《重刊麻姑山志》在分类方面较比原志要科学、合理得多，基本代表了明清宫观山志较高的编纂水平。

其二，在归类的过程中，归类不准也是容易出现的问题。例如，麻姑山原志"杂体补遗"类，含义模糊，不知所云，属归类不准之例。麻姑山新志"今悉区分，汇入各门，内订为十二卷，览者一目了然。"解决了归类不准的问题。景日昣《嵩岳庙史》也存在归类不当的问题，四库馆臣批评说："然灵异类中所引《述异记》《虞初志》诸书，半是寓言；艺文类载《嵩岳嫁女记》，尤为不经。诗赋、艺文析为二类，金石之文如石阙碑别见于营建类中，亦为错乱。"③ 认为该书存在收文不尽合理，归类不尽妥当的问题。金桂馨、漆逢源《逍遥山万寿宫志》提到了前志归类不准确的问题，其云："凡维持本山诸名公巨卿缙绅先生，旧志悉以靖庐分目统之，第靖庐旧迹，虽诸乡老讲学习静之所，已附见宫殿创建之末，如名宦、如乡贤有功于本山者。今别立'兴复'目，使后先继美，代可续增，以绵福地于无疆。"④ 旧志将本山诸名公巨卿缙绅先生悉数归入"靖庐"类目之下，令人不知所云，比较而言，新志设立"兴复"一目，使后先继美，代可续增，确乎较之旧志合理。

其三，收录超限是归类过程中容易出现的又一种错误类型。具体而言，又表现为过多过滥和窜入其他内容两种情况。

关于内容过多，最为常见的是诗文过多过滥，如衷仲孺《武夷山志》因

---

① （清）黄家驹编纂：《重刊麻姑山志·重刊弁言》，载《中国道观志丛刊正续编》第27册，第31页。

② （清）黄家驹编纂：《重刊麻姑山志·重刊弁言》，载《中国道观志丛刊正续编》第27册，第30页。

③ （清）永瑢、纪昀等编纂：《四库全书总目提要》卷七十六《地理类存目五·〈嵩岳庙史〉》，第411页。

④ （清）金桂馨、漆逢源纂辑：《逍遥山万寿宫志·旧志凡例》，载《中国道观志丛刊正续编》第29册，第53页。

"捋藻"一篇，几及全书之半，尤乖裁制"①，遭到四库馆臣的批评。金桂馨、漆逢源《逍遥山万寿宫志》云："旧志诗古类，村儒学究凡有题咏无不登载，不免龙蛇杂蚯蚓之讥。兹于其不谐音律、不合体裁者，悉为芟削，不致遗玷骚坛。"② 直接否定了原志"无不登载"，遭到"龙蛇杂蚯蚓"的恶名，新志意识到了这一问题，将"不谐音律、不合体裁者"，悉数芟削，避免了再次遗玷骚坛，不失为明智之举。有的宫观山志例如王复礼《武夷九曲志》不仅收文太多，还"附录己作，连篇累牍，是竟以山经为家集矣"③。这种不考虑作品质量连篇累牍收入自己作品的做法，显然是有损于志书品质，也有悖于志书之例的。王概《大岳太和山志略》批判了前志收文过滥的问题，认为任自垣《志》体量尚属适当，后增至二十卷，溢出不少内容，已嫌多而不切。其云："志取纪事，不以多文为富。余家于山东习闻岱岳典故，所志自黄帝迄今不过数帙。考《明史·艺文志》载《太和志》编自宣德年间道士任自垣，仅五卷，今钞本至二十卷，恐多而不切。芟之诸体不备，又不成志，仅纪其略以备后采。"④ 王概采取了删繁就简，"仅纪其略"的方式，应该是恰当的。

关于窜入其他内容的例子也有不少，如宋焘《泰山纪事》，"所言神鬼冥报，已涉荒诞，至泰山太守、泰安知州为守土之官，柳下惠、王章、羊祜诸人亦不过生长其乡，并未岩栖谷汲，乃概行摭入，不知于岱宗故事何涉也?"⑤ 遭到学人诟病。胡执佩《黄堂隆道宫志》很清醒地注意到了收录超限这一问题，其云："净明之教与圣贤经义相表里，盖谌母所传非清谈玄妙等诸虚车无

① （清）永瑢、纪昀等编纂：《四库全书总目提要》卷七十六《地理类存目五·〈武夷山志〉》，第407页。
② （清）金桂馨、漆逢源纂辑：《逍遥山万寿宫志·凡例》，载《中国道观志丛刊正续编》第29册，第50页。
③ （清）永瑢、纪昀等编纂：《四库全书总目提要》卷七十六《地理类存目五·〈武夷九曲志〉》，第412页。
④ （清）王概总修，姚士偘、李之兰等纂：《大岳太和山志略·凡例》，载《中国道观志丛刊正续编》第5册，第33页。
⑤ （清）永瑢、纪昀等编纂：《四库全书总目提要》卷七十六《地理类存目五·〈泰山纪事〉》，第409页。

所载也。兹特即奥语录之，凡世俗所谓修炼精气之说，概不敢登。"① 没有把有关谌母的诸多传说一并列入，而是择取那些与黄堂隆道宫密切相关且含义深邃的"奥语"录入其中，这种处理资料的做法是可取的。九鲤湖原志也存在他类内容混入此类情况，康当世《九鲤湖志》云："鼓山远在会城，且与九仙无预，前志混入，今拟削去。不然，恐不胜纪也。"② 削去与九鲤湖无涉的九仙内容，不仅无损于《九鲤湖志》，反而使该志更为清爽可观。

(三) 详今略古，详近略远

史学书法讲究详今略古，详近略远的原则。形成这一原则的原因有二：一者，距今越远，资料越是匮乏；距今越近，资料越是详备，客观上要求史家只能详今略古，详近略远。二者，我国史学自古便有详今略古、详近略远的优良传统。恰如朱希祖所云："史学要义，以最近者宜最详，良以当代各事，皆由最近历史递嬗而来，其关系尤为密切，吾国史家，颇明斯意。司马迁《史记》百三十篇，自上古至秦楚之际，年代绵邈，仅占其半；记载汉事，亦占其半。而汉五世，武帝时事，载之尤详。约占五分之二，可谓最近而最详者矣"；"班固记载汉事，共为百篇，自是厥后，每易一代便新撰一史，以至于清追随前式，亦成《明史》，盖亦以最近之史于当代尤为切要也。"③ 朱希祖先生之说，尤其是"最近之史于当代尤为切要"，因而"最近者宜最详"的观点，总结了中国史学发展的总趋势，也揭示了历代史家处理材料的总原则，无疑是正确的。

与编纂志书实际情况相适应，明清宫观山志也鲜明地呈现出详今略古、详近略远的特点。例如，黄家驹《重刊麻姑山志》卷二《人物考·宦游目》，

---

① （清）胡执佩编次：《黄堂隆道宫志·凡例》，载《中国道观志丛刊正续编》第29册，第3—4页。
② （明）康当世纂：《九鲤湖志·凡例》，第17页。
③ 朱希祖：《中国史学之派别》，载《中国史学通论》，第77页。

录六朝一人，唐五代五人，宋、元二十一人，明清一百四十五人；郡人目，录南唐一人，宋元十五人，明清二百四十余人，明清时期人数明显占绝大多数。复如，景日昣《嵩岳庙史·祀典志》，录上古黄帝一条，汉魏六朝十条，隋唐五条，宋十一条，金元八条，明三十九条，有明一代超过以前诸朝之和。诸家明清宫观山志艺文部分，亦呈现出这一特征。例如，宋广业《罗浮山志会编》卷十五收录四言古诗，晋一首、六朝四首、唐十二首、宋四十首、明三十九首；卷十六收录七言古诗，唐一首、宋二十三首、元三首、明十七首；卷十七收录五言律诗，有南朝陈一首、唐一首、宋十五首、明清七十六首；卷十八收录七言律诗，有唐十二首、宋四十首、明清八十八首；卷十九收录五言绝句，有南朝二首、唐一首、宋六首、明十六首；七言绝句有唐十一首、宋六十三首、明六十四首。整体来看，宋明时期的数量远远超过唐以前。这些都很好地体现了详今略古、详近略远的原则。

明清宫观山志的续补之作，所增所补也多以近世为主。例如，朱朗斋《吴山城隍庙志》"灵应一门，专纪降祥降殃，旧志所采止于康熙甲申（1704），今增入二十余条，皆近世见闻确凿者"①。所增益的内容皆近世见闻。明江永年增补元刘大彬《茅山志》，补入《明懿典》《录金石后卷》《金薤编后卷》，其中《录金石后卷》收录了明代碑记，《金薤编后卷》收录明代诗歌，所补明代内容，不仅是对旧志的很好的补充，也具有重要的史学价值。清代笪蟾光编《茅山志》又增加了一些清代茅山史料，对于研究清代茅山道教的发展历史，是有裨益的。其他明清宫观山志的补续著作，大抵如此。在前志基础上，增补近世或当世的材料。若此，宫观山志犹如薪火相传，代有增益，日益发展壮大，也日益完善。

明清宫观山志在编纂上除了体现详今略古、详近略远原则外，还呈现出详于本土要务及详主略次的特征。例如，郑永禧《烂柯山志》特别指出"物

---

① （清）朱朗斋等编：《吴山城隍庙志·凡例》，载《中国道观志丛刊正续编》第19册，第22页。

产一门，大有关系于土，宜在今日，尤为要务，故不惮求详，以翼逐渐推广"①。体现的就是详于本土要务的原则。黄家驹《重刊麻姑山志》云："是志以麻姑为主，纪载颇详，他如麻源三谷及丹霞从姑之胜，所知所闻亦必尽书，其有出见闻外者，姑存而不论，斯亦主宾详略之义也。"② 这里所呈现的，就是详主略次的特征。

三、结构的安排

（一）序和小序

序，不仅是志书的重要组成部分，而且是构成志书的体裁之一。③ 文献之有序，是中国学术文化的优良传统。序言也称作"叙言""前言""弁言"，置于正文前者居多，为前序；也有置于书后的，为后序，也有的称作跋。序言一般用于说明编纂宗旨，交代基本内容、价值及适用范围，交代材料背景、作者生平，编纂义例和基本机构，介绍编纂过程及参与人员，交代版本情况等。序的种类很多，就作者而言，有自序和他序。就内容和范围而言，有总序和小序（类序、篇序），总序是针对全书的，小序（类序、篇序）是针对某篇或某类的。就写序的时间而言，有原（刻）序或初（刻）序、重刻序等。

一般一书一序，但明清时期很多书都是一书多序。其主要原因有二：一是一书在流传过程中数次增补、翻刻，造成一书多序；二是明代晚期以后，一种书刊刻前，总要请各级各类名人仕宦写序，借以抬高身价，这种风气又会造成一书多序。受此风气影响，很多明清宫观山志也是一书多序。为了便于检索，兹将部分明清宫观山志书序情况列为表3-2：

---

① （清）郑永禧补辑：《烂柯山志·凡例》，载《中国道观志丛刊正续编》第21册，第16页。

② （清）黄家驹编纂：《麻姑山志·原刊例言》，载《中国道观志丛刊正续编》第27册，第25—26页。

③ 黄苇等著：《方志学》，第339页。

表3-2 部分明清宫观山志序言情况一览表

序号	书名	序、引、题、弁言
1	吴伟业、向球纂修，金之俊鉴定，李标编辑《穹窿山志》	尹源进序，张惟赤序，刘秉权序，宋锦序
2	彭洵编辑《青城山记》	彭洵序
3	笪蟾光编《茅山志》	笪蟾光序，刘大彬序，赵世延序，吴全节序，胡俨序，吴陈鉴序，徐九思序，江永年序，周凤藻序，王友桂序
4	鲁点编《齐云山桃源洞天志》	许士柔序
5	鲁点编辑《齐云山志》	鲁点序，许国序，范涞序，汪大同序，汪先岸序
6	陈琏撰《罗浮山志》	陈琏序，胡琏序，九龙真逸序
7	钱以垲撰《罗浮外史》	钱以垲序
8	韩晃编辑《罗浮野乘》	韩晃序
9	韩鸣鸾撰《罗浮志略》	唐鹤寿序，韩鸣鸾序一，韩鸣鸾序二，潭粹序
10	宋广业纂辑《罗浮山志会编》	赵弘灿序，杨琳序，陈元龙序，郑晃序，王朝恩序，武廷适序，郑际泰序，宋广业序，后序
11	劳堪重编《武夷山志》	劳堪序，舒芬序
12	徐表然纂辑《武夷志略》	陈鸣华序
13	衷仲孺订修《武夷山志》	徐㷆序，张肯堂题词，蒋棻题韵，孙朝让序
14	王复礼编辑《武夷九曲志》	陆廷灿序，王复礼序
15	董天工编《武夷山志》	史贻直序，蒋溥序，杨锡绂序，孙嘉淦序，来谦鸣序，叶观国序，史曾期序，何瀚序，董天工序，罗良嵩序
16	查志隆撰《岱史》	谭耀序，于慎行序，毛在引
17	唐仲冕纂辑《岱览》	吴锡麒序，英和序，唐仲冕后叙
18	黄宗昌著、黄坦续撰《崂山志》	顾炎武序，宋继澄序，张允抡序，黄宗昌序
19	魏勷、王禹书辑《关圣陵庙纪略》	魏勷叙，伊逢吉序，王禹书序
20	景日昣纂《嵩岳庙史》	张圣诰序，高一麟序，郭瑛序

序号	书名	序、引、题、弁言
21	高自位重编、旷敏本纂《南岳志》	黄乐牧序，舒成龙序，旷敏本序
22	张伯魁纂修《崆峒山志》	张伯魁序，阎曾履序，罗潮原叙，李遇昌原序，程宪章世序
23	姚远翱纂修《华岳志》	陈弘谋序，杭世骏序
24	李榕纂辑《华岳志》	杨翼武序，李榕序，杨昌濬序，陈爵之后序
25	任自垣纂辑《敕建大岳太和山志》	任自垣序
26	方升等编纂《太岳志略》	王镕序，方升序
27	王概总修，姚士倌、李之兰等纂《大岳太和山纪略》	王概序，宋邦绥序
28	傅燮鼎重辑《九宫山志》	王家璧序，黄冈洪序，社会贤达题辞、序，倡同人重刊《九宫山志》引
29	顾沅辑《（苏州）元妙观志》	蒋炳章序，石韫玉序
30	青屿仰薣编辑《武林玄妙观》	屠倬序，青屿仰薣序
31	陆柬辑《嵩岳志》	栗永禄叙，蒋机序，杨家相序
32	梅志暹编辑、俞大彰重编《重阳庵集》	江玭序
33	丁午辑《紫阳庵集》	丁午序
34	林清标辑《敕封天后志》	林清标序，孙尧俞序，孙兰友序，黄起有序，孙嵋序，孙麟焻序
35	朱文藻（朗斋）纂辑《金鼓洞志》	潘世恩序，朱文藻（朗斋）序
36	朱朗斋等编《吴山城隍庙志》	朱珪叙，卢崧序，孙效会序
37	吴玉树重辑《东林山志》	王兆辰序，严元照序，徐锦澹序，戴孺彬序
38	郑永禧补辑《烂柯山志》	王绰序，苏道源序，郑永禧序
39	冯赓雪撰《台南洞林志》二卷，叶书补续《校补》一卷《续》一卷	冯赓雪序

序号	书名	序、引、题、弁言
40	俞策编纂、施润章修订《阁皂山志》	陆从平序
41	金桂馨、漆逢源纂辑《逍遥山万寿宫志》	金桂馨序、漆逢源序、刘于浔序、程裔采序、黄爵滋序、刘芳小引
42	元明善辑修，张国祥续修《续修龙虎山志》	黄汝良序
43	娄近垣重辑《龙虎山志》	张鹏翀序，娄近垣序
44	陈克昌编《麻姑集》	朱廷臣序
45	黄家驹编纂《重刊麻姑山志》	黄家驹序，周长森序
46	胡执佩编次、伍绍诗删、胡映庚辑《黄堂隆道宫志》	
47	卢湛编、于成龙鉴定，陈宏谋、沈德潜增订《关圣帝君圣迹图志全集》	巫淳序、于成龙序、王维珍序、卢湛序、冯佑序、刘殿邦序、符囧序、卜枚先序、沈德潜序、镜轩支鉴序
48	张崇德纂修《恒岳志》	张崇德序，左图序，蔡永华序，赵开祺序，罗森序
49	桂敬顺纂修《恒山志》	嘉祥序，桂敬顺序，张崇德原序，赵开祺原序，左图序，罗森序
50	周秉秀编、周宪敬重编《祠山志》	熊祖诒序，张崇序，张光藻序，朱立襄序，纯阳道人旧序，李得阳旧跋，梅应发旧序，沈天祐旧序，周宪敬旧序
51	何字恕纂辑《类成堂集》	何字恕《类成堂记》，叶攀鳞序，林兰友《显圣录序》，《昭应录序》，梦龙序
52	顾家相辑《萍乡城隍庙善后会图册》	李柏龄序
53	佚名《城隍庙岁修祀纪事》	汤缵序
54	贵正辰纂辑《琼花集》	阮元序，但明伦序，陈廷恩序
55	鲍涟等纂，夏文源等续纂《高淳城隍庙志》	郭宫桂序，陈嘉谋序，陈国柱原序，鲍涟序，施麟瑞序，刘朝讲序，于铨序，唐久来序
56	钱宝琛辑《续修昆山县城隍庙志》	钱宝琛序，叶培恕序，吴祐序，蔡懋德序，朱大受序，张大复序，韩印序
57	潘道根撰《昆山县城隍庙续志》	潘道根缘起

序号	书名	序、引、题、弁言
58	金文淳纂、沈永清补《吴山伍公庙志》	杨昌濬序，王景澄序，金志章序
59	闻人儒纂辑《洞霄宫志》	闻人儒序，金志章序，沈樾序，吴作哲序，周世恩序，鲁曾煜序
60	姜南原订、吴陈琰增定、朱溶重辑	姜南序，江晓序，田汝成序，陈仕贤序，林云铭序，顾豹文序，戴普虔序，吴陈琰序
61	胡昌贤修辑《委羽山志》	张仲孝序
62	王维翰续辑《委羽山续志》	王维翰序
63	陈文在撰《玉华洞志》附廖鹤龄纂《庆玉华诗》一卷	蒋兆昌序，邓颖蒙序，廖腾煃序，丘晟序，祝佺序，冯景曾序
64	夏宾撰、杨廷筠增辑《灵卫庙志》	杨廷筠序，沈友儒引
65	杨浚辑《湄州屿志略》	杨浚序
66	谢肇淛纂《太姥山志》	谢肇淛序
67	王孙恭辑《太姥山续志》	张澄雁序
68	黄天全著《九鲤湖志》	王世懋序
69	庄元贞修、刘世馨辑《雷祖志》	吉庆序，完颜瑚图礼序，姚文田序，常龄序，陈文序，包愫序，王泰序，杨楷序，马钰序，陈昌齐序，庄元贞原序
70	张应登辑、杨世达重订《汤阴精忠庙志》	郭朴序，杨世达序
71	杨尔曾辑《新镌海内奇观》	陈邦瞻引，葛寅亮叙，方庆来题语，杨尔曾序
72	毛德琦重订《庐山志》	白潢序，王思序序，苏万石序，龚嵘序，毛德琦序，桑乔旧序，吴炜旧序，李滢旧序
73	蔡瀛纂《庐山小志》	蔡瀛序
74	彭簪编校《衡岳志》	彭簪序
75	邓云霄编删、曾凤仪辑纂《衡岳志》	邓云霄序
76	朱衮重修、袁奂编纂《衡岳志》	文倬天序，黄肇熙序，朱衮序，袁奂小引
77	蒋镆纂《九嶷山志》	林士标序，梁应期题，蒋镆弁语

序号	书名	序、引、题、弁言
78	吴绳祖重修《九嶷山志》	吴绳祖序，樊梅邨序，林士标旧序，梁应期旧序，蒋镇旧序，俞向葵旧序，詹惟圣旧序，徐旭旦旧序
79	冯培撰《岳庙志略》	阮元序，冯培序
80	赵钦汤、丁启濬等《西湖关帝庙广纪》	薛三省序，周应宾序
81	张联元辑《天台山全志》	顾启元方外志原序，王谟序，某人序，王之麟序，王瀠序，张联元序，梁文煊序，张联元重辑启
82	冷时中编纂《烂柯山志》	王范偶序，冷时中序，吴山涛序
83	景邦宪编辑《紫柏山志图》	许武广序，曾明一序，沈心阳序
84	龚黄编辑《六岳登临志》	龚黄序
85	赵尔守等辑《终南仙境志》	邹儒补刻序
86	崔世召纂、甘启祥增、谢希桢编《华盖山志》	易居易序、甘启祥序、张宇初序、邹黼序、罗汝芳序、孔仁龙序、陈英序、汤显祖序、吴道南序、崔世召序
87	虚白道人（李复心）著《忠武侯祠墓志》	马允刚序、莫增奎序、王森长序、惟式子序、李廷瀛《诸葛武侯墓真伪辨》
88	吴国仁编《（重修）延陵九里庙志》	四邑士民重修序、于孔兼序、汤日昭序、吴氏燮序

由表 3-2 不难看出，明清宫观山志一书多序情况还是比较普遍的，尤其是卢湛《关圣帝君圣迹图志全集》、张联元《天台山全志》、吴绳祖《九嶷山志》、毛德琦《庐山志》，庄元贞、刘世馨《雷祖志》，周秉秀、周宪敬《祠山志》及宋广业《罗浮山志会编》等书，都有七八种以上的序。这些书序，有的虽然是作者自我吹嘘、自抬身价的产物，但他们都涉及书籍的编纂、流传、刊刻、增补等内容和信息，是明清宫观山志的重要组成部分，也是进一步研究明清宫观山志的重要切入点。

除了拥有多道书序外，很多明清宫观山志还有小序（类序、篇序）。小序对于读者把握某一篇或某一类文献的编纂意图、主要内容等有非常突出的意义，他们同样是明清宫观山志的有机组成部分，对于本课题的深入研究，发挥着重要作用。兹将部分明清宫观山志小序情况撮录如下：

吴伟业、向球纂修，金之俊鉴定，李标编辑《穹窿山志》，卷一古迹、山水，卷二人物。各有小序。

查志隆《岱史》，"每卷冠以小序，盖撮其大旨，发明著作之意也"[1]。

黄宗昌、黄坦《崂山志》，分八类目，每类目皆有小序，介绍每类内容提要及编纂之旨。

景日昣《嵩岳庙史》，卷一图绘，卷二星野，卷三沿革，卷四形势，卷五营建，卷六祀典，卷七灵异，卷八岳生，卷九诗赋，卷十艺文。每类前均有小序。

张伯魁《崆峒山志》，全书二卷，上卷古迹、名胜、寺观、仙踪（附释）、隐逸、物产，下卷诗赋、记论。每类皆有小序。

李榕《华岳志》，全书共八卷七类，分名胜、人物、物产、金石、艺文、纪事、识余等。每一门类前均有题解，有助于览者纂辑之旨。

王概《大岳太和山纪略》，全书分星野、图考、山水。各有小序。

傅燮鼎《九宫山志》，分图象、山水、宫宇、仙释、物产、纶翰、名迹、元空、艺文、杂志十门。每门皆有小序。

鲁点《齐云山志》，卷一岳图、山水、宫殿、关梁、物产、田赋、名贤，卷二建置、祀典，卷三宸翰、艺文。各有小序。

青屿仰蘅《武林玄妙观》，卷一建置、碑碣、古迹、道院，卷二人物，卷三诗文，卷四杂记。各类皆有小序。

朱文藻（朗斋）《金鼓洞志》，卷一仙迹，卷二山水上，卷三山水下，卷四院宇，卷五邻庵，卷六教祖，卷七法嗣，卷八外纪。皆有小序。

朱朗斋《吴山城隍庙志》，卷一图说、公牍，卷二祀典、建置，卷三事迹、灵应，卷四祷祠、祠宇，卷五住持，卷六侨寓（分科第、文学、耆善、

---

① （明）查志隆撰：《岱史·凡例》，载《中国道观志丛刊正续编》第41册，第47页。

方技）、碑记，卷七艺文、古迹，卷八杂志。各有小序。

吴玉树重辑《东林山志》，卷一至卷三形胜志，卷四至卷十建置志，卷十一古迹志，卷十二灵异志，卷十三古风志，卷十四至卷十九征献志，卷二十丘墓志，卷二十一方产志，卷二十二至卷二十四艺文志。各有小序。

郑永禧《烂柯山志》，卷一名称，卷二仙躅，卷三异闻，卷四撰述，卷五胜迹，卷六匋支，卷七文数，卷八幽栖，卷九物产，卷十丛谭，卷十一历朝金石考，卷十二历朝文，卷十三历朝诗。各有小序。

冯赓雪《台南洞林志》，卷上章安五洞、仙岩六洞、稚溪六洞、武坑八洞、芙蓉六洞、朝阳三洞，卷下东西太乙山三洞。均有小序。

俞策《阁皂山志》，卷上山考、名胜、宫观、记文，卷下题咏、葛仙本传。均有小序。

娄近垣《龙虎山志》，卷一恩赉，卷二山水，卷三宫府，卷四院观，卷五古迹，卷六世家，卷七人物，卷八爵秩，卷九田赋，卷十至卷十六艺文。均有小序。

黄家驹《重刊麻姑山志》，卷一图例，卷二考、表，卷三志、纪，卷四记，卷五序、跋、碑、文、引、赋，卷六至卷十诗、词，卷十一匾、联等，卷十二附刊《从姑山志》，每卷必以小序撮其大旨。

胡执佩《黄堂隆道宫志》，卷一星野图、地舆图、山川图、宫殿图，卷二国典纪，卷三、卷四、卷五传，卷六山川考、宫殿考、古迹考，卷七至卷十四祀典志、经籍志、人物志、轶事志、艺文志。皆有小序。

金桂馨、漆逢源《逍遥山万寿宫志》，卷一星野图、舆地图、丘墓图、宫殿图，卷二国典纪，卷三历年表、籍贯表，卷四、卷五传，卷六山川考，卷七宫殿考，卷八、卷九古迹考，卷十志经籍志，卷十一祀典志，卷十二人物志，卷十三轶事志，卷十四至卷十九艺文志，卷二十杂纪，卷二十一奉祀考，卷二十二兴复志。前十卷有小序。

董天工《武夷山志》，卷一总志上，卷二总志中，卷三总志下，皆有小序。

张崇德《恒岳志》，卷上岳纪、星纪、山纪、庙纪、祀纪、事纪、物纪、游纪、仙纪，卷中文纪、考辨，卷下疏纪、诗纪。均有小序。

元明善辑修，张国祥续修《续修龙虎山志》，卷一山川，卷二建置，卷三人物，卷四恩纶，卷五艺文，卷六诗赋。皆有小序。

闻人儒《洞霄宫志》，卷一图考、沿革、山川、桥梁，卷二古迹、宫观、祠官、道真，卷三碑记，卷四纪异、诗咏。皆有小序。

姚远翿《华岳志》，卷一原始、山体、名胜，卷二古迹，卷三祠宇，卷四秩祀、祭告，卷五题名，卷六高贤、仙真，卷七物产，卷八至卷十二艺文。各有小序。

方升《太岳志略》，分王言略、人物略、宫观图述略、艺文略和杂考略，每略皆前加叙言，后附按语。张全晓认为"该志结构严谨有法，叙述张弛有度，不仅有总凡例约束全书，还有分叙按提挈诸略，眉目更为清晰，行文更为简练，是明代武当山志中体例最精的一部"[1]。这一评价是平允的。

邓云霄《衡岳志》，卷一星野、图考、山水、书院，卷二寺观、物产、田赋、灵异、古迹、碑碣、明贤，卷三仙释。各有小序。

衷仲孺《武夷山志》，卷一名胜，卷二云构，卷三题刻，卷四仙真，卷五存疑，卷六物产，卷七游寓，卷八祀典，卷九至卷十八掞藻，卷十九嗣订。各有小序。

张应登《汤阴精忠庙志》，卷一庙图志、先茔志、世系志、遗像志、年表志，卷二本传志，卷三附传志，卷四宸翰志，卷五经纶志，卷六家集志，卷七褒典志，卷八、卷九、卷十艺文志。诸志多有小序。

（二）凡例

凡例，也叫例言、例义，就是发凡起例，是对志书编纂体例的统一规定

---

① 张全晓：《明代武当山志研究》，华中师范大学博士学位论文，2011年，第24页。

和简要说明。凡例的内容一般涉及全书的编纂宗旨、体例、结构等，以确保全书体例与风格的统一，是全书共同遵守的法则。设有凡例，是志书编纂成熟的重要标志之一。魏晋时期干宝《晋纪》、邓粲《元明纪》等史书已设有凡例，唐代刘知幾《史通》之《序例》是专门探讨凡例和体例的名著。

明清志书很多都设立凡例，宫观山志也不例外，都以介绍全书的缘由及宗旨、内容的安排与取舍、类目设置与增减、图表的安插与使用等为主。例如，董天工《武夷山志》一则凡例云："目录为一书纲领，然其中峰岩观院举一遗万，兹作总志，凡山川庐舍一切有名者，细注见某处，列为总志上，祀典、崇赐、明贤、方外、古迹、杂录、附录、物产列为总志中，九曲山北诗文序铭以及全山记序吟咏诗赋列为总志下，星罗棋布，令观者一目了然。"[①]这则凡例清楚地说明了设立"总志"的原因、目的及内容等问题。复如，黄家驹《重刊麻姑山志》原刊例言六则，其一云："为考者四，考于子史百家也；为表者二，表其名号方舆也；为志者四，志其烦赜久近，勿俾遗忘也；为纪者五，纪其制作精神，俾有统宗也。故每卷必以小序，撮其大旨云。"[②]讲的是类目设置及其目的的问题。查志隆《岱史》一则凡例云："《岱史》云者，岱宗之称经见于虞典，实肇自于黄帝，故从其古名曰岱。兹所撰录，稍袭史家义例，故曰史。"[③]这则凡例交代了其书以"岱史"为名的原因。王维翰《委羽山续志》一则例言云："是编体例略仿前志，有补有续，如宫室仙道记文题咏皆因前志而续之者也，撅余杂记、杂文则补前志所未备者也，至记文题咏尚有宋元诸作为前志所未收者，亦间补一二，统名续志者，以所续多于所补也。"[④]此一则说的是新志继承前志体例，但在内容上又做了增补的问

---

① （清）董天工编：《武夷山志·凡例》，载《中国道观志丛刊正续编》第33册，第56页。
② （清）黄家驹编纂：《重刊麻姑山志·原刊例言》，载《中国道观志丛刊正续编》第27册，第27页。
③ （明）查志隆撰：《岱史·凡例》，载《中国道观志丛刊正续编》第41册，第45页。
④ （清）王维翰续辑：《委羽山续志·例言》，载《中国道观志丛刊正续编》第55册，第153—154页。

题。另一则例言云："前志有赋一首附入题咏，今既立杂文一目，则赋自宜归于杂文，此则续前志而稍变其例者也。"① 这一条凡例讲的是新志纠正前志归类方面的某些不合理之处，在体例上较前志稍有变化。康当世《九鲤湖志》有凡例十九则，其一云："仙人遗迹，与夫一洞一石，皆足增湖中之胜者也。前志或错杂于山水间，观者病焉。兹以'仙迹''纪石''纪洞'立名，以便批阅。"② 此则凡例说明了前志在材料排布方面的欠缺，阐明了"仙迹""纪石""纪洞"等类目设置的背景。

其他明清宫观山志，许多都有凡例，如胡执佩《黄堂隆道宫志·凡例》十则，陈琏《罗浮山志·凡例》十则，劳堪《武夷山志·凡例》三则，吴玉树重辑《东林山志·凡例》六则，王禹书《关圣陵庙纪略·凡例》九则，朱朗斋《吴山城隍庙志·凡例》十则，顾沅《（苏州）元妙观志·例言》六则，朱衮《衡岳志·凡例》二十则，宋广业《罗浮山志会编·凡例》六则，景日眕《嵩岳庙史·例义》十八则，王概《大岳太和山纪略·凡例》十则，郑永禧《烂柯山志·凡例》十则，王复礼《武夷九曲志·凡例》十则，冯雪庚《台南洞林志·凡例》十则，金桂馨、漆逢源《逍遥万寿宫志·凡例》十四则（旧有七则，新订七则），胡昌贤《委羽山志·凡例》五则，黄天全《九鲤湖志·凡例》六则，张应登《汤阴精忠庙志·凡例》四则，姚远翱《华岳志·凡例》十则，方升《太岳志略·凡例》七则，杨尔曾《新镌海内奇观·凡例》十三则，蔡瀛《庐山小志·凡例》九则，彭簪《衡岳志·凡例》七则，邓云霄《衡岳志·凡例》八则，冯培《岳庙志略·凡例》九则，张联元《天台山全志·凡例》十七则，虚白道人（李复心）《忠武侯祠墓志·凡例》九则。

---

① （清）王维翰续辑：《委羽山续志·例言》，载《中国道观志丛刊正续编》第55册，第154页。
② （明）康当世纂：《九鲤湖志·凡例》，第17页。

（三）引用书目

引用书目，又称征引书目、引证书目、采撝书目、纂辑书目、引书考等，多置于一书卷首，也有置于卷中或卷末者。一般是作者自编，以示征引繁富，言之有据。引用书目至迟在宋代便以出现①，至明清得到发展，近代成为书名索引和参考文献。引用书目有较高的学术价值，尤其在考辨、辑佚方面，价值更为突出。明清宫观山志有不少也列出引用书目，姚远翿《华岳志》云："志中凡引书名俱以方圈画出，显然易明，不另标引用书目。"② 说明当时引用书目已较为通用，只不过姚氏采用了自认为更为合理的方式，做了变通，未列引用书目而已。

明确罗列引用书目的明清宫观山志有很多，例如，宋广业《罗浮山志会编》有纂辑书目，著录各种参考书籍六十多种。卢湛编《关圣帝君圣迹图志全集》列采诸书目有《华阳国志》《资治通鉴》《续资治通鉴长编》《大明一统志》《平阳府志》等，凡三十余种。陆柬《嵩岳志》考证书目涉及经史子集各部近一百三十种。经部有《诗》《书》《礼记》《春秋左传》等，史部有《史记》直至金元正史，各种杂史、郡县志书、历代文集等。唐仲冕《岱览》征引书目，含经部七十七种，史部一百二十四种，子部二百〇七种，集部二百三十五种，合计六百四十三种，可谓引证繁富。蔡瀛《庐山小志》"旧志引书百九十二种不赘，兹将鄺集增引者汇载于后"③，一百四十六种，若加旧志征引，合计三百三十八种。毛德琦《庐山志》引用书目遍及四部一百九十二种。邓云霄《衡岳志》采用书目一百二十九种，其中既有单行别刻书籍，也有大部头的《道藏》《佛藏》等丛书，有些书籍如刘熙《南岳志》、姚弘谟（号禹门）《南岳志》等今佚，赖邓云霄《衡岳志》可窥知一二。

---

① 冯方、王凤华：《引用书目发展述略》，《图书馆学研究》1991 年第 5 期。
② （清）姚远翿纂修：《华岳志·凡例》。
③ （清）蔡瀛纂：《庐山小志》。

此外，张应登《汤阴精忠庙志·凡例》列出援引书，诸如《宋史》《续通鉴纲目》《金佗倅编》《朱仙镇庙集》《精忠录》《褒忠录》《天地正气》等，虽不是独立的引用书目，但也具有引用书目性质。

（四）表

表，是指以表格形式反映事物及其发展变化的一种形式。《史记》首创表，《汉书》因之，宋以后的官修正史，多设有表。表在宋代已应用于方志，嘉定《镇江志》有郡县表，景定《建康志》有年表。元代至顺《镇江志》有郡县表、官制表。明清以来，表在方志中应用得到推广，万历《续修保定府志》设立郡国表、封建表、职官表、选举表。光绪《顺天府志》设前代守土官表、国朝州县表、国朝学官表、天文表、乡贤表等二十二表。[①] 古代方志中的表多是以文字填充表格的类目表，而较少以数字填充的统计表。

研究表明，有多种明清宫观山志用表来反映事物及其发展变化。

黄家驹《重刊麻姑山志》卷二设立峰峦、泉源二表。峰峦表列齐云峰、五老峰等四十四子项，各述方位、异闻、遗迹；泉源表列神应泉、神功泉等三十六子项，亦述方位、遗迹等内容。二表经纬纵横，内容简练，条理清晰。

金桂馨、漆逢源《逍遥山万寿宫志》卷三设立历年表和籍贯表。历年表谓，虽旌阳飘然仙举，终古无期，但其忧勤之岁月历历可纪，故作表以纪。此表始于许真君生之吴赤乌二年（239），终于真君一百三十六岁冲举飞升之东晋孝武帝宁康二年（374）。籍贯表谓，为考古者穷流溯源，避免疑惑于异名同地而作。此表始于汉献帝建安十五年（210），终于清世祖定鼎燕京之顺治二年（1645），分记不同时代州府郡县所属许真君籍贯之名称。

查志隆《岱史》设立山水表和疆域表，其凡例云："夫表者，标也，谓标而明之也。山水之胜境延袤，疆域之沿革屡变，不为之标揭，其曷何以显示？

---

① 参见王晓岩《方志体例古今谈》，第53—55页。

故仿史家年表义例创著焉。"① 阐明其仿史家年表义例创制山水表和疆域表的初衷。其《山水表·叙》云："曷表乎山水也？表山水之附丽于岱岳者也。夫岱岳山也，而兼以水言者何？山下出泉，谓夫水之源也，故言山必言水也"；"夫天下佳山水古今人类能言之，仁智所乐岂虚语哉？维兹山水非可以例言也。上应天齐，宗长群岳"；"岱岳山水特以雄伟胜，匪以奇巧胜，故称绝胜云"②。交代了设立山水表的原因及作用。山水表凡七表，每表皆分三栏，首表列山、峰、石；次表列洞、岭嶂、峪；三表列崖、岩、台；四表列门、园、寨；五表列泉、池、河；六表列溪涧、井、湾；七表列坊、题（字）、桥。层次分明，眉目清爽。其《疆域表·叙》曰："表疆域者何？表岱宗所隶疆域也，隶于州邑而郡而部也"；"兹备录古今沿革并其年数而为之表"③。表分总部（道、路）、郡、州县三栏，始于唐虞，终于皇明。如此，经纬相贯，事繁文省，将岱岳山水及疆域清清楚楚地呈现出来。

张应登《汤阴精忠庙志》作《年表志》，该年表起于崇宁二年（1103）癸未岁岳飞出生，讫绍兴十一年（1141）辛酉岁遇害，记岳飞战功一百二十余次，亲对敌垒者六十有八，运筹命将者五十有八，编辑甚具，烂然可睹，为读者简要了解岳飞功绩提供了极大方便。

（五）传

传，即人物传，是以人物为中心而展开的记述人物生平事迹的一种文体。永乐十六年（1418）《纂修志书凡例》规定地方志要设人物门，除表、略等体例外，人物门多以传的形式来表现。明清宫观山志中有大量的人物传记，其命名多种多样，比较常见的有仙释、羽流、隐逸、方技、侨寓等。这些人物传记中绝大多数为简要的小传，也有一定量的像传。

---

① （明）查志隆撰：《岱史·凡例》，载《中国道观志丛刊正续编》第 41 册，第 46 页。
② （明）查志隆撰：《岱史·凡例》，载《中国道观志丛刊正续编》第 41 册，第 97—98 页。
③ （明）查志隆撰：《岱史·凡例》，载《中国道观志丛刊正续编》第 41 册，第 119—120 页。

　　小传，虽然文字不多，但传主名字、籍贯、历官、行事等生平事迹完整。例如《洞霄宫志》卷二《道真传》"吴筠"条云："吴筠，字贞节，华阴人。唐天宝初召至京师，与帝言，皆名教事务。帝尝问道，对曰：'深于道者无如老子五千言。'复问治炼，对曰：'此野人事，积岁月求之，非人主能留意求。'还嵩山，及复过江，而渔阳兵起。识者以为知己。复居余杭天柱山西麓，私谥宗元（玄）先生。初，天师尝语其徒曰：'我死当迁神于天柱石室，盖太上俾我炼蜕之处。'故从之。"① 该条仅一百余字，但传主名字、籍贯、主要言论、经历、归宿以及与本书洞霄宫的关联（洞霄宫位于大涤山，大涤山与天柱山相对，同为道教名山），叙一人始末，首尾皆具，具体生动。

　　明清宫观山志中的传记比比皆是，大抵都能据事直书，不加评论，寓褒贬于叙述之中。如劳堪《武夷山志》录武夷君、金蓬头、通玄子、金门羽客等武夷仙真羽流三十五人。高自位《南岳志》卷四《仙释》录南岳历代仙道近六十人。潘道根《昆山县城隍庙续志》有列传，收录昆山胡古、宋绳武等高道凡九人。王复礼《武夷九曲志》录先秦至明代武夷山仙真高道王文卿、白玉蟾、金志扬等五十余人，女真四人，都是武夷山道教乃至武夷文化的重要资料。黄家驹《重刊麻姑山志》卷二《人物考》之"宦游"类收录六朝一人，唐五代五人，宋元二十一人，明清一百四十五人。金桂馨、漆逢源《逍遥山万寿宫志》卷四《仙传》收录晋旌阳令许真君实录、正传、旌阳许真君后传，卷五收录净明启教兰公谌母传、净明传教十一真人传、净明际真金胡詹许传、净明经法监度师三真人传、净明扬教刘（玉）先生传、仙弟句曲许（迈）真人传、仙弟长史许（穆）真人传、龙沙应谶吕（洞宾）真人传、玉隆正书白（玉蟾）真人传、净明傅（得一）大师传、净明朱（高皇帝十五子权）真人传、净明张真人传，这些都是研究净明教史的重要材料。陈琏撰、陈伯陶补《罗浮山志》卷六《神仙上》、卷七《神仙下》、卷八《释子道士

――――――――――

① （清）闻人儒纂辑：《洞霄宫志》卷二《道真传》，载《中国道观志丛刊正续编》第53册，第125—126页。

附》、卷九《人物上》、卷十《人物下》，收录了诸多神仙高道传记。陈琏据《真仙体道通鉴》与四方杂记录历代葆熙殂醇、超然遐举之在罗浮者若郑安期、葛稚川、白玉蟾等三十一人，鲍仙姑等女仙五人，名僧高道若景泰禅师、神定道人等又七人。① 任自垣《大岳太和山志》卷六《神仙》、卷七《高道、高士》，其中卷六录关令尹、尹轨、戴孟、马明生、阴长生、汪思真、鲁大宥、叶希真、张玄玄、张守清等与武当关联较大者二十五人，卷七录杨善澄、李素希、彭祖年、黎一泉、周自然、蒲善渊、孙碧云、钱若无、张道贤、简中阳等武当高道十五人。胡昌贤《委羽山志》卷二《仙道》录由太古至皇明委羽山仙道二十七人。衷仲孺《武夷山志》卷四录仙真及羽流共三十六人，有彭祖、许碏、金志扬、李良佐等。邓云霄《衡岳志》之《仙释》记汉唐以来刘根、南岳魏夫人、徐灵期等在南岳修炼或与南岳关系密切的高道五十余人。蒋镇《九嶷山志》卷四《人物·游寓·仙释》，录上古以来隐居修炼于九嶷山高道如高远先、周义山等二十人。

针对一些人以仙道虚妄，质疑宫观山志收录仙真的观点，姚远翱《华岳志·凡例》提出反对意见，其云："岳灵钟毓，岂可使泯没无闻？前辈《华岳集》一切高贤仙真俱不载，如至显之陈抟向无一传，安识其余？老子过函谷，入流沙，居昆仑，与华山无涉，乃反津津道之，壶公、初平更属傅会，今削去使不混，而凡有关于华山者分二门纂入。"② 强调华岳志中不可令仙真文化湮没，失去了仙真文化的华岳文化是不完整的，当然，也不能将与华岳无关的传说一并收入其中。该志《仙真门》小序复云："西岳称神仙窟宅，列于大小洞天，为黄帝赤松之所游处，葛稚川以为华山多有道者，居之可以精思合作神药，虽神怪之事，儒者弗道，然役夫毛女之徒游戏人间，又不可谓荒邈

---

① （明）陈琏撰，陈伯陶补：《罗浮志补》卷六，载《中国道观志丛刊正续编》第 36 册，第 129 页。

② （清）姚远翱纂修：《华岳志·凡例》。

无稽也。今次其著于华山者缀于篇。志仙真。"① 又一次突出了对待神怪之事，决不能简单地以"荒邈无稽"看待，神怪文化之于华岳是不可或缺的。在此思想指导下，录汉唐以来冯夷、李八百、钟离权、阴长生、郭文举、寇谦之、吕岩、陈抟、王处一等仙真高道九十余人。闻人儒《洞霄宫志》也指出"仙释之不废于史传者久矣。盖道本无二，探其会归悉同一，辙淡泊宁静之衷行成而可以济世拯物，则又不足多者。况辑本宫之志，述其源流，亦唯宗派可稽，其灵异自有以照耀古今也。志道真"②。认为仙释是名山大观文化中不可或缺的组成部分，宫观山志自然要广收博采，以期仙道文化广为流布。康当世《九鲤湖志》亦云："湖山之物产、篆刻，仙人之出处，遗事皆志中不可少者，乃前志俱遗之，似为阙典，兹一一录入，俾览者得以考古而证今焉。"③也强调仙人文化之于《九鲤湖志》不可或缺。张联元《天台山全志·凡例》亦云："天台山为神仙窟宅，罗汉隐居虽不无荒唐过实，然晨肇桃源已有其地，根硕赤城亦有其山，至于孝仙、稚川、弘景、平叔、琼琯之徒著书养真，原非凡骨，而司马承祯与陈子昂、李白、王维、贺知章辈为仙宗十友，笑捷径于终南，著坐忘于桐柏，即蝉蜕非真，其高风可仰。僧如昙猷、智颛、灌顶、德韶辈，俱有盛名，而寒山、拾得踪迹神异，题咏颇多，间远此即所谓应真示现而人不之识耶？因次列仙道志，次列释志。"④ 该书卷八《仙道志》录汉至元刘晨、许迈、葛洪、陶弘景、王远知、司马承祯、叶法善、吴筠、间丘方远、杜光庭、吕洞宾、白玉蟾、张雨等在天台修炼或游历的仙真高道五十余人，另记载魏华存、谢自然等女仙四人。

总之，人物小传，是明清宫观山志的重要组成部分，是最能体现道教文化特色的内容之一。

---

① （清）姚远翾纂修：《华岳志》卷六《仙真》。
② （清）闻人儒纂辑：《洞霄宫志》卷二《道真》，载《中国道观志丛刊正续编》第 53 册，第119 页。
③ （明）康当世纂：《九鲤湖志·凡例》，第 17 页。
④ （清）张联元辑：《天台山全志·凡例》，《续修四库全书》第 723 册，第 454—455 页。

像传，又称作图传。在神仙传记中，经常有插入传主或相关人物图像的形式，这就构成了像传。宫观山志借鉴了神仙传记插图的形式，对于彰显传主的神圣性起到了很好的作用。例如，何宇恕《类成堂集》卷二有葛箴绘天后窥井得符、机上救亲、伏神来朝、奉旨锁三龙、收伏三神、湄洲飞升、朱衣著灵宇桅上、圣泉救疫、救旱进爵、阖家荣封、紫金山助战、拯救泉饥、怒涛救溺、神助漕运、载木建神庙、助顺加封、两请封赠等图二十余幅。林清标《敕封天后志》同样绘制了天后圣迹图，共五十余幅。像传使天后圣迹生动传神，既增加了图书的可读性，又传播了本来晦涩抽象的教旨教义，是令读者喜闻乐见的表达方式。

卢湛编《关圣帝君圣迹图志全集》卷一绘制关帝遗像、隐居训子、庐墓终丧、葬地发祥、见龙生圣、诣郡陈言、囧途遇相、悯冤除豪、避难至涿、正气归天、井砖示异、降梦州守、平将军像、兴将军像、周将军像等，有图五十余幅，也是明清宫观山志中比较典型的像传。徐表然《武夷志略》除了绘制武夷山图、万年宫左诸胜图、一曲至九曲诸胜图外，还绘制了寓贤图和仙真图，其中寓贤图有刘夔、杨时、胡安国、刘子翚、胡宪、刘勉之、胡寅、刘衡、胡宏、朱熹、蔡元定、真德秀、罗洪先、王守仁、傅汝舟等四十余人，仙真图有篯铿、武夷君、李铁笛、李磨镜、李陶真、张襄衣、白玉蟾、陈冲、吴公、丘公、金志扬等三十余人。寓贤图和仙真图均附小传，皆为像传。

（六）志

志，是一种记述方式，《史记》曰书，《汉书》曰志，也有的称作意、典、录、说等。志在方志中有非常重要的地位，在定型的方志中，绝大多数门类均采用志的方式记述事项。光绪《顺天府志》共八十五目，其中五十四目均为志，可以说，没有志就没有方志，志的好坏决定着方志的成败。优秀方志中的志具有脉络清晰、质朴无华、述而不论等特点，深受史家追捧和青睐。

与世俗方志一样，明清宫观山志也有很多采用志的记述方式。例如，黄家驹《重刊麻姑山志》设立物产、宫观、桥梁、坟墓四志。《物产志》首列神功泉（水）、银朱米、火纸、苎麻等麻姑山特产，再分禽、兽、花、木、药诸类分而记之；《宫观志》记元通宝殿、老君殿、三清殿、玉皇殿、天一真庆宫等七十余座大小宫观祠庵之方位、景致、存废；《桥梁志》记会仙桥、三峡桥、虎溪桥等十余座桥梁方位；《坟墓志》记邓紫阳墓等六座古墓方位及墓主简要事迹。张应登《汤阴精忠庙志》卷一有庙图志、先茔志、世系志、遗像志、年表志，卷二本传志，卷三附传志（子孙、部将），卷四宸翰志，卷五经纶志（告、制、诏、省、札），卷六家集志（表、跋、奏议、公牍、檄、题记、律诗、词），卷七褒典志（追复官告、谥议、古今各处庙祭），卷八艺文志上（记、序、跋、考），卷九艺文志中（论断、叹、书、赋、颂、歌等），卷十艺文志下（诗）。诸志记述正文大体能不加雕饰、不加论断，寓观点于叙事之中，遇有疑问或歧义，则加按语或间注，与正文互不混淆，清晰简明。

胡执佩《黄堂隆道宫志》卷七《祀典志》谓谌母、许真君能御大灾，能捍大患，功在天下，依祭法当永垂祀典，记南朝祭祀诸事，录谌母元君宝诰；卷八《经籍志》谓净明忠孝之教阐扬净则不汨其天，明则不蔽其天，即圣贤正心诚意之旨；忠则不欺其天，孝则不亏其天，即圣贤治国齐家之旨，录《太上灵宝净明中黄八柱经》；卷九《人物志》谓《史记》作孔子世家，再作弟子列传，故仿《史记》之例，仙传后再作人物志，专记谌母、许逊之后净明弟子之杰出者；卷十《轶事志》谓谌母系玄家之宗，其道大莫测端倪，其化神难求形象，故仿效《天宝遗事》《太平广记》之例撰此志，专记黄堂隆道宫谌母信仰之轶事遗文；卷十一至卷十三《艺文志》谓黄堂系仙境，建祠以后，其间名公巨卿、骚人迁客志原委咏名胜者，历代有之。倘听其散逸，则有负前贤，故作此志，其中有述、碑、记、诗、歌等；卷十四《兴复志》专记黄堂兴废再建与修葺增饰之事，谓黄堂建于晋代，迄今已千余岁，创者卜吉于前，修者增华于后。祀仙灵者崇饰栋宇，相与维持。诸志据事纪实，文直事核，无牵强附会，无枝词蔓说，颇得志书精髓。

查志隆《岱史》强调，"夫志者，识也，识臆其烦赜，勿俾遗忘也"，"兹所志皆人文物理之散殊，虽取材于旧志而时移事改，故正其讹，补其未备者居多"①。既点明了志的本质属性和基础功能，又交代了新志之于旧志的创获之处。全书为志者五，曰《宫室志》，曰《物产志》，曰《香税志》，曰《灾祥志》，曰《登览志》。其《宫室志·叙》曰："志宫室者何？志其宅岱宗之胜而登临者藉以盘桓也。夫自古名亭佳馆崇阁危楼必据山川之胜，概斯擅寰宇之伟观而胜莫如岱，则据胜莫如岱宫室矣。"② 强调设立《宫室志》旨在突出宫室在岱岳文化中的重要地位。其《物产志·叙》曰："曷志乎物产也？言物产莫尚乎山，而泰山尤广生大生之区也"，"谭者谓古者山东富饶甲天下，利赖于泰山居多，有审然者。自今观之，石山鲜茂林，刚风罕宿羽，寒窟无群兽，危岩临深涧，讵复有良玉仙芝？""夫泰山之与宝藏，讵分古今哉？古昔用之有节，故恒见其富饶，晚近世费出不经，上既横敛，下复侈靡，即罄山海之珍，难乎其继。山东富饶之不逮古，其以是夫？余于兹有慨焉。"③ 突出了岱岳之中丰富的物产，其中涉及的保护生态，适度开发等思想弥足珍贵，在今天仍富借鉴意义。其《香税志·叙》曰："曷云乎香税也？四方祈禳之士女捧瓣香，谒欵神明因捐施焉，而有司籍其税以助国也。夫概天下香税，惟岱与楚之太和山也。而太和山不以岳名，则岳之有香税惟岱也。"④ 香税一门，旧志不及，系新志草创，其首创之功，功不可没，其于泰山经济的研究，亦实有裨益。其《灾祥志·叙》曰："曷志乎灾祥也？谓泰山气化攸先，其灾祥关系天下国家尤大也"，"夫灾祥示人，岂不昭昭？然祥以符德或以导侈，灾以告谴或以玉成，天意讵有常哉？惟履祥而益勉故享有佳祯，遇灾而知修，

① （明）查志隆撰：《岱史·凡例》，载《中国道观志丛刊正续编》第41册，第47页。
② （明）查志隆撰：《岱史》卷十一《宫室志》，载《中国道观志丛刊正续编》第42册，第450页。
③ （明）查志隆撰：《岱史》卷十二《物产志》，《道藏》第35册，第748页。是卷亦见于《中国道观志丛刊正续编》第42册，但有缺页，故此段引用《道藏》本。
④ （明）查志隆撰：《岱史》卷十三《香税志》，载《中国道观志丛刊正续编》第42册，第481页。

故妖不胜德。斯义也，岂特圣君贤相所宜讲求？即膺一命担一爵者，罔不有挽回气化之责，毋以灾祥为漫然无足省云"①。明确了《灾祥志》不仅仅是记载历代灾祥而已，其对当今与后世的警戒作用更为突出。其《登览志·叙》曰："曷志乎登览也？志古今人登览者之文若歌、若诗、若序、若记者也。"②目的在于通过汇集历代诗文的方式保存泰山文脉。

总之，"志"是明清宫观山志的重要组成部分，以查志隆《岱史》为代表的宫观山志在诸"志"中阐发的撰述初衷与理念，在明清宫观山志中具有一定的普遍意义，代表了当时修志思想的较高水平。

（七）图

方志有图，大概是受到图经和图志的影响。汉魏时期已经有了图经和图志，隋唐时期开始盛行，南宋以后随着方志的成熟，图经和图志渐渐走向衰落，但在方志中插图却逐渐流行起来，至明清方志插图已比较普遍。绝大多数明清宫观山志均有图，少者一二幅，多者数十幅。陆柬《嵩岳志》云："图实以貌真传远，足迹所不及者，目之可以卧游神往。仰高者峻德，钻坚者凝志，卒之卓丘峻极得所止焉。"③ 其作用不可小觑。这些图的种类有星野图、地舆图、山川景观图、宫观庙宇祠墓图、人物仙真图等。

1. 星野图

星野图即是星象分野图。古代占星家为了用天象变化来占卜人间的吉凶祸福，将天上星空区域与地上的国州互相对应，称作分野或星野；亦即将地上的州、诸侯国划分为十二个区域，使两者相互对应。就天来说，称为十二分星，就地而言，叫作十二分野。永乐十六年（1418）颁降《纂修志书凡例》

---

① （明）查志隆撰：《岱史》卷十四《灾祥志》，载《中国道观志丛刊正续编》第 42 册，第491—492 页。

② （明）查志隆撰：《岱史》卷十五《登览志》，载《中国道观志丛刊正续编》第 42 册，第511 页。

③ （明）陆柬辑：《嵩岳志》卷上《图说》，载《中国道观志丛刊正续编》第 40 册，第 33 页。

已有分野之例，其云："分野，属某州天文某宿分野之次。"① 星野虽多无稽之谈，但其象征意义不可忽视。胡执佩《黄堂隆道宫志》云："作志之例，首星野，次地舆，下统于上也。黄堂山虽附于洪都，其分野区域处各有所隶，故悉图之，以见在天成象，在地成形之义。"② 正因为星野图代表在天成象，在地成形，能昭示皇权，彰显天意，故方志首立星野门成为定制。明清宫观山志从神化道教名山大观的神秘主义立场出发，亦多有设星野门者，且有图有文。例如，胡执佩《黄堂隆道宫志》、查志隆《岱史》卷一都有星野图，张崇德《恒岳志》前有昂宿图、毕宿图、北方玄武七宿图，金桂馨、漆逢源《逍遥山万寿宫志》卷一有分野总图、紫微垣图、太微垣图、天市垣图，王概《大岳太和山纪略》分星璇玑翼轸图等，均属此类。

2. 地舆图

古人把大地称作地舆，地舆图即地理图，指描摹土地、山川、城池等地理形势的图。

明清宫观山志中有许多地舆图，例如，朱朗斋《吴山城隍庙志》卷一绘制《南宋京城图》，何出光、魏学礼《北岳庙集》绘有《大明一统图》，胡执佩《黄堂隆道宫志》卷一有《九州八卦地舆之图》，金桂馨、漆逢源《逍遥山万寿宫志》卷一舆地图有《逍遥山形胜图》《四周形胜图》《江城名迹图》，何宇恕《类成堂集》卷三有《宾馆田山屋产图》，绘制类成堂历年购置《塘田、山田、屋舍图》，卷四有葛篋绘《宾馆天地全图》，绘制闽馆街道、店面、地盘、阴沟、流水等图。受科技水平和测绘条件的限制，这些地舆图尚不十分准确，但都从不同侧面比较生动地反映了宫观、庙宇、山川大势，是进一步研究明清宫观山志的重要材料。

需要说明的是，查志隆《岱史》、李榕《华山志》、陆崃《嵩岳志》、高

① （明）吴宗器纂修，蒋梅编，杨鹄重修：正德《莘县志》卷首《纂修志书凡例》，载《天一阁藏明代方志选刊》。
② （清）胡执佩编次：《黄堂隆道宫志·凡例》，载《中国道观志丛刊正续编》第29册，第2页。

自位《南岳志》、张崇德《恒岳志》等明清宫观山志绘制流传的《五岳真形图》纯属道士入山佩戴，用于驱邪的符箓，不具有任何山岳图的内容和性质①，是故，不将其视为地舆图。

3. 山川景观图

山志主旨在于志山，自然少不了山川景观图。山川景物图对于揭示编纂旨趣，弘扬道教宫观和名山文化具有不可替代的作用，因之，明清宫观山志十分重视山川景物图的绘制。

这一时期的山川景物图明显地具有数量多、线条清晰、画面生动传神的特点，多属清代版画精品。这些精美绘图，多有图有文，置于卷首，以利于引导游者按图巡景，依次观览。正如宋广业《罗浮山志会编·凡例》所云："图说列于卷首，使人按图据说而得其大概也。先总图知全山形势，孰上孰下，孰左孰右；次分图知洞壑肤理，孰险孰夷，孰幽孰显，阅之一目了然，故说虽仍旧而绘事则倍加精详，不敢草草也。"② 说出了卷首绘图的原因并强调了新图较比旧图更加精详，可使阅者一目了然，心情愉悦。当然，也有不少图画安插于卷中，置于何处，完全根据实际需要。高自位《南岳志》亦云："揽胜名山，稽图最要，而旧志《衡岳总图》诸峰反未备载。今图较为明晰，七十二峰罗罗井井，岳志四至亦较若列眉。"③ 同样突出了山水图对于览者的重要作用。董天工从志必有图的高度看待图的地位，他说："志必有图例也。武夷层折蜿蜒，其图最为难绘，湘江古歌云'帆随湘转，望衡九面'。此中变化亦然，故画手稍失向背，便非真面目矣。兹延芝城许君廷锦溯洄曲水，登

---

① 早期道士绘制的《五岳真形图》肯定与实际观察到的"河岳之盘曲"的形象有关，而且绘制的是山岳平面图，可惜原绘本已失传。现存道士的古本《五岳真形图》，就其表现的形式和内容看，可以称为具体山岳的平面示意图。今天各种山志流传的《五岳真形图》则纯属符箓性质。参见曹婉如、郑锡煌《试论道教的〈五岳真形图〉》，《自然科学史研究》1987年第1期，第52—57页。

② （清）宋广业纂辑：《罗浮山志会编·凡例》，载《中国道观志丛刊正续编》第62册，第183—184页。

③ （清）高自位重编，旷敏本纂：《南岳志》卷一《图考小序》，载《中国道观志丛刊正续编》第45册，第35页。

山遍览描写，较之前志似觉分明。"① 为了更好地表现武夷山水之奇绝秀美，董天工与芝城著名画师许廷锦溯洄曲水，登山遍览，绘制的武夷山水图自然较前志分明有秩，妙趣横生。

当然，也有少量的明清宫观山志未加山水景物图，张联元《天台山全志》云："山志皆有图，而天台延袤既广，图其全则累幅难穷，若写其一峰一峦，则如八景之类，未见全璧。况岚光翠色与时变换，原非图画所能模仿，故不欲漫滥以资唐突山灵之诮。"② 此处，张联元并不反对山志制图，而是鉴于无论是全图还是一峰一峦图，都难以表现天台山的广袤与秀色，与其迁就敷衍，不如付之阙如。这实际上是对天台山的另一种敬畏，也是对山图更高层次的理解。

明清宫观山志山川景物图很多，兹列表3-3于下，以便于查找。

表3-3 部分明清宫观山志山川景物图概况

序号	书名	山川景物图
1	何出光、魏学礼等撰《北岳庙集》	北岳恒山图
2	吴绳祖重修《九嶷山志》	舜陵九峰图、紫霞岩图、玉琯岩图、三峰石图
3	凌云翼修、卢重华撰《大岳太和山志》	玄岳总图
4	王佐修，慎旦、贾如愚等纂，田玉增修《大岳太和山志》	玄岳总图
5	王概总修，姚士倌、李之兰等纂《大岳太和山纪略》	大岳太和山全图，共五十余帧

① （清）董天工编：《武夷山志·凡例》，载《中国道观志丛刊正续编》第33册，第61页。
② （清）张联元辑：《天台山全志》，《续修四库全书》第723册，第453—454页。

续表

序号	书名	山川景物图
6	韩晃编辑《罗浮野乘》	罗浮山图、飞云峰图、上界三峰图、凤凰谷、铁桥峰图、玉女峰图、瑶石台图、青霞洞图、飞来峰图、云母峰图、桃源洞图、朱明洞图、观源洞图、双髻峰图、幽居洞图、麻姑峰图、卓锡泉图、石洞图、孤青峰图、黄龙洞图、水帘洞图、石楼峰图、梅花村图、君子岩图、通天岩图
7	韩鸣鸾撰《罗浮志略》	卷上罗浮山图、飞云峰图并图说、铁桥峰图并图说、上界一峰图并图说、麻姑峰图并麻姑峰说；卷下石楼图说、通天岩图说、君子岩图说、伏虎岩图说、卓锡泉图说、梅花村图说
8	钱以垲撰《罗浮外史》	飞云峰、上界三峰等图十八幅
9	宋广业纂辑《罗浮山志会编》	秀水陆奇绘罗浮山图、飞云顶、上界三峰、青羊石、凤凰谷、铁桥峰、瑶石台、玉女峰、朱明洞、丫髻峰、麻姑峰、蝦蟆石、观源洞、幽居洞、青霞洞、水帘洞、蝴蝶洞、黄龙洞等图三十幅
10	彭簪编校《衡岳志》	七十二峰图
11	毛德琦重订《庐山志》	庐山总图四幅
12	蔡瀛纂《庐山小志》	庐山图
13	姚远翽纂修《华岳志》	华岳图、太华山阴图、太华山阳图、第一关图、武夷峡图、希夷峡图、娑罗坪图、云门图、青柯坪图、回心石图、千尺㠊图、温神洞、云台峰图、苍龙岭图、金锁关图、东峰图、南峰图、西峰图、二十八宿潭图
14	陈文在撰《玉华洞志》六卷附廖鹤龄纂《庆玉华诗》一卷	里人萧峦画玉华洞洞图景八十余面
15	王维翰续辑《委羽山续志》	委羽山图
16	胡昌贤修辑《委羽山志》	委羽山图

续表

序号	书名	山川景物图
17	杨尔曾辑《新镌海内奇观》	卷一皇明华夷一统图、嵩岳图、岱宗图、华岳图、衡岳图、恒岳图、白岳图，卷二孔林图、西山图、金陵图、茅山图、黄山图、浮山图、金、焦、北固山图、虎丘图，卷三西湖图，卷四吴山图、天目山图，卷五两越名山图、普陀珞珈山图，卷六天台山图、雁荡山图，卷七武夷山图、九鲤湖图、滕王阁图、麻姑山、从姑山图，卷八匡庐山图、黄鹤楼图、岳阳楼图、赤壁图、峨眉山图、三峡图、栈道图、两河图，卷九太和山图，卷十五台山图、桂海图、七星岩图、鸡足山图、九鼎山图、点苍山图
18	景邦宪编辑《紫柏山志图》	紫柏山全图
19	黄天全著《九鲤湖志》	九鲤湖仙景图
20	谢肇淛纂《太姥山志》	太姥山图十幅
21	杨浚辑《湄州屿志略》	湄洲图
22	唐仲冕纂辑《岱览》	卷首岱览图，卷一岱阳总图、岱阴总图，卷十一岱阳图，卷十四岱阳之东图，卷十五岱阳之西图，卷十七岱阴图，卷十八岱阴之东图，卷十九岱阴之西图，卷二十岱麓诸山图，卷二十一大汶图，卷二十二徂徕图，卷二十三新甫图，卷二十四灵岩图，卷二十七琨瑞图，卷三十二陶山图
23	闻人儒纂辑《洞霄宫志》	洞霄山图
24	金文淳纂、沈永清补《吴山伍公庙志》	伍公山图
25	李标编《穹窿山志》	多幅山水版画
26	施亮生编辑《穹窿山志》	卷一穹窿山图、大茅峰图、二茅峰图、三茅峰图，卷三双滕泉图、宁邦坞图、断碑图、同岭图、拄杖泉图、苍坞图、百丈泉图，卷四乌龙潭图、梅泉图、野鹤洞图、东井图、白马岭图、金粟堆图、不浪槎图

序号	书名	山川景物图
27	仲学辂编《金龙四大王祠墓录》	金龙山图
28	劳堪重编《武夷山志》	武夷总图
29	衷仲孺订修《武夷山志》	武夷山图
30	王复礼编辑《武夷九曲志》	武夷山图，各曲皆有图
31	董天工编《武夷山志》	九曲全图，各曲皆有图
32	查志隆撰《岱史》	泰山旧图、泰山新图
33	郑永禧补辑《烂柯山志》	烂柯山图
34	张崇德纂修《恒岳志》	北岳恒山图、步云路图、望仙亭图、虎风口图、通玄谷图、白云堂图、潜龙全图、夕阳岩图、果老岭图、白虎峰图、琴棋台图、会仙府图、得一庵图、翠雪亭图、集仙洞图、紫芝峪图、碧峰嶂图、石脂图、白龙洞图、悬空寺图
35	桂敬顺纂修《恒山志》	恒山图、恒山后景图、悬空寺、云阁虹桥、步云路、望仙亭、虎峰口、振衣台、玄帝庙、十王殿、纯阳宫、九天宫、通玄谷、白云洞、玄武井、紫霞洞、夕阳岭、果老岭、琴棋台、会仙府、翠雪亭、紫芝峪、石脂图
36	张伯魁纂修《崆峒山志》	崆峒山全图
37	龚黄编辑《六岳登临志》	泰山图、衡山图、嵩山图、华山图、恒山图、玄岳武当山图
38	鲁点编辑《齐云山志》	齐云山岳图十余幅
39	傅燮鼎重辑《九宫山志》	九宫山全图
40	周秉秀编，周宪敬重编《祠山志》	董守谟绘东湖胜迹图、横山全图
41	黄宗昌著、黄坦续撰《崂山志》	崂山图
42	朱文藻（朗斋）纂辑《金鼓洞志》	栖霞岭北诸胜图
43	朱朗斋等编《吴山城隍庙志》	吴山图

序号	书名	山川景物图
44	李榕纂辑《华山志》	华山图、华山阴图、华山阳图等二十余幅
45	高自位重编、旷敏本纂《南岳志》	南岳山图
46	景日昣纂《嵩岳庙史》	嵩山形胜总图
47	胡执佩编次、伍绍诗删、胡映庚辑《黄堂隆道宫志》	卯州山川图、松湖仙迹图
48	笪蟾光编《茅山志》	茅山全图
49	黄家驹编纂《重刊麻姑山志》	丹霞洞天胜境图
50	陆柬辑《嵩岳志》	嵩山图、太室山分图、少室山分图
51	虚白道人著（李复心）《忠武侯祠墓志》	祠墓山川总图、祠堂山川图、冢墓山川图、冢墓正面山川图、定军山图

4. 宫观庙宇祠墓图

宫观庙宇是道教徒和信众隐居修炼、举行宗教活动的重要场所，祠墓是祭祀本宫本观真仙高道的祠堂与坟墓。宫观志主旨在于描述本宫本观的历史与神圣，绘制宫观庙宇祠墓图自然是题中应有之义。

单纯的文字记述难以描摹宫观庙宇祠墓的规制与辉煌，也不能表达对先贤的崇敬与颂扬，而线条清晰流畅、刊刻精美的图画无疑可以增加道士和信众"对神仙的依赖感、敬畏感、对神圣力量的惊异感、接受神仙保护的安宁感、违教亵神的罪恶感、与神交通合一的神秘感"[1]。道教相信图像具有灵性和灵应，抛开唯心与虚妄的成分，这些宫观庙宇图祠墓图无疑会给观者带来心灵的震撼和冲击，或许就是其"灵性"的一种表现。高自位《南岳志》云："揽胜名山，稽图最要"，"庙制恢于康熙四十四年（1705），今庙图胥准之，殿宇衡纵，亭楼高下，俱森然在目"[2]。通过瞻仰这些殿宇衡纵，亭楼高下的

---

① 胡孚琛、吕锡琛：《道学通论——道家、道教、丹道》，第265页。

② （清）高自位重编，旷敏本纂：《南岳志》卷一《图考小序》，载《中国道观志丛刊正续编》第45册，第35页。

绘画，顿生朝天敬神，如登仙境的感受。

明清宫观山志绘制宫观庙宇祠墓图数量较多，兹梳理如表3-4，以便查阅。

表 3-4　部分明清宫观山志所绘宫观庙宇祠墓图一览表

序号	书名	宫观庙宇祠墓图
1	佚名《金陵玄观志》	朝天宫左右景图、神乐宫左右景图
2	韩鸣鸾撰《罗浮志略》	冲虚观图
3	景日昣纂《嵩岳庙史》	中岳庙形胜总图、中岳庙营建图、庙会图
4	陆柬辑《嵩岳志》	中岳庙图
5	周秉秀编，周宪敬重编《祠山志》	董守谟绘祠山庙图
6	高自位重编、旷敏本纂《南岳志》	南岳庙图
7	佚名《城隍庙岁修祀纪事》	城隍庙图
8	丁午辑《城北天后宫志》	天后宫图
9	朱朗斋等编《吴山城隍庙志》	吴山城隍庙图
10	朱文藻（朗斋）纂辑《金鼓洞志》	鹤林道院图
11	查志隆撰《岱史》	东岳庙图、碧霞宫图、周明堂图、孔殿图
12	胡执佩编次《黄堂隆道宫志》	宫殿图、逍遥万寿宫图
13	唐仲冕纂辑《岱览》	行宫图、岱庙图
14	王维翰续辑《委羽山续志》	大有宫图
15	王佐修，慎旦、贾如愚等纂，田玉增修《大岳太和山志》	宫观分图
16	凌云翼修、卢重华撰《大岳太和山志》	宫观分图
17	方升等编纂《太岳志略》	大岳总图一、太和宫等图四、南岩宫等图七、紫霄宫等图五、五龙宫等图八、玉虚宫等图六、遇真宫等图三、迎恩宫图一、净乐宫等图一，凡二十七图

续表

序号	书名	宫观庙宇祠墓图
18	王概总修，姚士倌、李之兰等纂《大岳太和山纪略》	净乐宫图、迎恩宫图、遇真宫图玉虚宫图、五龙宫图、紫霄宫图、南岩宫图、太和宫图
19	邓云霄编删、曾凤仪辑纂《衡岳志》	岳庙石鼓、方广、黄庭图
20	朱衮重修、袁奂编纂《衡岳志》	南岳庙图、衡岳行祠图、上封寺图、方广寺图、黄庭观图、九仙观图
21	李榕纂辑《华岳志》	西岳庙图、云台观图、玉泉院图
22	鲍涟等《高淳城隍庙志》	庙宇全图
23	吴绳祖重修《九嶷山志》	舜庙图
24	魏勷、王禹书辑《关圣陵庙纪略》	当阳县关帝陵庙图、玉泉显烈祠图、常平塚图、正阳门关庙图、解州祠图
25	顾沅辑《（苏州）元妙观志》	元妙观图新旧二图
26	梅志暹编辑、俞大彰重编《重阳庵集》	重阳庵图
27	达昌编《龙神祠全图》	达昌绘龙神祠全图
28	何出光、魏学礼等撰《北岳庙集》	岳庙图
29	贵正辰纂辑《琼花集》	古蕃厘观琼花图
30	金桂馨、漆逢源纂辑《逍遥山万寿宫志》	丘墓图有西山南岭四周形胜图、圣母符元君墓、附圣祖母万太君墓，宫殿图有宋敕建玉隆万寿宫之图、明重新万寿宫之图、国朝重兴万寿宫图、乾隆三年（1738）重修万寿宫图、国朝裴大中丞重建万寿宫图、铁柱万寿宫图、同治七年（1868）重建西山玉隆万寿宫图、同治十年（1871）重修省垣铁柱万寿宫图
31	杜翔凤辑《昭利庙志》	忠烈王庙图、忠烈王墓图
32	金文淳纂、沈永清补《吴山伍公庙志》	庙图
33	闻人儒纂辑《洞霄宫志》	洞霄宫图
34	庄元贞修、刘世馨辑《雷祖志》	刘世馨绘雷祖大宗祠图、冯村坡祖墓图

序号	书名	宫观庙宇祠墓图
35	张应登辑、杨世达重订《汤阴精忠庙志》	敕赐汤阴县鄂王精忠庙旧图、敕赐汤阴县鄂王精忠庙新图、先茔图
36	冯培撰《岳庙志略》	庙图、墓图
37	虚白道人（李复心）著《忠武侯祠墓志》	祠堂全图、正殿全图、六有山房图、静观精舍图、仿草庐图、观江楼图、读书台图、雅音阁图、石琴图、冢墓飨堂图

5. 人物仙真图

　　人物仙真图也是明清宫观山志的重要内容。四库馆臣评明代徐表然《武夷志略》"寓贤及仙真之类，人绘一图，则不免近儿戏矣"①。这种不考虑历史文化，贬低山志图像作用，忽视宗教名山意蕴的评价，有待商榷。正所谓"大道之妙，有非文字可传者，有非文字不传者"②。宫观山志中的人物仙真图，便有传"非文字可传"所蕴藏的大道之妙用。

　　董天工从志必有图的高度，看待图的地位，他说："志必有图例也"，"至于贤像仙迹，宜有山林气象，方似山中人物。许君尤善写真，即先贤遗像，彷其墨迹，而诸仙尤有冲和道气，附于卷首，俾观者展卷起敬，非徒作好事睹也"③。此处，董天工不仅强调志要有图，而且还提出了山志中优秀的人物仙真图的标准，亦即"宜有山林气象，方似山中人物"，这一标准无疑抓住了道教仙真文化的真谛，可以视为评价和衡量道教仙真图像优劣的普遍性准则。为了使《武夷山志》中的人物仙真图具有"山林气象"，董天工和他延请的画师做了很多努力，以期观者"展卷起敬"。

---

　　① （清）永瑢、纪昀等编纂：《四库全书总目提要》卷七十六《地理类存目五·武夷志略》，第408页。

　　② （元）刘天素、谢西蟾编撰：《金莲正宗仙源像传·（元）刘志玄〈序〉》，《道藏》第3册，第365页中。

　　③ （清）董天工编：《武夷山志·凡例》，载《中国道观志丛刊正续编》第33册，第61页。

明清宫观山志的人物仙真图很多，除前文（见"像传部分"）已经指出的之外，尚有黄家驹《重刊麻姑山志》麻姑法像图、麻姑仙坛图、七夕群仙宴会图；王禹书《关圣陵庙纪略》关圣帝立像、周仓像、秉烛达旦读春秋图、独行千里图；周秉秀编、周宪敬重编《祠山志》程通绘祠山列圣图像十六幅；施亮生《穹窿山志》赤须子图、张良图、朱买臣图、夏馥图；鲁点《齐云山桃源洞天志》有邈邈仙翁小景、无心黄公小景；梅志暹、俞大彰《重阳庵集》纯一子梅古春小象（像）、海空外史俞宾梅小象（像）；朱文藻（朗斋）《金鼓洞志》吕祖画像；《武夷志略》绘贤十六幅、儒八幅、仙十七幅；杜翔凤《昭利庙志》忠烈王像；冯培《岳庙志略》岳忠武鄂王像；仲学辂《金龙四大王祠墓录》金龙四大王像；庄元贞、刘世馨《雷祖志》刘世馨卷一绘雷祖飞天像；虚白道人（李复心）《忠武侯祠墓志》有忠武侯遗像。这些人物仙真图线条清晰，版式精美，属明清时期肖像画、版画的精品。

（八）论赞

古代史书经常附有论赞，例如《左传》有"君子曰"，《史记》有"太史公曰"，《汉书》有"赞曰"，《资治通鉴》有"臣光曰"等。论赞可以用来补充史实、评论人物、抒发情感。明清宫观山志有大量的论赞，对于深化编纂主旨，启发读者思考起到了重要作用。

《崂山志》每卷皆有评论，撰者黄宗昌字号"山史氏"，其子黄坦字号"秋水居士"。《崂山志》中，"山史氏曰"出现七次，位于卷一考古、卷三名胜、卷四栖隐、卷五仙释（二次）、卷六物产、卷八游观；"秋水居士曰"出现二次，位于卷四栖隐、卷五仙释补；直接以"论曰"形式出现七次，位于卷二本志、卷四栖隐、卷五仙释、卷六物产（二次），卷七别墅，卷八游观。议论多置于卷末，亦有置于卷中者，针对一人或一事而发，因黄宗昌"生明季世，遭值沧海之变，孤忠侘傺，藉著述以发其悲慨，盖不徒纪名胜、表遗迹也"①。是故，其论赞常常超乎于名胜遗迹之外，时有精彩点评与独到见解。例如卷八《游观附录》云："士大夫可以不死而死之，以不死为耻者也。死者，臣道然也；耻不死者，非独臣道然也。顾瞻中原，鞠为茂草，六合大义，与有忧患焉"，"朝廷无人，则治乱存亡之故，不亦大可痛心与!"② 表达了黄宗昌为国家可以慷慨赴死的耿耿忠诚及对朝廷无人的无比痛心。

　　卢湛编《关圣帝君圣迹图志全集》论赞形式多样，有的不冠名氏直发议论，例如，卷一有《辱使绝婚》图一幅，图后卢湛云："荆州之失乃汉祚将终，气运使然。议者谓帝拒婚致之，固非矣，而谁知其拒之也更有由焉？何则，盖吴侯天姿足用为善，每听从子瑜、子敬之谋，尚恃合刘攻曹之说，志士仁人，谁不欣然慕之？惜乎其惑周与吕、陆辈之诈伪反复，前以孙夫人适昭烈一事深为可鉴，帝之绝其婚也，非揆厥所由而然欤？"③ 阐发了自己对关羽拒绝东吴求婚，致使痛失荆州，吴蜀关系破裂等一系列重要历史事件的独到见解。又有"湛述先儒曰"的形式，以先儒之口阐发己意，例如，在卷三《封爵考》后，卢湛云："湛述先儒曰：一时图神器者究万古之贼，当代立臣极者阅千年而帝。昔贤云：奸雄过此，仔细思量，观帝之庙盈世号同天，其亦深可思量也哉？"④ 卢湛引述前人对曹操挟天子令诸侯，谋图神器，终成"万古之贼"之说，难免带有政治偏见，不能成立，但对关羽庙宇之隆盛的表述是符合实际的，表达了他对关圣帝君的无限崇敬之情。或以直接评述"前人曰"的形式发表议论，例如，卷四录王嗣奭撰《题沈泰灏辑关帝纪序》一文，卢湛文后云："前人曰：世以汉寿拟宣圣，率本莫知其然之诚。尝苦无善

---

① （明）黄宗昌著，黄坦续撰：《崂山志·黄象冕〈跋〉》，载《中国道观志丛刊正续编》第3册，第111页。
② （明）黄宗昌著，黄坦续撰：《崂山志》卷八《游观·附录》，载《中国道观志丛刊正续编》第3册，第108页。
③ （清）卢湛编：《关圣帝君圣迹图志全集》卷一《辱使绝婚》，载《中国道观志丛刊正续编》第37册，第262—263页。
④ （清）卢湛编：《关圣帝君圣迹图志全集》卷三《坟庙考》，载《中国道观志丛刊正续编》第38册，第474页。

其说者。此篇竖论奇矣，而无非正晰理快矣，而靡或不确。宇内有此局，应不可少此文，得此吾之愿既塞，而后人之笔可阁矣。"① 此处，卢湛认为，世上包括自己在内的很多人，不乏将武圣人关羽与文圣人孔子相比拟者，但大都只是出于对关羽的诚敬之情，而不能知其所以然，完善自己说法。而王嗣爽的文章立论奇特，条分缕析，论证明快，没有浮泛之词。世间既然有将文、武圣人相类比的局势，此类文章便不可或缺。这样的文章，完满地解开了卢湛自己多年的心结，后人也可以不再为此费心，放心地将笔束之高阁了。简单的评述中，既表明了卢湛对王嗣爽文章的赞许，又进一步阐明了自己关于武圣人足以比拟文圣人的鲜明态度。或署名"卢湛"，直接阐明观点，例如，卷三《遗迹考》后，云："卢湛曰：域内之山川景物宁有纪极哉？然每以其人阅历焉。遂千百年诵道之不衰，抑或初非所及而援籍灵宠，亦欲与两大絜长久者。舆图皆全集之志地哉，亦志其人而已。"② 通过历世关帝志书对关帝遗迹的记载，强调志书中的舆图不仅"志地"，亦有"志人"功用。或署名"湛"发表议论，例如，该书卷三《附祭文》文中，云："湛曰：圣帝生而为将为侯，殁而为王为帝，亘古以来，未有如帝者也。"③ 以后人对关羽由将而侯、由侯而帝的褒扬，来赞颂其功德及亘古未有之崇奉。

王禹书《关圣陵庙纪略》的论赞多以"王禹书曰""禹书曰""论曰"等形式，长者数百言，短者三言五语。如卷一《关氏世系》后的"王禹书曰"，赞颂关羽千古敬仰之忠义大节，洋洋洒洒，八百余言。而对卷二《祀田》的评论则非常简练，其云："论曰：关陵自非凡庙可比，官置祀田正赋而外杂徭均免，虽军需旁午僧得以清净供奉香火，皆神圣威灵所感，亦士大夫尊崇之

① （清）卢湛编：《关圣帝君圣迹图志全集》卷四《艺文考》，载《中国道观志丛刊正续编》第38册，第660页。
② （清）卢湛编：《关圣帝君圣迹图志全集》卷三《遗迹考》，载《中国道观志丛刊正续编》第37册，第429页。
③ （清）卢湛编：《关圣帝君圣迹图志全集》卷三《附祭文》，载《中国道观志丛刊正续编》第38册，第486页。

202

至意，住持者敬慎毋负神人庇佑可也。”① 篇幅虽短，但非常有效地突出了关庙的重要地位。又如评程敏政《读将鉴博议》云：“禹书曰：通篇理正词顺，申戴溪妄论之非，白关帝忠义之气”，“有此博议，可以扫除一切诬帝之言矣”②。表明了编纂者为关帝正本清源的立场。除王禹书本人之论赞外，还博采众家之长，吸收了其他学者的相关论赞，如“胡琦曰”“赵钦汤曰”“邓一贵曰”，进一步丰富了《关圣陵庙纪略》的内容，也极大地抬升了明清宫观山志的学术水准。

潘道根《昆山县城隍庙续志》以“外史氏”曰的形式阐发议论，凡五处，分别在胡古传、宋绳武传、陆佩长传、刘科扬传、赵历法传之后，五人皆昆山城隍庙高道，潘道根在各自传记后以“外史氏”加以评论。例如，在刘科扬传后云：“外史氏曰：余闻阅旧志，玉泉故多闻人，盖山林闲寂，于修道为宜。而当其时，又有高行之士为之引掖，如科扬者被世庙之知，载名志乘，岂不以品学哉？后之佩簪祓而称方外者宜知所自勉也。”③ 刘科扬，字顺三，故儒家子，少为玉泉馆道士，精参玄理。后游京师，世宗宪皇帝在蕃邸深器重之，书“玉阶之秀”匾额赐之，寻归玉泉建斗姆阁于馆之后。④ 刘科扬精通玄理，后由儒入道，经人高士引掖受到世宗福临器重。潘道根因有如上感慨。

张应登《汤阴精忠庙志》有“登曰”“论曰”“赞曰”等论赞形式，“登曰”即张应登所论，其他“论曰”“赞曰”则多采前世褒奖之文。例如卷之六《家集志》后，加论赞云：“赞曰：读王诸所制作，允忠义一家言哉！其气壮，其词正而严，其情恳切而有余味，即谢讲和赦表即乞出师等札，直有以

---

① （清）王禹书辑：《光圣陵庙纪略》卷二《祀田》，载《中国道观志丛刊正续编》第43册，第205页。

② （清）王禹书辑：《光圣陵庙纪略》卷三《博议》，载《中国道观志丛刊正续编》第43册，第222—223页。

③ （清）潘道根撰：《昆山县城隍庙续志 · 刘科扬传》，载《中国道观志丛刊正续编》第50册，第34页。

④ （清）潘道根撰：《昆山县城隍庙续志 · 刘科扬传》，载《中国道观志丛刊正续编》第50册，第33—34页。

弹压僭伪而寒毡裘之胆。余故谓文章辉日月者非欤?"① 盛赞岳飞的各种文章或气壮山河，义正词严，或情真意切，回味无穷，均可标榜史册，与日月同辉。

赵钦汤、丁启濬等辑《西湖关帝庙广纪》多处使用"赵钦汤曰"，如卷一《制命》篇后云:"赵钦汤曰:封诰者，纪公历代所布告，身也语多不载，载其词头一切耳。谓公为神，浩浩不泯;谓公为王，赫赫无疆。噫吁，绘事难工，倘以意象测度之乎?"② 强调了后世王朝封关帝为神、为王的诰封及《西湖关帝庙广纪》必须加入《制命》篇的理由。

何出光、魏学礼《北岳庙集》多处使用"论曰"来表达撰者意图，如卷十《岳辞考》末云:"论曰:辞赋之道难言哉。赋家心涵宇宙，笔抽神解，岂借藻槿荣丐流坳水而已?彼枚皋速而不工，长卿工而不速，后世右马而左枚矣。速奚贵哉?若夫工速兼备，讵曰无人?北岳旧有辞赋二首亦采之，于是乎考岳辞。"③ 枚皋，字少儒;司马相如，字长卿，二人皆汉赋名家。枚氏才思敏捷，作赋很迅速，作品较多;司马长卿文思不快，作品少于枚皋，但善于作文，质量较高，故历史上有"马工枚速"之说。二者之间，何出光、魏学礼等人强调为文要先求质量，比较青睐于司马长卿，当然，"工速兼备"的辞赋大家是最佳的，其作品才是他们最为称道的。

金桂馨、漆逢源《逍遥山万寿宫志》卷一《星野图》、卷七《宫殿考》、卷十《经籍志》等都有"小论"。如《经籍志》之"小论"云:"五经四书，载道之文尚矣，百家诸子虽各成一家言，往往醇疵半焉。若我旌阳先生者学，归净明，本忠孝，为立德之基，和顺积而英华发，著书数万言，实与经书互相表里，非清谈玄妙，仅等诸虚车已也。众真文字不少概见，他如玉真语录，

---

① (清) 张应登辑:《汤阴精忠庙志》卷六《家集志》，第 16 页。
② (明) 赵钦汤、丁启濬等辑:《西湖关帝庙广纪》卷一《制命》第 29 页。
③ (明) 何出光等撰:《北岳庙集》卷十《岳辞考》，载《北京图书馆古籍珍本丛刊》第 118 册，第 821 页。

原本儒学，尤足羽翼经传，为先生功臣，爰采之以备圣道薪传之一录。"① 谓 旌阳之学，实可与儒家之经典互为表里，非世人所谓清谈玄妙之类，并录 《太上灵宝净明法序》《太上灵宝净明中黄八柱经》《刘真人语录》等净明道 经典，以彰显净明道渊源有自，传承有绪。

此外，《罗浮野乘》作者韩晃自号"第七洞天樵客"，该书多以"樵客 曰"的形式既介绍编纂主旨又发表议论。唐仲冕《岱览》卷十四末、卷二十 末、卷二十三中、卷二十七末、卷二十八末、卷二十九末、卷三十末、卷三 十一末皆有"论曰"。傅燮鼎《九宫山志》卷一图像、卷二山水均有"山史 氏曰"，卷三宫宇、卷四仙释"论曰"、卷五物产、卷六纶翰、卷七名迹，文 末皆使用"论曰"。景日昣《嵩岳庙史》多处使用"景日昣曰"，发表精到品 评等。这些都是明清宫观山志中比较典型的论赞。

总之，无论哪种形式的论赞，对于明清宫观山志来说，都使其结构得以 完善，使其内涵得以丰富，是其不可或缺的重要组成部分。

四、直书与求实

中国史学历来有秉笔直书、实事求是的优良传统。尽管部分道教典籍有 怪诞虚妄、杜撰凿空等缺陷，但绝大多数道教典籍也有追求信史、据实直书 的追求，尤其是明清宫观山志在直书与求实方面的努力更是非常突出。

首先，求实的观念成为大部分明清宫观山志撰者的共识。宋广业《罗浮 山志会编》云："修志贵详而有据，方可征信。故凡增入者，必注明出自某书 某籍，以见有本。"② 认为撰写史书，务必以"详而有据"为原则，如此"方 可征信"。为了确保《罗浮山志会编》所言所记皆详而有据，必注明出处。这 种严谨求实的做法保证了其书内容的真实可靠。

———————

① （清）金桂馨、漆逢源纂辑：《逍遥山万寿宫志》卷十《经籍·小论》，载《中国道观志丛刊 正续编》第30册，第511页。

② （清）宋广业纂辑：《罗浮山志会编·凡例》，载《中国道观志丛刊正续编》第62册，第183页。

王概《大岳太和山纪略》云："圣迹不敢阑入，如舜井、姚孝子庙，无论耕嫁，非此地即有之，亦应入《均州志》，不得附于真武之道场。"① 又云："引经不切亦陈言也，因尹喜岩牵引老君，并录入函谷著道德经全传，离之愈远。又如真武诰、勤孝经等文，凡为真武庙者皆通用，与太和无涉，俱不录入。"② 明确反对将与太和山无涉的内容牵强加入，认为舜井、姚孝子庙、尹喜岩等虽然传说有自，但其不属于大岳太和山范围，前志收录，也不符合实事求是原则，因此应予以剔除。至于真武诰、勤孝经等天下真武通用而非太和专有的文献，亦一并不收。又云："茫无所据，倘若竞涉虚谬，宁能免于诬圣，阙之毋凿。"③ 认为那些茫无所据、涉嫌虚谬的内容，收录反而有损真武圣名，不如不录。又云："古迹必人与地之可传载在典籍而当存者，若插梅、磨针、试剑等说，乃真武山道家之传说，非典也。"④ 强调传说不可当作正典来看待，不可不加辨别，随意掺入其中。

姚远翺《华岳志》一改华岳前志艺文所录美恶兼收多取的弊端，"去古茫无衡鉴，今自汉唐以来诗文多有增入"⑤ 取材更为真实合理。胡执佩《黄堂隆道宫志》也持这一态度，其云："黄堂隆道宫向无专志，兹特博采省郡邑志、《西山志》《逍遥山志》及列仙诸传、故家旧谱，始克成帙。非有确据不敢滥登。若传闻谬误之事，尽行拦入，则以多传疑，何如以少传信？"⑥ 坚持摒弃没有"确据"的内容，避免其滥登杂入。这些认识与做法都是据实直书的具体表现，是非常可贵的。

① （清）王概总修，姚士倌、李之兰等纂：《大岳太和山志略·凡例》，载《中国道观志丛刊正续编》第 5 册，第 34 页。
② （清）王概总修，姚士倌、李之兰等纂：《大岳太和山志略·凡例》，载《中国道观志丛刊正续编》第 5 册，第 36 页。
③ （清）王概总修，姚士倌、李之兰等纂：《大岳太和山志略·凡例》，载《中国道观志丛刊正续编》第 5 册，第 34 页。
④ （清）王概总修，姚士倌、李之兰等纂：《大岳太和山志略·凡例》，载《中国道观志丛刊正续编》第 5 册，第 34—35 页。
⑤ （清）姚远翺纂修：《华岳志·凡例》。
⑥ （清）胡执佩编次：《黄堂隆道宫志·凡例》，载《中国道观志丛刊正续编》第 29 册，第 2 页。

其次，正视前志讹误与不足，敢于据实改正。例如，九鲤湖前志"有以宋人而误作唐人者，有以宋人题咏而误作今人者，至若成、弘以前缙绅多颠错于隆、万间，觉无轮次"①。康当世《九鲤湖志》皆予以改正，始称佳志。麻姑山旧志统纪未一，篇帙舛讹，黄家驹《重刊麻姑山志》"参考审校，类各有志，志各有考"②。其《重刊弁言》云："原志创于明万历时，续于我朝康熙年间，旧板未加校正，其称谓失当处，今悉加勘订。"③ 经过参考审核，悉加勘订，《重刊麻姑山志》更加精审，焕然一新，井然有序。

周秉秀编、周宪敬重编《祠山志》卷七专门设立"正讹"目，其云："惟我王勋德隆胜，威灵显著"，"惟务纪实传示四方，庶几崇信之士有所考据。倘或私加文饰，刊镂成书，幽以诬夫神，明以惑乎人，岂理也哉？顾《显应集》《世家》《编年》间有后先牴牾，承袭舛讹，犹可参稽，识者自解，迺若其意则是，其事则非。近者虽识其由来，远者或取以为证，将使智愚俱惑，展转成讹，诚有未安，僭伪是正，一毫无谬，可质神明。"④ 坚持了修志必须遵守的"纪实"原则，博稽载籍，旁通百家，纠正世传关帝《编年》《世家》《显应集》各种讹误，皆考辨翔实，言之凿凿，确可信据。

武夷山旧志讹误颇多，如"以南唐保大为宝大，元宗李璟为后主，宋真宗咸平为太宗。观名因革以南唐会仙观铭为宋之冲佑观，宋之冲佑观诗为元之万年宫。人物时代以宋王遂为元人，元刘说道为宋人。建造事迹以游文清水云寮误为游文肃，刘兼道小隐堂误为刘忠简诗。篇名姓以朱子次吴辑精舍，五律分为二绝句，至于名姓差讹尤多"⑤。王复礼《武夷九曲志》皆据实悉以

---

① （明）康当世纂：《九鲤湖志》，第 18 页。
② （清）黄家驹编纂：《重刊麻姑山志·原刊例言》，载《中国道观志丛刊正续编》第 27 册，第 26 页。
③ （清）黄家驹编纂：《重刊麻姑山志·重刊弁言》，载《中国道观志丛刊正续编》第 27 册，第 30 页。
④ （元）周秉秀编，（清）周宪敬重编：《祠山志·（元）周秉秀〈正讹小序〉》，载《中国道观志丛刊正续编》第 44 册，第 402 页。
⑤ （清）王复礼编辑：《武夷九曲志》，《四库全书存目丛书》，史部第 241 册，第 222 页。

订正。关于武夷九曲分界，诸志互有参差，"如徐志自止止庵水光石属二曲，三杯石、水乐石属三曲之类，殊为乖谬"。董天工《武夷山志》"以游历身经复酌诸志定正"①，如此一来，武夷盈盈一水，九折分明，前后有序，秩序井然。

最后，将考证、存疑等治史方法融入明清宫观山志的编纂中。考证和存疑都是传统史学追求信史的重要方法，明清宫观山志继承了这一重要方法，为其信而有征做出了扎实的努力。姚远翱《华岳志》云："华岳题名及古碑自明嘉靖间地震后湮没过半，今录其可考者或文见他书而碑已久废则下注'今废'二字以别之，余则概从阙疑。"② 不仅注明了题名及碑记的古今存废，还明确了疑者存疑、宁缺毋滥的原则。朱衮《衡岳志》云："山水中七十二峰旧本互异不一，今折衷诸家，细为考正，即有未尽是者，亦惟付之阙疑，不敢妄为牵合。"③ 对诸家所记"细为考证"及"未尽是者""付之阙疑"的处理方式，既体现了作者的考证功力，又保证了史料的真实有据。

张联元《天台山全志》设"存疑"篇，专收"羽仙身未到于台山，并杂志或涉于渺幻"④ 的篇什。如陶弘景《真诰》所云，"天台山高一万八千丈"、汉哀帝时茅盈乘云驾龙至大霍赤城玉洞之府、汉灵帝光和二年（179）正月初一太上老君降于天台山命王思真批九光之韫书洞元大洞等经三十六卷之类，传说虽广，但或无依据，或系寓言，俱入存疑。既尊重了道家、道教文化，又体现了务实唯物的精神。

此外，劳堪《武夷山志》设"存疑纪"，诸如"武夷仙瑞世""武夷仙托化""潘太尉神兵""黄道人遇仙"等非实虚幻的传说神话，皆归于此类。衷仲孺《武夷山志》亦设"存疑"目，诸如"杨万大""田父遇仙"等，凡十

---

① （清）董天工编：《武夷山志·凡例》，载《中国道观志丛刊正续编》第33册，第57—58页。
② （清）姚远翱纂修：《华岳志·凡例》。
③ （清）朱衮重修，（清）袁奂编纂：《衡岳志·凡例》。
④ （清）张联元辑：《天台山全志·凡例》，《续修四库全书》第723册，第455页。

一条，俱入此目。其《小序》云："志仿史而作者也，传信示实谓之信史，疑则阙焉，而仍存非古也，然而太人之占梦，齐谐之志怪，御瞻之姑妄，言之率是类也，虽疑而复存之。存之亦犹行古之道也。"① 主张修志如同治史，应坚持传信示实的原则，至于那些道教专有的神怪故事，可以采用存疑的方式处理。董天工《武夷山志》亦云："不经之谈、无足考信，初拟削之，但志山与志郡邑不同。彼以考鉴得失，昭乘法戒，所以惟道其常；此则搜罗载籍，增广见闻，何妨间及其幻？故载杂录。然每条下必注明出于某，非敢意为附会。"② 也注意到了志山与志郡邑的不同，认为对待有明确出处的神怪之事，可以本着增广见闻的原则，适当收录，置于"杂录"之中，并注明出处。无论是张联元《天台山全志》、衷仲孺《武夷山志》、劳堪《武夷山志》设"存疑"目，还是董天工《武夷山志》立"杂录"条，出于搜罗载籍、增广见闻的需要，将那些不经之谈、无足考信的内容置于一起，留给后世研究考证，都是尊重神仙及道教文化的发展历史，客观求实的做法。

为了保证史料真实可靠，有据可查，明清宫观山志大量使用按语。例如，蔡瀛《庐山小志》采用"仍以旧志为宗，谨将旧志纂列于前，其有见闻所及别注增字"③ 的方法，或有疑问，则注"瀛按"二字。王概《大岳太和山纪略》每卷后均加按语，以见作者考镜之功。此外，傅燮鼎《九宫山志》、笪蟾光《茅山志》、青屿仰蘅《武林玄妙观》、朱文藻（朗斋）《金鼓洞志》《吴山城隍庙志》、郑永禧《烂柯山志》、娄近垣《龙虎山志》、景日昣《嵩岳庙史》、张伯魁《崆峒山志》都有很多按语，这都是直书求实精神的重要体现。

总之，宫观山志兼有世俗史书与道教文献的双重性质，这些典籍的纂辑难免存在神秘与真实的矛盾，明清宫观山志在尊重道教自身历史与文化的前提下，坚持摒弃虚妄、追求直书，这方面的努力是值得称道的。

---

① （明）衷仲孺订修：《武夷山志》，《四库全书存目丛书》，史部第 228 册，第 502 页。
② （清）董天工编：《武夷山志·凡例》，载《中国道观志丛刊正续编》第 33 册，第 60 页。
③ （清）蔡瀛纂：《庐山小志·凡例》。

第四章　明清宫观山志的道教学价值

随着道教研究的深入，出版了大批学术专著、论文集、工具书和通俗读物等书籍，这些著作和论文所涉及的内容相当广泛，不少著作和论文均具有较高的学术价值。然而，稍显遗憾的是，这些研究成果较少关注明清宫观山志，对明清宫观山志使用率较低，在第一手资料的掌握上存在一定的缺失，无法全面反映道教尤其是明清道教的状况。事实上，明清宫观山志充分记载了历代国家崇奉道教的主要情况，记录了历代宫观的盛衰兴废；同时，明清宫观山志还是研究道观经济的重要史料，也是探究民间信仰的基本资料。本章拟从明清宫观山志对历代国家崇奉道教的记载、对历代道观盛衰兴废的记录、对道观经济的记述等几个层面来阐述明清宫观山志在道教学研究中的重要作用和价值。

第一节　明清宫观山志对国家崇奉道教的记载

宫观山志有大量的关于国家崇奉道教的记载，本节以明清宫观山志关于道教名山大观纳入国家祀典的记录、关于国家对仙真高道封号的详尽记录、对朝廷颁赐《道藏》的记载等三方面为例，来揭示明清宫观山志的道教学价值。

一、关于道教名山大观纳入国家祀典的记录

在中国古代，国家祀典是一种不可或缺的国事活动，与民间祀典相对立，国家祀典属于正祀。这种"封建政治所提倡的祀神活动，对于确立和稳固封建秩序，对于贯彻儒家的人伦教化思想乃至维护封建统治都起了很大的作用。"[1] 在明代，道教长期承担着国家祭祀的重任，足见道教在明代国家祭祀中发挥的重大作用。[2] 明清宫观山志大量记载了官方所代表的封建王朝在各大宫观、道教名山进行的祭祀活动，反映了道教宫观、道教名山在国家祀典中的特殊地位。

明清宫观山志用较多的篇幅记载了道教名山大观纳入国家祀典的情况，其设立的类目多称"祀典"，如景日昣《嵩岳庙史》、王概《大岳太和山纪略》、鲁点《齐云山志》、朱文藻（朗斋）《吴山城隍庙志》、黄家驹《重刊麻姑山志》、董天工《武夷山志》、杨浚《湄洲屿志略》、高自位《南岳志》、金棨《泰山志》等，均有"祀典"之目；其他有称"祀纪"者，如张崇德《恒岳志》；有称"懿典"者，如江永年增补《茅山志》首卷《明懿典》；有称"纶翰"者，如傅燮鼎《九宫山志》；有称"盛典"者，如朱文藻（朗斋）《吴山城隍庙志》、金棨《泰山志》；有称"恩赉"者，如娄近垣《龙虎山志》；有称"国典"者，如胡执佩《黄堂隆道宫志》，金桂馨、漆逢源《逍遥山万寿宫志》；有称"褒封"者，如林清标《敕封天后志》；有称"秩祀"者，如陆柬《嵩岳志》；有称"望典"者，如查志隆《岱史》；有称"褒典"者，如王禹书《关圣陵庙纪略》；有称"历代封典"者，如杜翔凤《昭利庙志》；有称"宸望"者，如傅梅《嵩书》；有称"祀志"者，如桂敬顺《恒山志》等。类目名称不一而足，但收录的内容近似，多为国家祀典之记录，对

---

[1] 朱迪光：《封建国家祀典的形成及其对古代中国宗教活动的影响》，《青海社会科学》1990年第1期。

[2] 相关内容参见张广保《全真教的创立与历史传承》，第330—331页。

于考察历代国家崇奉道教情况有直接的帮助。

（一）关于五岳与国家祀典的记载

中国古代王朝对五岳的祭祀是源于上古帝王的巡祀礼典，历朝历代都把祭祀五岳作为国家头等大事之一。《周礼·大宗伯》云"以血祭祭五岳"①，又云"国有大故，则旅上帝及四望"②。说的是国家有了凶灾，则旅祭上帝和名山大川。郑玄释四望为五岳、四镇、四渎，五岳为四望之首。《礼记·王制》（下）云："天子祭天下名山大川，五岳视三公，四渎视诸侯。"③ 强调祭祀五岳，用晏享三公之礼。《礼记·王制》（上）云："岁二月，东巡守，至于岱宗，柴而望，祀山川"④；"五月南巡守，至于南岳，如东巡守之礼；八月西巡守，至于西岳，如南巡之礼；十有一月北巡守，至于北岳，如西巡之礼"⑤。据此，天子祭山川的次序为每年二月，先到东方巡视，来到泰山，在山上烧柴祭天，遥祭山川；再依次巡视到南岳、西岳、北岳，礼仪如前。所谓"夫国之大事惟祀，祀之大事惟天地与五岳"⑥，强调的也是五岳之祭祀同等重要于祭天祭地的意思。而从道教传统来看，对五岳的崇拜一直有自身独特的传统。在唐末五代高道杜光庭的《洞天福地岳渎名山记》中，五岳享有崇高地位，"东岳泰山，岳神天齐王，领仙官玉女九万人，山周回二千里"，"南岳衡山，岳神司天王，领仙官玉女三万人，山周回二千里"，"中岳嵩高山，岳神

① （汉）郑玄注，（唐）贾公彦疏：《周礼注疏》卷十八《大宗伯》，李学勤主编《十三经注疏》整理本，第536页。
② （汉）郑玄注，（唐）贾公彦疏：《周礼注疏》卷十八《大宗伯》，李学勤主编《十三经注疏》整理本，第570页。
③ （汉）郑玄注，（唐）孔颖达正义：《礼记正义》卷十二《王制》（下），李学勤主编《十三经注疏》整理本，第451页。
④ （汉）郑玄注，（唐）孔颖达正义：《礼记正义》卷十二《王制》（上），李学勤主编《十三经注疏》整理本，第425页。
⑤ （汉）郑玄注，（唐）孔颖达正义：《礼记正义》卷十二《王制》（上），李学勤主编《十三经注疏》整理本，第426—427页。
⑥ （明）查志隆撰：《岱史》卷七《望典纪》，载《中国道观志丛刊正续编》第41册，第189页。

中天王，领仙官玉女一十二万人，为五土之主，周回一千里"，"西岳华山，岳神金天王，领仙官玉女七万人，山周回二千里"，"北岳恒山，岳神安天王，领仙官玉女五万人，山周回二千里"①。可见，五岳地位之突出。事实上，五岳作为国家祭祀的神圣空间很早便与道教有着密不可分的关联，这种关联直接反映了道教对政治的深刻影响。

1. 明清宫观山志与泰山国家祀典

泰山志书，存世较多，如明代汪子卿《泰山志》、查志隆《岱史》、清金棨《泰山志》、唐仲冕《岱览》等。这些志书较多地保存了历代王朝对泰山的祭祀情况，他们与明清实录等史书一样，都是研究泰山国家祀典的宝贵资料。

泰山为五岳之首，"帝王狩望必先焉"②，历代帝王都将祭祀泰山作为头等大事，于祭礼格外崇重。《尚书·舜典》云，唐虞"岁二月，东巡守，至于岱宗，柴，望秩于山川"③。《岱史·望典纪》引《鲁世纪》："周公封于曲阜，伯禽为鲁侯，遂得主泰山之祀。"④ 说明古代先王对泰山的祭祀都非常重视。

先秦时期的泰山祭祀对后世产生了重大影响。秦始皇即帝位三年（前219），东游海上，"行礼祠名山大川及八神"，八神之次"二曰地主，祠泰山梁父"⑤。表明泰山在秦朝国家祀典中的崇高地位。汉武帝元狩元年（前122）、元封五年（前106），皇帝都曾祠泰山，"其后五年一修封，凡五祠焉"⑥。汉宣帝神爵元年（前61），诏太常制五岳常祀礼，皆使者持节，"唯泰山与河岁五祠"，"余皆一祷而三祠"⑦。祭祀泰山的次数与规格明显高于其他岳渎。随着泰山祭祀活动的发展，西汉以后，泰山国家祭祀形成了所在地祭

① （唐）杜光庭编：《洞天福地岳渎名山记》，载《道藏》第11册，第56页下。
② （明）查志隆撰：《岱史》卷七《望典纪》，载《中国道观志丛刊正续编》第41册，第189页。
③ （汉）孔安国注，（唐）孔颖达正义，廖名春、陈明整理：《尚书正义》卷三《舜典》，李学勤主编《十三经注疏》整理本，第71页。
④ （明）查志隆撰：《岱史》卷七《望典纪》，载《中国道观志丛刊正续编》第41册，第190页。
⑤ （汉）司马迁撰：《史记》卷二十八《封禅书》，第1367页。
⑥ （明）查志隆撰：《岱史》卷七《望典纪》，载《中国道观志丛刊正续编》第41册，第192页。
⑦ （汉）班固撰：《汉书》卷二十五《郊祀志下》，第1249页。

祀与京城祭祀两大传统。东汉光武帝建武三十年（54）三月，帝却封禅之议，幸鲁，退祭泰山。① 中元元年（56）春，光武帝东巡狩，"二月己卯，幸鲁，进幸泰山。辛卯，柴望岱宗，登封泰山"②。章帝元和二年（85）二月，幸祀泰山。③ 可见，汉代祭祀泰山，不仅次数多，规格也非常高，显示出泰山在国家祭祀中不可或缺的位置。

虽然魏晋南北朝时期政局动荡，泰山常规祭祀难以开展，但临时的非常规祭祀五岳活动却延续不断。魏文帝黄初二年（221）六月，初祀五岳四渎。④ 晋成帝咸和八年（333），立北郊，五岳从祀。⑤《通典》云："梁令郡国有五岳者，置宰祀三人"，"皆以孟春、仲冬祠之"；又云"后魏明元帝立五岳庙于桑乾水之阴，春秋遣有司祭"，"太武帝南征，过岱宗，祀以太牢"⑥。北魏孝文帝太和十九年（495）、北魏高允皇兴二年（468）祭祀泰山，二者祭岱岳文均保存于《初学记》中。⑦

隋唐时期，国家对泰山祭祀管理更加规范。大唐武德、贞观之制，"五岳、四镇、四海、四渎，年别一祭，各以五郊迎气日祭之。东岳岱山，祭于兖州"，"其牲皆用太牢，祀官以当界都督刺史充"⑧。唐玄宗开元十三年（725），封泰山神为天齐王，礼秩加三公一等。玄宗制《纪太（泰）山铭》，御书勒于山顶石壁之上。⑨ 唐代道教成为国教，道教也参与到泰山祭祀中来。开元十九年（731），唐玄宗接受司马承祯的建议，敕令五岳各立真君祠庙。此外，全国各地还为泰山神修建庙宇，称作东岳庙，亦称天齐庙。天宝元年

---

① （南朝宋）范晔撰：《后汉书》卷九十七《祭祀志上》，第3161—3162页。

② （南朝宋）范晔撰：《后汉书》卷一下《光武帝纪第一下》，第82页。

③ （南朝宋）范晔撰：《后汉书》卷三《肃宗孝章帝纪第三》，第149页。

④ （晋）陈寿撰：《三国志》卷二《魏书·文帝纪第二》，第78页；（唐）房玄龄等撰：《晋书》卷十九《礼志上》，第597页。

⑤ （明）查志隆撰：《岱史》卷七《望典纪》，载《中国道观志丛刊正续编》，第41册，第193页。

⑥ （唐）杜佑撰：《通典》卷四十六《礼典六》，第1282页。

⑦ （唐）徐坚撰：《初学记》卷五《地理上·泰山第三》，第96页。

⑧ （唐）杜佑撰：《通典》卷四十六《礼典六》，第1282页。

⑨ （后晋）刘昫等撰：《旧唐书》卷二十三《礼仪志三》，第901页。

（742）、七载（748）、八载（749），皆以岁丰遣官祭五岳。①

宋太祖称帝后，下诏爰旧制祭东岳泰山于兖州。② 真宗大中祥符元年（1008）十月，封禅礼毕，诏加号泰山为天齐仁圣王。③ 五年（1012），诏加上东岳曰天齐仁圣帝④，命学士晁迥撰《天齐仁圣帝碑铭》。⑤ 是年，真宗又于京城修五岳观，奉祀五岳帝，从而使国家祭祀与道教的五岳之神首次实现融合。南宋时期，泰山虽不在其境，但仍未放弃对泰山的祭祀。南宋孝宗乾道四年（1168）十二月，全面恢复泰山等岳镇海渎的祭祀。

金世宗大定四年（1164）六月，"初定祭五岳四渎礼"⑥，确立了金代泰山常规祭祀制度。次年，开始了对泰山的常规祭祀，并且一直延续。金代五岳庙由道士主持，清晰地表现了道教与国家祭祀的关系。

蒙古帝国的泰山祭祀始于海迷失后元年（1249），是年秋七月，东平大行台严忠济致祭泰山。⑦ 此时的泰山祭祀，多用道士代祀。宪宗蒙哥元年（1251），全真教掌教李志常代表蒙古帝室遍祭岳渎。⑧ 蒙哥二年（1252）⑨、蒙哥四年（1254）⑩，全真教徒都曾奉命祭祀岳渎。蒙哥六年（1256），又命正一道士代祭泰山。⑪ 元代的致祭泰山，仍采取代祀与常祀两种形式。元至元二

① （明）查志隆撰：《岱史》卷七《望典纪》，载《中国道观志丛刊正续编》第 41 册，第 193 页。

② （清）毕沅撰：《续资治通鉴》卷五《宋纪·太祖启运皇帝》，《四部备要》第 41 册，第 58 页。

③ （明）李濂撰：《汴京遗迹志》卷十一《祠庙庵院·东岳庙》，《景印文渊阁四库全书》第 587 册，第 631 页。

④ （宋）李焘撰：《续资治通鉴长编》卷七十五《真宗大中祥符四年（1011）》，第 1722 页。

⑤ （明）陆钶等纂修：嘉靖《山东通志》卷十八《祠祀·济南府·东岳庙》。

⑥ （元）脱脱等撰：《金史》卷六《世宗纪上》，第 134 页。

⑦ 刘兴顺著：《泰山国家祭祀史》，第 254 页。

⑧ （元）王鹗：《玄门掌教大宗师真常真人道行碑铭》，载陈垣编纂，陈智超、曾庆瑛校补《道家金石略》，第 579 页。

⑨ （元）徒单公履：《冲和真人潘公神道之碑》，载陈垣编纂，陈智超、曾庆瑛校补《道家金石略》，第 555 页。

⑩ （元）张好古：《洞元虚静大师申公提点墓志铭》，载陈垣编纂，陈智超、曾庆瑛校补《道家金石略》，第 648 页。

⑪ 刘兴顺著：《泰山国家祭祀史》，第 257—258 页。

十八年（1291），加上泰山天齐大生仁圣帝①，岁一遣官祭岳祠②，确定了每年遣官致祭制度。

明代祭祀泰山活动有增无减，早在洪武二年（1369），朱元璋便遣都督孙遇仙等一十八人祭泰山神等天下岳镇海渎之神并修东岳祝文。③洪武三年（1370）六月二十日，厘定神号，去泰山封号为东岳之神。④据刘兴顺的研究，明朝的遣使致祭泰山等岳镇海渎制度，存在着常规与非常规两类。⑤洪武九年（1376）八月，朱元璋"命礼部仍以岳镇海渎之祀，京师春、秋二祭自有常期。其遣官行礼并所在有司之祭，勿与京师同日"⑥。常规遣使致祭确定于洪武十年（1377），是年，遣曹国公李文忠、道士吴永舆、邓子方致祭于东岳泰山之神，"自今以后，岁以仲秋诣祠致祭"⑦。延续了元代每年致祭泰山之制。此后，洪武十一年（1378），遣道士吴永舆等致祭泰山之神。⑧洪武二十八年（1395），遣神乐观道士乐本然，国子监生王济致祭泰山。⑨洪武三十年（1397），遣神乐观道士朱铎如、监生高焘致祭泰山。明成祖永乐五年（1407），遣道士复生、监生张礼致祭泰山。

明代多次遣使致祭泰山，可考者多达七十余次⑩，其资料主要留存于《明实录》及汪子卿《泰山志》和查志隆《岱史》中。其中，至少有三分之一仅见于后两种山志，明清宫观山志的史料价值可见一斑。

---

① （元）苏天爵编：《国朝文类》卷九《（元）阎复〈加封五岳四渎四海诏〉》，《四部丛刊初编》第 2018 册，第 6 页。

② （明）查志隆撰：《岱史》卷七《望典纪》，载《中国道观志丛刊正续编》第 41 册，第 209—210 页。

③ 《明太祖实录》卷三十八，洪武二年（1369）春正月庚戌，第 770—771 页。

④ （明）陆釴等纂修：嘉靖《山东通志》卷三十七《祭东岳泰山文》。

⑤ 刘兴顺著：《泰山国家祭祀史》，第 290 页。

⑥ 《明太祖实录》卷一〇八，洪武九年（1376）八月己酉，第 1801 页。

⑦ （明）查志隆撰：《岱史》卷七《望典纪》，载《中国道观志丛刊正续编》第 41 册，第 213—214 页。

⑧ （明）查志隆撰：《岱史》卷七《望典纪》，载《中国道观志丛刊正续编》第 41 册，第 214 页。

⑨ （明）查志隆撰：《岱史》卷七《望典纪》，载《中国道观志丛刊正续编》第 41 册，第 215 页。

⑩ 刘兴顺著：《泰山国家祭祀史》，第 298—302 页。

清代初期中断了遣使代祀泰山的常规制度，而实行非常规致祭泰山之制。[1] 顺治八年（1651）四月，清代遣督察院右都御史刘昌致祭于东岳泰山之神[2]，是为清代首次遣使致祭泰山。此后，清代多次遣使致祭泰山，据金棨《泰山志》的记载，顺治十八年（1661）八月，康熙即位，遣翰林院侍读学士左敬祖致祭泰山，又于康熙六年（1667）、康熙十五年（1676）、康熙二十一年（1682）、康熙二十三年（1684）、康熙二十七年（1688）、康熙三十五年（1696）、康熙三十六年（1697）、康熙四十二年（1703）、康熙五十二年（1713）、康熙五十八年（1719）分别遣使致祭泰山。[3] 据统计，清王朝共遣使致祭泰山七十九次之多[4]，其中绝大多数史料保存在金棨《泰山志》中，足见这些志书的学术价值。

2. 明清宫观山志与南岳国家祀典

明清时期诞生了多部南岳志书，如明代彭簪《衡岳志》六卷、邓云霄《衡岳志》八卷、清代朱衮《衡岳志》八卷、许知玑《南岳志辑要》四卷、李元度《南岳志》二十六卷《增补》二卷《续增》二卷、高自位《南岳志》八卷等。各部南岳山志对帝王的崇祀活动都有记载，是考察历代崇祀南岳活动的重要依据。例如，高自位《南岳志》卷一《祀典》记录先秦至乾隆二十七年（1762），历朝遣官致祭南岳事迹，光绪《湖南通志》卷七十三《典礼志三》有《南岳祀典考》一文，便以此为基础，又接续乾隆二十七年（1762）至光绪元年（1875）诸朝致祭南岳之事，充分彰显出南岳志书对于南岳祀典研究的基础作用。据张群的统计，彭簪《衡岳志》和邓云霄《衡岳志》分别记载帝王或帝王遣使致祭南岳活动 19 次和 54 次，朱衮《衡岳志》记载 33 次、

---

① 刘兴顺著：《泰山国家祭祀史》，第 362 页。

② （清）金棨纂辑：《泰山志》卷三《盛典纪》，载《中华山水志丛刊·山志》第 4 册，第 201 页上。

③ （清）金棨纂辑：《泰山志》卷三《盛典纪》，载《中华山水志丛刊·山志》第 4 册，第 201 页上。

④ 刘兴顺著：《泰山国家祭祀史》，第 367—373 页。

高自位《南岳志》记载 59 次，许知玑《南岳志辑要》记载 61 次，李元度《南岳志》记载 132 次。① 根据历代南岳志书的整理，除去重复记载，上起虞舜时期，下迄清朝的最末一位帝王，对南岳的祭祀典礼共计 140 条。这其中还不包含守土之臣的春秋常祀。具体为先秦时期 3 次，两汉 1 次，魏晋南北朝时期 5 次，隋朝 1 次，唐朝 9 次，宋朝 21 次，元朝 16 次，明朝 38 次，清朝 46 次。② 由此不难看出南岳衡山在不同时期受封建王朝重视和崇祀的情况，也不难看出存世的南岳志书之重要性。

与崇祀五岳其他名山一样，帝室崇祀南岳衡山的缘由无外乎以下几种，一是巡狩。如《尚书·舜典》云："五月南巡守，至于南岳，如岱礼。"③ 复如，元封五年（前 106），汉武帝"巡南郡，至江陵而东，登礼潜之天柱山，号曰南岳"④。二是为皇帝新登基、求子嗣，祈求永佑邦家，或为皇帝本人及其他皇室成员祈福祛病。彭簪《衡岳志》卷四《祀事》云："天子新即位及有事祈祷，则遣大臣或近臣特祭之。"⑤ 例如，正统元年（1436），明英宗即位，遣尚宝卿、宋礼致祭南岳。⑥ 又如，嘉靖十七年（1538），因"天赐元储"，遣人致祭衡山之神。⑦ 三是因旱涝雨雪不期、蝗灾、地震等自然灾害而致祭。例如，明英宗正统九年（1444），因久旱无雨遣翰林侍读周叙祭告南岳之神。⑧ 成化六年（1470），因武昌、汉阳、荆岳等府地震，皇帝遣人致祭南岳之神。⑨ 四是因军事活动而致祭。例如，明正德六年（1511），因去岁以来，

① 张群：《南岳山志研究》，武汉大学博士学位论文，2013 年，第 94 页。
② 张群：《南岳山志研究》，武汉大学博士学位论文，2013 年，第 104 页。
③ （汉）孔安国注，（唐）孔颖达正义，廖名春、陈明整理：《尚书正义》卷三《舜典》，李学勤主编《十三经注疏》整理本，第 71 页。
④ （汉）司马迁撰：《史记》卷二十八《封禅书》，第 1400 页。
⑤ （明）彭簪编校：《衡岳志》卷四《祀事》，《四库全书存目丛书》，史部第 229 册，第 283 页上。
⑥ （清）高自位重编，旷敏本纂：《南岳志》卷一《祀典》，载《中国道观志丛刊正续编》第 45 册，第 88 页。
⑦ （明）彭簪编校：《衡岳志》卷四《祀事》，《四库全书存目丛书》，史部第 229 册，第 286 页下。
⑧ （明）彭簪编校：《衡岳志》卷四《祀事》，《四库全书存目丛书》，史部第 229 册，第 283 页下。
⑨ （明）彭簪编校：《衡岳志》卷四《祀事》，《四库全书存目丛书》，史部第 229 册，第 284 页下。

宁夏作孽，命官致讨，逆党就擒，内变肃清，遂遣湖广等处承宣布政使司分守上下湖南道右参议孙炯致告南岳衡山之神。① 无论是因哪种缘由致祭南岳，都充分反映出南岳衡山在国家祀典中的地位，也充分反映出明清宫观山志在道教学研究中不可替代的作用。

3. 明清宫观山志与华山国家祀典

明清华山志书主要有明张维新《华岳全集》十三卷、清姚远翻《华岳志》十二卷《首》一卷、李榕《华岳志》八卷《首》一卷等几种。张维新《华岳全集》卷三收录《唐封金天王懿号考》《皇明洪武三年（1370）厘正名号诏》，是关于帝室崇奉华山的两篇重要文献。前者体现了大唐王朝对西岳华山之神的重视，后者反映了明朝初年国家祀典制度的重要变革。是志还收录从洪武三年（1370）到万历十五年（1587）皇帝遣使致祭华山之神的祭告文 37 篇，是研究华山文化的第一手资料。李榕《华岳志》卷七《纪事》援引《尚书》《竹书纪年》《史记》《资治通鉴》等大量文献，"举其重且大者"②，梳理了西岳华山大事近 160 条，实为历代华山大事记，对于研究华山历史有突出的作用。是书对西岳崇拜之记载，既可弥补历代正史之不足，也可为西岳华山民间信仰的研究提供重要线索。

依据这些祭告文及纪事资料可知，历代皇室致祭华山，其主要目的如下：

一是视察邦国，巡狩疆土。据李榕《华岳志》的爬梳，远自传说中之尧舜时，便有巡祭四岳之制，周武王十五年、周成王十二年都曾巡狩华山。秦始皇、汉武帝皆因模仿上古帝王巡狩山川而闻名，秦始皇还制定了祀西岳之礼。东汉以降，未有帝王于西岳行巡狩祭天之礼，是东汉以后国家政治生活巨大变化的直接反映。隋炀帝大业十年（614）炀帝"过祀华岳，筑场于庙侧"③。恢复了湮没多年的巡狩五岳之礼。

---

① （明）彭簪编校：《衡岳志》卷四《祀事》，《四库全书存目丛书》，史部第 229 册，第 285 页下。
② （清）李榕纂辑：《华岳志》卷七《纪事》，载《中国道观志丛刊正续编》第 4 册，第 683 页。
③ （唐）魏徵等撰：《隋书》卷七《礼仪志》，第 140 页。

二是寰宇既清，特祭告神灵，以求国祚永存。如洪武三年（1370），"承上天后土之命，百神阴佑，削平叛乱，正位称尊"①，特遣尚书吏部员外郎李矩致祭山神。洪武十年（1378），"蒙神之效灵，以平群雄，息祸乱"，"于今十年，中国康宁"②，遣宋国公冯胜、道士何公溥致祭华岳之神。

三是兴兵靖边，求神护佑。例如，永乐四年（1406）七月，用兵安南，遣道士邓全礼祭西岳。③ 永乐五年（1407），安南逆贼"逞凶肆暴，屡攘边疆，侵夺思明府禄州等处地方"，"乃命将出师声罪致讨"④，遣人致祭华山之神，希冀山神护佑，将士安宁，百疾不作。成化九年（1473），"陕西地方累被达贼侵扰，或劫掠财物，或杀戮人口，其为惨酷，有不忍言。朝廷不得已命将出师，为民除害。奈征戍日久，转输浩繁，饥馑荐致，死亡相枕"，特遣廷臣敬执香币，远叩祠下，"伏望神灵感通，斡旋造化"，"贼寇殄除，疫疠潜消，军民安妥"⑤。

四是求山神祛病除疫，御灾捍患。如永乐九年（1411），陕西"境内军民多患疫疠，死亡者众"，特遣人致祭山神，以冀"助国为民，御灾捍患"⑥。复如，明英宗正统十年（1445），陕西西安府等地"沴气为灾，时疫大作，死者相枕，病者未已"，特遣使者致祭华岳山神，望神"弘阐威灵，御灾捍患"⑦。

五是即位之初，告祭神灵。明代诸帝嗣位之后，都要遣人致祭五岳，华

---

① （明）张维新总阅，马明卿编辑，冯嘉会续辑：《华岳全集》卷三《祭告文》，《四库全书存目丛书》，史部第232册，第202页下。
② （明）张维新总阅，马明卿编辑，冯嘉会续辑：《华岳全集》卷三《祭告文》，《四库全书存目丛书》，史部第232册，第202页下、第203页上。
③ （清）李榕纂辑：《华岳志》卷七《纪事》，载《中国道观志丛刊正续编》第4册，第699页。
④ （明）张维新总阅，马明卿编辑，冯嘉会续辑：《华岳全集》卷三《祭告文》，《四库全书存目丛书》，史部第232册，第204页下。
⑤ （明）张维新总阅，马明卿编辑，冯嘉会续辑：《华岳全集》卷三《祭告文》，《四库全书存目丛书》，史部第232册，第207页下。
⑥ （明）张维新总阅，马明卿编辑，冯嘉会续辑：《华岳全集》卷三《祭告文》，《四库全书存目丛书》，史部第232册，第205页上。
⑦ （明）张维新总阅，马明卿编辑，冯嘉会续辑：《华岳全集》卷三《祭告文》，《四库全书存目丛书》，史部第232册，第206页下。

山位列其中。例如，明英宗正统元年（1436），岁次丙辰正月丁卯朔十五日辛巳，皇帝遣安远侯柳溥致祭西岳华山之神。其文云："越兹西土，华岳惟崇，民物奠安，厥功允茂。予嗣承大统，谨用祭告，惟神钦革，永佑家邦。尚飨。"①

六是因旱涝蝗灾或地震而致祭，以图风调雨顺，国泰民安。例如，后周保定三年（563），大旱，敕同州刺史达奚武祭西岳。② 宋真宗大中祥符二年（1009）五月，陕西旱，遣使祷西岳。③ 元文宗天历二年（1329）四月，以陕西旱久，遣使祷西岳。④ 正统九年（1444）久旱无雨，灾及群生，遣翰林院编修吕原致祭山神，希望山神"弘布甘霖，用臻丰稔"⑤。复如，明英宗正统六年（1441），"边境地道弗宁，屡至震动，伤及民物"⑥，遣礼部右侍郎王士嘉祭告华山之神，期望山神护佑。宪宗成化二十年（1484）、孝宗弘治十四年（1501），皆因地震祭西岳。⑦ 成化四年（1468），"比岁以来，多方灾沴，雨旸不时，我民用瘝"⑧。遣巡抚陕西督察院右副都御史陈价致祭山神。

可见，明清各种西岳志书对华山纳入国家祀典的记载较为丰富，是研究华山历史文化及国家祀典文化的宝贵参考资料。

4. 明清宫观山志与北岳国家祀典

北岳为五岳之一，北岳祭祀是五岳祭祀的重要组成部分。古北岳指河北

① （明）张维新总阅，马明卿编辑，冯嘉会续辑：《华岳全集》卷三《祭告文》，《四库全书存目丛书》，史部第232册，第205页下。
② （清）李榕纂辑：《华岳志》卷七《纪事》，载《中国道观志丛刊正续编》第4册，第690页。
③ （清）李榕纂辑：《华岳志》卷七《纪事》，载《中国道观志丛刊正续编》第4册，第695页。
④ （清）李榕纂辑：《华岳志》卷七《纪事》，载《中国道观志丛刊正续编》第4册，第698页。
⑤ （明）张维新总阅，马明卿编辑，冯嘉会续辑：《华岳全集》卷三《祭告文》，《四库全书存目丛书》，史部第232册，第206页上。
⑥ （明）张维新总阅，马明卿编辑，冯嘉会续辑：《华岳全集》卷三《祭告文》，《四库全书存目丛书》，史部第232册，第206页上。
⑦ （清）李榕纂辑：《华岳志》卷七《纪事》，载《中国道观志丛刊正续编》第4册，第701、702页。
⑧ （明）张维新总阅，马明卿编辑，冯嘉会续辑：《华岳全集》卷三《祭告文》，《四库全书存目丛书》，史部第232册，第207页下。

曲阳西北的恒山，位于今河北唐县、阜平和涞源三县交界处的大茂山①，国家祭祀北岳的活动也多在曲阳的北岳庙。顺治以后，恒山致祭改在山西浑源。无论是河北曲阳的古北岳，还是后来山西浑源的北岳，他们的国家祭祀活动都被较为完整地保存在明代赵之韩等纂《恒岳志》、何出光《北岳庙集》及清初张崇德《恒岳志》、乾隆年间桂敬顺《恒山志》等文献之中。

据张崇德《恒岳志》的梳理，先秦时期，已有祭祀北岳活动。虞帝舜、夏后禹、周武王、周威王等，都曾巡守北岳②，但先秦之际的帝王巡守与后期带有宗教意义的岳渎祭祀尚有区别。汉代以降，皇帝亲幸、遣使祭祀古北岳屡见于史册。汉武帝天汉三年（前98）始立北岳祠于上曲阳（位于今河北曲阳县城西2公里）。宣帝神爵元年（前61），诏定祭祀"北岳常山于上曲阳"③。东汉章帝元和三年（86）春三月戊辰，"进幸中山，遣使者祀北岳"④。魏晋时期虽然动荡不安，但对于北岳的祭祀仍未停止。北魏明元帝泰常四年（419）⑤、太延元年（435）十二月⑥、北魏孝文帝太和十八年（494）⑦，皆致祭古北岳。隋唐时期，鉴于北岳的重要军事地位，致祭北岳活动非常频繁。隋炀帝大业四年（608）八月，"上亲祠恒岳"，祭祀仪式规模弘大，"西域十余国皆来助祭"⑧。唐太宗贞观十九年（645）致祭北岳，今有致祭文存世。⑨唐玄宗天宝五载（746），封北岳为安天王。⑩除了常规致祭外，唐代官方非常规祭祀北岳资料多存于历代碑记及桂敬顺《恒山志》、张崇德《恒岳志》等文

---

① 苏宗印、孟娜：《古北岳的历史地位和文化价值》，《河北学刊》2011年第6期。

② （清）张崇德纂修：《恒岳志》卷上《祀纪》，载《中国道观志丛刊正续编》第39册，第101—103页。

③ （汉）班固撰：《汉书》卷二十五《郊祀志下》，第1249页。

④ （南朝宋）范晔撰：《后汉书》卷三《章帝纪第三》，第155页。

⑤ （清）张崇德纂修：《恒岳志》卷上《祀纪》，载《中国道观志丛刊正续编》第39册，第104页。

⑥ （北齐）魏收撰：《魏书》卷四《世祖纪上》，第86页；（唐）李延寿撰：《北史》卷二《魏本纪》，第50页。

⑦ （唐）徐坚等著：《初学记》卷五《恒山第六》，第102页。

⑧ （宋）司马光撰：《资治通鉴》卷一百八十一《隋纪五》，第5641—5642页。

⑨ （唐）徐坚等著：《初学记》卷五《恒山第六》，第102页。

⑩ （唐）杜佑撰：《通典》卷四十六《礼典六·吉五·山川》，第1283页。

献中。据学者研究，唐代在 774 年至 865 年之间，北岳恒山非常祀有 13 次，另有 4 次未见具体祭祀时间。① 足见唐代对北岳祭祀的重视。

北岳祭祀在宋元时代受到高度重视。韩琦《宋重修北岳庙记》云：宋代"每岁立冬，天子以所署祀册，就遣守臣以祗祀事"②。宋真宗封禅后，加封北岳为安天元圣帝。③ 元至元五年（1268），加号安天大贞玄圣帝。④ 后至元五年（1339）⑤、至正十一年（1351）正月⑥，元朝皇帝都曾遣使致祭北岳。

明代官方致祭北岳活动达到高潮。明太祖洪武二年（1369），遣内藏库副使魏士举代祀北岳于上曲阳。⑦ 三年（1370）夏六月，诏更北岳称恒山之神。⑧ 据张崇德《恒岳志》卷上的记述，有明一代，皇帝亲至或遣使致祭恒山近 40 次之多。其中，18 次因雨雪、旱涝、蝗虫等自然灾害而致祭，如英宗正统九年（1444），景帝景泰五年（1454）、六年（1455），宪宗成化四年（1468）、七年（1471）、十三年（1477）、二十年（1484），孝宗弘治四年（1491）、六年（1493）、十年（1497）、十四年（1501）、十七年（1504），世宗嘉靖九年（1530）、十一年（1532）、三十三年（1554）、四十年（1561），神宗万历十五年（1587）等。12 次因即位、复位而致祭，如仁宗洪熙元年（1424）、宣宗宣德元年（1426）、英宗正统元年（1436）、景帝景泰元年

① 罗燚英：《唐代北岳祭祀析论》，《扬州大学学报》（人文社会科学版）2014 年第 2 期。
② （清）张崇德纂修：《恒岳志》卷中《文纪·（宋）韩琦〈宋重修北岳庙记〉》，载《中国道观志丛刊正续编》第 39 册，第 218—219 页。
③ （元）脱脱等撰：《宋史》卷一百〇二《志第五十五·礼志五》，第 2487 页。
④ （明）宋濂等撰：《元史》卷七十六《志二十七上·祭祀志五·岳镇海渎》，第 1900 页。
⑤ （清）张崇德纂修：《恒岳志》卷中《文纪·（元）揭傒斯〈代祀北岳记〉》，载《中国道观志丛刊正续编》第 39 册，第 220—221 页。
⑥ （清）张崇德纂修：《恒岳志》卷中《文纪·（元）刘源〈祀恒岳记〉》，载《中国道观志丛刊正续编》第 39 册，第 222—225 页。
⑦ （清）张崇德纂修：《恒岳志》卷中《文纪·（明）魏士举〈遣祀恒岳祠记〉》，载《中国道观志丛刊正续编》第 39 册，第 188—190 页。
⑧ （清）张崇德纂修：《恒岳志》卷中《文纪》，载《中国道观志丛刊正续编》第 39 册，第 107 页。

（1450）、英宗天顺元年（1457）、宪宗成化元年（1465）、孝宗弘治元年（1488）、武宗正德元年（1506）、世宗嘉靖元年（1522）、穆宗隆庆元年（1567）、神宗万历元年（1573）、熹宗天启元年（1621）、毅宗崇祯元年（1628）等，皆为即位或复位之年遣使致祭。此外，尚有因平定流寇、盗贼等军事活动而致祭，如正德六年（1511），宁夏逆党平，遣真定府通判孙邦直谢祀北岳。次年，流寇复起，遣真定府知府李璞祈祀北岳。

学者们注意到，宋辽对峙时期，曲阳恒山军事要地的地位日益凸显，北岳一系列标志性人文景观丧失殆尽，加之恒岳主峰距离北岳庙尚有百里之遥，官员祭祀只到北岳庙而不到恒山。金代析曲阳北部置阜平县后，北岳恒山与北岳庙分属不同县份，导致人们对于曲阳北岳恒山的淡忘。[1] "尤其是正统以后，明军在对蒙古的作战中始终处于被动防守地位，这使得以大同地方军事力量为代表的明政府往往转向祈求神灵的保佑。"[2] 修于万历年间的何出光《北岳庙集》卷二《圣谟述》、卷四至卷六《祀章考》、卷九《岳文考》收录了二十多则祈求与歌颂北岳山神保佑战事顺利的祭文，说明北岳作为北方的名山就是明代这一地区人们的重要心灵依托。

5. 明清宫观山志与中岳国家祀典

嵩山古称中岳、外方，夏商时称崇高、崇山，西周时成称为岳山。嵩山不仅是五岳之一，也是道教名山之一。今存多部嵩山志书，如明代傅梅《嵩书》、陆柬《嵩岳志》、清代景日昣《说嵩》《嵩岳庙史》，叶封、焦贲亨《嵩山志》等。从文献记载看，《竹书纪年》已有"十五年，帝命夏后氏有事于太室"[3] 的记载，《山海经·中山经》亦云苦山、少室、太室"其祠之：太牢之具，婴以吉玉"[4]，从祠礼用太牢并婴以吉玉可见其祭祀规格相当高。据景日

---

① 梁勇：《再论北岳恒山地望及其历史变迁——兼与王畅同志商榷》，《中国历史地理论丛》2004 年第 2 期。

② 齐仁达：《明清北岳祭祀地点转移之动态考察》，《史学月刊》2009 年第 9 期。

③ 王国维著：《今本竹书纪年疏证》，载《王国维遗书》第 12 册，第 6 页。

④ 袁珂校注：《山海经校注》卷五《中山经》，第 139 页。

晸《嵩岳庙史》卷六《祀典》"敕祀"① 并结合其他史料，汉武帝喜好修仙术，经常拜祭名山大川以求长生，故在嵩山建太室祠。汉武帝所建太室祠有可能是中岳嵩山创设固定祠宇之始。此后汉宣帝、汉顺帝、北魏明帝、太武帝、孝文帝、北齐宣帝、隋高祖、唐武后、唐玄宗、宋太祖、真宗、仁宗、神宗、高宗、金世宗、元世祖、仁宗、顺帝、明朝诸帝、清顺治、康熙等帝王都曾亲至或遣使致祭嵩岳。

历代帝王致祭嵩山，其动机不一，归纳起来，有以下几种：

其一，祈求延年益寿、长生成仙。这种致祭以汉武帝为代表，元封元年（前110）三月，皇帝东幸缑氏，礼登中岳太室。《汉武帝内传》云："孝武皇帝好长生之术，常祭名山大泽以求神仙，元封元年甲子，祭嵩山，起神宫，斋七日，祠讫乃还。"②

其二，祷雨祈晴，以求风调雨顺。这种类型的致祭数量很多，例如，东汉顺帝阳嘉元年（132），京师旱，敕郡国二千石各祷名山岳渎，遣大夫谒者诣嵩高请雨。北魏太武帝太延元年（435）立庙于嵩岳，上置侍祀九十人，岁时祈祷水旱，其春秋遣官率刺史祭以牲牢，有玉帛。宋太宗乾德二年（964），遣使祈雨于嵩岳。太宗淳化六（六疑作"元"）年（990），遣使诣嵩岳祷雨。宋仁宗庆历三年（1043），遣使诣嵩岳祈雨。明英宗正统九年（1444）四月，以大旱祷雨，遣翰林院编修萨琦致祭中岳。明景帝景泰四年（1453）三月，以多雨雪遣右副都御使王暹祭祷中岳。同年七月，以旱及河决遣翰林院编修吴汇祭祷中岳。景泰六年（1455）闰六月，以旱灾祈祷，遣左副都御使马谨致祭中岳。此外，成化二十三年（1487）六月、孝宗弘治四年（1491）四月、弘治六年（1493）四月、弘治十年（1497）四月、武宗正德四年（1509）二月，都曾以祷雨遣人祭祷中岳。正德六年（1511）十月，以宁夏平

① （清）景日晸纂：《嵩岳庙史》卷六《祀典》，载《中国道观志丛刊正续编》第2册，第172—233页。

② （魏晋间）佚名：《汉武帝内传》，《道藏》第5册，第47页下。

水旱盗贼交作遣河南布政司右参政胡拱致祭中岳。正德八年（1513）四月，以盗贼水旱灾异遣河南布政司右参议董锐祭祷中岳。

其三，因凶荒、地震等灾异致祭，祈求禳灾避祸。例如，明宪宗成化十三年（1477）五月，以灾异遣右副都御使张瑄祭祷中岳。成化二十年（1484）三月以大旱及地震遣右副都御使赵文博祭祷中岳。明世宗嘉靖八年（1529）五月，以灾异遣河南按察司佥事李顺孙致祷中岳。嘉靖九年（1530）六月，以灾异遣右副都御使徐赞祭祷中岳。嘉靖三十三年（1554），以凶荒灾异遣右副都御使邹守愚祭告中岳。康熙三十五年（1696）正月，以灾祲遣刑部左侍郎加一级田雯致祭中岳。

其四，因巡狩四方而致祭。例如，隋高祖开皇十五年（595）三月，帝东巡狩，望祭中岳嵩山。大中祥符四年（1011）春二月，帝有事于汾阴，还经洛阳，望祭嵩岳。康熙二十三年（1684）十二月，以时迈省方遣户部右侍郎鄂尔多致祭中岳。

其五，以皇帝登基、改元、亲政致祭，以求国祚绵长。例如，唐万岁通天元年（696）改元曰万岁，遂禅于登封少室山。建文四年（1402）七月，明成祖永乐即位，遣使姜士暄祭告中岳。明仁宗洪熙元年（1425）二月，以即位遣大理寺右寺丞杨复祭告中岳。明宣宗宣德元年（1426）三月，以即位遣右都御史王彰祭告中岳。英宗正统元年（1436）正月，以即位遣使祭告中岳。景帝景泰元年（1450）闰正月，以即位遣给事中奚伦祭告中岳。英宗天顺元年（1457）二月，以复辟遣通政司参议兼翰林院侍讲刘定之祭告中岳。宪宗成化元年（1465）三月，以即位遣给事中袁恺祭告中岳。明武宗正德元年（1506）五月，以即位遣鸿胪寺卿杨璿祭告中岳。明世宗嘉靖元年（1522）四月，以即位遣太常寺少卿张衍瑞祭告中岳。清世祖顺治八年（1651）四月，以亲政遣太常寺卿段国璋祭告中岳。顺治十八年（1661）八月，康熙皇帝登极，遣通政司使冀如锡祭告中岳。康熙六年（1667）七月，以亲政遣户部左侍郎艾文征祭告中岳。

其六，因用兵周边、疆圉底定致祭。洪武二十八年（1395）七月，以征广西蛮夷酋长，遣国子监生祭告中岳。洪武三十年（1397）九月，以征西南苗夷，遣使祭告中岳。永乐五年（1407）五月，以平安南遣监生屈伸祭告中岳。康熙二十一年（1682）三月，上以疆圉底定遣内阁侍读学士加二级图纳致祭中岳。

其七，以皇帝诞辰、建储、祈嗣生子、升祔太庙致祭。明世宗嘉靖十一年（1532）六月，以祈嗣遣河南府知府范鏓致祭中岳。嘉靖十七年（1538）七月，以诞生元子遣河南府知府张承恩祭谢中岳。嘉靖四十年（1561）八月，以万寿圣节遣右副都御使蔡汝楠祭祷中岳。嘉靖四十三年（1564）八月，以万寿圣节遣户部右侍郎兼右金都御史迟凤翔祭祷中岳。康熙十五年（1676）二月，以建储遣礼部右侍郎兼翰林院学士加一级杨正中祭告中岳。康熙二十七年（1688）十二月，以孝庄文皇后升祔太庙遣正白旗汉军副都统对亲祭告中岳。

可见，《嵩书》《嵩岳庙史》等嵩山志书参考历代史籍，梳理了敕祀嵩山事例，汇集了较为完整的资料，对于研究历代帝室崇奉嵩岳，有很大的帮助。

要之，各家山志对历代帝王崇祀五岳的记载，反映了五岳在古代国家政治生活中的重要地位，同时也留下了大量的祀岳资料，进一步完善了山志的体例，补充了山志的内容，丰富了五岳的历史文化，对于中国道教史、文化史的研究有着比较突出的学术价值。

（二）对其他道教名山国家祀典的记述

诚如学者们所说："官方祀神，也就是封建政治所提倡的祀神活动，对于确立和稳固封建秩序，对于贯彻儒家的人伦教化思想乃至维护封建统治都起了很大的作用。"① 多种明清道教山志记述了国家在道教名山所进行的致祭活

---

① 朱迪光：《封建国家祀典的形成及其对古代中国宗教活动的影响》，《青海社会科学》1990 年第 1 期。

动，进而充分反映出这些道教名山在国家祀典中的突出作用，也反映出道教在维护封建统治中不可或缺的地位。

茅山原名句曲山、地肺山，道教称为第八洞天，号金坛华阳洞天，又是七十二福地中的第一福地。相传西汉景帝时有茅盈、茅固、茅衷三兄弟于此修道成仙，故改名三茅山，简称茅山。明清有两部茅山志书，一部为明江永年增补元刘大彬《茅山志》；另一部为清笪蟾光编《茅山志》。江永年增补《茅山志》较刘大彬《茅山志》最大的不同是前面增加了四叶插图及《明懿典》（包含《皇明懿典》《宫观考》《道秩考》三部分），后面增加了《录金石后卷》《金薤编后卷》，收录明代茅山金石和诗文。《明懿典》含祭品、祭仪、祝文、传坛诸宝、辽王致书三通、永春侯诗翰、谕祭文、祈雨告文、谢雨祭文、国醮事例等，《明懿典》清晰地记载了"官方在茅山进行的祭祀活动，也反映了茅山在明代国家祀典中的特殊地位"①。内云："洪武初，额设二祭于茅山，每岁惊蛰于元狩宫广济龙王祠、五月五日于句曲山神祠，以祈岁丰，皆命有司亲诣行事。"② 这些内容显示祈祷岁丰的祭祀活动作为定制例年两次于茅山进行，体现了茅山在国家祀典中的重要性。据《明懿典》所收茅山奏本显示，从洪武年间起，每逢皇帝生日，茅山华阳洞灵官就领合山众道士在本山古迹灵坛殿宇颂经行礼祝祷。"这从另一个方面反映了茅山在国家祀典中的重要地位。"③《明懿典》还记载了永乐五年（1407）等年，明成祖"遣官钦奉圣旨，凡五赍香帛修斋瘗简于大茅峰、元符宫"；"十六年（1418）十二月初二日，圣驾幸山"④。明成祖五次遣使修斋并投龙简于茅山，并亲自幸临茅山，充分体现了明代帝王对茅山的尊崇。清笪蟾光编《茅山志》删节

---

① （元）刘大彬编，（明）江永年增补，王岗点校：《茅山志》附录一《明版全本〈茅山志〉与明代茅山正一道》，第 588 页。

② （元）刘大彬编，（明）江永年增补，王岗点校：《茅山志·明懿典》，第 1—2 页。

③ （元）刘大彬编，（明）江永年增补，王岗点校：《茅山志》附录一《明版全本〈茅山志〉与明代茅山正一道》，第 589 页。

④ （元）刘大彬编，（明）江永年增补，王岗点校：《茅山志·明懿典》，第 5 页。

刘志紊其条贯，重新编排，从记述茅山派的发展全貌着眼，在体例上与元明志书颇不相类，但是书毕竟增加了一些明清文献，完成了茅山志书编纂的完整链条，是对刘大彬、江永年二《志》的必要补充。例如，笪《志》卷二增加了《明肃皇太后修醮进呈》①，体现了明代后期茅山在国家祀典中的地位。

太和山为武当山古称，是道教名山重镇，七十二福地之一。道书谓真武大帝在此修炼，功成飞升，称此山"非玄武不足以当之"，故名武当山。明永乐间加封大岳，易名太和山。明清时期有多部武当山志书，明代有任自垣《大岳太和山志》十五卷、方升《大岳志（略）》五卷、王佐等《大岳太和山志》十七卷、凌云翼《大岳太和山志》八卷，清代有杨素蕴《大岳太和武当山志》二十卷（存卷十七、卷二十）、王概《大岳太和山纪略》等。

任自垣《大岳太和山志》卷一、卷二"诰副墨"收录宋、元、明诰告。宋诰告有天禧二年（1018）七月宋真宗加上真武将军圣号御笔手诏；宋宁宗嘉泰二年（1202）十一月崇封诰词，谓真武灵应真君系"天之贵神，国之明祀"，特封"北极佑圣助顺真武灵应福真君"；宋理宗宝祐五年（1257）二月崇封诰，称真君"道周六合，威慑万灵"，特封"北极佑圣助顺真武福德衍庆仁济正烈真君"；仁宗嘉祐四年（1059）正月加号玄武"太上紫皇天一真君、玉虚师相、玄天上帝"②。由此可见武当山玄武神在宋代国家祀典中的地位是比较突出的。元诰告有元成宗大德八年（1304）皇帝圣旨，云"武当福地，久属职方。灵应玄天，宜崇封典"，特加号"玄天元圣仁威上帝"；延祐元年（1314），加封圣父"启元隆庆天君明真太帝"，加封圣母"慈宁毓德天后琼真上仙"③，祀封真武，可谓无微不至。

---

① （清）笪蟾光编：《茅山志》卷二《历朝真人敕书》，载《中国道观志丛刊正续编》第12册，第164页。
② （明）任自垣纂辑：《大岳太和山志》卷一《诰副墨·宋诏诰》，载《中华续道藏初辑》第4册。
③ （明）任自垣纂辑：《大岳太和山志》卷一《诰副墨·元诏诰》，载《中华续道藏初辑》第4册。

王概《大岳太和山纪略》设"祀典"篇目,翔实记载了武当山历代国家祀典情况。例如,明太祖平定天下,真武阴佑为多,尝建庙南京崇祀。及太宗靖难以神有显相功,又于京城艮隅并武当山重建庙宇。两京岁时朔望各遣官致祭,而武当又专官督祀事。宪宗尝范金为像①,崇奉尤多。是书卷三《祀典》云:"大岳为天下名山大川,而帝之神伏魔助顺,御灾捍患皆于祭义有合。"② 是故搜集自宋元迄清遗碑,作"祀典纪"。其内容大体有以下几个方面:

一是继承任自垣《大岳太和山志》传统,记录真武历代封号。该书除了记载宋真宗天禧二年(1018)、宁宗嘉泰二年(1202)、理宗宝祐五年(1257)、元成帝大德八年(1304)历代加封真武帝号外,还增加了明洪武厘定神号,封武当真武之神,永乐后称北极镇天真武元天上帝,以及清代加封北极镇天真武祖师万法教主元天元圣仁威上帝金阙化身荡魔天尊等内容,清晰地呈现出真武历代封号的发展与变化,对任自垣《大岳太和山志》做了重要补充。

二是记述明清两代祭祀真武的历史。武当山道教宫观始建于唐,历经宋元至明永乐达到鼎盛,为了崇祀真武,朱棣尊称真武为"北极真武玄天上帝",还制定了繁缛的祀典,即在北京、南京的真武庙,每年于春天三月初三,秋天九月初九,每月的初一、十五,各遣官致祭。在武当山,则由湖广藩臣"专一在彼提督"③ 祀事,崇奉之意可谓至矣。嘉靖年间,明世宗朱厚熜又两次重修武当宫观。有明一代,武当山几乎为明皇室的家庙,每当皇帝登基即位,都要遣使致祭,遇到水旱灾害、盗贼兴起,也要上祈雨文、弥盗

---

① (清)王概总修,姚士悟、李之兰等纂:《大岳太和山纪略》卷三《祀典》,载《中国道观志丛刊正续编》第 5 册,第 290 页。

② (清)王概总修,姚士悟、李之兰等纂:《大岳太和山纪略》卷三《祀典》,载《中国道观志丛刊正续编》第 5 册,第 273 页。

③ (明)陈九德辑:《皇明名臣经济录》卷十二《礼部三·(明)倪岳〈会题正祀典事〉》。

文①，以求风调雨顺、国泰民安。清代的武当山虽不若明代隆盛，但由于真武属司命之神，皇室颇为看重其保佑寿命的职能，所以帝室仍十分崇奉，遂使武当山香火不断。恰如王概所说："圣祖仁皇帝屡遣部员内臣致祭，锡额赐帑，辉煌神岳。我皇上特降谕旨，豁免山税，比于泰岱，其隆文徽号俨与五岳争烈。"② 尤其是每遇万寿圣节等，均要遣官致祭。例如，康熙十二年（1673）二月十九日，"差侍卫吴当色虎立斋，御赐香币并银五千两，祭告北极元天上帝，恭祀太皇太后寿算千秋，祚国保民，恳祈上帝灵鉴，伏惟尚飨并绘武当山图进览"③。又如，康熙四十二年（1703），恭逢万寿圣节，"差侍卫纳兵部员外郎德、太监南前诣太和山金顶进香，赍到钦赐香仪银一千两，又差翰林院宋赍到御书武当匾额五通，一金光妙相，悬金顶殿上；一默赞皇猷，悬净乐宫；一仙箓崇虚，悬周府报国庵；一曲成万物，悬南岩宫；一清虚至德，悬玉虚宫。颁宸翰于净乐宫朝圣门，建御书楼藏之，奉到香仪银、修各宫观供器具"④。又是赐香仪银两，又是御书匾额，可谓崇奉至极。

三是在"艺文"部分收录谕敕旨诏等御制文。例如，谕文有乾隆元年（1736）四月十三日豁免太和山香税上谕。敕文有永乐十年（1412）建紫霄五龙南岩敕，同年建遇真宫敕、敕隆平侯张信驸马都尉沐昕、永乐十一年（1413）敕官员军民夫匠人等，同年敕正一嗣教真人张守清、敕隆平侯张信驸马都尉沐昕等，永乐十三年（1415）、永乐十四年（1416）敕五龙宫全真道士李素希，永乐十七年（1419）建紫云亭敕，永乐二十一年（1423）建紫金城

① （清）王概总修，姚士倌、李之兰等纂：《大岳太和山纪略》卷三《祀典》，载《中国道观志丛刊正续编》第5册，第284—288页。
② （清）王概总修，姚士倌、李之兰等纂：《大岳太和山纪略·自序》，载《中国道观志丛刊正续编》第5册，第5—6页。
③ （清）王概总修，姚士倌、李之兰等纂：《大岳太和山纪略》卷三《祀典》，载《中国道观志丛刊正续编》第5册，第282—283页。
④ （清）王概总修，姚士倌、李之兰等纂：《大岳太和山纪略》卷三《祀典》，载《中国道观志丛刊正续编》第5册，第283—284页。

敕，永乐二十二年（1424）敕藩参，正统十年（1445）敕香税，嘉靖二十一年（1542）敕存留金顶香钱，嘉靖三十一年（1552）重修太和山敕，等等。圣旨有永乐十一年（1413）下太和山道士旨。诏有延祐元年（1314）赐张守清诏，洪武十八年（1385）赐太和道士邱元清诏和英宗赐张三丰诏等。另有明成祖赐张三丰书、成祖题真武庙诗、赐虚元子孙碧云诗，永乐十六年（1418）《大岳太和山道宫碑记》，嘉靖三十二年（1553）《宪宗奉安紫霄宫神像碑记》《宪宗奉安太和宫神像碑记》《重修太和宫殿纪成碑文》。[①] 这些谕敕旨诏等御制文充分表现了朝廷对武当真武神的重视。

要之，王概《大岳太和山纪略》设立"祀典"及"艺文"等类目，充分彰显了武当山的祀典盛况，反映了封建王朝对武当山真武神的尊崇。

九宫山是著名的道教圣地，南宋时期，备受崇祀。南宋淳熙十四年（1187）名道张道清于此兴九宫，石坊翘峙，金门铁瓦，名闻遐迩。历史上主要有两部九宫山志：一为明隆庆戊辰（二年，1568）邑人王角峰纂辑《九宫山志》[②]，今佚；一为清傅燮鼎重辑《九宫山志》。傅《志》记载了宋元时期皇帝祀封九宫山及张道清等内容，有宋孝宗淳熙十年（1183）东宫赐牙牌匾额，宋宁宗庆元五年（1199）御笔真牧像赞，宁宗嘉泰四年（1204）御书官额经忏，同年七月加封张道清太平护国真牧真人诰，宁宗开禧三年（1207）御批真牧遗表，宁宗嘉定三年（1210）御书藏蜕石室额"真牧堂"；还有宁宗御制九宫道流宗派，宋理宗绍定四年（1231）加封真牧普应真人诰，理宗宝祐五年（1257）加封妙应真人诰，封龙君诰，宋度宗加封普兴真君诰，度宗封真君父母诰，度宗加封神应君诰，度宗封孚惠真人诰。

元仁宗延祐五年（1318）加封宏道真君制，加封仁祐真君制等。这些内

---

① （清）王概总修，姚士信、李之兰等纂：《大岳太和山纪略》卷五《艺文·御制》，载《中国道观志丛刊正续编》第6册，第370—418页。

② （清）傅燮鼎重辑：《九宫山志》卷首《（清）傅燮鼎〈倡同人重刊九宫山志引〉》，载《中国道观志丛刊正续编》第7册，第25页。

容不仅揭示了九宫山与国家祀典的关系，也极大地丰富了九宫山历史文化，是研究九宫山道教史的重要资料。恰如傅氏所云："九宫真牧，泽被吴楚，封膺宋元。其制诰宠锡文字至今犹存，能使山灵增重。"① 认为这些制诰宠锡文字能使山灵增重，九宫生辉。

齐云山为江南道教名山，明代更是盛极一时。明鲁点《齐云山志》卷二《祀典》详细记载了明嘉靖、万历崇祀齐云山盛况。嘉靖壬辰（十一年，1532）五月，为求得子嗣，皇帝遣钦差妙应真人李得晟奉圣旨至齐云山致祭，建金箓大醮，并降织金皂袍一领，织金绣幡一对，装龙牌五座，金钟玉磬二口，真武圣像各一百五十轴，圣父母圣像三十轴，真武童真内炼圣像二十轴，齐云山图一百轴，诸品道经一百部；另有太皇太后织金长幡二对，嫔嫔织金五彩绣幡一对，钦赏银八十两。② 嘉靖戊戌（十七年，1538）五月，为给生母治疗疮疾，遣正一大真人掌天下道教事嗣汉四十八代天师张彦頨钦奉皇帝圣旨至齐云山致祷建醮。③ 嘉靖丙午（二十五年，1546），为给皇帝庆生，太素宫提点汪曦和钦奉圣旨诣齐云山致祭，并降织金绣幡一对，《道德经》六百六十九函，中宫皇后织金幡一对。④ 嘉靖己未（三十八年，1555）三月，为祝贺玄帝齐云山之宫告竣，太素宫提点朱宗相钦奉皇帝圣旨赍捧香信，敬诣本山致祭。⑤ 嘉靖辛酉（四十年，1561）八月，为纪念皇帝初度之日，太常寺寺丞兼玄天太素宫提点朱宗相钦奉皇帝圣旨捧赍香帛诣齐云山致祭。⑥ 嘉靖

---

① （清）傅燮鼎重辑：《九宫山志》卷六《纶翰》，载《中国道观志丛刊正续编》第 7 册，第 127 页。
② （明）鲁点编辑：《齐云山志》卷二《祀典》，载《中国道观志丛刊正续编》第 10 册，第 185 页。
③ （明）鲁点编辑：《齐云山志》卷二《祀典》，载《中国道观志丛刊正续编》第 10 册，第 188—192 页。
④ （明）鲁点编辑：《齐云山志》卷二《祀典》，载《中国道观志丛刊正续编》第 10 册，第 198—199 页。
⑤ （明）鲁点编辑：《齐云山志》卷二《祀典》，载《中国道观志丛刊正续编》第 10 册，第 199—200 页。
⑥ （明）鲁点编辑：《齐云山志》卷二《祀典》，载《中国道观志丛刊正续编》第 10 册，第 200—201 页。

甲子（四十三年，1564）八月，为给皇帝庆生，太常寺寺丞兼玄天太素宫提点朱宗相钦奉圣旨捧赍香帛敬诣齐云山致祭。[①] 万历庚辰（八年，1580），以祈嗣皇储，嗣天师大真人张国祥钦奉皇帝圣旨至齐云山致祭，并降织金五彩宝幡四对，赐香银一百两。[②] 可见，明代多因皇帝求嗣、庆生、为母疗疾等致祭齐云山北极真武神祠，在此过程中，对齐云山神赏赐优渥，崇奉有加。

（三）对天后、关帝等国家祀典的著录

首先，关于天后国家祀典的著录。

天后即妈祖，传为宋代林氏之女，后得道成仙，因常救助渔民，人感其德，称为神姑，此后历朝皆有敕奉，其庙遍及我国东南沿海及东南亚各国。清林清标《敕封天后志》成于乾隆四十三年（1778），是书根据诸家所传天后事迹，依"志者，志其实也"[③] 之宗旨编纂而成，收录历代皇帝遣官致祭天后情况。清何字恕《类成堂集》（又名《湘潭闽馆类成堂集》）成于道光年间，是书收录历朝致祭天后信息。光绪年间丁午辑《城北天后宫志》记载了宋至清历代对天后褒封史料。光绪年间杨浚辑《湄州屿志略》卷二"祀典"，记录历朝遣官致祭天后乃至纳入国家祀典等史料。诸书都是研究天后文化不可或缺的资料。现据诸书记载绘制历代致祭天后表如表4-1（为节省版面，本章诸表"出处"一栏一般不再标注责任者）。

---

① （明）鲁点编辑：《齐云山志》卷二《祀典》，载《中国道观志丛刊正续编》第10册，第201页。

② （明）鲁点编辑：《齐云山志》卷二《祀典》，载《中国道观志丛刊正续编》第10册，第202页。

③ （清）林清标辑：《敕封天后志·自序》，载《中国道观志丛刊正续编》第32册，第6页。

表4-1 明清诸家天后志书所载历代致祭天后表

时间	致祭缘由或简要经过	出处
宋光宗绍熙元年（1190）	救旱恤民，秩视海岳之崇，典叙春秋之重	《湄州屿志略》卷二、《类成堂集》卷一、《城北天后宫志》、《敕封天后志》卷二
宋理宗开庆改元（1259）	神火焚贼助俘，兴泉郡史徐奏上敕议典礼，进封致祭，两司捐万楮，修建宫殿	《湄州屿志略》卷二
元世祖至元十八年（1281）	捍患御灾，功载祀典	《湄州屿志略》卷二、《类成堂集》卷一、《城北天后宫志》、《敕封天后志》卷二
至元二十六年（1289）	惠泽调雨旸之序，镇四海而保无虞；元妃报功，独超天极之贵	《湄州屿志略》卷二、《类成堂集》卷一、《城北天后宫志》、《敕封天后志》卷二
成宗大德三年（1299）	利涉洪波，显造化难名之德	《湄州屿志略》卷二、《类成堂集》卷一、《城北天后宫志》、《敕封天后志》卷二
仁宗延祐元年（1314）	聪明通达，道心善利，当临危履险之际，有转祸为福之方。祥飙迭驭，曾闻瞬息，危樯出火，屡见神光	《湄州屿志略》卷二、《类成堂集》卷一、《城北天后宫志》、《敕封天后志》卷二
文宗天历元年（1328）	神拯怒涛漕艘，钦差翰林国史院学士普颜实理赍御香驰驿致祭	《湄州屿志略》卷二
天历二年（1329）	以护漕大功，遣官致祭天下各庙	《湄州屿志略》卷二、《类成堂集》卷一、《城北天后宫志》、《敕封天后志》卷二
明太祖洪武五年（1372）	毓秀阴精，钟英水德。在历纪既闻御灾捍患之灵，于今时尚懋出险持危之绩。遣官赋祭，御祭文一道	《湄州屿志略》卷二、《类成堂集》卷一、《城北天后宫志》、《敕封天后志》卷二

续表

时间	致祭缘由或简要经过	出处
明成祖永乐元年（1403） （一作永乐七年，1409）	钦差太监郑和往西洋，遇风飙，祷神求庇，遂得全安，归奏奉旨差官致祭，赏其族孙宝钞各五百贯	《湄州屿志略》卷二、《类成堂集》卷一、《城北天后宫志》、《敕封天后志》卷二
明成祖永乐元年（1403）	差内官张悦、贺庆送渤泥国王，回舟危急，祷神无恙，归奏奉旨差官致祭	《湄州屿志略》卷二、《城北天后宫志》、《敕封天后志》卷二
明成祖永乐元年（1403）	差内官尹璋往榜葛剌国公干，水道多虞，祝祷显应，回朝具奏，遣太监郑和、太常寺卿朱焯驰传诣湄山致祭	《湄州屿志略》卷二、《城北天后宫志》、《敕封天后志》卷二
永乐三年（1405）	以神转风灭寇，奉旨著福建守镇官整盖庙宇致祭	《湄州屿志略》卷二
永乐七年（1409）	以神助灭寇，委官置庙中器皿，指挥陈庆等亲赍诏诰，诣庙致祭	《湄州屿志略》卷二
永乐十二年（1414）	钦差内官甘泉送榜葛剌国王，海中危急，祷祝获安，诣庙致祭	《湄州屿志略》卷二、《类成堂集》卷一、《城北天后宫志》、《敕封天后志》卷二
永乐十三年（1415）	钦差内官侯显往榜葛剌国，往来危惧，祈祷屡叨显应，奉旨诣庙致祭。十一月，又委内官张源到庙御祭一坛	《湄州屿志略》卷二、《城北天后宫志》、《敕封天后志》卷二
永乐十五年（1417）	钦差内官王贵通、莫信、周福率领千户彭祐、百户韩翊并道士诣庙，修设开洋清醮致祭	《湄州屿志略》卷二、《类成堂集》卷一、《城北天后宫志》、《敕封天后志》卷二
永乐十六年（1418）	差内官张谦到庙致祭，著本府官员陪祭	《湄州屿志略》卷二、《类成堂集》卷一、《城北天后宫志》、《敕封天后志》卷二
永乐十八年（1420）	以神助斩倭寇，奉旨遣官致祭，送长生鹿二对	《湄州屿志略》卷二

时间	致祭缘由或简要经过	出处
永乐十九年（1421）	钦差张源往榜葛剌国，于镇东海阳遭风，神助获救，归国制袍幡诣庙致祭	《湄州屿志略》卷二
永乐十九年（1421）	太监王贵通遇厄，祷祝显救，奏上遣内官诣湄修整祖庙，备礼致祭	《湄州屿志略》卷二
仁宗洪熙元年（1425）	钦差内官柴山往琉球，至外洋人坠舟飘，显灵示救，无恙，回京奏上奉旨遣官致祭	《湄州屿志略》卷二
宣宗宣德五年（1430）	钦差太监杨洪等出使诸外国，神功加佑，风波无虞，特遣杨洪并京官及本府县诣湄致祭	《湄州屿志略》卷二、《类成堂集》卷一、《城北天后宫志》、《敕封天后志》卷二
宣德六年（1431）	钦差正使太监郑和领兴平三卫、指挥千户并府县官员诣嵋屿买办木石，修整庙宇并御祭一坛	《湄州屿志略》卷二、《类成堂集》卷一、《城北天后宫志》、《敕封天后志》卷二
康熙十九年（1680）	神助提督万正色克敌厦门，钦差礼部员外郎辛保等赍香帛诏诰加封致祭	《湄州屿志略》卷二、《类成堂集》卷一、《城北天后宫志》、《敕封天后志》卷二
康熙二十二年（1683）	以册使王楫、林麟焻奏，差官封敕到湄致祭	《湄州屿志略》卷二、《类成堂集》卷一、《敕封天后志》卷二
康熙二十三年（1684）	以将军侯福建水师提督施琅奏，钦差礼部郎中雅虎等赍御书香帛到湄诣庙致祭，特封天后	《湄州屿志略》卷二、《类成堂集》卷一、《城北天后宫志》、《敕封天后志》卷二
康熙五十八年（1719）	旨遣册封琉球正使翰林院检讨海滨副使翰林院编修徐葆光致祭于怡山院天后	《湄州屿志略》卷二、《敕封天后志》卷二

续表

时间	致祭缘由或简要经过	出处
康熙五十九年（1720）二月	旨遣册封琉球正使翰林院检讨海滨副使翰林院编修徐葆光致祭于怡山院天后	《湄州屿志略》卷二、《敕封天后志》卷二
康熙五十九年（1720）七月	册封琉球使官海滨徐葆光复命陈奏，奉旨令地方官春秋致祭，编入祀典	《湄州屿志略》卷二
雍正二年（1724）	钦差代天赍捧敕命、祭文、香帛诣湄致祭	《湄州屿志略》卷二、《敕封天后志》卷二
雍正十一年（1733）	诏各省府州县春秋二祭，动用正项钱粮	《湄州屿志略》卷二、《城北天后宫志》、《敕封天后志》卷二
嘉庆五年（1800）	加封天后神号祭告文	《城北天后宫志》
道光六年（1826）仲春	兵部侍郎巡抚江苏等处地方、总理粮储提督军务陶澍率属等谨以刚烈柔毛之礼致祭于天后之神	《湄州屿志略》卷二
道光六年（1826）六月	兵部侍郎巡抚江苏等处地方、总理粮储提督军务陶澍率属等谨以刚烈柔毛之礼致祭于天后之神	《湄州屿志略》卷二

由表4-1可以看出，历代致祭天后的缘由不外乎捍患御灾，神功加佑，具体表现在如下几个方面：一是救助雨旱水涝灾害；二是护卫水师，助剿贼寇；三是护佑航海漕运，利涉洪波。

其次，关于关羽国家祀典的记录。

一般认为，官方对关羽的推崇与神化始于唐代，德宗建中三年（782），关羽入祀武成庙（主祀姜尚），成为六十四位配享者之一，从此跻身官方祀典之列。明清时期，关羽信仰更是达到顶峰，朝廷尊崇愈隆，乃由王而帝、由帝而圣，最终成为与"文圣"孔子并列的战神"武圣"①。清咸丰四年（1854），上谕加封关帝入中祀。中祀为祭日月、先农、先蚕、前代帝王、太岁之礼，足见关帝祀典规格之高。据张镇《解梁关帝志》的记录，"明嘉靖年间，定京师祀典，每岁五月十三日，遇关帝生辰，用牛一、羊一、猪一、果品五、帛一，遣太常官行礼。四孟及岁暮，遣官祭，国有大事则告。凡祭，先期题请遣官行礼"。又："雍正五年（1727），太常寺奏定，如中祀制，每年除五月十三日，前殿照常祭祀，用牛一、猪一、羊一、笾豆十、帛一，以州守主祭，行三跪九叩首礼。"② 从而使祭祀仪式进一步确立下来。

　　明清时期，关帝类文献种类众多，大致可归属于祠庙志书者有明赵钦汤、丁启濬辑《西湖关帝庙广纪》八卷，赵钦汤、焦竑辑《汉前将军关公祠志》九卷、清卢湛编、陈宏谋、沈德潜增订《关圣帝君圣迹图志全集》五卷，周广业、崔应榴辑《关庙志》四卷，张镇编辑《解梁关帝志》四卷，王禹书辑《关圣陵庙纪略》四卷等。其中，《汉前将军关公祠志》卷九、《西湖关帝庙广纪》卷八、《关圣陵庙纪略》卷二、《关圣帝君圣迹图志全集》卷三收录多道致祭关帝祭文，如元至正二十年（1360）平章政事中丞御史察罕帖穆尔祭文、明景泰二年（1451）河东运使何永芳致祭文、成化十七年（1481）御用太监梁芳致祭文、嘉靖二年（1523）山西巡按御史王秀致祭文、嘉靖四十四年（1565）山西巡盐御史胡钥致祭文、隆庆三年（1569）山西提学副使袁随致祭文、万历二年（1574）及万历三年（1575）解州知州王乔衡致祭文等。这些祭文既充分表达了对关帝褒扬的情感，也体现出关帝信仰在国家祀典中的特殊位置。

二、关于对仙真高道封号的详尽记录

　　封号是古代帝王赐给臣子的爵位或称号，为了显示对道教及民间信仰的

---

① 姜守诚：《宋元道法文献中的关羽形象》，《道教学刊》2019年第一辑（总第3期），第40页。
② （清）张镇编辑，宋万忠、武建华标注：《解梁关帝志》卷一《祀典》，第78—79页。

239

尊崇，封建皇帝常常给予仙真高道赐封神号或道号。这些封号往往具有字数由少到多、前后有序、层层累积的规律。考证历代皇帝对仙真高道封号问题，对于研究道教及民间信仰发生、发展的历史有着极为重要的作用。明清宫观山志保留了大量的帝王赐予仙真高道封号的信息，显示出国家对道教的尊崇，是研究道教及民间信仰的宝贵资料。

（一）对仙真的敕封

给道教仙真敕封仙号，标志着朝廷对这些仙真的重视与崇奉。明清宫观山志记载了很多受历代朝廷敕封的道教仙真，是我们研究道教发展史的宝贵素材，颇为值得关注。限于篇幅，本书仅根据明清宫观山志所记，对历代敕封天后、关羽、麻姑、许逊和吴猛、武夷君及十三真君、广德祠山张王、真武等情况做简要梳理。

1. 历代敕封天后封号

从宋至清，历朝帝王对天后册封多达四十次。清朝产生的多部天后或天后宫志书，如清乾隆间林清标《敕封天后志》二卷、道光间何宇恕纂辑《湘潭闽馆类成堂集》四卷、光绪间丁午辑《城北天后宫志》不分卷、光绪间杨浚辑《湄州屿志略》四卷《首》一卷等。这些著述不同程度地记载了历代帝王对天后的封号，这些封号记录下了妈祖的辉煌灵迹，也充分反映了封建王朝对天后信仰的高度重视。现据诸家志书所记，绘制历朝敕封天后封号表4-2如下：

表4-2　历朝敕封天后封号表

敕封时间	事由	封赐	出处
宋徽宗宣和四年（1122）（一说五年，1123）	助路允迪使高丽	赐庙额顺济	《城北天后宫志》、《敕封天后志》卷上、《湄州屿志略》卷一

敕封时间	事由	封赐	出处
高宗绍兴二十六年（1156）	未载	始封灵惠夫人，赐庙额灵应	《城北天后宫志》、《敕封天后志》卷上、《湄州屿志略》卷一
绍兴三十年（1161）（一说二十七年，1157）	助剿海寇	封灵惠昭应夫人	《城北天后宫志》、《敕封天后志》卷上、《湄州屿志略》卷一
孝宗乾道二年（1166）	兴化除疫，雾迷海寇	封崇福夫人	《城北天后宫志》、《湄州屿志略》卷一
淳熙十年（1183）（一作十一年，1184）	助捕海寇	封灵惠昭应崇福善利夫人（一作灵慈昭应崇善福利夫人）	《城北天后宫志》、《湄州屿志略》卷一
光宗绍熙元年（1190）	救旱	封灵惠妃	《城北天后宫志》、《敕封天后志》卷上、《湄州屿志略》
宁宗庆元四年（1198）	救潦	加封助顺	《城北天后宫志》、《敕封天后志》卷上、《湄州屿志略》卷一
开禧元年（1205）	解金兵之围	加封显卫妃	《城北天后宫志》、《湄州屿志略》
嘉定元年（1208）	救旱，获海寇	加封英烈	《城北天后宫志》、《敕封天后志》卷上、《湄州屿志略》卷一
理宗嘉熙三年（1239）	助退钱塘潮决	封嘉应	《城北天后宫志》、《湄州屿志略》卷一
宝祐二年（1254）（一作1253）	救旱	加封协正	《城北天后宫志》、《湄州屿志略》卷一
宝祐三年（1255）	显灵	加封慈济	《城北天后宫志》、《湄州屿志略》卷一
宝祐四年（1256）	助浙江堤成	加封善庆	《城北天后宫志》、《湄州屿志略》卷一

续表

敕封时间	事由	封赐	出处
宝祐五年（1257）		封妃父积庆侯，母显庆夫人，女兄以及神佐皆有锡命	《城北天后宫志》
景定三年（1262）（一作开禧元年，1205）	火焚强寇	加封显济	《城北天后宫志》、《湄州屿志略》卷一
元世祖至元十八年（1281）	助佑漕运、海运	封护国明著天妃	《城北天后宫志》、《敕封天后志》卷上、《湄州屿志略》卷一
至元二十六年（1289）	籍佑海运	封显佑	《城北天后宫志》、《敕封天后志》卷上、《湄州屿志略》卷一
元成宗大德三年（1299）	漕运效灵	加封辅圣庇民	《城北天后宫志》、《敕封天后志》卷上
仁宗延祐元年（1314）	助漕运	加封广济	《城北天后宫志》、《敕封天后志》卷上、《湄州屿志略》卷一
文宗天历二年（1329）	助漕运	加封护国庇民显佑广济灵感助顺福惠徽烈明著天妃	《城北天后宫志》、《敕封天后志》、《湄州屿志略》卷一
至顺元年（1330）	助海运	赐庙额灵慈	《城北天后宫志》、《湄州屿志略》卷一
明太祖洪武五年（1372）	神功显灵	封昭孝纯正孚济感应圣妃	《城北天后宫志》、《敕封天后志》卷上、《湄州屿志略》卷一
成祖永乐七年（1409）	屡有护助大功	封护国庇民妙灵昭应宏仁普济天妃	《城北天后宫志》、《敕封天后志》卷上、《湄州屿志略》卷一

续表

敕封时间	事由	封赐	出处
崇祯间		封天仙圣母青灵普化碧霞元君，又封青贤普化慈应碧霞元君①	《城北天后宫志》卷上、《湄州屿志略》卷一
康熙十九年（1680）	剿厦门得神阴助	敕封护国庇民妙灵昭应宏仁普济天妃	《城北天后宫志》、《敕封天后志》卷上、《湄州屿志略》卷一、《类成堂集》卷一
康熙二十年（1681）		诏封昭灵显应仁慈天后	《城北天后宫志》
康熙二十三年（1684）	以澎湖得捷，默叨神助	敕封护国庇民昭灵显应仁慈天后	《敕封天后志》卷上、《湄州屿志略》卷一、《类成堂集》卷一
雍正四年（1726）		御书神昭海表匾额	《城北天后宫志》、《湄州屿志略》卷一、《类成堂集》卷一
乾隆二年（1737）（一说三年，1738）		加封福佑群生	《城北天后宫志》、《敕封天后志》卷上、《湄州屿志略》卷一、《类成堂集》卷一
乾隆二十二年（1757）	助使琉球	加封护国庇民妙灵昭应宏仁普济福佑群生（诚感咸孚）天后	《城北天后宫志》、《敕封天后志》卷上、《湄州屿志略》卷一、《类成堂集》卷一

---

　　①　事实上，明清朝廷从未将妈祖封为碧霞元君，但朝野以妈祖封号附会碧霞元君的现象逐渐增多，形成这种现象的原因非常复杂，相关论述参见李俊领、甘大明《清代妈祖封号附会碧霞元君问题新探》（《世界宗教研究》2016年第2期）；郑丽航《天妃附会碧霞元君封号考》（《莆田学院学报》2005年第6期）等。笔者以为，泰山女神碧霞元君产生于北方，海上女神妈祖产生于南方。明清以来，朝野多以妈祖附会碧霞元君，既是妈祖信仰传播日益广泛的表现之一，也是南方与北方文化相互交参融摄走向趋同的必然结果。

敕封时间	事由	封赐	出处
乾隆五十三年（1788）	助台湾大功告成	加显神赞顺	《城北天后宫志》、《湄州屿志略》卷一、《类成堂集》卷一
乾隆间		赐匾德孚广济	《湄州屿志略》卷一
嘉庆五年（1800）	助使琉球	加垂慈笃祐	《城北天后宫志》、《湄州屿志略》卷一
嘉庆七年（1802）		敕封天上圣母无极元君	《湄州屿志略》卷一
嘉庆八年（1803）		敕封三代，父积庆公，母积庆夫人	《湄州屿志略》卷一
道光六年（1826）	护佑海运	加安澜利运	《城北天后宫志》
道光十九年（1839）	助使琉球	加泽覃海宇	《城北天后宫志》
同治八年（1869）		敕封金柳二神将为将军	《湄州屿志略》卷一

从表4-2不难看出，历代王朝敕封天后，除了看重其航海保护神的灵异神力外，还将其视为一位享有众多信徒朝拜的多功能保护神。具体说来，天后的神异表现在以下几个方面：一是助力海上剿寇、解除敌兵之围，击退敌军；二是护佑海运、漕运，防潮固堤；三是保佑榜葛剌、琉球等外国使船海上航行安全；四是消除沿海地区的疫灾，解除旱潦灾害。明清时期的几种天后志书，记述了历朝敕封天后的封号，对于厘清妈祖信仰的发生、发展轨迹有着重要的指引作用。

2. 历代敕封关羽封号

明清时期的几种关帝志书都记载了历代崇封关羽封号，对于研究关帝信仰史提供了极大便利。兹据诸家志书绘制表格如表4-3所示：

表4-3　历代敕封关羽封号表

敕封时间	封号	出处
后汉景耀三年（260）	追封壮缪侯	《汉前将军关公祠志》卷三、《西湖关帝庙广纪》、《关圣陵庙纪略》卷二、《解梁关帝志》卷一、《关圣帝君圣迹图志全集》卷三
宋哲宗绍圣三年（1096）	赐玉泉祠额曰显烈庙	《关圣帝君圣迹图志全集》卷三
宋徽宗崇宁元年（1102）	追封忠惠公	《汉前将军关公祠志》卷三、《西湖关帝庙广纪》、《关圣陵庙纪略》卷二、《解梁关帝志》卷一、《关圣帝君圣迹图志全集》卷三
大观二年（1108）	加封武安王	《汉前将军关公祠志》卷三、《西湖关帝庙广纪》、《关圣陵庙纪略》卷二、《解梁关帝志》卷一、《关圣帝君圣迹图志全集》卷三
宣和五年（1123）	敕封义勇武安王	《汉前将军关公祠志》卷三、《西湖关帝庙广纪》、《关圣陵庙纪略》卷二、《解梁关帝志》卷一、《关圣帝君圣迹图志全集》卷三
高宗建炎二年（1128）（《关圣帝君圣迹图志全集》卷三作"建炎三年（1129）"）	加封壮缪义勇王	《汉前将军关公祠志》卷三、《西湖关帝庙广纪》、《关圣陵庙纪略》卷二、《解梁关帝志》卷一、《关圣帝君圣迹图志全集》卷三
孝宗淳熙十四年（1187）	加封英济王	《汉前将军关公祠志》卷三、《西湖关帝庙广纪》、《关圣陵庙纪略》卷二、《解梁关帝志》卷一、《关圣帝君圣迹图志全集》卷三
元文宗天历元年（1328）	加晋封号显灵义勇武安英济王	《解梁关帝志》卷一
明天祖洪武元年（1368）	复原封汉前将军汉寿亭侯	《关圣陵庙纪略》卷二、《解梁关帝志》卷一、《关圣帝君圣迹图志全集》卷三
武宗正德四年（1509）	赐庙曰忠武	《关圣陵庙纪略》卷二、《解梁关帝志》卷一
世宗嘉靖十年（1531）	仍汉将军汉寿亭侯	《关圣陵庙纪略》卷二、《解梁关帝志》卷一、《关圣帝君圣迹图志全集》卷三

敕封时间	封号	出处
神宗万历十八年（1590）	加封帝号，特颁衮冕肆辑图，又赐额显佑	《关圣陵庙纪略》卷二、《关圣帝君圣迹图志全集》卷三
万历四十二年（1614）	加封三界伏魔大帝神威远震天尊关圣帝君	《西湖关帝庙广纪》、《关圣陵庙纪略》卷二、《解梁关帝志》卷一
顺治九年（1652）	封忠义神武大帝	《关圣陵庙纪略》卷二、《解梁关帝志》卷一
顺治九年（1652）	三界伏魔神威远镇天尊	《关圣陵庙纪略》卷二
雍正三年（1725）	追封关帝曾祖光昭公，祖裕昌公，父成忠公	《解梁关帝志》卷一

关羽信仰形成于隋唐，主要成因较为复杂，大致有以下几种：一是佛教和道教的神化和塑造；二是三国影戏、三国平话、三国小说等文学艺术作品的增饰渲染、加工改造以及民间信仰的利用；三是历代朝廷的不断加封。三者之中，朝廷的加封无疑是其中最为重要的因素。

受安史之乱冲击，唐王朝崇尚忠勇将士，作战英勇、尽忠殉国的关羽得以配祀武成王姜尚，但此时关羽地位尚不突出，甚至一度被迁出庙庭。宋朝为避免五代分裂之乱，大力削夺兵权，加之各种社会矛盾日益尖锐，以致无法根除边患，终成靖康之变；南宋偏安江左，亦动荡不安，迫切需要关羽所展现的忠勇精神；正是在宋代，关羽的地位才脱颖而出。先有哲宗赐庙额"显烈"，再有徽宗连续升为忠惠公、武安王、义勇武安王，实现了由亭侯而公再到王的跨越，也完成了由人而神的重要步骤。南宋时关羽又得到二次加封，一是高宗建炎二年（1128，一说三年，1129）加封壮缪义勇王；二是孝宗淳熙十四年（1187）加封英济王，使关羽在神仙谱系中的地位得到巩固。蒙元统治者对关羽也非常推崇，元文宗天历元年（1328）加封显灵义勇武安英济王，使关羽的封号字数进一步增加。明灭元建立汉族统治，对关羽十分重视。明朝政府对关羽的崇祀始于太祖朱元璋。明太祖一方面厘正祀典，革除宋元封号，恢复汉寿亭侯封号，强调关羽和汉室的关系；一方面在鸡鸣山之阳建汉寿亭侯关羽庙，"以补圣化之所不足"，"暗助王化"①。成祖永乐元年（1403）十二月，为关羽建庙于都城宛平县之东。② 神宗万历十八年（1590）加封帝号，特颁衮冕肆辑图，首冕服，次巾帻，又次公幞，又赐额"显佑"，赐坊名曰"义烈"，敕解州庙名曰"英烈"。万历四十二年（1614）加封三界伏魔大帝神威远震天尊关圣帝君，使关羽在明朝统治阶级政治生活中地位进一步抬高。明朝统治者敕封关羽，所看重的是他对正统王朝的忠义，将其视为宣扬效忠思想的工具，既突出了其忠义精神，又强调了关羽在保护王朝中的作用。清朝统治者对关羽的尊崇更胜于前朝，尤其是在清代中后期，这种崇敬更是达到了无以复加的程度。由顺治九年（1652）封忠义神武大帝起，关羽封号不断加字，嘉庆加封"仁勇"，道光加封"威显"，咸丰加封"护国"，同治加封"翊赞"，光绪加封"宣德"，至光绪五年（1879），关羽封号已达二十六字之多，即"忠义神武灵佑仁勇威显护国保民精诚绥靖翊赞宣德关圣大帝"，其地位可谓登峰造极。

总之，关羽由侯而王，由王而帝，由帝而圣，庙祀遍及国内，波及天下。这一社会历史现象恰恰是封建君主专制发展到衰落阶段在意识形态方面的产物，是历代王朝褒封不尽的必然结果。明清关羽志书为我们了解这一过程做

---

① （明）朱国祯撰：《涌幢小品》卷二十《关云长》，《四库全书存目丛书》，子部第106册，第531页。

② （清）卢湛编：《关圣帝君圣迹图志全集》卷三《封爵考》，载《中国道观志丛刊正续编》第38册，第471页。

了最好的记录，提供了最好的资料集。

3. 麻姑封号

麻姑是道教女仙之一，又是一位家喻户晓的寿仙。在道教女仙谱系中，麻姑被尊奉为麻姑元君，其仙班位次仅居玄妙玉女（圣母元君）和西王母（金母元君）等少数上仙之后，地位非常崇高。麻姑信仰始于魏晋六朝，经由历代发展演变，逐渐遍布各地，香火不衰，信众广泛，形成了众多层面丰富内容的麻姑文化。其中尤以江西麻姑山的麻姑文化最为繁荣和典型。麻姑山，地处江西南城县城西南五公里处，道教尊为第二十八洞天，第十福地。相传东汉时期有麻姑女在此隐居得到成仙，故称麻姑山。

现存麻姑山志书主要有明左宗郢编集《续刻麻姑山丹霞洞天志》十七卷、清罗森等裁定、萧韵增补《麻姑山丹霞洞天志》十七卷及黄家驹编纂《重刊麻姑山志》十二卷。左宗郢编集《续刻麻姑山丹霞洞天志》卷五《褒崇仙号》、罗森等裁定、萧韵增补《麻姑山丹霞洞天志》卷五《祀典纪》，以及黄家驹编纂《重刊麻姑山志》卷三《封号纪》均较为翔实地记载了历代政府对麻姑神的封号。综合几部书的记载可知，宋神宗元丰六年（1083）封仙姑为清真夫人。宋哲宗元祐元年（1086）封妙寂真人。宋徽宗宣和六年（1124）封真寂冲应元君。宋宁宗庆元元年（1195）得旨特加仁祐（佑）二字。宋理宗嘉熙元年（1237）得旨特加妙济二字，称真寂冲应仁佑妙济真君。有明一代封典缺如，而祀事用严，名山洞府福利民生，每岁七月七日特命有司祀以少牢，成为一种定制。

诸家麻姑山志书关于历代朝廷敕封麻姑神号的记载，提高了麻姑的盛名和麻姑信仰的影响力，丰富了麻姑文化的内涵，为考察麻姑信仰的历史提供了较为完整的线索。

4. 许逊、吴猛等仙真的封号

玉隆万寿宫在江西南昌新建区逍遥山（又称西山，道教七十二福地之一），为净明道祖庭，原为许逊故居。铁柱宫又名妙济万寿宫，在江西南昌市，祀净明祖师许逊。清金桂馨、漆逢源纂辑《逍遥山万寿宫通志》二十二卷实为玉隆万寿宫和铁柱宫两部宫志的合本。该书卷二《国典》记录了宋徽宗政和二年（1112）上许逊神功妙济真君尊号。同年，诰封吴猛神烈真人、陈勋正持真人、周广元通真人、曾亨神慧真人、时荷洪施真人、甘战精行真人、施岑勇悟真人、彭伉潜惠真人、盱烈和靖真人、钟离嘉普惠真人、黄仁览冲道真人。元成宗元贞元年（1295）加封至道玄应神功妙济真君。

陈曦等学者指出，"根源于民间信仰的许逊崇拜，无论它带有哪种色彩，都需要依托地方志、地方传统来推动形象的重塑"，"类似许逊崇拜这样融合了宗教与民间祠祀的信仰，地方志既是其变迁的载体，又是推动其演变的动力之一"①。包括《逍遥山万寿宫通志》等在内的宫观志书在重塑许逊崇拜过程中，也同样起着应有的作用。

5. 武夷君及十三真君封号

武夷山，因武夷君修真于此而得名，为道教三十六小洞天之第十六洞天，称升真化玄洞天。

明清时期有武夷山志多种，仅存世便有十种之多。其中，明衷仲孺《武夷山志》、清王复礼《武夷九曲志》、董天工《武夷山志》记录了宋代对武夷君的封号。综合诸家记载，宋绍圣二年（1095）敕封武夷君显道真人。② 宋元符元年（1098）封武夷君为显道真君。③ 绍兴十八年（1148）敕封魏王子骞为冲妙真人，孙卓灵应真人，张湛显应真人，刘景嘉应真人，赵元齐妙应真人，

---

① 陈曦、王忠敬：《宋明地方志与南昌地区许逊信仰的变迁》，《武汉大学学报》（哲学社会科学版）2014 年第 2 期。

② （清）王复礼编辑：《武夷山志》卷一《敕封》，《四库全书存目丛书》，史部第 241 册，第 266 页下；（清）董天工编：《武夷山志》卷四《敕封》，载《中国道观志丛刊正续编》第 33 册，第 265 页。

③ （明）衷仲孺订修：《武夷山志》卷八《祀典》，《四库全书存目丛书》，史部第 228 册，第 519 页下—第 520 页上；（清）王复礼编辑：《武夷山志》卷一《敕封》，《四库全书存目丛书》，史部第 241 册，第 266 页下；（清）董天工编：《武夷山志》卷四《敕封》，载《中国道观志丛刊正续编》第 33 册，第 265—266 页。

彭合昭冲应真人，顾思远静应真人，白石生善应真人，马鸣生惠应真人，胡氏仙普应夫人，鱼道超助应夫人，鱼道远顺应夫人，李氏仙慈应夫人。[①] 宋端平元年（1234），加封武夷君显道普利真君[②]，封潘遇通灵协济侯。[③] 宋嘉熙二年（1238），封武夷君显道普利冲元真君[④]，加封十三真君[⑤]，加封潘遇通灵协济侯妙感侯。[⑥]

武夷君之所以在宋代屡屡受到朝廷的敕封，与宋廷外部受到北方军事压力，内部财政支绌，转而向神祇求助有关。当时的朝廷，唯有不断地对神祇加封神号，才能求得心灵慰藉，迷惑民众，缓解统治危机。事实证明，这种做法自然是徒劳的。

6. 广德祠山张王封号

广德祠山张王即祠山张君信仰，起源于安徽广德县城西横山，是我国东南地区重要的民间信仰之一。由于山上有张王之祠，唐代遂改名为祠山。相传，祠山张君名张渤，清河人；或曰夏禹时龙阳洲人，助禹治水有功，获轩

---

① （清）王复礼编辑：《武夷山志》卷一《敕封》，《四库全书存目丛书》，史部第241册，第267页上；（清）董天工编：《武夷山志》卷四《敕封》，载《中国道观志丛刊正续编》第33册，第266页。

② （清）王复礼编辑：《武夷山志》卷一《敕封》，《四库全书存目丛书》，史部第241册，第267页上；（清）董天工编：《武夷山志》卷四《敕封》，载《中国道观志丛刊正续编》第33册，第266页。

③ （明）衷仲孺订修：《武夷山志》卷八《祀典》，《四库全书存目丛书》，史部第228册，第521页上；（清）王复礼编辑：《武夷山志》卷一《敕封》，《四库全书存目丛书》，史部第241册，第267页上；（清）董天工编：《武夷山志》卷四《敕封》，载《中国道观志丛刊正续编》第33册，第266—267页。

④ （清）王复礼编辑：《武夷山志》卷一《敕封》，《四库全书存目丛书》，史部第241册，第267页上；（清）董天工编：《武夷山志》卷四《敕封》，载《中国道观志丛刊正续编》第33册，第267页。

⑤ （明）衷仲孺订修：《武夷山志》卷八《祀典》，《四库全书存目丛书》，史部第228册，第520页上；（清）王复礼编辑：《武夷山志》卷一《敕封》，《四库全书存目丛书》，史部第241册，第267页上；（清）董天工编：《武夷山志》卷四《敕封》，载《中国道观志丛刊正续编》第33册，第267页。

⑥ （清）王复礼编辑：《武夷山志》卷一《敕封》，《四库全书存目丛书》，史部第241册，第267页上；（清）董天工编：《武夷山志》卷四《敕封》，载《中国道观志丛刊正续编》第33册，第267页。

辕九鼎之书，为天帝名为水部判官，总四渎五湖十二溪源九江八河水司之政；或曰汉时吴兴郡乌程人。后隐居于横山（祠山）之上建坛礼斗。经过唐宋以来道教、佛教及民间社会不断地加工和创造，祠山信仰盛极一时，祠山张王成为当地最重要的神祇。其神迹也从旱则祈雨、霖则祈晴渗透到社会生活的各个方面。

元（一题宋）周秉秀编《祠山事要指掌集》和周秉秀编、清周宪敬重编《祠山志》十卷详细记载了明代以前祠山张王信仰的产生、演变情况，既有对张王事迹或神迹的详细叙述，也有官方对张王的历次封赐情况。后者卷一《封爵次序》详细记载了祠山张王历代封号，内容丰富，材料集中，对于探讨张王信仰的特性及其折射出的各种社会关系、人神之间的互动等，有着重要的史料价值。

《祠山志》所记广德祠山张王历代封号如下：唐明皇天宝中祷雨感应，王初赠水部员外郎，赐绯。唐昭宗乾宁二年（895）平孙儒后以功迁，赠司农少卿，赐金紫。唐天祐五年（908），降滂沱，赠礼部尚书兼封广德侯。吴乾贞二年（928）祈祷雨泽，克日雨足，赠仆射仍旧广德侯。南唐保大十二年（954）累次祷雨感应，册为司徒进封广德侯。南唐保大十四年（956），钱塘兵攻宣城，王以兵援，册封广德王。宋康定元年（1040）以江南旱，祷雨感应，敕封灵济王。宣和三年（1121），方腊先寇宁国，嗣犯绩溪，王显灵，贼败，加封忠祐灵济王。绍兴二年（1132），天子危急乃赫威灵而响应，加封忠祐灵济昭烈王。绍兴五年（1135），诸路久愆雨泽，祷雨斋醮，境内霑足，加封正顺忠祐灵济昭烈王。绍熙二年（1191），以祷雨霑足改封正顺忠祐威德昭烈王。嘉泰元年（1201），以救旱改封正顺忠祐威德圣烈王。开禧元年（1205），多日不雨，祈祷辄应，易封正祐显应威德圣烈王。开禧三年（1207），以旱潦祈祷，其应如响，改封正祐昭显威德圣烈王。淳祐五年（1245），改封正祐英济威德圣烈王。宝祐五年（1257），以有祷必应，国资神之助而无感不通，改封正祐圣烈真君。某年，默凭威德之佑，克成守御之功，加封正祐圣烈昭德真君。咸淳二年（1266），加封正祐圣烈昭德昌福真君。德祐元年（1276），以捍患御灾加封正祐圣烈昭德昌福崇仁福顺真君。光绪五年（1879），以近年祈祷辄应，为民捍患，加封正祐圣烈昭德昌福崇仁辅顺灵佑真君。[①] 除了张王不断获得封号外，其妃、夫人、祖父母、父母、多名兄弟、多名子女、多名孙子都得到了封号。学者们注意到，尽管"其他神祇的亲属们也都得到过赐封，但绝无这样的规模，通常的情形是只赐封神的妻室及其儿子。张王身后家族人口的膨胀，表明由于请求加封张王的奏文纷至沓来，宋廷不得不持续地给予他及他的家人越来越多、地位越来越高的封号"[②]。的确，张王及其亲属得到朝廷如此众多的封赐，充分说明该信仰所具有的显应天下的巨大影响。

研究历代祠山张王封号，可以发现该信仰的几个重要特点：第一，祠山张王的神性与水旱密切相关，张君信仰属于典型的水神信仰。由唐至宋，张王多次被加封，皆因祷雨祈晴，其应如响。第二，祠山张王的封号伴随其神力的不断扩大及该信仰的传播而增加，有着明显的累积过程。唐玄宗时期，初赠为水部员外郎，晚唐时赠司农少卿，五代时封为广德侯、广德王。此后，封号字数频繁增加，至清代升格为"正祐圣烈昭德昌福崇仁辅顺灵佑真君"。第三，随着时间的推移和社会的变迁，祠山张王逐渐衍生出新的神迹。例如，唐宋时期，祠山神屡屡因平定叛军、协助守城、解救危难等神异受到加封，显示出祠山神崇拜已经超出水神范畴，涉及朝廷军政生活的各个方面。第四，伴随着封号的不断增加，祠山神的神力也在不断增强。一般而言，祠神信仰越往后越复杂，神力越往后越强大，封号越往后越多。考察祠山张王信仰的封号，我们发现该信仰是符合祠神信仰一般规律的。第五，祠山信仰终究是流行于东南地区的区域性神祇，尚未发展为全国性的大神，唐宋尤其是宋代

---

① （元）周秉秀编，（清）周宪敬重编：《祠山志》卷一《封爵次序》，载《中国道观志丛刊正续编》第44册，第116—132页。

② ［美］韩森著：《变迁之神：南宋时期的民间信仰》，包伟民译，第150页。

是该信仰发展最为重要的时期。不难发现，祠山张王的封号主要集中在唐宋时期，元明时期相对沉寂，清代又有复兴之势。这一特征在《祠山志》卷四所记《灵应》中也能得到充分反映。是文所记祠山神显应事迹，从地域上看，主要集中在安徽、江浙等东南地区；从时间上看，南朝梁时期 1 则、唐及五代时期 11 则、宋代 40 则、元明 6 则、清 8 则，其灵异事迹主要集中在唐宋时期。①

7. 历代敕封真武封号

真武本名玄武，本是二十八宿中北方七宿之总名，后为避宋圣祖赵玄朗的讳，改为真武。真武逐渐由星宿神逐渐发展为道教和民间信仰中镇守北方天界之神，民间称玄天上帝、玄帝、玄帝公等。真武封号，是考察研究真武信仰的基本问题。明清时期的几种武当山志书详细记载了历代真武封号，为人们探究这一问题提供了重要资料。

现利用传世武当志书并结合其他史料梳理真武封号如下：真武最早封号始于宋真宗天禧二年（1018）②，是年六月加号真武将军曰真武灵应真君。③刘道明《武当福地总真集》④、任自垣《敕建大岳太和山志》⑤、方升《大岳志

---

①　祠山真君灵应多明以前，或与"《祠山事要》一书成于万历壬辰（二十年，1592）"有关，万历壬辰后至清之灵应事迹未及登叙。是故，光绪十年（1884）七月，同善堂刊《祠山志》时，认为"真君威灵久著，远近祈祷无虚日，曰雨而雨，曰旸而旸，御灾捍患，无岁无之，亦记之不可胜记也"，"兹因重刊是书，都人士开具灵验事实纷纷而来，为数太多，未能悉载，谨举其大者数条以志灵异云尔"。参见（元）周秉秀编，（清）周宪敬重编《祠山志》卷四《灵应》，载《中国道观志丛刊正续编》第 44 册，第 291—292 页。

②　（元）佚名：《玄天上帝启圣录》卷二《归天降日》（《道藏》第 19 册，第 580 页上）谓唐武则天时赠真武传道真武灵应真君，但据学者考证，此条记载不可信。参见杨立志《真武——玄帝历代封号考》，《中国道教》1995 年第 2 期。

③　（宋）李焘撰：《续资治通鉴长编》卷九十二《真宗天禧二年（1018）》，第 2119 页。

④　（元）刘道明集：《武当福地总真集》卷下，载《中国道观志丛刊正续编》第 5 册，第 93 页。

⑤　（明）任自垣纂辑：《敕建大岳太和山志》卷一《宋诏诰》，载陶真典、范学锋点注《武当山明代志书集注》，第 5 页。

略》①、王佐《大岳太和山志》②、卢重华《大岳太和山志》③、王概《大岳太
和山志略》④俱作镇天真武灵应佑圣真君，多出"佑圣"二字。宋钦宗靖康
元年（1126）诏佑圣真武灵应真君，加号佑圣助顺真武灵应真君。⑤除马端临
《文献通考》外，《明史》亦载其事⑥，他书未见记载。宋宁宗嘉泰二年
（1202）十一月十四日，加封北极佑圣助顺真武灵应福德真君，此条封号刘道
明、任自垣、方升、王佐、卢重华、王概诸志皆载，但刘道明《武当福地总
真集》作嘉定二年（1209）⑦，未知孰是。宋理宗宝祐五年二月（1257）加封
北极佑圣助顺真武福德衍庆仁济正烈真君⑧，明清武当志书俱载。⑨元成宗大
德八年（1304）三月，加封玄天元圣仁威上帝⑩，封号由真君升为上帝，地位
进一步提高。《元史》记载此次封号始于大德七年（1303）十二月⑪，杨立志
先生认为"大德七年十二月当是颁降圣旨的时间，八年三月是正式书录刊石
的时间"⑫。这种推测是有道理的，封号应该以大德八年（1304）为准。明洪

①　（明）方升等编纂：《大岳志略》卷一《王言略》，载陶真典、范学锋点注《武当山明代志书集注》，第182页。
②　（明）王佐等编纂：《大岳太和山志》卷二《历代御制》，载陶真典、范学锋点注《武当山明代志书集注》，第294页。
③　（明）卢重华等编纂：《大岳太和山志》卷二《历代御制》，载陶真典、范学锋点注《武当山明代志书集注》，第441页。
④　（清）王概总修，姚士佶、李之兰等纂：《大岳太和山志略》卷三《祀典：历代封号》，载《中国道观志丛刊正续编》第5册，第277页。
⑤　（元）马端临撰：《文献通考》卷九十《郊社考二十三》。
⑥　（清）张廷玉等撰：《明史》卷五十《礼四》，第1308页。
⑦　（元）刘道明集：《武当福地总真集》卷下，载《中国道观志丛刊正续编》第5册，第95页。
⑧　（元）刘道明集：《武当福地总真集》卷下，载《中国道观志丛刊正续编》第5册，第96—97页。
⑨　陶真典、范学锋点注：《武当山明代志书集注》，第7、183、294、441页；（清）王概总修，姚士佶、李之兰等纂：《大岳太和山纪略》卷三《祀典·历代封号》，载《中国道观志丛刊正续编》第5册，第279页。
⑩　陶真典、范学锋点注：《武当山明代志书集注》，第8、183、294、441页；（清）王概总修，姚士佶、李之兰等纂：《大岳太和山志略》卷三《祀典·历代封号》，载《中国道观志丛刊正续编》第5册，第281页。
⑪　（明）宋濂等撰：《元史》卷二十一《成宗纪四》，第456页。
⑫　杨立志：《真武——玄帝历代封号考》，《中国道教》1995年第2期。

武厘定神号，去掉了附着在岳镇海渎诸神上的冗长神号，真武亦在其列，封为武当真武之神。① 永乐后称北极镇天真武元天上帝。② 据王概《大岳太和山纪略》，清代加封北极镇天真武祖师、万法教主、元天元圣仁威上帝、金阙化身、荡魔天尊。③ 民国熊宾督修《续修大岳太和山志》沿袭此说。杨立志先生据《清会典》等书所记皆称北极佑圣真君，认为王概《大岳太和山纪略》所记清代真武封号"是不可信的"④，可备一说。

真武作为北方神灵，其灵迹始终与护佑国家北部边疆联系在一起，国家自然对其频频加封。纵观宋、元、明三朝，皆崇真武，但各有缘由，各取所需。宋代自建国伊始，便受到北方民族威胁，先有契丹，继有女真，再有蒙古，前后相续，国无宁日，为了防御北方，提高自信，遂祈祷北方神灵真武，故而三番五次加封真武尊号。元代以北方民族入主中原，视真武为王朝保护神而加以尊奉。明代为巩固北部边疆的需要，对真武广泛崇奉，尤其是成祖朱棣自认为靖难之役，始终得到真武佑助，出于感激报答之心极力推崇真武，真武信仰与崇祀遂达到鼎盛，真武祠庙几乎遍布全国。梳理历代真武封号，对于考察真武信仰的历史，显然是有裨益的。

朝廷给神祇敕封神号具有双重意义：一方面，朝廷以敕封神号，承认神祇的方式，来加强对神灵社会的控制；另一方面，试图以此来驾驭民间神的力量，除掉那些未得到敕封、未列入祀典的淫祀，从而更好地控制人世社会。朝廷对神祇的敕封与禁绝，二者貌似不同，实际殊途同归，主要目的都在于利用神祇的力量加强王朝的统治。

① （清）王概总修，姚士倌、李之兰等纂：《大岳太和山纪略》卷三《祀典·历代封号》，载《中国道观志丛刊正续编》第 5 册，第 282 页。
② （清）王概总修，姚士倌、李之兰等纂：《大岳太和山纪略》卷三《祀典·历代封号》，载《中国道观志丛刊正续编》第 5 册，第 282 页。
③ （清）王概总修，姚士倌、李之兰等纂：《大岳太和山纪略》卷三《祀典·历代封号》，载《中国道观志丛刊正续编》第 5 册，第 275—276 页。
④ 杨立志：《真武——玄帝历代封号考》，《中国道教》1995 年第 2 期。

（二）对历代高道封号的记载

对高道大德加赐封号是朝廷崇奉道教的重要方式，历代高道获赐封号的很多，此处仅以龙虎山高道封号、茅山历代嗣师和高道封号、武当山高道封号、九宫山高道封号为例，来彰显明清宫观山志之于道教学研究的重要作用。

1. 龙虎山高道封号

龙虎山，道教称为第二十九福地，是正一天师道祖庭所在。自元以下，山志的编纂赓续不绝。[①] 现存《龙虎山志》有五部[②]：一是元明善初编、周召续编《龙虎山志》三卷；二是元明善辑修、张国祥续修《续修龙虎山志》六卷；三是元明善辑修、张国祥续修、张显庸全修《龙虎山志》三卷；四是李仁等撰《龙虎山志》三卷（存卷上、卷中）[③]；五是娄近垣重辑《龙虎山志》十六卷。五部志书对历代敕封龙虎山高道都有较为翔实的记载，是研究龙虎山道教发展史的重要资料。

元元明善撰、明周召续编《龙虎山志》卷上《人物上》记录了张陵以后三十七代天师事迹及历代封号。例如，唐中和间（881—885）封张陵为三天扶教大法师，宋熙宁间（1068—1077）加号辅元，大观二年（1108）玉册加正一静应真君，嘉熙间（1237—1240）加显佑。复如，元元贞二年（1296），敕封三十五代天师张可大通玄应化观妙真人，赐三十六道天师张宗演演道灵应冲和真人，赐三十七代天师张与棣体玄弘道广教真人，赐三十八代天师张与材太素凝神广道真人，授三十九代天师张嗣成太玄辅化体仁应道大真人，

---

① 有关《龙虎山志》的版本源流情况，见罗琴《龙虎山志源流考略》，《宗教学研究》2016 年第 2 期。

② 王文章：《〈龙虎山志〉的编纂及元本、张本、娄本间的承变》，《宗教学研究》2016 年第 4 期。不确。

③ 据林夕主编《中国著名藏书家书目汇刊》所载《天一阁书目》（第 2 册第 545 页）、《天一阁见存书目》（第 4 册第 437 页）、《目睹天一阁书录》（第 5 册第 301 页）、《重编宁波范氏天一阁图书书录》（第 5 册第 519 页）、《鄞范氏天一阁书目内编》（第 6 册第 140 页）诸家目录，李仁等撰《龙虎山志》三卷，明嘉靖二十三年（1544）刻本，存上、中二卷。

授四十代天师张嗣德太乙明教广玄体道大真人等。①

元元明善辑修、明张国祥续修《续修龙虎山志》记载了汉宋以来龙虎山高道行迹及封号。例如，宋代赐号留用光冲靖先生、易如刚通妙葆真先生，元至元间（1264—1294）诰封张闻诗通真观妙元应真人，加升黄崇鼎冲素端靖弘教大真人，元武宗升张留孙为大真人并加号辅成赞化保运玄教大宗师，诰授夏文泳正德弘仁静一真人，诰授陈日新崇文冲道明复真人。② 是书又收录元成宗加张留孙大宗师制、授吴全节嗣师制、赠陈义高真人制、元仁宗加张留孙勋号制、加张留孙开府制、授陈日新真人制、元武宗授夏文泳真人制、明太祖授张正常大真人制、明赠黄太初真人制等。③

清娄近垣《龙虎山志》收录历朝张天师封号：唐玄宗天宝七载（748）诏后汉天师张道陵册赠太师，僖宗中和四年（884）封汉天师三天扶教大法师。宋真宗大中祥符八年（1015）赐张正随号真静先生，仁宗天圣八年（1031）赐张乾曜号澄素先生。仁宗至和二年（1055）赐张嗣宗号虚白先生，又赐张敦复号葆光先生。徽宗大观二年（1108）封汉天师正一靖应真君，赠张景端葆真先生。高宗绍兴某年赐张守真号正应先生，宁宗赐摄天师张天麟号仁静先生，理宗嘉禧三年（1239）赐张可大号观妙先生并册封汉天师三天扶教辅元大法师正一静应显佑真君。元世祖授张宗演演道灵应冲和真人，至元二十八年（1291）赐张与棣体玄弘道广教真人并赠张可大通元应化观妙真君。成宗元贞元年（1295）加封汉天师正一冲元神化静应显佑真君并赠张宗演演道灵应冲和元静真君。元贞二年（1296），赐张与材号太素凝神广道真人。成宗大德八年（1304）加张与材正一教主兼领三山符箓。武宗至大元年（1308）加张与材金紫光禄大夫封留国公，赠嗣师张衡太清演教妙道真君，赠系师张

① （元）元明善编，（明）周召续编：《龙虎山志》卷上《人物上》。
② （元）元明善辑修，（明）张国祥续修：《龙虎山志》卷三《人物》，载《中国道观志丛刊正续编》第49册，第80—92页。
③ （元）元明善辑修，（明）张国祥续修：《龙虎山志》卷四《恩纶》，载《中国道观志丛刊正续编》第49册，第46页。

鲁太清昭化广德真君，赠张继先虚靖元通宏悟真君，四年（1311）授张嗣成大元辅化体仁应道大真人。顺帝至正四年（1344）以张嗣德袭封，赠天师第四代至三十四代皆为真君。明太祖洪武元年（1368）授张正常正一教主嗣汉四十二代天师护国阐祖通诚崇道宏德大真人。十三年（1380），以张宇初袭封授正一嗣教道合无为阐祖光范大真人。成祖永乐八年（1410）以张宇清袭封授正一嗣教清虚冲素光祖演道大真人。宣宗宣德元年（1426），加张宇清正一嗣教清虚冲素光祖演道崇谦守静洞玄大真人。四年（1429），以张懋丞袭封授正一嗣教崇修至道葆素演法大真人。十年（1435），以张元吉袭封授正一嗣教冲虚守素绍祖崇法大真人。景帝景泰六年（1455）加授张元吉正一嗣教冲虚守素绍祖崇法安恬乐静元洞大真人。宪宗成化三年（1467）加封张元吉正一嗣教体玄崇默悟法通真阐道宏化辅德佑圣妙应大真人。十三年（1477），以张元庆袭封授正一嗣教保和养素继祖守道大真人。孝宗弘治十五年（1502），授张彦頨正一嗣教端虚冲静承先宏道真人。世宗嘉靖五年（1526），加封张彦頨为正一嗣教怀元抱真养素守默葆光履和致虚冲静承先宏化大真人。二十七年（1539），张永绪袭封正一嗣教守元养素遵范崇道大真人。[1] 清顺治六年（1649）以张应京袭封正一嗣教大真人。八年（1651）以张洪任袭封正一嗣教大真人。康熙六年（1667）以张洪偕署理正一嗣教大真人印。十八年（1679）以张继宗袭封正一嗣教大真人。四十二年（1703）诰授张继宗光禄大夫。五十五年（1716）以张锡麟袭封正一嗣教大真人。雍正五年（1727）以张庆麟署理正一嗣教大真人印。[2] 考察受到朝廷封号的道士，以龙虎山高道最多，充分说明龙虎山在道教史中不可替代的地位。

正如学者们所说，"张天师在龙虎山经历长期的传承，其发展盛衰几乎与

---

[1]　（清）娄近垣重辑：《龙虎山志》卷八《爵秩》，载《中国道观志丛刊正续编》第 25 册，第 291—339 页。

[2]　（清）娄近垣重辑：《龙虎山志》卷八《爵秩》，载《中国道观志丛刊正续编》第 25 册，第 280—286 页。

道教史相始终。尽管龙虎山张天师早期嗣教历史模糊不清，但龙虎山张天师之道传承 1700 多年，其源远流长的道脉客观存在于世，作为正一派祖庭的地位是毋庸置疑的。"① 周召续编《龙虎山志》和娄近垣重辑《龙虎山志》对历代张天师封号的爬梳，张国祥续编《龙虎山志》对汉宋以来龙虎山高道行迹及封号的记录，不仅从教主的传承和高道发展角度清晰地展示了天师道发展脉络，还反映了这一教派在道教史中的特殊地位，对于天师道史乃至整个道教史的研究都是大有裨益的。

2. 茅山历代嗣师、高道的封号

茅山，自南朝以来即是道教上清派祖庭，此派高道辈出，如陆修静、陶弘景、司马承祯等，皆于道教义理之创获、经籍整理等方面卓有贡献。现存清代以前茅山志书三部：一为元刘大彬撰《茅山志》三十三卷；一为元刘大彬编、明江永年增补《茅山志》十五卷《后编》二卷；一为清笪蟾光编《茅山志》十四卷《道秩考》一卷。后两部志书都在刘大彬志书基础上记载了茅山历代嗣师和高道简要事迹，对于研究茅山道教史有着不可替代的作用。现将三部茅山志书记载茅山历代嗣师及高道获赐封号情况梳理如下：

刘大彬《志》卷十、卷十一、卷十二《上清品》，江永年增补《志》卷七《上清品》，笪蟾光《志》卷八《上清嗣宗师四十五代传》录嗣上清第一代至第四十五代嗣宗师传记，即太师魏华存、第二代玄师杨羲、第三代真君许穆，以下四代至四十五代宗师分别为许翙、马朗、马罕、陆修静、孙游岳、陶弘景、王远知、潘师正、马承祯、李含光、韦景昭、黄洞元、孙智清、吴法通、刘得常、王栖霞（一名敬真）、成延昭、蒋元吉、万保冲、朱自英、毛奉柔、刘混康、笪净之、徐希和、蒋景徹、李景合、景暎、徐守经、秦汝达、邢汝嘉、薛汝积、任元阜、鲍志真、汤志道、蒋宗瑛、景元范、刘宗昶、王志心、翟志颖、许道杞、王道孟、刘大彬。四十五代嗣宗师多受到朝廷封赐，

---

① 张泽洪：《早期天师世系与龙虎山张天师嗣教》，《社会科学研究》2012 年第 6 期，第 127 页。

例如，第一代太师魏华存宋元祐获封高元神照紫虚至道元君。① 第十代宗师王远知于唐高宗调露二年（680）获赠大中大夫，谥升真先生。② 十三代宗师李含光受唐玄宗赐号玄静先生，以左玄大夫赠正议大夫。③ 十九代宗师王栖霞（一名敬真）获赐号玄博大师，加贞素先生号，复赠洞微元静之称。④ 二十三代宗师朱自英景德年间获赐号国师，复赐号观妙先生。⑤ 二十五代宗师刘混康获宋哲宗赐号洞元通妙法师。⑥ 二十六代宗师笪净之获赐法师号。⑦ 三十五代宗师嘉定年间获赐号通灵，复加至道号。⑧ 四十四代宗师王道孟元大德年间获赐真人⑨，等等。诸志记载各嗣宗师传记，文辞简练，脉络清晰，是研究茅山道教发展史的最为直接的资料。

刘大彬《志》卷十五、卷十六《采真游》，江永年增补《志》卷九《采真游》分别记录了吴绰、马枢、戴胜、褚雅、桓法闿、孙文韬、钱妙真等历代高道共 145 人，资料翔实，详略得当，展现了茅山道教的辉煌历史。笪蟾光《志》卷九《茅山高真》收录茅山历代高道 66 人。该志删去刘大彬志、江永年增补《志》中内容过于简略者 92 人，又增补王良祷、谢曰静、睢志澄、朱汝谐、李道元、翟正传、丰继宗、杭以文、阎道人、舒道人（本住）、汪道人（本实）、李道人、王小颠（合心），凡 13 人，完成了对前志的重要补充。笪《志》的删节与增补有三点值得注意：一是所删多为徒具名号而史实阙如者，充分彰显了编者追求史实，不务虚名的态度；二是所增者多明朝以后高道，显示出编者重视搜集近世茅山道史资料的努力；三是增补者多为玉晨观道士，

---

① （元）刘大彬编，（明）江永年增补，王岗点校：《茅山志》卷七《上清品》，第 193 页。
② （元）刘大彬编，（明）江永年增补，王岗点校：《茅山志》卷七《上清品》，第 200 页。
③ （元）刘大彬编，（明）江永年增补，王岗点校：《茅山志》卷七《上清品》，第 203 页。
④ （元）刘大彬编，（明）江永年增补，王岗点校：《茅山志》卷七《上清品》，第 207 页。
⑤ （元）刘大彬编，（明）江永年增补，王岗点校：《茅山志》卷七《上清品》，第 209 页。
⑥ （元）刘大彬编，（明）江永年增补，王岗点校：《茅山志》卷七《上清品》，第 210 页。
⑦ （元）刘大彬编，（明）江永年增补，王岗点校：《茅山志》卷七《上清品》，第 211 页。
⑧ （元）刘大彬编，（明）江永年增补，王岗点校：《茅山志》卷七《上清品》，第 217 页。
⑨ （元）刘大彬编，（明）江永年增补，王岗点校：《茅山志》卷七《上清品》，第 222 页。

折射出明清之时玉晨观在茅山诸宫观中的突出位置。历代茅山高道多有受到朝廷封号者，如宋宣和年间封吴绰为养素先生①，宋仁宗赐张绍英号明真先生②，宋神宗赐号王筌冲照处士③，宋徽宗赐号陈希微洞微法师④，赐号黄澄太素大夫、冲素静一先生⑤，赐号杨希真冲和妙一法师⑥，赐号沈若济洞元大师⑦，宋高宗赐号傅霄明真通微先生⑧，宋理宗赐号眭志澄凝虚冲靖先生⑨，元世祖赐号朱汝谐贞靖冲虚守和法师⑩，赐号翟正传观明常德纯素法师⑪，明太祖赐号丰继宗守诚明远志道法师⑫，等等。茅山高道获封号者多为宋人，从一个方面显示出这一时期茅山道教在道教史中的显著地位。

3. 武当山高道封号

武当山自古高道辈出，特别是明代武当山高道更是比比皆是，其中多有获朝廷封号者。在这方面，刘道明《武当福地总真集》、任自垣《敕建大岳太和山志》、方升《大岳志略》、王佐《大岳太和山志》、卢重华《大岳太和山志》、王概《大岳太和山纪略》诸志均有记载。

例如，宋初，进封姚太守（名简，字易夫）忠智威烈（王）。⑬ 元仁宗延祐元年（1314）十月，赐武当山天一真庆万寿宫住持宫事张守清体玄妙应太

---

① （元）刘大彬编，（明）江永年增补，王岗点校：《茅山志》卷九《采真游》，第246页。
② （元）刘大彬编，（明）江永年增补，王岗点校：《茅山志》卷九《采真游》，第258页。
③ （元）刘大彬编，（明）江永年增补，王岗点校：《茅山志》卷九《采真游》，第258页。
④ （元）刘大彬编，（明）江永年增补，王岗点校：《茅山志》卷九《采真游》，第259页。
⑤ （元）刘大彬编，（明）江永年增补，王岗点校：《茅山志》卷九《采真游》，第259页。
⑥ （元）刘大彬编，（明）江永年增补，王岗点校：《茅山志》卷九《采真游》，第260页。
⑦ （元）刘大彬编，（明）江永年增补，王岗点校：《茅山志》卷九《采真游》，第260页。
⑧ （元）刘大彬编，（明）江永年增补，王岗点校：《茅山志》卷九《采真游》，第261页。
⑨ （清）笪蟾光编：《茅山志》卷九《茅山高真》，载《中国道观志丛刊正续编》第13册，第697页。
⑩ （清）笪蟾光编：《茅山志》卷九《茅山高真》，载《中国道观志丛刊正续编》第13册，第698页。
⑪ （清）笪蟾光编：《茅山志》卷九《茅山高真》，载《中国道观志丛刊正续编》第13册，第698页。
⑫ （清）笪蟾光编：《茅山志》卷九《茅山高真》，载《中国道观志丛刊正续编》第13册，第698页。
⑬ 陶真典、范学锋点注：《武当山明代志书集注》，第86、196页。

和真人。① 洪武十八年（1385）六月初八，命武当山高道丘玄清为嘉议大夫太常司（寺）卿。② 永乐十年（1412）宣授张全一（字玄玄，号三丰）玄莹凝妙法师③，明英宗正统元年（1436）赐张三丰通微显化真人④，一说赐号在天顺四年（1460）。⑤ 有清一代，道教整体式微，武当高道虽多，但未见获朝廷封号者。

4. 九宫山高道封号

九宫山在湖北通山县东南，一说取八卦合中宫而九，故曰九宫；一说后晋王氏兄弟于此兴建九座宫殿，因而得名。南宋孝宗淳熙十四年（1187）著名道士张道清于此兴九宫，九宫山随即成为道教圣地。清傅燮鼎《九宫山志》卷四《仙释》记录九宫山历代高道，其中有不少高道获朝廷封号。

例如，张道清，字得一，号三峰，在宋历理、度两朝暨元延祐中，累加封号曰太平护国真牧妙应普兴宏道真君。⑥ 杨宗华，真君第一弟子，宋朝祷雨应对称旨，赐号灵宝大师，嘉定八年（1215）加赐洞灵先生。⑦ 王宗成，字伯钦，真君第二弟子，光宗朝应诏赴京治齐安郡主病，赐号观妙大师，宁宗不豫，建醮祈年，皆宗成往返京师，赐号宁国护圣先生。⑧ 杨宗权，初赐通慧先生，度宗朝加赐孚惠真人，元仁宗时加封仁祐真君。⑨ 熊宗超，赐号保宁大

---

① 陶真典、范学锋点注：《武当山明代志书集注》，第10、90、183、198、295页；（清）王概总修，姚士倌、李之兰等纂：《大岳太和山纪略》卷四《仙真》，载《中国道观志丛刊正续编》第6册，第313页。

② 陶真典、范学锋点注：《武当山明代志书集注》，第12、295页。

③ 陶真典、范学锋点注：《武当山明代志书集注》，第90页。

④ （清）王概总修，姚士倌、李之兰等纂：《大岳太和山纪略》卷四《仙真》，载《中国道观志丛刊正续编》第6册，第318页。

⑤ 陶真典、范学锋点注：《武当山明代志书集注》，第183、298页。

⑥ （清）傅燮鼎重辑：《九宫山志》卷四《仙释》，载《中国道观志丛刊正续编》第7册，第89页。

⑦ （清）傅燮鼎重辑：《九宫山志》卷四《仙释》，载《中国道观志丛刊正续编》第7册，第89—90页。

⑧ （清）傅燮鼎重辑：《九宫山志》卷四《仙释》，载《中国道观志丛刊正续编》第7册，第90页。

⑨ （清）傅燮鼎重辑：《九宫山志》卷四《仙释》，载《中国道观志丛刊正续编》第7册，第91页。

师。[①] 李宗荣赐号真一大师。[②] 上官宗立本，名俨，赐号养素先生。[③] 蓝宗宝，赐号广惠先生。[④] 胡元亨，王宗成之徒，赐冲靖大师。[⑤] 王妙坚，九宫山道妪，累封真人。[⑥] 黄元瑞、余太玘师弟二人，旌宏教大师。[⑦] 封太本，赐冲隐大师。[⑧] 车可诏，宣授文正明道诚德法师。[⑨] 章权孙，初赐号自然，后封广惠真人。[⑩]

考察上述内容可知，获赐封号的九宫山高道主要集中于宋元二朝，尤以宋代为多。至明清二代，未见高道再获朝廷封号。这一现象至少说明两点：一是由于宋元帝室的崇奉，九宫山道教在宋元尤其是宋朝达到鼎盛；二是受道教整体发展的影响，明清时期九宫山道教与其他地区一样呈现衰落态势。不仅著名道士数量减少，更没有获封号的高道出现。

三、对朝廷颁赐《道藏》的记载

明朝两次编纂《道藏》，第一次由四十三代天师张宇初、通妙真人邵以正负责[⑪]，始于永乐四年（1406；一说五年，1407），英宗正统十年（1445）修成，共5305卷，名曰《正统道藏》。第二次编纂始于明神宗万历三十五年（1607），是年，神宗敕五十代天师张国祥刊《续道藏》180卷，名曰《万历续道藏》。正续《道藏》共5485卷。今天一般说《正统道藏》，往往包含《万

---

① （清）傅燮鼎重辑：《九宫山志》卷四《仙释》，载《中国道观志丛刊正续编》第7册，第91页。
② （清）傅燮鼎重辑：《九宫山志》卷四《仙释》，载《中国道观志丛刊正续编》第7册，第92页。
③ （清）傅燮鼎重辑：《九宫山志》卷四《仙释》，载《中国道观志丛刊正续编》第7册，第92页。
④ （清）傅燮鼎重辑：《九宫山志》卷四《仙释》，载《中国道观志丛刊正续编》第7册，第92页。
⑤ （清）傅燮鼎重辑：《九宫山志》卷四《仙释》，载《中国道观志丛刊正续编》第7册，第93页。
⑥ （清）傅燮鼎重辑：《九宫山志》卷四《仙释》，载《中国道观志丛刊正续编》第7册，第94页。
⑦ （清）傅燮鼎重辑：《九宫山志》卷四《仙释》，载《中国道观志丛刊正续编》第7册，第96页。
⑧ （清）傅燮鼎重辑：《九宫山志》卷四《仙释》，载《中国道观志丛刊正续编》第7册，第96页。
⑨ （清）傅燮鼎重辑：《九宫山志》卷四《仙释》，载《中国道观志丛刊正续编》第7册，第98页。
⑩ （清）傅燮鼎重辑：《九宫山志》卷四《仙释》，载《中国道观志丛刊正续编》第7册，第99页。
⑪ 冯千山认为，明代《道藏》编纂始于任自垣，见冯千山《明代纂修〈道藏〉从任自垣始》，《宗教学研究》1991年Z1期。持此观点者尚有胡凡，并认为《正统道藏》的编纂应于永乐十七年（1419）开始，结束于永乐二十年（1422）。参见胡凡《武当道士任自垣与〈正统道藏〉的编纂》，《中国紫禁城学会论文集》第八辑，第961—972页。

历续道藏》。明《道藏》修成后，英宗、宪宗、世宗诸帝陆续印刷，颁赐天下宫观。

明政府颁赐《道藏》给各大宫观，是道教发展史乃至中国文化史上的大事，充分体现着皇室对道教的重视和对道众的关心。梳理明清及现今各地庋藏《道藏》情况，对于了解《道藏》的传播和道教的发展，无疑是有帮助的。

陈国符《道藏源流考》稽考明清各处《道藏》近50部。[①] 据［美］王岗《明代藩王与道教》考证，明代至少有七家藩王拥有皇帝颁赐的《道藏经》。[②] 另据高叶青的研究，陕西四处宫观所藏《道藏》七部，有四部为陈先生《道藏源流考》未曾涉及。[③] 此外，据笔者的研究，尚有一些宫观或个人庋藏《道藏》，学界尚无人注意。例如，湖北慈县紫霞观、武夷山冲佑观、王世贞藏经阁皆藏有《道藏》。现根据诸家学者的研究及本人的搜检，利用明清宫观山志并结合其他资料，将明清时期各处庋藏《道藏》情况梳理如表4-4，由此可见朝廷颁赐《道藏》之大概。

表4-4　明清各地庋藏《道藏》表

序号	庋藏地	《道藏》来源	颁赐时间	材料来源	存佚
1	顺天府通州元灵观	赐敕一道经一藏	永乐间	光绪《通州志》卷二[④]	佚
2	南昌府新建县（区）建德观作轮藏	不详	宣德五年（1430）	乾隆《南昌府志》卷二十三[⑤]	佚

① 陈国符著：《道藏源流考》，第188—201页。

② ［美］王岗著（Richard G. Wang）：《明代藩王与道教：王朝精英的制度化护教》，秦国帅译，第116—120页。

③ 高叶青：《陕西明版〈道藏〉存佚考》，《中国道教》2020年第3期。

④ （清）李培祜、王维珍纂：光绪《通州志》卷二《建置·寺观庵堂》，第46页。

⑤ （清）陈兰森修，谢启昆纂：乾隆《南昌府志》卷二十三《寺观·新建县·建德观》，第32页。

续表

序号	庋藏地	《道藏》来源	颁赐时间	材料来源	存佚
3	江宁府溧阳县泰清观	邑人戴庆祖请《道藏》	正统初年	嘉庆《溧阳县志》卷四①	佚
4	苏州府玄妙观	请赐《道藏经》	正统三年（1438）	顾沅《（苏州）元妙观志》卷一②	佚
5	江宁府都城外玄真观（堂）	颁赐《道藏》	正统八年（1443）	《金陵玄观志》卷十三③	佚
6	天津天妃（后）宫	礼部札付道士邵振祖《道藏》一部	正统十年（1445）	康熙《天津卫志》卷三④	佚
7	北京白云观	赐道经凡5305卷480函	正统十二年（1447）八月十日	小柳司气太《白云观志》卷一、卷四⑤	存⑥
8	太原府阳曲县玄通观	敕颁道经一藏，凡480函	正统十二年（1447）	乾隆《太原府志》⑦	佚
9	江宁府句容县青元观	赐道经一藏	正统十二年（1447）	乾隆《句容县志》卷四⑧	佚

---

① （清）李景峄、陈鸿寿修，（清）史炳、史津纂：光绪重刊嘉庆《溧阳县志》卷四《舆地志·太虚观》，第59页。

② （清）顾沅辑：《（苏州）玄妙观志》卷一《本志》，载《中国道观志丛刊正续编》第11册，第27页。

③ （明）佚名：《金陵玄观志》卷十三《玄真观》，载《中国道观志丛刊正续编》第11册，第252页。

④ （清）高必大纂：康熙《天津卫志》卷三《宫庙》，清抄本，第72页。

⑤ ［日］小柳司气太：《白云观志》卷一《白云观小志（史）》，载《中国道观志丛刊正续编》第1册，第53页；卷四《白云观碑志·赐经之碑》，第165页。

⑥ 今藏国家图书馆。《正统道藏》存4552册，《万历续道藏》存184册，少部分为清代补修。参见于文涛《国内外现存明版〈道藏〉状况调查》，《中国道教》2017年第1期。

⑦ （清）沈树声纂修：乾隆《太原府志》卷四十八《寺观·玄通观》，第10—11页。

⑧ （清）曹袭先纂：乾隆《句容县志》卷四《古迹志·寺观·青元观》，第40页。

序号	庋藏地	《道藏》来源	颁赐时间	材料来源	存佚
10	江宁府长寿山朝真观	赐《道藏》	正统十二年（1447）	《金陵玄观志》卷七①	佚
11	宁国府宣城县玄妙观	颁《道藏经》	正统十二年（1447）	嘉庆《宁国府志》卷十四②	佚
12	慈利县紫霞观	太监吴景创建雷神坛，题请道经一藏	正统十二年（1447）	万历《慈利县志》卷十三③	佚
13	茅山元符宫	颁赐道经一藏	正统十二年（1447）八月初十	江永年增补《茅山志》首卷④、笪蟾光编《茅山志》卷二⑤	佚
14	江宁府狮子山卢龙观	颁道经一藏	正统十二年（1447）八月初十	《金陵玄观志》卷三⑥	佚
15	江宁府方山洞玄观	颁道经一藏	正统十二年（1447）八月初十（一说成化十二年，1476）	《金陵玄观志》卷八⑦	佚
16	江西广信府贵溪县龙虎山大上清宫	颁赐道经一藏	正统十二年（1447）八月初十	《皇明恩命世录》卷六⑧	佚

---

① （明）佚名：《金陵玄观志》卷三《长寿山朝真观》，载《中国道观志丛刊正续编》第11册，第159页。
② （清）鲁铨、钟英修，（清）洪亮吉、施晋纂：嘉庆《宁国府志》卷十四《营建志·寺观·元妙观》，第15页。
③ （明）陈光前纂修：万历《慈利县志》卷十二《丛祠·紫霞观》，第6页。
④ （元）刘大彬编，（明）江永年增补，王岗点校：《茅山志》首卷，第7页。
⑤ （清）笪蟾光编：《茅山志》卷二《明英宗颁赐道藏敕》，载《中国道观志丛刊正续编》第12册，第158—159页。
⑥ （明）佚名：《金陵玄观志》卷三《狮子山卢龙观·护道藏敕》，载《中国道观志丛刊正续编》第11册，第126—127页。
⑦ （明）佚名：《金陵玄观志》卷八《方山洞玄观·护道藏敕》，载《中国道观志丛刊正续编》第11册，第164页。
⑧ （明）佚名：《皇明恩命世录》卷六，《道藏》第34册，第800页上。

序号	庋藏地	《道藏》来源	颁赐时间	材料来源	存佚
17	甘州府显应观（佑善观）	不详	正统十二年（1447）	乾隆《甘州府志》卷五①	佚
18	庆康王朱秩煃	颁赐	正统十二年（1447）	《明英宗实录》②	佚
19	襄阳府均州武当山紫霄宫、南岩宫、五龙宫、净乐宫	敕赐道经各一藏	正统十三年（1448）	《明英宗实录》③	佚
20	贵州在城大道观	敕赐	正统十三年（1448）	《明英宗实录》④	佚
21	陕西周至县终南山宗圣宫	颁赐	正统十三年（1448）八月初十	赵尔守《终南仙境志》卷一⑤	佚
22	南京神乐观	敕赐	正统十四年（1449）	《明英宗实录》⑥	佚
23	苏州府嘉定县集仙宫	赐道经一藏	正统间	光绪《嘉定县志》卷三十一⑦、嘉庆《直隶太仓州志》卷五十一⑧	佚

---

① （清）钟赓起纂修：乾隆《甘州府志》卷五《坛庙·甘州府·显应观》，第18页。
② 《明英宗实录》卷一百六十二，台北"中央研究院"历史语言研究所校印，第3152页。
③ 《明英宗实录》卷一百六十三，台北"中央研究院"历史语言研究所校印，第3161页。
④ 《明英宗实录》卷一百六十六，台北"中央研究院"历史语言研究所校印，第3222页。
⑤ （明）赵尔守等辑：《终南仙境志》卷一《宗圣宫》，天津图书馆藏明万历终南寺观刻清乾隆十五年（1750）邹儒重修本，第9页。
⑥ 《明英宗实录》卷一百七十八，第3436页。
⑦ （清）程其珏辑：光绪《嘉定县志》卷三十一《寺观·集仙宫》，第5页。
⑧ （清）王昶等纂：嘉庆《直隶太仓州志》卷五十一《古迹·嘉定县·集仙宫》。

续表

序号	庋藏地	《道藏》来源	颁赐时间	材料来源	存佚
24	河南济源王屋山紫微宫	颁赐《道藏经》一部	正统间	《王屋山天坛大顶总仙宫修造白斋道人张公太素行实之碑》①	佚
25	安徽太平府当涂县希彝观	巡抚周忱请道经一藏	正统、嘉靖间	乾隆《太平府志》卷十四②	佚
26	楚康王朱季埱	钦赐	天顺四年（1457）八月十八日前	《明英宗实录》③	佚
27	江宁府冶城山朝天宫	颁道经一藏	成化十二年（1476）二月	《金陵玄观志》卷一④	佚
28	襄阳府均州武当山	钦降道经七千卷	成化二十二年（1486）	卢重华《大岳太和山志》卷三⑤	佚
29	徽庄王朱见沛	赐《道藏》	成化间	《明孝宗实录》⑥	佚
30	辽愍王朱宪𤌴	赐予《道藏》	嘉靖二十九年（1550）	《明世宗实录》⑦	佚

---

① 此碑立于王屋山顶。参见汪桂平《王屋山与〈道藏〉》，《济源职业技术学院学报》2011年第3期。

② （清）陆纶纂：乾隆《太平府志》卷十四《古迹志（寺观）·当涂县·希彝观》，第12页。

③ 《明英宗实录》卷三百一十九，第6651页。据楚王奏称，天顺四年（1457）八月十八日，府中大火，所赐释道藏经悉毁于火。

④ （明）佚名：《金陵玄观志》卷一《冶城山朝天宫·护道藏敕》，载《中国道观志丛刊正续编》第11册，第32—33页。

⑤ （明）卢重华等编纂：《大岳太和山志》卷三《列圣敕谕·钦降像器》，陶真典、范学锋点注《武当山明代志书集注》，第448页。

⑥ 《明孝宗实录》卷一百三十二，第2339页。成化年间所赐《道藏》损坏错乱，更乞颁赐，不允。

⑦ 《明世宗实录》卷三百四十一，第6205页。

续表

序号	庋藏地	《道藏》来源	颁赐时间	材料来源	存佚
31	杭州三茅宁寿观	赐《道藏》	嘉靖间	光绪《杭州府志》卷三十四①	佚
32	王世贞藏经阁得道经一藏	不详	万历十八年（1590）前	《弇州山人四部续稿》卷六十二②、卷五③	佚
33	宣化府延庆州藏经阁	太监罗本赍捧《道藏》至州	万历二十三年（1595）	乾隆《延庆州志》卷七④	佚
34	保定府唐县清虚观	有《道藏》阁	万历二十四年（1596）后	光绪《唐县志》卷十一⑤	佚
35	浑源州恒山九天宫	赐经总512函	万历二十七年（1599）	桂敬顺《恒山志》元集⑥	佚
36	山东泰山岱庙	颁赐道经	万历二十七年（1599）	《泰山岱庙藏明万历圣旨及〈道藏〉考》⑦	存⑧
37	蒲州永济府通元观	赐道书经藏一部	万历二十七年（1599）	乾隆《蒲州府志》卷三⑨	佚

---

① （清）吴庆丘等纂：光绪《杭州府志》卷三十四《寺观一·三茅宁寿观》，载《中国方志丛书·华中地方·浙江省（237）》，第 800 页下。

② （明）王世贞撰：《弇州山人四部续稿》卷六十二《小祇林藏经阁记》，《景印文渊阁四库全书》第 1282 册，第 57 页下。

③ （明）王世贞撰：《弇州山人四部续稿》卷五《奉安道经一藏于阁西室敬述》，《景印文渊阁四库全书》第 1282 册，第 808 页下—第 809 页上。

④ （清）穆元肇、方世熙纂：乾隆《延庆州志》卷七《坛庙·藏经阁》，第 12 页。

⑤ （清）张惇德纂：光绪《唐县志》卷十一《杂稽·寺观·清虚宫》，第 33 页。

⑥ （清）桂敬顺纂修：《恒山志》元集《迹志》，载《中华山水志丛刊·山志》第 6 册，第 49 页下、第 59 页上。

⑦ 范恩君：《泰山岱庙藏明万历圣旨及〈道藏〉考》，《中国道教》2003 年第 1 期。

⑧ 保存于泰安市博物馆，今存 1360 卷。参见于文涛《国内外现存明版〈道藏〉状况调查》，《中国道教》2017 年第 1 期。

⑨ （清）周景柱等纂：乾隆《蒲州府志》卷三《古迹·寺观·通元观》，第 41 页。

续表

序号	庋藏地	《道藏》来源	颁赐时间	材料来源	存佚
38	泽州府阳城县紫微宫	颁赐，原立有的圣旨碑一通	万历二十七年（1599）	此碑原立于紫微宫，现存于济渎庙①	佚
39	同州府华阴县华山万寿阁	颁赐《道藏经》共5360余卷，《续道藏》200余卷	万历二十七年（1599）	姚远翱《华岳志》卷三②、卷五③	佚
40	广信府贵溪县龙虎山大上清宫	颁赐《道藏经》	万历二十七年（1599）	娄近垣重辑《龙虎山志》卷十④	佚
41	四川省潼川府三台县佑圣观旧为云台观	颁赐《道藏》	万历二十七年（1599）	嘉庆《三台县志》卷八⑤	存⑥
42	崂山太清宫藏明板道经5048卷	御赐	万历二十七年（1599）	《青岛指南》卷四⑦	存⑧

① 有明一代，王屋山至少庋藏了两个版本的《道藏》，甚至有可能得到过四个版本的御赐《道藏》。参见汪桂平《王屋山与〈道藏〉》，《济源职业技术学院学报》2011年第3期。

② （清）姚远翱纂修：《华岳志》卷三《祠宇·万寿阁》，第31页。

③ （清）姚远翱纂修：《华岳志》卷五《诏敕·颁藏经敕》，第24页。

④ （清）娄近垣重辑：《龙虎山志》卷十《艺文·纶言》，载《中国道观志丛刊正续编》第26册，第433页。

⑤ （清）沈昭兴纂修：嘉庆《三台县志》卷八《艺文》，第4页。另：是书卷八《艺文》载佑圣观残藏经三十四种目录，陈国符记为卷四，误（见《道藏源流考》，第201页；第2版，第199页；新修订版，第163页）。

⑥ 今存于四川图书馆（3353卷）、四川大学图书馆（2669册）。参见于文涛《国内外现存明版〈道藏〉状况调查》，《中国道教》2017年第1期。

⑦ 佚名：《青岛指南》卷四《游览纪要·崂山名胜·太清宫》，民国二十年（1931）铅印本，第9页。另外，据范恩君《泰山岱庙藏明万历圣旨及〈道藏〉考》（《中国道教》2003年第1期），明万历二十八年（1600），颁赐崂山黄石宫道士耿义兰一部《道藏》，或与太清宫《道藏》为同一部。

⑧ 今存青岛市博物馆，存4946卷。参见于文涛《国内外现存明版〈道藏〉状况调查》，《中国道教》2017年第1期。

续表

序号	庋藏地	《道藏》来源	颁赐时间	材料来源	存佚
43	陕州灵宝县道圣宫	有《明太初观护经敕碑》	万历二十八年（1600）	光绪《陕州直隶州志》卷十四①	佚
44	武夷山冲佑观	皇帝敕赐	万历三十年（1602）五月	董天工编《武夷山志》卷四、王复礼编辑《武夷山志》卷一②	佚
45	兖州府邹县《道藏》阁在白云宫东	不详	万历三十一年（1603）	康熙《邹县志》卷一上③	佚
46	葭州白云观玉风真人	敕赐道经一藏	万历三十三年（1605）	雍正《陕西通志》卷六十五④	佚
47	杭州府城三茅宁寿观	再赐《道藏经》	万历三十六年（1608）	光绪《杭州府志》卷三十四⑤、雍正《浙江通志》卷二百二十六⑥	佚
48	登州府宁海州昆嵛山	有《颁道藏经敕》	万历三十九年（1611）四月	同治《宁海州志》卷三⑦	佚
49	茅山九霄万福宫	有《赐道藏敕》	万历四十二年（1614）三月	笪蟾光编《茅山志》卷二⑧	佚

---

① （清）赵希曾重修：光绪《陕州直隶州志》卷十四《金石志》，第 52 页。

② （清）董天工编：《武夷山志》卷四《颁赐》，载《中国道观志丛刊正续编》第 33 册，第 268—270 页；（清）王复礼编辑：《武夷山志》卷一《颁赐》，《四库全书存目丛书》，史部第 241 册，第 267 页下。

③ （清）周翼纂：康熙《邹县志》卷一上《上下胜境·白云洞》，第 53 页。

④ （清）沈青崖等纂：雍正《陕西通志》卷六十五《人物十一·释道·玉风》引《延安府志》，《景印文渊阁四库全书》第 554 册，第 989 页下。

⑤ （清）吴庆丘等纂：光绪《杭州府志》卷三十四《寺观一·三茅宁寿观》，载《中国方志丛书·华中地方·浙江省（237）》，第 800 页下。

⑥ （清）嵇曾筠等监修，沈翼机等编纂：雍正《浙江通志》卷二百二十六《寺观·三茅宁寿观》，《景印文渊阁四库全书》第 525 册，第 183 页下。

⑦ （清）王厚阶纂：同治《宁海州志》卷三《金石考·明敕颁藏经玺诏》，第 26—27 页。

⑧ （清）笪蟾光编：《茅山志》卷二《藏经敕》，载《中国道观志丛刊正续编》第 12 册，第 163 页。

续表

序号	庋藏地	《道藏》来源	颁赐时间	材料来源	存佚
50	四川省潼川府三台县佑圣观（旧云台观）	再颁赐《道藏》	万历四十四年（1616）	亦心莹复陈国符函①	存②
51	南岳衡山岳庙	不详	万历间	吴伟业、向球纂修，李标编辑《穹窿山志》卷三③	佚
52	南昌府南昌县逍遥山万寿宫	赐《道藏》	万历间	《逍遥山万寿宫志》卷二④	佚
53	江宁府溧阳县太虚观	赐《道藏》	万历间	嘉庆《溧阳县志》卷四⑤	佚
54	河南登封县嵩山中岳庙	贮钦降《道藏经》	万历间	傅梅《嵩书》卷三⑥，景日昣《说嵩》卷四⑦	佚
55	西安府周至县楼观道士姬东坡	御赐道经二藏	万历间	雍正《陕西通志》卷二十八⑧	佚

---

① 陈国符：《道藏源流考》第1版，第202页；第2版，第200页；新修订版，第163页。

② 两次颁赐《道藏》今存于四川图书馆（3353卷）、四川大学图书馆（2669册）。参见于文涛《国内外现存明版〈道藏〉状况调查》，《中国道教》2017年第1期。

③ 吴晋锡云："余游南岳，简《道藏》。"语见（清）吴伟业、向球纂辑：《穹窿山志》卷三《正一偶商序》，民国三十二年（1943）铅印本，第1页。

④ （清）金桂馨、漆逢源纂辑：《逍遥山万寿宫通志》卷二《国典》，载《中国道观志丛刊正续编》第30册，第136页。

⑤ （清）李景峄、陈鸿寿修，（清）史炳、史津纂：光绪重刊嘉庆《溧阳县志》卷四《舆地志·太虚观》，清光绪二十二年（1896）活字本，第57页。

⑥ （明）傅梅撰：《嵩书》卷三《卜营篇·黄箓殿》，《四库全书存目丛书》，史部第231册，第597页下。

⑦ （清）景日昣纂：《说嵩》卷四《太室南麓二·黄箓殿》，《四库全书存目丛书》，史部第238册，第66页下。

⑧ （清）沈青崖等纂：雍正《陕西通志》卷二十八《祠祀一（寺观附）·周至县·楼观》，《景印文渊阁四库全书》第552册，第482页下。

续表

序号	庋藏地	《道藏》来源	颁赐时间	材料来源	存佚
56	同州府华阴县华山太虚庵高元和	神宗施赐《道藏》480函	万历间	姚远翱《华岳志》卷三①、张维新《华岳全集》卷一②	佚
57	河南灵宝南村元真庵	钦赐道士高元和	万历间	乾隆《华阴县志》卷十③	佚
58	杭州府城佑圣观	颁赐	康熙五十二年（1704）	光绪《杭州府志》卷三十四④	佚
59	奉天府承德县太清宫	御赐藏经一藏凡724函	康熙八年（1669）	民国《沈阳县志》卷十三⑤	佚
60	陕西周至县楼观藏经阁	全真道士梁一亮购请《道藏经》	雍正七年（1729）	《说经台梁公道行碑铭》⑥	佚
61	苏州玄妙观	御赐道士惠远谟道经一藏	乾隆十五年（1750）	顾沅《（苏州）玄妙观志》卷四⑦	佚

---

① （清）姚远翱纂修：《华岳志》卷三《祠宇·太虚庵》，第48页。
② （明）张维新总阅，马明卿编辑，冯嘉会续辑：《华岳全集》卷一《图说·青柯坪》，《四库全书存目丛书》，史部第232册，第188页上。
③ （清）李天秀纂：乾隆《华阴县志》卷十，转引自高叶青《陕西明版〈道藏〉存佚考》，《中国道教》2020年第3期。
④ （清）吴庆丘等纂：光绪《杭州府志》卷三十四《寺观一·佑圣观》，载《中国方志丛书·华中地方·浙江省（237）》，第800页下。
⑤ 曾有翼等纂：民国《沈阳县志》卷十三《宗教·道教·太清宫》，第8页。
⑥ 王忠新编：《楼观台道教碑铭》，第183页。
⑦ （清）顾沅辑：《苏州元妙观志》卷四《道流传下·惠远谟》，载《中国道观志丛刊正续编》第11册，第69页。

续表

序号	庋藏地	《道藏》来源	颁赐时间	材料来源	存佚
62	河南南阳玄妙观	因抵御太平天国和捻军获赐颁赐《道藏》	同治六年（1867）	陈国符《道藏源流考》①，《国内外现存明版〈道藏〉状况调查》②	存③
63	上海白云观庋藏《正统道藏》《万历续道藏》	嘉定徐郙颂阁状元所请	光绪十六年（1890）	陈国符《道藏源流考》④	存⑤
64	泽州府阳城县紫微宫（王屋山阳台宫东北)	贮明御赐《道藏经》	不详	雍正《泽州府志》卷二十一⑥	佚
65	周藩王府	赐道藏经	不详	《如梦录》⑦	佚
66	定州曲阳县总元观贮有《道藏》	不详	不详	康熙《曲阳县新志》卷三⑧	佚
67	宣化府赤城县灵真观有《道藏经》	不详	不详	《察哈尔省通志》卷二十六⑨	佚

① 陈国符著：《道藏源流考》，第1版，第202页；第2版，第200页；新修订版，第163—164页。
② 于文涛：《国内外现存明版〈道藏〉状况调查》，《中国道教》2017年第1期。
③ 今存南阳市图书馆，存5213卷。参见于文涛《国内外现存明版〈道藏〉状况调查》，《中国道教》2017年第1期。
④ 陈国符著：《道藏源流考》，第1版，第188页；第2版，第186页；新修订版，第153页。另：是书第2版第200页谓上海白云观资料在第188页，第二版未注意页码已变化，亦云此条资料在第188页，误。
⑤ 今存上海图书馆。
⑥ （清）田嘉谷纂：雍正《泽州府志》卷二十一《寺观·紫微宫》，第6页。
⑦ （明）佚名：《如梦录·周藩纪第三》，《丛书集成续编》第240册，第753页上。
⑧ （清）刘师峻纂修：康熙《曲阳县新志》卷三《建置·寺观·总元宫》，第23页。
⑨ 梁建章纂：《察哈尔省通志》卷二十六《政事编之二·祠庙·赤城县·灵真观》，第51页。

续表

序号	庋藏地	《道藏》来源	颁赐时间	材料来源	存佚
68	江宁府金陵黄鹿观有轮藏殿	不详	不详	《金陵玄观志》卷十三①	佚
69	苏州府穹窿山上真观无全藏，存断简残编几千余卷	不详	不详	吴伟业、向球纂修，李标编辑《穹窿山志》卷三②	佚
70	扬州府仪征县玄妙观有《道藏》	不详	不详	嘉庆《扬州府志》卷二十九③	佚
71	宁波府鄞县冲虚观有经室，当有明代道经	不详	不详	光绪《鄞县志》卷六十八④	佚
72	山西省图书馆藏本（原太原崇善寺藏本⑤）	颁赐	不详	《山西省图书馆古籍善本书目》⑥	存⑦

---

① （明）佚名：《金陵玄观志》卷十三《黄鹿观》，载《中国道观志丛刊正续编》第 11 册，第 254 页。

② （清）吴伟业、向球纂辑：《穹窿山志》卷三《执事》，第 3 页；亦载《中国道观志丛刊正续编》第 15 册，第 507 页。

③ （清）阿克当阿修，（清）姚文田、江藩等纂：嘉庆《重修扬州府志》卷二十九《寺观二·仪征县·元妙观》，第 5 页。

④ （清）董沛、徐时栋、张恕纂：光绪《鄞县志》卷六十八《寺观下·冲虚观》（陈国符作卷六十，误。见《道藏源流考》，第 1 版，第 199 页；第 2 版，第 197 页；新修订版，第 161 页），第 36 页。

⑤ 原太原崇善寺藏明《正统道藏》，1940 年春被当时伪山西省长苏体仁运出，今藏山西省图书馆三楼古籍文物部。见陈国符《道藏源流考》，修订版，第 156 页。

⑥ 山西省图书馆编：《山西省图书馆古籍善本书目》，第 233 页。

⑦ 今存《正统道藏》4079 册，《万历续道藏》153 册。参见于文涛《国内外现存明版〈道藏〉状况调查》，《中国道教》2017 年第 1 期。

续表

序号	庋藏地	《道藏》来源	颁赐时间	材料来源	存佚
73	山西博物院藏本	不详	不详	《观妙观徼：山西省馆藏道教文物》①	存②
74	北京故宫藏《正统道藏》《万历续道藏》	不详	不详	《第二批国家珍贵古籍名录图录》第七册③	存④
75	北京白云观藏本	不详	不详	董中基、张继禹《道教全真祖庭北京白云观》⑤	存⑥
76	沈藩王府	钦颁	不详	《沈国勉学书院集》⑦	佚
77	兴献王朱祐杬	恩赐	不详	《恩纪诗集》卷一⑧	佚

由表 4-4 可以看出：

第一，《道藏》绝大多数为皇帝或皇后颁赐，亦有少量由个人购请者。例如，明正统初年，江宁府溧阳县邑人戴庆祖请《道藏》，庋藏泰清观。清雍正七年（1729）北京白云观全真道士梁一亮至陕西周至县楼观，建藏经阁，购

---

① 林亦英（Lam, Susan Y. Y）：《观妙观徼：山西省馆藏道教文物》，第 157 页。

② 今存数量不详。参见于文涛《国内外现存明版〈道藏〉状况调查》，《中国道教》2017 年第 1 期。

③ 中国国家图书馆、中国国家古籍保护中心编：《第二批国家珍贵古籍名录图录》（第七册），第 147 页。

④ 正续《道藏》皆存，其中《正统道藏》存 5132 卷。参见于文涛《国内外现存明版〈道藏〉状况调查》，《中国道教》2017 年第 1 期。

⑤ 董中基、张继禹：《道教全真祖庭北京白云观》，第 16 页。

⑥ 北京白云观除去转与国图的一套《道藏》，另有正统初刻本和万历重印本，合计存三千余卷。参见于文涛《国内外现存明版〈道藏〉状况调查》，《中国道教》2017 年第 1 期。

⑦ （明）朱珵尧撰：《沈国勉学书院集》卷九《（明）朱恬焌〈绿筠轩稿：敕赐宝恩楼避暑晚晴遣兴〉》，第 3 页。

⑧ （明）朱祐杬撰：《恩纪诗集》卷一《恩赐藏经》，第 6 页。

请《道藏》一部。上海白云观所庋藏《正统道藏》《万历续道藏》，为光绪十六年（1890）同治壬戌科（1862）状元嘉定徐郙颂阁所请。

第二，通常情况下，皇室颁赐给各大宫观或个人一部《道藏》，但亦有颁赐给一处多部或者多次颁赐给一地之特别恩宠。例如，正统十三年（1448）敕赐襄阳府均州武当山（大岳太和山）四部《道藏》，分别藏于紫霄宫、南岩宫、五龙宫、净乐宫。再如，明神宗颁赐给著名道士高元和（高蓬头）二部《道藏》，以示褒奖。神宗还一次赐给道士姬东坡道经二藏。正统十二年（1447），茅山元符宫获赐道经一藏，万历间又获颁赐道经一藏。龙虎山大上清宫，正统十二年（1447）和万历二十七年（1599）分别获赐道经一藏。苏州玄妙观，正统年间获赐道藏经；乾隆十五年（1750），该观高道惠远谟又获赐道藏经。位于河南济源王屋山紫微宫作为重要的道教活动场所，在明正统、嘉靖和万历年间曾多次受到御赐道经的宠遇。王屋山至少庋藏了两个版本的《道藏》，甚至有可能得到过四个版本的御赐《道藏》。

第三，完整明版《道藏》体量巨大，卷帙繁多，即便是个人获赐或个人购请，也多由各大宫观庋藏，但亦有极少寺院和个人收藏者。例如，原太原崇善寺藏明正统《道藏》，今藏于山西图书馆，属于佛寺庋藏《道藏》之例。明代著名学者王世贞藏经阁藏有《道藏》一部，属于个人收藏之例。

第四，由于历史久远及各种主客观因素，较为完整的明版《道藏》大多亡佚，十不存一，国内仅存 10 部。此外，据于文涛统计①，国内尚有几家单位庋藏《道藏》零种。例如，陕西师范大学图书馆存 26 种 31 册。复旦大学图书馆藏《淮南鸿烈解》残本 21 卷 19 册。北京大学图书馆藏《墨子》《鬼谷子》《鹖冠子》《道德真经藏室纂微篇》《周易参同契发挥》《道德真经集义》共 6 种 31 册。清华大学图书馆藏《道门定制》《七真年谱》《道藏阙经目录》等共 3 种 13 册。首都图书馆藏《三天易髓》1 册。天津中医药大学图书馆藏

---

① 于文涛：《国内外现存明版〈道藏〉状况调查》，《中国道教》2017 年第 1 期。

《仙传外科秘方》1 种 6 册。国外收藏《道藏》情况为，日本宫内厅存 4115 卷，其中配补有少量抄本。法国国家图书馆藏有两套《道藏》残本，数量不明。京都大学图书馆藏 16 种 45 册共计 47 卷。东京大学东洋文化研究所藏 98 种 158 册。大谷大学图书馆藏本情况不详，已知存《唐玄宗御制道德真经疏》1 册。哈佛燕京图书馆藏《上清灵宝大法》《宗玄先生文集》2 种 5 册。

以上据明清方志、《明实录》和明清宫观山志等史料，对各地庋藏明版《道藏》情况做了简要梳理，一者可以汇各家成果于一表，以利观览及搜检；二者可以对前贤的研究做适当补充，以见明清宫观山志等史料在道教学和史学上的显著价值。

第二节　明清宫观山志在道观经济研究中的价值

道观经济是道教史、经济史上的重要现象，但是目前没有引起充分重视，大多数研究还包含在佛教寺院经济中一带而过。诚如学者所说，"道观经济的相关资料除了散见于一般正史、编年体史书、典志体政书、类书中，还见于大量的佛道经文、碑刻、宫观志、山志、总集、别集、历代野史笔记中。总之，在历史文献和佛道藏中，道观经济研究的相关资料是非常广博而复杂的，道观经济研究亟待摆脱寺院经济研究的笼罩，走出一条属于自己的清晰的路来"①。明清宫观山志除了包含丰富的社会政治史料外，还有大量的反映道观经济的信息资料，为深入研究这些问题提供了依据。由于缺乏对相关资料的钩沉与整理，学界尚未对这些史料给予足够重视。本节主要爬梳明清宫观山志并结合其他文献，对道观资金来源、田产、常住物业等问题进行梳理，从而揭示明清宫观山志在研究道教史、经济史中的重要作用。

---

① 罗争鸣：《道观经济研究的回顾与思考》，《宗教学研究》2008 年第 3 期。

一、兴建、修葺宫观和日常用度的资金来源

兴建、修葺宫观和日常用度的资金来源是研究道观经济首先要解决的问题。一般而言，其资金来源有三种途径：一是官府的出资与恩赏，二是士绅与信众的捐赠，三是道士群体的募资或直接出资。

（一）历代官府出资兴建、修葺宫观

官府出资是宫观创建与修葺最为直接的经济来源，尤其是皇帝的赏赐，动辄巨万，成为道观经济的重要组成部分。明清宫观山志记载了丰富的官府出资兴建或修整道宫道观的内容，是深入研究道观经济的宝贵资料。例如，清代胡执佩《黄堂隆道宫志》详细记载了唐代敕建许祖旌阳宝殿情况。许祖旌阳宝殿崇高三丈六尺、广六丈、深四丈，其后三清殿高四丈，广、深俱同前殿，于贞观己丑（三年，629）四月落成。① 《逍遥山万寿宫志》记载，江西新建玉隆万寿宫，宋徽宗政和六年（1116）诏以西京崇福宫为例，敕建大殿六，小殿十二，五阁七楼三廊七门，复赐御书额曰玉隆万寿宫，旁起三十六堂，以处道众，玉隆创修，于斯为盛。宝庆元年（1225）理宗重修。元仁宗延祐三年（1316）赐内帑重修大殿。乾隆四年（1739），巡抚岳濬重修②，此次重修包含金公祠、许大祠、大殿、玉宸宝阁、寥阳殿、三官殿、谌母阁、关帝殿、万寿宫门及各祠楼庐室八所。③ 逍遥山铁柱万寿宫，晋建，祀旌阳，顺治十四年（1657）巡按笪蟾光倡修，康熙十四年（1675）巡抚董卫国重修，雍正二年（1724）复废，巡抚裴率度重修；乾隆四十六年（1781）南昌知县

---

① （清）胡执佩《黄堂隆道宫志》卷十一《（唐）陈宗裕〈敕建乌石观碑记〉》，载《中国道观志丛刊正续编》第 29 册，第 201—202 页。

② （清）金桂馨、漆逢源纂辑：《逍遥山万寿宫志》卷七《玉隆万寿宫》，载《中国道观志丛刊正续编》第 30 册，第 360—362 页。

③ （清）金桂馨、漆逢源纂辑：《逍遥山万寿宫志》卷七《金公祠等》，载《中国道观志丛刊正续编》第 30 册，第 369—376 页。

李洗心倡捐重修。① 逍遥山开元观，唐开元二年（714）管辖提点揭公野拙所建，宋移建城池，观废，提点萧竹轩于修仁坊得本部周太守舍地一区立为观宇，仍曰开元观；康熙四年（1665），知县魏双凤重建，雍正十三年（1735）知府许镇，乾隆三十九年（1771）知府钱策均捐资修葺中一殿。② 逍遥山彭真观，今名五台庵，顺治年间总督张朝璘、布政使王第武、总兵岑应元重建。③ 仲学辂《金龙四大王祠墓录》记述了雍正四年（1726）皇帝诏发帑银建金龙四大王庙于江南④之事，这些都是明清宫观山志记载的皇帝或地方政府出资创建道观的例子。

龙虎山作为道教祖庭，受到各朝代官府的重视，真人府上清宫历唐宋元明，代有修建。今存几部《龙虎山志》都不同程度地保留了历代政府出资建观的史料。清娄近垣重辑《龙虎山志》卷三《大上清宫建置沿革》云，大上清宫唐会昌中赐额真仙观，宋祥符中敕改上清观。宋徽宗崇宁四年（1105）三十代天师虚靖真君请于朝，徽宗命江东漕臣即山中度地迁建。政和三年（1113）升为上清正一宫，建炎、庆元、嘉定间皆赐钱货斥大之。元至元乙酉（二十二年，1285）、大德戊申（元年，1297）、皇庆癸丑（二年，1313）、后至元丁丑（三年，1337）重修，洪武二十三年（1390）四十三代真人奏请重建，永乐元年（1403）赐缗钱修葺，十四年（1416）又修。⑤ 元元明善辑修、明张国祥续修《龙虎山志》卷四《恩纶》收录《明嘉靖五年（1526）重建大真人府第敕》，明确要求"合用钱粮令彼处巡抚按三司等官措置，应用人夫于

---

① （清）金桂馨、漆逢源纂辑：《逍遥山万寿宫志》卷七《铁柱万寿宫》，载《中国道观志丛刊正续编》第 30 册，第 394—395 页。

② （清）金桂馨、漆逢源纂辑：《逍遥山万寿宫志》卷七《开元观》，载《中国道观志丛刊正续编》第 30 册，第 399—400 页。

③ （清）金桂馨、漆逢源纂辑：《逍遥山万寿宫志》卷七《彭真观》，载《中国道观志丛刊正续编》第 30 册，第 400 页。

④ （清）仲学辂编：《金龙四大王祠墓录》卷二，载《中国道观志丛刊正续编》第 52 册，第 78 页。

⑤ （清）娄近垣重辑：《龙虎山志》卷三《大上清宫建置沿革》，载《中国道观志丛刊正续编》第 25 册，第 88—90 页。

邻近州县派拨到彼处做工"①。敕文涉及修建宫观所需钱粮、人夫等事宜，可谓细致入微。而《嘉靖十一年（1532）重修大上清宫敕》特别强调，"合用物料、夫匠、钱粮悉照该部题准事例处置应用，务要综理周密，区划得宜"②。表明了明代帝王对修建大上清宫高度重视的态度。清代皇帝也十分重视龙虎山大上清宫的修整工作，康、雍、乾三代皇帝都对修整龙虎山上清宫做过部署。据娄近垣重辑《龙虎山志》卷一《恩赉》所收《修上清宫上谕》载，康熙二十六年（1687）"赐以帑金修理宫殿，今历年已久，祠庙渐就零落"。雍正九年（1731）"著发内库银两，命钦差前往，重加修建，务期宏敞坚固，焕然一新"③。乾隆五年（1740），又一次修整龙虎山上清宫。④

龙虎山大真人府，又名嗣汉天师府，宋时在关门之上，元时徙建长庆里。明太祖洪武元年（1368）赐白金十五镒新其第，成化丁亥（三年，1467）赐御书大真人府额，乙巳（二十一年，1485）命守臣重建。⑤龙虎山正一观，相传为祖师炼丹处，康熙癸巳（五十二年，1713）拨帑重修，雍正九年（1731）特赐帑金遣大臣重修。⑥为了表示对龙虎山派道士的恩宠，帝室除了拨银修饬龙虎山上清宫外，还在北京为娄近垣等正一道人专门创建大光明殿。雍正十一年（1733）六月初一，皇帝对娄近垣说："大光明殿现在修整，与你作子孙常住。上清宫去选些法官来，若上清宫人少，在蓟州选几个来。你好好教他

---

① （元）元明善辑修、（明）张国祥续修：《龙虎山志》卷四《恩纶》，载《中国道观志丛刊正续编》第49册，第121页。

② （元）元明善辑修、（明）张国祥续修：《龙虎山志》卷四《恩纶》，载《中国道观志丛刊正续编》第49册，第123页。

③ （清）娄近垣重辑：《龙虎山志》卷一《恩赉》，载《中国道观志丛刊正续编》第25册，第30页。

④ （清）娄近垣重辑：《龙虎山志》卷一《恩赉》，载《中国道观志丛刊正续编》第25册，第50—55页。

⑤ （清）娄近垣重辑：《龙虎山志》卷三《大真人府旧制》，载《中国道观志丛刊正续编》第25册，第104页。

⑥ （清）娄近垣重辑：《龙虎山志》卷四《正一观》，载《中国道观志丛刊正续编》第25册，第108页。

学法，将来光明殿你就是第一代开山的人了。"① 可见，清朝皇帝在北京修建大光明殿，专供娄近垣等人常住，并将大光明殿作为正一道在北京的重要活动中心。

许多道观庙宇是由地方官员倡导修建或整饬的，可以视为官修。例如，明代的昆山县城隍庙经过了数届当地官员的创建与修葺，成为当地的一座重要庙宇。据钱宝琛《续修昆山县城隍庙志》的记载，"洪武庚戌（三年，1370）呼侯久瞻，始相土而迁之"②。宣德九年（1434），卢龙任詹尹大修山川之祀，至于庙下，惧日益坠弗举，乃召父老而告之，虑材计佣，易故而新志。③ 景泰壬申（三年，1452）吴侯昭增以两庑，正德己巳（四年，1509）邓侯又主持修整。④ 嘉靖辛卯（十年，1531）四月，知县任廷贵见庙宇板槛腐黑，盖瓦疏漏，于是商工会佣，出羡余以给其役，吏民皆乐而相之，竹木瓦石金漆丹艧之需，无不备者，次年三月完工。⑤ 天启四年（1624），当地主政官员再次请于县之学士先生三老子弟鸠工庀材，整饬庙宇。⑥ 正是由于数届地方官员的倡导及捐赠，明季昆山城隍庙才能够庙宇整肃，香火隆盛。昆山县城隍庙的创建及修整多由当地政府官员首倡，属于官修的典型代表。

朱文藻（朗斋）《吴山城隍庙志》记载了历朝官府修葺吴山城隍庙事宜。正统九年（1444）令天下城隍庙有损坏者，有司以时修葺。成化十年（1474）寝殿火，十一年（1475）左布政宁良、右布政杜谦重建；弘治十六年（1503）

---

① （清）娄近垣重辑：《龙虎山志》卷一《恩赍》，载《中国道观志丛刊正续编》第25册，第38页。

② （清）钱宝琛辑：《续修昆山县城隍庙志·（明）陆表〈昆山县重修城隍庙记〉》，载《中国道观志丛刊正续编》第50册，第22—23页。

③ （清）钱宝琛辑：《续修昆山县城隍庙志·（明）沈鲁〈昆山县修城隍庙记〉》，载《中国道观志丛刊正续编》第50册，第17—18页。

④ （清）钱宝琛辑：《续修昆山县城隍庙志·（明）陆表〈昆山县重修城隍庙记〉》，载《中国道观志丛刊正续编》第50册，第22—23页。

⑤ （清）钱宝琛辑：《续修昆山县城隍庙志·（明）任廷贵〈知县任廷贵重修庙记〉》，载《中国道观志丛刊正续编》第50册，第27—29页。

⑥ （清）钱宝琛辑：《续修昆山县城隍庙志·（明）佚名〈张鲁唯重修城隍庙记〉》，载《中国道观志丛刊正续编》第50册，第29—32页。

御史夏景和重建。① 弘治十八年（1505）杭郡守给银修理吴山城隍庙，遂议每年例同山川社稷等庙，估计修葺，勒议于石。② 乾隆四十四年（1779）十月初一夜，左司六房毁，时届南巡盛典，杭嘉湖道王于差务总局给款重建永固、长寿、守一、保定四房，盐道王拨给恩赏花红羊酒银两重建元庆房，藩司兼理织造盛给银重建长生房。③

此外，鲍涟《高淳城隍庙志》保存了高淳城隍庙嘉靖五年（1526）知县刘启东迁徙于县治西北、万历五年（1577）知县王体升重修④、康熙二十二年（1683）知县李斯佺重修⑤等重要史料，对于当地道观经济的深入研究有直接的帮助。

明清宫观山志除了在宏观层面记载官府出资修整宫观的历史外，还保留了官府修整宫观原料开支等第一手资料。如杭州玉皇山七星台上，用铁缸注水，原因镇压省城火灾而设，共七只，世称七星缸，是玉皇山上重要器物。同治兵燹后，全被毁去。当地官员与士绅数次向杭州府禀告再修七星缸。经数次勘察与测量得知七星缸旧缸围圆高深尺寸，估计应用物料、用铁工价各若干，台基需费若干，计开铁缸每只通高5尺，口径3尺，厚2寸，上围圆9尺，下围圆8尺，底径2.5尺。周围按卦名镌铸神诰各字样，以生铁镕铸成。造净重1000斤，每只核用荒铁1200斤（是项荒铁，在报国寺军装局存剩旧废铁项下拨用，毋庸开价）。上白炭2400斤（每100斤市价钱2千文），计钱48千文。铸匠40工（每工钱240文），计钱9.6千文。铸铁缸做泥塑模，每只

① （清）朱朗斋等编：《吴山城隍庙志》卷二《建置》，载《中国道观志丛刊正续编》第19册，第138页。

② （清）朱朗斋等编：《吴山城隍庙志》卷二《建置》，载《中国道观志丛刊正续编》第19册，第150页。

③ （清）朱朗斋等编：《吴山城隍庙志》卷二《建置》，载《中国道观志丛刊正续编》第19册，第154—155页。

④ （清）鲍涟等纂，（清）夏文源等续纂：《高淳城隍庙志》卷二《殿宇沿革》，载《中国道观志丛刊正续编》第50册，第62页。

⑤ （清）鲍涟等纂，（清）夏文源等续纂：《高淳城隍庙志》卷二《殿宇沿革》，载《中国道观志丛刊正续编》第50册，第63页。

上、中、下三套，核用胶泥 35 担（每担市价钱 140 文），计钱 4.9 千文。窑煤
5 斤（每斤市价钱 0.18 千文），计钱 0.9 千文。稻草 200 斤（每百斤市价钱
0.22 千文），计钱 0.44 千文。松柴 400 斤（每百斤市价钱 0.45 千文），计钱
1.8 千文。烘焙泥模青炭 300 斤（每百斤市价钱 1 千文，夏令免）计钱 3 千
文。塑模匠 60 工（每工钱 0.24 千文），计钱 5.76 千文。以上铸造千斤重七星
铁缸壹只，计需工料实钱 88.8 千文。计七只，共计钱 621.6 千文。又查验安
设七星缸原建石台基一座，基面净阔 24 尺，横宽 18 尺，高 2.4 尺。基面石板
錾作缸穴七个，业经坍塌损坏，石板断裂不全，应需添配石料匠工修补完整，
照旧安设。所需修筑工料并经传匠搏节估计，实在添用：基面阔 1.8 尺（石
板 132 尺，每丈市价钱 2 千文），计钱 26.4 千文。基身阔 2.2 尺（石板 53 尺，
每丈市价钱 2.4 千文），计钱 12.72 千文。油灰 4.8 斤（每斤市价钱 0.14 千
文），计钱 0.63 千文。石匠 24 工（每工钱 0.24 千文），计钱 5.76 文。以上修
建七星缸石台基，实需工料钱 45.5 千文。统计铸造七星缸七只并修建石台基，
共需工料实钱 667.11 千文。[①] 如此详细的记载，为研究清代道观经济乃至同
治年间的铸造工艺、流程、工程造价、物料价格、人工价格等问题，提供了
重要参考。

（二）士绅与信众的捐助赠募修建宫观

士绅阶层具有较强的经济实力和社会影响力，他们常常捐资、捐物，是
创建和修整宫观的重要力量。

源于晋代的许真君崇拜，在晋、南北朝的基础上，于唐宋时期走向成熟。
由于该信仰特别强调以孝为祖，崇拜忠孝，因此在儒者之中有着比较广泛的
信众。据胡执佩《黄堂隆道宫志》的记述，宋神宗元丰三年（1080）八月，

---

① （清）卓炳森等：《玉皇山庙志》，载王国平主编《西湖文献集成》第 25 册，第 1241—1242 页。

名儒曾巩见洪州旌阳祠圮，慨然新之。① 说明宋代许逊信仰在儒者及士绅群体中的影响与日俱增。明清时期，许真君信仰在儒者、士绅群体中不断发展，他们倡导或参与创建道观的事例不胜枚举。江西西山，又名逍遥山，净明道祖庭，在逍遥山一带，有众多的宫观祠庵，多崇奉许真君，其中有许多宫观为当地士绅捐资修建。比如，豫章铁柱延真宫是供奉晋旌阳许真君之所，历年既久，像貌剥落，镇守太监叶公及当地官僚，遂各捐俸资以铜铸之。"由是容服辉煌，俨然如有生气，庶不负朝廷赐享之盛。"② 铁柱万寿宫，晋建，祀旌阳，道光癸卯（二十三年，1843）甲辰（二十四年，1844）间，各邑绅士劝捐重修，戊申（二十八年，1848）工竣，宏壮瑰丽，倍逾于旧，计费银二万数千两有奇；同治九年（1870），巡抚刘坤一倡集合省绅商捐资重修。③ 玉隆万寿宫，咸丰六年（1856）神像被毁，邑绅吴坤修捐资重塑。十一年（1861）毁于战火。同治六年（1867）、七年（1868），郡绅刘于涛、胡寿椿呈请大宪饬合省富商捐助重建，规制焕然。④ 此次捐建殿宇众多，包含高明大殿、夫人殿、关帝殿、三清殿、真武殿、三官殿、谌母殿、真西山祠、逍遥靖庐、行馆、集福堂、道院、云山苍翠亭、逍遥别馆等⑤，是逍遥山区域一次大规模修整道观活动。丹霞观，晋时建，明里人郭汾源、程立尧倡十九都一、二、三图重造，康熙壬寅（元年，1662）汾源曾姪乡耆郭一龙捐资重新迁

---

① （清）胡执佩编次：《黄堂隆道宫志》卷十一《（宋）王安石〈重建旌阳祠碑记〉》，载《中国道观志丛刊正续编》第29册，第217页。
② （清）胡执佩编次：《黄堂隆道宫志》卷十一《（明）李贤〈重新许真君神像碑记〉》，载《中国道观志丛刊正续编》第29册，第219—220页。
③ （清）金桂馨、漆逢源纂辑：《逍遥山万寿宫志》卷七《铁柱万寿宫》，载《中国道观志丛刊正续编》第30册，第395—396页。
④ （清）金桂馨、漆逢源纂辑：《逍遥山万寿宫志》卷七《玉隆万寿宫》，载《中国道观志丛刊正续编》第30册，第362—363页。
⑤ （清）金桂馨、漆逢源纂辑：《逍遥山万寿宫志》卷七《高明大殿等》，载《中国道观志丛刊正续编》第30册，第378—380页。

建。① 沙井万寿宫,在洪崖乡,道光元年(1821)里人丁西林倡修,置田赡祀。② 前坊新集万寿宫,道光二年(1822)建,咸丰七年(1857)毁于兵,同治五年(1866)里人姜逢新等拓基重建。③ 悬履观,在归德乡,世传许真君悬履浣手于此,一名集虚观,里人捐资倡修。④ 甘泉观,在十二都,世传许旌阳捕蛟,就此憩息,其徒甘战插剑于地,泉涌出甚甘,因立观一祀。元本毁,明成化间里人董甫重建。⑤ 以上记载说明逍遥山一带崇奉许逊的宫观,很多是仕宦乡绅捐资或倡捐修建的。

黄堂隆道宫相传为许真君师谌母之所,黄堂隆道宫及其附属建筑的修饬,同样离不开士绅的捐资。例如,黄堂隆道宫金钟楼,为至元四年(1267)里人廖时亨捐修。⑥ 万历十年(1582)黄堂隆道宫倾颓,当地士绅募捐新之,抚院曹公大埜以五十金率而至,按院贾公如式以五十金率而至,合之乡好行其德者约七百金有奇。肇始于万历十一年(1583)七月,十三年(1585)秋乃成。⑦ 清人魏宏溶《重修黄堂隆道宫记》云,康熙壬子(十一年,1672)年,邑人魏宏溶念黄堂隆道宫栋析题朽,柱石圮颓,顾土木之资,实浩且繁,于是走募四方之好善乐施者,得若干金。鸠工于癸丑(十二年,1673)之二月,

---

① (清)金桂馨、漆逢源纂辑:《逍遥山万寿宫志》卷七《丹霞观》,载《中国道观志丛刊正续编》第30册,第386页。

② (清)金桂馨、漆逢源纂辑:《逍遥山万寿宫志》卷七《沙井万寿宫》,载《中国道观志丛刊正续编》第30册,第401页。

③ (清)金桂馨、漆逢源纂辑:《逍遥山万寿宫志》卷七《前坊新集万寿宫》,载《中国道观志丛刊正续编》第30册,第403页。

④ (清)金桂馨、漆逢源纂辑:《逍遥山万寿宫志》卷七《悬履观》,载《中国道观志丛刊正续编》第30册,第406页。

⑤ (清)金桂馨、漆逢源纂辑:《逍遥山万寿宫志》卷七《甘泉观》,载《中国道观志丛刊正续编》第30册,第411页。

⑥ (清)胡执佩编次:《黄堂隆道宫志》卷五《宫殿》,载《中国道观志丛刊正续编》第29册,第119页。

⑦ (清)胡执佩编次:《黄堂隆道宫志》卷十二《(明)万恭〈重新玉隆万寿宫记〉》,载《中国道观志丛刊正续编》第29册,第245页。

竣事于七月。① 康熙十二年（1673）至嘉庆丙寅（十一年，1806）夏，黄堂隆道宫庙貌非旧，熊君守愚、周君霁亨、游君东白、杨君文彩、胡君宝齐暨乃郎映庚等醵金而更张之。② 康熙五十三年（1714）五月，洪波巨浸，黄堂隆道宫三清与谌母之圣像竟不克保，即殿宇亦间倾折。顾有废必兴，实属士人之责，缘向四方善信募，其多寡之助其勷胜果，而宫殿神像得一稍为一新。③ 嘉庆十一年（1806），当地士绅敛资自黄堂隆道宫内创建文昌宫。④ 嘉庆乙丑（十年，1805）松湖诸君子倡修豫章黄堂宫谌母殿，慨元帝殿之岌岌，更为敛费鸠工，并加修葺，不数月而岿然矗起，巍乎焕哉，"庶足为神灵而答人心矣"。⑤ 黄堂隆道宫西南上三清殿，嘉庆丙寅（十一年，1806）夏，同里诸君子曾鼎力而一新，迄今十有五年，风今雨削，又复目不忍睹。"余（按：邬昭祥）为商诸同志欲并谌母等殿踵增其胜，同志虽韪之，犹以小就是计，乃缘结善信而乐输踊跃，所资得若干金，工鸠数载，即告成功。"⑥ 嘉庆二十五年（1820），邑人进士伍绍诗布告学士文人，耆英硕彦，福缘预种，盛举同勷，修复黄堂宫内文昌殿。⑦ 憩真观，一名清憩观，康熙十五年（1676）喻全昱倡

---

① （清）胡执佩编次：《黄堂隆道宫志》卷十二《（清）魏宏溶〈重修黄堂隆道宫记〉》，载《中国道观志丛刊正续编》第 29 册，第 251—252 页。
② （清）胡执佩编次：《黄堂隆道宫志》卷十一《（清）张望闾〈书重修黄堂隆道宫碑〉》，载《中国道观志丛刊正续编》第 29 册，第 231 页。
③ （清）胡执佩编次：《黄堂隆道宫志》卷十二《（清）魏人陛〈重修黄堂殿宇神像记〉》，载《中国道观志丛刊正续编》第 29 册，第 254 页。
④ （清）胡执佩编次：《黄堂隆道宫志》卷十二《（清）胡映庚〈建文昌宫记〉》，载《中国道观志丛刊正续编》第 29 册，第 258—259 页。
⑤ （清）胡执佩编次：《黄堂隆道宫志》卷十二《（清）梁傅龙〈重修元帝殿记〉》，载《中国道观志丛刊正续编》第 29 册，第 260 页。
⑥ （清）胡执佩编次：《黄堂隆道宫志》卷十二《（清）邬昭祥〈重修三清殿记〉》，载《中国道观志丛刊正续编》第 29 册，第 266 页。
⑦ （清）胡执佩编次：《黄堂隆道宫志》卷十二《（清）伍绍诗〈重修黄堂宫内文昌殿引〉》，载《中国道观志丛刊正续编》第 29 册，第 275 页。

率乡党募资重建。① 喻全昱，南昌人，贡生，曾任贵州平越府知府。② 这些事例足以证明明清时期许真君及谌母信仰在士绅阶层中有着深刻的影响。

城隍作为守护城池之神，在道教及民间信仰中有非常深远的影响。该信仰大致源于南北朝时期，中唐以后得到快速发展，影响波及全国。明清时期几乎每座县城都有一座建筑宏伟的城隍庙。这些城隍庙的创建与修整，离不开士绅与信众的捐赠，这类资料在明清宫观山志中十分丰富。例如，朱文藻（朗斋）《吴山城隍庙志》云，万历二十四年（1596），吴山城隍庙正殿朽敝，"请于郡守转申三院司道各捐助，复檄海宁县动支修理银一百两给道士俞九章、钱子云贮用，一切木料砖瓦文移两关免税，日拨五坝官夫起运"③。足见士绅阶层为吴山城隍庙付出了极大的精力与财力。万历四十五年（1617），山麓英济庙火，延及庙毁，邑人金中、丞学曾首请于制府刘一焜暨藩臬各当事倡捐重建；康熙六年（1667），水师副将王虎倡捐重修，并易殿柱为石；三十一年（1692），按察使孟卜重建砖牌坊并新右司斋厅；三十八年（1699）翰林学士揆叙感神示异，捐金重修。④ 雍正四年（1726），巡抚李卫率属捐俸重修城隍牌坊。⑤ 雍正十一年（1733）间，前道宪张详请商输选商督办，大加葺治。⑥ 乾隆七年（1742）九月，绅士沈丹五、程哲三呈请易右斋宿厅为府城隍

---

① （清）胡执佩编次：《黄堂隆道宫志》卷五《宫殿》，载《中国道观志丛刊正续编》第29册，第120页；（清）金桂馨、漆逢源纂辑：《逍遥山万寿宫志》卷七《憩真观》，载《中国道观志丛刊正续编》第30册，第383页。
② （清）靖道谟、杜诠等编纂：乾隆《贵州通志》卷十八《秩官·平越府》，清乾隆六年（1741）刻嘉庆修补本。
③ （清）朱朗斋等编：《吴山城隍庙志》卷二《建置》，载《中国道观志丛刊正续编》第19册，第150—151页。
④ （清）朱朗斋等编：《吴山城隍庙志》卷二《建置》，载《中国道观志丛刊正续编》第19册，第141—142页。
⑤ （清）朱朗斋等编：《吴山城隍庙志》卷二《建置》，载《中国道观志丛刊正续编》第19册，第154页。
⑥ （清）朱朗斋等编：《吴山城隍庙志》卷一《公牍》，载《中国道观志丛刊正续编》第19册，第60—61页。

庙，以仁、钱二县城隍配。① 乾隆五十三年（1788），南巡在即，当地官府、盐道一时无力全额拨付银两，商民量力捐助，积极筹办修整城隍庙事宜。修整工料预估银 7354 两有余②，皆四方商人所捐。可见，当地官员、绅商多次捐款修整城隍庙。

高淳城隍庙的创修同样离不开当地士绅的捐赠。鲍涟《高淳城隍庙志》保存了翔实资料。万历三十三年（1605），知县项维聪捐俸命邑人陈时升、沈鹄、夏梓督工重建。康熙三十五年（1696）知县游禄宜见后堂卑隘，命耆民陈悦忠、陈悦麒、胡绍陞、傅应唐等捐资督工改建寝殿。康熙四十九年（1710）大殿梁柱朽坏，知县陈国柱命会首董事道会周元礼、羽士张大鸿等，请生员邢必庆捐资重修，蒋荇友等建余庆祠。雍正元年（1723）董事甘珍、蒋荇友等募捐重修大殿寝宫。乾隆九年（1743）董事吴际飞、秦光伟等募捐增建寝宫。乾隆二十九年（1764）阖邑捐修大殿寝宫。咸丰十年（1860），庙毁于兵火。同治元年（1862）恢复后崇五十排后裔起工清厘庙基，崇立两乡士民捐建三楹奉祀。同治八年（1869）知县杨福鼎倡捐，谕董事陈嘉德等重建大殿、厅堂、门楼暨两廊十殿，庙内东西设两忠义祠，建五福祠于右，徙崇立捐建之庙为庆余祠。光绪八年（1882）知县秦曾熙谕董事陈锡周、陈昌年等募捐重建寝宫。城西士民捐建生生堂于寝宫右侧。③ 以上皆仕宦绅商及普通信众捐资建庙事例。

萍乡城隍庙始建于顺治十年（1653），光绪十七年（1891），江西萍乡邑人以修葺城隍庙为请，邑中绅董方集资募金鸠工，光绪二十四年（1898）告成，用金四千九百有奇。此次重修由邑人文星耀首倡，胡振焘、文锟、许柄

---

① （清）朱朗斋等编：《吴山城隍庙志》卷二《建置》，载《中国道观志丛刊正续编》第 19 册，第 154 页。

② （清）朱朗斋等编：《吴山城隍庙志》卷一《公牍》，载《中国道观志丛刊正续编》第 19 册，第 74、76 页。

③ （清）鲍涟等纂，（清）夏文源等续纂：《高淳城隍庙志》卷二《殿宇沿革》，载《中国道观志丛刊正续编》第 50 册，第 62—64 页。

临、文如海、叶光明、文如江、钟振声、程绍伊、汤昌炽踵成之。[1] 据捐户芳名统计，各捐户共捐洋元 660 元，释家捐户捐洋元 150 元，另捐钱 90 串。[2] 光绪甲辰（三十年，1904）修葺湖南醴陵县城隍庙，捐户至 625 户，捐钱 6200余串。[3]

修整庙宇需要大量人力物力，短时间内的募捐有很大难度。例如，天启元年（1621）李同芳着手募资修葺昆山城隍庙之事[4]，但实际上似乎没有筹措到足够资金，一直到天启四年（1624）修整庙宇之事在当地主政官员倡导下才得以完成。[5] 明季兵燹之后，昆山县城隍庙庙毁而羽流星散，图籍无稽。康熙初，邑人再次鸠资重建。[6] 当地官员捐俸以为倡，僚属、缙绅继之，此次修整，始于康熙元年（1662）之十月，止于康熙十二年（1673）十二月，时越十稔，事更四任[7]，足见集资修庙之艰难。

天后，又名妈祖，该信仰源于五代，宋时被敕封为圣妃，清代加封天后，庙遂称天后宫，遍及各地，影响至东南亚诸国。类成堂旧在湘潭，为闽人所建馆堂，奉祀天后。湘潭类成堂天后宫旧名建福寺，在十八总正街，庙宇、园地、义冢、烟山、茶山皆闽商公置。汀、漳两府置祀田 130 亩，乾隆五十一年（1786）公置田 55 亩，嘉庆十八年（1813）公买十八总河正两街铺屋 4

---

① （清）顾家相辑：《萍乡城隍庙善后会图册·（清）顾家相〈重修萍乡县城隍庙碑记〉》，载《中国道观志丛刊正续编》第 47 册，第 22—23 页。

② （清）顾家相辑：《萍乡城隍庙善后会图册》卷一《善后会捐户》，载《中国道观志丛刊正续编》第 47 册，第 47—63 页。

③ （清）佚名：《城隍庙岁修祀纪事》卷二《岁修祀记》，载《中国道观志丛刊正续编》第 48 册，第 79 页。

④ （清）钱宝琛辑：《续修昆山县城隍庙志·（明）李同芳〈昆山县重修城隍庙募疏〉》，载《中国道观志丛刊正续编》第 50 册，第 82—84 页。

⑤ （清）钱宝琛辑：《续修昆山县城隍庙志·（明）佚名〈张鲁唯重修城隍庙记〉》，载《中国道观志丛刊正续编》第 50 册，第 29—32 页。

⑥ （清）潘道根撰：《昆山县城隍庙续志·（清）吴映奎〈昆山县城隍庙助捐田粮碑记〉》，载《中国道观志丛刊正续编》第 50 册，第 109—110 页。

⑦ （清）潘道根撰：《昆山县城隍庙续志·（清）董正位〈昆山县重建城隍庙记〉》，载《中国道观志丛刊正续编》第 50 册，第 43—44 页。

栋，又买田 25 亩①，奠定了湘潭天后宫田产的基本规模。殿馆的修整除了使用本馆积蓄之外，还要所属各堂、董事、善士捐款。例如，道光十四年（1834）八月，类成堂修整花园、池塘并石栏杆，各方捐款共 83 千文。②《类成堂集》详细记载了所买屋宇基地契约情况。顺治十八年（1661），福建首士龙处契买程君选等所卖十八总正街大屋地基一所，为闽创建宾馆。康熙二十年（1681）福建首士契买欧阳曙东所卖十八总建福寺后门首地基一所，而为建馆后屋。乾隆四十八年（1783）福建公馆契买张植三所卖方家围屋地基一所，为馆造观音阁处。嘉庆三年（1798）福建公馆契买罗廷槐所卖方家围菜地屋基一所，而为宾馆所建佛殿。嘉庆二十一年（1816）建福宫首士等契买许金榜所卖十八总后街瓦屋九间，为馆造享堂等屋。道光五年（1825）建福宫契买金紫荣所卖十八总后街瓦屋五间，为馆造长生亭前后并金家围等屋。③

　　同样，湘潭类成堂的修整主要靠信众捐资完成。《类成堂集》收录历年捐修碑记，多数碑记记载了历年捐资人数、捐资数额等信息。④ 兹据此列表如表 4-5 所示：

表 4-5　《类成堂》所记捐资人数、捐资数额表

捐修时间与事项碑刻	捐资人数	捐资数额（两）
乾隆十四年（1749）公立十二年（1747）捐修拜亭与修关帝殿碑	490	427.9
乾隆四十年（1775）公立修饰宫墙楹桷碑	187	920
乾隆五十五年（1790）修理神座公立老厘头堂碑	1006	1613

---

① （清）何字恕纂辑：《类成堂集》卷四《记事录》，载《中国道观志丛刊正续编》第 47 册，第 365 页。

② （清）何字恕纂辑：《类成堂集》卷四《记事录》，载《中国道观志丛刊正续编》第 47 册，第 380—383 页。

③ （清）何字恕纂辑：《类成堂集》卷三《十闽堂屋契》，载《中国道观志丛刊正续编》第 47 册，第 289—291 页。

④ （清）何字恕纂辑：《类成堂集》卷四《碑记》，载《中国道观志丛刊正续编》第 47 册，第 324—328 页。

捐修时间与事项碑刻	捐资人数	捐资数额（两）
乾隆六十年（1795）公立修整关圣殿墙垣碑	65	1548.2
嘉庆九年（1804）公立修建闽中佛地碑	63	3596
嘉庆二十一年（1816）公立新厘头碑	566	2642
道光六年（1826）公修观音岩碑	未载	未载
道光九年（1829）汀永连株堂用石修整宫后大路	未载	未载
道光十一年（1831）成言堂代立修馆碑	897	46084
道光十三年（1833）值事立济公碑	125	1407.5
合计	3399	58238.6

表4-5 中，由于无康熙年间创修馆碑，具体捐修人数及数额无从知晓，加之有一些碑记未载具体捐资人数与数额，是故此表的统计是不完整的。但由表4-5 不难看出，众人捐资是修整类成堂的重要渠道。乾隆十四年（1749）至道光十三年（1833）间，历次修整馆殿及其附属设施，皆为捐资完成，能够统计的捐资活动共有 10 次，捐资者共有 3399 人，共捐银合计 58238.6 两。

龙虎山为道教第三十二福地，是道教龙虎宗、正一道的中心。龙虎山上清宫为道教正一派最重要的宫观。上清宫的创修资金主体源于官方，但也有部分资金源于官员个人捐助。据娄近垣《龙虎山志》所载，雍正十二年（1734），抚臣常安将养廉银 600 两委员修葺龙虎山上清宫。①

杭州金鼓洞鹤林道院有众多院产，多信众捐建。嘉庆年间本院住山张复纯说："院宇之兴岂偶然哉？金鼓洞地辟山深，鸠工匪易，历百余年而增荣益观，皆籍众善而成也。"② 说明修缮道院的资金多来源于社会捐助。《金鼓洞

---

① （清）娄近垣重辑：《龙虎山志》卷一《恩赉》，载《中国道观志丛刊正续编》第 25 册，第 51 页。

② （清）朱文藻纂辑：《金鼓洞志》卷四《院产》，载《中国道观志丛刊正续编》第 18 册，第 256 页。

志》详列众善士姓氏，例如，灵官殿云水阁为当地善士张聚九，其侄云瞻居士、万程居士两代人捐资兴建；斗阁为汪希圣、孙新畬等人兴建与修整；出资建吕祖殿者为何瞻岐，建玉皇阁者为施俊文、汪希圣；建栖霞岭山门者为王辅廷、沈青上、刘畊禄、许敬斋、许锡纶；观音岩亭为王辅廷所建；道院的日常维护多赖张聚九、汪希圣、邵华乾等善士①等，足见信众捐资修建道观的热情之高。

总之，地方官员、士绅与信众捐资修建宫观的资料在明清宫观山志之中较为丰富，梳理这些资料，对于促进道观经济的研究无疑有着直接的帮助。

（三）道士出资或募资修建宫观

道观是道士修道之处，神仙信仰与修道需要促成了道教宫观的创建。道教中人将出资或募缘修建宫观视为积功累行、修道成仙的重要途径，因之，道士出资或募资也是修建宫观的重要形式。明清宫观山志记载了众多的道士修建宫观的材料。例如，明版《茅山志》这方面的内容非常丰富，据是志记载，茅山元符万宁宫，"洪武初旧迹俱废，自灵官之设，日渐振起。天顺间毁。成化初，灵官朱崇润募工重建。嘉靖间灵官戴绍贤前顷所多修葺，墙砌累石，筑台之功尤多。"② 茅山崇禧万寿宫，"明弘治、嘉靖间，灵官汤如愚、沈清渊、张祐清、金玄礼屡加修葺，宜兴善人施圆正募修"③。茅山积金山庵，"正德间道士唐思义因旧址建玉皇阁于后，弗果，募缘之维扬，遘善士白达，捐白金八百。缠中闻风而助者凡若干姓。遂凿岩剔莽，建阁高广，越年乃成"④。茅山玉晨观，"大明嘉靖三年（1524）尽毁。次年，本观住持纪祖经等募工重建。正殿告完，又毁。十三年（1534），维扬道者张全恩，见而悯

---

① （清）朱文藻纂辑：《金鼓洞志》卷四《院产》，载《中国道观志丛刊正续编》第18册，第256—258页。

② （元）刘大彬编，（明）江永年增补，王岗点校：《茅山志·明懿典·宫观考》，第24—25页。

③ （元）刘大彬编，（明）江永年增补，王岗点校：《茅山志·明懿典·宫观考》，第26页。

④ （元）刘大彬编，（明）江永年增补，王岗点校：《茅山志·明懿典·宫观考》，第27页。

之，募缘鸠工，垒砖石为无梁殿，制甚弘广，越年乃成。右廊慈尊殿，本宫住持曹清德同徒胡明义募建。右下老君殿，道士裴清宸重建。左廊内七真堂，祀三茅、杨、郭、二许父子，昔废，亦住持纪祖经同徒庄清顺重建。傍官庭，宋建，今住持纪祖经重修"[1]。茅山下泊宫，"明洪武初并废。永乐十一年（1413），本宫道士王文礼任神乐观天坛奉祀，倾钵资属元符道士施尊凯鸠工建殿，奉茅君，并创道房。灵官任自垣升任太和山玉虚宫提点，命徒倪尊昱鸠工筑砌"[2]。茅山仁祐观，"成化至正德间，殿宇圮坏，住持钟宗器同姪刘信澄募武英殿大学士邃庵杨公捐资，命门生张方督工重建，其茅君、三官二殿、真官堂，复募锡山邹东湖等，并圣像供构造。嘉靖十七年（1538），雷击殿脊，栋梁倾摧，道士谢文晋募镇江张坤、张榘等新之"[3]。茅山栖真观，"弘治间道士金清禄建前山门、道院"[4]。茅山朝真庵，"嘉靖间道士皮惟助建"[5]。茅山茅君父母祠，"正德间道士邓光濡募建"[6]。茅山半山土地祠，"嘉靖间元符住持顾应鉴同徒芮嗣宣募陕西咸宁商人王鈜同男太学生学诗建"[7]。茅山藏真庵，"久废。嘉靖间道士募工新建前后殿宇道院"[8]。茅山喜客泉，"弘治间道士赵太宁以石为栏，建无梁殿，祀太清"[9]。茅山五云观，"久废。弘治间道士募邑人曹潜重建，嘉靖间道士重修"[10]。茅山老君堂，"嘉靖间灵官戴绍资重建"[11]。茅山天信庵，"道士赵太宁建殿祀茅君，并廊宇山门"[12]。茅山东岳殿，

---

① （元）刘大彬编，（明）江永年增补，王岗点校：《茅山志·明懿典·宫观考》，第27—28页。
② （元）刘大彬编，（明）江永年增补，王岗点校：《茅山志·明懿典·宫观考》，第28—29页。
③ （元）刘大彬编，（明）江永年增补，王岗点校：《茅山志·明懿典·宫观考》，第29页。
④ （元）刘大彬编，（明）江永年增补，王岗点校：《茅山志·明懿典·宫观考》，第30页。
⑤ （元）刘大彬编，（明）江永年增补，王岗点校：《茅山志·明懿典·宫观考》，第30页。
⑥ （元）刘大彬编，（明）江永年增补，王岗点校：《茅山志·明懿典·宫观考》，第30页。
⑦ （元）刘大彬编，（明）江永年增补，王岗点校：《茅山志·明懿典·宫观考》，第30页。
⑧ （元）刘大彬编，（明）江永年增补，王岗点校：《茅山志·明懿典·宫观考》，第30页。
⑨ （元）刘大彬编，（明）江永年增补，王岗点校：《茅山志·明懿典·宫观考》，第30页。
⑩ （元）刘大彬编，（明）江永年增补，王岗点校：《茅山志·明懿典·宫观考》，第31页。
⑪ （元）刘大彬编，（明）江永年增补，王岗点校：《茅山志·明懿典·宫观考》，第31页。
⑫ （元）刘大彬编，（明）江永年增补，王岗点校：《茅山志·明懿典·宫观考》，第31页。

"久废，邑人孙永寿同崇禧道士蒋永贤募工重建"①。是故，茅山有很多宫观道院皆系道士募缘或出资创建。

龙虎山为道教正一派祖庭，是历代正一道士修道证真的重要场所，该山有不少宫观道院为道士兴建。例如，至道宫，东晋道士张苍玉开创为龙虎别馆三宫道院，南唐保大中为三清观，元至大间升冲虚至道宫，明洪武三年（1370）诸葛崇正重兴；紫霄宫，宋嘉熙间崇禧道士黄崇鼎奉敕建；真元宫，亦黄崇鼎奉敕建；仙源宫，独真真人徐懋成建，明嘉靖壬辰（十一年，1532），致一真人邵元节题请重修，敕改仙源宫；崇文宫，元大德九年（1305）嗣宗师吴全节建，赐名万寿崇真观，皇庆年间改名崇文宫；元成宫，元大德中真人夏文泳奉敕建；凝真观，南唐保大中道士吴宝华始居之，宋嘉祐中敕修，元至元中紫微院道士吴与顺重建；天谷观，宋郭南仲建，南宋高道易如刚重建；灵宝观，宋大观中虚靖真君奉敕建，嘉定间本宫道士易如刚徙建上清宫之东；云锦观，三十二代真君迁建，南宋庆元中钦赐本宫道录留用光迁建王家塘；真应观，宋嘉熙间崇禧道士黄崇鼎奉敕建；仁静观，元至治中嗣宗师吴全节奉敕建；明成观，元泰定元年（1324），嗣宗师吴全节建，明洪武间道士吴从善重兴；长生观，混成道士建；元禧观，元延祐三年（1316）道士张嗣房建；繁禧观，元至正中崇禧高士李谨修建；蓬荜观，元至正中真人金应兰建；玉清观，混成道士卢大雅建；留云观，崇禧道士曾省吾建；桃源观，元时刘、王二道士开其地为观；会真道院，元至元中本宫道士方南翔建；望仙道院，元至元中本宫道士熊贯实建；紫霞道院，元至元中本宫道士孔昌立建；云山道院，隐道士薛继中建；清溪道院，元至元中真庆道士冯全福建；瑶峰道院，隐道士周思厚建；通真道院，元元贞中宗师张留孙建；仙源道院，元大德中本宫道士孙继祖建；归隐庵，都录留用光建；紫云庵，元至正中余应兰建；太极庵，崇清道士董处谦建；怡云庵，元时郁和道

---

①　（元）刘大彬编，（明）江永年增补，王岗点校：《茅山志·明懿典·宫观考》，第31页。

士胡品亮建。① 由此可见，宋元时期，道士或奉敕或募缘或亲自出资在龙虎山创建了大量的宫观，为丰富龙虎山道教文化作出了重要贡献。

江西新建逍遥山，一名西山，道教七十二福地之一，该山有众多道观为历代道士所建立或重修。例如，玉隆万寿宫，康熙二年（1662）道人徐守诚募修正殿、谌母阁、三清殿、玉皇阁、三官殿、关帝殿。乾隆八年（1743）道人程阳升募建夫人殿。三十四年（1769）玉皇、真人、关帝殿毁，道人许来浩、赵本逸募建。嘉庆二年（1797）复毁，道人邓合溱、熊永雪募建。八年（1803）道人胡合源、万合和募修山门、望仙楼。道光元年（1821）夫人殿毁，道人喻圆森、周教浪募修。十四年（1834）至二十八年（1848）道人喻圆森、邹永栲募缘将各殿阁修葺。② 万寿宫全真堂，道士徐守诚、岑守默、周德锋同建，供"黄冠之流炼养服食者居之"；另有致福堂、万福堂、大观堂、持敬堂，此四堂"皆羽流之士经典科教者居之"③。至德观，晋永嘉时建，道士陈白云重修。陈白云，绍兴人，元代道士，据万历《新修南昌府志》，陈白云至正间在世。④ 石富观，一名紫极宫，雍正癸卯（元年，1723）本观道会张启演募缘重建。⑤ 丹陵观，宋敕建，赐额万年宫，清朝里人庠生夏璜倡，全真徐守诚募缘重建。⑥ 乌石观，唐敕建曰丹泉观，南宋道士万石泉募建。⑦ 兴

---

① （清）娄近垣重辑：《龙虎山志》卷四《院观》，载《中国道观志丛刊正续编》第25册，第110—121页。

② （清）金桂馨、漆逢源纂辑：《逍遥山万寿宫志》卷七《玉隆万寿宫》，载《中国道观志丛刊正续编》第30册，第361—362页。

③ （清）金桂馨、漆逢源纂辑：《逍遥山万寿宫志》卷七《致福堂·万福堂·大观堂·持敬堂》，载《中国道观志丛刊正续编》第30册，第377—378页。

④ （明）章潢纂：万历《新修南昌府志》卷十八《人物传·㑇列篪》。

⑤ （清）金桂馨、漆逢源纂辑：《逍遥山万寿宫志》卷七《石富观》，载《中国道观志丛刊正续编》第30册，第386页。

⑥ （清）金桂馨、漆逢源纂辑：《逍遥山万寿宫志》卷七《丹陵观》，载《中国道观志丛刊正续编》第30册，第391页。

⑦ （清）金桂馨、漆逢源纂辑：《逍遥山万寿宫志》卷七《乌石观》，载《中国道观志丛刊正续编》第30册，第405页。

云观，元道士邹自闲建。① 成仙观，唐道士喻立建。② 冲虚观，元道人游希元建。③ 是故，逍遥山附近的大小宫观，多为唐宋元诸朝道士创建，创建的方式有奉敕而建，有募缘而建，而以募缘修建为主。

江西丰城黄堂隆道宫乌石观，南宋道士万石泉募建。④ 正德十一年（1516），炼师万广成慨念旌阳殿摧毁而不修，缘化以图重新，嘉靖乙酉（四年，1525）乃成。⑤ 嘉庆甲子岁（九年，1804）道士谭本光（字体耀，别号辉谷）偶过黄堂隆道宫，见殿庭摧残，椽瓦剥落，慨然有重兴之志，广结福缘，以旌阳殿改文昌宫。⑥ 西山万寿宫文昌阁，始建于嘉庆六年（1801），后零落日甚，道长邹永栲等遍请众绅士会议重修，金踊跃称善。时州司马胡听芝先生慷慨急公备资倡首，各绅耆竭力劝捐，众善信解囊相助，爰以所得费金，择吉兴工。经始于丁酉（道光十七年，1837）秋月，落成于戊戌（道光十八年，1838）春月。⑦ 是故，黄堂隆道宫乌石观、西山万寿宫文昌阁等道观为道士募缘、倡捐创建。

明清时期的城隍庙，亦多道士募建。例如，高淳城隍庙，崇祯三年（1630）道士张本龙募修五圣祠，建多福祠于庙内之右。顺治十三年（1656）

① （清）金桂馨、漆逢源纂辑：《逍遥山万寿宫志》卷七《兴云观》，载《中国道观志丛刊正续编》第30册，第405页。
② （清）金桂馨、漆逢源纂辑：《逍遥山万寿宫志》卷七《成仙观》，载《中国道观志丛刊正续编》第30册，第405页。
③ （清）金桂馨、漆逢源纂辑：《逍遥山万寿宫志》卷七《冲虚观》，载《中国道观志丛刊正续编》第30册，第405页。
④ （清）胡执佩编次：《黄堂隆道宫志》卷五《宫殿》，载《中国道观志丛刊正续编》第29册，第121页。
⑤ （清）胡执佩编次：《黄堂隆道宫志》卷十一《（明）魏良辅〈黄堂宫重修旌阳殿碑记〉》，载《中国道观志丛刊正续编》第29册，第226页。
⑥ （清）胡执佩编次：《黄堂隆道宫志》卷九《人物》，载《中国道观志丛刊正续编》第29册，第179页。
⑦ （清）胡执佩编次：《黄堂隆道宫志》卷十二《（清）梁溥龙〈重建逍遥山文昌宫记〉》，载《中国道观志丛刊正续编》第29册，第270—272页。

知县纪圣训以道会张本龙募捐俸建祖师殿于庙内。^① 吴山城隍庙，乾隆五十一年（1786）十一月，吴山城隍庙守一房复毁，住持募建三楹。^②

综上所述，明清宫观山志中保存着非常丰富的兴建及修葺宫观庵院的资料，其中有皇室或政府直接出资者，有士绅富商及普通信众积极捐赠者，有道士群体慕缘修建或整饬者。爬梳这些资料，对于深化道观经济的研究，丰富道教史的内容，无疑有着重要的意义。

二、道观田产及收支情况

研究道观经济，离不开道观的田产及收支情况。目前，学界关于这方面的研究取得了一定的成果，据笔者目力所及，主要有张泽洪^③、王永平^④、李洪全^⑤、杨立志^⑥、钟祥智^⑦、程越^⑧、朱云鹏^⑨、阙鑫华^⑩、王文章^⑪、杨燕^⑫等人的相关研究，其中张泽洪就唐代道观土地占有、依附道观的观户、奴婢、部曲等情况以及唐代对道观的管理政策等问题做了深入探讨。王永平指出，唐代道观经济成为封建地主经济的一部分且有世俗化的发展趋势。李洪全的研究强调全真教的道观经济主要是教徒自己创造的，但也有相当部分来自社会的施舍和援助。杨立志研究了明帝创建和重修武当山宫观的耗费以及钦赐

---

① （清）鲍涟等纂，（清）夏文源等续纂：《高淳城隍庙志》卷二《殿宇沿革》，载《中国道观志丛刊正续编》第50册，第62—63页。

② （清）朱朗斋等编：《吴山城隍庙志》卷二《建置》，载《中国道观志丛刊正续编》第19册，第155页。

③ 张泽洪：《唐代道观经济》，《四川大学学报》（哲学社会科学版）1993年第4期。

④ 王永平：《论唐代的道观经济活动》，《中国经济史研究》2000年第2期。

⑤ 李洪全：《金元之际全真教道观的社会经济来源》，《郑州大学学报》（哲学社会科学版）2008年第2期。

⑥ 杨立志：《明帝与武当山宫观经济考述》，《宗教学研究》1998年第1期。

⑦ 钟祥智：《江西地区宋代道观经济研究》，江西师范大学硕士学位论文，2019年。

⑧ 程越著：《金元时期全真道的宫观经济研究》。

⑨ 朱云鹏：《宋代宫观的田产及其经营》，《中国经济史研究》1999年第1期。

⑩ 阙鑫华：《宋代福建路道观经济》，厦门大学硕士学位论文，2009年。

⑪ 王文章：《明清时期杭州道观经济浅探》，《宗教学研究》2013年第2期。

⑫ 杨燕：《宋代道观经济简论——以南北宋两京道观经济为主》，《宗教学研究》2007年第4期。

田地佃户赡养道士的问题。钟祥智分析了宋代江西地区道观经济的收入来源及其支出项目。程越的论著第六章专门研究宫观经济，涉及宫观的经济来源、常住物业的经营、宫观的贡奉与接待、政府对宫观经济的管理等内容，是对金元时期全真教宫观经济比较深入的研究。朱云鹏探讨了宋代宫观田产的来源、田产的数量及经营等问题。阙鑫华概括了宋代道观经济基本面貌，并分析了宋代福建路道观的经济状况。王文章认为，明清时期杭州道观经济活动主要由宫观营缮、土地增置、道观日常事务三个方面构成。杨燕的研究涉及宋代道教宫观建设的出资途径、宋代道教宫观经济来源与义务、宋代道官制度与道观经济的关系等问题。上述研究不同程度地涉及道观田产及收支情况，但对明清宫观山志等资料的利用尚且不够，事实上，明清宫观山志保留了较为丰富的道观田产和收支资料，为道观经济的研究向更深层次进一步发展提供了可能。

（一）田产及蠲税

历史上，各宫观道院一般都拥有自己的田产，皇室赐予是道观田产的重要来源。例如，龙虎山上清宫拥有很强的经济实力，其田产多来源于皇帝钦赐，其中很多田产是蠲免赋税的。

清娄近垣《龙虎山志》卷一《恩赉》及卷九《田赋》详细记载了龙虎山历代田产及蠲免赋税的情况，是研究龙虎山道教经济的重要史料。根据是书的统计可知，唐玄宗时便已赐予十五代天师高金帛免租税的特权。南唐保大中，即于龙虎山建天师庙，赐水田。宋仁宗天圣八年（1030），二十五代天师张乾曜请蠲赋役并得到皇帝的同意。宋徽宗崇宁四年（1105）赐上清宫田亩以食道众并蠲免租徭。南宋宁宗嘉泰某年管辖留用光立长生局置庄田饭众，朝廷拨赐弋阳县管下步口庄田计一万三千与本宫，以饭道流。理宗嘉禧三年（1239）赐上清宫田免租税。元世祖至元十三年（1276）赐复上清宫观赋役。元成宗元贞元年（1295）免宫观差役护法箓。元仁宗延祐四年（1317）免宫观远输役。明太祖洪武元年（1368）议给大真人俸，四十二代真人正常奏辞止乞如故事优免，准赐蠲本户及大上清宫各色徭役。嘉靖某年查复上清宫田粮，侵匿于豪民者仍降敕禁护，有司议宗人府庄田应止照品官例优免，奉旨悉蠲之，仍著为令。明神宗万历三十七年（1609）免上清宫大真人府杂泛差徭。① 清顺治十二年（1655）敕免真人府本户及上清宫各色徭役，雍正九年（1731）赐帑银置买上清宫香火赡田。② 据乾隆五年（1740）官方掌握的情况，龙虎山上清宫既有香田，每岁额租收谷 6660 余石，内除分拨派补各道院膳田共 1600 亩零外，余田 1877 亩零，额收租谷 3460 余石。③

　　清代龙虎山上清宫山塘田地遍布贵溪、安仁、弋阳诸县，大上清宫旧有十三道院的三华院、繁禧院、崇禧院、崇清院、紫中院、栖真院、混成院、清富院、洞观院、精思院、东隐院、达观院、明远院，通计新置、旧有田共 18.23175 顷、外荒田 5.5 亩、地 2.292 顷，又基地 2 片、山 8.94 顷，塘共 20.79 亩，共额收租谷 3382.765 石、租银 1.5 两，俱本宫旧有十三道院永远管业。④ 上清宫外岳宫及新增清和院、玉华院、仙隐院、正庆院、迎华院、郁和院、崇元院、十华院、凤楼院、太素院，通计新买续补田共 11.7014 顷、房屋总 1 栋、山总一嶂零一面，塘共 5 口，共额收租谷 2180.939 石，分拨新设十一道院永远管业。⑤ 此外，龙虎山正一观，旧有田 160 余亩，皇恩添置田 130 余亩，共田 300 亩有奇，在贵溪县三十七都又一图正一观户下，完粮与上清宫

---

　　① （清）娄近垣重辑：《龙虎山志》卷九《田赋》，载《中国道观志丛刊正续编》第 25 册，第 353—358 页。

　　② （清）娄近垣重辑：《龙虎山志》卷九《田赋》，载《中国道观志丛刊正续编》第 25 册，第 362 页。

　　③ （清）娄近垣重辑：《龙虎山志》卷一《恩赉》，载《中国道观志丛刊正续编》第 25 册，第 53 页。

　　④ （清）娄近垣重辑：《龙虎山志》卷九《田赋》，载《中国道观志丛刊正续编》第 25 册，第 378—379 页。

　　⑤ （清）娄近垣重辑：《龙虎山志》卷九《田赋》，载《中国道观志丛刊正续编》第 25 册，第 384 页。

一体，永免差徭。① 正一观奉拨帑银新置田 1.308 顷，又补田 31.968 亩、庄基园地共 3 片、鱼塘 1.5 口，旧有田 1.693 顷、荫塘 1 口，共田 3.32068 顷、庄地 3 片、塘 2.5 口，额收租谷 502.05 石，俱入贵溪县三十七都又一图大上清宫户内完粮，已上拨入正一观永远供奉香火。② 三者合计，大上清宫所属道院共有田亩合计 35 顷有余，另有大量的山地、池塘，额收租谷 6000 多石。这些田产，绝大多数都是政府出资购置的。据《清查上清宫香火田奏稿》称，龙虎山上清宫香火田亩前经监督庙工侍郎留保动用帑银 17707 两零③，足见政府出资数量之大。

明清时期的大岳太和山（武当山）拥有大量田产，据王概《大岳太和山志略》的记载，乾隆六年（1741）尚存原设均州佃地 27500 亩，光化县佃地 2800 亩，于每年征收租课，供入宫祭祀并羽士口粮。④

关圣陵庙在今湖北当阳市东北章乡，祀汉关羽。王禹书《关圣陵庙纪略》卷二《祀田》记本庙田产，为考察当地道观田产提供了第一手史料。当阳关圣陵庙的田产主要由庙基、祀田、园林构成，多为官资置地或士大夫出资购买。弘治十年（1497）置庙基 50 亩，省祭官张俊出地 10 亩，万历九年（1581）司礼太监等买祀田 60 亩（内 32 亩成园林），康熙十七年（1678）奉上买祀田 210 亩，康熙二十年（1681）李粮道买祀田 77.5 亩，康熙三十八年（1699）买祀田 140 亩，这三处祀田归东堂僧管辖。顺治三年（1646）县给祀田 70 亩，康熙十四年（1675）买水旱祀田地 20 亩，康熙十九年（1680）分别买祀田 65.3 亩、54.4 亩，康熙二十年（1681）李粮道分别买祀田 20.5 亩、

---

① （清）娄近垣重辑：《龙虎山志》卷四《观院》，载《中国道观志丛刊正续编》第 25 册，第 109—110 页。

② （清）娄近垣重辑：《龙虎山志》卷九《田赋》，载《中国道观志丛刊正续编》第 25 册，第 384—385 页。

③ （清）娄近垣重辑：《龙虎山志》卷九《田赋》，载《中国道观志丛刊正续编》第 25 册，第 396 页。

④ （清）王概总修，姚士倌、李之兰等纂：《大岳太和山志略》卷三《祀典》，载《中国道观志丛刊正续编》第 5 册，第 288—289 页。

26 亩、45 亩，同年，本庙又相继买祀田 20.5 亩、40 亩，以上几处由西堂僧管辖。① 当阳关圣陵庙共有庙基、祀田、园林等田产合计 909.2 亩，是关圣陵庙得以正常运转的重要经济基础。值得注意的是，关陵与一般庙宇不同，"官置祀田正赋而外杂徭均免"，本庙"得以清净供养香火"②，是故关陵祀田无须缴纳赋税，所得租谷全部为本庙财产收入。

　　明江永年本《茅山志》增补首卷《宫观考》对主要宫观的田产做了翔实记述，为读者展示了明初以来各宫观的田亩数量，为研究茅山道观经济提供了重要资料。例如，元符万寿宫宋赐东天宁院焚修、赡道田 3000 余亩，后清查出 730 余亩，先宗师经业，元季湮没者多。又赐西天宁院官民田地、山塘、芦荡、草塌共 3000 余亩，亦多迷失。崇禧万寿宫，贞观九年（635）拨赐原额官民田地、山塘 74.247 顷，本府溧阳县永定乡田地 4.95 顷，镇江府田地山塘水荡 81.23357 顷，丹徒县田地 8.33357 顷，金坛县田地 74.8998 顷。玉晨观，唐贞观九年（635）拨赐及宋分拨本观原额田土，坐落本县地方，官民田地、山塘、芦荡、草塌，共 14.8276 顷、山 11.8171 顷、塘 4.85 亩。民田、改科民田，地、塘 23.65 亩。洪武十六年（1383），为砍芦队长没官，除给原佃人户承佃外，遗存之数存坐本观，输纳官粮。镇江府丹阳县石城乡田地 8.3378 顷。仁祐观，田地原额 7.26968 顷，本县民山 1.14 顷，镇江寄庄田地 6.12968 顷，金坛县二十六都田地 5.81946 顷，丹徒县洞仙乡十九都田地 31.12 亩。③ 由此来看，历史上的元符万寿宫、崇禧万寿宫、玉晨观、仁祐观这四座茅山主要宫观占据了非常多的田产，具有很强的经济实力。笪蟾光《茅山志》卷三收录《钦赐崇禧万寿宫焚修田亩奏疏》，间接反映明末茅山崇

① （清）王禹书辑：《关圣陵庙纪略》卷二《祀田》，载《中国道观志丛刊正续编》第 43 册，第 203—205 页。

② （清）王复礼编辑：《关圣陵庙纪略》卷二《祀田》，载《中国道观志丛刊正续编》第 43 册，第 205 页。

③ （元）刘大彬编，（明）江永年增补，王岗点校：《茅山志·明懿典·宫观考》，第 25—29 页。

禧万寿宫原有钦田 6733.394 亩的情况。①

　　据《金陵玄观志》记载，金陵一带的宫观拥有较多田产，例如，南京龙江天妃宫公产有宫外官房 10 间，宣德五年（1430）五月，敕赐菜地 75 亩。②南京石城山灵应观公产有乌龙潭约 100 亩余，随山菜地 30 亩余。③

　　吴山城隍庙也拥有一定数量的田亩。据《吴山城隍庙》的记录，乾隆六年（1741）盐驿副使赵侗敩捐俸置征田 10.272 亩，坐落钱塘县师始制字号，给道士徐大伸等收除过户，挨房输管，以供正殿香火。④

　　昆山城隍庙，明移建慧聚寺遗址，固有常产以给香火。明季兵燹之后，庙毁而羽流星散，图籍无稽。康熙初邑人鸠资重建，潘道根《昆山县城隍庙续志》之《昆山县城隍庙助捐田粮碑记》云："乾隆嘉庆间，邑人之好义者始相继捐置官田 40 余亩。"⑤但输赋外其羡无多。道光六年（1826），当地士绅捐田数十亩，并勒石。⑥刻石详细记载了所捐土地位置、亩数、捐助人名氏等信息，是难得的道观经济史料。今据勒石绘制表格如表 4-6 所示：

　　①　（清）笪蟾光编：《茅山志》卷三，载《中国道观志丛刊正续编》第 12 册，第 257 页。
　　②　（明）佚名：《金陵玄观志》卷十三《神乐观：龙江天妃宫》，载《中国道观志丛刊正续编》第 11 册，第 222 页。
　　③　（明）佚名：《金陵玄观志》卷二《石城山灵应观》，载《中国道观志丛刊正续编》第 11 册，第 104 页。
　　④　（清）朱朗斋等编：《吴山城隍庙志》卷二《祀典》，载《中国道观志丛刊正续编》第 19 册，第 128 页。
　　⑤　（清）潘道根撰：《昆山县城隍庙续志·（清）吴映奎〈昆山县城隍庙助捐田粮碑记〉》，载《中国道观志丛刊正续编》第 50 册，第 110 页。
　　⑥　（清）潘道根撰：《昆山县城隍庙续志》，载《中国道观志丛刊正续编》第 50 册，第 109—118 页。

表 4-6　道光年间昆山城隍庙田亩及捐助者表

位置	田号	亩数	捐助者及用途	小计（亩）	总计（亩）
菉葭庄昆庙田户巨区十六图使圩	一百八十五号田	2.137	菉葭镇陈通经、沈皓、江鸿同捐，系耕田	29.058	54.116
	一百八十六号田	2.019			
	一百八十七号田	3			
又菉葭庄昆邑庙户使圩	一百八十五号田	2.137			
	一百八十六号田	2.019			
	一百八十七号田	2.999			
迎勋庄昆邑庙户巨区十六图使圩	一百四十八号田	9.67			
	一百十九号田	4.289			
	一百五十一号田	0.788			
舟直庄昆邑庙户雨区三十六图唱圩	六十七号田	3.342	大直村戴世培捐，系耕田	3.342	
薛家庄昆邑陆捐田户律区九图卿玉圩	一百四十三号田	2.536	周家浜陆锡章捐，系耕田	6.629	
	一百四十六号田	4.093			
姜里庄昆邑庙户调区三十九图青都圩	一百三号田	4.1	赵浦村许仁荣、赵陵镇马允元同捐，系耕田	4.1	
唐家庄昆邑庙户奈区七图黄圩	七十一号田	2.773	八字庙边友叙捐，系耕田	4.521	
	七十二号田	1.748			
圣像庄昆邑庙户号区十三图辰圩	六十八号田	0.935	系照墙基	2.336	54.116
	六十九号田	1.001			
玉镇庄昆邑庙户宇区六图里收圩田	不详	0.4			
玉镇庄王南山户宇区六图天玉圩	十四号田	0.118	系邑庙余地	1.207	
	二十三号田	0.258			
	二十四号田	0.431			
	二百三十七号田	0.4			
玉龙庄王启宗户天区十二图制字圩	一号田	0.026	系道士坟地	2.923	
玉龙庄王启宗户天区十八图火圩	一号田	1.769			
	十二号田	0.13			
	十四号田	0.948			
玉龙庄王启宗户出区二十图清圩	二十三号田	0.05			

　　据表 4-6 可知，道光六年（1826）昆山城隍庙有耕田 47.65 亩、墙基 2.336 亩、道士坟地 2.923 亩、邑庙余地 1.207 亩，共有田产 54.116 亩，绝大多数为当地士绅所捐。另据《续增未刊碑之田》①，道光九年（1829）九月初五，昆山城隍庙又得义塚田 18 亩、孰（熟）田 7.872 亩。道光二十二年（1842），买入官田 45 亩。道光二十九年（1849），昆山城隍庙义仓户下有田 31.3 亩。咸丰四年（1855），得捐田 31.406 亩。住持赵中一自置田亩 33.702 亩。综括而言，由道光六年（1826）至咸丰四年（1855）的三十年，昆山城隍庙有各种形式的田产 221.396 亩，呈现出良好的发展态势。

　　清代高淳县各种神会可考者 20 多个，其中一些神会拥有自己的田产。例如，大殿盘香会，始于乾隆年间，置有田 6 亩有零。大殿琉璃灯老会，始于雍正二年（1724），置有崇一太安圩田 4.6 亩有奇，归东院住持收租以供灯油之费。寝宫铺设会，起于光绪年间，每逢神诞设衣陈器备具礼仪，置有崇一太安圩田 3.7 亩有奇。保安香炭炉会，起于道光年间，每三元随驾出巡，置有典丰三老莘圩田 4 亩有奇。抬锣会，兼办东平庙抬锣，每随驾出巡，置有丰二、丰三田共 5.7 亩有奇。② 神轿会，兼办东平庙神轿，置有门陡圩田 3 亩有奇。③ 喜元会，土名欢团会，置有西街市房 1 所，六股之一。中军书官会起于同治十二年（1873），置有典市房 2 所。财神张仙会，始于雍正二年（1724），置甘村棉地共 6.7 亩有奇，沟 0.5 亩。④ 诸会拥有各种类型的田产 34.2 亩，另有街市房、典市房等田产若干。

　　鲍涟《高淳城隍庙志》记载了清代高淳县城隍庙拥有庙产情况，今据此制表如表 4-7 所示：

---

　　① （清）潘道根撰：《昆山县城隍庙续志》，载《中国道观志丛刊正续编》第 50 册，第 119—126 页。
　　② （清）鲍涟等纂，（清）夏文源等续纂：《高淳城隍庙志》卷六《神会考》，载《中国道观志丛刊正续编》第 50 册，第 229 页。
　　③ （清）鲍涟等纂，（清）夏文源等续纂：《高淳城隍庙志》卷六《神会考》，载《中国道观志丛刊正续编》第 50 册，第 229 页。
　　④ （清）鲍涟等纂，（清）夏文源等续纂：《高淳城隍庙志》卷六《神会考》，载《中国道观志丛刊正续编》第 50 册，第 227—229 页。

表 4-7　清代高淳县城隍庙庙产表

位置	庙田类型	捐助人	数量（亩）	归属	合计（亩）
崇三大蓊	圩田	薛城邢姓	4.5 有零	东西两房公田	91.358
丰三程蒲	塘田	薛城邢本丰	10 有零		
崇一太安上	圩田	陈会财等	6		
崇一太安上	圩田	孙姓	2		
崇五太安上	地	渭塘袁姓	0.8		
崇六太安上	圩田	渭塘袁姓	10 有零		
崇七八字角	地	不详	2.2		
丰二孙家	跳田	不详	3.005	东房田	
丰四双溪	田	不详	2.9		
成四双溪	田	将埂圩卞姓	4.1		
成四秦家	圩田	茅城沈姓	7.6		
崇二太安	圩田	西保陈光前	2.5		
崇二洪潮	坝田	汪存耕堂	3		
崇三大蓊	圩田	崇五十排	3.8 有零		
崇七	地	琉璃灯会	1.303	西房田	
崇七	地	琉璃灯会	1.05		
崇五	田	在城众姓	1.8		
丰二下坝	圩田	崇五十排	10.8		
丰三保城	区田	沧溪陈宗义	2.1 有零		
东溪	埠田	汪存耕堂	6.9 有零		
东溪	田	峪头陈诗鹤	2 有零		
丰六发字	区田	北埂陈家柏	3 有零		

　　表 4-7 中所列均系垦熟田亩，其昔熟今荒及已失业者概未载入。由表 4-7
得知，高淳城隍庙共有庙田 91.359 亩，与该书《庙田考》所云"右田地统计
九十一亩有奇，均系垦熟田亩，其昔熟今荒及已失业者概不载入"① 相符。这
些田产在归属上有两种情形：一是东西两房共有公田，计 14.5 亩有零；二是

---

① （清）鲍涟等纂，（清）夏文源等续纂：《高淳城隍庙志》卷三《庙田考》，载《中国道观志
丛刊正续编》第 50 册，第 233 页。

东、西房分别所有，其中东房田 38.605 亩，西房田 37.953 亩。庙田捐助者有村镇、灯会、堂会，也有个人，所捐田产多者 10 亩左右，少者不到 1 亩，充分反映了高淳城隍信仰的民间性和广泛性。

位于安徽广德县城西的横山，亦称祠山，祀张渤。《祠山志》记祠山田产较详，有助于了解祠山的经济状况。是书云，祠山香火绵长，旧富产业，咸丰间阨于兵火，道众星散。此后，在住持广德州道正司汪昌鹏努力下，新置近山田亩数区，具体情况载于《祠山志》卷十《附记》①，今据《附记》列咸丰以后祠山庙产表如表4-8所示：

表 4-8　清代咸丰以后祠山庙产表

位　　置	庙田类型	田号	亩数	小计（亩）	归属	合计（亩）
西城外编修、茅草	冲田	三十三号、十八号	30.687	68.56	祠山殿、昭德宫汪昌鹏户下完粮	94.385
庙南殿塘	冲田	十七号	14.49			
庙东道士	冲田	二号	0.6			
西城外蒲塘	圩田	三号	6.833			
西城外乌鸦窠	田	一号	3.25			
西乡西庄保上枫树园周家	冲田	十三号	6			
西乡西庄保下枫树园土地庙前	田	一号	1.7			
北乡路西保东边	圩田	一号	5			
北城外北湾桥下	首田	一号	3.525	3.525	祠山盔袍会（同治五年绅商吴世英等捐置）	
北乡查圩保管家村全	田	二号	10	22.3	献殿排盖会（光绪六年绅商王爵仁等捐置）	
	田	一号	3			
北乡查下保周家村	田	四号	9.3			

---

① （元）周秉秀编，（清）周宪敬重编：《祠山志》卷十《附记》，载《中国道观志丛刊正续编》第 45 册，第 603—606 页。

由表 4-8 可知，咸丰以后祠山殿、昭德宫置田 68.56 亩，同治五年
（1866）祠山盔袍会置田 3.525 亩，光绪六年（1880）献殿排盖会置田 22.3
亩，三者合计 94.385 亩。

祠山盔袍会另有坐落西城忠节坊坐南朝北市房一间两进，坐落东城仁德
坊坐南朝北市房三间一进。①

此外，祠山庙尚有同善堂作为附属部分，由育婴堂、长生局、修路会、
惜字会、天灯会等堂会组成。这些堂会都有自己独立的田产或市房。其中，
育婴堂有屋 3 所，田四十二号计丈田 71.964 亩；长生局有市房 3 所，田二十
七号计丈田 60.779 亩；修路会有田三十九号计丈田 59.682 亩，屋基 10 间，
园地各 1 块；惜字会有市房楼屋 1 所计门面 2 间；天灯会新建普济庵 1 所计 3
间，田二十二号计丈田 28.056 亩。② 是故，祠山庙所属同善堂诸家堂会合计
共有田 220.481 亩，房屋园地若干。

《类成堂集》又名《湘潭闽馆类成堂集》，该书收录湘潭闽馆所置田山塘
屋，内容非常翔实。比如，《类成堂集》卷三之《通省馆堂总记》记述类成堂
各馆之创建，涉及各馆庙基、田产等问题。具体内容有，顺治十八年（1661）
契买徽人程君选等所卖潭十八总庵场地基一所。康熙二十年（1681），又买欧
阳曙东所卖地基一所，谨事天后圣母元君为福主，故名宫曰建福。康熙二十
八年（1689）合闽众姓契买虾公堂、白洋塘田照契 40 亩（佃约 47.7 亩），同
日又买下杉冲田照契 20 亩（佃约孔树塘 19.3 亩），康熙三十一年（1692）合
闽众买下铁家坝何必山田照契 34.4 亩（佃约 35 亩）。乾隆六年（1741）四府
（汀、兴、漳、邵）合买虾公堂田照契 23 亩（佃约 26 亩）系上十七都六十九
甲所属以供福主香灯，名曰灯田堂，乾隆四十五年（1780）更名十闽堂。嘉

---

① （元）周秉秀编，（清）周宪敬重编：《祠山志》卷十《附记》，载《中国道观志丛刊正续编》
第 45 册，第 605 页。
② （元）周秉秀编，（清）周宪敬重编：《祠山志》卷十《附记》，载《中国道观志丛刊正续编》
第 45 册，第 627—635 页。

庆十九年（1814）赖邦富等将抽众厘头银契买细屋冲田 25 亩。志载汀、漳两府共置田 130 亩（佃约 128 亩）。乾隆五十四年（1789）仍举华光斗等将众所抽之厘契买下五都九甲仙峰岭田照契 55 亩（佃约并开荒计田共 67 亩）。嘉庆十八年（1813），明德堂买十八总正街河岸河街老岸房屋照契 7 间，名曰厘头堂业。① 另据《十闽堂屋契》，乾隆四十八年（1783）福建公馆契买张植三所卖方家围屋地基一所，嘉庆三年（1798）福建公馆契买罗廷槐所卖方家园菜地屋基一所，嘉庆二十一年（1816）建福宫首士等契买许金榜所卖十八总后街瓦屋九间，道光五年（1825）建福宫契买金紫荣所卖十八总后街瓦屋五间。② 这些土地多作为庙基，用于创建庙馆，是类成堂及其属下各馆的重要资产。

关于类成堂下十闽堂可耕田产的记述也非常详细。例如，康熙二十八年（1681）三月建福寺众姓买吴乔清所卖白洋塘田 40 亩，又买田卢乔浦所卖下杉冲田 20 亩。康熙三十一年（1692）三月，福建杨彩五等契买张书山所卖下铁家坝荷必山荒熟田共 34.4 亩。乾隆六年（1741）建福宫四府等买潘旭升所卖上十七都虾公塘田 23 亩。嘉庆十九年（1814）建福宫向前承买冯光明所卖上十七都细屋冲田 25 亩、大小水塘 4 口。加上后来挖塘开荒的田地，合计 153 亩，每年共纳租谷照约 233.55 石。③ 多年来俱依此数纳交十闽堂收用。

类成堂下厘头堂田产情况为，乾隆五十四年（1789）十二月建福宫明德堂众姓等契买梁芝圌所卖下五都九甲仙峰岭荒熟民田共 55 亩、水塘共 9 口、庄屋 1 所，又屋门口塘 2 口、田 9 垅，又界嘴下田 1 垅，又莲花塘庄屋 1 所、塘 3 口、大小虎坑塘 2 口、菖蒲塘 2 口。嘉庆十八年（1813）四月建福宫众姓

---

① （清）何宇恕纂辑：《类成堂集》卷三《馆堂记》，载《中国道观志丛刊正续编》第 47 册，第 255—259 页。

② （清）何宇恕纂辑：《类成堂集》卷三《十闽堂屋契》，载《中国道观志丛刊正续编》第 47 册，第 289—291 页。

③ （清）何宇恕纂辑：《类成堂集》卷三《十闽宾馆契约》，载《中国道观志丛刊正续编》第 47 册，第 276—286 页。

等契买颜南洲所卖十八总正街河岸铺屋 2 所、河街老岸铺屋 2 所、行屋 1 所、太平巷内栈房 1 所、厮屋 1 所。①

《类成堂集》记载了十闽堂买山岭树木作为义山的情况，具体如下：乾隆二十六年（1761），福建首士吴中砥等契买朱万咸所卖营盘岭山地一大所；嘉庆十二年（1807），建福宫首士等契买谭家祠堂所卖上十七都细屋冲山地一所。除上两处义山外，另有山三处，一为福建义塚，康熙三十八年（1699）闽省士商所买；一为蒲阳壶，雍正二年（1724）浦邑所买；一为鄞江阁郡寿山，雍正三年（1723）鄞江士商所买。②

《类成堂集》还记载了湘潭类成堂各堂置买、承典田山房屋情况③，兹列表如表4-9所示：

表4-9　《类成堂集》所记湘潭类成堂各堂置买、承典田山房屋情况表

置买时间	买主堂号	卖主	位置	房屋、田地数
乾隆二十二年（1757）七月二十日	永盛堂	汪开臣	十二总正街河岸	契买砖屋楼房 2 进
乾隆四十六年（1781）七月十八日		张元青等	黄龙巷内指南庵巷口	契买铺屋 1 所
嘉庆十七年（1812）十月十六日		何泰岳等	毛公奢	契买山塘荒熟田 28 亩
道光四年（1824）十二月十八日		易谨颐	十八总正街老岸	契买铺屋 6 间
道光七年（1827）十月十九日		谢文度	长春塘	契买荒田 5 坵，山 1 所、屋 1 所、塘 1 口
道光十四年（1834）三月		李成肇	十八总正街老岸	契买房屋 1 所、有铺面 3 间

---

① （清）何字恕纂辑：《类成堂集》卷三《厘头堂田山契》，载《中国道观志丛刊正续编》第 47 册，第 293—294 页。

② （清）何字恕纂辑：《类成堂集》卷三《十闽山契》，载《中国道观志丛刊正续编》第 47 册，第 287—288 页。

③ （清）何字恕纂辑：《类成堂集》卷三《各堂田山屋契》，载《中国道观志丛刊正续编》第 47 册，第 300—308 页。

续表

置买时间	买主堂号	卖主	位置	房屋、田地数
乾隆二十三年（1758）十一月二十五日	鄞江堂（旧名汀庆堂）	赖姓	十八总居仁巷内仁皇祠对门	契买铺屋 1 所
道光十四年（1834）		陈修鼎等	仓门前左侧赡篆街	契买铺屋 1 进 2 栋
乾隆三十二年（1767）八月十三日	恭圣堂内各靛客	刘文彩	西塘冲	契买民田 4 处共 45 亩并内庄屋水塘义山
乾隆四十年（1775）五月二十六日	定福堂内汀杭靛行八家	张锦文等	西塘冲	契买田 15.5 亩并内山塘屋宇
乾隆三十九年（1774）三月二十四日	享圣堂	唐正煦	黄龙巷内	契买铺屋 2 间并地基前后 4 栋
乾隆四十六年（1781）三月二十四日		汪崇霞	十四总黄龙巷	契买房屋 1 所、内封墙厅屋 1 进、外铺屋 4 间
乾隆四十五年（1780）二月初十	兴安堂	朱源顺	十八总鼓楼门下首朱	契买宅基地 1 所
嘉庆十五年（1810）十一月初八		谭廷槐	十四总黄龙巷上首	契买铺屋 2 间
乾隆四十六年（1781）十月初十	咸吉堂	朱世林	十八总鼓楼门下首	契买铺屋 2 进
乾隆四十七年（1782）三月二十八日		曾益清	十八总曲尺街	契买瓦屋 2 进
乾隆四十九年（1784）三月十九日		武秀轩	鼓楼门下首	契买瓦屋 1 进
乾隆六十年（1795）十一月十九日		胡紫垣	十八总曲尺街	契买砖墙瓦屋 2 间
嘉庆十年（1805）六月十七日		赖容照	十七总鄢家巷	契买墙屋 1 栋、厢房 2 间
乾隆五十六年（1791）五月初三	兴圣堂	吴鉴湖	十四总正街河岸	契买铺屋 3 栋
乾隆五十八年（1793）八月十三日	开源堂	蔡殿扬	十四总正街黄龙巷	契买铺屋横直 2 间
乾隆五十九年（1794）三月十八日	连株堂	张廷松	大码头正街河岸	契买楼房铺屋 1 间

续表

置买时间	买主堂号	卖主	位置	房屋、田地数
嘉庆十六年（1811）五月初六	福圣堂	赵传扬	十七总正街老岸	契买房屋 4 进、铺面 1 间
嘉庆十九年（1814）五月十六日	咸吉、正一两堂	熊联茂	十七总后双塘坡上	契买瓦屋 1 栋
嘉庆二十四年（1819）四月二十一日	龙丰、仁圣两堂	万常炽	十八总正街河岸	契买铺面 1 栋、厢房 1 间、腰墙 1 道、正屋 1 栋、披厦 2 间
道光三年（1823）九月初六	龙丰堂	阳俊位	十八总正街河岸	契买房屋 1 栋、铺面 1 间
道光六年（1826）十一月初六	福庆堂	林曲江	下五都一甲躬耕芦民	契买熟水田 46 亩、庄屋 1 所、水塘 1 口
道光九年（1829）三月二十日	类编堂	蔡天吉堂	十二总	承典店 1 所
道光十一年（1831）腊月十二	成言堂	杨致和	十八总	承典店 1 所
道光十五年（1835）闰六月初六	成言堂	陈万余	十八总河街河岸	契买铺面木架房屋 1 所 1 连 3 进

由表 4-9 可知，清乾隆至道光年间类成堂下永盛堂、鄞江堂（旧名汀庆堂）、恭圣堂、定福堂、享圣堂、兴安堂、咸吉堂、兴圣堂、开源堂、连株堂、福圣堂、正一堂、龙丰堂、仁圣堂、福庆堂、类编堂、成言堂诸堂均有一定数量的房屋、铺面、水田、池塘等田产。

高自位《南岳志》述南岳衡山田产较详，其云："述名山也，胡及田赋？曰：此亦方外黄册也。"① 认为山志记载田产可以起到"方外黄册"的作用，这一认识是准确的。该书卷二《田赋》"僧道原额香火田纪略"记录了南岳寺观、书院田产。据此可知，万历二十年（1592）衡山共有垦田 5477 亩零，内将 1614 亩给本山寺观僧道焚修香火并伺候上司往来人夫饭食支用之费，免纳

---

① （清）高自位重编，旷敏本纂：《南岳志》卷一《田赋小序》，载《中国道观志丛刊正续编》第 45 册，第 23—24 页。

粮差，其余田亩并入僧道户内。① 据雍正十三年（1735）的普查，衡山道观田产情况是：九仙观田产 727.3 亩，黄庭观田产 55 亩零，二者共有田产 782.3 亩。比较而言，衡山寺院数量多，田产也多。同样是雍正十三年（1735），衡山各寺院查明田产情况是，祝圣寺 92.54 亩、南岳大庙 26.62 亩、方广寺 1069.8 亩、普贤寺 1064.38 亩、能仁寺 346.65 亩、永明寺 1186.38 亩、佛吼寺 60.4 亩、白门寺 98.72 亩、藏经殿 105.09 亩、朝阳岩 10.07 亩、水月寺 84.23 亩、般若寺 17 亩、南寺 55.85 亩、法华寺 61.02 亩、横龙寺 235.85 亩、胜业寺 95.82 亩、广济寺 131.3 亩、福严寺 226.44 亩、清凉寺 121.72 亩、福昌寺 187.1 亩、灵聚庵 67.84 亩、道福寺 23.84 亩、观音庵 16.5 亩、隐真寺 125.1 亩、心安寺 49.11 亩、云峰寺 136.81 亩、白云寺 124.84 亩、尊圣庵 134.2 亩、崇宁寺 79.72 亩、慧灯庵 245.5 亩、海月寺 86.12 亩、双峰寺 154.6 亩、宝庆寺 63.09 亩、南台寺 45.31 亩、弥陀寺 16.6 亩、白鹿寺 32.2 亩、祝圣养老堂 16 亩、金鸡林慎庵 6 亩、猿啸庵 2 亩，共有寺庵 39 所，田产 6692.36 亩。②

由上述统计可知，第一，截至雍正十三年（1735），衡山垦田数量较比明万历二十年（1592）大为增加。单是佛寺和道观拥有的田产已经达到 7464.66 亩，加上衡山各书院田产 1253.73 亩③，衡山寺院、道观、书院合计田产 8618.39 亩，比万历二十年（1592）的 5744 亩增加了 2874.39 亩。第二，清代衡山道观仅有九仙观、黄庭观 2 所，田产 782.3 亩，而同时期的衡山大小寺院 39 所，田产 6692.36 亩，道观田产仅占寺院田产约 11.7%。衡山道教式微，道观经济远弱于佛教经济的态势显而易见。

金龙四大王祠位于浙江钱塘县，祀宋谢绪。据仲学辂《金龙四大王祠墓

---

① （清）高自位重编，旷敏本纂：《南岳志》卷二《田赋》，载《中国道观志丛刊正续编》第 45 册，第 143 页。
② （清）高自位重编，旷敏本纂：《南岳志》卷二《田赋》，载《中国道观志丛刊正续编》第 45 册，第 143—152 页。
③ （清）高自位重编，旷敏本纂：《南岳志》卷二《田赋》，载《中国道观志丛刊正续编》第 45 册，第 153—154 页。

录》的记述，雍正四年（1726）金龙四大王庙建成，淮徐道康公等愿捐资 3000 两，以 1500 两置祭田于江南，以 1500 两置祭田于钱塘。① 雍正十年（1732）金龙四大王祠共有田约 220.35 亩。②

金鼓洞鹤林道院位于今杭州西湖边的栖霞岭北、葛岭以西。该道院自创立以来，"四方云侣挂瓢踵至，若无恒产则道院粮不足以供众。院中旧产留遗无多，自康熙五十年（1711）置买，逐年续置，有增无减，皆由应副护法经忏所得经衬，加以常住节省日用积赀买置"③。朱文藻（朗斋）《金鼓洞志》取契券中开载田产亩分卖主姓名、坐落四至、年月等项，逐段详载④，现据此列表如表 4-10 所示：

表 4-10 《金鼓洞志》所载金鼓洞田亩方位、卖主、类型表

时间	方位	卖主	类型	亩数	备注
旧置	张庵	未载	竹山	6	置田
旧置	未载	未载	柴山	32	
旧置	懒云窝	未载	山	13.4	
旧置	海宁	未载	田	13.3，又 1	
旧置	钱塘	未载	田	8	
旧置	龙井	未载	坟田	1.1	
康熙五十年（1711）八月、康熙五十二年（1713）二月	海宁花字圩、皇字等号	曹士美	田	4	
康熙五十二年（1713）二月、六月	海宁花字圩、皇字等号	张汉英	田	0.6	
雍正十年（1732）十二月、雍正十二年（1734）十二月	海宁花字圩、皇字等号	许永思	田	1	
雍正十一年（1733）十一月、乾隆元年（1736）八月	海宁花字圩、皇字等号	许永思	民田	1.8	

① （清）仲学辂编：《金龙四大王祠墓录》卷二，载《中国道观志丛刊正续编》第 52 册，第 78—79 页。

② （清）仲学辂编：《金龙四大王祠墓录》卷二，载《中国道观志丛刊正续编》第 52 册，第 82 页。

③ （清）朱文藻（朗斋）纂辑：《金鼓洞志》卷四《院产》，载《中国道观志丛刊正续编》第 18 册，第 239 页。

④ （清）朱文藻（朗斋）纂辑：《金鼓洞志》卷四《院产》，载《中国道观志丛刊正续编》第 18 册，第 239—255 页。

续表

时间	方位	卖主	类型	亩数	备注
乾隆十六年（1751）四月	海宁花字圩、皇字等号	许天擎	民田	5.3	置田
乾隆四十年（1775）四月	钱塘县下扇二图王字927号	刘耀文	民田	2.1	
乾隆四十八年（1783）九月	钱塘县下扇二图王字925、926号	刘汝昌	民田	6	
乾隆三年（1738）、乾隆八年（1743）闰四月	钱塘县下扇二图王字3115号	董德章	土山	12	
乾隆五年（1740）十二月	钱塘县下扇二图王字3128号	高雨仓	土山	11	
乾隆八年（1743）闰四月、嘉庆九年（1804）六月	钱塘县下扇二图王字3116号	毕子文	土山	5	
乾隆四十五年（1780）十月	钱塘县下扇四图王字3125号	高惟德	土山	0.1	
乾隆六十年（1795）七月	钱塘县下扇二图王字3118号	高惟德	山	4	
嘉庆三年（1798）七月	钱塘县下扇四图王字3118号	高惟德	土山	2.77	
嘉庆八年（1803）闰二月、嘉庆九年（1804）六月	钱塘县下扇四图王字3118号	高惟德	土山	0.42	
嘉庆七年（1802）十二月	钱塘县安吉六图马家圩	骆朝盛	民田	1.2	续置田
嘉庆九年（1804）十一月	钱塘县安吉六图马家圩	骆朝盛	民田	0.8	
嘉庆七年（1802）十二月	钱塘县安吉六图马家圩	朱君佐	民田	4.2	
嘉庆九年（1804）十二月	钱塘县定南十图鞠字号	郑玉富	民田（含水荡0.06亩）	2.7	
嘉庆九年（1804）十一月	钱塘县定南十图鞠字号	郑洪育	民田	1.2	
嘉庆十年（1805）十二月	钱塘县定南十图鞠字号	郑廷发	田	1	
嘉庆十年（1805）十二月	钱塘县安吉六图马家圩	张芳桂	征田	1.2	

续表

时间	方位	卖主	类型	亩数	备注
嘉庆十年（1805）十二月	钱塘县安吉六图马家圩	杨洪琛	田	2.4	续置田
嘉庆十年（1805）十月	钱塘县中沙圩	吴正璠	征田	1	
嘉庆十年（1805）十月	钱塘县安吉八图鞠字号	杨天恩	田	6.7	
嘉庆十一年（1806）十一月	钱塘县安吉八图鞠字号	汤纪华	田	2.5	
嘉庆十一年（1806）十月	钱塘县安吉六图马家圩	杨洪琛	民田	1.2	
未载	仁和县廿一都十三图若字号	何伯荣男成龙	折田①	3	捐田
未载	仁和县廿一都十三图止字号	何伯荣男成龙	折田	1.3	
未载	仁和县廿一都十三图若字号	何伯荣男成龙	折田	1.5	
未载	仁和县廿一都十三图若字号	何伯荣男成龙	田	1.05	
未载	仁和县廿一都十三图若字号	何伯文	折田	1	
未载	仁和县廿一都十三图若字号	何武侯	折田	2	
未载	仁和县廿一都十三图若字号	王惠良	折田	3.5	
未载	仁和县廿一都十三图若字号	何文魁	折田	1.8	
未载	仁和县廿一都十三图	陈李钟	桑地	2	
未载	仁和县廿一都十三图若字号	陈彩生	折地	0.95	

---

① 所谓折田，就是将实有田亩按照一定的比例折成纳税田亩，即文献记载中的田亩份额。

据表 4-10 的统计，清代金鼓洞鹤林道院拥有的田产主要在康熙五十年
（1711）至嘉庆十一年（1806）间置买，前后置买有 157.49 亩，另有捐田
18.1 亩，合计 175.59 亩。这些田产分部在海宁、钱塘、仁和三县，类型多
样，有山有田，还有少量水荡；山有土山、竹山、柴山，田有民田、桑地、
坟田、征田等。

冯培《岳庙志略》记载岳庙在钱塘、仁和二县拥有较多的田产。"除地亩
连顷外，尚有山场、荷田、芦荡，岁收其利。"① 其中，钱塘县有旌功田，共
127.1832 亩②，旌功地 68.14201 亩③，旌功山 247.76404 亩④，旌功荡
77.83101 亩⑤；仁和县有旌功田，共 58.72 亩。⑥

据《重修延陵九里庙志》的统计，九里贤祠清出香火田地塘共 72.968 亩。⑦

以上利用部分明清宫观山志所载，对各宫观道院多种类型的田产做了初
步梳理，一方面可以窥视明清宫观经济状况；另一方面可以揭橥明清宫观山
志在道观经济研究中突出的基础作用。

（二）收入与支出

道观祠庵的收支情况，是道观经济研究不能回避的基本问题，而明清宫
观山志中这方面的资料比较丰富，本书仅从收入和支出两个方面将这些资料
简单梳理如下。

1. 收入

研究表明，宫观祠庵的收入主要来源于朝廷赏赐、佃田租米、店铺出租、

---

① （清）冯培撰：《岳庙志略·凡例》，载王国平主编《西湖文献集成》第 25 册，第 11 页。
② （清）冯培撰：《岳庙志略》卷三《祭品》，载王国平主编《西湖文献集成》第 25 册，第 45 页。
③ （清）冯培撰：《岳庙志略》卷三《祭品》，载王国平主编《西湖文献集成》第 25 册，第 47 页。
④ （清）冯培撰：《岳庙志略》卷三《祭品》，载王国平主编《西湖文献集成》第 25 册，第 48 页。
⑤ （清）冯培撰：《岳庙志略》卷三《祭品》，载王国平主编《西湖文献集成》第 25 册，第 48 页。
⑥ （清）冯培撰：《岳庙志略》卷三《祭品》，载王国平主编《西湖文献集成》第 25 册，第 49 页。
⑦ （明）吴国仁编：《（重修）延陵九里庙志·（明）周道行〈重修九里庙并归侵田碑记〉》，载《中国祠墓志丛刊》第 42 册，第 88 页。

抽取厘头、各界捐助等方式。

第一，朝廷赏赐收入。历代帝王崇奉道教往往不遗余力，除了出资修建宫观、钦赐田地、蠲免赋税以外，还赏赐给道观及道众大量的物品。这一方面，明清宫观山志有着丰富的记录，尤其以武当山（大岳太和山）、龙虎山、茅山等志书为多。

方升《大岳志略》卷五《杂考略》"内降类"①、王佐《大岳太和山志》卷四《钦降像器》②、卢重华《大岳太和山志》卷三《钦降像器》③ 记录了明代诸朝赏赐武当山诸宫观物品情况。兹据诸家所记制表如表4-11所示：

表4-11　明代诸家武当山志书所记朝廷赏赐武当山诸宫观物品情况表

时间	经办者	安奉处	钦赐物品	出处
成化九年（1473）七月	太监陈喜等斋送	太和宫	真武一，从神四，水火一；邓、辛、陶、张、苟、毕六天君；马、赵、温、关四元帅。香炉一、烛台二、牡丹瓶二、香盒一、钥筋瓶一、法盏一、水灯盏一、剪烛罐一、朱漆桌一、木雕重檐殿一	方升《大岳志略》
		玉虚宫	铜镀金真武一、从神四、水火一；铜镀金水灯盏、香炉大小各一、花瓶大小各二、净水盂一、烛台二、钥筋瓶一、剪烛罐一、提炉二、钟一、黑石曲磬一、朱漆金云鹤香盒一、灰盒一	
		各宫观	各色罗销金幡罐伞六、各色绒丝织金暗花素纻幡五十对	

---

① （明）方升等编纂：《大岳志略》卷五《杂考略》，载陶真典、范学锋点注《武当山明代志书集注》，第268—269页。

② （明）王佐等编纂：《大岳太和山志》卷四《钦降像器》，载陶真典、范学锋点注《武当山明代志书集注》，第310—318页。

③ （明）卢重华等编纂：《大岳太和山志》卷三《钦降像器》，载陶真典、范学锋点注《武当山明代志书集注》，第447—448页。

时间	经办者	安奉处	钦赐物品	出处
成化十二年（1476）正月	太监陈喜斋送	玉虚等八宫	爵盏二十一	方升《大岳志略》
		玉虚宫	经一百四十	
		太和宫	经五十二	
		南岩宫	经六十五	
		紫霄宫	经六十三	
		五龙宫	经七十四	
		遇真宫	经四十	
		净乐宫	经六十六	
成化十四年（1478）六月	太监陈喜管送	紫霄宫	铜镀金真武一、从神四、水火一；铜镀金香炉一、花瓶一、烛台二、净水盂一、水灯盏一、香筋一、香替二、香奁一、钟一、玉磬一	方升《大岳志略》
成化十九年（1483）九月	太监陈喜管送	五龙宫	铜镀金真武一、水火一；铜贴金灵官、玉女、执旗、捧剑、马、赵、温、关元帅各一；古铜香炉一、水灯盏一、花瓶二	方升《大岳志略》
成化二十二年（1486）九月	太监陈喜管送	八宫并带管宫观岩庙	幡二十九对、顶五幅、帐四十二幅、幔三幅；玉皇、玉枢、真武、三官、度人、太上诸经各千卷；五斗经五百卷；三清、玉皇、四帝、诸天、诸神、诸帅、总圣、行神三百轴；真武、十二帅、行神、三官大帝各千轴；关八、北斗、降金桥、斗母各三十轴；殷元帅、萨真人、南斗、北斗各二十轴；南极长生大帝十轴	方升《大岳志略》
弘治七年（1494）八月	太监扶安等管送	南岩宫	锥金木雕真武一；灵官、玉女、捧剑、执旗、水火、邓、辛、张、陶、庞、刘、苟、毕天君；马、赵、温、关元帅各一；古铜香炉一、灯台二、花瓶二、钥筋瓶一、剪烛罐一、海灯盏一、净水盂一、镀金钟一、曲磬一	方升《大岳志略》

时间	经办者	安奉处	钦赐物品	出处
弘治十年 （1497）四月	未载	未载	钦施银七百两，各色幡三十一对	卢重华 《大岳太和 山志》
弘治十二年 （1499）十月	未载	未载	钦施银五千六百两，各色幡五十四对	卢重华 《大岳太和 山志》
弘治十四年 （1501）四月	太监 李祺顺	玉虚 宫等	赍御前及中宫皇后布施银两、香烛、宝幡于玉虚等宫观悬挂。计开：银七百两；各色纻丝罗绢幡三十一对，白檀香五十烛；降真香三百烛；攒香二百斤；线香一千烛；纯红蜡烛五百对；油烛一千对；香油一千一百斤	王佐 《大岳太和 山志》
弘治十四年 （1501）七月	太监 王瑞等	净乐宫	奉安镀金铜真武圣像一堂，计五尊，水火、供器、执色大红妆花绒锦坐褥全。主尊一尊；从神四尊：灵官、玉女、执旗、捧剑各一尊；水火一座；供器一付：香炉一座（盖架全）、花瓶一对（木雕贴金灵芝花全）、烛台一对（贴金彩妆云龙烛镀金铜火焰全）、海灯盏一个（麻花丝罩全）、净水盂一个、剪烛罐一个（剪全）、钥筋瓶一个（钥筋全）、香盒一个、钟一口（木雕贴金架全）、菜玉描金宝龙曲磬一块（木雕贴金架全）、大红妆花绒锦表黄绢里夹坐褥一块、朱红漆金线供桌一张、玄色素纻丝透绣七星火焰旗一面（镀金铜宝盖硝子珠缨络黑缨头黄绒索全）、各色花素纻丝幡三十六	王佐 《大岳太和 山志》

时间	经办者	安奉处	钦赐物品	出处
弘治十四年（1501）七月	太监王瑞等	太和宫	镀金银钑云龙供器一对（花梨木描金座全）、香炉一个（架全）、烛台一个（烛全）、花瓶一对（镀金银法郎竹叶灵芝花全）、水灯盏一个（麻花丝罩全）、净水盂一个（架全）、钥筯瓶一个（钥筯全）、剪烛罐一个（剪全）、香盒一个。圣像六十六轴：真武十轴、三官十轴、无量寿佛五轴、救度佛母十一轴、玄坛二十九轴、王天将七轴、马灵官八轴。玉枢经九箱，计八百六卷；金光明经五箱，计二千五百卷；万命妙经一千五百卷	王佐《大岳太和山志》
		遇真宫	奉安镀金真武一堂，计五尊，水火、供器、执色、绒锦、坐褥等件全。主神一尊，从神四尊：灵官、玉女、执旗、捧剑各一尊；水火一座；供器一付：香炉一个（盖架全）、花瓶一对（木雕贴金灵芝花全）、烛台一对（木雕贴金彩妆云龙烛镀金铜火焰全）、海灯盏一座（麻花丝罩全）、净水盂一个（座全）、剪烛罐一个（剪全）、钥筯瓶一个（钥筯全）、香盒一个、钟一口（木雕贴金架全）、菜玉描金曲磬一块（木雕贴金架全）、大红妆花绒锦表黄绢里夹坐褥一块、朱红漆金线供桌一张	
弘治十五年（1502）十二月	太监王瑞等送	净乐宫	镀金铜真武像五尊、香炉一、花瓶一、烛台二、海灯盏一、净水盂一、剪烛罐一、钥筯瓶一、香盒一、钟一、菜玉磬一、大红坐褥一、朱红漆桌一、玄色纻丝绣七星火焰旗一、各色花素纻丝幡三十六对	方升《大岳志略》

续表

时间	经办者	安奉处	钦赐物品	出处
弘治十五年（1502）十二月	太监王瑞等送	太和宫	镀金银钑云龙香炉一、烛台二、花瓶二、水灯盏一、净水盂、钥筋瓶一、剪烛罐一、香盒一；真武、三官像各十轴；无量寿佛五轴、救度佛母十一轴、玄坛一十九轴、王天将七轴、马灵官八轴；玉枢经八百六卷、金光明经二千五百卷、万命妙经一千五百卷	方升《大岳志略》
		遇真宫	镀金铜真武五尊；香炉一、花瓶二、烛台二、海灯盏一、净水盂一、剪烛罐一、钥筋瓶一、香盒一、钟一、菜玉磬一、大红装花锦坐褥一、朱红漆桌一；各色罗幡二十四对	
		玉虚等八宫观岩庙等处悬挂	各色纻丝罗经複七十六对	
弘治十八年（1505）十一月	太监韦兴	未载	镀金铜玄天上帝一堂，供器俱全	王佐《大岳太和山志》
弘治十八年（1505）十一月	太监王瑞	大顶金殿	镀金云龙供桌一张、水火一座	王佐《大岳太和山志》
正德二年（1507）八月	太监甄瑾	未载	镀金铜真武圣像一堂，计五尊，坐床、地平、水火、供器、从神脚座、执色等件全。主尊一尊；从神四尊：灵官、玉女、执旗、捧剑各一尊。供器一对（花梨木座全）、香炉一个、香盒一个、花瓶一对（花全）、烛台一对、海灯盏一个（麻花丝罩全）、钥筋瓶一付（钥筋全）、剪烛罐一个（剪全）、钵盂一付（座全）	王佐《大岳太和山志》

续表

时间	经办者	安奉处	钦赐物品	出处
正德二年（1507）八月	太监甄瑾	玉虚宫等宫观岩庙	降真香五百烛，降真香块二十五斤，线香一万五千斤，纯黄蜡红烛九百对	王佐《大岳太和山志》
		未载	各样枣木道观三千八百顶（簪全）	
正德三年（1508）	太监甄瑾斋捧	太和宫	镀金铜真武一、从神四；香炉一、香盒一、花瓶二、烛台二、海灯盏一、钥筋瓶一、剪烛罐一、钵盂	方升《大岳志略》
嘉靖五年（1526）二月	太监李瓒管送	净乐宫	真武一、水火一、从神四；镀金花瓶二、香炉二、烛台二、海灯盏一、钵一、香盒一、烛罐一、火筋一、香钥一；金钟、玉磬各一	方升《大岳志略》
嘉靖三十一年（1552）五月	舍人李望	武当山各宫观庙道官、道士	御药一万袋	王佐《大岳太和山志》
嘉靖三十二年（1553）闰三月	舍人王逊	武当山诸道士	药五千袋	王佐《大岳太和山志》
嘉靖三十二年（1553）十一月	舍人郭宁	玉虚宫	**正殿**：幡一对，长二丈八尺八寸，阔五尺；顶帐一副，横长二尺零五寸，阔一丈，高一丈二尺，黄绒索四条。**圣父母殿**：幡一对，长一丈六尺，阔三尺八寸；顶帐一副，横长一丈五尺六寸，阔五尺，高八尺，黄绒索四条。**元君殿**：幡一对，长一丈三尺七寸，阔三尺；顶帐一副，横长九尺，阔四尺，高八尺；黄绒索四条。**启圣殿**：幡一对，长一丈三尺七寸，阔三尺；顶帐一副，横长一丈一尺，阔五尺，高八尺；黄绒索四条。**望仙楼**：顶帐一副，横长一丈，阔五尺二寸，高七尺；黄绒索四条	王佐《大岳太和山志》

时间	经办者	安奉处	钦赐物品	出处
嘉靖三十二年(1553)十一月	舍人郭宁	玉虚宫	**东岳祠**：顶帐一副，横长一丈，阔五尺二寸，高七尺；黄绒索四条。**回龙观**：幡一对，长一丈九尺二寸，阔一尺八寸；顶帐一副，长二丈五尺，阔四尺五寸，高八尺五寸；黄绒索四条。**玉虚岩**：顶帐一副，横长六尺，阔四尺，高六尺；黄绒索四条。**关王庙**：顶帐一副，横长九尺，阔三尺五寸，高六尺；黄绒索四条。**八仙观**：顶帐一副，横长一丈二尺，阔四尺，高七尺五寸；黄绒索四条	王佐《大岳太和山志》
		太和宫	**拜殿**：幡一对，长一丈五尺，阔二尺五寸。**元君殿**：幡一对，长一丈三尺九寸，阔二尺五寸；顶帐一副，横长九尺，高七尺；黄绒索四条。**圣父母殿**：幡一对，长一丈一尺二寸，阔三尺五寸；顶帐一副，横长八尺，阔四尺，高六尺；黄绒索四条。**朝天宫**：幡一对，长一丈八寸，阔二尺八寸；顶帐一副，横长七尺，阔二尺五寸，高八尺，黄绒索四条。**黑虎庙**：顶帐一付，横长一丈一尺，阔四尺五寸；黄绒索四条。**清微宫**：幡一对，长二丈九尺八寸，阔五尺；顶帐一副，横长一丈八尺，阔六尺，高九尺，黄绒索四条	
		南岩宫	**正殿**：幡一对，长二丈八尺八寸，阔四尺九寸；顶帐一副，横长二丈一尺，阔一丈一尺，高一丈二尺；黄绒索四条。**圣父母殿**：幡一对，长九尺七寸，阔二尺八寸；顶帐一副，横长一丈，高八尺；黄绒索四条。**元君殿**：幡一对，长九尺七寸，阔二尺八寸	

时间	经办者	安奉处	钦赐物品	出处
嘉靖三十二年(1553)十一月	舍人郭宁	南岩宫	顶帐一副，横长九尺，高六尺；黄绒索四条。**石殿**：幡一对，长九尺七寸，阔二尺八寸；幔一副，横长七尺五寸，高七尺；黄绒索二条。**乌鸦庙**：顶帐一付，横长七尺，阔四尺，高七尺；黄绒索四条。**太玄观**：顶帐一副，横长七尺五寸，阔二尺八寸，高六尺八寸；黄绒索四条。**榔梅祠**：顶帐一副，横长八尺，阔四尺，高八尺；黄绒索四条。**仙侣岩**：顶帐一副，横长八尺五寸，高六尺；黄绒索四条。**滴水岩**：顶帐一副，横长七尺五寸，阔五尺，高五尺；黄绒索四条	王佐《大岳太和山志》
		紫霄宫	**正殿**：幡一对，长二丈九尺六寸，阔五尺五寸；顶帐一副，横长二丈五尺五寸，阔一丈一尺五寸，高一丈一尺五寸，绳全。**圣父母殿**：幡一对，长一丈六尺一寸，阔三尺五寸；顶帐一副，横长一丈七尺，阔五尺，高一丈四尺；黄绒索四条。**香火殿**：顶帐一副，横长一丈一尺，阔三尺八寸，高七尺，索全。**福地殿**：顶帐一副，横长一丈二尺，阔四尺五寸，高六尺八寸，索全。**复真观**：幡一对，长一丈五尺九寸；顶帐一副，横长一丈二尺，阔四尺五寸，高九尺，索全。**龙泉观**：幡一对，长一丈四尺六寸，阔三尺四寸；顶帐一副，横长八尺五寸，高六尺五寸，索全。**威烈观**：顶帐一副，横长八尺四寸，阔二尺七寸，高七尺，索全	

续表

时间	经办者	安奉处	钦赐物品	出处
嘉靖三十二年(1553)十一月	舍人郭宁	五龙宫	**正殿**：幡一副，长二丈七尺八寸，阔五尺；顶帐一付，横长二丈，阔一丈一尺，高一丈二尺，索全。**圣父母殿**：幡一对，长一丈五尺，阔三尺四寸；顶帐一副，横长一丈七尺，阔五尺，高九尺，索全。**玉像殿**：幡一对，长一丈二尺七寸，阔二尺八寸。**自然庵**：顶帐一副，横长一丈三尺，阔五尺，高八尺，索全。**仁威观**：幡一对，长一丈八尺一寸，阔三尺五寸；顶帐一副，横长一丈三尺，阔五尺，高九尺，索全。**行宫**：幡一对，长一丈五尺一寸，阔三尺四寸；顶帐一副，横长一丈三尺，阔五尺，高九尺，索全	王佐《大岳太和山志》
		遇真宫	**正殿**：幡一对，长一丈五尺五寸，阔三尺；顶帐一副，横长一丈三尺，阔五尺五寸，高八尺五寸，索全。**三丰祠**：顶帐一副，横长五尺，阔四尺五寸，高五尺，索全。**元和观**：幡一对，长一丈七尺一寸，阔三尺五寸；顶帐一副，横长一丈一尺，阔五尺，高三尺，索全	
		净乐宫	**正殿**：幡一对，长三丈八尺九寸，阔五尺；顶帐一副，横长二丈，阔一丈二尺，高一丈五尺，索全。**圣父母殿**：幡一对，长一丈六尺一寸，阔三尺五寸；顶帐一副，横长一丈六尺，阔六尺，高一丈，索全。**紫云亭**：顶帐一副，横长一丈三尺，阔六尺，高一丈，索全	

时间	经办者	安奉处	钦赐物品	出处
嘉靖三十二年（1553）十一月	舍人郭宁	迎恩宫	**正殿**：幡一对，长一丈一尺二寸，阔一尺九寸；顶帐一副，横长一丈，阔六尺，高一丈，索全。**关王庙**：顶帐一副，横长六尺，阔三尺，高五尺，索全	王佐《大岳太和山志》
		五龙行宫	**正殿**：顶帐一副，横长一丈一尺五寸，阔四尺，高七尺五寸，索全。**圣父母殿**：顶帐一副，横长九尺，阔四尺，高六尺，索全。**城隍庙**：顶帐一副，横长一丈三尺，阔五尺五寸，高七尺五寸，索全	

　　除了表4-11所列之外，另据王佐《大岳太和山志》卷七《敕存留香钱》的记述，自永乐十五年（1417）修建本山宫观落成之后，"荷蒙太宗文皇帝派定祀神香烛油蜡，每三年共计37284斤，香油22512斤，黄蜡924斤，降真香10123斤，宿香3725斤。蒙钦赏宫道每年冬夏布4800匹。勘合类行，湖广布政司坐派襄阳府所属州县，于夏税内折征解纳供给，百五十余年不缺"[①]。由此可见，明代皇帝赏赐给大岳太和山各大小宫观的物品非常丰富，数量巨大，种类繁多，包含塑像、香烛、幡帐、银两等，充分体现出明代帝室对武当信仰的尊崇。

　　方升《大岳志略》卷五《杂考略》"钦定类"翔实记述了明代皇帝钦赐给武当山大量降真香、蜡烛、灯油等物品情况。其云：大小宫观岩庙三年香，降真香3477烛、内3斤重2541烛、2斤重226烛、宿香3477斤；十年烛11590对，每对重2.4斤。用油23180斤、蜡2897.8斤、长明灯油43200斤。

---

　　① （明）王佐等编纂：《大岳太和山志》卷七《敕存留香钱》，载陶真典、范学锋点注《武当山明代志书集注》，第332、340页。

兹据"钦定类"① 所记将各宫观岩庙获赐真香、宿香、烛用油、蜡、长明灯油数量列表如表4-12所示：

表4-12 方升《大岳志略》所记皇帝钦赐武当山降真香、宿香、烛用油、蜡、长明灯油数量表

钦赐宫观	降真香（烛）	宿香（斤）	烛用油（斤）	蜡（斤）	长明灯油（斤）
玉虚宫	552	552	3680	460	7200
太和宫	414	414	2760	345	7200
五龙宫	414	414	2760	345	7200
紫霄宫	414	414	2760	345	7200
南岩宫	414	414	2760	345	7200
净乐宫	276	276	1840	230	7200
遇真宫	57	57	380	47.8	0
清微宫	36	36	240	30	0
朝天宫	36	36	240	30	0
五龙行宫	36	36	240	30	0
元和观	36	36	240	30	0
回龙观	36	36	240	30	0
太玄观	36	36	240	30	0
复真观	36	36	240	30	0
龙泉观	36	36	240	30	0
威烈观	36	36	240	30	0
仁威观	36	36	240	30	0
八仙观	36	36	240	30	0
福地殿	36	36	240	30	0
老姥殿	36	36	240	30	0
黑虎庙	36	36	240	30	0

---

① （明）方升等编纂：《大岳志略》卷五《杂考略》，载陶真典、范学锋点注《武当山明代志书集注》，第269页。

续表

钦赐宫观	降真香（烛）	宿香（斤）	烛用油（斤）	蜡（斤）	长明灯油（斤）
榔梅祠	36	36	240	30	0
关王庙	36	36	240	30	0
隐仙岩	36	36	240	30	0
凌虚岩	36	36	240	30	0
玉虚岩	36	36	240	30	0
仙侣岩	36	36	240	30	0
滴水岩	36	36	240	30	0
妙化岩	36	36	240	30	0
太子岩	36	36	240	30	0
崇福岩	36	36	240	30	0
灵应岩	36	36	240	30	0
雷神洞	36	36	240	30	0
合计	3477	3477	23180	2897.8	43200

除表4-12所列香烛、蜡、灯油外，玉虚等宫道士400名，每年每名给冬夏布4匹，共计1600匹。①

历代皇帝赏赐给龙虎山及其道众的物品十分丰厚，清娄近垣《龙虎山志》中有许多这方面的资料。各朝帝王对历代天师非常崇信，动辄赏赐。例如，宋徽宗十分崇信第三十代天师张继先，崇宁四年（1105）赐号虚靖先生，赐金铸老子及祖天师像。②宋孝宗赐第三十二代天师张守真象、简、宝剑、《清

①（明）方升等编纂：《大岳志略》卷五《杂考略》，载陶真典、范学锋点注《武当山明代志书集注》，第269页。
②（清）娄近垣重辑：《龙虎山志》卷六《世家》，载《中国道观志丛刊正续编》第25册，第177页。

静》《阴符》二经。① 宋理宗端平间，累召第三十五代天师张可大，赐镪经
资。② 至元十三年（1276），元世祖召见第三十六代天师张宗演，特赐玉芙蓉
冠，组金无缝服。③ 元成宗赐第三十七代天师张与棣宝冠、金服、玉圭。④ 元
仁宗赐第三十八代天师张与材宝冠组织文金之服。⑤ 洪武元年（1368），明世
祖赐四十二代天师张正常白金 15 镒，新其第。⑥ 永乐十一年（1413），明成祖
赐第四十四代天师张宇清《大岳太和山圆光图》，永乐年间，对张宇清屡有冠
服圭珮金钱帑帛之赐。⑦ 宣德二年（1427），明宣宗赐第四十五代天师张懋丞
冠服剑珮，五年（1430）赐尚方八宝金币；八年（1433）赐冠剑等；正统二
年（1437）又召与衍圣公同宴，各赐金币衣履。⑧ 成化二十二年（1486）因祈
嗣有功，明宪宗赐第四十七代天师张元庆玉带金冠蟒衣，前后建醮祈祷，赐
予优渥。⑨ 万历年间，神宗对第五十代天师张国祥叠有剑珮冠服之赐。⑩ 崇祯
庚辰（十三年，1640），皇子病，第五十二代天师奉命祈禳，皇子旋病瘳，赏

---

① （清）娄近垣重辑：《龙虎山志》卷六《世家》，载《中国道观志丛刊正续编》第 25 册，第
182 页。
② （清）娄近垣重辑：《龙虎山志》卷六《世家》，载《中国道观志丛刊正续编》第 25 册，第
184 页。
③ （清）娄近垣重辑：《龙虎山志》卷六《世家》，载《中国道观志丛刊正续编》第 25 册，第
185 页。
④ （清）娄近垣重辑：《龙虎山志》卷六《世家》，载《中国道观志丛刊正续编》第 25 册，第
186 页。
⑤ （清）娄近垣重辑：《龙虎山志》卷六《世家》，载《中国道观志丛刊正续编》第 25 册，第
188 页。
⑥ （清）娄近垣重辑：《龙虎山志》卷六《世家》，载《中国道观志丛刊正续编》第 25 册，第
194 页。
⑦ （清）娄近垣重辑：《龙虎山志》卷六《世家》，载《中国道观志丛刊正续编》第 25 册，第
200—201 页。
⑧ （清）娄近垣重辑：《龙虎山志》卷六《世家》，载《中国道观志丛刊正续编》第 25 册，第
203 页。
⑨ （清）娄近垣重辑：《龙虎山志》卷六《世家》，载《中国道观志丛刊正续编》第 25 册，第
206 页。
⑩ （清）娄近垣重辑：《龙虎山志》卷六《世家》，载《中国道观志丛刊正续编》第 25 册，第
209 页。

赉优渥。① 清康熙三十五年（1696），赐五十四代天师张继宗乾坤玉剑。② 雍正九年（1731）赐五十五代天师张锡麟弟张昭麟银币。③

除了赏赐天师一系外，历代帝王也常常赏赐龙虎山其他高道。例如，龙虎山高道留用光，因数次祈雨有功，备受宋孝宗宠信，赏其冠服并御书"行业清高精诚感格"八字赐之。④ 元代龙虎山高道刘思敬，因治愈皇帝的足疾，至元十八年（1281）元世祖赏赐铜简、铁笛及百衲袍之属。⑤ 元代龙虎山著名道士玄教大宗师张留孙，因治愈皇太子疾病，元世祖赏尚方铸宝剑。⑥ 玄教大嗣师吴全节，元仁宗赐珚玉幡螭环，给庐帐、车马、衣服、廪饩，大德八年（1304），父母皆七十，赐对衣；至大元年（1308）赐吴全节七宝金冠、织金之服；仁宗所赐冠与衣贵重华异；又赐黑貂三百及缕金文锦，母舒氏仍赐对衣。⑦ 雍正八年（1730）十二月，雍正九年（1731）正月、二月、三月、乾隆二年（1737）四月，皇帝多次赐娄近垣御笔匾额、御书御制诗、御制对联。⑧ 元代龙虎山道士王绍通，天顺间赴召，赐冠、剑、法衣，圣眷优渥。⑨ 嘉靖三年（1524）龙虎山道士邵元节祈雨有验，赐金、玉、银、象、印各一，又赐

---

① （清）娄近垣重辑：《龙虎山志》卷六《世家》，载《中国道观志丛刊正续编》第 25 册，第 212 页。

② （清）娄近垣重辑：《龙虎山志》卷六《世家》，载《中国道观志丛刊正续编》第 25 册，第 216 页。

③ （清）娄近垣重辑：《龙虎山志》卷六《世家》，载《中国道观志丛刊正续编》第 25 册，第 218 页。

④ （清）娄近垣重辑：《龙虎山志》卷七《人物》，载《中国道观志丛刊正续编》第 25 册，第 230 页。

⑤ （清）娄近垣重辑：《龙虎山志》卷七《人物》，载《中国道观志丛刊正续编》第 25 册，第 239 页。

⑥ （清）娄近垣重辑：《龙虎山志》卷七《人物》，载《中国道观志丛刊正续编》第 25 册，第 241 页。

⑦ （清）娄近垣重辑：《龙虎山志》卷七《人物》，载《中国道观志丛刊正续编》第 25 册，第 244—245 页。

⑧ （清）娄近垣重辑：《龙虎山志》卷一《恩赉》，载《中国道观志丛刊正续编》第 25 册，第 31—33 页。

⑨ （清）娄近垣重辑：《龙虎山志》卷七《人物》，载《中国道观志丛刊正续编》第 25 册，第 267 页。

紫衣玉带，庄田三十顷；又以祈嗣之功，赐一品服。[1] 陈善道，赐一品服。[2]
清代龙虎山道士高惟泰治愈亲王之疾，清世祖赐银币。[3] 雍正十一年（1733）
大光明殿竣工，皇帝钦准大光明殿住持娄近垣、副住持四名、道众四十名所
需法衣、法器交由苏州织造海宝办送，每月香灯供献及住持钱粮均照旧例向
该处支领。[4]

历代帝王、皇室多次遣人在茅山祭祀神灵、举办斋醮或其他活动，每当
举办这些活动，常常赐给茅山宫观及其道众各种物品。茅山传坛诸宝中便有
宋徽宗御赐玉靶剑一口、御赐宗坛玉圭一笏。[5] 据元刘大彬及明版《茅山志》
等书的记述，早在南北朝时期，齐武帝便钦赐陶弘景很多物品，如赐帛 10 匹、
烛 20 挺，又月给上茯苓 5 斤、白蜜 2 斗，以供服饵。[6] 唐玄宗对玄静先生李
含光赏赐优渥，天宝六载（747）九月，赏其法衣 6 副、绢 200 匹并香炉等；
天宝七载（748）赐法衣；天宝十一载（752），赐衣 2 副；天宝十三载
（754），赐绢 100 匹，行道道士绢 200 匹，并以本命紫纹 70 匹，五方纹缯各 20
匹，银 500 两修醮。[7] 宋明肃太后赐朱宗师金注子底水一副，共重 30 两。[8] 宋
徽宗宠奉刘混康，赏赐甚多，例如，崇宁五年（1106）七月，赐其沉檀笺香
各 20 斤、生熟龙脑 5 斤、降真香 10 斤、御书画扇头 10 个、四味果子廿罂、
香药子二分；是年，赐御制《庆成颂》一轴；大观元年（1107）七月，赐御
笔画元始天尊、太上道君各一本，《北斗》等经 5 册，扇头 20 个，果实 10 件

① （清）娄近垣重辑：《龙虎山志》卷七《人物》，载《中国道观志丛刊正续编》第 25 册，第
269—270 页。

② （清）娄近垣重辑：《龙虎山志》卷七《人物》，载《中国道观志丛刊正续编》第 25 册，第
271 页。

③ （清）娄近垣重辑：《龙虎山志》卷七《人物》，载《中国道观志丛刊正续编》第 25 册，第
276 页。

④ （清）娄近垣重辑：《龙虎山志》卷一《恩赍》，载《中国道观志丛刊正续编》第 25 册，第
39—40 页。

⑤ （元）刘大彬编，（明）江永年增补，王岗点校：《茅山志·明懿典》，第 4 页。

⑥ （元）刘大彬编，（明）江永年增补，王岗点校：《茅山志》卷一《诰副墨上》，第 44—45 页。

⑦ （元）刘大彬编，（明）江永年增补，王岗点校：《茅山志》卷一《诰副墨上》，第 63—67 页。

⑧ （元）刘大彬编，（明）江永年增补，王岗点校：《茅山志》卷二《诰副墨下》，第 77 页。

及香花、龙脑、茶烛等，随行十五人，皆赐束帛有差。① 宋高宗尊崇茅山道士张椿龄（名达道），绍兴乙亥（二十五年，1155）赐其摩衲被、水精环、紫石茶磨，御书《阴符》《清静》二经，且命图其形于神仙阁。② 宋理宗淳祐九年（1249），加封三茅真君并御赐沉香描金如意一事，上献大茅君；白玉圭 2 面，上献中茅君、小茅君，圣像、秉执、旌节、幡幢、威仪等 12 件，沉香 50 两，脑子 5 两，银 100 两，绿锦幡 2 首，各长 2 丈，新茶 50 片，官会 10 万缗，付茅山崇禧观。③ 明成祖永乐五年（1407）等年，遣官钦奉圣旨，凡五赍香帛，修斋瘗简于大茅峰、元符宫。④ 明宪宗成化二十年（1484），差锦衣卫副千户梁顺等领香烛并办祭官银 20 两。⑤ 明世宗嘉靖二十四年（1545）八月十八日，司礼监传奉乾清宫旨意，赏赐给各道观药品。武当、龙虎、南京、凤阳，每处 3000 袋，鹤鸣山 2000 袋。本日，秉一真人府钦奉圣谕："发下御药三柜计 7000 袋于本府，转给三茅山施散。"⑥ 嘉靖二十五年（1546），命人赍捧香帛幡银，前诣三茅山殿坛，供银 200 两，织锦云鹤宝幡 2 对。⑦

朝廷赏赐的物品具有数量多、品种多、物品贵重等特点，这些物品无论是赏给整个宫观，还是赏给个别高道大德，都代表着皇家的重视和恩宠。这些物品不仅可以给道宫道观带来实实在在的物质利益，还可以延伸出更多的政治资本，因而其政治上的象征意义较比物质上的利益更为突出。

第二，佃田租米收入。如前所述，无论是大型宫观，还是小型祠庵，往往都有一定数量的耕田，这些耕田中，有的是钦赐或官府特批的田地，有的属于一般意义的官田或民田，钦赐或官府特批的田地蠲免赋税，官田或民田则要按规定交税。在明代，官田与民田的重要区别是，官田承租者需要向官

---

① （元）刘大彬编，（明）江永年增补，王岗点校：《茅山志》卷二《诰副墨下》，第 86—96 页。
② （元）刘大彬编，（明）江永年增补，王岗点校：《茅山志》卷九《楼观部》，第 270—271 页。
③ （元）刘大彬编，（明）江永年增补，王岗点校：《茅山志》卷二《诰副墨下》，第 109 页。
④ （元）刘大彬编，（明）江永年增补，王岗点校：《茅山志·明懿典》，第 5 页。
⑤ （元）刘大彬编，（明）江永年增补，王岗点校：《茅山志·明懿典》，第 8 页。
⑥ （元）刘大彬编，（明）江永年增补，王岗点校：《茅山志·明懿典》，第 12—13 页。
⑦ （元）刘大彬编，（明）江永年增补，王岗点校：《茅山志·明懿典》，第 14 页。

府缴纳较多的粮食税，而徭役负担相对较轻。无论是特批的田地还是普通的官田或民田，通常都要租给佃户耕种，佃户每年都会交给宫观道院相应的租谷。这些租谷除了按规定缴纳赋税以外，剩余部分就是宫观祠庵的收入。大型宫观田产众多，其收入是十分可观的。据王岗先生的推算，扣除应缴纳的赋税，茅山各大宫观中，单是崇禧宫每年实收米就在 4724 余石至 6408 余石之间。[1]

一些明清宫观山志对于宫观田租收入记载较为详细，为研究道观经济提供了第一手资料。例如，《金陵玄观志》为明代道教宫观总志，是书卷一记录朝天宫常住租额入数，其中东洲除官课盘费外，实上宫冬租银共 101.288 两；中洲除盘费外，实上宫冬租银共 200.453 两；西洲除盘费外，实上宫冬租银 101.8185 两。溧阳庄除官粮盘费外，实上宫夏季收到冬租米 172.584 石；太仓庄原额田地 2556 亩，额征租米 1320 石，除迷失抛荒米 31.662 石，实征米 1288.338 石，每米一石折银三钱五分，共银 450.91 两；七总庄除官课盘费外，实上堂夏租银 2.949 两，冬租米 70.541 石，冬租银 12.343 两。[2] 通过这些数据可知金陵朝天宫拥有十分丰厚的租米收入，这正是朝天宫维持正常运营的直接经济基础。

金龙四大王祠墓在浙江钱塘县，祀宋谢绪，为民间信奉的地方守护神。仲学辂《金龙四大王祠墓》统计了雍正十年（1732）金龙四大王祠拥有大量田产，每年可以征额租计米达 220.3525 石之多。[3]

《类成堂集》保留了湘潭类成堂厘头堂各佃分耕纳谷情况[4]，内容比较具体，现统计如表 4-13 所示。

---

[1] （元）刘大彬编，（明）江永年增补，王岗点校：《茅山志》附录一《明版全本〈茅山志〉与明代茅山正一道》，第 624 页。

[2] （明）佚名：《金陵玄观志》卷一《朝天宫》，载《中国道观志丛刊正续编》第 11 册，第 77—92 页。

[3] （清）仲学辂编：《金龙四大王祠墓》卷二，载《中国道观志丛刊正续编》第 52 册，第 82 页。

[4] （清）何字恕纂辑：《类成堂集》卷三《厘头堂佃约》，载《中国道观志丛刊正续编》第 47 册，第 295—296 页。

表 4-13 湘潭类成堂厘头堂各佃分耕纳谷情况统计表

佃田位置	佃田数量（亩）	合计（亩）	庄银数量（两）	合计（两）	年纳租谷数量（石）	合计（石）
仙峰岭田	孰田 26		181		34	
仙峰岭田	孰田 10	荒熟田 67 亩	100	521	15	82
仙峰岭田	孰田 28、荒田 3		240		33	

表 4-13 所列各佃分耕仙峰岭田共三块，孰田 64 亩，荒田 3 亩，共计 67 亩，纳庄银 521 两，每年纳租谷 82 石，这是湘潭类成堂厘头堂佃田租谷收入。

《类成堂集》还记载了湘潭类成堂十闽堂佃户分耕及纳租谷情况[①]，兹列表统计如表 4-14 所示：

表 4-14 湘潭类成堂十闽堂佃户分耕纳谷情况表

佃田位置	佃田数量（亩）	纳庄银数量（两）	纳租谷数量（石）
九甲孔树塘田	19.35	116.25	30.96
九甲蝦公塘田	11.5	69	18.4
九甲蝦公塘田	36.1	216.75	57.84
六甲下铁家坝何必山田	10	60	16
六甲下铁家坝何必山下杉冲田	25	162	40
六甲上铁家坝田	26	160	41.6
六甲细屋冲田	25	150	28.75
合计	152.95	934	233.55

据表 4-14 的统计，十闽堂共有各种佃田 152.95 亩，每年收庄银 934 两，纳租谷 233.55 亩。这是十闽堂每年的佃田田租收入。

---

① （清）何字恕纂辑：《类成堂集》卷三《十闽佃约》，《中国道观志丛刊正续编》第 47 册，第 284—286 页。

第三，店面租金收入。一些馆堂靠出租铺屋，能获得一笔不小的收入。例如，《类成堂集》保留了湘潭类成堂十闽馆收押金、租金情况。具体如下：本馆头山门内铺屋押租银100两，每年纳租银84两；本馆头山门外左边铺屋押租银65两，每年纳租银66两；本馆头山门外右边铺屋押租银100两，每年纳租银106.5两。本馆长生亭头前金家围内屋押租银12两，每年纳租银12两。① 是故，各铺屋合计收押金277两，每年收租金268.5两。

店铺租金也是湘潭厘头堂的重要收入来源。据《类成堂集》的记载②，厘头堂各店铺租金及年纳租银收入比较可观，具体情况见表4-15：

表4-15　湘潭厘头堂各店铺租金及年纳租银收入情况表

店铺位置	押金	合计	年纳租银	合计
十八总正街河岸店	30两	140两	30两	161.5两
十八总正街河岸店面一间与太平巷栈房一间	60两		46.5两	
十八总太平巷内厮屋一间	0		45两	
十八总河街老岸行屋二栋	50两		40两	
十八总河街老岸行屋左手房屋	10千文	20千文	10千文	30千文
十八总河街老岸行屋右手店	10千文		20千文	

由表4-15可以看出，湘潭厘头堂店面主要在十八总正街、河街，各店铺收得押金共计140两，钱20千文，每年纳租银161两，钱30千文。佃田收入加上店铺收入，是湘潭类成堂厘头堂每年的重要固定收入。

第四，厘头银收入。向商人抽厘头银是宫观祠庙的收入来源之一。例如，

① （清）何宇恕纂辑：《类成堂集》卷三《十闽堂佃约》，载《中国道观志丛刊正续编》第47册，第291—292页。

② （清）何宇恕纂辑：《类成堂集》卷三《厘头堂佃约》，载《中国道观志丛刊正续编》第47册，第296—298页。

湘潭类成堂就在较长时间内向富商抽取厘头，作为本堂的重要收入，这笔收入主要用于日常用度和殿馆维修。类成堂天后宫创建之初，所抽厘头大约为3—4厘，抽厘总额无载。嘉庆、道光年间，每年厘头收入都在千两以上。例如，嘉庆二十三年（1818）收厘头银1878两，嘉庆二十四年（1819）收厘头银1708两，嘉庆二十五年（1820）收厘头银1577两，道光元年（1821）至道光六年（1826）收厘头银分别为1705两、2036两、1627两、1982两、1759两、1145两。[①] 因道光六年（1826）出现骗捐事件，停止抽取厘头银，类成堂的收入骤减，出现亏空。道光六年（1826）至道光十二年（1832）馆内亏空分别为370.6两、177.6两、250.9两、98.2两、240.8两、670.9两、298.6两。[②] 足见厘头银对于类成堂经济生活的重要支撑作用。

第五，社会捐款收入。各界人士所捐善款是各宫观祠庵的重要收入之一。据《类成堂集》记录类编堂、成言堂内乐捐芳名的统计，类编堂共收到捐款银693.9两，成言堂共收到捐款银622.1两[③]，二者合计为1316两。类成堂在举办斋醮时，下属各堂也要捐款，此项收入可以作为醮赀直接用于斋醮活动。例如，道光十四年（1834）各堂捐款情况为，十闽堂捐银16两、咸吉堂12两、永盛堂10两、兴安堂8两、福庆堂8两、兴圣堂8两、享圣堂6两、恭圣堂5两、开源堂4两、连株堂4两、仁圣堂4两、源忠堂4两、连庆堂2两、西川堂2两、鄞江堂1两、祝圣堂1两、龙丰堂1两、和升堂1两[④]，各堂合计捐银共97两。

士绅捐款是萍乡城隍庙善后会的主要收入来源。顾家相《萍乡城隍庙善

---

① （清）何字恕纂辑：《类成堂集》卷四《记事录》，载《中国道观志丛刊正续编》第47册，第366—367页。

② （清）何字恕纂辑：《类成堂集》卷四《记事录》，载《中国道观志丛刊正续编》第47册，第368—369页。

③ （清）何字恕纂辑：《类成堂集》卷四《同人姓氏》，载《中国道观志丛刊正续编》第47册，第405—416页。

④ （清）何字恕纂辑：《类成堂集》卷四《记事录》，载《中国道观志丛刊正续编》第47册，第379—380页。

后会图册》记述，善后会成立之初，共收到当地士绅捐款 660 洋元，释家捐款 150 多洋元。① 鲍涟《高淳城隍庙志》云："高淳城隍大会向无产业，历由富绅随时醵金成会。"② 是故，高淳城隍庙的收入主要来自各界人士的捐款。

2. 支出

娄近垣《龙虎山志》翔实记录了清代龙虎山上清宫的日常开支情况，对于了解道士的日常生活有很大帮助。据记载，龙虎山上清宫每年共建醮 41 日，每岁共礼斗 48 坛，以上星岁礼斗醮期共支银 142.5 两。大殿、斗阁两处香纸油烛每月支银 7.916 两，三清阁、后土殿、九宸殿、祖师殿、鼓楼、虚靖祠六处香纸油烛每月支银 3 两，以上二项每岁共支银 130.99 两零。③ 娄近垣《龙虎山志》关于道众薪水也有完整记录，其云，提点每岁支薪水银 90 两；提点司幕宾修资每岁支银 40 两，又每岁支食用银 36 两；提点司书办一名，每岁支银 12 两；宫役十二名每岁支工食银 120 两；陈设一名，每岁支银 10 两；轿夫八名每岁支银 48 两；虚靖祠守祠工人一名，每岁支银 10 两；办斋食厨夫一名每岁支银 8 两；水火夫二名，每岁共支银 12 两；办写醮疏文书等项四人，每岁支银 9.36 两；醮期文书钱马朱墨纸张等项每岁共支银 20 两；着人赴县完纳条漕盘缠册费等项共支银 10 两；着人赴各庄催租费等项盘费支银 30 两；每年修添竹垫箩筐及晒谷工人等费支银 30 两。④ 是故，龙虎山各级道众薪水每年共支出 485.36 两，由此可见，道众薪水是龙虎山的重要日常开支。

明代南京冶城山朝天宫是一座超越教派归属的国家宫观，承担的是国家

---

① （清）顾家相辑：《萍乡城隍庙善后会图册》之《善后会捐户》，载《中国道观志丛刊正续编》第 47 册，第 47—63 页。

② （清）鲍涟等纂，（清）夏文源等续纂：《高淳城隍庙志》卷六《神会考》，载《中国道观志丛刊正续编》第 50 册，第 227 页。

③ （清）娄近垣重辑：《龙虎山志》卷九《田赋》，载《中国道观志丛刊正续编》第 25 册，第 392—393 页。

④ （清）娄近垣重辑：《龙虎山志》卷九《田赋》，载《中国道观志丛刊正续编》第 25 册，第 393—395 页。

祭祀大典①，朝天宫的日常开支情况，在明代大型道观中具有典型性。《金陵玄观志》记载了南京冶城山朝天宫常住公费出数。其云，殿堂焚修公费包含大殿香烛灯油银7.2两、旁殿香烛银7.2两、小殿香烛银3.6两、每初二、十六斋供银3.6两、神诞八次共银2.4两、新正礼诸天一月茶点银2两、老君降诞成道斋供银2两、四月火醮银3两、万寿千秋斋供银10两、年节斋供银5两、殿堂揭盖银10两，共银56两。常住事务公费，包含纸扎笔墨银4两、茶果茶叶银6两、三遍习仪香烛茶果蘸草银15两、公务杂费银20两、常住小费银8两、年终岁报造册送册银5两、年终换诸山告示门牌银1两，共银59两。官住教学吏书俸粮，包含左右玄仪二员香薪银共32两（米共48石，折银19.2两）、大住持二名香薪银共24两（米共36石，折银14.4两）、教学道士二名修银共24两、道吏二名银共6两、书皂门库夫五名银共20两，共银139.6两。通经执事口粮，共道粮41分，共银49.2两，米25斗。众道口粮共银360两，米150石。另外，全真堂每日赡全真14名，每全真一日算银1分或米2升。②

　　明太祖对南京城另外一座国家宫观神乐观极为重视，甚至乐舞生的挑选、待遇都亲自过问。他说："乐舞者，所以享天地、祖宗而致感格之道也"，并叮嘱"乐舞生必慎择其人"③。《金陵玄观志》记载了神乐观的开支情况，显示出神乐观道士待遇十分丰厚。其云：提点知观各一员，每员每月支米1.5石，每年芝麻1石、黄豆1石、小麦4石、盐1石、柴1500斤，布绢等项俱无。乐舞生三百名，每名每月支米3斗，每年支黄豆4.5斗、芝麻8升、小麦1石，折银4钱，柴400斤。正旦、清明、中元三节每名乐舞生每节支米5升，官无。每名绵布3匹、苧布3匹、绢1匹、绵0.5斤，以上各折银2.45

---

① 张广保著：《全真教的创立与历史传承》，第333页。
② （明）佚名：《金陵玄观志》卷一《朝天宫·常住公费出数》，载《中国道观志丛刊正续编》第11册，第93—98页。
③ 《明太祖实录》卷一百三十一"洪武十三年（1380）辛亥"条，第2089页。

两，官无。每年额设粮米 1177.23 石，坐派苏松二县；芝麻 26 石，坐派直隶广德州县；黄豆 137 石，坐派直隶太平府县各解纳；小麦 308 石，每石折银 4 钱，共折银 123.2 两，坐派池州府县，户部领回本观支放；食盐 2600 斤，盐场支给；柴薪 123000 斤，每百斤折银 5 分，共折银 61.5 两，工部支给；绵布 900 匹，每匹折银 3 钱，共折银 270 两；苎布 900 匹，每匹折银 2 钱，共折银 180 两；绢 300 匹，每匹折银 7 钱，共折银 210 两；丝绵 150 斤，每斤折银 5 钱，共折银 75 两，共折银 735 两，南京户部支给。今裁乐舞生 30 名，止 270 名，凡米豆等亦俱照名裁减。① 由此可见，神乐观提点、乐舞生的开支主要有两个来源，一是粮米，多由南京附近的苏松二县、直隶广德州县、直隶太平府县、池州府县等地坐派；二是食盐、布匹、丝绵等，由盐场、工部、南京户部等政府部门直接拨付。

显而易见，《金陵玄观志》对朝天宫、神乐观日常开支大的翔实记载，有助于道观经济的深入研究。

《金龙四大王祠墓录》保留了钱塘金龙四大王祠的开支情况，主要有以下几个方面：一是祭品钱，用于置买春、秋二次祭祀所用祭品及俎豆牲醴楮帛果菜香烛等，每次需银 20 两，共 40 两。二是香烛灯油钱，用于置买神祠朔望晨昏香烛灯油，每岁需要 7.2 两，遇闰月加银 0.6 两。三是嫡裔费用，奉祀嫡裔谢逢时每岁给米 10 石，稍资膳读，俾得世守蒸尝。又经管后裔谢正朝纳粮办祭，监修祠宇，稽查出入，不无劳费，照奉祀例给米 10 石。四是守祠僧口粮，守祠僧智远及其徒专司看守祠墓，启闭洒扫，每年每名给米 6 石，共 12 石。五是修葺祠宇费用，每年定额应用之项外，多者存为修葺祠宇。② 五项开支中，前四项为定额开支，第五项非定额，要根据祠墓损坏程度及储蓄多少而定。

---

① （明）佚名：《金陵玄观志》卷十三《神乐观·计开》，载《中国道观志丛刊正续编》第 11 册，217—220 页。

② （清）仲学辂编：《金龙四大王祠墓录》卷二《祭田收支规则碑》，载《中国道观志丛刊正续编》第 52 册，第 83—86 页。

清何字恕《类成堂集》卷三《神诞》关于类成堂开支情况的记载比较丰富。

每逢三月廿三日、九月初九天后圣母瑞诞，类成堂都要连日演戏庆祝，因这项活动的开支较大，除正常开支外，主办庆演活动的负责人、士绅还要捐献物品，具体情况《类成堂集》卷三《神诞》有较为详细的记载。其中，值年司司事各胙肉2斤，主祭者胙肉4斤、胙羊2斤。生监执事者各胙肉2斤。邑侯胙肉12斤、胙羊6斤、面6斤、衡酒2坛、挂号钱40文，送礼包封2个，每（个）钱40文。总府胙肉7斤、胙羊4斤、面4斤、衡酒2坛、挂号钱32文，送礼包封2个，每（个）32文。两学、分司、左堂、外委各位老爷胙肉5斤、胙羊4斤、面2斤、衡酒2坛、挂号钱32文，送礼包封2个，每（个）32文。新议各堂（每逢捐资帮公用者）各胙肉2斤。①

各项杂用开支为，佃户送羊每只力钱24文，上表利市8文，宰猪利市每只64文，守门工钱200文，宰羊利市每只48文，小工每名32文，吹手一日工钱1200文，丐头伺候钱200文，每班八仙钱120文，每声炮钱7文。正堂告示钱800文，送示力钱48文，总府告示钱400文，送示力钱24文，保正规礼钱320文，给和尚收份金钱400文。每年三月廿二夜赴席，宴庆者非在监生之列各派份金钱120文，以佐上列所费。②

总之，道观经济的研究离不开各级宫观的收支情况，这类资料比较复杂，又十分具体，其他史书很少有这方面的记录，而明清宫观山志恰好弥补了这方面的不足，其于道教学研究的价值应该得到重视。

三、关于宫观祠庵赋税情况

如前所述，除了钦赐田地和官府特批的田产可以蠲免赋税外，明代宫观

---

① （清）何字恕纂辑：《类成堂集》卷三《神诞》，载《中国道观志丛刊正续编》第47册，第222—223页。

② （清）何字恕纂辑：《类成堂集》卷三《神诞》，载《中国道观志丛刊正续编》第47册，第224页。

寺庙的常住田是要向政府纳税的。

明鲁点《齐云山志》云："按齐云石田也，宋咸淳间已有核实令，迄今繁有，徒以符祝，耕能赡乎司香火及登临者劳且费，故相沿除其贴粮长之徭，正赋与民同。"[①] 说明齐云山田地与民田一样，需要上交赋税。其税种主要有，一是山税，唐宋扦业齐云岩、石门岩、独耸岩、狮子山、苑山、竹坞夜字等号，共 20.551 亩。万历乙丑（十七年，1589）后，本宫各道院续置夜字等号，自净乐宫下石桥起，大路夹道两旁，上自望仙亭，下至中和亭横路止，土名油系突新岩下泉水垄石枧头伏垄，白岳岭长松树杂木为山阴，计山税 0.43 亩。各房续置山税 6.7945 亩，共计税 27.9755 亩（按：当为 27.7755 亩）。二是田税，宋扦业旧田 11.539 亩，今本山开垦田及官民布施香灯田、本宫各院续置田 180.45795，共 191.98885 亩（按：当作 191.99695 亩）。三是地税，旧扦业地 0.975 亩，今山门神基殿址道房旁亭庵园坦荒芜下地共计 30.9733 亩。四是塘税，宋扦业独耸塘，今新塘共 6.903 亩。田、地、山、塘共计 257.84065 亩（按：当作 257.64875 亩），夏麦 52 斗有零，米 122 斗有零。[②] 是故，当时齐云山共有税田 508.3945 亩，因没有相关资料记载山税、田税、地税、塘税四种田的各自税率，需要缴纳赋税的具体数字难以计算。

茅山的田地中有官田也有民田，二者向官府缴纳的税率是不同的。结合明版玉晨观刊本和笪蟾光本二种《茅山志》，可以大致计算出茅山崇禧万寿宫应交田税数额，这些数据对于深入研究茅山道观经济是颇具价值的。《钦赐崇禧万寿宫焚修田亩奏疏》所谓"自唐朝以本田应纳钱粮七分为朝廷之用，三分供给香火之赀"[③]。就是说茅山宫观的官田要将佃户所交钱粮的七分交给官府作为田税，三分留给宫观自己作为香火焚修。据清初人的描述，明末茅山

---

① （明）鲁点编辑：《齐云山志》卷一《田赋》，载《中国道观志丛刊正续编》第 10 册，第 97 页。

② （明）鲁点编辑：《齐云山志》卷一《田赋》，载《中国道观志丛刊正续编》第 10 册，第 97—99 页。

③ （清）笪蟾光编：《茅山志》卷三《（清）马鸣佩〈钦赐崇禧万寿宫焚修田亩奏疏〉》，载《中国道观志丛刊正续编》第 12 册，第 258—259 页。

崇禧万寿宫有钦田亦即官田 6733.394 亩, 其中上等田 3366.697 亩, 中等田 2020.0182 亩, 下等田 1346.6788 亩①, 按照王岗先生的推算, 崇禧宫田地一年总产量在 10100.091 石至 13466.788 石之间。② 根据当时 1 石米纳银 1.5 两的税率, 以每四年为一周期, 四年间崇禧宫本应纳税米 3716.8 石, 折银 5575.25222 两③, 平均每年纳税米 929.2 石, 折银 1393.813 两。按照七分上交官府三分留给本宫的标准, 崇禧宫每年需要交税米 650.44 石, 折银 975.66 两。茅山宫观的民田起初向官府交纳的是实物田赋, 如嘉靖十六年 (1537) 官府令茅山元符宫及崇禧宫民田各缴纳田赋每亩平米 2 升④, 较一般民田的税率低得多。"一条鞭法"改革之后, 田赋折银支付, 茅山宫观也不例外, 向官府缴纳的田粮也折银两。茅山崇禧万寿宫有各种田地 24366.394 亩⑤, 考虑到其中有不少为不能耕种的山塘、水荡, 再除去 6733.394 亩的官田, 其民田有 2094.943 亩⑥, 若按每亩 2 升的税率, 应交税米 4189.886 升, 折银 62.84829 两。

茅山元符万寿宫曾有宋赐东天宁院焚修、赡道田 3000 余亩, 又清查出 730 余亩, 赐西天宁院官民田地、山塘、芦荡、草塌共 3000 余亩⑦, 元符万寿宫东、西天宁院合计 6700 余亩。玉晨观, 唐贞观九年 (635) 拨赐及宋分拨本观原额田土, 坐落本县地方, 官民田地、山塘、芦荡、草塌, 共 14.8276 顷, 山 11.8171 顷, 塘 4.85 亩, 民田、改科民田, 地、塘 23.65 亩, 镇江府

---

① (清) 笪蟾光编:《茅山志》卷三,《 (清) 马鸣佩〈钦赐崇禧万寿宫焚修田亩奏疏〉》, 载《中国道观志丛刊正续编》第 12 册, 第 257—260 页。

② (元) 刘大彬编, (明) 江永年增补, 王岗点校:《茅山志》附录一《明版全本〈茅山志〉与明代茅山正一道》, 第 623 页。

③ (清) 笪蟾光编:《茅山志》卷三,《 (清) 马鸣佩〈钦赐崇禧万寿宫焚修田亩奏疏〉》, 载《中国道观志丛刊正续编》第 12 册, 第 260 页。

④ (元) 刘大彬编, (明) 江永年增补, 王岗点校:《茅山志·明懿典·宫观考》, 第 26 页。

⑤ (元) 刘大彬编, (明) 江永年增补, 王岗点校:《茅山志·明懿典·宫观考》, 第 26 页。

⑥ 王岗先生计算茅山崇禧万寿宫有赡道田 8818.337 亩, 除去官田 6733.394 亩, 得民田 2094.943 亩, 见 (元) 刘大彬编, (明) 江永年增补, 王岗点校:《茅山志》附录一《明版全本〈茅山志〉与明代茅山正一道》, 第 624 页。

⑦ (元) 刘大彬编, (明) 江永年增补, 王岗点校:《茅山志·明懿典·宫观考》, 第 25 页。

丹阳县石城乡田地 8.3378 顷①，各种田地合计 3500 多亩。仁祐观，田地原额 7.26968 顷，本县民山 1.14 顷，镇江寄庄田地 6.12968 顷，金坛县二十六都田地 5.81946 顷，丹徒县洞仙乡十九都田地 31.12 亩②，各种田地合计 2067 余亩。要之，茅山元符万寿宫、玉晨观、仁祐观官民田各自多少虽然难于计算，但无论是官田还是民田，都与茅山崇仁万寿宫一样，要向官府缴纳一定的田税。

何字恕《类成堂集》记载了类成堂下属十闽堂、厘头堂各堂缴纳粮饷情况。十闽堂旧时每年纳粮饷银 10 两③，另有上十七都地名蝦公塘，上忙银 2.2 钱，下忙银 2.15 钱，漕米 1.09 斗，南米 0.84 斗，又银 0.65 钱。上十七都地名细屋冲，上忙银 1 钱，下忙银 0.95 钱，漕米 0.49 斗，南米 0.38 斗，又银 0.3 钱。茶左五地名白洋塘，上忙银 4.5 钱，下忙银 4.5 钱，加津银 2.27 钱。茶左五地名铁家坝，上忙银 5.5 钱，下忙银 5.5 钱，加津银 2.57 钱。茶左五地名下杉冲，上忙银 3.2 钱，下忙银 3.19 钱，加津银 1.61 钱。④ 厘头堂每年纳粮饷银 6.23 两⑤，下五都地名仙峰岭，上忙银 6.9 钱，下忙银 6.9 钱，南米 2.6 斗，又银 2.08 钱。下五都地名十八总，正饷银 0.12 钱，漕米 0.03 斗，南米 0.03 斗，又银 0.02 钱。⑥ 上述各项合计，类成堂下属十闽堂、厘头堂各堂缴纳粮饷情况为饷银 16.23 两，其他税银 5.611 两，纳粮 5.46 斗。

湖南醴陵县城隍庙祀县城隍显佑伯，清佚名《城隍庙岁修祀纪事》详载城隍庙所营地字号丈及租钱数，是研究道观赋税的绝好资料。其云地字壹号

① （元）刘大彬编，（明）江永年增补，王岗点校：《茅山志·明懿典·宫观考》，第 28 页。
② （元）刘大彬编，（明）江永年增补，王岗点校：《茅山志·明懿典·宫观考》，第 29 页。
③ （清）何字恕纂辑：《类成堂集》卷四《曩来宾馆旧规》，载《中国道观志丛刊正续编》第 47 册，第 347 页。
④ （清）何字恕纂辑：《类成堂集》卷三《十闽串票》，载《中国道观志丛刊正续编》第 47 册，第 282—284 页。
⑤ （清）何字恕纂辑：《类成堂集》卷四《曩来宾馆旧规》，载《中国道观志丛刊正续编》第 47 册，第 347 页。
⑥ （清）何字恕纂辑：《类成堂集》卷三《厘头堂串票》，载《中国道观志丛刊正续编》第 47 册，第 294—295 页。

屋宇基地制弓丈 1.5 丈，应纳地税钱 1 串 200 文；地字贰号屋宇基地制弓丈 2 丈，应纳地税钱 1 串 600 文；地字叁号屋宇基地制弓丈 1.9 丈，应纳地税钱 1 串 500 文；地字肆号屋宇基地制弓丈 1.1 丈，应纳地税钱 800 文；地字伍号屋宇基地制弓丈 1.1 丈，应纳地税钱 800 文；地字陆号屋宇基地制弓丈 1.2 丈，应纳地税钱 1 串文；地字柒号屋宇基地制弓丈 1.2 丈，应纳地税钱 500 文；地字捌号屋宇基地制弓丈 1.2 丈，应纳地税钱 500 文；地字玖号屋宇基地制弓丈 1.1 丈，应纳地税钱 400 文；地字拾号屋宇基地制弓丈 1.2 丈，应纳地税钱 600 文；地字拾壹号屋宇基地制弓丈 1 丈，应纳地税钱 800 文；地字拾贰号屋宇基地制弓丈 1 丈，应纳地税钱 800 文；地字拾叁号屋宇基地制弓丈 1 丈，应纳地税钱 800 文；地字拾肆号屋宇基地制弓丈 1 丈，应纳地税钱 800 文；地字拾伍号屋宇基地制弓丈 1.1 丈，应纳地税钱 800 文；地字拾陆号屋宇基地制弓丈 3.5 丈，应纳地税钱 1 串 400 文；地字拾柒号屋宇基地制弓丈 1.9 丈，应纳地税钱 800 文。[1] 综上，清代醴陵城隍庙所营屋宇基地共 17 块，合计弓丈 24 丈，应纳地税钱 15 串 100 文。

麻姑山育英堂赡会田系万历癸丑（四十一年，1613），韩公捐俸五十金所置买，黄家驹《重刊麻姑山志》记录了赡会田方位及每年官租情况：一段坐十三都朱家源，计早租 6 石，一段坐十九都牛头嵊，计早租 8.1 石，一段坐十九都牛头嵊，计早租 5 石，一段坐十九都胜山下，计早租 3 石，一段坐十九都湖边，计早租 1.5 石，已上共计早租谷 23.6 石。[2]

鲍涟等《高淳城隍庙志》有康熙甲辰年（1664）所立庙田碑，碑云：“城隍庙田十亩八分九厘，科米九斗四升零四抄。”[3] 则高淳城隍庙每年需向国家

---

① （清）佚名：《城隍庙岁修祀纪事》卷二《地税编号》，载《中国道观志丛刊正续编》第 48 册，第 72—76 页。

② （清）黄家驹编纂：《重刊麻姑山志》卷四《麻姑育英堂记》，载《中国道观志丛刊正续编》第 27 册，第 250—251 页。

③ （清）鲍涟等纂，（清）夏文源等续纂：《高淳城隍庙志》卷三《庙田碑记》，载《中国道观志丛刊正续编》第 50 册，第 129 页。

交米9.4斗有零，作为赋税。

香税是对朝山进香者征收的一种特殊税种，以泰山和武当山税额最巨、影响最大。查志隆《岱史》卷十三《香税志》较为完整地记述了泰山香税征收、管理和使用的情况，说明明朝对泰山香税征收形成了一套完整的管理体制。为了更好地征收、管理和使用泰山香税，明代依旧例设总巡官一员，由府佐内遴选，专门督理香税，上下稽查。分理官六员，辅助总巡官负责具体工作。随着香客的增多，工作人员又有所增加。依据香客人数的实际情况，泰山香税每年分三季征收。上季自正月至四月，下季自九月至十二月，是香客最多的时期，总巡官和分理官要全数委用；中季自五月至八月，香客不多，为了节省开支，只委用分理官，不委用总巡官。关于香税数额，依照旧例，本省香客每名纳税0.54两，外省香客每名0.94两。统一由店户同香客赴遥参亭报名纳银，领单上岭。万历八年（1580），有外省香客冒充本省香客短少香税的情况发生，因此改议不分本省外省香客，一例香税银0.8两。另委府佐一员会同原总巡香税委官，将所收香税及香客施舍的其他财物分别于夏、冬二季一并解赴布政司储库，以待转解支用。

香税的使用范围很广。每年香税及香客施舍的收入多寡不等，照数坐派。一曰解部，用于该省官员折俸。嘉靖三十七年（1558）以后的一段时期，解部大约春季银10000两有零，冬季12000—13000两有零。一曰存司，专供公堂庆贺表笺、扛夫车价、公差人役、六房文册、纸札写字、书手工食及德、鲁、衡三藩府各郡王禄粮等项。一曰修城，其银亦储在布政司，以供修理城垣之费。一曰修庙，其银亦储在布政司，以供岳岭诸庙修理之费，每香税八分内除五厘修庙。一曰公费，供香税各委官廪给并跟随人役工食，其银即于泰安州支给。一曰铜钱，旧例解礼部，后来俱贮之藩司。[①] 泰山香税自明武宗

---

① （明）查志隆撰：《岱史》卷十三《香税志》，载《中国道观志丛刊正续编》第42册，第483—489页。

正德十一年（1516）始征，至清乾隆元年（1736）废止①，泰山上收取香税达 220 年之久。查志隆《岱史·香税志》为研究泰山香税制度、泰山经济史、泰山信仰提供了极其珍贵的资料。

四、关于道观经济的管理

道观经济的正常、合法运行，离不开严格的管理制度。明清宫观山志中存留的许多道观管理条例、条约，为研究道教活动何以正常进行，如何更好地服务信众，提供了重要线索。

《金陵玄观志》记载了朝天宫的《租额条约》，包含册籍、佃帖、租单、管庄、甲首、官粮、盘费、灾伤、远佃、报完等条款。② 又记载了全真堂《常住公费出数条约》，包含殿堂焚修、常住事务、官住教学、通经执事、牒道口粮、学童口粮、全真堂供众、拨佃借贷、月报岁报等条款。还收录了本宫《道规条例》，包含额设、考补、禁费、词讼、优恤、卯结、考校、度籍等款。③ 在制度上保障了道观的正常运行，做到了有章可循，有据可查，为朝天宫道众谨守条例，避免租额有失打下了坚实的基础。

神乐观是洪武十二年（1379）明太祖在南京城创建的又一座国家宫观。神乐观创建之后，国家祭祀的职能大部分从朝天宫转移至神乐观。④ 起初，神乐观选用乐舞生计 600 名，至永乐十八年（1420）随驾 300 名，仍保留 300 名，后裁去 30 名。神乐观针对食粮乐舞生制定了严格的考核、遴选条例。例如，《本观道规条例》规定凡食粮乐舞生额定 270 名，每 10 年由太常寺负责考核，"当堂考写乐章，能写者照乐舞生名数取足，造册咨礼部填给各童度

---

① （清）王概总修，姚士倌、李之兰等纂：《大岳太和山志略》卷五《艺文》，载《中国道观志丛刊正续编》第 6 册，第 370—371 页。

② （明）佚名：《金陵玄观志》卷一《朝天宫·条约》，载《中国道观志丛刊正续编》第 11 册，第 92 页。

③ （明）佚名：《金陵玄观志》卷一《朝天宫·条约》，载《中国道观志丛刊正续编》第 11 册，第 99—101 页。

④ 张广保著：《全真教的创立与历史传承》，第 344 页。

牒",凡食粮乐舞生缺出,"每季终太常寺将本部原取在册道士挨序呈部送司,默写乐章,间或试演乐器","如有差讹,发回习学,另行考选,再试不通者,径自革退"①。《本观道规条例》对于防止冒名现象发生,确保乐舞生质量起到了一定的作用,说明以神乐观为代表的大型道观在道士选拔方面有着非常严格的制度。

杭州钱塘金龙四大王祠之地租收入主要用于祭祀,其耕田亦称祭田。为了确保祭田的正常使用,经上司批准,于雍正十年(1732)制定了《祭田收支规则碑》。② 其主要内容为:

第一,祭田永为本祠祀产,永禁质典侵盗,情弊违者,买卖各治以罪。

第二,务选诚实农民为佃户,租息按时完纳,俱令当堂具认,查验明确,批准盖印,始予承种,如有奸佃捏名私租私顶,滋负欠托延宕,立时详革究追治罪,以清积弊。

第三,自雍正八年(1730)起,将所完租息酌量折中每亩一石定折征银九钱九八平色,作为收租所需添船只、袋口、人工饭食、搬运诸费。

第四,租田原以置供祀产,每祭动用20两,春秋2次,共银40两,买备祭品及俎豆、牲醴、楮帛、果菜、香烛等。

第五,神祠朔望晨昏香烛灯油每岁给银7.2两,遇闰月加银0.6两,寺僧不得扣减侵渔。

第六,奉祀嫡裔谢逢时每岁给米10石,稍资膳读,俾得世守蒸尝;又后裔谢正朝纳粮办祭,监修祠宇,稽查出入,不无劳费,应

---

① (明)佚名:《金陵玄观志》卷十三《神乐观·本观道规条例》,载《中国道观志丛刊正续编》第11册,第216—217页。
② (清)仲学辂编:《金龙四大王祠墓录》卷二《祭田收支规则碑》,载《中国道观志丛刊正续编》第52册,第81—86页。

照奉祀例亦给米 10 石，使之并沾祖泽。

第七，守祠僧智远专司看守祠墓，启闭洒扫，一人不足管理，许其收徒一名，协同承应，每年每名给米 6 石，两名共给米 12 石，遇闰各加 5 斗，以资日食口粮。

第八，祠宇地处水滨，易于伤损，除上年雷雨损坏之处现饬该县估价俟收租后修整外，嗣后遇有坍缺，该奉祀禀报该管官随时勘报请修，毋致积久日损多费。

第九，田租折价征收，奉宪饬行，委员专理。但省会杂职等官不时有差委及分巡之责，由钱塘县教谕董理斯任。饬令征租完纳给串仍将所收租银解贮钱邑县库，遇有支用移明给发，除每年额定应用之项外，多者存为修葺祠宇各费。

《祭田收支规则碑》的内容可以归结为三个方面：一是明确了祭田在性质上归本祠所有，禁止侵盗，佃户承种祭田租息须按时完纳，不得私租私顶和延宕；二是制定了本祠各级各类工作人员的薪金和各项定额开支的标准；三是制定了定期维护和修葺祠宇的制度。《祭田收支规则碑》对于保障祭田的经营、管理和祠宇的正常运转起着保驾护航的作用。

湘潭类成堂属下各堂也制定了《十闽公议馆规》①，其内容较为详细，主要包含以下几个方面：

第一，均神惠、崇礼仪。按照钦颁礼制仪注陈设牺牲品物，在任文武各宪及乡帮绅士诣馆行礼，分别款待，务期精洁隆重。

第二，厚积贮。十闽堂所有租谷、租银为每年供给祀典戏酒杂用等赀，剩余者照数归公。老厘头堂所有租谷、租银原存以备岁修。有义不容辞之事需银 30 两以上者，邀集各堂公议。

第三，杜虚靡。如另置业或在本业开垦筑塘修屋及为公事应酬，

---

① （清）何字恕纂辑：《类成堂集》卷四，载《中国道观志丛刊正续编》第 47 册，第 338—342 页。

虽出祀典之外，悉在应用之列。各私自相与馈送，皆不应用者，不得牵动公银。

第四，征诚实。馆内租谷、租银统由值年总理执管，他人不得挽入冒名紊收，所有兑换银钱不得轻重出入，混称时价，暗里侵公。

第五，昭慎重。本馆值年总理每年各府公择殷实诚悫之人，交接之日，公同检查田屋、山地新老各契字约，倘有违失互混及数重复漏载等情，公同彻底跟查。

第六，防侵冒。本馆田屋如遇各佃私顶私赁，籍端踞庄霸耕等，因理宜禀究押追。

第七，重桑梓，杜冒诈。凡有乡谊荣登仕版，现任各省府县因公经过，诣馆行礼，值年致敬迎送，以敦乡情。如非现任绅官，又无同乡认识，即系来历不明，不得任其居停馆内。

第八，安旅榇。本馆义山凡同乡觅地安葬者，务同帮认识之人先为值年领票，照票注定丈尺安厝，每逢春秋祭扫，值年遍视岗原，一有崩塌，立即饬佃修筑。

第九，昭诚敬。本馆供奉龛前香灯，务宜昼夜不熄，殿前正门不得擅开，遇演戏日不许栏殿门踞坐嬉笑，触犯一切淫邪秽出，不许点演。

以上九条馆规，以厚储蓄、敬神灵、重乡梓为重点，是类成堂有序运营的有力保障。

萍乡城隍庙善后会制定了《善后会议定久远章程》，该章程共22条[1]，其主要内容是：第一，所管田亩一律归城隍庙善后会。所收钱谷放在本庙固定场所，香火田产绘图刊载，归专人管理。第二，庙宇修缮制度。庙中遇有漏损，值年随时修理，倘工程繁大，须公众商酌，以杜浮开费用。第三，轮流

---

[1] （清）顾家相辑：《萍乡城隍庙善后会图册》之《章程》，载《中国道观志丛刊正续编》第47册，第37—45页。

值年制度。经理及捐户值年理事按天干十年分布轮流，不得率请他人，也不得彼此替换。第四，定期供神置酒。

　　本章主要探讨了明清宫观山志的道教学价值，具体表现在两个方面：首先，梳理了明清宫观山志对国家崇奉道教的翔实记载；其次，揭示了明清宫观山志在道观经济研究中的重要作用。需要说明的是，明清宫观山志中关于道教学的内容极其丰富，对于道教学研究的价值远不止上述两个方面，例如其中蕴藏着大量的对各大宫观兴废的记录、对功勋贵胄和富商巨贾护法的记载等内容，值得系统研究。同时，明清宫观山志还保存了较多的正一教、全真教、龙虎宗、茅山宗、净明教等教派史资料，限于时间和篇幅，未能进一步研究，有赖于日后进一步发掘和探究。

第五章　明清宫观山志的文献学价值
——以辑补价值为例

　　明清宫观山志不仅是研究中国道教史的巨大资料宝库，也是专家学者补遗、订补、辑录中国古代文献的重要来源之一。它收录了众多汉唐宋元以及明清时期的诗歌、碑铭、诏敕、序跋、奏札，具有非常珍贵的文献价值，但这方面的价值较少被学者所注意。今以《全宋文》补目、《全宋诗》辑补、《全元文》补目、《全元诗》辑补为代表，来揭示明清宫观山志具有的珍贵文献学价值。

第一节　《全宋文》补目

　　曾枣庄、刘琳主编《全宋文》①，皇皇360册，蔚为鸿业。鉴于宋代典籍浩如烟海，纂辑全宋之文都为一集，难免遗漏。自其问世以来，学界屡有补遗之作发表。尽管如此，仍有遗珠。本书通过翻检明清宫观山志等文献，检得已收作者28人40篇，未收作者21人21篇，凡49人61篇，均不见于《全宋文》及诸家补遗之作。今一并录出，以补《全宋文》之缺。篇幅所限，所补宋文仅予

---

　　①　曾枣庄、刘琳主编：《全宋文》。

补目。凡《全宋文》已收作者，括号内标注该著者之文在《全宋文》起始册数、卷数、页码，以便检索；凡《全宋文》未收著者，则加按语，略加考辨。

一、补《全宋文》已收作者之文

1. 张问（48＼1029＼5）1篇

《琼花赋》

按：是文宋陈景沂撰《全芳备祖前集》卷五《花部》①、清陈元龙辑《历代赋汇》卷一二五《花果》②、清王灏等编《佩文斋广群芳谱》卷三七③、清贵正辰《琼花集》卷二《杂文》④，皆收录。

2. 苏轼（85＼1849＼131）1篇

《游英榜山赋》

按：是文载于清刘世馨《雷祖志》卷二⑤，谓"壬申之秋"，苏轼相邀数人，"游于英榜山上"，考此"壬申"系元祐七年（1092），是年苏轼57岁。据学者们考证，宋绍圣四年（1097），苏轼由惠州再贬为琼州别驾、昌化军安置。元符三年（1100），获赦内迁量移廉州，两次经过雷州。⑥ 而元祐七年（1092），苏轼未曾至此。搜检《苏轼年谱》⑦，亦未见苏轼是年在雷州一带活动记载。《苏轼文集》⑧ 未收此文；检索《中国基本古籍库》，亦未见此赋。是故苏轼《游英榜山赋》仅见于刘世馨《雷祖志》，其真实性颇可怀疑，姑且存此待考。今雷州城西南五里之英榜山有该赋之碑刻，当源于《雷祖志》。

---

① （宋）陈景沂：《全芳备祖》，《景印文渊阁四库全书》第935册，第73—74页。
② （清）陈元龙奉敕编：《御定历代赋汇》，《景印文渊阁四库全书》第1421册，第610—611页。
③ （清）王灏等奉敕撰：《御定佩文斋广群芳谱》，《景印文渊阁四库全书》第846册，第225—226页。
④ （清）贵正辰纂辑：《琼花集》，载《中国道观志丛刊正续编》第51册，第40—42页。
⑤ （清）刘世馨辑：《雷祖志》，载《中国道观志丛刊正续编》第61册，第160—162页。
⑥ 张学松、彭洁莹：《苏东坡雷州行迹考辨》，《文学遗产》2011年第4期。
⑦ 孔凡礼：《苏轼年谱》卷三十一，第1022—1072页。
⑧ （宋）苏轼撰，孔凡礼点校：《苏轼文集》。

3. 常安民（119＼2563＼135）1篇

《灵济王行状》

按：是文收录于《祠山事要指掌集》卷三①及《祠山志》卷三。② 文末署"政和四年十月二十日朝散大夫通判军事常安民谨状"，则是文撰于宋徽宗政和四年（1114）十月二十日。

4. 张澄（185＼4068＼244）4篇

《临安府祈雨祝文》

按：是文《祠山事要指掌集》卷一〇及《祠山志》卷九③皆收录，谓是文撰于绍兴九年（1139）七月二十一日，又称张澄系"徽猷阁直学士右朝议大夫知临安军府事兼管内劝农使充两浙西路安抚使马步军都总管"，其时张澄官职与《建炎以来系年要录》《咸淳临安志》等史料相合。④

另有《临安府祈雨公文》《本军申尚书得雨状》《申临安府乞褒崇状》3篇，三文收录于《祠山事要指掌集》卷一〇⑤及《祠山志》卷九⑥，通过前文《临安府祈雨祝文》及三文上下文推断，三文皆为绍兴九年（1139）临安府祈雨而作，作者应为张澄。三文皆云遣节推周承直具体办理。周承直为"节推"，即节度推官之略称。

5. 周淙（209＼4645＼315）1篇

《临安府谢雨文》

按：是文《祠山事要指掌集》卷一〇及《祠山志》卷九⑦皆收录，文中

---

① （宋）周秉秀撰：（元）梅应发续辑，《祠山事要指掌集》。
② （宋）周秉秀编：（清）周宪敬重编，《祠山志》，载《中国道观志丛刊正续编》第44—45册，第230—243页。
③ （宋）周秉秀编，（清）周宪敬重编：《祠山志》，载《中国道观志丛刊正续编》第44—45册，第459—460页。
④ 张澄简介参见曾枣庄、刘琳主编《全宋文》卷四〇六八，第185册，第244页。
⑤ （宋）周秉秀撰，（元）梅应发续辑：《祠山事要指掌集》卷十。
⑥ （宋）周秉秀编，（清）周宪敬重编：《祠山志》，载《中国道观志丛刊正续编》第44—45册，第457—461页。
⑦ （宋）周秉秀编，（清）周宪敬重编：《祠山志》，载《中国道观志丛刊正续编》第44—45册，第463—464页。

署"右朝议大夫充右文殿修撰发遣临安军府掌管学事兼管内劝农使主管两浙西路安抚司公事马步军都总管赐紫金鱼袋周淙"。

6. 洪遵（219 \ 4855 \ 83）2 篇

《建康府祈雪文》《建康府谢雪文》

按：二文《祠山事要指掌集》卷一〇及《祠山志》卷九①皆收录，二文均署"资政殿学士左中大夫知建康军府事"。据《宋史·洪遵传》，洪遵于乾道六年（1170）以后"徙知建康府"，"仍拜资政殿学士"②，则是文当撰于是年之后。

7. 史浩（199 \ 4397 \ 82）1 篇

《史相国请香火归明州供养王》

按：是文《祠山事要指掌集》卷一〇及《祠山志》卷九③收录，撰于乾道七年（1171）五月初七。史相国，即史浩，明州鄞县人，隆兴元年（1163），拜尚书右仆射。

8. 沈濬（206 \ 4582 \ 380）1 篇

《广惠庙灵系（异）记》

按：是文《祠山事要指掌集》卷一〇及《祠山志》卷一〇④收录，文末署"绍兴九年己未七月二十八日丙午左从政郎充军学教授吴兴沈濬记"，绍兴九年，系 1139 年。沈濬，湖州德清（今属浙江）人，沈畸之子，"官至右正言"⑤。德清属于湖州，吴兴为湖州古称，故是文署名"吴兴沈濬"。

---

① （宋）周秉秀编，（清）周宪敬重编：《祠山志》，载《中国道观志丛刊正续编》第 44—45 册，第 464—466 页。

② （元）脱脱等撰：《宋史》卷三百七十三《洪皓附洪遵传》，第 11569 页。

③ （宋）周秉秀编，（清）周宪敬重编：《祠山志》，载《中国道观志丛刊正续编》第 44—45 册，第 466—467 页。

④ （宋）周秉秀编，（清）周宪敬重编：《祠山志》，载《中国道观志丛刊正续编》第 44—45 册，第 505—508 页。

⑤ （元）脱脱等撰：《宋史》卷三百四十八《沈畸传》，第 11023 页。

9. 洪迈（221\4911\338）1篇

《灵济应祷记》

按：是文《祠山事要指掌集》卷九及《祠山志》卷一○①收录。文中谓"时淳熙十六年六月七日敷文阁直学士宣奉大夫知太平州军州事魏郡开国公食邑二千二百户食封二百户洪迈谨记"。淳熙十六年，系 1189 年，洪迈时年 67 岁。《至正四明续志》卷十一收录洪迈绍熙四年（1193）八月廿二撰《友恭堂记》②，文末亦署"宣奉大夫""魏郡开国公""食邑两千五百户食封贰伯方户鄱阳洪迈记"，洪迈封爵与《灵济应祷记》近似，可为佐证。

10. 马廷鸾（353\8177\299）1篇

《重修祠山庙记》

按：是文《祠山事要指掌集》卷九及《祠山志》卷一○③收录。文末署"景定三年八月二十四日朝散郎守国子司业兼翰林权真（直）兼太子左论德马廷鸾记"，景定系南宋理宗年号，景定三年，系 1262 年，马廷鸾时年 41 岁。

11. 邵伯温（128\270\362）1篇

《嵩山纪行》

按：是文《事类备要前集》卷五《地理门》④、《事文类聚前集》卷十三《地理部》⑤、《嵩岳志》附《嵩岳文志》卷八⑥、《嵩书》卷二十一《章成篇

---

① （宋）周秉秀编，（清）周宪敬重编：《祠山志》，载《中国道观志丛刊正续编》第 44—45 册，第 508—510 页。

② （元）王元恭纂修：《（至正）四明续志》卷十一，《续修四库全书》第 705 册，第 627 页上。

③ （宋）周秉秀编，（清）周宪敬重编：《祠山志》，载《中国道观志丛刊正续编》第 44—45 册，第 557—561 页。

④ （宋）谢维新编：《古今合璧事类备要前集》卷五《地理门》，《景印文渊阁四库全书》第 939 册，第 52 页下。

⑤ （宋）祝穆撰：《古今事文类聚前集》卷十三《地理部》，《景印文渊阁四库全书》第 925 册，第 216 页下—第 217 页上。

⑥ （明）陆柬辑：《嵩岳志》附《嵩岳文志》卷八，载《中国道观志丛刊正续编》第 40 册，第 606—607 页。

三》①、《山堂肆考》卷十九《地理》②，皆收录。

12. 孙奭（9＼193＼349）1篇

《谏疏》

按：是文又作《谏封禅疏》，撰于宋真宗大中祥符四年（1011）正月，收录于《宋九朝编年备要》卷七《真宗皇帝》③、《大事记讲义》卷六《真宗皇帝》④、《宋史全文》卷六《宋真宗二》⑤、《岱史》第二册诸子号第六卷《狩典纪》⑥、《经济类编》卷三十九《封禅》⑦、《历代名臣奏疏》卷五⑧、《宋元资治通鉴》卷六《宋纪六》⑨、《宋史笔断》卷三《宋真宗》⑩、《通鉴辑览》卷七十三《宋》⑪，诸家文字略有差异。《全宋文》卷一百九十三收录孙奭《又谏幸汾阴》⑫，部分语句与是文近似，但仍差异甚大，故此处不将二者视为一文。

13. 胡致堂（189＼4153＼1）1篇

《封禅论》

按：胡致堂，本名胡寅，字明仲，建宁崇安人，胡安国之侄。是文共二

---

①　（明）傅梅撰：《嵩书》卷二十一《章成篇三》，《续修四库全书》第725册，第374页。

②　（明）彭大翼撰：《山堂肆考》卷十九《地理部》，《景印文渊阁四库全书》第974册，第304页上。

③　（宋）陈均撰：《宋九朝编年备要》卷七《真宗皇帝》，《景印文渊阁四库全书》第328册，第180页下。

④　（宋）吕中撰：《宋大事记讲义》卷六《真宗皇帝》，《景印文渊阁四库全书》第686册，第238页上。

⑤　（元）佚名：《宋史全文》卷六《宋真宗二》，《景印文渊阁四库全书》第330册，第146页上。《宋史全文》谓是文撰于大中祥符三年（1010）十二月。

⑥　（明）查志隆撰：《岱史》卷六《狩典纪》，载《中国道观志丛刊正续编》第41—42册，第172—173页。

⑦　（明）冯琦编：《经济类编》卷三十九《封禅》，《景印文渊阁四库全书》第961册，第410页。

⑧　（明）王锡爵辑：《历代名臣奏疏》卷五，《续修四库全书》第461册，第592页。

⑨　（明）王宗沐撰：《宋元资治通鉴》卷六《宋纪六》，《四库未收书辑刊·壹辑》第14册，第73—74页。

⑩　（明）佚名辑：《宋史笔断》卷三《宋真宗》，《四库全书存目丛书》史第289册，第563页。

⑪　（清）傅恒等奉敕撰：《御批历代通鉴辑览》卷七十三《宋》，《景印文渊阁四库全书》第338册，第62页下至第63页上。

⑫　曾枣庄、刘琳主编：《全宋文》第9册，第356—357页。

部分,《致堂读书管见》卷三《孝哀·汉纪》①、《大事记续编》卷九②、《中庸衍义》卷十四③、《五礼通考》卷四十九《吉礼四十九》④ 诸书收录前一部分。《致堂读书管见》卷十二《武帝上·梁纪》⑤、《文献通考》卷八十四《郊社考十七》⑥、《五礼通考》卷五十《吉礼五十》⑦ 诸书收录后一部分。《岱史》第二册第六卷《狩典纪》之《历代儒臣封禅论》⑧ 二部分皆收录。

14. 范至能（224 \ 4975 \ 232）1 篇

《骖鸾记》

按：范成大，字至能，号石湖居士，吴郡人。是文收录于宋祝穆《方舆胜览》卷二十三《湖南路》⑨、明何镗《古今游名山记》卷九《南岳衡山》⑩、明彭簪《衡岳志》卷五《文·宋》。⑪

15. 王端朝（221 \ 4896 \ 121）1 篇

《城隍庙记》

按：是文收录于《高淳县城隍白府君庙志》卷三⑫，署乾道年记。《全宋文》卷四八九六收录王端朝《重修正显庙记》⑬，与是文差异甚大。

---

① （宋）胡寅撰：《致堂读书管见》卷三《孝哀·汉纪》，《续修四库全书》第 448 册，第 460 页。
② （明）王祎撰：《大事记续编》卷九，《景印文渊阁四库全书》第 333 册，第 153 页。
③ （明）夏良胜撰：《中庸衍义》卷十四，《景印文渊阁四库全书》第 715 册，第 692 页。
④ （清）秦蕙田撰：《五礼通考》卷四十九《吉礼四十九》，《景印文渊阁四库全书》第 136 册，第 94 页。
⑤ （宋）胡寅撰：《致堂读书管见》卷十二《武帝上·梁纪》，《续修四库全书》第 448 册，第 610—611 页。
⑥ （元）马端临撰：《文献通考》卷八十四《郊社考十七》，第 765 页。
⑦ （清）秦蕙田撰：《五礼通考》卷五十《吉礼五十》，《景印文渊阁四库全书》第 136 册，第 116—117 页。
⑧ （明）查志隆撰：《岱史》，载《中国道观志丛刊正续编》第 41—42 册，第 179—182 页。
⑨ （宋）祝穆撰：《方舆胜览》卷二十三《湖南路》，《景印文渊阁四库全书》第 471 册，第 753 页。
⑩ （明）何镗辑：《古今游名山记》卷九《南岳衡山》，《四库全书存目丛书》，史部第 250 册，第 556 页。
⑪ （明）彭簪编校：《衡岳志》卷五《文·宋》，《四库全书存目丛书》，史部第 229 册，第 305 页。
⑫ （清）鲍涟等纂，（清）夏文源等续纂：《高淳城隍庙志》，载《中国道观志丛刊正续编》第 50 册，第 65 页。
⑬ 曾枣庄、刘琳主编：《全宋文》第 221 册，第 123—124 页。

16. 白玉蟾（296 \ 6746 \ 146）2篇

《答鹤林问道书》

按：是文仅见于清宋广业纂辑《罗浮山志会编》卷一〇收录①，署名白玉蟾。

《真君像赞》

按：是文仅见于《逍遥山万寿宫志》卷一八收录此文②，题白玉蟾。

17. 朱涣（336 \ 7760 \ 391）1篇

《贵玄思真洞天碑》

按：是文元明善辑修、张国祥续修《续修龙虎山志》卷五收录③，未见他书记载，署名"宋朱涣"。

18. 贾善翔（109 \ 2356 \ 57）1篇

《上清观重修天师殿记》

按：是文元明善辑修、张国祥续修《续修龙虎山志》卷五收录④，未见他书收录。文末题"元祐丁卯春分日记右街鉴义崇德悟真大师知集禧观事贾善翔撰"，元祐丁卯，系宋哲宗二年（1087）。

19. 高似孙（292 \ 6647 \ 172）1篇

《重修靖通庵记》

按：是文元明善辑修、张国祥续修《续修龙虎山志》卷五收录⑤，题名"高似孙"，未见他书收录。

---

①　（清）宋广业纂辑：《罗浮山志会编》，载《中国道观志丛刊正续编》第63册，第687页。

②　（清）金桂馨、漆逢源纂辑：《逍遥山万寿宫志》，载《中国道观志丛刊正续编》第30—31册，第914页。

③　（元）元明善辑修，（明）张国祥续修：《续修龙虎山志》，载《中国道观志丛刊正续编》第49册，第151—159页。

④　（元）元明善辑修，（明）张国祥续修：《续修龙虎山志》，载《中国道观志丛刊正续编》第49册，196—205页。

⑤　（元）元明善辑修，（明）张国祥续修：《续修龙虎山志》，载《中国道观志丛刊正续编》第49册，205—210页。

20. 周方（352\8151\275）1篇

《重建天师家庙演法观记》

按：周方，字义山，建昌军南城（今江西南城）人。是文元明善辑修、张国祥续修《续修龙虎山志》卷五收录①，未见他书收录。文中谓咸淳辛未，三十六代嗣教天师（张）宗演整饬天师家庙演法观。咸淳辛未，系宋度宗咸淳七年（1271），文末题"朝议大夫南城县开国男食邑三百户周方撰"，故是文作者与《全宋文》收录之周方同为南城人，二者为一人。

21. 谢枋得（355\8213\47）2篇

《叠山贺生辰表》《贺真君冲举兼募缘表》

按：谢枋得，号叠山。《逍遥山万寿宫志》卷一七收录此二文。②《叠山贺生辰表》题名"叠山"，篇首又言"臣枋得"，故为谢枋得所撰。《贺真君冲举兼募缘表》未标明撰写时间，然与前文并列联排，当亦谢氏所撰。

22. 曾巩（57\1231\2）1篇

《憩真观记》

按：《逍遥山万寿宫志》卷一八③、欧阳桂《西山志》卷八④，收录此文，题名"曾巩"。

23. 宋理宗（345\7966\80）3篇

《绍定四年加封真牧普应真人诰》《宝祐五年加封妙应真人诰》《宝祐五年封龙君诰》

---

① （元）元明善辑修，（明）张国祥续修：《续修龙虎山志》，载《中国道观志丛刊正续编》第49册，216—220页。

② （清）金桂馨、漆逢源纂辑：《逍遥山万寿宫志》，载《中国道观志丛刊正续编》第31册，第903—904页；第906—908页。

③ （清）金桂馨、漆逢源纂辑：《逍遥山万寿宫志》，载《中国道观志丛刊正续编》第31册，第961—963页。

④ （清）欧阳桂撰注：《西山志》卷八《艺文志》，《四库禁毁书丛刊》，史部第72册，第668页。

按：宋理宗三篇诰文收录于《九宫山志》卷十四①，未见他书收录。三文分别撰于绍定四年（1231）、宝祐五年（1257）、宝祐五年（1257）。

24. 宋度宗（359\8328\349）4篇

《宋度宗加封普兴真君诰》《宋度宗封真君父母诰》《度宗加封神应真君诰》《度宗孚封惠真人诰》

按：宋度宗四篇诰文收录于《九宫山志》卷一四②，未见他书收录，皆署名"宋度宗"。

25. 余道元（325\7471\193）1篇

《灵岩二字记》

按：是文载于明方万有编《齐云山志》卷七上《纪咏·文·宋》，文末题"绍定戊子天谷子余道元记"，绍定戊子，系宋理宗绍定元年（1228）。文中余道元自云："遂于宝庆丙戌，薙草结茅。"③ 明鲁点编辑《齐云山志》卷二《建置》亦云："宝庆丙戌，方士余道元初建佑圣真武祠于齐云山。"④ 宝庆丙戌，系宋理宗宝庆二年（1226）。明程敏政撰《篁墩文集》卷十三《游齐云岩记》云："宋宝庆丁亥，有道士天谷子自黔北来，居弥陀岩。一日，见异人相与语曰：'前山高空，可移隐于彼'。天谷子许之。"⑤ 宝庆丁亥，系宋理宗宝庆三年（1227）。嘉靖刊明方万有《齐云山志》（节选本）卷四《道侣》云："余道元，号天谷子，乡里无所考见。宋宝庆中先居蜜多岩，后来游齐云岩得潜师印记，宜居于此。乃请山建祠，奉玄武之神。为齐云岩第一祖也。"⑥ 综

---

① （清）傅爕鼎重辑：《九宫山志》，载《中国道观志丛刊正续编》第7册，第130—131页。

② （清）傅爕鼎重辑：《九宫山志》，载《中国道观志丛刊正续编》第7册，第131—133页。

③ （明）方万有编：《齐云山志》（节选本），戴（明）鲁点编、王桂平点校《齐云山志·附录一》，第355—356页。

④ （明）鲁点编辑，王桂平点校，王卡审定：《齐云山志》卷二《建置》，第73页。

⑤ （明）程敏政撰：《篁墩文集》卷十三《游齐云岩记》，《景印文渊阁四库全书》第1252册，第235页。

⑥ （明）方万有编：《齐云山志》（节选本），戴（明）鲁点编辑，王桂平点校《齐云山志·附录一》，第336页。

合诸家所载，余道元为南宋理宗时期齐云山高道，号天谷子，对于齐云山真武信仰的传布，贡献卓著。

26. 余克济（303＼45＼6914）2 篇

《祖师祈雨跋》

按：是文载于《清水岩志》卷上①及清杨浚辑《清水岩志略》卷三②，未见他书收录。据文末标注，撰于宋宁宗嘉定三年（1210）。据《万姓统谱》卷八③、正德《姑苏志》卷四二④，余克济，字叔济，安溪人，庆元五年（1199）进士。嘉靖《安溪县志》卷五《选举类·进士》谓余克济系庆元五年（1199）曾从龙榜进士。⑤ 事迹另见嘉靖《安溪县志》卷六《人物类·乡贤》。另据文后按语，撰此文时余克济官从政郎、长泰县令。

《清水宝塔记》

按：是文载于清夏以槐《清水岩志》卷上⑥及清杨浚《清水岩志略》卷三⑦，未见他书收录。文末题"南宋嘉定四年十月一日从政郎新潭州长泰县令余克济记"，嘉定四年，系 1211 年。

《全宋文》录余克济文 1 篇，未收以上 2 篇。

27. 徐明叔（344＼330＼7956）1 篇

《清水寺兴造记》

按：是文载于清夏以槐《清水岩志》卷上⑧及清杨浚《清水岩志略》卷三。⑨ 文末题"南宋景定四年四月吉日朝散郎主管成都府玉局观徐明叔记"，

① （清）夏以槐修：《清水岩志》，载《中国道观志丛刊正续编》第 59 册，第 79—80 页。
② （清）杨浚辑：《清水岩志略》，载《中国道观志丛刊正续编》第 60 册，第 54—56 页。
③ （明）凌迪知撰：《万姓统谱》，《景印文渊阁四库全书》第 956 册，第 186 页。
④ （明）王鏊撰：《姑苏志》，《景印文渊阁四库全书》第 493 册，第 777 页。
⑤ （明）林有年主纂：嘉靖《安溪县志》卷五，《天一阁藏明代方志选刊》，第 45 页。
⑥ （清）夏以槐修：《清水岩志》，载《中国道观志丛刊正续编》第 59 册，第 93—95 页。
⑦ （清）杨浚辑：《清水岩志略》，载《中国道观志丛刊正续编》第 60 册，第 56—59 页。
⑧ （清）夏以槐修：《清水岩志》，载《中国道观志丛刊正续编》第 59 册，第 97—100 页。
⑨ （清）杨浚辑：《清水岩志略》，载《中国道观志丛刊正续编》第 60 册，第 60—63 页。

则是文撰于景定四年（1263）。徐明叔，字仲晦，晋江人，第进士甲科①，官朝散郎，主管成都府玉局观，景定四年（1263）官兵部侍郎。②《全元文》录徐明叔文2篇，未收此文。

28. 林泳（354 \ 405 \ 8208）1篇

《致祭大师文》

按：是文载于清夏以槐《清水岩志》卷上③及清杨浚《清水岩志略》卷三④，篇首题"咸淳五年岁次己巳六月朔乙亥越二十有二日丙申谨斋沐"，则是文撰于咸淳五年（1269）。据乾隆《福建通志》卷二三⑤及清杨浚《清水岩志略》文末标注，林泳，南宋咸淳五年（1269）官安溪知县事。《清水岩志》卷上目录著录作者为："咸淳五年县令，林泳。"

《全宋文》录林泳文1篇，未收此文。

二、补《全宋文》未收作者之文

1. 刘敖1篇

《创建通玄观碑记》

按：是文《通玄观志》卷下收录⑥，文末题"绍兴三十二年（1162）七月中元日记"。清阮元《两浙金石志》卷九亦收录是文。⑦刘敖，鹿泉人，高宗内侍，后入道，修真于通玄观，赐名能真。事见《民国杭州府志》卷一七一《方外》。⑧

---

① （明）凌迪知撰：《万姓统谱》，《景印文渊阁四库全书》第956册，第181页。
② （清）杨浚辑：《清水岩志略》，载《中国道观志丛刊正续编》第60册，第63页。
③ （清）夏以槐修：《清水岩志》，载《中国道观志丛刊正续编》第59册，第88—89页。
④ （清）杨浚辑：《清水岩志略》，载《中国道观志丛刊正续编》第60册，第63—65页。
⑤ （清）郝玉麟等兼修，谢道承等编纂：乾隆《福建通志》，《景印文渊阁四库全书》第528册，第199页。
⑥ （明）姜南原订，（清）吴陈琰增定，（清）朱溶重辑：《通玄观志》，载《中国道观志丛刊正续编》第54册，第153—156页。
⑦ （清）阮元编：《两浙金石志》，《续修四库全书》第911册，第6—7页。
⑧ 陈璚等：民国《杭州府志卷一七一》，1922年铅印本，第10页。

2. 留梦炎 1 篇

《重建大有宫记》

按：留梦炎（1219—1295），字汉辅，号忠斋（一作中斋），衢州人。南宋末期宰相，仕元为翰林学士。是文收录于明胡昌贤修辑、清王维翰续辑《委羽山志》卷三。① 文中谓重建大有宫成于至元癸未（1283），则是文撰于元初。因将留梦炎视为宋人或元人皆可，故置于此处。今人编《全元文》亦未收留梦炎文。

3. 左瀛 1 篇

《委羽续集自序》

按：是文载于清王维翰《委羽山续志》卷一。② 左瀛，字睿之，一字桂庭，黄岩（今属浙江）人。以诗名，度宗咸淳初卒，著有《委羽续集》，雍正《浙江通志》卷二百四十八著录③，已佚。事见《宋诗纪事》卷七十二。④

4. 陈浩然 1 篇

《清水祖师传》

按：是文收于清夏以槐修《清水岩志》卷一⑤，未见他书收录。据乾隆《福州府志》卷三六《选举一·宋·进士》：陈浩然，字彦章，通判台州，政和二年（1112）进士。⑥王舟瑶、毛宗澄纂光绪《台州府志》卷二《职官表》云，绍兴四年（1134）陈浩然以左承议郎至台州通判。⑦ 文末题"宋政和三年十二月上瀚日记"，政和三年，系1113年。上瀚日，即上旬。

---

① （明）胡昌贤修辑：《委羽山志》，载《中国道观志丛刊正续编》第55册，第42—46页。

② （清）王维翰续辑：《委羽山续志》，载《中国道观志丛刊正续编》第55册，第193—194页。

③ （清）嵇曾筠等监修，沈翼机等编纂：雍正《浙江通志》卷二百四十八《经籍八》，《景印文渊阁四库全书》第525册，第645页。

④ （清）厉鹗撰：《宋诗纪事》卷七十二《左瀛》，《景印文渊阁四库全书》第1485册，第458页。

⑤ （清）夏以槐修：《清水岩志》，载《中国道观志丛刊正续编》第59册，第53—56页。

⑥ （清）徐景熹修，鲁曾煜纂：乾隆《福州府志》（一），戴《中国地方志集成·福建府县志辑》，第696页。

⑦ （清）王舟瑶、毛宗澄纂：光绪《台州府志》卷二《职官表》。

5. 刘夔 1 篇

《九鲤湖新敕额记》

按：该文收录于明黄天全《九鲤湖志》卷三①、明康当世《九鲤湖志》卷十三②、民国徐鲤九《九鲤湖志》卷四《艺文志（一）文录》。③ 刘夔，字仲则，兴化军莆田（今属福建）人，淳熙八年（1181）黄由榜进士及第。④ 明康当世《九鲤湖志》卷首《词翰姓氏详节》云：刘夔，莆田人，淳熙八年（1181）进士，历编修、给事中、工部尚书。⑤ 清道光《福建通志》卷一八〇有传。⑥ 文中谓刘夔"既逐宦牒，一出八年"，考刘夔为淳熙八年（1181）进士，中进士第八年系淳熙十五年（1188）；又文中有"祠宫成于戊申之春，逾年敕书至"之句，"戊申"为淳熙十五年（1188），二说相合。则"逾年"亦即淳熙十六年（1189），当为此文撰写之年。

6. 黄录 1 篇

《九鲤湖记》

按：是文载于明黄天全《九鲤湖志》卷三⑦、明康当世《九鲤湖志》卷十三⑧、民国徐鲤九《九鲤湖志》卷四《艺文志（一）文录》（题名"梁录"）。⑨ 黄录，明黄天全《九鲤湖志》目录列为宋人，标注"知县"⑩，明康当世《九鲤湖志》卷首《词翰姓氏详节》云："黄录，乾道间任仙游知县。"⑪

---

① （明）黄天全：《九鲤湖志》，载《中国道观志丛刊正续编》第 61 册，第 83—88 页。
② （明）康当世纂：《九鲤湖志》卷十三《词翰·宋·记》，第 152—153 页。
③ 徐鲤九纂：《九鲤湖志》卷四《艺文志（一）·文录》，第 60—61 页。
④ （宋）佚名：《南宋馆阁续录》，《景印文渊阁四库全书》第 595 册，第 513 页。
⑤ （明）康当世纂：《九鲤湖志》卷首《词翰姓氏详节》，第 4 页。
⑥ （清）孙尔准等修，陈寿祺纂，程祖洛等续修，魏敬中续纂：道光《重纂福建通志》（五），载《中国地方志集成·省志辑·福建》（七），第 199 页。
⑦ （明）黄天全：《九鲤湖志》，载《中国道观志丛刊正续编》第 61 册，第 88—93 页。
⑧ （明）康当世纂：《九鲤湖志》卷十三《词翰·宋·记》，第 150—151 页。
⑨ 徐鲤九纂：《九鲤湖志》卷四《艺文志（一）文录》，第 59—60 页。
⑩ （明）黄天全：《九鲤湖志·目录》，载《中国道观志丛刊正续编》第 61 册，第 8 页。
⑪ （明）康当世纂：《九鲤湖志》卷首《词翰姓氏详节》，第 4 页。

7. 陈澡1篇

《何仙淮南江左名山行历记》

按：是文载于黄天全《九鲤湖志》卷三①、明康当世《九鲤湖志》卷十三。② 陈澡，黄天全《九鲤湖志》目录列为宋人，标注"进士，莆田人"③。明康当世《九鲤湖志》卷首《词翰姓氏详节》云："陈澡，前志称澡进士，莆田县人。今考郡乘《选举》，无陈澡名。"④ 陈澡是否进士尚存疑问，但其为宋人则可确定。文中有"皇朝景德"之说，谓宋真宗景德年为皇朝，亦可证陈澡为宋人。

8. 周秉秀1篇

《神龙出现真像文》

按：是文收录于《祠山事要指掌集》卷三⑤及《祠山志》卷四。⑥ 二书所录文字相同，篇首谓"嘉熙乙亥四月不雨，郡太守陈公熹迎请神眷于厅"云云，则知是文撰于理宗嘉熙乙亥（三年，1239）。文末题名"秉秀谨识"。周秉秀，南宋人，编辑《祠山事要指掌集》十卷，元梅应发续辑，今国家图书馆有明正德八年（1433）刻本。周秉秀还编有《祠山志》十卷首一卷，后由清周宪敬重编。是文在二书中均有插图，题款略有差异，《祠山志》卷四题董守谟绘《封灵浃广渊侯·神龙出现真像》，《祠山事要指掌集》卷三作《封灵浃广渊侯·出现神龙真像》，无绘者姓氏。

9. 汤景仁1篇

《崇宁功德纪遗记》

按：是文收录于《祠山事要指掌集》卷九⑦及《祠山志》卷一○⑧，但

---

① （明）黄天全：《九鲤湖志》，载《中国道观志丛刊正续编》第61册，第93—98页。
② （明）康当世纂：《九鲤湖志》卷十三《词翰·宋·记》，第153—155页。
③ （明）黄天全著：《九鲤湖志·目录》，载《中国道观志丛刊正续编》第61册，第8页。
④ （明）康当世纂：《九鲤湖志》卷首《词翰姓氏详节》，第4页。
⑤ （宋）周秉秀撰，（元）梅应发续辑：《祠山事要指掌集》卷三。
⑥ （宋）周秉秀编，（清）周宪敬重编：《祠山志》，载《中国道观志丛刊正续编》第44—45册，第299—301页。
⑦ （宋）周秉秀撰，（元）梅应发续辑：《祠山事要指掌集》卷九。
⑧ （宋）周秉秀编，（清）周宪敬重编：《祠山志》，载《中国道观志丛刊正续编》第44—45册，第510—519页。

《祠山事要指掌集》所录内容有残缺。文末题"时在大宋崇宁元年岁次壬午中元日，朝奉大夫新差知歙州军州兼管内劝农事骑都尉借紫汤景仁记"，崇宁系宋徽宗年号，崇宁元年为1102年。中元日为阴历七月十五日。据《明一统志》卷一七《广德州·人物》，汤景仁，广德人，熙宁中登进士第，为宁国令，以廉介称。①

10. 陆元光 1 篇

《重建三门记》

按：是文收录于《祠山事要指掌集》卷九②及《祠山志》卷一〇。③ 文末题"政和四年四月初三朝请郎提点杭州紫霄宫陆元光谨撰"。政和为宋徽宗年号，四年为1114年。据《宋诗纪事》卷四一，陆元光，字蒙老，归安人，博学善吟咏，宣和初为嘉兴令，后改晋陵。④

11. 陈颐 1 篇

《广惠庙兴修记》

按：是文收录于《祠山事要指掌集》卷九⑤及《祠山志》卷一〇⑥，文末题"淳熙六年岁次己亥十一月晦国学免解进士陈颐记"。淳熙为孝宗年号，淳熙六年，系1179年。据《宋元学案》卷五六《龙川学案》，陈颐，永康人，尝从同甫（按：陈亮，字同甫）游。⑦

12. 范镕 1 篇

《重建祠山庙记》

按：是文收录于《祠山事要指掌集》卷九⑧及《祠山志》卷一〇⑨，文末

---

① （明）李贤等奉敕撰：《明一统志》，《景印文渊阁四库全书》第472册，第389页。

② （宋）周秉秀撰，（元）梅应发续辑：《祠山事要指掌集》卷九。

③ （宋）周秉秀编，（清）周宪敬重编：《祠山志》，载《中国道观志丛刊正续编》第44—45册，第544—548页。

④ （清）厉鹗撰：《宋诗纪事》，《景印文渊阁四库全书》第1484册，第784页。

⑤ （宋）周秉秀撰，（元）梅应发续辑：《祠山事要指掌集》卷九。

⑥ （宋）周秉秀编，（清）周宪敬重编：《祠山志》，载《中国道观志丛刊正续编》第44—45册，第552—554页。

⑦ （清）黄宗羲原著，（清）全祖望补修，陈金生、梁运华点校：《宋元学案》（第3册），第1851页。

⑧ （宋）周秉秀撰，（元）梅应发续辑：《祠山事要指掌集》卷九。

⑨ （宋）周秉秀编，（清）周宪敬重编：《祠山志》，载《中国道观志丛刊正续编》第44—45册，第555—557页。

题"绍定五年闰月朝散郎通判广德军兼管内劝农营田事范镕撰并书"。绍定为宋理宗年号，绍定五年，系 1232 年。据光绪《淳安县志》卷六，范镕，金华人，嘉定年间淳安主簿、知县，博学，善文。①

13. 胡庶 1 篇

《灵济王碑》

按：是文收录于《祠山事要指掌集》卷九②及《祠山志》卷一〇③，文末题"元丰三年七月日新授将仕郎试秘书省校书郎守宣州南陵县主簿胡庶撰"。元丰系宋神宗年号，元丰三年，为 1080 年。胡庶，元丰二年（1079）进士。据《同治苏州府志》卷五三《职官二·历代县令·常熟县》，胡庶，元符元年（1098）以宣德郎任（常熟县知县）。④

14. 王著 1 篇

《（嵩山）会善寺（碑记）》

按：是文收于陆柬《嵩岳志》卷上⑤，《嵩书》卷二十一亦收录⑥，题曰宋王著记，题注"翰林学士"。考文献所载，宋代王著多人。其一，王著（928—969），字成象，单州单父（今山东单县）人，《宋史》卷二六九有传，《全宋文》卷四九收其文。⑦ 其二，王著，政和中为奉议郎，知保州宝塞县事，事见光绪《保定府志》卷四六，《全宋文》卷三一三〇收其文。⑧ 其三，王著

① （清）李诗等纂修：光绪《影印淳安县志》，《中国方志丛书·华中地方·第 208 号·浙江省》，第 532、606 页。

② （宋）周秉秀撰，（元）梅应发续辑：《祠山事要指掌集》卷九。

③ （宋）周秉秀编，（清）周宪敬重编：《祠山志》，载《中国道观志丛刊正续编》第 44—45 册，第 565—574 页。

④ （清）李铭皖、冯桂芬等纂修：同治《苏州府志》（二），《中国地方志集成·江苏府县志辑》(8)，第 500 页。

⑤ （明）陆柬辑：《嵩岳志》，载《中国道观志丛刊正续编》第 40 册，第 77—79 页。

⑥ （明）傅梅撰：《嵩书》卷二十一，《续修四库全书》第 725 册，第 368—370 页。

⑦ 曾枣庄、刘琳主编：《全宋文》第 3 册，第 207 页。

⑧ 曾枣庄、刘琳主编：《全宋文》第 145 册，第 262 页。

（？—990①），字知微，京兆渭南（今属陕西）人，《宋史》卷二九六有传，《全宋文》未收其文。据钱大昕《潜研堂金石文跋尾》卷一二，是文又名《嵩山会善寺重修佛殿碑》，题翰林学士、朝请大夫、尚书兵部郎中、知制诰、柱国、赐紫金鱼袋王著撰。钱大昕谓是碑立于开宝五年（972）闰二月。若此，立碑时，单州单父王著已卒。钱氏又谓"前摄大理评事王正已书"。王正已（1119—1196），明州鄞县（今浙江宁波）人，原名慎言，字正之，因避孝宗讳改今名，字伯仁。则书写碑文与立碑之时已去百余年，亦不合情理。钱氏复断言此碑撰文之王著，"非太宗时模勒《阁贴》者也"②，所谓模勒《阁贴》，指淳化三年（992），太宗令出内府所藏历代墨迹，命翰林侍书王著（字知微）编次摹勒上石于禁内，名《淳化阁帖》一事，若钱氏所云有据，则王知微亦非撰者。至于政和年间知保州宝塞县事之王著，是否此碑撰者，亦无据可考。是故，是碑撰者究竟是宋朝哪个王著，难以确认。

15. 章俊卿 1 篇

《封禅论》

按：是文宋章如愚《群书考所别集》卷十四《礼乐门》③收录，题名"封禅"。《岱史》第六卷《狩典纪》之《历代儒臣封禅论》亦收录。④章俊卿，字如愚，婺州金华（今属浙江）人，宁宗庆元年间（1195—1200）进士。

另：《岱史》第八卷《遗迹纪》收录《章俊卿明堂论》⑤一篇，此篇实为

---

① 据《宋史》卷二九六《王著传》，王著卒于淳化元年（990），误。参见成海明《〈宋史〉一个错误的纠正——王著卒年考》，《书法赏评》2010 年第 6 期。

② （清）钱大昕撰，祝竹点校：《钱大昕潜研堂金石文跋尾》，载《嘉定钱大昕全集》第六册，第 303 页。

③ （宋）章如愚撰：《群书考索别集》卷十四《礼乐门》，《景印文渊阁四库全书》第 938 册，第 882—883 页。

④ （明）查志隆撰：《岱史》，载《中国道观志丛刊正续编》第 41—42 册，第 182—184 页。

⑤ （明）查志隆撰：《岱史》，载《中国道观志丛刊正续编》第 41—42 册，第 292—293 页。

马端临撰，见于《文献通考》卷七十三《郊社考六》。① 故此处题名《章俊卿明堂论》系《岱史》误题。

16. 王与权 1 篇

《上清正一宫碑》

按：是文《续修龙虎山志》卷五收录②，文末题"端平二年二月日朝请大夫国子司业王与权记"。端平为宋理宗年号，端平二年系 1235 年。王与权，又名王与钧，字立之，江西饶州德兴人，宋宁宗庆元二年（1196）进士。

17. 郑淡 1 篇

《雄石镇记》

按：是文是文《续修龙虎山志》卷五收录③，雍正《江西通志》卷一二五《艺文·记四·宋》④、道光《贵溪县志》卷三一之二《艺文·记上·宋》⑤亦收录。据文中称"余生雄石之阿"，"因纪梗概以表私心"可知，郑淡，系江西贵溪雄石镇邑人。

18. 刘先觉 1 篇

《嘉定皇后受箓之记》

按：元刘大彬编《茅山志》卷二十六《录金石》⑥、元刘大彬编、明江永年增补、王岗点校《茅山志·录金石第十一篇》下卷之十三⑦、清笪蟾光编《茅山志》卷四⑧收录是文，篇尾题"嘉定三年庚午岁五月十六日，右街道录、凝神斋高士臣刘先觉拜手稽首恭记"。嘉定系南宋宁宗年号，三年为 1210

---

① （元）马端临撰：《文献通考》卷七十三《郊社考六》，第 665 页。
② （元）元明善辑修，（明）张国祥续修：《续修龙虎山志》，载《中国道观志丛刊正续编》第 49 册，第 159—163 页。
③ （元）元明善辑修，（明）张国祥续修：《续修龙虎山志》，载《中国道观志丛刊正续编》第 49 册，第 213—216 页。
④ （清）谢旻等监修：雍正《江西通志》，《景印文渊阁四库全书》第 517 册，第 383—384 页。
⑤ （清）赵宗简修：《贵溪县志》卷三十一之二《艺文志·记上·宋》，第 5—6 页。
⑥ （元）刘大彬编：《茅山志》卷二十六《录金石》，《道藏》第 5 册，第 672 页。
⑦ （元）刘大彬编，（明）江永年增补，王岗点校：《茅山志》，第 397—398 页。
⑧ （清）笪蟾光编：《茅山志》卷四，载《中国道观志丛刊正续编》第 12 册，第 242—246 页。

年。杨万里《诚斋集》卷三十七《题刘高士看云图》云："茅山诗人凝神高士遭遇孝宗皇帝，尝因宣召讲《庄子》。"① 景定《建康志》卷四十五《祠祀志二·宫观》亦云："永仙观，在茅山，国朝淳熙甲辰刘先觉以高士召，赴行在，赐对重华宫，讲解《南华真经》。"② 淳熙为孝宗年号，淳熙甲辰即 1184年。《南华真经》即《庄子》。综合诸家记载可知，刘先觉，茅山高道，精《庄子》，擅书画，颇受孝宗皇帝器重。

19. 杜昱 1 篇

《（石桥岩）记略》

按：是文收录于明鲁点编辑《齐云山志》卷二《建置》③，杜昱，里籍行迹无考，篇题作宋人。

20. 谢闻韶 2 篇

《九宫山记》《张真君传》

按：二文收录于《九宫山志》卷九。④《九宫山记》题"宋谢闻韶"，《张真君传》篇尾题"咸淳二年（1266）夏月"。《九宫山志》卷七《名迹》云："谢闻韶，金华学谕。咸淳丙寅夏作《九宫山记》及《张真君传》。时距真君羽化六十年。灵迹丕彰，香火极盛，传以许、葛二仙济人利物比之。其山记粗举大略，为后来续志蓝本。按：《通山县志》作白鹿洞学谕。"⑤ 咸淳丙寅系咸淳二年（1266）。据此可知，谢闻韶曾任金华或白鹿洞学谕，所撰《九宫山记》及《张真君传》是了解九宫山道教及张道清的行迹的重要文献。

---

① （宋）杨万里撰：《诚斋集》卷三十七《题刘高士看云图》，《景印文渊阁四库全书》第 1160册，第 408 页。
② （宋）周应合撰：景定《建康志》卷四十五《祠祀志二·宫观》，《景印文渊阁四库全书》第489 册，第 584 页。
③ （明）鲁点编辑，汪桂平点校：《齐云山志》，第 71 页。
④ （清）傅燮鼎重辑：《九宫山志》，载《中国道观志丛刊正续编》第 7 册，第 212—229 页。
⑤ （清）傅燮鼎重辑：《九宫山志》卷七《名迹》，载《中国道观志丛刊正续编》第 7 册，第143 页。

21. 杨恢1篇

《玉清万寿宫记》

按：是文收录于《九宫山志》卷九。[①] 文末题"时淳祐改元岁次辛丑十一月望"。淳祐改元即淳祐元年（1241）。据宋周密编、清查为仁笺《绝妙好词笺》卷五《杨恢》："杨恢，字充之，号西村，眉山人。"[②] 眉山，今属四川。《九宫山志》卷七《名迹》有小传，其云："杨恢，嘉熙朝官待制。性爱山水，尝奉朝命历楚蜀吴越，所至在在，登临品、豫章诸山，以武宁西北幕阜、九宫为最胜。未几，解组南藩，订交方外，应瑞庆宫羽士请作《钟鼎山玉清万寿宫记》。"[③] 嘉熙（12237—1240），系宋理宗年号。

第二节　《全宋诗》辑补

由北京大学古文献研究所编纂的《全宋诗》（北京大学出版社1991年版），虽以"搜采广博，涵容繁复"著称于世，确实给宋代文学研究带来极大便利，但因宋季诗作体量庞大，难免存在疏漏。自其问世以来，学界补遗之作，屡有发表，诸如陈新等《〈全宋诗〉订补》[④]、汤华泉《〈全宋诗〉辑补》[⑤]、李裕民《〈全宋诗〉补》《〈全宋诗〉续补》[⑥]、黄权才《全宋诗钩沉》[⑦]、胡可先《〈全宋诗〉辑佚120首》[⑧]、阮堂明《〈全宋诗〉佚诗新补100

---

① （清）傅燮鼎重辑：《九宫山志》卷九《艺文》，载《中国道观志丛刊正续编》第7册，第230—234页。

② （宋）周密编，（清）查为仁、厉鹗笺：《绝妙好词笺》卷五《杨恢》，《景印文渊阁四库全书》第1490册，第71页。

③ （清）傅燮鼎重辑：《九宫山志》卷七《名迹》，载《中国道观志丛刊正续编》第7册，第143—144页。

④ 陈新等订补：《〈全宋诗〉订补》。

⑤ 汤华泉辑撰：《〈全宋诗〉辑补》。

⑥ 李裕民：《〈全宋诗〉补》《〈全宋诗〉续补》，《宋史考论》。

⑦ 黄权才：《宋代文献研究》。

⑧ 胡可先：《〈全宋诗〉辑佚120首》，《古籍整理研究学刊》2006年第5—6期。

首》①、胡可先《新补〈全宋诗〉150 首》② 等，其他相关专著、论文尚超过百数十家。尽管如此，仍有遗珠之憾。本书通过翻检明清宫观山志等文献，检得宋诗 115 首，均不见于《全宋诗》及诸家补遗之作，其中《全宋诗》已收作者 51 人，90 首，未收作者 20 人，25 首。今一并录出，以助于补《全宋诗》之缺。

为行文便利，凡《全宋诗》已收诗人，括号内标注该诗人作品在《全宋诗》中之册数、卷数及起始页码，以便检索，并略加考辨；凡《全宋诗》未收诗人，则加按语，对作者略加考辨。

一、补《全宋诗》已收作者之诗

1. 曾致尧（1 \ 54 \ 579）1 首

《咏琼花》

羽襡飞天女，霓裳舞月娥。献花风韵美，窃玉异香多。小蕊珠圆簇，柔条翠袅娜。清脁殊可爱，载酒几经过。③

按：此诗仅见于《琼花集》，未见他书收录。《全宋诗》录曾致尧诗 6 首，未收此诗。

2. 吕夷简（3 \ 146 \ 1622）1 首

《咏琼花》

此树何年种，荣枯历几朝。深根坚玉石，小朵类琼瑶。风细香偏远，春深色倍娇。莫疑阴七七，不是杜鹃妖。④

按：此诗仅见于《琼花集》，未见他书收录。《全宋诗》录吕夷简诗 11 首，未收此诗。

---

① 阮堂明：《〈全宋诗〉佚诗新补 100 首》，《苏州科技学院学报》（社会科学版）2014 年第 5 期。
② 胡可先：《新补〈全宋诗〉150 首》，载《第四届宋代文学国际研讨会论文集》，第 609—629 页。
③ （清）贵正辰纂辑：《琼花集》，载《中国道观志丛刊正续编》第 51 册，第 82 页。
④ （清）贵正辰纂辑：《琼花集》，载《中国道观志丛刊正续编》第 51 册，第 82 页。

3. 韩琦（6\318\3962）2首

《咏琼花》

天下无双祇此花，莹然贞白玉无瑕。灵根原自仙阶种，瑞气深钟后土家。千点珍珠擎素蕊，一环明月破香葩。落英不为尘泥涴，须得诗人合口夸。①

按：此诗仅见于《琼花集》，未见他书收录。《全宋诗》录韩琦诗 21 卷，共 736 首，未收此诗。

4. 欧阳修（6\282\3582）1首

《咏琼花》

天家侍女好飞琼，不识何年谪广陵。九朵仙风香粉腻，一团花貌玉脂凝。名闻琳馆无双比，心在瑶台第几层。肯使落英沾下土，飘飘应是学飞升。②

按：此诗仅见于《琼花集》，未见他书收录。《全宋诗》录欧阳修诗 900 余首，未收此诗。清刘文淇撰《青溪旧屋集》卷六《琼花志序》云："欧阳文忠诗：'九朵仙风香粉腻'。"可为此诗出自欧阳修一佐证。

5. 吕溱（7\399\4895）1首

《咏琼花》

曾与琼林晏，花簪第一枝。九苞开玉瓣，数蕊缀银丝。叠叠香风袭，盈盈湛露滋。春光何以报，虎拜是蕃厘。③

按：此诗仅见于《琼花集》，未见他书收录。《全宋诗》录吕溱诗 2 首，未收此诗。

6. 任伯雨（18\1032\11798）1首

《咏琼花》

海内无双树，春风花欲齐。九苞同破玉，一瓣不沾泥。胜日宜游赏，芳

---

① （清）贵正辰纂辑：《琼花集》，载《中国道观志丛刊正续编》第 51 册，第 84 页。
② （清）贵正辰纂辑：《琼花集》，载《中国道观志丛刊正续编》第 51 册，第 84—85 页。
③ （清）贵正辰纂辑：《琼花集》，载《中国道观志丛刊正续编》第 51 册，第 84 页。

名入品题。欲招王母晏，远隔弱流西。①

按：此诗仅见于《琼花集》，未见他书收录。《全宋诗》录仁伯雨诗9首，未收此诗。

7. 王巩 （14 \ 839 \ 9713） 1 首

《咏琼花》

自是花中第一流，无双从古擅扬州。千枝琼出高张盖，九朵齐开小簇球。点点心苞珠蓓蕾，盈盈巧似玉雕镂。可应不使尘凡污，片片落英天为收。②

按：此诗仅见于《琼花集》，未见他书收录。《全宋诗》录王巩诗11首，未收此诗。

8. 叶秀发 （53 \ 2776 \ 32850） 1 首

《咏琼花》

琪花粲粲满头开，胜似飞琼十二钗。不识唐昌夸玉蕊，独陪后土立瑶阶。春香淡淡余风度，歌吹年年惬赏怀。美号无双真不愧，天钟灵秀表江淮。③

按：此诗仅见于《琼花集》，未见他书收录。《全宋诗》录叶秀发诗6首，未收此诗。

9. 冯京 （9 \ 978 \ 6795） 1 首

《咏琼花》

飞琼潇洒属仙家，不是寻常一例花。贵合蕊珠同品藻，清于玉树异根芽。朵开有九人争识，号美无双天下夸。远想风姿真脱俗，落英犹不浣泥沙。④

按：此诗仅见于《琼花集》，未见他书收录。《全宋诗》录冯京诗7首，未收此诗。

---

① （清）贵正辰纂辑：《琼花集》，载《中国道观志丛刊正续编》第51册，第83页。
② （清）贵正辰纂辑：《琼花集》，载《中国道观志丛刊正续编》第51册，第85页。
③ （清）贵正辰纂辑：《琼花集》，载《中国道观志丛刊正续编》第51册，第85页。
④ （清）贵正辰纂辑：《琼花集》，载《中国道观志丛刊正续编》第51册，第85—86页。

10. 罗适（11 \ 660 \ 7736）1 首

《咏琼花》

昔人曾说无双树，信是清腴异种花。朵朵齐开香不断，枝枝巧琢玉无瑕。春风弦管二三月，夜市楼台千万家。但与吾民如此乐，长封印锁早休衙。①

按：此诗仅见于《琼花集》，未见他书收录。《全宋诗》录罗适诗 19 首，未收此诗。

11. 杨蟠（8 \ 409 \ 5034）1 首

《咏琼花》

孤高自是天中树，分得灵根下界栽。异卉万般难比类，一花九朵簇成开。玲珑似玉枝枝巧，纤薄如冰瓣瓣裁。立向东风香不尽，仙人特遣鹤飞来。②

按：此诗仅见于《琼花集》，未见他书收录。《全宋诗》录杨蟠诗 1 卷，共 131 首，未收此诗。

12. 陈升之（7 \ 382 \ 4710）1 首

《希贺堂》

浮世何常有定居，惬情便可著茅庐。久知名利为缰锁，爱此溪山作画图。钟菊疏篱效陶令，栽梅浅水象林逋。只须此处延风月，休问君王乞鉴湖。③

按：《全宋诗》录陈升之诗 1 首，未收此诗。清陆心源撰《宋诗纪事补遗》卷六十二④、清郑杰辑《闽诗录丙集》卷十二⑤，皆收录此诗，题名陈韡《武夷筑精舍》。《全宋诗》卷 2957 据此将该诗录为陈韡作品。⑥ 未知孰是，暂置于此。

---

① （清）贵正辰纂辑：《琼花集》，载《中国道观志丛刊正续编》第 51 册，第 86 页。
② （清）贵正辰纂辑：《琼花集》，载《中国道观志丛刊正续编》第 51 册，第 86—87 页。
③ （清）董天工编：《武夷山志》，载《中国道观志丛刊正续编》第 33—35 册，第 576—577 页。
④ （清）陆心源撰：《宋诗纪事补遗》卷六十二，《续修四库全书》第 1709 册，第 264 页。
⑤ （清）郑杰辑：《闽诗录丙集》卷十二，《续修四库全书》第 1687 册，第 646 页。
⑥ 北京大学古文献研究所编：《全宋诗》卷二九五七，第 56 册，第 35226 页。

13. 徐清叟（57＼3009＼35833）1首

《游武夷》

垂老征途出武夷，高人应怪我来迟。骨凡空想同亨会，才拙难赓信国诗。流水三三宗海急，高峰六六倚天奇。漫游何日兹归隐，分与元猿白鹤期。①

按：《全宋诗》录徐清叟诗7首，未收此诗。

14. 叶采（63＼3338＼39857）1首

《游武夷》

六六峰前碧玉流，经行复此驻兰舟。唤回三纪神仙梦，直上九霄云阙游。但恐尘劳添白发，政须高举访丹邱。归来世念如冰释，更取参同读几周。②

按：《全宋诗》录叶采诗1首，未收此诗。

15. 白玉蟾（60＼3136＼37491）21首

《草衣仙乩题八首》：

《赠友》

君爱龙蛇我爱茶，偶然成兴到君家。郎官岩下重携手，留此涛笺当剪霞。

《海棠》

海棠吟就更何如，我愧人间女校书。不敢临风题好句，画堂春暖百香余。

《春分》

三春花鸟此朝分，偶到人间细论文。香茗对君情自永，乾坤从古一氤氲。

《访蓬壶主人》

放鹤春郊归去来，画堂人去自徘徊。挥笔更觅神仙侣，笑入青山柳外台。

《悟源》

卧向东山日正东，麻衣沉醉笑东风。人间多少朦胧事，不向仙源识旧踪。

《又句》

卷起春风不自由，道人半醉问沧洲。曾经劫外花多少，烂漫河心到九秋。

---

① （清）董天工编：《武夷山志》，载《中国道观志丛刊正续编》第733—35册，第1589页。
② （清）董天工编：《武夷山志》，载《中国道观志丛刊正续编》第33—35册，第1590页。

《春思》

柳色晴晴正弄风，垂丝片片舞新容。道人勿作虹桥想，愿遂飞花流向东。

《夜吟》

红花落径不开门，寄语东风醉使君。剪烛西窗明月上，教人何处不消魂。①

《广仙乩题八首》：

《醉中忆别》

我冒高阳一酒徒，溟南纵饮不须沽。醉中忽听花朝到，两步翻来见小壶。

《即景》

山自青青水自波，数声黄鸟与云和。穿来一领荷衣破，犹向炉头对酒歌。

《武夷四句》

相将携手入烟霞，带醉春风杜宇家。一叹乾坤浑不识，杖头挑得满山花。

《醉谒》

酒到神仙不论钱，杖头分与几多烟。将烟吹向炉前去，两眼迷离叹碧天。

《秋海棠》

一种清芳见海棠，临风映日可人妆。正宜酒僻杯中趣，生怕淋漓欲断肠。

《闲句》

乘槎却向武夷来，高阁临流霁色开。愧我豪狂春欲尽，丹青何处似蓬莱。

《即事》

最不尽情三月雨，偏饶清兴两杯茶。知心半是窗前叶，滴沥声敲似暮笳。

《即景》

乱飞帘外垂丝雨，乍见峰峦几处晴。心朗应如秋水净，当风沥沥听筝鸣。②

《上清宫》二首

其一：五日连阴雾雨昏，驱车应有北山文，惭无吏部回天笔，为我重开

---

① （清）董天工编：《武夷山志》，载《中国道观志丛刊正续编》第33—35册，第1658—1660页。
② （清）董天工编：《武夷山志》，载《中国道观志丛刊正续编》第33—35册，第1661—1663页。

叠嶂云。

其二：石淄涓涓水脉长，野田冉冉稻花香。相迎谁似山云意，更借松风十里凉。①

《灵虚观（旧名飞云观）》

荀舆踏雪遍凌虚，夜宿琳宫听晓鸡。檐铎有无风逆顺，纱窗明暗月东西。鹤鹄声中诗思远，瑞香花下梦魂迷。冷冷清清清到底，一枝花萼助吟题。②

《白鹤观》

蕊珠殿里诵黄庭，诵罢黄庭月正明。腰佩青龙三尺剑，一声铁邃鬼神惊。③

按：《全宋诗》收录白玉蟾诗6卷，共1205首，未收以上20首。

《烂柯山》

孽破红尘觅紫烟，烂柯山上访神仙。人间只说无闲地，尘里谁知有洞天。竹叶影繁笼药圃，桃花水暖映芝田。吟余池上聊敧枕，风雨潇潇吹白莲。④

按：古成之《五仙观二首》之一："拨破浮沉入紫烟，五羊坛上访神仙。人间自觉无闲地，城里谁知有冬天。竹叶影繁笼药圃，桃花水暖映芝田。吟余池畔聊敧枕，风雨萧萧吹白莲。"此诗亦收录于清陆心源撰《宋诗纪事补遗》卷三《古成之》⑤、道光《广东通志》卷二百〇五《金石略七》⑥、光绪《广州府志》卷一百《金石略四》。⑦《全宋诗》卷五十四《古成之》收录此

---

① （元）元明善辑修，（明）张国祥续修：《续修龙虎山志》，载《中国道观志丛刊正续编》第49册，第365页。

② （清）金桂馨、漆逢源纂辑：《逍遥山万寿宫志》，载《中国道观志丛刊正续编》第31册，第1117—1118页。

③ （清）金桂馨、漆逢源纂辑：《逍遥山万寿宫志》，载《中国道观志丛刊正续编》第31册，第1130页。

④ （明）徐日炅纂：《烂柯山洞志》，《四库全书存目丛书补编》第94册，第92页。

⑤ （清）陆心源撰：《宋诗纪事补遗》卷三《古成之》，《续修四库全书》第1708册，第330页。

⑥ （清）陈昌齐等纂：道光《广东通志》卷二百〇五《金石略七》，《续修四库全书》第673册，第414页。

⑦ （清）戴肇辰、苏佩训修，史澄、李光廷纂：光绪《广州府志》卷一百《金石略四》，载《中国方志丛书·第1号·广东省》，第653页。

诗。①《五仙观二首》之一与《烂柯山》相似处较多，但考虑到二者毕竟有不小差异，故仍将《烂柯山》视为白玉蟾之作，暂置于此处。

16. 吴芾（35\1956\21833）1 首

《赠刘真人修道》

乞归学钓锦江鱼，买地吴山更筑居。兴逐烟霞心自远，身辞荣禄客来疏。宜春花满增新圃，返老丹成却秘书。悟向忘言谁共得，秪应回也日如愚。②

按：《全宋诗》收吴芾诗 1149 首，未收此诗。

17. 郑克己（50\2678\31446）1 首

《委羽山题咏》

委羽空明天，神仙第二洞。平郊涌积辇，骞腾如展凤。昔有洗心人，白鹤云端控。脩翮坠飘风，草木随翻动。我来蹑遗踪，冀得惺尘梦。剩采黄精苗，犁破霜根种。③

按：《全宋诗》收郑克己诗 15 首，未收此诗。

18. 戴复古（54\2813\33433）1 首

《委羽山题咏》

秋老山容瘦，云闲自去来。野人相对此，尘念倏然开。④

按：《全宋诗》收戴复古诗 900 余首，未收此诗。

19. 黄通（11\626\7478）1 首

《石船》

舟泊山头久不移，满天风浪任相吹。世人自爱沉缘海，停棹千年欲渡谁？⑤

---

① 北京大学古文献研究所编：《全宋诗》第 1 册，第 584 页。
② （明）姜南原订，（清）吴陈琰增定，（清）朱溶重辑：《通玄观志》，《四库全书存目丛书》，史部第 246 册，第 81 页。
③ （明）胡昌贤修辑：《委羽山志》，载《中国道观志丛刊正续编》第 55 册，第 59—60 页。
④ （明）胡昌贤修辑：《委羽山志》，载《中国道观志丛刊正续编》第 55 册，第 60—61 页。
⑤ （明）谢肇淛撰：《太姥山志》，载《中国道观志丛刊正续编》第 58 册，第 175—176 页。

按：《全宋诗》收黄通诗6首，未收此诗。

20. 郑思忱（56 \ 2957 \ 35230）1 首

《游岩借连府判韵》

杰阁危楼亦壮哉，师曾趺坐此山隈。岩前塔是何年建，路上松皆亲手栽。穷岭方知庵住处，逢人多说石飞来。前生欠种清闲福，输与山僧蹋古苔。①

按：《全宋诗》收郑思忱诗仅1句，未收此诗。

21. 陈宓（54 \ 2852 \ 34001）1 首

《谢雨》

我来两月值冬晴，多谢灵明答寸诚。一瓣清香犹未足，四郊甘雨已如倾。早知县令才能薄，赖有神翁愿力宏。粟麦频苏民自乐，更期膏润接春耕②。

按：《全宋诗》收陈宓诗700余首，其中《登安溪蓬莱山谢雨》，凡四句，前二句与本诗同。其诗"我来两月值冬晴，多谢灵明答寸诚。一瓣净香犹未染，留得琼英盖短垣"③，《全宋诗》所录此诗源于陈宓撰《龙图陈公文集》卷四。④

另：清抄本陈宓《龙图陈公文集》卷五有《素馨茉莉其二》："姊娣双承雨露恩，至今犹有断肠魂。道人不受浓香足，四山甘雨已如倾。早知县令才能薄，赖有禅翁愿力宏。宿麦顿苏民气乐，更期膏润接春耕。"⑤ 《全宋诗》收录之。⑥ 粗略看来，极有可能清夏以槐修《清水岩志》和清杨浚辑《清水岩志略》有误，亦即将陈宓《登安溪蓬莱山谢雨》全诗与《素馨茉莉其二》之后半首连缀成一首《谢雨》，但细审《素馨茉莉其二》后四句，与题目"素馨茉莉"丝毫无关，是故此四句是《素馨茉莉其二》原有，抑或传抄时窜

---

① （清）夏以槐修：《清水岩志》，载《中国道观志丛刊正续编》第59册，第329页；（清）杨浚辑：清水岩志略》，载《中国道观志丛刊正续编》第60册，第97页。

② （清）夏以槐修：《清水岩志》，载《中国道观志丛刊正续编》第59册，第330页；（清）杨浚辑：《清水岩志略》，载《中国道观志丛刊正续编》第60册，第98—99页。

③ 北京大学古文献研究所编：《全宋诗》卷二八五五，第54册，第34040页。

④ （宋）陈宓撰：《龙图陈公文集》卷四，《续修四库全书》第1319册，第282—283页。

⑤ （宋）陈宓撰：《龙图陈公文集》卷四，《续修四库全书》第1319册，第297—298页。

⑥ 北京大学古文献研究所编：《全宋诗》卷二八五六，第54册，第34064页。

入，不免令人狐疑。考虑到陈宓《龙图陈公文集》原版已不存，今传之本系清抄本，亦存在讹误可能，且从诗句表达之意境看，似乎《谢雨》之诗意通畅，气韵连贯，前后句并无扞格抵牾之处，故将《谢雨》诗视为陈宓之作，暂置于此，存留待考。

22. 陈谠（46 \ 2466 \ 28610）1 首

《九鲤湖》

蓝舆破午抵仙宫，喜听黄冠话鲤踪。仙去炉烟留此地，丹烟犹觉起仙峰。①

按：除明黄天全著《九鲤湖志》卷四《诗》外，明康当世《九鲤湖志》卷五《词翰》②、民国徐鲤九《九鲤湖志》卷四《艺文志》③ 亦收录之。宋时有二陈谠，一为仙游（今属福建）人，一为建宁（今属福建）人。"与韩侂胄论兵厉害者，仙游之陈谠也。冒称叶水心以见韩侂胄者，则建宁陈谠也。"④《全宋诗》收仙游陈谠诗 7 首，未收此诗。

23. 方公权（68 \ 3606 \ 43188）3 首

《九鲤湖》

其一：大隐何妨居市，至人亦或混尘。毕竟入山差胜，故云有仙则名。

其二：贺老曾求一曲，鸱夷亦泛五湖。平地自有仙者，急流谁勇退乎？

其三：吾闻占熊为鱼，或说骑龙翳凤。固知天下有仙，勿谓至人无梦⑤。

按：除明黄天全著《九鲤湖志》卷四《诗》外，明康当世纂《九鲤湖志》卷五《词翰》收录二首，即《其二》与《其三》，且《其三》题名《仙梦》。⑥ 民国徐鲤九纂《九鲤湖志》卷四《艺文志》三首皆收录。⑦《全宋诗》

---

① （明）黄天全：《九鲤湖志》，载《中国道观志丛刊正续编》第 61 册，第 140 页。
② （明）康当世纂：《九鲤湖志》，第 59 页。
③ 徐鲤九纂：《九鲤湖志》，第 84 页。
④ 徐鲤九纂：《九鲤湖志》，第 84 页。
⑤ （明）黄天全著：《九鲤湖志》，载《中国道观志丛刊正续编》第 61 册，第 141 页。
⑥ （明）康当世纂：《九鲤湖志》，第 58 页。
⑦ 徐鲤九纂：《九鲤湖志》，第 89 页。

收方公权诗 2 首，未收此 3 首。

24. 徐铎（18 \ 1031 \ 11773）1 首

《九鲤湖》

昔年曾此一寻幽，今日重来访旧游。羽客有情迎别馆，仙人何处隔苍洲。珠帘丹灶遗踪在，玉树碧桃胜迹留。欲借一宿长挹胜，闲吟花鸟任春秋。①

按：除明黄天全著《九鲤湖志》卷四《诗》外，明康当世纂《九鲤湖志》卷五《词翰》②、民国徐鲤九《九鲤湖志》卷四《艺文志》③，亦收录之。《全宋诗》收方徐铎诗 1 首，未收此首。

25. 刘泾（16 \ 949 \ 11144）4 首

《题麻姑山》

其一：久慕仙子风，来瞻仙子容。昔从紫虚至，愿寄凫舄踪。仙子云汝来，吾山千万峰。新诗肯吾贶，好山惟汝供。

其二：吾尝疑蔡经，借瓜蒙长生。离火不曾煅，只向鞭下醒。一鞭骨无尘，再鞭窍空灵。飘然游紫霞，如何谢方平。

其三：尝思邓紫阳，插翼朝清都。汝身既无存，何独遗简炉。纷纷天地间，与物均一无。刘安竟何在，鸡犬哪能俱。

其四：清飙何所来，吹我升浮云。秋光抱岑寂，一日垂日曛。未忘沧海心，相顾麋鹿群。独有瀑布声，下山犹得闻。④

按：《全宋诗》收方刘泾诗 19 首，未录此首。

26. 王文卿（32 \ 1822 \ 20275）9 首

《齐云亭》

峭拔上天梯，居安且不危。闲来亭上望，身与白云齐。⑤

---

① （明）黄天全著：《九鲤湖志》，载《中国道观志丛刊正续编》第 61 册，第 141—142 页。
② （明）康当世纂：《九鲤湖志》，第 57 页。
③ 徐鲤九纂：《九鲤湖志》，第 82 页。
④ （明）朱廷臣辑：《麻姑集》，载《中国道观志丛刊正续编》第 48 册，第 79—82 页。
⑤ （明）朱廷臣辑：《麻姑集》，载《中国道观志丛刊正续编》第 48 册，第 123 页。

按：此诗题作者"王侍宸"。王文卿一名俊，字予道，号冲和子，因徽宗宣和七年（1125）授太素大夫、凝神殿校籍，再除两府侍宸、冲虚妙道先生，主管教门公事，又被称为"王侍宸"。

《辘轳岩》

天上霞开金井晓，山中风引玉绳秋。长江万古汲不尽，断岸夕阳飞白鸥。

《仙蜕岩》

昔人骑鹤上天去，不向人间有蜕蝉。千载玉棺飞不动，空江斜月照寒烟。

《丹灶岩》

丹熟仙翁白日飞，千年云月护岩扉。山中老叟相逢说，夜夜灵光烛紫微。

《杵臼岩》

捣药功成玉兔流，白云长锁洞门深。黄粱不似胡麻好，谁得当时悟道心。

《龙虎石》

龙虎丹成紫气开，空遗高石踞崔嵬。何人长笑高峰顶，引得风云动地来。

《仙桃石》

鹦鹉飞过瑶池水，瑶池桃熟亚红烟。鹦鹉衔桃坠山下，等闲风日九千年。

《鸡笼石》

群鸡天上食琅玕，遗下樊笼与世看。几点青山如聚米，不知何处觅刘安。

《碧鲁洞》

神虎奇书太白藏，金函曾此发龙章。绿毛仙子归何处，野草幽花满洞香。①

按：《全宋诗》收方王文卿诗4首，未录以上9首。

27. 陈肃（3\174\1984）1首

《秦人峰》

孤峰藏白云，去去市朝远。贤哉避秦人，来此为轩冕。达理与知时，清

---

① （元）元明善辑修，（明）张国祥续修：《续修龙虎山志》，载《中国道观志丛刊正续编》第49册，第366—368页。

风高显显。①

　　按：《全宋诗》收陈肃诗 8 首，未录此首。

28. 晏殊（3\171\1940）1 首

《咏麻姑》

　　蟠木樛枝禾觉春，海中行复见扬尘。方平渐老机心息，不许麻姑惑世人。②

　　按：《全宋诗》收晏殊诗 3 卷 200 余首，未录此首。

29. 朱熹（44\2383\27461）1 首

《云岩》

　　山行何逍遥，林深气萧爽。天门夜不关，池水时常满。日照香炉峰，霭霭烟飞暖③。

　　按：诗题云谷子，并注云"郡婺人，朱晦庵先生"。因之，云谷子即朱熹。明王圻撰《续文献通考》卷六十一《学校考·书院》云："云谷书院，在建阳县，朱文公建。"④ 明陈道纂修弘治《八闽通志》卷四十四《学校》云：云谷书院，"宋乾道六年（1170）朱熹爱其山水幽邃，因名云谷，构草堂于中，号晦庵。"⑤ 明戴铣辑《朱子实纪》卷七《书院》谓云谷书院建于淳熙二年（1175）。⑥ 考《朱熹年谱长编》朱熹于乾道六年（1170）四月"建晦庵于云谷"⑦，淳熙二年（1175）"云谷成"⑧。是故，云谷子之名源于朱熹所建云谷书院。《全宋诗》收朱熹诗 12 卷约 1400 首，未录此首。

---

① （明）朱廷臣辑：《麻姑集》，载《中国道观志丛刊正续编》第 48 册，第 124 页。
② （明）朱廷臣辑：《麻姑集》，载《中国道观志丛刊正续编》第 48 册，第 134 页。
③ （明）鲁点编辑：《齐云山志》，载《中国道观志丛刊正续编》第 10 册，第 353 页。
④ （明）王圻撰：《续文献通考》卷六十一《学校考·书院》，《四库全书存目丛书》，子部第 186 册，第 158 页。
⑤ （明）陈道、黄仲昭纂修：弘治《八闽通志》卷四十四《学校》，《四库全书存目丛书》，史部第 178 册，第 174 页。
⑥ （明）戴铣辑：《朱子实纪》卷七《书院》，《四库全书存目丛书》，史部第 82 册，第 728 页。
⑦ 束景南：《朱熹年谱长编》卷上，第 430 页。
⑧ 束景南：《朱熹年谱长编》卷上，第 535 页。

30. 王应麟（66\3466\41280）1首

《云岩》

悬崖峭壁耸危巅，青蛇断石虬藤缠。石门炉峰更奇绝，冷然别有壶中天。丹霞晓湿飞红雨，怪石崩腾啸岩虎。我来登览望东溪，蓬莱弱水知何许。①

按：题"王伯厚，庆元人，郡守"，伯厚系王应麟字。王应麟于宋度宗咸淳六年（1270），"起知徽州"②，故曰"郡守"。《全宋诗》收王应麟诗10首，未录此首。

31. 程珌（53\2789\33008）1首

《云岩》

曲径峰前转，林行见虎踪。涧边松偃蹇，岩下洞空窿。瑶草垂甘露，飞泉挂白虹。道人向北坐，应悟性圆通。③

按：题"程珌，邑人，少师"。程珌，系安徽休宁人，故题曰"邑人"。少师，宋代属于虚职。康熙《休宁县志》卷六《文苑》有传。《全宋诗》收程珌诗120余首，未录此首。

32. 孙吴会（63\3314\39496）1首

《望仙》

忆昔云山里，幽人构此庵。檐松青郁郁，庭草碧毵毵。学道当勤苦，参玄迥绝谈。静观心自在，明月印寒潭。④

按：题"孙吴会，邑人，佥事"。齐云山位于安徽休宁县。孙吴会，字楚望，休宁雷溪人⑤，故曰"邑人"。康熙《休宁县志》卷六《宦业》有传。《全宋诗》收孙吴会诗1首，未录此诗。

---

① （明）鲁点编辑：《齐云山志》，载《中国道观志丛刊正续编》第10册，第353页。
② （元）脱脱等撰：《宋史》卷四百三十八《王应麟传》，第12990页。
③ （明）鲁点编辑：《齐云山志》，载《中国道观志丛刊正续编》第10册，第354页。
④ （明）鲁点编辑：《齐云山志》，载《中国道观志丛刊正续编》第10册，第354页。
⑤ （明）彭泽、江舜民纂修：弘治《徽州府志》卷八《人物二·宦业》，《四库全书存目丛书》史部第181册，第14页。

33. 吕午（56 \ 2950 \ 35150）1 首

《白岳》

白云堆里石门开，人向蓬山顶上来。四面峰峦排剑戟，九霄烟雾幻楼台。水清潭底龙常宅，风静松梢鹤自回。好景留人不知晚，上方钟鼓却相崔。①

按：齐云山原名白岳山，故诗篇名曰"白岳"。题注云："吕午，歙县，翰林修撰。"吕午，歙县人。嘉熙三年（1239），迁宗正少卿兼国史院编修官②，与题注合。《全宋诗》收吕午诗6首，未录此诗。

34. 方岳（61 \ 3190 \ 38262）1 首

《白岳述怀》

因叩玄天到此山，叫开闾阖入重关。白云飞过峰无数，绿树深藏屋几间。物外乾坤常不老，壶中日月自宽间。何时解组归林下，许借丹炉炼大还。③

按：宋代有两个方岳，其一字符善，号菊田，宁海（今属浙江）人，理宗时隐居不仕，《全宋诗》录诗三首；其二字巨山，号秋崖，祁门（今属安徽）人。理宗绍定五年（1232）进士，历南康军、滁州教授，淮东安抚司干官，进礼、兵部架阁，添差淮东制司干官。此诗撰者为后者。《全宋诗》收方岳诗36卷，1400余首，未录此诗。题注云："方秋崖，祁人，侍郎。"秋崖系方岳名号；此处的祁，为祁门省称；方岳曾任吏部尚书左郎官④，故题注曰"侍郎"。

35. 汪立信（62 \ 3265 \ 38918）1 首

《云岩》

齐云形胜冠江南，维石岩岩不尽探。凿洞几时轻鬼斧，度仙何日驻鸾骖。雨余图尽尘埃净，日出芙蓉紫翠含。长啸一声山谷应，老龙惊起出寒潭。⑤

---

① （明）鲁点编辑：《齐云山志》，载《中国道观志丛刊正续编》第10册，第355页。
② （元）脱脱等撰：《宋史》卷四百〇七《吕午传》，第12297页。
③ （明）鲁点编辑：《齐云山志》，载《中国道观志丛刊正续编》第10册，第356页。
④ （清）陆心源辑：《宋史翼》卷十七《方岳传》，《续修四库全书》，史部第311册，第458页。
⑤ （明）鲁点编辑：《齐云山志》，载《中国道观志丛刊正续编》第10册，第356—357页。

按：题注云："汪立信，婺人，少傅。"汪立信，婺源（今属江西）人，此处婺为婺源省称。《全宋诗》录汪立信诗 3 首，未收此诗。

36. 钱时（55 \ 2875 \ 34313）1 首

《云岩》

弹却冠尘曳素袍，小鞍乘舆过林皋。山岩翠巘云烟合，楼阁嵯峨星斗高。五老云连扶凤辇，万松风动响惊涛。玉笙吹彻金鸡唱，落尽岩前几树桃。①

按：题注云："钱时，歙人，翰林检讨。"关于钱时籍贯有两说：一说为新安（治今安徽歙县）；一说为淳安（今属浙江）人。《全宋诗》录钱时诗 300 余首，未收此诗。另外，《全宋诗》录宋人石建见《武夷》一首，其云："拂散征尘曳素袍，小鞍乘兴过林皋。溪山九曲云烟合，宫阙万年星斗高。天柱插空留鹤驾，仙船横石待鲸涛。玉笙吹彻金鸡叫，落尽岩前几树桃。"② 字句与《云岩》诗近似处颇多，该诗源于《诗渊》。③ 据《诗渊》题注，只知撰者石建见，字遵道，生卒、里籍、行迹无考。

37. 赵戣（59 \ 3087 \ 36823）1 首

《月夜》

偶同仙侣宿岩扃，月色辉辉满太清。秋水无痕千顷碧，天灯悬照万方明。自怜心似冰壶冷，更觉身同鹤羽轻。夜静山花檐外落，倚栏无语学吹笙。④

按：题注云："赵戣，邑人。"赵戣，系休宁人，故曰"邑人"。《全宋诗》录赵戣诗 38 首，未收此诗。

38. 游师雄（15 \ 843 \ 9763）3 首

《笋头山》

笋头旧传名，关塞曾控扼。太统失崔嵬，望驾渐岸峇。⑤

---

① （明）鲁点编辑：《齐云山志》，载《中国道观志丛刊正续编》第 10 册，第 357 页。
② 北京大学古文献研究所编：《全宋诗》卷 3768，第 72 册，第 45440 页。
③ （明）佚名：《诗渊》第 3 册，第 2081 页。
④ （明）鲁点编辑：《齐云山志》，载《中国道观志丛刊正续编》第 10 册，第 357—358 页。
⑤ （清）张伯魁纂修：《崆峒山志》，载《中国道观志丛刊正续编》第 3 册，第 203 页。

按：李裕民《〈全宋诗〉补》据《记纂渊海》卷二十五辑补该诗前两句。①

《琉璃泉》

阳麓涌泉飞，瀺瀺逗甘液。道士养金丹，长此汲银玉。②

《香炉峰》

却升香炉台，俯瞰倒插石。身恍立霄汉，风生两腋侧。③

按：《全宋诗》录游师雄诗6首，未收此3诗。

39. 张亢（4\226\2640）1首

《登崆峒》

四面千峰起，中心一水通。路穿云树密，势压玉关雄。此地开慈日，当时拜顺风。二乘由相别，二语与吾同。遍诣者阇岭，深疑睹史宫。钟声遥度陇，刹影半沉空。绝顶人难到，平川目未穷。尘襟聊抖擞，一瞬出樊笼。④

按：题注云："宋刺史，张亢，渭川。"张亢曾知渭州，崆峒山在甘肃平凉一带，属于古渭州辖区，故曰"刺史"。《全宋诗》录张亢诗3首，未收此诗。

40. 高翥（55\2858\34117）1首

《楼观留题》

传经人去杳冥间，老柏依然傲岁寒。世变几回余劫火，炉空无复觅仙丹。地临东北秦川小，山接西南蜀道难。说与阿师应被笑，满簪华发又邯郸。⑤

按：《全宋诗》录高翥诗近200首，未收此诗。

41. 曾丰（48\2596\30163）1首

《玉隆宫》

仙人上升处，花草四檐荒。去鹤青霄外，空山白日长。瑶琴弦久绝，丹

---

① 李裕民：《宋史考论》，第344页。
② （清）张伯魁纂修：《崆峒山志》，载《中国道观志丛刊正续编》第3册，第204页。
③ （清）张伯魁纂修：《崆峒山志》，载《中国道观志丛刊正续编》第3册，第204页。
④ （清）张伯魁纂修：《崆峒山志》，载《中国道观志丛刊正续编》第3册，第157—158页。
⑤ （元）朱象先集：《古楼观紫云衍庆集》，载《中国道观志丛刊正续编》第3册，第126页。

井水犹香。静者依灵迹，钟声送夕阳。①

按：题注云"乾道进士"，曾丰，乾道五年（1169）进士。② 《全宋诗》录曾丰诗900余首，未收此诗。

42. 洪朋（22 \ 1278 \ 14439）2 首

《题铁柱》

许令飞上天，铁锁截前川。一柱嶙峋在，三江古老传。中庭空鸟雀，层阁自云烟。处处金丹灶，其谁定是仙。③

按：题注云"龟父"，洪朋，字龟父。《全宋诗》录洪朋诗约200首，未收此首。

《彩鸾图》

玉隆宫外春山横，玉隆宫后百尺亭。文箫彩鸾不复返，至今神界花冥冥。④

按：题注云"宋，洪朋，熙宁进士。"据丁丙《善本书室藏书志》卷二十八，洪朋"两举进士不第，三十有八而卒"⑤，则《彩鸾图》题注洪朋为熙宁进士有误。另：《全宋诗》录洪朋《写韵亭》，其云："紫极宫下春江横，紫极宫中百尺亭。水入方洲界玉局，云映连山罗翠屏。小楷四声余翰墨，主人一粒尽仙灵。文箫采鸾不复返，至今神界花冥冥。"⑥ 则《彩鸾图》系摘取《写韵亭》前两句和后两句，又略加改动，组合而成。

---

① （清）金桂馨、漆逢源纂辑：《逍遥山万寿宫志》，载《中国道观志丛刊正续编》第31册，第1060页。

② （宋）曾丰撰：《缘督集》卷十二《贞集·附录·樽斋先生事迹》，《四库全书存目丛书》，集部第19册，第716页。

③ （清）金桂馨、漆逢源纂辑：《逍遥山万寿宫志》，载《中国道观志丛刊正续编》第31册，第1079页。

④ （清）金桂馨、漆逢源纂辑：《逍遥山万寿宫志》，载《中国道观志丛刊正续编》第31册，第1132页。

⑤ （清）丁丙辑：《善本书室藏书志》卷二十八，《续修四库全书》第927册，第491页。

⑥ 北京大学古文献研究所编：《全宋诗》卷一二七八，第22册，第14455页。

43. 刘辰翁（67\3551\42455）1 首

《铁柱宫留题》

海市楼台十万家，支祁从此罢腾拏。偶留封植一柱观，慎勿飞扬搏浪沙。壮士剑身翻水赤，都城弩手射潮邪。要知此老神功妙，大地千年一系槎。①

按：《全宋诗》录刘辰翁诗约 200 首，未收此首。

44. 陆游（39\2154\24249）1 首

《黄仙宅》（在高安七都，或云即黄仁览故宅）

黄仙踪迹已飞升，古观秋深气象清。天上玉容应不改，世间陵谷几回更。筠江下瞰青铜镜，荷岭前瞻碧玉城。夜静醮坛祈祷处，鱼龙惯听步虚声。②

按：该诗正德《瑞州府志》卷十二《词翰志》③、《逍遥山万寿宫志》卷十九收录。《全宋诗》录陆游诗 9000 余首，未收此首。

45. 皇甫坦（38\2100\23720）1 首

《答张真牧见赠》

纶音飞下九重天，此意他年君亦然。最是蝶飞蝉蜕后，金领玉镂胜生前。④

按：《全宋诗》录皇甫坦诗 2 首，未收此首。

46. 谢枋得（66\3477\41400）1 首

《试剑石亭成题额》

洞天深处构斯亭，无限峰峦管送迎。题品我惭无妙语，为君楄以万山名。⑤

按：《全宋诗》录谢枋得诗约 100 首，未收此首。

---

① （清）金桂馨、道藏漆逢源撰：《逍遥山万寿宫志》，载《中国道观志丛刊正续编》第 31 册，第 1085—1086 页。
② （清）金桂馨、漆逢源纂辑：《逍遥山万寿宫志》，载《中国道观志丛刊正续编》第 31 册，第 1144—1145 页。
③ （明）熊相撰：正德《瑞州府志》卷十二《词翰志·题咏》。
④ （清）傅燮鼎重辑：《九宫山志》，载《中国道观志丛刊正续编》第 7 册，第 182 页。
⑤ （清）傅燮鼎重辑：《九宫山志》，载《中国道观志丛刊正续编》第 7 册，第 285 页。

47. 叶清臣（4\226\2650）4 首

《烂柯山》

其一：登山不穷高，何以远四望。青萝摩木末，白蹬履云上。却视桥下人，犹应未清旷。

其二：危虹造物怪，剞云洞山腹。旁绝上分天，中虚峭如屋。独坐爱清风，高吟答空谷。

其三：黄金可变化，白日自逡巡。才终局上刌，已换城中人。冷风了无睹，使我惭复薪。

其四：幽居畏不深，凿石作□□。道合迹自亲，无改名未没。山河与天地，由来共兹日。①

按：《全宋诗》录叶清臣诗 11 首，未收此 4 首。

48. 毛友（24\1405\1618）1 首

《烂柯山》

自古称传石室山，浮生逡迤往来攀。云霞缥缈真仙境，岁月清闲不世寰。棋局静中涵道体，洞天深处蓄心丹。歌酣醉忘怀处，带得清风两袖还。②

按：题注云"毛友，邑人，学士"。毛友，衢州西安（今浙江衢州）人。烂柯山，位于衢州，故曰"邑人"。《全宋诗》录毛友诗 6 首，未收此首。

49. 赵汝腾（62\3261\38869）1 首

《烂柯山》

清溪缭绕树苍茫，中有虚无广莫乡。可笑仙官分黑白，不知人世几星霜。今朝携我游霞洞，他日须公作石梁。此是晦翁之九曲，武夷精舍盍商量。③

按：题注云"赵汝腾，尚书"。赵汝腾，累迁权工部尚书兼权中书舍人，

---

① （明）徐日旵纂：《烂柯山洞志》，《四库全书存目丛书补编》第 94 册，第 82 页。
② （明）徐日旵纂：《烂柯山洞志》，《四库全书存目丛书补编》第 94 册，第 92 页。
③ （明）徐日旵纂：《烂柯山洞志》，《四库全书存目丛书补编》第 94 册，第 92 页。

起为礼部尚书兼给事中，故曰"尚书"①。《全宋诗》录赵汝腾诗140首，未收此首。

50. 吴处厚（11\617\7329）1首

《咏琼花》

阆苑蕊珠仙，来游小洞天。满头珠扑薮，几朵玉新鲜。胜地多车马，春风拂管弦。无双今始信，宁吝赏花钱。②

按：此诗题名"吴仲纯"。宋李壁《王荆公诗注》卷三〇收《送吴仲纯守仪真》诗："江上斋船驻彩桡，鸣笳应满绿杨桥。久为汉吏知文法，当使淮人服教条。拱木延陵瞻故国，丛祠瓜步认前朝。登临莫负山川好，终欲东归听楚谣。"③《全宋诗》卷五五六亦收录此诗，题名《送真州吴处厚使君》，注云"张本题作《送吴仲纯守仪真》"④。是故，吴仲纯即是吴处厚。《全宋诗》录吴处厚诗23首，未录此诗。

51. 邹补之（50\2650\31047）1首

《佚名》

吾家石室烂柯山，空洞虚中十亩宽。此处石桥浑略似，只消一局片时闲。⑤

按：题注作"邑令"。《全宋诗》卷二六五〇谓宋光宗绍熙四年（1193），邹补之知休宁知县⑥，查国家图书馆藏清廖腾煃修、汪晋征纂康熙《休宁县志》卷七，录邹补之文、诗各一，未发现其为休宁县令之相关记载。又查明程敏政编辑、欧阳旦增辑弘治《休宁志》卷三《宦迹二·休宁县官题名》录有邹补之名，知其确为休宁县令，但无任职年代。故题注曰"邑令"，无误。《全宋诗》录邹补之诗1首，未收此诗。

① （元）脱脱等撰：《宋史》卷四百二十四《赵汝腾传》，第12653页。
② （清）贵正辰纂辑：《琼花集》，载《中国道观志丛刊正续编》第51册，第83页。
③ （宋）王安石撰，李壁注：《王荆公诗注》，《景印文渊阁四库全书》第1106册，第210页。
④ 北京大学古文献研究所编：《全宋诗》卷五五六，第10册，第6622页。
⑤ （明）鲁点编辑：《齐云山志》卷二《建置》，载《中国道观志丛刊正续编》第10册，第116—117页。
⑥ 北京大学古文献研究所编：《全宋诗》卷二六五〇，第50册，第31048页。

二、补《全宋诗》未收作者之诗

1. 张次山 1 首

《咏琼花》

根自天心种，灵由后土储。风披冰莹洁，露洗玉清腴。海内无双朵，人间第一株。落英飞几点，应不受尘污。①

按：题注云："张次山，静海人，知泰州。"考宋代有张次山多人。第一，洛阳张涛，字次山，宣和甲辰为宿州户曹。② 第二，张次山，字希元，建业人。熙宁中，签书判官厅公事、太子中舍。③ 宋施元之注《施注苏诗》卷四《诗四十七首·越中张中舍寿乐堂》题注云："熙宁五年（1072）签书公事、太子中舍，张次山，字希元创。张，建康人，号能吏。"④ 第三，张次山，字东桥，海陵人，官至承义郎，知信州，亦尝历太子中舍。施宿怀疑与张希元"恐此姓名同耳"⑤。第四，张次山，通州人。据《舆地纪胜》卷四〇《淮南东路·泰州·官吏》："张次山，通州人"，"熙宁中，知泰州。居官廉，涖事简"⑥。《舆地纪胜》卷四一《淮南东路·人物·张次山》云："张次山，字乔简，日用之子也。"⑦ 宋朝淮南东路通州包含静海、海门、横江、崇州、崇川诸地。⑧ 是故，撰《咏琼花》之张次山，系淮南东路通州静海（今江苏南通一带）人，熙宁中，知泰州。

---

① （清）贵正辰纂辑：《琼花集》，载《中国道观志丛刊正续编》第 51 册，第 83 页。
② （宋）洪迈撰，何卓点校：《夷坚志·夷坚支志》卷二《张次山妻》，第 980—981 页。
③ （宋）施宿撰：嘉泰《会稽志》卷十八《拾遗》，《景印文渊阁四库全书》第 486 册，第 396 页。
④ （宋）施元之注：《施注苏诗》卷四《诗四十七首·越中张中舍寿乐堂》，《景印文渊阁四库全书》第 1110 册，第 163 页。
⑤ （宋）施宿撰：嘉泰《会稽志》卷十八《拾遗》，《景印文渊阁四库全书》第 486 册，第 396 页。
⑥ （宋）王象之撰：《舆地纪胜》，第 1689—1690 页。
⑦ （宋）王象之撰：《舆地纪胜》，第 1712 页。
⑧ （宋）王象之撰：《舆地纪胜》，第 1701 页。

2. 李景傅 1 首

《委羽山题咏》

春风荡漾转平林，苍翠重重拥峻岑。鹤背玉笙吹月远，洞门瑶草锁云深。酒开仙界疑琼液，歌彻金坛岂大音。白首已知蕉鹿梦，任教尘世自浮沉。①

按：题注云："李景傅，名村，以字行。"万历《黄岩县志》卷六《人物志·文苑》："李景文，号东谷，半山人。黄超然尝从之游，所著有《东谷诗稿》。弟景傅，号谷梅，理宗时与兄同登乡科，俱能文，号'二李'。"② 据此可知，李村，字景傅，今浙江台州黄岩区半山村人，号谷梅。

3. 汤绪 1 首

《送金碧泉游委羽山》

相看无语别城隈，明月松根吟石苔。若遇奉林须借鹤，早骑秋色过江来。③

按：该诗题注云："汤绪，临海人，省试第一，博学工诗，至元不仕，有《樵石集》。"④ 又雍正《浙江通志》卷二四八："《樵石稿》：《台州府志》：临海汤绪著，号樵石。"⑤

4. 连之瑞 1 首

《咏清水岩》

蓬莱顶上大僧伽，咫尺云山属我家。陡峻坡途依涧谷，蓊蒙古树老烟霞。抠衣巍磴超凡界，稽首真容净无瑕。说法生公当日在，纷纷坠落是天花。⑥

按：据弘治《八闽通志》卷五〇《选举志》："连之瑞，安溪人，《寰宇

---

①　（明）胡昌贤修辑：《委羽山志》，载《中国道观志丛刊正续编》第 55 册，第 62 页。

②　（明）袁应祺修，牟汝忠等纂：万历《黄岩县志》卷六《人物志·文苑》，第 19 页。

③　（清）王维翰续辑：《委羽山续志》，载《中国道观志丛刊正续编》第 55 册，第 339 页。

④　（清）王维翰续辑：《委羽山续志》，载《中国道观志丛刊正续编》第 55 册，第 339 页。

⑤　（清）嵇曾筠等监修，沈翼机等编纂：雍正《浙江通志》卷二百四十八，《景印文渊阁四库全书》第 525 册，第 645 页。

⑥　（清）夏以槐修：《清水岩志》，载《中国道观志丛刊正续编》第 59 册，第 327 页；（清）杨浚辑：《清水岩志略》，载《中国道观志丛刊正续编》第 60 册，第 95 页。

志》以为晋江人。"①《清水岩志略》云："连之瑞，宋淳熙丁未（1187）特奏名，里人。"② 因清水岩位于福建安溪县，故曰连之瑞为"里人"。

5. 余克济 1 首

《喜雨纪事》

百里精诚遂有春，蓬莱一祷不须频。亢时方虑谷增价，得雨先将麦惠民。土润喜无田涸泽，业空犹有户忧贫。衰翁况是同舟者，期与洪纤拜赐均。③

按：本诗题注云："余克济，字叔济，任长泰、梅州。"正德《姑苏志》卷四十二《宦迹六》云："余克济，字淑济，安溪人。庆元五年（1199）进士，历侯官尉，为浙西常平幹官，暮画明辨，诸使交荐之。知梅州，尤以宽平著称，有《春秋通解》十五卷。"④

6. 李务观 1 首

《谒清水大师》

职忝蓝溪令尹新，揭来端的为吾民。驱车不怕石头滑，具眼方知法界真。清水岩深缘有佛，慈云天覆必从人。区区方寸无他祝，百里熙然长是春。⑤

按：《清水岩志》题注曰"邑令"，该书卷下目录著录"《谒请水大师》，宋景定元年（1260）县令"。《清水岩志略》题注曰"宋景定初邑令"。弘治《八闽通志》卷三十二《秩官》：李务观曾任安溪县知县事。⑥ 另据嘉靖《安溪县志》卷三《官制类》，李务观，景定元年（1260）任安溪县令。⑦

---

① （明）陈道、黄仲昭纂修：弘治《八闽通志》卷五十《选举志》，《四库全书存目丛书》，史部第 178 册，第 272 页。

② （清）杨浚辑：《清水岩志略》，载《中国道观志丛刊正续编》第 60 册，第 95 页。

③ （清）夏以槐修：《清水岩志》，载《中国道观志丛刊正续编》第 59 册，第 327—328 页；（清）杨浚辑：《清水岩志略》，载《中国道观志丛刊正续编》第 60 册，第 96 页。

④ （明）王鏊撰：正德《姑苏志》卷四十二《宦迹六》，《景印文渊阁四库全书》第 493 册，第 777 页。

⑤ （清）夏以槐修：《清水岩志》，载《中国道观志丛刊正续编》第 59 册，第 331—332 页；（清）杨浚辑：《清水岩志略》，载《中国道观志丛刊正续编》第 60 册，第 100 页。

⑥ （明）陈道、黄仲昭纂修：弘治《八闽通志》卷三十二《秩官》，《四库全书存目丛书》，史部第 178 册，第 13 页。

⑦ （明）林有年主纂：嘉靖《安溪县志》，载《天一阁藏明代方志选刊》，第 6 页。

7.（安溪）黄裳1首

《清水岩即景》

楼观丹青似画然，岩头活水自溅溅。恍如滕阁临无地，疑是仇池小有天。樵客寻归羊径外，道人住憩鸟巢边。此生愿卜邻峰隐，不学为官只学禅。①

按：该诗题注："黄裳，景定三年（1262）邑令。"另见嘉靖《安溪县志》卷三《官制类·历官》，谓黄裳景定三年（1262）任安溪县令。②

《全宋诗》收黄裳二人，其一，黄裳（1043—1129），字冕仲，号演山，延平（今福建南平）人。神宗元丰五年（1082）进士。历越州签判。哲宗元祐四年（1089）为校书郎，六年转集贤校理，后知颍昌府。绍圣二年（1095）为太常少卿，权尚书礼部侍郎。③其二，黄裳（1146—1194），字文叔，号兼山，隆庆普成（今四川梓潼东南）人。孝宗乾道五年（1169）进士，调巴州通江尉，迁国子博士。光宗即位，进秘书郎，为嘉王府翊善，绍熙二年（1191），迁起居舍人。三年，试中书舍人，除给事中。宁宗即位，改礼部尚书兼侍读，卒年四十九。有《兼山集》等，已佚。《宋史》卷三九三有传。④显然，此安溪黄裳与《全宋诗》所收录之二黄裳皆不同。

8.（沂溪）黄裳1首

《碧鲁洞》

峭壁嵯峨拥翠蓝，峰头咫尺隔仙凡。安逢故老一千岁，为悉飞仙四六岩。辽月未聆玄崔唳，阆风更拟彩鸾骖。人生可得长生诀，重取丹书子细参。⑤

按：题注云"沂溪黄裳"。此黄裳行迹不可考，题名"沂溪"，当与上述三黄裳皆不同。沂溪，具体指何地，尚难于确定。

---

① （清）夏以槐修：《清水岩志》，载《中国道观志丛刊正续编》第59册，第332页；（清）杨浚辑：《清水岩志略》，《中国道观志丛刊正续编》第60册，第100页。
② （明）林有年主纂：嘉靖《安溪县志》卷三《官制类》，载《天一阁藏明代方志选刊》，第6页。
③ 北京大学古文献研究所编：《全宋诗》卷九三五，第16册，第11010页。
④ 北京大学古文献研究所编：《全宋诗》卷二六五一，第50册，第31058页。
⑤ （元）元明善辑修，（明）张国祥续修，张显庸仝修：《续修龙虎山志》，《四库全书存目丛书》，史部第228册，第227页。

9. 李元宗 1 首

《谢雨》

旱云盘郁久烘天，驱使风雷假胜缘。龟坼有纹方倚插，龙行无赖自加鞭。大千遍足禅师雨，方寸今耕太守田。治丐尚余问府惠，炉香一烛更油然。①

按：《清水岩志》题注云"县尉，李元宗"，该书卷下目录注云"《谢雨》，宋嘉定中县尉，陈元宗"，"李"，误作"陈"；《清水岩志略》题注云"宋嘉定中县尉李元宗"，嘉靖《安溪县志》卷三《官制类·历官》亦著录李元宗为安溪县尉。② 正文中"香"，《清水岩志》作"火"，疑似笔误。

10. 刘庞 1 首

《谢雨》

为民望岁祷金仙，一念才通果沛然。人道旱时那得雨，我知佛力可回天。物盈宇宙皆生意，身到蓬莱亦夙缘。但愿岩间常宴坐，不防谢变屡丰年。③

按：《清水岩志》卷下目录云"宋嘉定中任安溪县刘庞"。嘉定（1208—1224），宁宗年号。《清水岩志略》本诗注云"宋绍定中邑令刘庞"，绍定（1228—1233），理宗年号。另据《嘉靖安溪县志》卷三《官制类·历官》，刘庞，绍定元年（1228）任县令。④ 正文中"谢"，《清水岩志略》作"调"，似"谢"意胜。

11. 钟国秀 2 首

《诣岩谢雨》

瓣香一再谒岩扉，既雨方晴又细霏。霖洒天瓢销旱魔，民安佛国免年饥。稻花畦里香初透，竹叶溪头水鲛肥。兰室谈禅方有味，片云头上又思归。⑤

---

① （清）夏以槐修：《清水岩志》，载《中国道观志丛刊正续编》第 59 册，第 330—331 页；（清）杨浚辑：《清水岩志略》，载《中国道观志丛刊正续编》第 60 册，第 99 页。

② （明）林有年主纂：嘉靖《安溪县志》卷三《官制类》，载《天一阁藏明代方志选刊》，第 10 页。

③ （清）夏以槐修：《清水岩志》，载《中国道观志丛刊正续编》第 59 册，第 331 页；（清）杨浚辑：《清水岩志略》，载《中国道观志丛刊正续编》第 60 册，第 99—100 页。

④ （明）林有年主纂：嘉靖《安溪县志》卷三《官制类》，载《天一阁藏明代方志选刊》，第 6 页。

⑤ （清）夏以槐修：《清水岩志》，载《中国道观志丛刊正续编》第 59 册，第 332—333 页；（清）杨浚辑：《清水岩志略》，载《中国道观志丛刊正续编》第 60 册，第 101 页。

《到岩咏崖》

梵宇岩峣倚碧虚，兴云致雨在斯须。诸山环向岩千仞，百劫难烧香一炉。佛力劈开危石洞，天风吹坠下蓬壶。池边亭馆犹奇绝，照得人清与水俱。①

按：据《清水岩志》目录及《清水岩志略》本诗注，钟国秀，咸淳元年（1265）邑令，上饶人。乾隆《福建通志》，钟国秀，安溪知县事。② 另见嘉靖《安溪县志》卷三《官制类·历官》及《名宦》。③《到岩咏崖》中"环"，《清水岩志》作"还"，依文意，似不如前者。"坠"，《清水岩志》作"队"，疑误。

12. 载梦申 1 首

《郭山庙落成歌》

灿荔丹兮焦黄，莫桂酒兮椒浆。俨冕戴兮辉煌，参鸾鹤兮翱翔。镢牲荐兮荤香，陈鸡鹴兮岁穰。驱百厉兮导千祥，蟆螟消兮蛇虫藏。明信申兮天泽滂微，名奕舄兮日月齐光，我民报德兮永不忘。④

按：本诗注云：载梦申，宋嘉泰进士，番禺县判簿，五郎里人。

13. 张珣 1 首

《义勇行》

忆昔天下初三分，猛将并驱谁逸群。桓桓胆气万人敌，卧龙独许髯将军。威吞曹瞒欲迁许，中兴当日推元勋。惜我圣帝功不就，竟令豺兕还纷纷。血食千年庙貌古，岁时歌舞今犹勤。君不见天都灵武巢未覆，抚髀常思汉寿军。⑤

按：题注云"宋·张珣"。张珣，里籍事迹待考。

---

① （清）夏以槐修：《清水岩志》，载《中国道观志丛刊正续编》第59册，第333页；（清）杨浚辑：《清水岩志略》，载《中国道观志丛刊正续编》第60册，第101页。

② （清）郝玉麟撰：乾隆《福建通志》，《景印文渊阁四库全书》第528册，第199页。

③ （明）林有年主纂：嘉靖《安溪县志》卷三《官制类》，载《天一阁藏明代方志选刊》，第13—14页。

④ （清）戴凤仪纂：《郭山庙志》卷七《艺文》，载《中国道观志丛刊正续编》第60册，第181页。

⑤ （清）卢湛编：《关圣帝君圣迹图志全集》，载《中国道观志丛刊正续编》第38册，第830—831页。

14. 黄茂才1首

《赞关圣帝》

气盖世，勇而强，万众中，刺颜良。身归汉，义益彰。位上将，威莫当。吴人诈，失不防。质诸心，吾何伤。严庙貌，爵封王。佐我宋，司雨旸。祷而应，弥灾荒。名与泽，蒙泉长。①

按：黄茂才，题注标为宋人。《玉海》卷一百四十三《兵制·阵法》之"乾道三阵"条云"淳熙二年知荆门黄茂才言李靖《六花阵法》"②云云，淳熙二年，系宋孝宗淳熙二年（1175）。未知此黄茂才是否为本诗撰者。

15. 李龟年1首

《咏石桥岩》

石桥横空势穹然，虹霓弯拱正不偏。乍观怪底月生晦，光明透彻团圆天。下来讵止容十客，上广还当度群仙。丹厓翠嶂开左右，凌霄蔓络开鲜妍。桥西一柱屹孤耸，谁断鳌足撑清圆。岩前石佛金碧眼，相妙形躯皆石镌。可怜屋不避风雨，残僧无力营修椽。韦侯建寺感神异，旧碑所载元和年。我行塘堨到幽谷，恍疑身在天台巅。虽无玉涧吼深壑，谅有宝钟鸣远烟。簿公邂逅同胜赏，山灵相与非无缘。行瞻坐睨意忘倦，夜深各就东窗眠。粥鱼崔粥下山去，稻花满路风翩翩。③

按：诗前注云："绍熙癸丑，休宁县丞李龟年行视塘堨，因过岐山石桥，主簿黄伯华继至，同宿山中。"绍熙癸丑为宋光宗绍熙四年（1193），此年李龟年为休宁县丞。宋谢采伯撰《密斋笔记》卷三谓李龟年号樟溪老人，郑望之侄婿。④ 郑望之，字顾道，彭城人，崇宁五年（1106）进士，《宋史》卷三

① （清）卢湛编：《关圣帝君圣迹图志全集》，载《中国道观志丛刊正续编》第38册，第897—898页。
② （宋）王应麟撰：《玉海》卷一百四十三《兵制·阵法》，《景印文渊阁四库全书》第946册，第741页。
③ （明）鲁点编辑：《齐云山志》，载《中国道观志丛刊正续编》第10册，第117—118页。
④ （宋）谢采伯撰：《密斋笔记》卷三，《景印文渊阁四库全书》第864册，第670页。

百七十三有传。宋李幼武纂集《宋名臣言行录别集》下卷八①、宋章如愚撰《群书考索后集》卷四十五《兵门》②、宋熊克撰《宋中兴纪事本末》卷二十三③，皆引李龟年撰《杨幺本末》之文字亦为此李龟年系宋时人之佐证。

16. 叶介夫4首

《云岩》

其一：吾爱云岩东，天门有路通。苍颜颜独耸，沉香洞空窿。车碛雷隐隐，帘卷雨蒙蒙。浩歌碧云端，万壑生松风。

其二：吾爱云岩西，华林卧幽栖。驯鹿林阴伏，乌鸦洞口啼。仙掌神所刊，石崖天与齐。落月散清晓，梦回闻金鸡。

其三：吾爱云岩南，天镜开三潭。入门见石鼎，构屋依山峦。千崖纡郁翠，万象中浑涵。居诸岁月深，留题仰晦庵。

其四：吾爱云岩北，飘然度崅侧。谁知神仙居，自与尘凡隔。万年松更青，五老头不白。横玉弄寒云，万里天一色。④

按：叶介夫，题注作"邑人"。《齐云山志》卷二《建置》云："乙丑，佑圣殿灾，真武像如故。居士叶介夫、金士龙重修之，并建两廊楼成"；又云："淳祐己酉，大水，石崩瓦解，真武像如故。庚午，叶介夫、程大有、胡大祥建三清阁、四聚楼"；又云："德祐乙亥，叶介夫重建佑圣殿。"⑤ 考此三段文字中，"乙丑"，系宁宗开禧元年（1205）；"淳祐己酉"，系理宗淳祐九年（1249）；"庚午"，系度宗咸淳六年（1270）；"德祐乙亥"，系恭宗德祐元年（1275）。可见，叶介夫多次参与修建齐云山宫观殿宇。《齐云山志》卷二《建置》复引金大镛《纪略》云："叶介夫，一乡善士，老于文学，不慕声华，由

---

① （宋）李幼武纂集：《宋名臣言行录别集》下卷八，《景印文渊阁四库全书》第449册，第595页。
② （宋）章如愚撰：《群书考索后集》卷四十五《兵门》，《景印文渊阁四库全书》第937册，第643页。
③ （宋）熊克撰：《宋中兴纪事本末》卷二十三、卷三十三，第501、502、678页。
④ （明）鲁点编辑：《齐云山志》，载《中国道观志丛刊正续编》第10册，第352—353页。
⑤ （明）鲁点编辑：《齐云山志》，载《中国道观志丛刊正续编》第10册，第121—122页。

是辟云岩山房。一意著述，如《治安龟鉴药石》等编，自号云厓山人。"① 据此可知叶介夫行迹大体清晰。宋吴锡畴撰《兰皋集》卷二《次韵叶介夫》一首②，为叶介夫系宋人又一佐证。

《全宋诗》卷二八二四录蔡沈《武夷山中四首》③：

其一：余昔隐屏东，扁舟夹双龙。浩歌碧云间，万壑生清风。群仙幔亭宴，玉女双鬟蓬。夕景落寒岩，照耀金芙蓉。

其二：余昔隐屏西，乘闲卧幽栖。岩花雪端发，野鸟林际啼。仙掌神所刊，石崖天与齐。月华结清梦，啁唽闻金鸡。

其三：余昔隐屏南，春风驻征骖。开门傍水面，结屋依山岚。千崖互纡郁，万象中浑涵。居然岁月深，寒花露毶毶。

其四：余昔隐屏北，飘然度崖侧。谁知神仙居，自与尘世隔。瑶草霜更青，琪花雪仍白。横玉叫寒云，万里天一色。

叶介夫《云岩》四首与蔡沈《武夷山中》四首格式、韵律相同，诗句相类。蔡沈（1167—1230），字仲默，号九峰，建阳（今属福建）人，蔡元定三子，少从朱熹游。理宗绍定三年（1230）卒，年六十四。蔡沈年长于叶介夫，故叶介夫《云岩》当是化用蔡沈《武夷山中》而来。

17. 马绍庭 2 首

《书企秀轩》

终南古楼观，金碧郁峥嵘。丹灶暮烟暗，经台秋月明。山川无俗气，松竹有清声。企秀轩中客，徜徉了此生。④

《再过楼观》

青牛何事忽西辀，望气终南先有楼。千载圣真成契遇，两篇道德为传留。

---

① （明）鲁点编辑：《齐云山志》，载《中国道观志丛刊正续编》第 10 册，第 123 页。
② （宋）吴锡畴撰：《兰皋集》卷二《次韵叶介夫》，《景印文渊阁四库全书》第 1186 册，第 728 页。
③ 北京大学古文献研究所编：《全宋诗》卷 2824，第 54 册，第 33643—33644 页。
④ （元）朱象先集：《古楼观紫云衍庆集》，载《中国道观志丛刊正续编》第 3 册，第 123 页。

台前翠琰新连旧，洞裏丹砂春复秋。今日重登廊胸臆，榛芜尽净柏松幽。①

按：据彭国维先生考证，马绍庭系北宋太师舒国公马亮孙。②

18. 程若庸 1 首

《铁柱宫留题》

此柱相传自许君，难穷金铁铸时因。深从地底驱魑魅，暗向空中役鬼神。江脉旁通为异境，炉烟交馥仰高真。四边尽是鱼龙窟，不有阴功岂庇民。③

按：元陈栎撰《定宇集》卷七云："程公若庸，字达原，吾邑汉口人，于朱学甚用工。"④ 元吴澄撰《吴文正集》卷二十七《赠许成可序》："往年吾邦部使者邀至新安程君达原来临汝书院，为诸生讲说朱子之学。"⑤ 明程敏政撰《新安文献志》卷七十《行实》有《程山长（若庸）传》，传云："程山长若庸，字达原，宋端明殿学士珌之从侄。咸淳四年陈文龙榜进士"，"号勿斋，学者程勿斋先生"⑥。是故，程若庸，字达原，新安人，系宋度宗咸淳四年（1268）进士，学者程勿斋先生。

19. 张道清 1 首

《中都晤皇甫清虚赠句》

久恋帝乡春，虚名空系身，如何青嶂里，认取自家真。⑦

按：清傅燮鼎《九宫山志》卷四《仙释》："张真君道清，字得一，号三峰，郢之蒲骚里人，绍兴六年五月母感异梦而生。"⑧ 嘉庆《大清一统志》卷三百三十七《武昌府·仙释》云："张道清，郢州人，光宗时于九宫山修道。

---

① （元）朱象先集：《古楼观紫云衍庆集》，载《中国道观志丛刊正续编》第 3 册，第 125—126 页。
② 彭国维：《合肥北宋马绍庭夫妻合葬墓》，《文物》1991 年第 3 期。
③ （清）金桂馨、漆逢源纂辑：《逍遥山万寿宫志》，载《中国道观志丛刊正续编》第 31 册，第 1090—1091 页。
④ （元）陈栎撰：《定宇集》卷七，《景印文渊阁四库全书》第 1205 册，第 241 页。
⑤ （元）吴澄撰：《吴文正集》卷二十七，《景印文渊阁四库全书》第 1197 册，第 290 页。
⑥ （明）程敏政撰：《新安文献志》卷七十《行实》，《景印文渊阁四库全书》第 1376 册，第 188 页。
⑦ （清）傅燮鼎重辑：《九宫山志》，载《中国道观志丛刊正续编》第 7 册，第 181 页。
⑧ （清）傅燮鼎重辑：《九宫山志》，载《中国道观志丛刊正续编》第 7 册，第 87 页。

光宗召视疾，以瓯水进，辄愈，赐号真牧真君。"① 嘉庆《大清一统志》卷三百九十八《夔州府·仙释》云："张道清，字得一，巫山人，以绍兴六年毓于青牛山"，"开禧二年端坐而蜕"②。综合诸家记载可知，张道清，字得一，出生在今湖北荆门市京山县、孝感市应城一带，生于绍兴六年（1136），仙蜕于南宋宁宗开禧二年（1206）。

20. 林桂芳1首

《乌石观丹泉马头》

浮世茫茫万火牛，谁从蓬岛问三邳。灵槎若许通仙路，也学张骞一泛游。③

按：题注云"林桂芳，进士"。据弘治《八闽通志》卷五十四《选举志·科第·兴化府》记录，林桂芳系咸淳十年（甲戌，1274）王龙泽榜进士。④ 故林桂芳为兴化府（今福建莆田）人，进士，宋末元初在世。

第三节　《全元文》补目

《全元文》出版以来，学界不断有相关的补辑文章，尽管辑佚成果数量相差很大，少则一二篇，多则百篇甚至数百篇，但是不可否认，在质和量上都取得了十分丰硕的成果，其中，辑补数量较多者，以李新宇⑤、刘洪强⑥、薛

---

① （清）穆彰阿、潘锡恩等纂修：嘉庆《大清一统志》卷三百三十七《武昌府·仙释》，《续修四库全书》第620册，第75页。

② （清）穆彰阿、潘锡恩等纂修：嘉庆《大清一统志》卷三百九十八《夔州府·仙释》，《续修四库全书》第621册，第363页。

③ （清）金桂馨、漆逢源纂辑：《逍遥山万寿宫志》，载《中国道观志丛刊正续编》第31册，第1126页。

④ （明）陈道、黄仲昭纂修：弘治《八闽通志》卷五十四《选举志》，《四库全书存目丛书》，史部178册，第332页。

⑤ 李新宇：《〈全元文〉"辞赋作品"缺误考述》，《古典文献研究》第9辑，第105—112页。另见李新宇《元代辞赋研究》，第27—33页。

⑥ 刘洪强：《〈全元文〉补目160篇》，《古籍整理研究学刊》2009年第3期；刘洪强：《〈全元文〉补目300篇》，载朱万曙主编《古籍研究》（2008年卷下），第152—160页。

瑞兆①、罗海燕②等较为突出。陈开林在其博士学位论文第五章基础上剔除与学界重复者，辑录《全元文》已收作家 313 篇，未收作家 320 篇，凡 633 篇③，在诸多辑佚学者中成果最为丰富。

本书通过翻检明清宫观山志等文献，复检得元文 47 篇，其中已收作者 13 人 17 篇，未收作者 24 人 30 篇，均不见于《全元文》及诸家补遗之作。今一并录出，以助补《全元文》之缺。篇幅所限，所辑元文仅予补目。凡《全元文》已收著者，括号内标注该著者之文在《全元文》起始册数、卷数、页码，以便检索核查；凡《全元文》未收著者，则加按语，略加考辨。

一、补《全元文》已收作者之文

1. 史孝祥（35 \ 1121 \ 236）1 篇

《送熊退斋归武夷序》

按：《全元文》录史孝祥文 1 篇，未收此篇。是文载于清董天工编《武夷山志》卷一一④，题史药房撰。史孝祥，字敬与，号药房。《武夷山志》卷十七《补遗·元》著录"史药房，四川人"⑤。宋元间陈著撰《本堂集》卷八〇有《与台州史药房同知孝祥》。⑥

2. 王德渊（31 \ 987 \ 17）1 篇

《护持灵惠齐圣广祐王庙碑记》

按：《全元文》录王德渊文 5 篇，未收此篇。是文载于清郑烺辑《崔府君祠祷嗣集录》⑦，黄希文《增修磁县县志》附录《艺文志·元文》亦收录，题

① 薛瑞兆：《〈全元文〉校读》，《古籍整理研究学刊》2010 年第 4 期。

② 罗海燕：《现存元人碑刻资料及其作者考略——〈全元文〉补目 42 篇》，《古籍整理研究学刊》2011 年第 5 期。

③ 陈开林：《〈全元文〉补正》第三册、第四册，第 533—930 页。

④ （清）董天工编，《武夷山志》，载《中国道观志丛刊正续编》第 34 册，第 732—735 页。

⑤ （清）董天工编，《武夷山志》，载《中国道观志丛刊正续编》第 34 册，第 1131 页。

⑥ （宋）陈著撰：《本堂集》卷八十，《景印文渊阁四库全书》第 1185 册，第 422—423 页。

⑦ （清）郑烺辑：《崔府君祠祷嗣集录》，载《中国道观志丛刊正续编》第 51 册，第 13—19 页。

《崔府君庙碑记》。① 文中谓庙重修于大德三年（1299），文末署"翰林直学士奉政大夫知制诰同修国史王德渊撰"，又云"至大贰年仲冬上旬七日"刘大本立石。至大贰年即元武宗至大二年（1309）。

3. 李谦（9＼286＼62）1 篇

《祀岳庙记》

按：《全元文》录李谦文 39 篇，未收此文。是文载于清景日昣撰《嵩岳庙史》卷一〇。② 文中提及"至元丁丑岁"，元代"至元丁丑岁"有二：一是元世祖至元十四年（1277）；二是元顺帝至元三年（1337）。文中又谓"遣中侍脱忽思传旨，命大臣平章政事阿合马出内府公帑，礼部尚书许国桢摄行祀事"。阿合马卒于元世祖至元十九年（1282），故此文当撰于前至元丁丑（1277）年或稍后。

4. 冯子振（20＼618＼106）1 篇

《琼花赋》

按：《全元文》录冯子振文 12 篇，未收此文。是文收于清贵正辰纂辑《琼花集》卷二。③ 赋后署"至正三年癸亥"，至正系元顺帝年号，凡二十八年，无"癸亥"年。据此，或年号，或干支，必有一误者。考赋后跋云"至元甲午"，系元世祖至元三十一年（1294）；复云"又十七年至大庚戌"，系元武宗至大三年（1310）；再云"甲午迨今三十年"，当为元英宗至治三年（1323），是年为癸亥年。若此，年号与干支皆吻合。是故，此赋当作于至治三年癸亥（1323），文末所署"至正"应系"至治"之误。

5. 胡琦（37＼1164＼168）4 篇

（1）《关帝论》《蜀汉论》

按：二文原载于元胡琦《关王事迹》卷二④、《关圣帝君圣迹图志全集》

---

① 黄希文纂辑：《增修磁县县志》，民国三十年（1941）铅印本，第 3—4 页。
② （清）景日昣纂：《嵩岳庙史》，载《中国道观志丛刊正续编》第 2 册，第 530—533 页。
③ （清）贵正辰纂辑：《琼花集》，载《中国道观志丛刊正续编》第 51 册，第 45—58 页。
④ （元）胡琦编：《关王事迹》，第 18—20 页。

卷四①、清张镇《解梁关帝志》卷二②收录之。后者分别题《汉寿亭侯论辩》《蜀汉考辨》。

（2）《关张年岁考辨》《解池斩妖考辨》

按：二文载清张镇《解梁关帝志》卷二。③

《全元文》录胡琦文1篇，未收以上4篇。

6. 王沂（60＼1822＼31）2篇

《代祀中岳记》

按：是文载于清景日昣纂《嵩岳庙史》卷一〇④，清景日昣纂《说嵩》卷二十六⑤亦收录。篇首有"圣天子即位之九年"，考元世祖即位先以中统为年号，历时四年，继以至元为年号，故"即位之九年"，系至元五年（1268）。《嵩岳庙史》卷六《祀典》曰："世祖至元五年（1268）六月遣使王沂祀中岳。"⑥《代祀中岳记》即是对此事之记载。

《颖谷书院记》

按：是文载于明陆㙊辑《嵩岳文志》卷四⑦，明傅梅《嵩书》卷二十一⑧、清景日昣《说嵩》卷二十六⑨皆收录。《颖谷书院记》谓颖谷书院建于后至元五年（1339），故此文当撰于是年或稍后。

《全元文》录王沂文225篇，未收以上2篇。

---

① （清）卢湛编：《关圣帝君圣迹图志全集》，载《中国道观志丛刊正续编》第38册，第687—690页。

② （清）张镇编辑，宋万忠、武建华校注：《解梁关帝志》卷二《考辨》，第100—102页。

③ （清）张镇编辑，宋万忠、武建华校注：《解梁关帝志》卷二《考辨》，第103—107页。

④ （清）景日昣纂：《嵩岳庙史》，载《中国道观志丛刊正续编》第2册，第528—530页。

⑤ （清）景日昣纂：《说嵩》卷二十六，《四库全书存目丛书》，史部238册，第330—331页。

⑥ （清）景日昣纂：《嵩岳庙史》，载《中国道观志丛刊正续编》第2册，第193页。

⑦ （明）陆㙊辑：《嵩岳志·嵩岳文志·续诗文》，载《中国道观志丛刊正续编》第40册，第500—503页。

⑧ （明）傅梅撰：《嵩书》卷二十一，《续修四库全书》第725册，第381—382页。

⑨ （清）景日昣纂：《说嵩》卷二十六，《四库全书存目丛书》，史部238册，第331页。

7. 李简（10＼356＼549）1 篇

《谢雨文》

按：是文收录于明查志隆《岱史》卷九《灵宇纪》。① 本卷"渊济公庙"条谓：元朝州倅李简撰《谢雨文》。② 篇首谓"庚申年二月己亥朔十九日丁巳，泰安州州倅李简"，文中有"李简愚憨不才，俾倅此州"之句，故此时李简为泰安知州。有元一代，仅有一个庚申年，即元仁宗延祐七年（1320），故是文撰于当年二月十九日。《全元文》录李简文 1 篇，未收此文。

8. 元仁宗（36＼1138＼26）1 篇

《授陈日新真人制》

按：是文收载于元明善辑修、张国祥续修《续修龙虎山志》卷四。③ 陈日新，元代玄教著名道士。《全元文》录元仁宗文 101 篇，未收此文。

9. 王构（13＼449＼121）1 篇

《敕赐龙虎山大上清正一宫碑》

按：是文收载于元明善辑修、张国祥续修《续修龙虎山志》卷五④，文末题"臣当书翰林侍讲学士中议大夫知制诰同修国史臣王构奉敕撰"。《全元文》录有二王构之文，其一，字嗣能，平定（今山西省平定县）人；其二，字肯堂，东平（今山东省东平人）。据是文末所题职衔，撰者当是东平王构。《全元文》录东平王构文 30 篇，未收是文。

10. 曾子良（5＼144＼158）1 篇

《凝真观记》

按：是文收载于元明善辑修、张国祥续修《续修龙虎山志》卷五⑤，文末

① （明）查志隆撰：《岱史》，载《中国道观志丛刊正续编》第 42 册，第 420—421 页。
② （明）查志隆撰：《岱史》，载《中国道观志丛刊正续编》第 42 册，第 416 页。
③ （元）元明善辑修，（明）张国祥续修：《续修龙虎山志》，载《中国道观志丛刊正续编》第 49 册，第 113—114 页。
④ （元）元明善辑修，（明）张国祥续修：《续修龙虎山志》，载《中国道观志丛刊正续编》第 49 册，第 164—173 页。
⑤ （元）元明善辑修，（明）张国祥续修：《续修龙虎山志》，载《中国道观志丛刊正续编》第 49 册，第 224—229 页。

题"著雍困敦三月望，前从政郎建德府淳安县令主管劝农事南丰曾子良记"。著雍困敦，为岁星纪年，即戊子年。曾子良（1224—?），其出生之年系甲申年，经历的第一个戊子年是 1228 年，彼时仅满 4 岁，不可能撰写是文；第二个戊子年为 1288 年，此时曾子良满 64 岁。是故，是文当撰于元世祖至元二十五年（1288）。《全元文》录曾子良文 4 篇，未收是文。

11. 杜道坚（9 \ 298 \ 315）1 篇

《为王盘隐掩土文》

按：是文载于清青屿仰蘅《武林元妙观志》卷三。① 王福缘，字子繇，号盘隐，钱塘人，元代杭州元庙观道士，至元中，授杭州路道箓。《武林元妙观志》卷二有《王盘隐先生》。② 《全元文》录杜道坚文 7 篇，未收是文。

12. 察罕（31 \ 1010 \ 439）1 篇

《解庙旱祷文》

按：是文载于清张镇《解梁关帝志》卷三《艺文上》。③ 《全元文》录察罕文 3 篇，未收是文。

13. 赵復（2 \ 58 \ 203）1 篇

《赋关尹篇献清和大宗师言归楼观》

按：是文载于朱象先《古楼观紫云衍庆集》卷中④，文末题"云梦赵復仁甫撰"。赵復（生卒不详），德安（今湖北安陆）人，字仁甫，元代理学家，学者称江汉先生。《元史》卷一百八十九有传。《全元文》录赵復文 3 篇，未收是文。

① （清）青屿仰蘅编辑：《武林元妙观志》，载《中国道观志丛刊正续编》第 17 册，第 111—112 页。

② （清）青屿仰蘅编辑：《武林元妙观志》，载《中国道观志丛刊正续编》第 17 册，第 62 页。

③ （清）张镇编辑，宋万忠、武建华标注：《解梁关帝志》卷三《艺文上》，第 186 页。

④ （元）朱象先集：《古楼观紫云衍庆集》，载《中国道观志丛刊正续编》第 3 册，第 52—54 页。

二、补《全元文》未收作者之文

1. 王守道 1 篇

《玉华观碑》

按：是文载于朱象先《古楼观紫云衍庆集》卷中①，文末署名"古邰王守道撰，至大元年清明日知观王守玄、何守真、缐慧通建"。《元史》卷一百五十三录有王守道，字仲履，其先真定人平山人，曾任真定主簿、真定等路万户府参谋等职，卒于至元七年（1270）。② 本文之王守道自署"古邰"，古邰系古邰国省称，大致相当于今陕西省武功县。③ 二王守道籍贯不一致，但《元史》云王守道"其先真定平山人"，亦不能确认王守道籍贯后来是否有变。是文未标注撰写时间，至大元年（1308）系建碑之时。故不能以时间否认真定王守道撰写碑文之可能。据上述资料，本文之古邰王守道是否与《元史》之真定王守道系同一人，尚待进一步考辨。

2. 井道泉 2 篇

《大元重修四真堂记》

按：是文载于武树善《陕西金石志》卷二五④，碑首题"洞元纯素致虚履常大师教门高士井道泉大渊撰"，碑尾题"至元二年岁次丙子重九日功德主清真居士梁德清、男焘、孙惟善、惟则立"。元代两朝皇帝以"至元"为年号。元世祖至元二年（1265），系乙丑年；元顺帝至元二年（1336），系丙子年，与题款相合。是故，《大元重修四真堂记》当撰于后至元二年（1336）。

《创修朝元洞碑》

按：是碑载于清李榕《华岳志》卷一。⑤ 孙星衍《寰宇访碑录》卷一〇

---

① （元）朱象先集：《古楼观紫云衍庆集》，载《中国道观志丛刊正续编》第 3 册，第 78—83 页。
② （明）宋濂等撰：《元史》卷一百五十三《王守道传》，第 3613—3614 页。
③ 陈明源：《中国县级以上政区历史名称录》，第 329 页。
④ 武树善编：《陕西金石志》，《石刻史料新编》（第一辑）第 22 册，第 16725—16726 页。
⑤ （清）李榕纂辑：《华岳志》，载《中国道观志丛刊正续编》第 4 册，第 107—108 页。

谓："《创修朝元洞碑》，井道泉撰，李皞正书，大定二年（1162）。"① 《寰宇访碑录》卷一二又曰："《太华山创建朝元洞碑》，井道泉撰，李皞正书，泰定二年（1325）十月。"② 同为一碑，两处记载，但在撰文时间上，二说抵牾。据《创修朝元洞碑》所记，贺元希卒于大德己亥（1299），朝元洞成于贺元希卒后十四年之壬子（1312）年。是故，《寰宇访碑录》卷一〇所记撰文时间必误。毕沅《关中金石记》卷七："《创修朝元洞碑》，泰定二年（1325）下元日立，井道泉撰文，李皞正书，杨寅撰额，在华阴朝元洞。"③ 所记与《寰宇访碑录》卷一二同，可为佐证。据此，碑文撰于元皇庆元年（1312），立石于泰定二年（1325）。

3. 陈至（致）虚 4 篇

《与明素蟾书》《交泰庵记》《与罗洞云书》《与车兰谷书》

按：四文载于清傅燮鼎《九宫山志》卷八。④ 陈致虚（1290—？），字观吾，号上阳子，江右庐陵（今江西吉安）人，元代著名道士。《四库全书》有陈致虚撰《周易参同契分章注》三卷。⑤ 乾隆《贵州通志》卷三十二《人物·仙释·思南府》将陈致虚列为唐人⑥，误。《九宫山志》全书将陈致虚皆写成"陈至虚"，亦误。例如，卷四《仙释》"陈至虚"条："陈至虚，字观吾，丹号上阳子，庐陵人，师事赵（友钦）真人，深得内丹之诀，著《金丹问答》及《参同契注》。"⑦ 可证此"陈至虚"即是元代著名道士陈致虚。

《与明素蟾书》收入陈致虚《上阳子金丹大要》（三家本《道藏》第 24 册）。文中之明素蟾，王圻《续文献通考》卷二百四十三《仙释考》云："宗阳

---

① （清）孙星衍、邢澍编：《寰宇访碑录》（四），《丛书集成初编》本，第 410 页。
② （清）孙星衍、邢澍编：《寰宇访碑录》（五），《丛书集成初编》本，第 522 页。
③ （清）毕沅撰：《关中金石记》（二），《丛书集成初编》本，第 143 页。
④ （清）傅燮鼎重辑：《九宫山志》，载《中国道观志丛刊正续编》第 7 册，第 184—205 页。
⑤ （元）陈致虚撰：《周易参同契分章注》，《景印文渊阁四库全书》第 1058 册。
⑥ （清）靖道谟、杜诠等编纂：乾隆《贵州通志》卷三十二《人物·仙释·思南府》，《景印文渊阁四库全书》第 572 册，第 16 页。
⑦ （清）傅燮鼎重辑：《九宫山志》，载《中国道观志丛刊正续编》第 7 册，第 95 页。

子明素蟾，居九宫山，本名宗，慕白玉蟾为人故改名。明犹白也，素犹玉也。"①

《交泰庵记》文中之交泰庵为九宫山道士罗希注建。②

《与罗洞云书》，罗洞云，即罗希注，事见《九宫山志》卷四《仙释》。③

《与车兰谷书》，车兰谷，即车可诏，事见《九宫山志》卷四《仙释》。④

4. 罗希注 1 篇

《交泰庵说示车可诏》

按：是文载于清傅燮鼎《九宫山志》卷八。⑤ 罗希注，字景山，号洞云，道号弥边先生。元代九宫山道士，建交泰庵。元世祖征聘江南高士，罗希注应诏付阙，《九宫山志》卷四《仙释》有传。⑥

5. 车可诏 2 篇

《真牧堂新膺龙光记》《黄绫记语》

按：二文载于清傅燮鼎《九宫山志》卷八。⑦ 车可诏，通山人，号兰谷，丹号碧阳子，元明之际九宫山住持，《九宫山志》卷四《仙释》有传。⑧

6. 潘宁载道父 1 篇

《昭利神集序》（篇题自拟）

按：是文录于明杜翔凤《昭利庙志》卷首《重修昭利庙志序》后⑨，不著篇名，文末署"元至大元年（1308）戊申初春里人潘宁载道父书于通仙阁"，当系历代吟咏昭利神文集之序文。撰者潘宁载道父，待考。

① （明）王圻撰：《续文献通考》卷二百四十三《仙释考》，《四库全书存目丛书》，子部第 189 册，第 584 页。
② （清）傅燮鼎重辑：《九宫山志》，载《中国道观志丛刊正续编》第 7 册，第 97 页。
③ （清）傅燮鼎重辑：《九宫山志》，载《中国道观志丛刊正续编》第 7 册，第 97 页。
④ （清）傅燮鼎重辑：《九宫山志》，载《中国道观志丛刊正续编》第 7 册，第 98 页。
⑤ （清）傅燮鼎重辑：《九宫山志》，载《中国道观志丛刊正续编》第 7 册，第 192—193 页。
⑥ （清）傅燮鼎重辑：《九宫山志》，载《中国道观志丛刊正续编》第 7 册，第 97 页。
⑦ （清）傅燮鼎重辑：《九宫山志》，载《中国道观志丛刊正续编》第 7 册，第 205—207 页。
⑧ （清）傅燮鼎重辑：《九宫山志》，载《中国道观志丛刊正续编》第 7 册，第 98 页。
⑨ （明）杜翔凤辑：《昭利庙志》，载《中国道观志丛刊正续编》第 51 册，第 5—7 页。

7. 陈浩 1 篇

《琼花赋》

按：是文收录于清贵正辰纂辑《琼花集》卷二。① 有关撰者陈浩及其《琼花赋》可资参考资料仅二条：其一，贵正辰于篇题标注云："《琼花赋》，至正甲子正月，元，陈浩，养元，庐陵人。"其二，前文冯子振《琼花赋》跋："今年春正月，庐陵士子陈养浩忽袖《广陵琼花赋》示予。"综合二者可确知：陈浩，字（或号）养元，庐陵（今江西吉安）人，其《琼花赋》撰成时间稍早于冯子振《琼花赋》的"今年春正月"。按理讲，"今年"当即"至正甲子"，但此处尚存疑窦，需略加辨析：一是篇题标为"陈浩"，冯子振《琼花赋》则说是"陈养浩"，二者孰是孰非，难以断定。二是"至正甲子"之说，不能成立。元朝"甲子"之年有二，一是元世祖至元元年（1264），二是泰定帝泰定元年（1324），下一个"甲子"之年，则是明太祖洪武十七年（1384）。元明易代之际，文人士者在故国与新朝之间，常有反常之举。由元入明之学者，为昭示不忘旧主，偶有沿用元顺帝"至正"纪年之做法，清人沈士良编《倪高士年谱》之"（洪武）六年癸丑"条，于此现象已有阐发。问题是，此处之"至正甲子"，是否亦是编者为昭示心志，特意将明太祖洪武十七年（1384）说成"至正甲子"呢？答案是否定的。如前所述，冯子振《琼花赋》作于"至治三年癸亥春三月"，即元英宗至治三年（1323）春三月，陈浩《琼花赋》亦当是年完成，且稍稍早于冯氏之赋。是故，此处之"至正甲子"不可能是"洪武十七年"，只能是贵正辰的标注有误。综上，陈浩《琼花赋》当成于"至治三年癸亥"，而非并不存在的"至正甲子"之年。

8. 曹贲亨 1 篇

《忠清庙复路记》

按：是文收于《吴山伍公庙志》卷三《艺文上·碑记》。② 曹贲亨，安徽

---

① （清）贵正辰纂辑：《琼花集》，载《中国道观志丛刊正续编》第51册，第58—62页。

② （清）金文淳纂，（清）沈永清补：《吴山伍公庙志》，载《中国道观志丛刊正续编》第52册，第121—123页。

砀山人，元文学家曹伯启（1255—1333）次子。《元史》卷一七六《曹伯启传》谓曹伯启"子六人"，"皆显仕"①。《曹文贞诗集·后录》收录张起岩《文贞曹公神道碑铭》，其云：曹伯启初配李氏生四子，震亨、贲亨、谦亨、泰亨；今配石盏氏生二子，复亨、履亨。② 下文"余典教是邦"语，及明金世行《忠清庙原序》所记，忠清庙"自元历有年，所葺理乏人，庙日凌夷。至天历中，判官刘淑修庙复路，教授曹贲亨为之勒石，神之香火赖以不坠"③。据此可知，曹贲亨天历三年（1330）为钱塘儒学教授。《曹文贞诗集·后录》又云：贲亨，今临江路（治今江西清江）儒学教授。④ 苏天爵《滋溪文稿》卷一〇《曹文贞公祠堂碑铭》亦谓曹贲亨为临江儒学教授。⑤ 张起岩《文贞曹公神道碑铭》和苏天爵《曹文贞公祠堂碑铭》撰于癸酉（元统元年，1333）后。据此，曹贲亨任钱塘儒学教授后，再任临江路儒学教授。

9. 刘淑 1 篇

《忠清庙复路碑阴记》

按：是文载于《吴山伍公庙志》卷三《艺文上·碑记》。⑥ 刘淑，明金世行《忠清庙原序》有"天历中，判官刘淑"⑦ 之文。天历（1328—1330），元文宗年号。据《吴山伍公庙志》卷首《庙图说》："（伍公庙）二门五间，中奉敕封火应侯钱三太尉之神，左右前半间塑堆沙、积沙二神，后半间立忠清庙复路碑记、重修英卫公庙碑记各一通。"⑧ 是故，《忠清庙复路记》及《忠

---

① （明）宋濂等撰：《元史》，第 4101 页。

② （元）曹伯启撰：《曹文贞诗集·后录》，《景印文渊阁四库全书》第 1202 册，第 537 页。

③ （清）金文淳纂，（清）沈永清补：《吴山伍公庙志》，载《中国道观志丛刊正续编》第 52 册，第 26 页。

④ （元）曹伯启撰：《曹文贞诗集·后录》，《景印文渊阁四库全书》第 1202 册，第 537 页。

⑤ （元）苏天爵撰：《滋溪文稿》，《景印文渊阁四库全书》第 1214 册，第 118 页。

⑥ （清）金文淳纂，（清）沈永清补：《吴山伍公庙志》，载《中国道观志丛刊正续编》第 52 册，第 123 页。

⑦ （清）金文淳纂，（清）沈永清补：《吴山伍公庙志》卷首《忠清庙原序》，载《中国道观志丛刊正续编》第 52 册，第 26 页。

⑧ （清）金文淳纂，（清）沈永清补：《吴山伍公庙志》，载《中国道观志丛刊正续编》第 52 册，第 42 页。

清庙复路碑阴记》并刻于一通石碑，前者刻于碑之阳，后者刻于碑之阴。

10. 留梦炎 1 篇

《重建大有宫记》

按：是文撰于至元癸未（1283）后，收录于明胡昌贤修辑、清王维翰续辑《委羽山志》卷三。① 留梦炎（1219—1295），字汉辅，号忠斋（一作中斋），衢州人。南宋末期宰相，入元后官至丞相。故留梦炎既可视为宋人，亦可视为元人。今人编《全宋文》亦未收留梦炎文。

11. 常居仁 1 篇

《祈雨纪略》

按：是文载于清夏以槐《清水岩志》卷上②及清杨浚《清水岩志略》卷三。③《清水岩志》卷上题作"县尹"，是卷目录云"至元元年县令，常居仁。"《清水岩志略》文末按语云"按居仁至元元年官安溪县尹"。考元代有二至元，前至元元年为1264年，后至元元年为1335年。另据《安溪县志》卷三《历官·元·县尹》，常居仁于大德间（1297—1307）及至大元年（1308）任安溪县县尹。④ 二至元时间均与常居仁实际任安溪县令时间不吻合。疑《清水岩志》卷上目录及《清水岩志略》文末按语"至元元年"，当作"至大元年"。文末署"天历五年"，考天历（1328—1330）系元文宗年号，历时仅三年，故"天历五年"恐亦有误。

12. 秃忽鲁 1 篇

《致祭大师文》

按：是文载于清夏以槐《清水岩志》卷上⑤及清杨浚辑《清水岩志略》

---

① （明）胡昌贤修辑：《委羽山志》，载《中国道观志丛刊正续编》第 55 册，第 42—46 页。
② （清）夏以槐修：《清水岩志》，载《中国道观志丛刊正续编》第 59 册，第 83—85 页。
③ （清）杨浚辑：《清水岩志略》，载《中国道观志丛刊正续编》第 60 册，第 66—68 页。
④ （明）林有年主纂：嘉靖《安溪县志》，载《天一阁藏明代方志选刊》，第 11 页。
⑤ （清）夏以槐修：《清水岩志》，载《中国道观志丛刊正续编》第 59 册，第 87—88 页。

卷三。①《清水岩志略》按语云："秃忽鲁，大德五年官泉州路安溪县达鲁花赤兼劝农事。"《清水岩志》卷上目录著录："元大德五年县尹，秃忽鲁。"另据嘉靖《安溪县志》卷三《官制类》，秃忽鲁，大德五年为安溪县达鲁花赤。② 大德五年系元成宗大德五年（1301）。

13. 履元 1 篇

《重修清水岩记》

按：是文《清水岩志》卷上③及《清水岩志略》卷三。④《清水岩志》文末题"元延祐四年丁丑仲秋，温陵属末龙水山古禅履元敬书。"《清水岩志略》题注云"元，僧履元"，文末署"元延祐四年丁丑仲秋"，题《清水岩志》卷上目录著录："元延祐四年，履元。"延祐四年，编者杨浚加按语云："按履元，温陵龙水山人。"延祐四年，亦即元仁宗延祐四年（1317）。温陵，系泉州别称。龙水山位于泉州南安。故是文为泉州南安龙水山古禅僧人履元撰，撰于延祐四年（1317）。

14. 沈天祐 2 篇

《祠山志序》

按：《祠山志序》载于《祠山事要指掌集》卷首⑤及《祠山志》卷首。⑥文末题"延祐岁次甲寅前嘉兴路儒学教授登仕郎广德路总管府知事古杭一斋沈天祐敬记"。延祐甲寅，即元仁宗延祐元年（1314）。至顺《镇江志》卷十七《学职》记载，沈天祐，字吉甫，杭州人，曾任濂溪书院、茅山书院山长。⑦ 古杭一斋，当为沈天祐号。丁丙《善本书室藏书志》卷二十一谓《夷

---

① （清）杨浚辑：《清水岩志略》，载《中国道观志丛刊正续编》第 60 册，第 68—69 页。
② （明）林有年主纂：嘉靖《安溪县志》卷三《官制类》，载《天一阁藏明代方志选刊》，第 10 页。
③ （清）夏以槐修：《清水岩志》，载《中国道观志丛刊正续编》第 59 册，第 101—102 页。
④ （清）杨浚辑：《清水岩志略》，载《中国道观志丛刊正续编》第 60 册，第 65—66 页。
⑤ （宋）周秉秀撰，（元）梅应发续辑：《祠山事要指掌集》。
⑥ （元）周秉秀编，（清）周宪敬重编：《祠山志》，载《中国道观志丛刊正续编》第 44—45 册，第 35—36 页。
⑦ （元）俞希鲁撰：至顺《镇江志》卷十七，《续修四库全书》698 册，第 721 页。

坚甲志》二十卷、《乙志》二十卷、《丙志》二十卷、《丁志》二十卷，卷首有"古杭一斋沈天祐序"①，便是一证。

《元延祐感应记》

按：是文载于《祠山事要指掌集》卷首②及《祠山志》卷一〇。③ 文末题"延祐丙辰下元日前登仕郎广德路总管府知事古杭一斋沈天祐谨记立"。延祐丙辰，即元仁宗延祐三年（1316）。

15. 吴孟阳 1 篇

《至元重修广惠庙记》

按：是文载于《祠山事要指掌集》卷九④及《祠山志》卷一〇。⑤ 文末题"至元柔兆阉茂陬月也，前承郎吴孟阳记"。柔兆阉茂，岁星纪年，为丙戌年，陬月即正月。元世祖、元惠宗皆以至元为年号，前至元由 1264 年至 1294 年，后至元由 1335 年至 1340 年，后至元无丙戌之年，是故是文撰于前至元丙戌，亦即元世祖至元二十三年（1286）。吴孟阳，宋元间人。嘉靖《广德州志》卷八《人物志》之"岁贡·宋"："吴孟阳，任京学谕，转玩州教授，以文擅声。"⑥

16.（云岩）李鉴 1 篇

《题刻胡氏新编关帝事迹序》

按：是文收录于清卢湛《关圣帝君圣迹图志全集》卷四⑦，亦载于清张镇

---

① （清）丁丙辑：《善本书室藏书志》卷二十一，《续修四库全书》第 927 册，第 417 页。

② （元）周秉秀撰，（元）梅应发续辑：《祠山事要指掌集》卷首。

③ （元）周秉秀编，（清）周宪敬重编：《祠山志》，载《中国道观志丛刊正续编》第 45 册，第576—581 页。

④ （元）周秉秀，（元）梅应发续辑：《祠山事要指掌集》卷九。

⑤ （元）周秉秀编，（清）周宪敬重编：《祠山志》，载《中国道观志丛刊正续编》第 45 册，第561—565 页。

⑥ （明）朱麟等修，（明）黄绍文等纂：嘉靖《广德州志》（一），《中国方志丛书·华中地方·第七〇六号·安徽省》，第 247 页。

⑦ （清）卢湛编：《关圣帝君圣迹图志全集》，载《中国道观志丛刊正续编》第 38 册，第 634—637 页。

《解梁关帝志》卷三《艺文上》。^①《关圣帝君圣迹图志全集》篇头题"至大戊申前进士云岩李鉴"。至大戊申，即元武宗至大元年（1308）。《全元文》卷一七〇五所收之李鉴，字彦昭，大名清丰（今河南清丰）人，至正五年（1345）任秘书监典史，十八年进令史。官至翰林侍讲学士、知制诰、同修国史、中顺大夫。^② 而此文之李鉴，自署"云岩"，具体何指，尚待考察；又谓"投老山林，笔墨荒落"，从时间与履历分析，二李鉴非一人。

其文云巴郡胡君光玮"慨忠义之无传，稽梼杌而有作"，撰《新编关帝事迹》。清沈叔埏撰《颐彩堂文集》卷九《书重编武安王集后》云："元巴郡胡光玮琦编五卷。"^③。据诸家所记可知，胡琦，字光玮。

17. 訾守慎 1 篇

《元和（长春观）记略》

按：是文收录于明查志隆《岱史》卷九《灵宇纪》。^④ 文前"长春观"条谓："在州城西北隅，女道士废绝久之禅僧寄焉。中统碑刻，元和子为女冠訾守慎作记。丘神仙牒刻成吉思汗皇帝敕旨俱存，记称祖师谓丘神仙。妙真则寿慎之赐号也。"中统（1260—1264），元世祖年号。訾守慎，号元和子，全真女冠，号妙真。

18. 王真 1 篇

《王真（灵沠侯）记略》

按：是文收录于明查志隆《岱史》卷九《灵宇纪》^⑤，文前"灵沠侯庙"条谓："元重建，教授王真记。"元李道谦《甘水仙源录》卷十《重修太清观记》^⑥，奉天王真撰，文末谓撰于"壬子正月"。元代壬子年系元仁宗皇庆元

① （清）张镇编辑，宋万忠、武建华标注：《解梁关帝志》卷三《艺文上》，第175—176页。
② 李修生主编：《全元文》，第56册，第252页。
③ （清）沈叔埏撰：《颐彩堂文集》卷九，《续修四库全书》第1458册，第435页。
④ （明）查志隆撰：《岱史》，载《中国道观志丛刊正续编》第42册，第405—406页。
⑤ （明）查志隆撰：《岱史》，载《中国道观志丛刊正续编》第42册，第414—416页。
⑥ （元）李道谦集：《甘水仙源录》卷十《重修太清观记》，《道藏》第19册，第806—807页。

年（1312）。未知与此王真同系一人。

19. 路希尹 1 篇

《路希尹感泽记》

按：是文收录于明查志隆《岱史》卷九《灵宇纪》。[①] 本卷"渊济公庙"条谓："州守路希尹撰《感泽记》。"《感泽记》有"太守路希尹来守是邦"，"岁乙巳，值天久旱"之句。清聂钦纂《泰山道里记》曰，渊济公祠，"元明多刻石祠中，今并亡，惟元至正时《感泽记》碣尚存，漶漫无撰书人姓名。《岱史》称之州路希尹撰文矣。"[②] 据此，《感泽记》当撰于至正年间之乙巳年，亦即元顺帝至正二十五年（1365）。乾隆《泰安府志》卷十《职官上·元》谓路希尹至正间任泰安州知州。[③]

20. 陈翊 1 篇

《登山记》

按：是文题陈翊撰，载于清宋广业《罗浮山志会编》卷一二[④]，篇首题"大德十一年七月，惠州路钦奉诏书，皇帝登大宝，宇宙更始。越十月既望，本路同知惠州路总管府事完颜遣本路教授陈翊躬诣罗浮山"。大德十一年（1307），元成宗去世，次年武宗继位，改元至大。"七月"，若"越十月"，则为次年五月。是故，至大元年（1308）五月，为撰文之时。陈翊，时为惠州路儒学教授。

21. 王纬 1 篇

《泰定修庙记》

按：是文载于清张镇《解梁关帝志》卷三[⑤]，题王纬撰。据该书卷一

---

① （明）查志隆撰：《岱史》，载《中国道观志丛刊正续编》第 42 册，第 422—423 页。
② （清）聂钦纂：《泰山道里记》，第 30 页。
③ （清）颜希深修，成城纂：乾隆《泰安府志》卷十《职官上·元》，第 17 页。
④ （清）宋广业纂辑：《罗浮山志会编》，载《中国道观志丛刊正续编》第 63 册，第 747 页。
⑤ （清）张镇编辑，宋万忠、武建华标注：《解梁关帝志》卷三《艺文上》，第 179—180 页。

《庙制》，解州关帝庙于元泰定元年（1324）重修，有学士王纬记。① 清言如泗修《解州全志》卷三《坛庙》"关圣庙"亦云："泰定元年重修，学士王纬记。"另据《解梁关帝志》卷三目录，王纬为元代翰林、学士。

22. 陈献（巘）1 篇

《至正饰庙记》

按：是文载于清张镇《解梁关帝志》卷三。② 据该书卷一《庙制》，解州关帝庙于元至正二十五年（1365）重修，陈献为之记，皆作"陈献"。另据清言如泗《解州全志》卷三《坛庙》"关圣庙"云："至正二十五年，郡人蔡荣等重修，陈巘记。"作"陈巘"。《至正饰庙记》谓"郡人有蔡荣者，睹其神庙颓圮，乃作而新之，至今三十余载"。则撰文当在至正二十五年（1365）三十余年之后，亦即明洪武二十八年（1395）后。陈献（巘），据卷三目录，解州知州。另据《方舆考证》卷二十七《绛州·山川》引元人陈巘《栢壁记》，未知此陈巘是否与《至正饰庙记》撰者同为一人。

23. 毛德 1 篇

《新建武安王殿记》

按：是文载于清张镇《解梁关帝志》卷三③，本卷目录题"毛德，竹林散人"。是文中谓住持钟山大师新建武安殿于至大戊申岁，亦即元武宗至大元年（1308）。又云"越七载而其功圆"。故修葺武安殿工程完成于七年之后的延祐元年（甲寅，1314）。

24. 孙元 1 篇

《颍川忠襄王庙碑记》

按：是文收于清甘如泗《解州全志》卷十三《艺文》。④ 文题"元孙元"，

① （清）张镇编辑，宋万忠、武建华标注：《解梁关帝志》卷一《庙制》，第72—73 页。
② （清）张镇编辑，宋万忠、武建华标注：《解梁关帝志》卷三《艺文上》，第181—182 页。
③ （清）张镇编辑，宋万忠、武建华标注：《解梁关帝志》卷三《艺文上》，第183 页。
④ （清）言如泗修，吕滥等纂：《解州全志》卷十三，第22—23 页。

内有察罕帖木儿（字庭瑞，《元史》卷一百四十一有传）薨谥忠襄追王颖川及其子扩廓帖木儿等记载，则是文当撰于察罕帖木儿去世之至正二十二年（1362）后。

第四节　《全元诗》辑补

由杨镰先生主编的《全元诗》，"全书六十八册，收录近五千位诗人的约十三万二千首诗"[①]，给元代文学的研究带来了极大便利，但因元朝诗作体量庞大，存在疏漏在所难免。自其问世以来，学界屡有补遗[②]。尽管如此，仍有遗珠之憾。本书通过翻检明清宫观山志等文献，共得元诗 55 首，其中《全元诗》已著录作者 28 人 35 首，未著录作者 17 人 20 首，均不见于《全元诗》及诸家补遗之作。今一并录出，以助于补《全元诗》之缺。

为行文便利，凡《全元诗》已收诗人，括号内标注其作品在《全元诗》之册数及起始页码，以便检索，并略加辨析；凡《全元诗》未收诗人，则径直加按语以对作者略作考辨。

[①]　杨镰主编：《全元诗·凡例》第 1 册，第 1 页。

[②]　参见李成晴《〈全元诗〉补佚——以明弘治版〈吴江志〉为样本》，《淮南师范学院学报》2014 年第 6 期；李成晴《方志文献所见〈全元诗〉已著录诗人佚作辑补》，《贵州民族大学学报》（哲学社会科学版）2015 年第 4 期；侯倩《〈全元诗〉未著录作者举隅》，《殷都学刊》2018 年第 1 期；陈开林《元代作家考述七题——补正〈全元文〉〈全元诗〉之缺误》，《图书馆杂志》2016 年第 11 期；都刘平《〈全元诗〉辑补 25 首》，《古籍整理研究学刊》2016 年第 6 期；陈婷《补校〈全宋诗〉〈全元诗〉22 首——兼谈如何以地方志补辑诗歌总集》，《湖北科技学院学报》2018 年第 5 期；邓富华《〈全元诗〉补遗》，《文山学院学报》2015 年第 4 期；邓富华《〈全元诗〉补遗 32 首》，《南昌师范学院学报》2015 年第 2 期；邓富华《〈全元诗〉补正 17 则》，《南昌师范学院学报》2015 年第 4 期；邓富华《〈全元诗〉补遗》，《古籍整理研究学刊》2014 年第 6 期；邓富华《〈全元诗〉补考》，《贵州文史丛刊》2015 年第 2 期；邓富华：《〈全元诗〉补遗三十四首》，《重庆第二师范学院学报》2015 年第 2 期；邓富华《〈全元诗〉补考》，《古籍整理研究学刊》2016 年第 1 期；邓富华《〈全元诗〉补遗与辨误》，《古籍整理研究学刊》2015 年第 2 期；孙海桥《〈全元诗〉补遗 80 首》，《古籍整理研究学刊》2015 年第 3 期；葛小禾《〈全元诗〉余阙诗辑补遗》，《芜湖职业技术学院学报》2015 年第 4 期；彭万隆《〈全元诗〉本张雨诗集辑佚》，《浙江工业大学学报》（社会科学版）2014 年第 3 期；潘猛补《从温州地方文献订补〈全元诗〉》，《温州大学学报》（社会科学版）2017 年第 2 期。

一、补《全元诗》已收作者之诗

1. 杜本（28＼155）1 首

《咏武夷茶》

春从天上来，嘘咈通寰海。纳纳此中藏，万斛珠蓓蕾。①

按：《全元诗》录杜本诗 146 首，未收此诗。

2. 刘说道（67＼119）2 首

《伏羲洞》

石洞深藏古圣踪，泠然六月洒寒风。欲求象外无穷意，都在先天未尽中。②

按：署名"刘说道"。董天工《武夷山志》卷十七《寻胜·元》云："刘说道，元人，武夷题咏甚多。"③

《铁柱宫留题》

旌阳拔宅上天去，遗迹依然会百灵。二尺槎枒从地出，一泓寒碧带龙腥。阴阴铁锁通邻井，赫赫金书耀福庭。劫火昔年曾再现，石阑犹渍古苔青。④

按：署名"刘时习"。《全元诗》收录刘时习（字说道）诗 11 首，未收以上 2 首。

3. 王翰（64＼131）1 首

《游武夷》

十月霜飞琪树涧，溪回九曲万峰遥。按图不倩渔郎引，载酒何烦玉女邀。听彻金鸡醒鹿梦，醉骖黄鹤上虹桥。前岩大隐多幽胜，丛桂青青更可招。⑤

按：本诗题为王翰撰。《武夷山志》卷十七《官守·元·王翰》云："王

---

① （清）董天工编：《武夷山志》，载《中国道观志丛刊正续编》第 35 册，第 1213 页。
② （清）董天工编：《武夷山志》，载《中国道观志丛刊正续编》第 34 册，第 676 页。
③ （清）董天工编：《武夷山志》，载《中国道观志丛刊正续编》第 34 册，第 1057 页。
④ （清）金桂馨、漆逢源纂辑：《逍遥山万寿宫志》，载《中国道观志丛刊正续编》第 31 册，第 1087—1088 页。
⑤ （清）董天工编：《武夷山志》，载《中国道观志丛刊正续编》第 35 册，第 1596—1597 页。

翰,字用文,元季东阿人,为闽行省郎中。明兴,屏居永福,不再仕。寻自杀。有友石山人稿子。"① 所记与《全元诗》王翰小传契合。《全元诗》录王翰诗97首,未收此诗。

4. 陈旅（35 \ 1）1首

琼花广陵独有之奇树也,灵钟后土,屡枯复荣,非凡卉木所可比,诗以美之》

广陵有树,与琼无殊。九苞一朵,心簇蕊珠。其馨四远,其色弗渝。是曰无双,天下一株。天下一株,灵钟后土。人爱其花,争先快睹。游赏靡虚,日惟箫故。藉藉芳名,风香千古。风香千古,吐华含英。莹然玉润,煜若冰清。灵根蕴结,几枯复荣。亭毒不息,天地储精。天地储精,江淮毓秀。树高花繁,根深叶茂。和气熏蒸,光溢宇宙。祝以蕃厘,天子万寿。②

按:题注云:"陈旅,萧田,国子监丞。""萧",当为"莆"之误。陈旅,至正元年（1341）迁国子监丞,与题注相符。《全元诗》录陈旅诗324首,未录此首。

5. 萨都剌（30 \ 106）1首

《游洞霄》

九锁山前面面峰,层峦矗立碧霄中。烟云万壑时含雨,溪涧双流自吼风。白鹿下迎何处是,丹砂藏地可曾空。遗踪千载谁寻觅,徒说华阳路暗通。③

按:《全元诗》收萨都剌诗794首,未收此诗。

6. 丁文昇（45 \ 297）1首

《题咏》

空明秀峙兹坠,今古十洞称雄。任却游人来往,山前山后清风。④

---

① （清）董天工编:《武夷山志》,载《中国道观志丛刊正续编》第34册,第996页。
② （清）贵正辰纂辑:《琼花集》,载《中国道观志丛刊正续编》第51册,第91—92页。
③ （清）闻人儒撰:《洞霄宫志》,载《中国道观志丛刊正续编》第53册,第353页。
④ （明）胡昌贤修辑:《委羽山志》,载《中国道观志丛刊正续编》第55册,第63页。

按：本诗题注云：“丁文昇，字子高，刑部侍郎。”清李成经辑《方城遗献》卷二云：“丁文昇，字子常，号雪舫。少云之后，起家进士，历官兵部侍郎，尝分守潼关。卒于金陵，葬西原山山麓，土人呼为侍郎坟。”① 两种文献有两处不同：一是丁文昇究竟字子常，还是字子高；二是丁文昇究竟官刑部侍郎，抑或兵部侍郎，尚待进一步考证。《全元诗》丁文昇小传即以《方城遗献》为据，但将丁文昇字子常，录为字“子当”②，误。另据明张萱撰《西园闻见录》卷九十七《听讼》：“丁文昇，天台人，以文学举，洪武四年（1371）擢广东佥事。”③ 道光《广东通志》卷二百四十五《宦迹录十五·明四》亦如此记述。④ 故丁文昇为元末明初人。《全元诗》录丁文昇诗2首，未录此诗。

7. 邓光荐（7\350）1首

《送钱方立游荆楚歌》

君是吴越国王几叶之曾玄，去行曹刘孙氏百战之山川。山川萧条风景异，尘沙落叶号寒蝉。我歌送君悲蒲臆，歌声欲咽且复吞。堂堂气概超今古，少假数月无中原。汉灰欲冷宁非天，武侯弟瑾皆无年。君行为我吊其庙，荐以秋菊浇寒泉，侑以国殇古柏与，东坡赤壁之遗篇。纷纷余子何足数，更向鹿门求老仙。⑤

按：此首诗亦收录于清张镇《解梁关帝志》卷四《艺文》。⑥《全元诗》录邓光荐诗23首，未录此诗。

① （清）李成经辑：《方城遗献》卷二，《北京图书馆古籍珍本丛刊》第119册，第847页。
② 杨镰主编：《全元诗》第45册，第297页。
③ （明）张萱撰：《西园闻见录》卷九十七《听讼》，《续修四库全书》第1170册，第259页。
④ （清）陈昌齐等纂：道光《广东通志》卷二百四十五《宦迹录十五·明四》，《续修四库全书》第674册，第195页。
⑤ （清）卢湛编：《关圣帝君圣迹图志全集》，载《中国道观志丛刊正续编》第38册，第955页。
⑥ （清）张镇编辑，宋万忠、武建华标注：《解梁关帝志》，第345—346页。

8. 张与材（18\164）2 首

《冲玄观》

灵台湛湛映冰壶，只许元神底面居。若向此中留一物，平生自是不清闲。①

《奉题希声堂》

大道元非语默传，紫云何事泄重玄。当时赖是无言说，纸上拈来已五千。②

按：题张广微。张与材，第三十八代天师，号广微子。

《全元诗》录张与材诗 4 首，未录此 2 首诗。

9. 曾子良（4\339）1 首

《凝真观》

独往因循愿未酬，冷然弄我此时游。松声夹道人归洞，竹影平池日漾秋。古井能知兴汉事，清泉欲洗说韩羞。山中老宿应无恙，闻说端居甚好修。③

按：题注云"南丰曾子良"，与《全元诗》曾子良小传符合。《全元诗》录曾子良诗 6 首，未录此诗。

10. 宋德方（66\391）1 首

《说经台》

说经台上草茫茫，圣祖玄元古道场。紫气印开周洛邑，青牛踏破尹家庄。五千秘语风生几，九万灵仙月满堂。休道野花无耳性，至今犹听谷神章。④

按：题注"披云宋真人"，即元代著名全真高道宋德方。《全元诗》宋德方简介谓"宋德方，字里不详"⑤。兹略补之。明李侃、胡谧纂修成化《山西通志》卷五《坛壝》云："文昌祠，一在绛州城中文昌阁，元初披云真人宋德

---

① （元）元明善辑修，（明）张国祥续修，张显庸仝修：《续修龙虎山志》，《四库全书存目丛书》，史部第 228 册，第 228 页。
② （元）朱象先集：《古楼观紫云衍庆集》，载《中国道观志丛刊正续编》第 3 册，第 131 页。
③ （元）元明善辑修，（明）张国祥续修，张显庸仝修：《续修龙虎山志》卷下，《四库全书存目丛书》，史部第 228 册，第 229 页。
④ （元）朱象先集：《古楼观紫云衍庆集》，载《中国道观志丛刊正续编》第 3 册，第 115 页。
⑤ 杨镰主编：《全元诗》第 66 册，第 391 页。

方建。"① 嘉庆《大清一统志》卷一百三十七《太原府二·仙释·元》云："宋德方，号披云子。隐居太原昊天观，凿石洞七龛为修炼所。至元七年赠元通披云真人。"② 至元七年即元世祖至元七年（1271）。元全真道士李道谦《终南山祖庭仙真内传》卷下《披云真人》③，记述宋德方行迹甚详。《全元诗》录宋德方诗2首，未录此诗。

11. 李显卿（2\396；66\269）2首

《楼观》

路转穿林画幛开，倚天楼观郁崔嵬。东来紫气疑犹见，西去青牛杳不回。竹外轻烟浮茗灶，松梢凉月照琴台。蜉蝣生死人间世，遐想仙其祇自哀。

《说经台》

说经人去已千年，木杪遗台尚岿然。寰海至今传妙旨，犹龙无复见真仙。风号地籁笙竽合，日照山花锦绣鲜。须信谷神元不死，晚来幽鸟替谈玄。④

按：《全元诗》收李显卿二人，一为华州奉先（陕西蒲城）人李庭（1199—1282），字显卿，号寓庵，元代著名诗人，《全元诗》录其诗239首，未录此诗；一为东平（今属山东）人李显卿，通词章，善制曲。《全元诗》录其诗1首，未录此诗。本诗作者属于哪个李显卿，抑或另一个李显卿，待考。

12. 李道谦（3\405）1首

《和义卿大师游楼观诗韵》

几到淋宫兴未休，杖藜时复一来游。白云深锁烧丹灶，翠霭高横望气楼。山鸟飞鸣穿野竹，岩花零落逐溪流。青牛去后知何在，空有门前绿草稠。⑤

按：《全元诗》录李道谦诗1首，未录此诗。

---

① （明）李侃、胡谧纂修：成化《山西通志》卷五《坛埠》，《四库全书存目丛书》，史部第174册，第113页。
② （清）穆彰阿、潘锡恩等纂修：嘉庆《大清一统志》卷一百三十七《太原府·仙释》，《续修四库全书》第615册，第497页。
③ （元）李道谦编：《终南山祖庭仙真内传》卷下，《道藏》第19册，第539—540页。
④ （元）朱象先集：《古楼观紫云衍庆集》，载《中国道观志丛刊正续编》第3册，第116—117页。
⑤ （元）朱象先集：《古楼观紫云衍庆集》，载《中国道观志丛刊正续编》第3册，第119页。

13. 张雨（31 \ 258）1首

《登经台》

说经千载有遗台，白鹿升虚者不回。惟有青山依旧好，门前相对画屏开。①

按：题注"句曲山人"。张雨，字伯雨，号贞居子、句曲外史。清潘奕隽撰《三松堂集续集》卷一《题汉阴园味卷》云："句曲山人，伯雨自号。"②是故，张雨又号句曲山人。《全元诗》录张雨诗1007首，未录此诗。

14. 寇元德（8 \ 206 \ 266）1首

《重游说经台》

千古谈玄地，烟霞锁玉扃。重来疑隔世，一览顿忘形。老柏森新翠，丰碑粲旧经。茫然视尘宇，渺渺一浮萍。③

按：《全元诗》收寇元德二人，一为"冷泉寇元德"，此说出自宋元间洞霄宫道士孟宗宝编《洞霄诗集》卷九《至元辛卯仲冬上元日游洞霄》，标注为"冷泉寇元德"④。诗题中"至元辛卯"系元世祖至元二十八年（1291）。元张之翰撰《西岩集》卷七《和寇冷泉总管见寄二首》⑤，寇冷泉当即寇元德。历来向无以"冷泉"为郡、府、州、县名者，故此处之冷泉恐非地名，或许为寇元德号。一为至元间安西路总管府判官。至元间安西路大体在今西安一带。

搜检史料，尚有几条与寇元德相关，但各条史料之间难以连缀，兹撮录待考。史料一：清嵇璜、曹仁虎等撰《续通志》卷一百七十《金石略》云："《卫志隐道行碑》，李谦撰，寇元德书，正书，至元二十二年，济源。"⑥《卫

---

① （元）朱象先集：《古楼观紫云衍庆集》，载《中国道观志丛刊正续编》第3册，第120页。
② （清）潘奕隽撰：《三松堂集续集》卷一《题汉阴园味卷》，《续修四库全书》第1461册，第152页。
③ （元）朱象先集：《古楼观紫云衍庆集》，载《中国道观志丛刊正续编》第3册，第120—121页。
④ （元）孟宗宝编：《洞霄诗集》卷九，载《中国道观志丛刊正续编》第54册，第132—133页。
⑤ （元）张之翰撰：《西岩集》卷七，《景印文渊阁四库全书》第1204册，第410页。
⑥ （清）嵇璜等奉敕撰：《续通志》卷一百七十《金石略·元》，《景印文渊阁四库全书》第394册，第702页。

志隐道行碑》即《崇宁葆光大师卫公道行碑》，刊刻于元至元二十二年（1285），太子右谕德奉州大夫翰林直学士李谦撰文，朝列大夫同知江淮都漕运使司事寇元德书丹。① 据《道行碑》可知，卫志隐，全真高道王志谨弟子，在济源一带传道，弟子甚多。另据清钱保塘编辑《历代名人生卒录》卷六《辽至元》，卫志隐卒于至元二十年（1283）九月，年二十四。② 至元二十二年即元世祖至元二十二年（1285）。史料二：元刘敏中撰《平宋录》卷下《丞相巴延公勋德碑》，碑文后有"至元三十一年三月望日少中大夫杭州路总管兼管内劝农事寇元德谨跋并书丹撰额"③，至元三十一年即1294年。史料三：隆庆《岳州府志》卷十六《独行》"元·李用庚"④ 条谓寇元德曾任平江同知。光绪《湖南通志》卷一百一十二《职官三·元·英宗朝》，"寇元德，岳州路同知"⑤。此寇元德当与隆庆《岳州府志》之寇元德同在岳州为官，当为同一人。

综合诸家寇元德资料，或直接称冷泉寇元德，或称寇冷泉总管；其官或安西路总管府判官，或同知江淮都漕运使司事，或杭州路总管兼管内劝农事，或平江同知和岳州路同知，故寇元德之盛年在元世祖至元二十二（1285）至元英宗（1321—1323）时期。据此，诸家所记寇元德也许为一人。暂无确证，仅为推测。

《全元诗》录冷泉寇元德诗9首，未收此诗；《全元诗》录安西路寇元德诗1首，未收此首。

---

① 此碑现立于济源奉仙观。参看济源市文物管理局《踏寻中原古刹之——济源奉仙观》，2014年5月6日，见 http://wwj.jiyuan.gov.cn/wwly/wwlyzn/201405/t20140506_ 150119. html。

② （清）钱保塘编辑：《历代名人生卒录》卷六《辽至元》，《丛书集成续编》第30册，第146页。

③ （元）刘敏中撰：《平宋录》卷下，《景印文渊阁四库全书》第408册，第1059页。

④ （明）李元芳、钟崇文纂修：隆庆《岳州府志》卷十六《独行》，载《天一阁藏明代方志选刊》第88册，第35页。

⑤ （清）卞宝第、李瀚章等修，曾国荃、郭嵩焘等纂：光绪《湖南通志》卷一百一十二《职官志三·元·英宗朝》，《续修四库全书》第664册，第130页。

15. 孙德彧（11＼80）1 首

《说经台》

玄教宏开众妙门，元纲帷在五千文。此身何幸游廊庑，时上经台礼道君。①

按："彧"原诗题名"或"，疑误。《全元诗》录孙德彧诗 1 首，未收此诗。

16. 贾铖（24＼235）2 首

《楼观》

宝构蟠蟠紫极宫，宫前流水咽铜龙。荒台古篆存遗旨，老柏洪糜有道踪。十里洞房云作屋，四围石壁剑为锋。夜深一榻眠方稳，又听朝元阁上钟。

《说经台》

道海倾颓著力难，此台真可塞狂澜。素王既远斯文丧，何处人间有杏坛。②

按：诗题"贾文裕"。贾铖，字文裕。《全元诗》录贾铖诗 1 首，未收此诗。

17. 张立道（9＼266）2 首

《留题楼观》

大篆丰碑点绿苔，峥嵘楼阁耸三台。系牛古柏束柯在，炼药寒泉坎井开。烟锁尹君文始殿，云藏老子说经台。凡胎圣境真难遇，疑是游仙梦里来。

《企秀轩》

企秀轩开感兴多，终南山色翠嵯峨。困思一枕黄粱梦，又被诗魔搅睡魔。③

按：诗题"张立道"。《全元诗》录张立道诗 1 首，未收此 2 首。

18. 杜道坚（9＼127）1 首

《赠别一虚叟》

海陵仙人一虚子，方瞳玄鬓长如此。胸中一点天地真，清气逼人过秋水。

---

① （元）朱象先集：《古楼观紫云衍庆集》，载《中国道观志丛刊正续编》第 3 册，第 121 页。
② （元）朱象先集：《古楼观紫云衍庆集》，载《中国道观志丛刊正续编》第 3 册，第 125 页。
③ （元）朱象先集：《古楼观紫云衍庆集》，载《中国道观志丛刊正续编》第 3 册，第 128 页。

我昔被君居燕然，挂剑长春偶相会。别去笑指黄金台，翻然西度函关外。浮空紫气上终南，稳驾青牛休地肺。烟霞猿鹤争欢迎，疑是玄元见文始。丹峰楼观尚依然，摩挲古柏正逾醉。从兹与了未了缘，莫向时人话前事。今犹古兮古犹今，天上人间复何异。不须忙去升昆仑，逍遥且住人间世。他年我亦事西游，分席经台校玄旨。①

按：诗题注"杜南谷"。杜道坚，号南谷子。《全元诗》录杜道坚诗 1 首，未收此首。

19. 高若凤（37\72）1 首

《铁柱》

大地发杀机，龙蛇起平陆。桑田变成海，高岸化为谷。伟哉神圣功，聚铁来九牧。峨峨铸作柱，直下连地轴。何异巫支祁，锁之龟山麓。至今吴潭上，鬼妪秋夜哭。我来细摩挲，碧血渍寒玉。讵知非娲皇，截下鳌一足。②

按：题注"高若凤"。《全元诗》录高若凤诗 7 首，未收此首。

20. 刘铸（37\64）1 首

《铁柱宫》

忠孝旌阳令，神功铁柱存。伏蛟知灭迹，潴水见遗痕。剑闭丹光合，花开锦浪翻。誓同鳌极莫，终古镇坤元。③

按：题注"刘铸"。《全元诗》录刘铸诗 2 首，未收此首。

21. 邓茂生（33\284）1 首

《铁柱宫留题》

色凝积铁冷涵秋，元气浑沦势欲浮。太史立神存古迹，天丁司钥获潜虬。

---

① （元）朱象先集：《古楼观紫云衍庆集》，载《中国道观志丛刊正续编》第 3 册，第 131—132 页。
② （清）金桂馨、漆逢源纂辑：《逍遥山万寿宫志》，载《中国道观志丛刊正续编》第 31 册，第 1082 页。
③ （清）金桂馨、漆逢源纂辑：《逍遥山万寿宫志》，载《中国道观志丛刊正续编》第 31 册，第 1081 页。

蟠根厚地三千丈，底柱西江十一州。向日曾经雷雨动，至今盈缩应江流。①

按：题注"邓茂生"。《全元诗》录邓茂生诗 1 首，未收此首。

22. 吴元德（30 \ 368；66 \ 45）2 首

《铁柱宫留题》

千载旌阳有故家，尚留一柱镇中华。灵犀玩月浮苍海，神马朝天出渥洼。牛斗夜辉雷焕剑，风涛秋撼老鼋槎。异时点化成金后，会逐霓旌上紫霞。

《铁柱灵湫南昌八景内一首》

非金非石亦非铜，形若枯楂出井中。日上扶桑消蜃炁，水通江汉定蛟封。阴阳作镇精华聚，天地为炉造化功。严撰掘时心未信，扣头方谢息惊风。②

按：《全元诗》收吴元德二人，一为江夏（湖北武昌）人，字子高，《全元诗》录其诗 111 首。一为宣城（今属安徽）人，字师善，《全元诗》录其诗 1 首。二者皆未录以上 2 首。

23. 易景升（65 \ 131）1 首

仙翁拔宅上天关，灵迹长留天地间。午夜六丁驱鬼物，万年一柱锁神奸。蛇龙窟宅俱潜遁，鸾鹤旌旗自往还。平地却看溟海上，巨鳌尽力负三山。③

按：题注"易景升"。《全元诗》录易景升诗 2 首，未录此诗。

24. 辛敬（45 \ 492）1 首

《铁柱宫留题》

仙真泽国作司命，神物深根浩渺间。非障灌侯江上井，定支孤石海门山。千年蜃气都销尽，五夜龙光竟不还。亦欲下窥凌倒影，天风吹送月珊珊。④

---

① （清）金桂馨、漆逢源纂辑：《逍遥山万寿宫志》，载《中国道观志丛刊正续编》第 31 册，第 1086 页。
② （清）金桂馨、漆逢源纂辑：《逍遥山万寿宫志》，载《中国道观志丛刊正续编》第 31 册，第 1091 页。
③ （清）金桂馨、漆逢源纂辑：《逍遥山万寿宫志》，载《中国道观志丛刊正续编》第 31 册，第 1092 页。
④ （清）金桂馨、漆逢源纂辑：《逍遥山万寿宫志》，载《中国道观志丛刊正续编》第 31 册，第 1092 页。

按：题注"辛敬"。《全元诗》录辛敬诗 28 首，未录此诗。

25. 欧阳玄（31\222）1 首

《铁柱宫留题》

崔巍如石复如金，根柢谁能测浅深。勾漏近分丹井脉，支祁遥制碧波心。剑冲星斗丰城瘗，鼎象神奸泗水沉。曾见金茎迁异代，独留铁柱镇来今。①

按：题注"欧阳玄"。《全元诗》录欧阳玄诗 189 首，未录此诗。

26. 揭傒斯（27\174）1 首

《乌石观丹泉马迹》

湖上风来水气凉，酒醒颠倒著衣裳。采莲舟近亭前过，夜半开窗索藕尝。②

按：题注"揭傒斯，学士"，"傒"，当作"傒"。《全元诗》录揭傒斯诗 748 首，未录此诗。

27. 虞集（26\1）2 首

《寄九宫山提点车兰谷二首》

其一：九宫山高白云深，之子入山何处寻。清秋孤鹤自致远，大海苍龙常在阴。祝侯解作禁火井，赵郎会鼓临风琴。怜予白发归最晚，孤负故人招隐心。

其二：芳兰谷口结茅屋，期我不来松月高。六月持书展江浒，日午戴笠经山坳。养真有诀问王许，避地无术渐由巢。誓将雪鬓侣泉石，清哦长啸还相遭。③

按：题注"虞集"。诗题之"车兰谷"，即车可诏，通山（今属湖北）人，号兰谷，丹号碧阳子，宣授文正明道诚德法师，本宫住持提点。元季瑞庆宫两次灾，可诏卒修复之。《九宫山志》卷四有传。④《全元诗》录虞集诗 1565 首，未收以上 2 首。

---

① （清）金桂馨、漆逢源纂辑：《逍遥山万寿宫志》，载《中国道观志丛刊正续编》第 31 册，第 1097 页。

② （清）金桂馨、漆逢源纂辑：《逍遥山万寿宫志》，载《中国道观志丛刊正续编》第 31 册，第 1125—1126 页。

③ （清）傅燮鼎重辑：《九宫山志》，载《中国道观志丛刊正续编》第 7 册，第 285—286 页。

④ （清）傅燮鼎重辑：《九宫山志》，载《中国道观志丛刊正续编》第 7 册，第 98 页。

28. 包希鲁（37 \ 450）1 首

《铁柱宫留题》

神物崚嶒浸石池，鬼工天造出雄奇。光通北极连天柱，势压南溟拔地维。万世不令金锁烂，五陵常遣玉符吹。皇家秩祀忧民命，官庙江西永祝釐。①

按：题"包希曾"，置于吴全节后。黄虞稷《千顷堂书目》卷三云："包希曾，《说文解字补义》十二卷，字鲁伯，进贤（今属江西）人，从吴澄学。"②《国史经籍志》卷二《经类》云："《说文解字补义》十二卷，包希曾。"③《全元诗》收录包希鲁诗二首，撰者简介云："包希鲁，字鲁伯。祖籍上党（山西长治），占籍进贤（今属江西）。从学于吴澄，既卒，门人私谥忠文。著《说文解字补义》十二卷。生平见《大明一统志》卷四十九，嘉靖《进贤县志》卷六。"④ 据此，《逍遥山万寿宫志》《千顷堂书目》《国史经籍志》收录之"包希曾"与《全元诗》收录之"包希鲁"当系一人。除《全元诗》撰者简介涉及之《大明一统志》卷四十九、嘉靖《进贤县志》卷六外，雍正《江西通志》卷六十七《人物志·元》⑤ 等官方史书具有包希鲁传记。是故，当以"包希鲁"为正确，作"曾"者因形似而致误。《全元诗》录包希鲁诗 2 首，未录此诗。

二、补《全元诗》未收作者之诗

1. 周午 1 首

《题显烈庙》

三分鼎峙裂九州，群飞择木各为谋。帝君天挺万人敌，不事他人只事

---

① （清）金桂馨、漆逢源纂辑：《逍遥山万寿宫志》，载《中国道观志丛刊正续编》第 31 册，第 1088 页。

② （清）黄虞稷撰：《千顷堂书目》，《景印文渊阁四库全书》第 676 册，第 96 页。

③ （明）焦竑撰：《国史经籍志》卷二《经类·小学》，《续修四库全书》第 916 册，第 318 页。

④ 杨镰主编：《全元诗》第 37 册，第 450 页。

⑤ （清）谢旻等监修：雍正《江西通志》卷六十七，《景印文渊阁四库全书》第 515 册，第 344 页。

刘。分虽君臣情骨肉，此其汉贼所能禄。仲谋不度来求婚，遣使甘言祇屈辱。奋髯北伐将徙都，白衣狙诈芳仁呼。赤帝不灵天既厌，荆蜀中断绝一隅。人亦各为其主耳，南昌局量非曹拟。嵯峨一冢余千年，长使英雄泪如水。①

按：周午，不可考。诗题作元人。

2. 李鉴 1 首

《题关帝冢》

炎汉安危配此身，垂成功业委枯榛。傅糜罹罪生狂计，蒙逊阴谋谬见亲。自许以南俱失望，吞吴而下岂无因。三分往事成陈迹，椽笔称量自有神。②

按：诗题作"元，李鉴"。《全元文》录李鉴文 1 篇，作者简介云："李鉴，字彦昭，大名清丰（今河南清丰人）。至正五年（1345）任秘书监典史，十八年进令史。官至翰林侍讲学士、知制诰、同修国史、中顺大夫。"③ 未知是否与此诗撰者为同一人。

3. 程严卿 1 首

《题关帝冢》

气概当年号万英，此身肯与贼俱生。一时成败云烟态，万古精诚日月明。最恨含沙多鬼蜮，堪怜失水制鲲鲸。九原莫唤豪雄起，余子纷纷论甲兵。④

按：诗题作"元，程严卿"。张镇《解梁关帝志》亦收录此诗⑤，文字略有差异。据雍正《江西通志》卷四十六，程严卿，元朝人，曾任建昌路总管。⑥

① （清）卢湛编：《关圣帝君圣迹图志全集》，载《中国道观志丛刊正续编》第 38 册，第 831 页；（清）张镇编辑，宋万忠、武建华标注：《解梁关帝志》，篇题作"题大王冢"，第 262 页。
② （清）卢湛编：《关圣帝君圣迹图志全集》，载《中国道观志丛刊正续编》第 38 册，第 863 页；（清）张镇编辑，宋万忠、武建华标注：《解梁关帝志》中，此诗篇题作"题大王冢"，第 263 页。
③ 李修生主编：《全元文》第 56 册，第 252 页。
④ （清）卢湛编：《关圣帝君圣迹图志全集》，载《中国道观志丛刊正续编》第 38 册，第 863 页。
⑤ （清）张镇编辑，宋万忠、武建华标注：《解梁关帝志》，第 260 页。
⑥ （清）谢旻等监修：雍正《江西通志》，《景印文渊阁四库全书》第 514 册，第 511 页。

4. 郭周卿 2 首

《楼观》

木杪苍烟向日开，半空金碧照崔嵬。丹砂火冷井仍在，紫气影沈人未回。万古风烟归史笔，一番猿鹤傍经台。自怜不得飞仙术，徒对西风赋七哀。

《说经台》

自停玉尘几经年，人去台存倍黯然。不为青牛会税驾，岂闻黄耳亦登仙。首言拟却当时马，继论如烹大国鲜。文字五千今尚在，玄中又复见重玄。①

按：诗题"郭周卿"。郭镐（1194—1268），字周卿，华州蒲城县人，金元之际诗人。② 另据雍正《陕西通志》卷三十一《选举二》，郭镐，系蒲城人。③ 元李庭撰《寓庵集》卷八《杂著·祭亡友郭周卿文》，记载郭周卿曾任行中书省员外郎④，撰有《遗安集》十一卷。⑤

5. 张志敬 1 首

《从大宗师游楼观登经台留题》

犹龙千载去不返，灵迹相望尽得游。望气祇应存故宅，传经谁更结高楼。松蟠古道苍蚪卧，水绕长林碧玉流。日夕南峰一登眺，野烟晴处绿芜稠。⑥

按：题注"诚明张真人"。张志敬，字义卿，号诚明真人，元初道士，李志常后为全真教掌教。元代全真道士李道谦《甘水仙源录》卷五王磐撰《玄门掌教宗师诚明真人道行碑铭》⑦，记述张志敬行迹甚详。

---

① （元）朱象先集：《古楼观紫云衍庆集》，《中国道观志丛刊正续编》第 3 册，第 115—116 页。
② 刘达科：《金元之际诗人房皞探微》，《江苏大学学报》（社会科学版）2004 年第 1 期。
③ （清）沈青崖等纂：雍正《陕西通志》卷三十一《选举二》，《景印文渊阁四库全书》第 552 册，第 655 页。
④ （元）李庭撰：《寓庵集》卷八《杂著·祭亡友郭周卿文》，《续修四库全书》第 1322 册，第 349 页。
⑤ （清）钱大昕撰：《元史艺文志》卷四，《续修四库全书》第 916 册，第 270 页。
⑥ （元）朱象先集：《古楼观紫云衍庆集》，载《中国道观志丛刊正续编》第 3 册，第 117—118 页。
⑦ （元）李道谦辑：《甘水仙源录》卷五，《道藏》第 19 册，第 758—759 页。

6. 郭择善 1 首

《和义卿大师游楼观诗韵》

圣学经纶冠九州，皇华风驭萃英游。斋心梦入华胥国，走笔题诗白玉楼。草阁栖真腾紫气，经台倚竹瞰黄流。裴回妙得招来趣，银汉香风桂树稠。[①]

按：题名"郭择善"。见于史料之元代郭择善有二人，一为元末顺帝时驻泰州郎中，事见《元史》卷四十五《顺帝纪八》[②]等。一为元世祖时期大都天长观道士，曾参与至元十八年（1281）佛道辩论。[③]诗题中"义卿大师"即张志敬，"义卿"为张志敬字。据《玄门掌教宗师诚明真人道行碑铭》，张志敬卒于至元七年（1271），年五十有一。[④]从在世时间、身份及本诗内容而论，此郭择善显系后者。

7. 卫致夷 2 首

《和义卿大师游楼观诗韵》

本陪仙仗寻真迹，喜入清都得胜游。风引泉声来午枕，雨余山色入晴楼。古今贤圣崇玄化，早晚烟霞属羽流。日暮高台试回首，碧云深锁乱山稠。[⑤]

按：据元好问《紫虚大师于公墓碑》[⑥]，卫致夷为元代全真道士离峰子于道显门人，曾任诸路道教提举。[⑦]李道谦《甘水仙源录》卷四亦收录元好问此文，题作《离峰子于公墓铭》。[⑧]诗中"义卿大师"即张志敬，号诚明真人，元初道士，李志常后为全真教掌教。

《题甘河遇仙宫》

开张道运发天机，邂逅真人若有期。紫极宝图阴付授，玄元神鼎重扶持。

---

① （元）朱象先集：《古楼观紫云衍庆集》，载《中国道观志丛刊正续编》第 3 册，第 118 页。
② （明）宋濂等撰：《元史》，第 942、943 页。
③ （元）释祥迈撰：《大元至元辨伪录》卷四，《北京图书馆古籍珍本丛刊》第 77 册，第 526 页。
④ （元）李道谦辑：《甘水仙源录》卷五，《道藏》第 19 册，第 759 页。
⑤ （元）朱象先集：《古楼观紫云衍庆集》，载《中国道观志丛刊正续编》第 3 册，第 119 页。
⑥ 姚奠中主编：《元好问全集》，第 708—710 页。
⑦ （元）李道谦辑：《甘水仙源录》卷十，《道藏》第 19 册，第 814 页。
⑧ （元）李道谦辑：《甘水仙源录》卷四，《道藏》第 19 册，第 749—750 页。

陶君谩讶仙都水，扁鹊虚劳饮上池。一自甘滨遭际后，仙风弘衍遍华夷。①

按：题"前诸路道教提举卫致夷上"。

8. 文道广 1 首

《说经台》

山中花鸟四时好，台上烟霞千里明。此是玄元言外意，谁能著眼听无声。②

按：题名"文道广"。文道广，曾为全真高道刘志厚撰《玄靖达观大师刘公墓志铭》③，铭中自题"濮州文道广"，铭末署时"至元戊子四月十九日"，至元戊子为至元二十五年（1288）。则文道广为元代至元时期全真道士。

9. 张好古 2 首

《楼观》

秘殿巍峨锁翠烟，寻真偶到洞中天。青牛寂寂人何在，丹井依依世几迁。望气固难追往事，授经犹可想当年。犹龙心法今谁继，独有全真得正传。

《说经台》

紫气东来演二篇，真风千古播垓埏。深根固蒂文虽简，治国修身义最玄。灵境不随尘世改，圣经喜有翠珉镌。一轩高卧烟霞窟，输与华阳老谪仙。④

按：张好古，元代全真道士，李道谦门人，撰《清平子赵先生道行碑》《洞元虚靖大师申公提点墓志铭》《甘水仙源录后序》等。⑤

10. 林君一 1 首

《留题经台》

终南毓秀何佳哉？群灵诃护升天台。当年瞻彼现紫气，青牛果自东方来。烟霞缥缈驻仙辂，琅函灿灿留琼瑰。忽乘丹凤返碧落，几见沧海飞尘埃。老柏再生复千载，森森荫苉玄门开。坡仙题品刻翠琰，我来拂拭生莓苔。传经

---

① （元）李道谦辑：《甘水仙源录》卷十，《道藏》第 19 册，第 814 页。
② （元）朱象先集：《古楼观紫云衍庆集》，载《中国道观志丛刊正续编》第 3 册，第 121 页。
③ 陈垣编纂，陈智超、曾庆瑛校补：《道家金石略》，第 660—661 页。
④ （元）朱象先集：《古楼观紫云衍庆集》，载《中国道观志丛刊正续编》第 3 册，第 127—128 页。
⑤ （元）李道谦辑：《甘水仙源录》，《道藏》第 19 册，第 791—792、793—794、814—815 页。

不待意已化，后人胡为乎疑猜。河山百二特一览，顿然胸次生崔嵬。秋烟澹澹日已暝，信眉一笑空裴回。①

按：刘敏中《中庵先生刘文简公文集》卷二十有《林君一府推见访》诗②，另有《石蟆》诗有"中书援林君一得异石，类蟆"之句。③ 另：元滕安上撰《东庵集》卷三收《中书外郎林君一蓄镇纸石虾蟆，芸轩有诗，予亦同赋三首，蝦蟆盖化石》。④ 皆可证林君一系元人。

11. 朱象先 1 首

《世传〈玄元出关图〉像仪失实，因稽古订正，命姚安仁写之琬琰，传示诸方，嘉其笔力精峭，为作〈山偈〉以赠之》。

青牛西出关，千载纪玄瑞。云何传此像，仪刑失初意。每为识者慊，尤重嗣者愧。峨峨南山台，授道有遗址。诸方号指南，正讹当在是。耆石拟写真，适遭姚处士。静思阅三日，一扫已大备。河山认崝函，衣冠见周世。圣真欣会遇，道气盈天地。将开清静门，要醒举世醉。再让仍再进，洞见当时礼。凝睇不似画，我疑亲侧侍。君能状此图，天机一何邃。胸中妙丘壑，幽妍生笔底。岂令张与吴，独擅画家美。宝帖散寰海，追美三千岁。名同金石传，会从此日始。⑤

按：朱象先（约 1229—约 1308）⑥，茅山道士，自命道号一虚子，又号海陵仙人、华阳真逸、一虚叟，海陵（今江苏泰州）人。朱象先编《古楼观紫云衍庆集》三卷，三家本《道藏》第 19 册收录，《中国道观志丛刊正续编》第 3 册据此本影印。

---

① （元）朱象先集：《古楼观紫云衍庆集》，载《中国道观志丛刊正续编》第 3 册，第 128—129 页。
② （元）刘敏中撰：《中庵先生刘文简公文集》，载《北京图书馆古籍珍本丛刊》第 92 册，第 455 页。
③ （元）刘敏中撰：《中庵先生刘文简公文集》，载《北京图书馆古籍珍本丛刊》第 92 册，第 464 页。
④ （元）滕安上撰：《东庵集》，《景印文渊阁四库全书》第 1199 册，第 510 页。
⑤ （元）朱象先集：《古楼观紫云衍庆集》，载《中国道观志丛刊正续编》第 3 册，第 129—130 页。
⑥ 杨辉：《朱象先真人传论》，《中国道教》2012 年第 2 期。

12. 黄绍 1 首

《铁柱宫留题》

闻说当年天柱折，孤根百尺浸江波。中霄风雨潜蛟泣，万古云霄化鹤过。息浪有灵终自若，劫灰无烬欲如何。夜深倚剑洪崖表，回首城头绛气多。[①]

按：题"黄绍"，置于元人之列。黄绍，字仲先，临川（今江西抚州临川区）人。登至正八年（1348）进士第，至正十二年（1352）时任靖安（今属江西）县尹。《元史》卷一九五《忠义三》有传。[②]

13. 孔汭 1 首

《铁柱宫留题》

八索玲珑镇豫章，玄门仙迹想旌阳。至坚非比一卷石，亘古难磨百炼钢。拔地威棱消疠气，擎天标准逗龙光。西山绛节飞升后，想像云端白鹤翔。[③]

按：题名"孔汭"。元贡师泰撰《玩斋集》卷七《勉斋书院记》称至正二十年（1360）孔汭任南台御史。[④] 元陈高撰《不系舟渔集》卷十二《瑞榴记》有"监察御史孔汭世川"[⑤] 之说。万历《温州府志》卷十三《人物三·列女·元》谓孔汭为至正间御史。[⑥] 雍正《浙江通志》卷一百八十九《义行·温州府·元·刘祖衍》称孔汭为御史。[⑦] 乾隆《福州府志》卷十一《学校·学田》引用《勉斋书院记》资料，称至正二十年（1360）孔汭为南台监察御史。[⑧]

---

① （清）金桂馨、漆逢源纂辑：《逍遥山万寿宫志》，载《中国道观志丛刊正续编》第 31 册，第 1087 页。

② （明）宋濂等撰：《元史》卷一百九十五《忠义三》，第 4424—4425 页。

③ （清）金桂馨、漆逢源纂辑：《逍遥山万寿宫志》，载《中国道观志丛刊正续编》第 31 册，第 1092—1093 页。

④ （元）贡师泰撰：《玩斋集》卷七，《景印文渊阁四库全书》第 1215 册，第 615—617 页。

⑤ （元）陈高撰：《不系舟渔集》卷十二，《景印文渊阁四库全书》第 1216 册，第 238 页。

⑥ （明）汤日昭、王光蕴纂修：万历《温州府志》卷十三，《四库全书存目丛书》，史部第 211 册，第 93 页。

⑦ （清）嵇曾筠等兼修、沈翼机等编纂：雍正《浙江通志》卷一百八十九，《景印文渊阁四库全书》第 524 册，第 231 页。

⑧ （清）徐景熹修，鲁曾煜等纂：乾隆《福州府志》卷十一，第 23 页。

14. 火鲁忽达 1 首

《谒解州庙》

来谒崇宁庙，遗容古貌寒。奋戈扶汉祚，斩将报曹瞒。忠烈条山并，英灵解土安。未能并吴魏，长使后人叹。①

按：题"元，火鲁忽达"。正德《松江府志》卷三十一《人物九·游寓》云："火鲁忽达，汉名鲁得之，西域康里人，平章冀国公保八子也。""乙亥（元统三年，至元元年，1335）大都乡试，以父荫授晋宁（今山西临汾）治中，改监长兴州，秩满仍居小蒸。"② 万历《青浦县志》卷四《封荫》亦有类似记述③，该书卷五《人物传下·流寓》有传，其云：火鲁忽达，"历漕运万户万户浙东元帅，入为利用监太卿以卒。子企赞生于蒸溪，由直省舍人任至吏部尚书"④。

15. 杜茂 1 首

《题显烈庙》

古刹崔巍紫翠间，云开帘幕见威颜。躬膺节钺称蜀将，时佩章符建汉官。法宝景涵金色界，神光长照玉泉山。惟王忠烈超千古，可笑区区一老瞒。⑤

按：题名"杜茂"，置于元人之列。杜茂，里籍事迹待考。

16. 刘纬 1 首

《题大王冢》

鞍马平生百战身，可怜于此卧荒榛。俘来于禁更轻敌，衅起孙吴为绝亲。鱼水君臣终不忝，功名竹帛拟重新。玉泉寂寂悲黄鸟，千载英灵汉代人。⑥

---

① （清）张镇编辑，宋万忠、武建华标注：《解梁关帝志》，第 258 页。
② （明）顾清等修纂：正德《松江府志》，载《中国方志丛书·华中地方·第 455 号》，第 1473—1474 页。
③ （明）李官、王圻纂修：明万历《青浦县志》卷四《封荫》，国家图书馆藏该书仅存卷五至卷八，此据《中国基本古籍库》检索。
④ （明）李官、王圻纂修：明万历《青浦县志》卷五《人物传下·流寓》，第 24 页。
⑤ （清）张镇编辑，宋万忠、武建华标注：《解梁关帝志》，第 259 页。
⑥ （清）张镇编辑，宋万忠、武建华标注：《解梁关帝志》，第 260 页。

按：题名"刘纬"，置于元人之列。道光《济南府志》卷三十九《选举一·征辟·元》："刘纬，济南人，元振子，世祖时袭职，官至陕西行省参知政事。有传。"① 卷四十八《人物四·元》："刘纬，元振之子，数从父行军，袭职，配虎符，为万户守"；"数战有功，攻合州授潼川路副招讨，迁副都元帅，复授管军万户，迁同知四川西道宣慰司事，入朝进四川西道宣慰使，拜陕西行省参知政事，卒。"② 此刘纬是否与《题大王冢》之刘纬为一人，尚难确定。

17. 何溟 1 首

《题大王冢》

四海纷纷汉鼎移，将军委质愿扶持。欲除曹氏眼前害，岂料吴儿肘后欺。报国忠心千载著，复仇遗恨几人知。我因王事行郊邑，特向高坟酹一卮。③

按：题名"何溟"，置于元人之列。何溟，里籍事迹待考。

除以上诸条外，《全元诗》收录王瓒、王申伯诗存在重复收录问题，此处附带说明之。

《全元诗》第 68 册据《元诗选癸集下》录王瓒《武夷山》，诗云："五载尘埃雪鬓侵，停车又复此登临。溪声洗净是非耳，山色挽回名利心。松翠不凋云外老，柳黄初变雨中深。隐屏仙子开皇极，欸乃清歌好重寻。"诗前王瓒简介谓"王瓒，生平不详"④。《全元诗》第 67 册据王复礼《武夷九曲志》卷十四录王申伯《咏武夷山》。诗前作者简介云："王申伯，生平不详。"⑤ 此诗董天工《武夷山志》卷二十三亦收录。⑥ 二首诗前者署名"王瓒"，后者署名"王申伯"，但内容完全相同，为同一首诗，《全元诗》重复收录，当纠正。既

---

① （清）成瓘、冷烜等纂修：道光《济南府志》卷三十九《选举一》，第 32 页。
② （清）成瓘、冷烜等纂修：道光《济南府志》卷四十八《人物四·元》，第 12 页。
③ （清）张镇编辑，宋万忠、武建华标注：《解梁关帝志》，第 261 页。
④ 杨镰主编：《全元诗》第 68 册，第 257 页。
⑤ 杨镰主编：《全元诗》第 67 册，第 126 页。
⑥ （清）董天工编：《武夷山志》卷二十三，载《中国道观志丛刊正续编》第 35 册，第 1595 页。

然诗之内容相同，撰者"王瓒"与"王申伯"必为同一人，"申伯"或为"王瓒"字。尚无证据，存此待考。

明徐日炅纂《烂柯山洞志》卷下亦录王瓒一首诗，名曰《咏烂柯山》，诗云："仙界无人药草肥，白云镇日掩柴扉。不逢仙子敲棋局，犹见樵夫上翠微。曲径巉岩龙背转，廖天空阔鹤群飞。海桑变换真闲事，且对芳樽谢俗机。"① 并将此诗置于宋人之列。本诗题注云："王瓒，陕州人，龙游尹。"明万廷谦、曹闻礼纂修万历《龙游县志》卷六《官师》云："王瓒，字廷器，陕西人。由进士天顺四年除（知县），见传。"② 所记里籍与官职与本诗题注合。天顺四年为明英宗复辟天顺四年（1460）。万历《龙游县志》卷六《名宦·皇明》又云："王瓒，性宽厚阔略，始莅县，知民俗健讼首黔渠魁数辈上下慑服。兴学校，修邑志，凡桥梁公宇为之一新。值岁旱，诣坛壝，徒步百拜，已而大雨。任六年。"③ 据此，王瓒任龙游县知县起于天顺四年（1460），止于明宪宗成化元年（1465），共6年。该书卷九《艺文·附著述·明》著录有"王知县瓒修《龙游县志》十卷"④。另据明曹金撰万历《开封府志》卷七《官师·知府》云："王瓒，陕西渭县人，弘治十四年任（开封知府）。"⑤ 弘治十四年为明孝宗弘治十四年（1501）。综上，此王瓒为明朝陕西人，先后任龙游知县和开封知府，与前文《全元诗》重复收录之王瓒并非一人。明徐日炅纂《烂柯山洞志》将王瓒列于宋人之列，亦误。

---

① （明）徐日炅纂：《烂柯山洞志》，《四库存目丛书补编》第94册，第93页。
② （明）万廷谦、曹闻礼纂修：万历《龙游县志》卷六《官师》，第6页。
③ （明）万廷谦、曹闻礼纂修：万历《龙游县志》卷六《名宦》，第14页。
④ （明）万廷谦、曹闻礼纂修：万历《龙游县志》卷九《艺文·附著述》，第21页。
⑤ （明）曹金撰：万历《开封府志》卷七《官师·知府》，《四库全书存目丛书补编》第76册，第499页。

参 考 文 献

注：

1. 为便于检索，所列参考文献不分专著、论文，均以责任者姓氏首字英文字母顺序排列；

2. 同一字母下，中华人民共和国成立前文献按朝代次序置于前列，朝代前用圆括号注明，如（唐）（宋）（元）（明）（清）（民国）等；责任者为外国者，用方括号注明，如［美］［法］［日］［澳］等。

A

［法］爱德华·沙畹（Edouard Chavannes）：《泰山：中国宗教的专论一种》（"Le T'ai-chan：Essai de monographie d'un culte chinois"），巴黎：《吉美博物馆年鉴》（*Annales de Musee Guimet* 28），1910 年。

B

（汉）班固撰：《汉书》，北京：中华书局，1962 年。

（清）毕沅撰：《续资治通鉴》，《四部备要》本，第 41 册。

（清）毕沅撰：《关中金石记》（二），《丛书集成初编》本，上海：商务印书馆，1937 年。

巴兆祥：《明代方志纂修述略》，《文献》1988 年第 3 期。

巴兆祥：《明代佚志述略》，《文献》1990 年第 4 期。

巴兆祥：《论明代方志的数量与修志制度》，《中国地方志》2004 年第 4 期。

包云志：《孤本〈慎贻堂书目〉查考记》，《文献》2003 年第 4 期。

［美］布赖恩·R. 多特（Brian R. Dott）：《身份的反现：中华帝国晚期的泰山朝圣》，剑桥：哈佛大学亚洲中心，2004 年（Brian R. Dott. *Identity Reflections Pilgrimages to Mount Tai in Late Imperial China*，Cambridge Harvard University Asia Center，2004）。

C

（晋）陈寿撰：《三国志》，北京：中华书局，1959 年。

（宋）陈著撰：《本堂集》，《景印文渊阁四库全书》第 1185 册。

（宋）陈景沂撰：《全芳备祖》，《景印文渊阁四库全书》第 935 册。

（宋）陈均撰：《宋九朝编年备要》，《景印文渊阁四库全书》第 328 册。

（宋）陈宓撰：《龙图陈公文集》，《续修四库全书》第 1319 册。

（元）曹伯启撰：《曹文贞诗集》，《景印文渊阁四库全书》第 1202 册。

（元）陈高撰：《不系舟渔集》，《景印文渊阁四库全书》第 1216 册。

（元）陈栎撰：《定宇集》，《景印文渊阁四库全书》第 1205 册。

（元）陈致虚撰：《周易参同契分章注》，《景印文渊阁四库全书》第 1058 册。

（明）陈道、黄仲昭纂修：弘治《八闽通志》，《四库全书存目丛书》，史部第 178 册。

（明）陈克昌编：《麻姑集》，《四库全书存目丛书》，集部第 304 册。

（明）陈九德辑：《皇明名臣经济录》，明嘉靖二十八年（1549）刻本。

（明）陈光前纂修：万历《慈利县志》，上海：上海古籍书店，1964 年。

（明）程敏政撰：《新安文献志》，《景印文渊阁四库全书》第 1376 册。

（明）程敏政撰：《篁墩文集》，《景印文渊阁四库全书》第 1252 册。

（清）陈元龙奉敕编：《御定历代赋汇》，《景印文渊阁四库全书》第 1421 册。

（清）陈兰森修，谢启昆纂：乾隆《南昌府志》，清乾隆五十四年（1789）刻本。

（清）陈昌齐等纂：道光《广东通志》，《续修四库全书》第 673 册。

（清）成瓘、冷烜等纂修：道光《济南府志》，国家图书馆藏清道光二十年（1840）刻本。

（清）曹袭先纂：乾隆《句容县志》，清光绪二十六年（1900）刻本。

陈璚修，齐耀珊重修，屈映光续修：民国《杭州府志》，1922 年铅印本。

陈国符：《道藏源流考》，北京：中华书局，2014 年新修订版。

陈垣编纂，陈智超、曾庆瑛校补：《道家金石略》，北京：文物出版社，1988 年。

陈光贻：《中国方志学史》，福州：福建人民出版社，1998 年。

陈鸿森：《朱文藻年谱》，载《古典文献研究》（第十九辑下卷），南京：凤凰出版社，2016 年。

陈开林著：《〈全元文〉补正》，台北：花木兰文化事业有限公司，2018 年。

陈开林：《元代作家考述七题——补正〈全元文〉〈全元诗〉之缺误》，《图书馆杂志》2016 年第 11 期。

陈婷：《补校〈全宋诗〉〈全元诗〉22 首——兼谈如何以地方志补辑诗歌总集》，《湖北科技学院学报》2018 年第 5 期。

陈仕国：《明末广东文学家邓云霄仕途事略考》，《兰台世界》2014 年第 21 期。

陈新等订补：《〈全宋诗〉订补》，郑州：大象出版社，2005 年。

仓修良著：《方志学通论》，济南：齐鲁书社，1991 年。

陈曦、王忠敬：《宋明地方志与南昌地区许逊信仰的变迁》，《武汉大学学报》（哲学社会科学版）2014 年第 2 期。

陈曦：《宋代荆湖北路的水神信仰与生态环境》，《湖北社会科学》2009
年第 9 期。

成海明：《〈宋史〉一个错误的纠正——王著卒年考》，《书法赏评》2010
年第 6 期。

程越著：《金元时期全真道的宫观经济研究》，济南：齐鲁书社，2012 年。

曹刚华著：《明代佛教方志研究》，北京：中国人民大学出版社，2011 年。

曹婉如、郑锡煌：《试论道教的五岳真形图》，《自然科学史研究》1987
年第 1 期。

崔向东：《嵩岳古文献及其作者评述》，《河南教育学院学报》2013 年第
2 期。

崔向东：《〈嵩书〉作者傅梅考略》，《河南社会科学》2002 年第 6 期。

崔向东：《第一部体例完备分类明确的嵩山专志》，《河南图书馆学刊》
2001 年第 4 期。

D

（唐）杜佑撰：《通典》，北京：中华书局，1988 年。

（明）戴铣辑：《朱子实纪》，《四库全书存目丛书》，史部第 82 册。

（清）董沛、徐时栋、张恕纂：光绪《鄞县志》，清光绪三年（1877）
刻本。

邓富华：《〈全元诗〉补遗与辨误》，《古籍整理研究学刊》2015 年第
2 期。

邓富华：《〈全元诗〉补考》，《古籍整理研究学刊》2016 年第 1 期。

邓富华：《〈全元诗〉补遗三十四首》，《重庆第二师范学院学报》2015 年
第 2 期。

邓富华：《〈全元诗〉补遗》，《文山学院学报》2015 年第 4 期。

邓富华：《〈全元诗〉补遗 32 首》，《南昌师范学院学报》2015 年第 2 期。

邓富华：《〈全元诗〉补正 17 则》，《南昌师范学院学报》2015 年第 4 期。

邓富华：《〈全元诗〉补遗》，《古籍整理研究学刊》2014 年第 6 期。

邓富华：《〈全元诗〉补考》，《贵州文史丛刊》2015 年第 2 期。

邸富生著：《中国方志学史》，大连：大连海运学院出版社，1990 年。

邸富生：《试论清代方志的纂修》，《辽宁师范大学学报》（社会科学版）1986 年第 4 期。

丁鼎：《天京刻书述略》，《江苏大学学报》（社会科学版）2005 年第 6 期。

丁培仁编著：《增注新修道藏目录》，成都：巴蜀书社，2008 年。

丁雪艳：《〈茅山志〉作者考》，《中国道教》2001 年第 1 期。

董中基、张继禹著：《道教全真祖庭北京白云观》，中国道教协会，1987 年。

董恩林：《历史编纂学论纲》，《华中师范大学学报》（人文社会科学版）2000 年第 4 期。

杜泽逊：《跋顺治刻本〈麻姑山丹霞洞天志〉》，《图书馆杂志》2003 年第 2 期。

都刘平：《〈全元诗〉辑补 25 首》，《古籍整理研究学刊》2016 年第 6 期。

F

（唐）房玄龄撰：《晋书》，北京：中华书局，1974 年。

（南朝）范晔撰：《后汉书》，北京：中华书局，1965 年。

（明）冯琦编：《经济类编》，《景印文渊阁四库全书》第 961 册。

（明）傅梅撰：《嵩书》，《四库全书存目丛书》，史部第 231 册。

（清）傅恒等奉敕撰：《御批历代通鉴辑览》，《景印文渊阁四库全书》第 338 册。

方霞：《明清浙江山志述论》，上海：复旦大学硕士学位论文，2010 年。

冯千山：《明代纂修〈道藏〉从任自垣始》，《宗教学研究》1991 年 Z1 期。

范恩君：《泰山岱庙藏明万历圣旨及〈道藏〉考》，《中国道教》2003 年第 1 期。

范传贤、许琼英点校：《湄洲屿志略》（前言、卷一、卷二），《福建师大福清分校学报》1990 年第 2 期。

范学锋、张全晓：《玄帝信仰与明代〈大岳太和山志〉》，《郧阳师范高等专科学校学报》2009 年第 3 期。

方彦寿编著：《武夷山冲佑观》，厦门：鹭江出版社，1996 年。

傅伟莉：《崂山志校注简评》，《东方论坛》2016 年第 1 期。

G

（元）贡师泰撰：《玩斋集》，《景印文渊阁四库全书》第 1215 册。

（明）龚黄编辑：《六岳登临志》，《续修四库全书》第 721 册。

（明）顾清等修纂：正德《松江府志》，载《中国方志丛书·华中地方·第 455 号》，台北：成文出版社有限公司，1982 年。

（清）高必大纂：康熙《天津卫志》，清钞本。

高小健、张智主编：《中国道观志丛刊正续编》（共 64 册），扬州：广陵书社，2015 年。

高叶青：《清道光〈华岳志〉版本及其对道教研究的价值》，《兰台世界》2012 年第 15 期。

高叶青：《陕西明版〈道藏〉存佚考》，《中国道教》2020 年第 3 期。

葛小禾：《〈全元诗〉余阙诗补遗》，《芜湖职业技术学院学报》2015 年第 4 期。

龚鹏程、陈廖安主编：《中华续道藏初辑》（第 3、4、5、6 册），台北：新文丰出版公司，1999 年。

郭立暄:《古籍版本中的剜改旧版现象》(上),《图书馆杂志》2002年第10期。

郭文镐:《〈茅山志纂辑唐人诗文杂论〉商榷——兼考顾非熊生年》,《徐州师范学院学报》(哲学社会科学版)1988年第4期。

郭武著:《净明忠孝全书研究:以宋元社会为背景的考察》,北京:中国社会科学出版社,2005年。

郭武:《关于许逊信仰的几个问题》,《宗教学研究》2000年第4期。

郭武:《关于净明道研究的回顾与展望》,《汉学研究通讯》(台湾省)2000年第3期。

台湾地区图书馆:《善本书目》,台北:1958年。

H

(宋)洪迈撰,何卓点校:《夷坚志·夷坚支志》,北京:中华书局,1981年。

(宋)胡寅撰:《致堂读书管见》,《续修四库全书》第448册。

(元)胡琦编:《关王事迹》,国家图书馆藏明成化七年(1471)刻本。

(元)黄元吉编辑,徐慧校正:《净明忠孝全书》,《道藏》第24册。

(明)韩晃编辑:《罗浮野乘》,《四库全书存目丛书》,史部第232册。

(明)何镗辑:《古今游名山记》,《四库全书存目丛书》,史部第250册。

(明)黄天全著:《九鲤湖志》,福州:海峡出版发行集团·海峡书局,2017年。

(明)黄宗昌撰,刘洵昌点校,王诵亭注释:《崂山志》,香港:新世纪印务公司,2003年。

(清)黄家驹编纂,曹国庆,胡长春校注:《麻姑山志》,南昌:江西人民出版社,1998年。

(清)黄宗羲撰:《南雷文定前集》,《丛书集成初编》第2463册。

(清)黄宗羲原著,(清)全祖望补修,陈金生、梁运华点校:《宋元学案》（第 3 册），北京：中华书局，1986 年。

（清）黄虞稷撰：《千顷堂书目》，《景印文渊阁四库全书》第 676 册。

（清）郝玉麟等兼修，谢道承等编纂：乾隆《福建通志》，《景印文渊阁四库全书》第 528 册。

黄希文纂辑：《增修磁县县志》，民国三十年（1941）铅印本。

［美］韩森著：《变迁之神：南宋时期的民间信仰》，包伟民译，北京：中西书局，2016 年。

韩媛媛：《明清巢湖中庙研究》，武汉：华中师范大学硕士学位论文，2018 年。

韩松涛：《〈金鼓洞志〉与金鼓洞派》，载《昆嵛山与全真道——全真道与齐鲁文化国际学术研讨会论文集》，北京：宗教文化出版社，2006 年。

滑红彬：《〈庐山志〉佛教人物补考》，《九江学院学报》（社会科学版）2011 年第 3 期。

黄苇等著：《方志学》，上海：复大学出版社，1993 年。

黄权才著：《宋代文献研究》，南宁：广西民族出版社，2007 年。

黄小石著：《净明道研究》，成都：巴蜀书社，1999 年。

黄芝岗著：《中国的水神》，上海：上海文艺出版社，1988 年。

侯倩：《〈全元诗〉未著录作者举隅》，《殷都学刊》2018 年第 1 期。

胡道静、陈耀庭主编：《藏外道书》（第 18、19、20、33 册），成都：巴蜀书社，1994 年。

胡凡：《武当道士任自垣与〈正统道藏〉的编纂》，载《中国紫禁城学会论文集》（第八辑（上）），北京：故宫出版社，2012 年。

胡可先：《新补〈全宋诗〉150 首》，载《第四届宋代文学国际研讨会论文集》，杭州：浙江大学出版社，2006 年。

胡可先：《〈全宋诗〉辑佚 120 首》，《古籍整理研究学刊》2006 年第 5—6 期。

胡军：《清版〈九宫山志〉音乐史料研究》，《黄钟（武汉音乐学院学报）》2011 年第 4 期。

湖南省道教文化研究中心编：《道教与南岳》，长沙：岳麓书社，2003 年。

J

（明）焦竑撰：《国史经籍志》，《续修四库全书》第 916 册。

（明）姜南原订，（清）吴陈琰增定，（清）朱溶重辑：《通玄观志》，《四库全书存目丛书》，史部第 246 册。

（明）蒋镆纂，（清）吴绳祖修，梁颂成校点；（清）王开琸纂，李花蕾校点：《九嶷山志二种·炎陵志》，长沙：岳麓书社，2008 年。

（清）靖道谟、杜诠等编纂：乾隆《贵州通志》，清乾隆六年（1741）刻嘉庆间修补本；《景印文渊阁四库全书》第 572 册。

（清）嵇璜、曹仁虎纂修：《续文献通考》，《景印文渊阁四库全书》第 628 册。

（清）嵇璜等奉敕撰：《续通志》，《景印文渊阁四库全书》第 394 册。

（清）嵇曾筠等监修，沈翼机等编纂：雍正《浙江通志》，《景印文渊阁四库全书》第 524 册。

（清）金桂馨、漆逢源编纂，陈立立、邓声国、王令策整理：《万寿宫通志》（外一种），南昌：江西人民出版社，2008 年。

（清）景日昣纂：《说嵩》，《四库全书存目丛书》，史部第 238 册。

（清）景邦宪编辑：《紫柏山志图》，载石光明、董光和、杨光辉主编《中华山水志丛刊·山志》第 6 册。

姜守诚：《宋元道法文献中的关羽形象》，《道教学刊》2019 年第一辑（总第 3 期）。

姜生：《论道教崇山的原因与实质》，《复旦学报》（社会科学版）1996 年第 6 期。

K

（汉）孔安国传，（唐）孔颖达疏，廖名春、陈明整理：《尚书正义》，李学勤主编《十三经注疏》整理本，北京：北京大学出版社，2000年。

（明）康当世纂：《九鲤湖志》，福州：海峡出版发行集团·海峡书局，2017年。

康尔琴：《〈岱史〉著录考》，《河南图书馆学刊》2010年第3期。

孔凡礼著：《苏轼年谱》，北京：中华书局，2005年。

孔令宏、韩松涛、王巧玲著：《浙江道教史》，北京：中国社会科学出版社，2015年。

孔哲：《简评〈崂山道教与〈崂山志〉研究〉》，《东方论坛》2012年第6期。

柯亚莉：《天一阁藏五种孤本明代专志考录》，《西南交通大学学报》（社会科学版）2008年第6期。

L

（唐）李延寿撰：《北史》，北京：中华书局，1974年。

（后晋）刘昫等撰：《旧唐书》，北京：中华书局，1975年。

（宋）李幼武纂集：《宋名臣言行录别集》，《景印文渊阁四库全书》第449册。

（宋）李焘撰：《续资治通鉴长编》，北京：中华书局，1995年。

（宋）吕中撰：《宋大事记讲义》，《景印文渊阁四库全书》第686册。

（元）李道谦集：《甘水仙源录》，《道藏》第19册。

（元）李道谦编：《终南山祖庭仙真内传》，《道藏》第19册。

（元）李庭撰：《寓庵集》，《续修四库全书》第1322册。

（元）刘敏中撰：《中庵先生刘文简公文集》，载《北京图书馆古籍珍本丛刊》第 92 册，北京：书目文献出版社，2000 年。

（元）刘敏中撰：《平宋录》，《景印文渊阁四库全书》第 408 册。

（元）刘大彬编，（明）江永年增补，［美］王岗（Richard G. Wang）点校：《茅山志》，上海：上海古籍出版社，2018 年。

（明）林有年主纂：嘉靖《安溪县志》，载《天一阁藏明代方志选刊》，上海：上海古籍书店影印本，1963 年。

（明）劳堪重编：《武夷山志》，明万历十年（1582）刻本。

（明）鲁点编辑：《齐云山志》，《四库全书存目丛书》，史部第 231 册。

（明）鲁点编，汪桂平点校，王卡审定：《齐云山志》（附二种），北京：社会科学文献出版社，2015 年。

（明）陆钺等纂修：嘉靖《山东通志》，明嘉靖刻本。

（明）李侃、胡谧纂修：成化《山西通志》，《四库全书存目丛书》，史部第 174 册。

（明）李濂撰：《汴京遗迹志》，《景印文渊阁四库全书》第 587 册

（明）李贤等奉敕撰：《明一统志》，《景印文渊阁四库全书》第 472 册。

（明）李官、王圻纂修：万历《青浦县志》，国家图书馆藏明万历刻本（存卷五至卷八）。

（明）李元芳、钟崇文纂修：隆庆《岳州府志》，载《天一阁藏明代方志选刊》第 88 册，上海：上海古籍书店影印本，1963 年。

（明）凌迪知撰：《万姓统谱》，《景印文渊阁四库全书》第 956 册。

（清）蓝闽之撰：《武夷山纪要》，清康熙间刻本。

（清）刘师峻纂修：康熙《曲阳县新志》，清康熙间刻本。

（清）陆纶纂：乾隆《太平府志》，清乾隆二十三年（1758）刻本。

（清）李榕纂辑：《华山志》，载《中国西北文献丛书》第一辑《西北稀见方志文献》第六十二卷，兰州：兰州古籍书店影印出版，1990 年。

（清）李铭皖、冯桂芬等纂修：同治《苏州府志》（二），载《中国地方

志集成·江苏府县志辑》（8），南京：江苏古籍出版社，1991 年。

（清）李诗等纂修：光绪《淳安县志》，《中国方志丛书·华中地方·第208 号·浙江省》，台北：成文出版社，1975 年。

（清）李培祜、王维珍纂：光绪《通州志》，清光绪九年（1883）刻本。

（清）历鹗撰：《宋诗纪事》，《景印文渊阁四库全书》第 1484 册。

李成晴：《方志文献所见〈全元诗〉已著录诗人佚作辑补》，《贵州民族大学学报》（哲学社会科学版）2015 年第 4 期。

李成晴：《〈全元诗〉补佚——以明弘治版〈吴江志〉为样本》，《淮南师范学院学报》2014 年第 6 期。

李承祥：《谈张献忠时期的一部蜀刻书》，《重庆师范大学学报》（社会科学版）1981 年第 2 期。

李丰楙：《仙境与游历：神仙世界的想象》，北京：中华书局，2010 年。

李丰楙：《宋朝水神许逊传说之研究》，《汉学研究》1990 年第 1 期。

李花蕾：《〈炎陵志〉沿革简论》，《湖南科技学院学报》2008 年第 2 期。

李花蕾：《康熙十年〈炎陵志〉校点》，《湖南科技学院学报》2009 年第 7 期。

李花蕾：《道光八年本〈炎陵志〉别出诗文校点》，《湖南科技学院学报》2009 年第 2 期。

李花蕾：《道光十七年〈炎帝会〉碑探析》，《黄石理工学院学报》（人文社会科学版）2009 年第 3 期。

李洪全：《金元之际全真教道观的社会经济来源》，《郑州大学学报》（哲学社会科学版）2008 年第 2 期。

李剑国、陈国军：《赵弼生平著述考》，《文学遗产》2003 年第 1 期。

李俊清：《〈梅仙观记〉考辨》，《世界宗教研究》1997 年第 4 期。

李露露：《清代〈天后宫过会图〉释析》，《东南文化》2002 年第 2 期。

李少静：《〈岱览〉及其撰者唐仲冕》，《山东图书馆季刊》1995 年第

3 期。

李新宇:《〈全元文〉"辞赋作品"缺误考述》,载《古典文献研究》第 9 辑,南京:凤凰出版社,2006 年。

李新宇:《元代辞赋研究》,北京:中国社会科学出版社,2008 年。

李欣宇:《陕西明清刻书举要》,《收藏》2010 年第 7 期。

李晓愚:《从"澄怀观道"到"旅游指南"——"卧游"观念在晚明旅游绘本中的世俗化转向》,《南京大学学报》(哲学·人文科学·社会科学版)2017 年第 6 期。

李偲源:《历代崂山山志述评》,青岛市崂山文化研究会编:《崂山研究》第 1 辑,青岛:中国海洋大学出版社,2006 年。

李岩:《古北岳方位观念辨析——以〈北岳庙集〉为中心》,《保定学院学报》2019 年第 1 期。

李凭:《评山西的三部山志》,《五台山研究》1985 年第 1 期。

李修生主编:《全元文》(共 61 册),南京:凤凰出版社,2004 年。

李裕民:《〈全宋诗〉补》《〈全宋诗〉续补》,载李裕民著《宋史考论》,北京:科学出版社,2009 年。

李致忠著:《历代刻书考述》,成都:巴蜀书社,1990 年。

黎传绪:《风景独好 人文更佳——许逊,南昌的文化符号》,《当代江西》2015 年第 10 期。

来新夏主编:《方志学概论》,福州:福建人民出版社,1983 年。

林庆昌著:《妈祖真迹:兼注释、辨析古籍〈敕封天后志〉》,广州:中山大学出版社,2003 年。

林正秋著:《杭州道教史》,北京:中国社会科学出版社,2011 年。

林亦英(Lam, Susan Y. Y):《观妙观徼:山西省馆藏道教文物》,香港:香港大学美术博物馆,2003 年。

梁建章纂:《察哈尔省通志》,民国二十四年(1935)铅印本。

梁勇：《再论北岳恒山地望及其历史变迁——兼与王畅同志商榷》，《中国历史地理论丛》2004 年第 2 期。

卢仁龙：《〈道藏〉本〈茅山志〉研究》，《社会科学战线》1992 年第 2 期。

罗燚英：《唐代北岳祭祀析论》，《扬州大学学报》（人文社会学版）2014 年第 2 期。

罗琴：《龙虎山志源流考略》，《宗教学研究》2016 年第 2 期。

罗海燕：《现存元人碑刻资料及其作者考略——〈全元文〉补目 42 篇》，《古籍整理研究学刊》2011 年第 5 期。

柳卓霞：《〈崂山道教与《崂山志》研究〉简评》，《西藏民族学院学报》（哲学社会科学版）2013 年第 3 期。

刘达科：《金元之际诗人房皞探微》，《江苏大学学报》（社会科学版）2004 年第 1 期。

刘兴顺著：《泰山国家祭祀史》，济南：山东人民出版社，2017 年。

刘洪强：《〈全元文〉补目 160 篇》，《古籍整理研究学刊》2009 年第 3 期。

刘洪强：《〈全元文〉补目 300 篇》，《古籍研究》（2008 年卷下），合肥：安徽大学出版社，2009 年。

刘晓艳：《麻姑文化与道教文学奇观〈麻姑集〉》，《宗教学研究》2014 年第 2 期。

刘永海、郝秋香：《道教宫观山志略说》，《淮阴师范学院学报》（哲学社会科学版），2008 年第 2 期。

刘永海著：《元代道教史籍研究》，北京：人民出版社，2010 年。

刘永海：《〈全元诗〉辑补 55 首》，《古籍整理研究学刊》2019 年第 4 期。

刘永海：《豫师与〈龙神祠全图〉》，《唐山师范学院学报》2019 年第 2 期。

刘永海：《〈全宋文〉补目 61 篇》，《历史文献研究》（总第 45 辑），扬州：广陵书社，2020 年。

刘永海：《由孝道崇拜到忠孝净明：许逊信仰历程及其特征论析》，《河南师范大学学报》（哲学社会科学版）2020 年第 5 期。

刘秀慧：《由善本〈华岳志〉整理谈渭南市古籍保护现状及对策》，《绥化学院学报》2015 年第 11 期。

刘雅萍：《中国道教方志研究概述》，《图书馆理论与实践》2011 年第 8 期。

吕冠南：《姚远翱〈华岳志〉存诗之得失》，《盐城工学院学报》（社会科学版）2017 年第 2 期。

吕冠南：《〈岱览〉与宋佚诗文辑补》，《泰山学院学报》2017 年第 2 期。

吕芸芳编著：《泰山历代著述提要》，青岛：青岛海洋大学出版社，1991 年。

吕芸芳、闫峰：《历代泰山志概述》，《山东图书馆季刊》2005 年第 1 期。

梁颂成：《〈九嶷山志二种〉的成书及其文化价值》，《湖南科技学院学报》2007 年第 11 期。

栾星：《嵩岳文献叙录》，载《嵩岳文献丛刊》，郑州：中州古籍出版社，2003 年。

栾星：《〈嵩岳文献丛刊〉序》，《古籍研究》2002 年第 1 期。

栾星：《谈嵩岳与嵩岳文化》，《中州学刊》2002 年第 6 期。

骆啸声：《王船山〈莲峰志〉与地方志》，《武汉师范学院学报》1983 年第 1 期。

M

（元）马端临撰：《文献通考》，北京：中华书局，1986 年据《万有文库》十通本影印。

（清）穆彰阿、潘锡恩等纂修：嘉庆《大清一统志》，《续修四库全书》第 615 册。

《明太祖实录》，台北"中研院"历史语言研究所校印。

《明英宗实录》，台北"中研院"历史语言研究所校印。

《明孝宗实录》，台北"中研院"历史语言研究所校印。

《明世宗实录》，台北"中研院"历史语言研究所校印。

（清）穆元肇、方世熙纂：乾隆《延庆州志》，清乾隆七年（1742）刻本。

马铭初、严澄非校注：《〈岱史〉校注》，青岛：青岛海洋大学出版社，1992年。

马秀娟、李会敏、崔广设：《善本方志〈武夷志略〉》，《兰台世界》2011年第10期。

马秀娟：《刘大彬〈茅山志〉研究》，《宋史研究论丛》2018年第1期。

N

（清）聂剑纂，岱林等点校：《泰山道里记》，济南：山东友谊书社，1987年

宁俊伟：《由谱录考许逊与吴猛之关系》，《山西大学学报》（哲学社会科学版）1999年第1期。

牛芳：《泰山名志有新笺——〈泰山志校证〉简评》，《山东图书馆季刊》2006年第2期。

P

（明）彭大翼撰：《山堂肆考》，《景印文渊阁四库全书》第974册。

（明）彭簪编校：《衡岳志》，《四库全书存目丛书》，史部第229册。

潘景郑著：《著砚楼书跋》，载《中国历代书目题跋丛书》（二），上海：上海古籍出版社，2006年。

潘猛补：《从温州地方文献订补〈全元诗〉》，《温州大学学报》（社会科学版）2017年第2期。

彭定国：《试论炎陵碑刻与炎陵志的档案价值》，《民族论坛》1989 年第 2 期。

彭定国：《"炎陵碑刻"与"炎陵志"的档案价值》，《湖南师大社会科学学报》1989 年第 3 期。

彭国维：《合肥北宋马绍庭夫妻合葬墓》，《文物》1991 年第 3 期。

彭万隆：《〈全元诗〉本张雨诗集辑佚》，《浙江工业大学学报》（社会科学版）2014 年第 3 期。

皮庆生：《宋代民间信仰文献——〈祠山事要指掌集〉》，《中国地方志》2008 年第 6 期。

Q

（清）钱大昕撰，祝竹点校：《钱大昕潜研堂金石文跋尾》，载《嘉定钱大昕全集》第六册，南京：江苏古籍出版社，1997 年。

（清）钱大昕撰：《元史艺文志》，《续修四库全书》第 916 册。

（清）钱保塘编辑：《历代名人生卒录》，《丛书集成续编》第 30 册，上海：上海书店出版社，1994 年。

（清）秦蕙田撰：《五礼通考》，《景印文渊阁四库全书》第 136 册。

青岛市崂山区档案局（馆）、青岛市崂山区史志办公室、中共崂山区委党史研究室编：《〈崂山志〉校注》，济南：黄河出版社，2014 年。

［日］秋月观暎著：《中国近世道教的形成：净明道的基础研究》，丁培仁译，北京：中国社会科学出版社，2005 年。

［日］秋月观暎：《〈逍遥山玉隆万寿宫志〉小考》，载《文经论丛·史学篇》，1977 年。

齐仁达：《明清北岳祭祀地点转移之动态考察》，《史学月刊》2009 年第 9 期。

祁银德、吕立铭、麦艳珍：《〈罗浮山志会编〉"草属"药用植物名实考》,《江西中医药大学学报》2016 年第 1 期。

秦佩珩:《〈说嵩〉在地理学上的价值》,《安阳师专学报》1983 年第 4 期。

钱穆著:《中国文化史导论》,上海:上海三联书店,1988 年。

阙鑫华:《宋代福建路道观经济》,厦门:厦门大学硕士学位论文,2009 年。

屈万里、昌彼得著:《(台湾地区图书馆)善本书目·甲编》,台北:台湾地区图书馆,1958 年。

R

(明)任自垣纂辑:《大岳太和山志》,载《中华续道藏初辑》第四册,台北:新文丰出版公司,1999 年。

(明)任自垣、卢重华原著,杨立志点校:《明代武当山志二种》,武汉:湖北人民出版社,1999 年。

(清)阮元编:《两浙金石志》,《续修四库全书》第 911 册。

任继愈主编:《道藏提要》,北京:中国社会科学出版社,1991 年。

任继愈主编:《中国道教史》(增订本),北京:中国社会科学出版社,2001 年。

阮堂明:《〈全宋诗〉佚诗新补 100 首》,《苏州科技学院学报》(社会科学版)2014 年第 5 期。

S

(汉)司马迁撰:《史记》,北京:中华书局,1959 年。

(南朝梁)释慧皎撰:《高僧传》,北京:中华书局,1992 年。

(宋)司马光撰:《资治通鉴》,北京:中华书局,1956 年。

(宋)苏轼撰,孔凡礼点校:《苏轼文集》,北京:中华书局,1986 年。

(宋)施元之注:《施注苏诗》,《景印文渊阁四库全书》第 1110 册。

（宋）施宿撰：嘉泰《会稽志》，《景印文渊阁四库全书》第 486 册。

（元）释祥迈撰：《大元至元辨伪录》，载《北京图书馆古籍珍本丛刊》第 77 册。

（元）苏天爵编：《国朝文类》，《四部丛刊初编》第 2018 册。

（元）苏天爵撰：《滋溪文稿》，《景印文渊阁四库全书》第 1214 册。

（明）宋濂等撰：《元史》，北京：中华书局，1976 年。

（清）孙星衍、邢澍编：《寰宇访碑录》（四），《丛书集成初编》本，上海：商务印书馆，1937 年。

（清）孙尔准等修，陈寿祺纂，程祖洛等续修，魏敬中续纂：道光《重纂福建通志》（五），载《中国地方志集成·省志辑·福建》（7），南京：凤凰出版社，2011 年。

（清）沈青崖等纂：雍正《陕西通志》，《景印文渊阁四库全书》第 552、554 册。

（清）沈树声纂修：乾隆《太原府志》，清乾隆四十八年（1783）刻本。

（清）沈叔埏撰：《颐彩堂文集》，《续修四库全书》第 1458 册。

（清）沈昭兴纂修：嘉庆《三台县志》，清嘉庆二十年（1815）刻本。

（清）昇允、长庚纂：宣统《甘肃新通志》，清宣统元年（1909）刻本。

（清）戴肇辰、苏佩训修，史澄、李光廷纂：光绪《广州府志》，载《中国方志丛书·第 1 号·广东省》，台北：成文出版社印行。

（清）李景峄、陈鸿寿修，（清）史炳、史津纂：嘉庆《溧阳县志》，清光绪二十二年（1896）活字本。

［美］司马虚（Michel Strickmann）：《茅山的道教：启示的编年史》（"Le Taoisme du Maoshan：Chronique d'une revelation"），《法兰西学院高等汉学研究所纪要》（第 17 卷）（*Memoires de l'institut des hautes etudes Chinoises*），Paris：College de France，1981。

山西省图书馆编：《山西省图书馆古籍善本书目》，太原：山西人民出版社，2007 年。

石光明、董光和、杨光辉主编：《中华山水志丛刊·山志》（第 2、3、4、5、6、7、14、17、18、20、23、25、32、33、34、35 册），北京：线装书局，2004 年。

石洪运：《武当山志考》，《中国道教》1994 年增刊。

石欣欣：《黄宗昌父子与〈崂山志〉》，《德州学院学报》2018 年第 1 期。

宋兹荣、李宝书：《山水志编写初探》，《黑龙江史志》1998 年第 1 期。

苏宗印、孟娜：《古北岳的历史地位和文化价值》，《河北学刊》2011 年第 6 期。

［法］苏远鸣（Michel Soymie）：《罗浮山：宗教地理的研究》，《法国远东学院学报》1954 年第 48 期。

孙海桥：《〈全元诗〉补遗 80 首》，《古籍整理研究学刊》2015 年第 3 期。

孙克诚：《黄宗昌〈崂山志〉注释》，青岛：中国海洋大学出版社，2010 年。

孙鹏：《茅山"仙洞"的道教文化特色——基于〈茅山志〉的分析》，《长江论坛》2013 年第 4 期。

孙王成：《元版〈茅山志〉的作者究竟是谁》，《中国道教》2001 年第 1 期。

孙家驹：《许逊、净明道、万寿宫文化演进论纲》，《江西行政学院学报》2003 年第 1 期。

束景南著：《朱熹年谱长编》，上海：华东师范大学出版社，2001 年。

T

（元）脱脱等撰：《宋史》，北京：中华书局，1977 年。

（元）脱脱等撰：《金史》，北京：中华书局，1975 年。

（元）滕安上撰：《东庵集》，《景印文渊阁四库全书》第 1199 册。

（明）汤日昭、王光蕴纂修：万历《温州府志》，《四库全书存目丛书》，史部第 211 册。

（清）田嘉谷纂：雍正《泽州府志》，清雍正十三年（1735）刻本。

汤华泉辑撰：《〈全宋诗〉辑补》，合肥：黄山书社，2016 年。

中国武当文化丛书编纂委员会编，陶真典、范学锋编纂、点注：《武当山历代志书集注》（第一辑），武汉：湖北科学技术出版社，2003 年。

陶真典、范学锋点注：《武当山明代志书集注》，北京：中国地图出版社，2006 年。

W

（北齐）魏收撰：《魏书》，北京：中华书局，1974 年。

（唐）魏徵等撰：《隋书》，北京：中华书局，1973 年。

（宋）王象之撰：《舆地纪胜》，北京：中华书局，1992 年。

（宋）王安石撰，李壁注：《王荆公诗注》，《景印文渊阁四库全书》第 1106 册。

（宋）吴锡畴撰：《兰皋集》卷二，《景印文渊阁四库全书》第 1186 册。

（元）吴澄撰：《吴文正集》，《景印文渊阁四库全书》第 1197 册。

（元）王元恭纂修：至正《四明续志》，《续修四库全书》第 705 册。

（明）万廷谦、曹闻礼纂修：万历《龙游县志》，国家图书馆藏明万历刻本。

（明）王鏊撰：《姑苏志》，《景印文渊阁四库全书》第 493 册。

（明）王世贞撰：《弇州山人四部续稿》，《景印文渊阁四库全书》第 1282 册。

（明）王圻撰：《续文献通考》，《四库全书存目丛书》，子部第 189 册。

（明）王锡爵辑：《历代名臣奏疏》，《续修四库全书》第 461 册。

（明）王祎撰：《大事记续编》，《景印文渊阁四库全书》第 333 册。

（明）王宗沐撰：《宋元资治通鉴》，《四库未收书辑刊·壹辑》第 14 册。

（明）汪子卿撰，周郢校证：《泰山志校证》，合肥：黄山书社，2006年。

（明）吴宗器纂修，蒋梅编，杨鹄重修：正德《莘县志》，载《天一阁藏明代方志选刊》第44册，上海：上海古籍书店据宁波天一阁藏明正德原刻明嘉靖增刻本影印，1965年。

〔清〕吴能成辑，李信孔续修：《安徽巢湖中庙庙志》，国家图书馆藏1984年扫描油印本。

（清）吴绳祖重修：《九嶷山志》，国家图书馆藏清嘉庆元年（1797）刻本。

（清）吴庆丘等纂：光绪《杭州府志》，载《中国方志丛书·华中地方·浙江省（237）》。

（清）吴伟业、向球纂修，金之俊鉴定，李标编辑：《穹窿山志》，民国三十二年（1943）铅印本。

（清）王复礼编辑：《武夷山志》，《四库全书存目丛书》，史部第241册。

（清）王灏等奉敕撰：《佩文斋广群芳谱》，《景印文渊阁四库全书》第846册。

（清）王昶等纂：嘉庆《直隶太仓州志》，清嘉庆七年（1802）刻本。

（清）王厚阶纂：同治《宁海州志》，清同治三年（1864）刻本。

（清）王国维著：《今本竹书纪年疏证》，载《王国维遗书》第12册，上海：上海古籍书店，1983年。

（清）王舟瑶、毛宗澄纂：光绪《台州府志》，国家图书馆藏民国十五年（1926）刻本。

武树善编：《陕西金石志》，载《石刻史料新编》（第一辑），第22册，台北：新文丰出版公司，1982年。

（唐）杜光庭撰，王纯五译注：《洞天福地岳渎名山记全译》，贵阳：贵州人民出版社，1999年。

〔美〕王岗（Richard G. Wang）：《明代藩王与道教：王朝精英的制度化

护教》，秦国帅译，上海：上海古籍出版社，2019 年。

王光德、杨立志著：《武当道教史略》，北京：华文出版社，1993 年。

王国平主编：《西湖文献集成》（第 24、25 册），杭州：杭州出版社，2004 年。

王晖：《山志体例章法的继承与创新》，《中国地方志》2008 年第 2 期。

王蕾：《惧怕与浓情——吴宗慈与〈庐山志〉的故事》，《博览群书》2009 年第 9 期。

王楠楠：《黄肇颚〈崂山续志〉的基本述略》，《科技咨询（科技·管理）》2008 年第 8 期。

王楠楠：《浅谈黄肇颚〈崂山续志〉的价值》，《科技咨询（教育科研）》2008 年第 8 期。

王琛瑜、詹艺虹：《〈九宫山志〉中湘南道教音乐活动考究》，《兰台世界》2015 年第 30 期。

王晓岩著：《方志体例古今谈》，成都：巴蜀书社，1989 年。

王富鹏：《屈大均佚著〈罗浮书〉的发现与辨析》，《文献》2009 年第 1 期。

王忠新编：《楼观台道教碑铭》，西安：三秦出版社，1995 年。

王文章：《〈龙虎山志〉的编纂及元本、张本、娄本间的承变》，《宗教学研究》2016 年第 4 期。

王文章：《明清时期杭州道观经济浅探》，《宗教学研究》2013 年第 2 期。

王文章：《光绪〈逍遥山万寿宫通志〉成书及史料价值论略》，《中国地方志》2015 年第 1 期。

王文章：《朱文藻（朗斋）之〈金鼓洞志〉编纂特点论略》，《西南石油大学学报》（社会科学版）2016 年第 4 期。

王文章：《略析朱文藻（朗斋）〈金鼓洞志〉的史料价值》，《中国道教》2009 年第 5 期。

王雪玲：《历代华山志考补》，载《碑林集刊》第十七卷，西安：三秦出版社，2011年。

王永国：《武当山志考》，《武当道教》2007年第2期。

王永莉、何炳武：《以〈华岳志〉为中心的西岳山神信仰研究》，《人文杂志》2012年第6期。

王永平：《论唐代的道观经济活动》，《中国经济史研究》2000年第2期。

王重民撰：《中国善本书提要》，上海：上海古籍出版社，1983年。

王重民撰：《中国善本书提要补编》，北京：北京图书馆出版社，1991年。

汪桂平：《王屋山与〈道藏〉》，《济源职业技术学院学报》2011年第3期。

汪桂平：《〈齐云山志〉版本考》，《世界宗教研究》2016年第3期。

万里：《明万历〈九嶷山志〉中若干诗作者归属考》，《湖南科技学院学报》2008年第10期。

魏斌：《书写"南岳"——中古早期衡山的文献与景观》，载《魏晋南北朝隋唐史资料》（第三十一辑），上海：上海古籍出版社，2015年。

温陵杨、浚雪沧点校：《湄洲屿志略卷三》，《福建师大福清分校学报》1991年第1期。

温陵杨、浚雪沧点校：《湄洲屿志略卷四》，《福建师大福清分校学报》1991年第2期。

温爱连：《新世纪版〈崂山志〉校点商兑》，载《崂山研究》（第二辑），青岛：中国海洋大学出版社，2008年。

温爱连：《黄宗昌、周至元〈崂山志〉比较研究》，青岛：青岛大学硕士学位论文，2009年。

吴保春、盖建民：《道教建筑意境与道教体道行法关系范式考论——以龙虎山天师府为中心》，《世界宗教研究》2017年第3期。

吴保春：《龙虎山天师府建筑思想研究》，厦门：厦门大学博士学位论文，

2009 年。

吴丰培编：《豫师青海奏稿》，西宁：青海人民出版社，1981 年。

武建雄：《黄宗昌与〈崂山志〉》，《青岛大学师范学院学报》2004 年第 4 期。

伍常安：《历代江西山志述要》，《文献》1991 年第 2 期。

X

（唐）徐坚等著：《初学记》，北京：中华书局，1962 年。

（宋）谢维新编：《古今合璧事类备要前集》，《景印文渊阁四库全书》第 939 册。

（宋）谢采伯撰：《密斋笔记》，《景印文渊阁四库全书》第 864 册。

（宋）熊克撰：《宋中兴纪事本末》，北京：北京图书馆出版社，2005 年。

（明）熊相撰：正德《瑞州府志》，明正德刻本。

（明）夏良胜撰：《中庸衍义》，《景印文渊阁四库全书》第 715 册。

（明）徐表然纂辑：《武夷志略》，《四库全书存目丛书》，史部第 230 册。

（明）徐日炅纂：《烂柯山洞志》，《四库存目丛书补编》第 94 册，济南：齐鲁书社，2001 年。

（明）徐永道纂：《武当嘉庆图》，载《中华续道藏初辑》（第四册），台北：新文丰出版公司，1999 年。

（明）徐肇台撰：《续丙记政录》，载《北京图书馆古籍珍本丛刊》第 9 册，北京：北京图书馆出版社，2000 年。

（清）徐景熹修，鲁曾煜纂：乾隆《福州府志》，载《中国地方志集成·福建府县志辑》，上海：上海书店出版社，2000 年。

（清）谢旻等监修：雍正《江西通志》，《景印文渊阁四库全书》第 514—517 册。

谢彦卯：《历代华山志考略》，《图书馆理论与实践》2003 年第 5 期。

熊明：《魏晋南北朝诸〈孝子传〉考论》，载《古籍研究》（总第 60 卷），合肥：安徽大学出版社，2013 年。

徐建勋：《〈茅山志〉作者考证及其内容》，载《道教的历史与文学》，南华大学宗教文化研究中心，2000 年 7 月。

徐效钢著：《庐山典籍史》，南昌：江西高校出版社，2001 年。

许蔚：《赵宜真、刘渊然嗣派净明问题再探讨》，《宗教学研究》2016 年第 1 期。

许蔚著：《断裂与建构：净明道的历史与文献》，上海：上海世纪出版集团，上海书店出版社，2014 年。

薛瑞兆：《〈全元文〉校读》，《古籍整理研究学刊》2010 年第 4 期。

Y

（宋）佚名：《南宋馆阁续录》，《景印文渊阁四库全书》第 595 册。

（宋）杨万里撰：《诚斋集》，《景印文渊阁四库全书》第 1160 册。

（元）元明善编，（明）周召续编：《龙虎山志》，载《中华续道藏初辑》，第 3 册。

（元）元明善辑修，（明）张国祥续修，张显庸续修：《续修龙虎山志》，《四库全书存目丛书》，史部第 228 册。

（元）佚名：《宋史全文》，《景印文渊阁四库全书》第 330 册。

（明）袁应祺修，牟汝忠等纂：万历《黄岩县志》，上海：上海书店据明万历七年（1579）刻本影印，1963 年。

（明）杨尔曾辑：《新镌海内奇观》，《续修四库全书》第 721 册。

（明）俞策编纂，（清）施润章修订，傅义校补：《阁皂山志》，南昌：江西人民出版社，1996 年。

（明）佚名：《邪氛集》，《四库全书存目丛书》，史部第 55 册。

（明）佚名：《如梦录》，《丛书集成续编》第 240 册。

（明）佚名：《宋史笔断》，《四库全书存目丛书》，史部第 289 册。

（明）佚名：《诗渊》第 3 册，北京：书目文献出版社影印本，1984 年。

（清）言如泗修，吕滥等纂：《解州全志》，清乾隆二十八年（1763）本。

（清）颜希深修，成城纂：乾隆《泰安府志》，国家图书馆藏清乾隆二十五年（1760）刻本。

（清）阿克当阿修，（清）姚文田、江藩等纂：嘉庆《重修扬州府志》，清嘉庆十五年（1810）刻本。

（清）永瑢、纪昀等编纂：《四库全书总目提要》，海口：海南出版社，1999 年。

（清）姚远翙纂修：《华岳志》，清乾隆二十七年（1762）刻本。

（清）程其珏辑：光绪《嘉定县志》，清光绪七年（1881）刻本。

佚名：《青岛指南》，民国二十年（1931）铅印本。

严绍璗编著：《日藏汉籍善本书录》，北京：中华书局，2007 年。

杨辉：《朱象先真人传论》，《中国道教》2012 年第 2 期。

杨丽：《吴宗慈及其〈庐山志〉研究》，南昌：南昌大学硕士学位论文，2015 年。

杨镰主编：《全元诗》（共 68 册），北京：中华书局，2013 年。

杨立志：《明帝与武当山宫观经济考述》，《宗教学研究》1998 年第 1 期。

杨立志：《真武——玄帝历代封号考》，《中国道教》1995 年第 2 期。

杨燕：《宋代道观经济简论——以南北宋两京道观经济为主》，《宗教学研究》2007 年第 4 期。

杨世华、潘一德编著：《茅山道教志》，武汉：华中师范大学出版社，2007 年。

姚奠中主编：《元好问全集》，太原：山西人民出版社，1990 年。

姚旸：《论皇会与清代天津民间社会的互动关系——以〈天津天后宫行会图〉为中心的研究》，《民俗研究》2010 年第 3 期。

姚公骞：《匡庐之得名与慧远〈庐山记〉辨》，《江西社会科学》1981 年第 1 期。

玉千：《黄宗昌与〈崂山志〉》，《烟台师范学院学报》（哲学社会科学版）1992 年第 3 期。

于文涛：《国内外现存明版〈道藏〉状况调查》，《中国道教》2017 年第 1 期。

余如忠：《试论〈庐山记〉在山水游记文学发展史上的地位——兼与张大新先生商榷》，《浙江师大学报》（社会科学版）1993 年第 4 期。

虞万里：《陈舜俞〈庐山记〉卷帙辨证》，《中国典籍与文化》2012 年第 1 期。

苑秀丽、温爱连：《黄宗昌与周至元〈崂山志〉比较研究——以写作体例和内容为中心》，《东方杂志》2012 年第 1 期。

苑秀丽、温爱连：《周至元对黄宗昌〈崂山志〉的继承与创新》，《东方论坛》2015 年第 1 期。

苑秀丽、刘怀荣著：《崂山道教与〈崂山志〉研究》，北京：中国社会科学出版社，2011 年。

苑秀丽：《黄宗昌家世与生平考——〈崂山志〉系列研究之二》，《东方论坛》2010 年第 6 期。

苑秀丽、温爱连：《黄宗昌〈崂山志〉版本、续书及研究述略》，《青岛大学师范学院学报》2010 年第 2 期。

苑秀丽、刘怀荣校注：《崂山志校注》，北京：人民出版社，2015 年。

袁珂校注：《山海经校注》，北京：北京联合出版公司，2014 年。

尤慎：《［明］蒋镨〈九嶷山志〉校点批评》，《广东技术师范学院学报》2011 年第 3 期。

Z

（汉）郑玄注，（唐）贾公彦疏：《周礼注疏》，李学勤主编《十三经注

疏》整理本，北京：北京大学出版社，2000年

（汉）郑玄注，（唐）孔颖达疏：《礼记正义》，李学勤主编《十三经注疏》整理本，北京：北京大学出版社，2000年。

（宋）章如愚撰：《群书考索后集》，《景印文渊阁四库全书》第937册。

（宋）周秉秀撰，（元）梅应发续辑：《祠山事要指掌集》，国家图书馆藏明宣德八年（1433）刻本。

（宋）祝穆撰：《古今事文类聚前集》，《景印文渊阁四库全书》第925册。

（宋）祝穆撰：《方舆胜览》，《景印文渊阁四库全书》第471册。

（宋）曾丰撰：《缘督集》，《四库全书存目丛书》，集部第19册。

（元）张之翰撰：《西岩集》，《景印文渊阁四库全书》第1204册。

（明）衷仲孺订修：《武夷山志》，《四库全书存目丛书》，史部第228册。

（明）朱祐杬撰：《恩纪诗集》，明内府抄本。

（明）朱珵尧撰：《沈国勉学书院集》，明崇祯元年（1628）刻本。

（明）朱国祯撰：《涌幢小品》，明天启二年（1622）刻本。

（明）朱麟等修，黄绍文等纂：《嘉靖广德州志》（一），载《中国方志丛书·华中地方·第706号·安徽省》，台北：成文出版社，1970年。

（明）赵尔守等辑：《终南仙境志》，天津图书馆藏明万历终南寺观刻清乾隆十五年（1750）邹儒重修本。

（明）周弘祖撰：《古今书刻》，北京：古典文学出版社，1957年。

（明）张维新总阅，马明卿编辑，冯嘉会续辑：《华岳全集》，《四库全书存目丛书》，史部第232册。

（明）张应登辑，（清）杨世达重订：《汤阴精忠庙志》，清雍正十三年（1735）刻本。

（明）张宇初、张国祥等编：《道藏》（共36册），北京、上海、天津：文物出版社、上海书店、天津古籍出版社，1988年。

（明）张萱撰：《西园闻见录》，《续修四库全书》第1170册。

（明）章潢纂：万历《新修南昌府志》，明万历十六年（1588）刻本。

（清）郑杰辑：《闽诗录丙集》，《续修四库全书》第 1687 册。

（清）周翼纂：康熙《邹县志》，清康熙五十五年（1716）刻本。

（清）周中孚撰：《郑堂读书记补逸》，载《清人书目题跋丛刊》（八），北京：中华书局，1992 年。

（清）周景柱等纂：乾隆《蒲州府志》，清乾隆二十年（1755）刻本。

（清）张廷玉等撰：《明史》，北京：中华书局，1974 年。

（清）张镇编辑，宋万忠、武建华标注：《解梁关帝志》，太原：山西人民出版社，1992 年。

（清）张惇德纂：光绪《唐县志》，清光绪四年（1878）刻本。

（清）赵宗简修：《贵溪县志》，清道光四年（1824）刻本。

（清）赵希曾重修：光绪《陕州直隶州志》，清光绪十七至十八年（1891—1892）刻本。

（清）钟赓起纂修：乾隆《甘州府志》，清乾隆四十四年（1779）刻本。

（清）鲁铨、钟英修，（清）洪亮吉、施晋纂：嘉庆《宁国府志》，民国八年（1919）影印嘉庆二十年（1815）刻本。

（清）卞宝第、李瀚章等修，曾国荃、郭嵩焘等纂：光绪《湖南通志》，《续修四库全书》第 664 册。

曾有翼等纂：《沈阳县志》，民国六年（1917）铅印本。

张广保著：《全真教的创立与历史传承》，北京：中华书局，2015 年。

张广保：《道教与嵩山中岳庙的国家祭祀》，《宗教学研究》2017 年第 1 期。

张华：《略述山志在武当道教发展中的作用》，《中国道教》2009 年第 3 期。

张群：《近三十年山志研究述评》，《湖南工程学院学报》（社会科学版）2015 年第 4 期。

张群：《南岳史志专书流变考——以民国以前历代官修史志目录书为线索》，《船山学刊》2012 年第 1 期。

张群、刘建平：《明代南岳旅游客源市场空间结构研究——以〈南岳志〉为中心》，《湘潭大学学报》（哲学社会科学版）2013 年第 1 期。

张群：《南岳山志研究》，武汉：武汉大学博士学位论文，2013 年。

张全晓：《明代武当山志研究》，武汉：华中师范大学博士学位论文，2011 年。

张全晓：《明代武当山修志实践的若干启示》，《中国道教》2015 年第 4 期。

张全晓：《历代武当山志所见玄帝灵验故事考》，《世界宗教研究》2017 年第 5 期。

张全晓：《明代武当山志考略》，《中国地方志》2011 年第 5 期。

张全晓：《明代武当山志所见世宗崇道问题研究》，《世界宗教研究》2014 年第 3 期。

张全晓：《清代武当山志著录疏误补正》，《宗教学研究》2017 年第 3 期。

张全晓：《历代武当山旧志考述》，《图书馆理论与实践》2014 年第 4 期。

张全晓：《明代武当山志著录疏误补正》，《世界宗教研究》2012 年第 2 期。

张全晓：《元代武当山志考略》，《汉江师范学院学报》2017 年第 2 期。

张全晓：《明代武当山志在修志实践和修志理论上的主要成就》，《宗教学研究》2014 年第 3 期。

张全晓：《略论明代武当山修志兴盛的原因》，《宗教学研究》2013 年第 1 期。

张全晓：《明代武当山志指瑕》，《中华文化论坛》2014 年第 11 期。

张全晓：《〈明代武当山志二种〉补校》，《中华文化论坛》2015 年第 3 期。

张全晓：《明代武当山志的文献价值例说》，《中国道教》2014 年第 4 期。

张全晓：《〈武当山记〉小考》，《郧阳师范高等专科学校学报》2012 年第 1 期。

张升：《明代方志数质疑》，《中国地方志》2000 年第 3 期。

张怀宇：《平凉崆峒山的志书》，《发展》2018 年第 8 期。

张智、吴平主编：《中国祠墓志丛刊》（第 19、42、53 册），扬州：广陵书社，2004 年。

张勇：《明代道教方志研究》，济南：山东大学硕士学位论文，2013 年。

张秀民著：《中国印刷史》，上海：上海人民出版社，1989 年。

张泽洪：《唐代道观经济》，《四川大学学报》（哲学社会科学版）1993 年第 4 期。

张泽洪：《早期天师世系与龙虎山张天师嗣教》，《社会科学研究》2012 年第 6 期。

郑州市图书馆文献编辑委员会编：《嵩岳文献丛刊》（共 4 册），郑州：中州古籍出版社，2003 年。

中国国家图书馆、中国国家古籍保护中心编：《第二批国家珍贵古籍名录图录》（第七册），北京：国家图书馆出版社，2010 年。

《中国古籍总目》编纂委员会编：《中国古籍总目》，北京：中华书局；上海：上海古籍出版社，2009 年。

赵芃主编：《山东道教史》，北京：中国社会科学出版社，2015 年。

赵新儒校勘：《新刻泰山小史》，载沈云龙《中国名山胜迹志丛刊》（第一辑第 7 册），台北：文海出版社，1971 年。

钟祥智：《江西地区宋代道观经济研究》，南昌：江西师范大学硕士学位论文，2019 年。

曾春花：《尹继隆及其〈南岳二贤祠志〉》，《衡阳师范学院学报》2009 年第 1 期。

曾伟：《明清易代之际的方志编纂与地方社会——以浑源州为例》，《中国地方志》2018 年第 2 期。

曾枣庄、刘琳主编：《全宋文》（共 360 册），上海：上海辞书出版社；合肥：安徽教育出版社，2006 年。

朱俭、齐荃：《泰山研究资料索引（1949—1988）》，《岱宗学刊》1998 年第 2 期。

朱越利：《读〈茅山志〉札记五则》，《世界宗教研究》1998 年第 4 期。

朱越利：《道藏分类解题》，北京：华夏出版社，1996 年。

朱越利主编：《道藏说略》，北京：北京燕山出版社，2009 年。

朱迪光：《封建国家祀典的形成及其对古代中国宗教活动的影响》，《青海社会科学》1990 年第 1 期。

朱云鹏：《宋代宫观的田产及其经营》，《中国经济史研究》1999 年第 1 期。

周建国：《〈茅山志〉纂辑唐人诗文杂论》，《安庆师院学报》1985 年第 1 期。

周树德：《景日昣与〈说嵩〉》，《河南图书馆学刊》2001 年第 4 期。

周郢：《明〈泰山志〉整理论略》，《泰山学院学报》2004 年第 2 期。

周郢：《唐仲冕〈岱览〉与泰山石刻学》，《山东图书馆季刊》2007 年第 4 期。

周郢：《〈泰山雅咏〉——〈永乐大典〉中的泰山佚书》，《古籍整理研究学刊》2003 年第 6 期。

后　记

　　这部书稿是在国家社科基金西部项目"明清宫观山志的编纂及其价值研究"（项目批准编号：17XZS025）基础上完成的，书名为"明清宫观山志的编纂及价值研究"。除本人外，课题组成员尚有贵州师范大学国际旅游文化学院张全晓教授、宁夏大学人文学院李新贵教授、中国人民解放军军事科学院魏鸿研究员、贵州师范大学历史与政治学院刘荣昆教授、中国人民大学历史学院牛贯杰教授。项目于2017年12月正式立项，在研究过程中先后有数篇文章在《河南师范大学学报》（2020年第5期）、《历史文献研究》（2020年总第45辑）、《古籍整理研究学刊》（2019年第4期）、《唐山师范学院学报》（2021年第1期）等刊物发表，其中一篇被中国人民大学复印报刊资料全文转载（《中国人民大学复印报刊资料·宗教》2021年第1期）。该项目2021年8月结项，结项成绩为良好。

　　较之结项提交稿，本书稿主要有四个变化：一是尽可能地吸收了五位匿名评审专家的意见。比如，在梳理存世明清宫观山志时，补充了先前注意不够的《三洞拾遗》等丛书收录的部分文献；在学术史回顾部分，吸收了《黄堂隆道宫志》《嵩岳文献丛刊》等点校本的成果；讨论明清宫观山志的辑佚价值时，大量增加了考辨内容，使利用明清宫观山志等文献所作的辑佚成果更为扎实可靠。二是将原稿不准确的结论加以纠正。例如，在利用明清宫观山志等文献对《全宋文》《全宋诗》《全元文》《全元诗》进行辑补时，先前发表的学术文章及结项稿中有几篇诗文收入不十分妥当，本书稿或纠正，或删除。三是对部分内容的前后次序进行了适当调整。例如，调整了原稿"明清宫观山志的刊刻与抄写"一节的子目安排，使之在逻辑上更为合理。再如，对"现存明清宫观山志统计表"的内容也有较大修改。四是删除提交稿之"附录"部分，以利于全书体例的统一。

需要特别说明的是，明清宫观山志体量巨大，卷帙浩繁，课题组成员虽尽力查找，仍难免遗漏。自 2019 年底以来暴发的新冠肺炎疫情给资料搜寻工作带来更大阻力，赴各地图书馆查阅资料的既定计划难以完成，这种状况对本课题的研究构成了一定的影响。

本课题从申报、立项，再到结题、出版，历时六年。在此过程中，得到了很多专家学者的支持与帮助。北京师范大学历史学院周少川先生、河南师范大学历史文化学院王记录教授、中国人民大学哲学院姜守诚教授、人民出版社邵永忠编审、天津师范大学历史文化学院郝艳华博士，贵州师范大学历政学院、社科处的老师们，以及五位匿名评审专家，在课题论证、提纲拟定、资料搜集、正文撰写、结题评审、书稿审读、编辑出版等环节提出了很多宝贵意见，提供了大量无私帮助。在拙稿付梓之际，谨向导师、同门、课题组全体成员、诸位专家学者致谢。此外，还要向一直以来关心爱护我的挚友亲朋表示由衷的感谢。

明清宫观山志蕴藏着极为丰富的信息，其价值绝非一部小书所能涵盖。拙稿只是对明清宫观山志非常粗浅的认识，其中一定还存在着诸多不当之处，尚请学界同人批评雅正。

刘永海

贵州师范大学花溪校区龙文苑

2022 年 3 月